民商法学家

MINSHANGFA XUEJIA

民商法学家(第18卷)

张民安 主编

设计隐私权研究
——新信息性隐私权(三)

张民安 主 编
林泰松 副主编

·广州·

版权所有　翻印必究

图书在版编目（CIP）数据

设计隐私权研究：新信息性隐私权（三）/张民安主编；林泰松副主编. —广州：中山大学出版社，2022.11
（民商法学家·第 18 卷/张民安主编）
ISBN 978 - 7 - 306 - 07624 - 3

Ⅰ. ①设… Ⅱ. ①张… ②林… Ⅲ. ①隐私权—研究 Ⅳ. ①D913.04

中国版本图书馆 CIP 数据核字（2022）第 186311 号

SHEJI YINSIQUAN YANJIU

出 版 人：	王天琪
策划编辑：	蔡浩然
责任编辑：	蔡浩然
封面设计：	方楚涓
责任校对：	王延红　舒　思
责任技编：	靳晓虹
出版发行：	中山大学出版社
电　　话：	编辑部 020 - 84110283，84113349，84111997，84110779，84110776
	发行部 020 - 84111998，84111981，84111160
地　　址：	广州市新港西路 135 号
邮　　编：	510275　　传　真：020 - 84036565
网　　址：	http://www.zsup.com.cn　　E-mail：zdcbs@mail.sysu.edu.cn
印 刷 者：	佛山市浩文彩色印刷有限公司
规　　格：	787mm×1092mm　1/16　50.5 印张　802 千字
版次印次：	2022 年 11 月第 1 版　2022 年 11 月第 1 次印刷
定　　价：	139.00 元

如发现本书因印装质量影响阅读，请与出版社发行部联系调换

内 容 简 介

设计隐私权是近年来新出现的一种隐私权。

本书介绍了设计隐私权的概念、产生、发展、现状,以及为实施设计隐私权应当采取的各种措施;分析了设计隐私权在生命记录、远程家庭护理和社交媒体等领域中的适用;认为我国法学界应关注设计隐私权理论,并借此对信息性隐私权提供事前保护。本书还通过司法判例对设计隐私权进行了说明。

本书内容新颖,理论前沿,案例丰富,适合民法学者、律师和高等学校法学专业的师生阅读,对我国立法机关的工作人员也有重要的参考价值。

主编特别声明

提出新观点,倡导新观念,援引新资料,解决新问题,推动中国民商法理论的创新和民商法学的进步,是《民商法学家》一贯的宗旨,也是《民商法学家》主编一直以来所追求的目标。

《民商法学家》主编张民安教授和林泰松律师凭借良好的专业素质、外语水平及与国内外民商法理论界和民商法实务界的良好关系,从理论和实务、国内和国外两个角度诠释了当代民商法的最新理念,揭示了当代民商法案例中的内涵,提升了我国民商法的理论水准,为我国立法机关科学地制定民商法提供理论支撑,为我国司法判例科学妥当地解决纷繁复杂的民商事案件提供理论指导。

尊敬的读者,如果您在《民商法学家》中读到所援引的案例、法官的判词、学者的精辟论语和提出的学术观点,并且在撰写文章或者出版著作时引用,请您遵守最基本的学术规范和尊重作者最基本的权利,加上"转引自张民安主编的《民商法学家》"等字样,以体现对作者艰辛劳动的尊重。这是因为,虽然学术是开放的,但是,作者的劳动是应当得到保护的,只有这样,在学术上倡导新观念、提出新观点的学者才能真正体现其价值。

序　言

所谓个人信息（personal information），也称为个人数据（personal data），是指所有能够用来识别他人的信息。换言之，所谓个人信息，是指"可予识别的个人信息"（personally identifiable information，简称为 PII）。① 根据用来识别他人信息所涉及的内容不同，人们将他人的个人信息分为个人健康信息（PHI）和个人身份信息（PII），其中的健康信息主要是指个人的医疗记录，而个人身份信息则多种多样，诸如：您的姓名、全名，您的娘家姓和您母亲的娘家姓；您的个人身份证号码，您的社会保险号码、驾照号码、护照号码；您的纳税人身份证号码、信用账号或财务账号；您的住所地址和电子邮件地址；您的视网膜扫描图像、指纹、面部特征或语音签名，车辆识别码或车牌号码；您的技术资产信息，与特定个人相关的媒体访问控制（MAC）或互联网协议（IP）地址；等等。②

个人信息在性质上属于一种隐私，这就是信息性隐私（information privacy）。所谓信息性隐私，也称为数据隐私（data privacy），是指他人对自己的个人信息所享有的是否公开、何时公开、以何种方式、在何种范围内和在多长期限内予以公开的一种人格权甚至财产权。他人对自己的个人信息所享有的这些权利就是信息性隐私权。根据此种权利，除非获得了制定法的明确授权或者除非获得了他人的同意，否则，行为人不能够收集、整理、加工、存储、传播或者买卖他人的个人信息，如果他们实施这些行为，则应当对他人承担侵权责任。法律之所以保护他人的信息性隐私权，一方面是为了他人的私人利益，另一方面则是为了社会的公共利益。③

---

① Personal data, https://en.wikipedia.org/wiki/Personal_data.
② Jennifer Bridges, Top 10 Reasons to Keep Your Personal Information Private, Oct. 26, 2016 | Updated Nov 22, 2021, https://www.reputationdefender.com/blog/privacy/top-ten-reasons-keep-your-personal-information-private.
③ 张民安主编：《信息性隐私权研究——信息性隐私权的产生、发展、适用范围和争议》，中山大学出版社 2014 年版，序言，第 1—14 页。

对于网络用户和消费者而言，他们的信息性隐私权所遭遇的最主要威胁是，他们的个人信息、数据可能会被有关公司、社交媒体泄露，尤其是可能会被黑客所盗窃，这样的事例可谓层出不穷。2008年，Heartland Payment Systems 的 1.34 亿个信用卡号码被泄露。2012年，LinkedIn 公司的 1.17 亿个账号被盗窃。2013—2014 年，雅虎公司的 30 亿个账号被泄露，成为迄今为止最大的个人数据泄露事件，导致了雅虎商业帝国的落幕。2014 年，在线购物平台 eBay 的 1.45 亿用户的姓名、地址、出生日期和密码均被泄露。2017 年，Equifax 公司的 1.45 亿个消费者的支付数据被泄露。2019 年，Capital One 的 1.06 亿个银行客户和申请人的个人资料被泄露。2020 年，万豪国际超过 5.05 亿个客人的个人数据被泄露。2022 年始于无数的网络攻击，即便这些攻击所导致的并不是有史以来最大的数据泄露事件，但这些攻击暴露了数百万个用户的个人数据，包括他们的个人信息、电子邮件、密码和信用卡号等。①

为了应对新的个人信息、新的个人数据所面临的挑战，人们不断提出各种不同的理论，除了因此推动信息性隐私权的发展之外，他们也希望凭借所提出的这些理论对他人的个人信息、个人数据提供更好、更新的保护，其中的一种理论就是笔者在《设计隐私权研究》当中所介绍的设计隐私权理论。此种理论源自 20 世纪 90 年代，之后以迅雷不及掩耳之势风靡全世界。在今天的西方社会，设计隐私权已经成为无人不知、无人不晓的理论，除了获得了学者们的普遍支持之外，它也获得了立法者的青睐。最具有里程碑意义的事件是欧盟在 2016 年通过的《通用数据保护条例》（General Data Protection Regulation，GDPR）当中正式规定了这一新的信息性隐私权。

一、设计隐私权的界定

虽然人们普遍承认设计隐私权（design privacy）的存在，但人们

---

① Top 10 Biggest Data Breaches in the 21st Century. Read more at: https://www.appknox.com/blog/top-10-biggest-data-breaches-in-the-21st-century; Nick G., 27 Biggest Data Breaches In History, Updated · Feb 06, 2022, https://techjury.net/blog/biggest-data-breaches/#gref.

对其做出的界定并不完全相同,用 Ari Ezra Waldman 教授的话来说,"设计隐私权的定义是五花八门的"①。在 2012 年的《论设计隐私权的起源、含义和在信息时代的前景》当中,Ann Cavoukian 对设计隐私权做出了自己的界定,她指出:"所谓设计隐私权,是指将隐私权嵌入到各种技术设计规范中的一种哲学和方法,通过在信息系统设计和部署的早期阶段建立公平信息实践原则,设计隐私权便能得以实现。"② 在 2012 年的《论设计隐私权的规范和调整》当中,Ira Rubinstein 虽然对设计隐私权做出了界定,但是,他将设计隐私权等同于隐私增强技术(privacy-enhancing technologies),他认为,所谓设计隐私权,是指将特定的数据保护法转换为代码的隐私增强技术或编程工具。为了说得更明白一些,Rubinstein 和 Good 曾举出例子,即设计隐私权不仅要求企业做出在有限时间内删除用户数据的承诺,而且还要求企业设计一个数据库,从而自动识别用户个人数据并在预先编程的日期内删除它们。③

在《美国和欧洲公司行为的驱动》和 2018 年的《没有隐私的设计》当中,Kenneth A. Bamberger、Deirdre K. Mulligan 和 Ari Ezra Waldman 对设计隐私权做出了不同于上述两种界定的界定,他们从人员的角度界定设计隐私权,他们指出,所谓设计隐私权,或者是指将隐私专业人员整合到科技企业各个业务单元中的组织性措施,或者是指企业既应当将律师和隐私专业人员收入设计团队麾下,又应当使设

---

① Ari Ezra Waldman, Privacy's Law of Design, 9 U. C. Irvine L. Rev. 1239 (2019), p. 1259;阿里·埃兹拉·沃尔德曼:《关于设计隐私权法的阐析》,缪子仪译,载张民安主编《设计隐私权研究》,中山大学出版社 2022 年版,第 67 页。

② Ann Cavoukian, Privacy by Design: Origins, Meaning, and Prospects for Assuring Privacy and Trust in the Information Era, Computer Science, 2012, pp. 173 – 174;安·卡沃基安:《论设计隐私权的起源、含义和前景》,缪子仪译,载张民安主编《设计隐私权研究》,中山大学出版社 2022 年版,第 6 页。

③ Ira Rubinstein, Regulating Privacy by Design, 26 BERKELEY TECH. L. J. 1409, 1414 – 28 (2012); Ari Ezra Waldman, Privacy's Law of Design, 9 U. C. Irvine L. Rev. 1239 (2019), p. 1259;阿里·埃兹拉·沃尔德曼:《关于设计隐私权法的阐析》,缪子仪译,载张民安主编《设计隐私权研究》,中山大学出版社 2022 年版,第 85—96 页。

计师很好地适应设计中的道德精神与隐私权中的核心思想。① 在2018年的《设计隐私权的规范和调整：以安大略省为例》一文中，Avner Levin 教授则明确区分设计隐私权和隐私增强技术，他指出："隐私增强技术关注科技及以及它对隐私所提供的潜在保护，而设计隐私权则不同，因为设计隐私权是指直接和整体地建立在设计和操作之中的隐私保护，不仅包括技术当中的隐私保护，而且还包括操作、系统、工作流程、管理结构、物理空间和网络基础设施当中的隐私保护。"②

在《设计隐私权指南》当中，西班牙信息保护署指出："所谓设计隐私权，是指为了建立将隐私保护贯穿于对象的整个生命周期当中（无论是系统、硬件或软件产品、服务或流程）而建立的以风险管理和问责制为核心的措施。所谓对象的整个生命周期，是指从概念的提出到概念的删除的所有阶段和过程，包括开发、生产、运营、维护和退出的阶段。此外，它不仅涉及在项目的早期阶段考虑到隐私保护措施的应用，而且还考虑了处理相关数据的所有业务流程和做法，从而实现组织对个人数据管理的真正治理。我们的最终目标是确保数据保护在开发的早期阶段就已经存在，而不是在产品或系统中增加一项数据保护服务。隐私应该是上述产品或服务本质的一个组成部分。"③

笔者认为，在界定设计隐私权时，人们不应当站在以收集、使用、存储或者任何其他方式涉及用户个人信息的开发者、设计者、编程者、服务提供者的角度，认为他们在开发、设计、运行系统、硬件或软件产品、服务或流程时应当将用户隐私的保护置于对象的整个生

---

① Kenneth A. Bamberger and Deirdre K. Mulligan, Driving Corporate Behavior in the United States and Europe, MIT Press, October 2015; Ari Ezra Waldman, Designing Without Privacy, 55 HOUSTON L. REV. 659 (2018); Ari Ezra Waldman, Privacy's Law of Design, 9 U. C. Irvine L. Rev. 1239 (2019), p.1259; 阿里·埃兹拉·沃尔德曼：《关于设计隐私权法的阐析》，缪子仪译，载张民安主编《设计隐私权研究》，中山大学出版社2022年版，第76页。

② Kenneth A. Bamberger and Deirdre K. Mulligan, Driving Corporate Behavior in the United States and Europe, MIT Press, October 2015; Ari Ezra Waldman, Designing Without Privacy, 55 HOUSTON L. REV. 659 (2018); Ari Ezra Waldman, Privacy's Law of Design, 9 U. C. Irvine L. Rev. 1239 (2019), p.1259.

③ Agencia Española de Protección de Datos, A Guide to Privacy by Design, Spain, 2019, p.6; 西班牙信息保护署：《设计隐私权指南》，邓梦桦译，载张民安主编《设计隐私权研究》，中山大学出版社2022年版，第314页。

命周期，我们应当站在用户的角度、用户享有权利的角度来界定设计隐私权。根据此种方法，所谓设计隐私权，是指用户所享有的要求系统、硬件或软件产品、服务或流程的开发者、设计者、编程者、服务提供者等将尊重和保护自己的个人信息置于对象的整个生命周期的隐私权。换言之，所谓设计隐私权，是指在设计或者开发可能会以收集、使用、存储或者任何其他方式涉及自己的个人信息的系统、硬件或软件产品、服务或流程时，用户均有权要求这些行为人对自己承担尊重和保护自己个人信息的法律债务，否则，如果在设计或者开发时，这些行为人没有尊重或者保护自己的个人信息，则用户有权要求法官责令这些行为人就其侵犯自己隐私权的行为对自己承担侵权责任。

虽然设计隐私权在性质上属于一种隐私权，但它与传统隐私权是存在差异的。一方面，传统隐私权的法律保护仅仅是事后救济，而设计隐私权则是事先保护。所谓传统隐私权的法律保护仅仅是事后救济，是指根据传统隐私权法，仅仅在他人享有的某种隐私权被行为人侵犯时，他人才能够要求法官责令行为人对自己承担侵权责任。在他人的隐私权没有被侵犯之前，他人是不能够要求行为人对自己承担债务的。所谓设计隐私权的事先保护，则是指设计隐私权法没有等到他人隐私权受到侵犯时才要求行为人对他人承担债务，它要求行为人预先采取措施，防止自己或者第三人的行为侵犯他人的隐私权。另一方面，传统隐私权法并不关注系统、硬件或软件产品、服务或流程的开发者是如何开发自己的系统、硬件或软件产品、服务或流程的，它仅仅关心所开发出来的这些对象在实际运行时是否符合公平信息实践原则的要求，而设计隐私权法则不同，除了关心被开发出来的这些对象在实际运行时是否符合公平信息实践原则的要求之外，它还关注在开发这些对象时，开发者是否在各个环节、阶段、程序当中采取了所有必要的、合理的措施，以便防止或者减少侵犯他人隐私权现象的发生。

二、设计隐私权理论的产生、发展和确立

虽然隐私权的历史可以追溯到19世纪初期,① 但相对于民法当中的其他主观权利而言,设计隐私权的历史相对短暂。在隐私权大家庭当中,设计隐私权的历史恐怕是最短的,从被提出来之日起一直到被普遍承认的今天,仅仅27年,因为在1995年之前,隐私权当中是不存在所谓的设计隐私权的,即便在1995年之前,信息性隐私权是存在的。②

(一) Ann Cavoukian 在 1995 年首次提出设计隐私权的理论

1995年,加拿大安大略省信息和隐私专员 Ann Cavoukian 博士首次提出了设计隐私权这一概念。她之所以在当时提出设计隐私权的理

---

① 早在1819年,法国巴黎大学的著名学者 Pierre Paul Royer-Collard 就已经提出了"私人生活应当用围墙隔断"的著名格言,认为新闻媒体不得擅自在其报纸、杂志上公开他人的私人生活;否则,它们应当根据《法国民法典》第1382条的规定对他人遭受的损害承担赔偿责任。为了将 Royer-Collard 在1819年所主张的"私人生活应当用围墙隔离"的论断上升为制定法,法国的少数立法者从1822年开始不断做出努力,试图将私人生活受尊重权规定在立法者所通过的制定法当中。1868年,这些立法者的努力终于大功告成,因为法国立法者在1868年5月11日制定的法律当中对私人生活受尊重权做出了规定:一旦新闻媒体在它们的报纸、杂志上公开有关他人私人生活方面的某种事实,则它们的公开行为将构成犯罪行为,应当遭受500法郎刑事罚金的惩罚;对新闻媒体的公开行为主张刑事追究的人只能是利害关系人。在1858年6月16日的著名案件即 L'affaire Rachel 一案当中,法国 Seine 地区一审法院(Tribunal civil de la Seine)的法官首次适用《法国民法典》第1382条所规定的一般过错侵权责任来保护他人的私人生活免受侵犯,并且根据该条的规定,责令行为人就其侵犯他人私人生活的过错行为对他人承担赔偿责任。受到法国学者、制定法和司法判例的影响,在1890年第4期的《哈佛法律评论》上,Samuel D. Warren 和 Louis D. Brandeis 发表了《论隐私权》一文,开始在英美法系国家主张隐私权。张民安:《隐私权的起源》,载张民安主编《隐私权的比较研究》,中山大学出版社2013年版,第28—32页;张民安:《法国的隐私权研究》,载张民安主编《隐私权的比较研究》,中山大学出版社2013年版,第124—133页;张民安:《法国人格权法(上)》,清华大学出版社2016年版,第455页;张民安:《场所隐私权研究》,载张民安主编《场所隐私权研究》,中山大学出版社2016年版,第2—3页;载张民安主编《隐私权的界定》,中山大学出版社2017年版,序言,第1—6页。

② 张民安主编:《信息性隐私权研究——信息性隐私权的产生、发展、适用范围和争议》,中山大学出版社2014年版,序言,第1—14页。

论，其原因多种多样，包括：大家开始渐渐承认必须解决隐私利益和隐私相关问题；表达普遍隐私保护领域的基本原则适用得越来越频繁；在整个信息生命周期之中，尽量在开发信息技术和系统时就减少隐私问题逐渐变成一个共识；对专门化和合格的隐私权问题领导和/或专业投入的需求与日俱增；采用和整合隐私增强技术的行为日趋普遍。[①] 2009年，在第31届国际数据保护及隐私专员会议上，她以《设计隐私权：最终工坊》为题，向与会者介绍了这一概念。[②] 在该文当中，她阐述了通过设计隐私权对他人的个人信息提供保护的需要，她认为，在20世纪90年代，通过贯彻公平信息实践原则的方式，人们借助于立法者的制定法和行政规章的方式对他人的个人信息提供保护。不过此种保护不足以适应当代社会的需要。一方面，传统的公平信息实践原则的保护属于事后保护，而不属于事先保护，因为仅仅在实体侵犯了他人的个人信息之后，他人才能够向法院起诉，要求法官对自己的信息性隐私权予以法律救济。另一方面，在过去的10年，信息技术变得越来越相互关联并且实体收集的个人信息量开始呈现爆炸式增长，在此种情况下，通过传统的公平信息实践原则和隐私增强技术对他人的个人信息予以保护的方法无法充分、有效地保护他人的个人信息隐私权免受侵犯。适应新技术发展的需要，人们必须创设新的信息性隐私权的保护方式，此种创新保护方法就是设计隐私权的保护方法。[③] 她还认为，传统的隐私权保护方式将隐私权与其他价值置于冲突的地位，而设计隐私权的保护方法则不同，它将隐私权与其他价值置于协调一致的地位，因为它能够同时兼顾隐私和诸如安全等利益并因此实现"双赢"的目标。"隐私的重要性怎么强调都不为过。我们的基本自由和自由依赖于它。只要我们重视自由——我

[①] Ann Cavoukian, Privacy by Design: Origins, Meaning, and Prospects for Assuring Privacy and Trust in the Information Era, Computer Science, 2012, pp. 173 - 174；安·卡沃基安：《论设计隐私权的起源、含义和前景》，缪子仪译，载张民安主编《设计隐私权研究》，中山大学出版社2022年版，第6—7页。

[②] Ann Cavoukian, Privacy by Design: the Definitive Workshop, (2010) Identity in the Information Society 3 (2), pp. 247 - 251.

[③] Ann Cavoukian, Privacy by Design: the Definitive Workshop, (2010) Identity in the Information Society 3 (2), pp. 247 - 248.

们也就必须重视隐私。多年来,零和模式大行其道,根据此种模式,一种价值(例如隐私)与另一种价值(例如安全)在'要么一种价值成功,要么另外一种价值失败'的竞争当中相互厮杀。这种模式遵循以下原则:为了获得足够的安全并保护自己免受恐怖主义威胁,我们必须放弃自己的隐私。然而,此种理论是基于完全有缺陷的逻辑和错误的二分法——即隐私和安全必须被认为是相互对立的,而这根本不是真的,因为在正和与双赢模式当中,隐私可以并且也必须与其他关键要求共存:安全性、功能性、运营效率、组织控制,以及业务流程等。"[1] 她认为,如果要在隐私和诸如安全等其他价值之间实现正和与双赢的目的,人们只能够通过设计隐私权的方法来保护他人的隐私权,传统的公平信息实践的方法是无法实现这一目的的,因为"设计隐私权要求我们直接将隐私构建到设计和操作中,不仅仅是构建到技术设计和操作当中,而且还构建到操作系统、工作流程、管理结构、物理空间和网络基础设施当中"[2]。

(二) 2010 年《有关设计隐私权的决议》首次对 Ann Cavoukian 主张的设计隐私权理论的承认

不过,对于设计隐私权具有里程碑意义的一年并不是 2009 年而是 2010 年,因为在这一年的 10 月 27 日至 29 日,第 32 届国际数据保护和隐私专员会议在以色列耶路撒冷召开,与会者在这一届大会上首次以决议的形式正式承认了设计隐私权的重要性和必要性,这就是《有关设计隐私权的决议》(Resolution on Privacy by Design)。

《有关设计隐私权的决议》内容简洁,由三个部分组成。

第一部分指出了以设计隐私权作为有效保护他人隐私权和个人行使其信息权的手段的必要性。它指出:随着技术的进步,他人的隐私权和他人享有的有效行使其信息权的能力面临新的挑战,现有的法规和政策不足以对他人的隐私权提供充分保护,人们需要一种更稳健的

---

[1] Ann Cavoukian, Privacy by Design: the Definitive Workshop, (2010) Identity in the Information Society 3 (2), p. 248.

[2] Ann Cavoukian, Privacy by Design: the Definitive Workshop, (2010) Identity in the Information Society 3 (2), p. 248.

方法来解决信息和通信技术（ICT）以及大规模网络基础设施不断增长的系统性影响，因为在整个信息生命周期内，将隐私权作为默认值嵌入 ICT 和系统的设计、运营和管理中，对于充分保护用户的隐私权是必要的；为了实现此种目的，人们应当将作为一个整体理论的设计隐私权应用于整个组织即端到端的运营当中，包括其信息技术、业务实践、流程、物理设计和网络基础设施等。[1]

第二部分就设计隐私权做出了三个方面的决议。其一，承认设计隐私权的存在并且将其作为隐私基本保护的必要组成部分。其二，鼓励人们采用设计隐私权的基本原则，让他们将这些基本原则作为组织默认运营模式的指导原则。其三，邀请数据保护和隐私专员或者当局从事以下几个方面的工作或者活动：通过分发材料、教育和个人宣传，尽可能广泛地促进设计隐私权的认知；促进将设计隐私权的一般原则纳入各自管辖范围内的隐私政策和立法的制定当中，让设计隐私权成为各种管辖范围内的隐私政策和法律规定；积极鼓励对设计隐私权的研究；考虑将设计隐私权添加到国际数据隐私日举行的活动议程中等。[2]

第三部分列明了设计隐私权的七项基本原则（the foundational principles）。其一，主动而非被动，预防而非补救。其二，隐私默认。其三，隐私嵌入设计。其四，功能完整：正和而非零和。其五，端到端的安全性：全生命周期保护。其六，可见性和透明度。其七，尊重用户：以用户为中心。[3]

---

[1] Resolution on Privacy by Design, 32nd International Conference of Data Protection and Privacy Commissioners, Jerusalem, Israel, 27 – 29 October, 2010, http://globalprivacyassembly.org/wp-content/uploads/2015/02/32-Conference-Israel-resolution-on-Privacy-by-Design.pdf.

[2] Resolution on Privacy by Design, 32nd International Conference of Data Protection and Privacy Commissioners, Jerusalem, Israel, 27 – 29 October, 2010, http://globalprivacyassembly.org/wp-content/uploads/2015/02/32-Conference-Israel-resolution-on-Privacy-by-Design.pdf.

[3] Resolution on Privacy by Design, 32nd International Conference of Data Protection and Privacy Commissioners, Jerusalem, Israel, 27 – 29 October, 2010, http://globalprivacyassembly.org/wp-content/uploads/2015/02/32-Conference-Israel-resolution-on-Privacy-by-Design.pdf.

(三) 设计隐私权在现今已经成为"无人不晓、无人不知的"最新隐私权理论

自 2010 年《有关设计隐私权的决议》作出以来，设计隐私权不仅成了主流媒体所关注的热点，也成了各国隐私官员所关注的核心，成了学者们热衷研究的课题，还成了立法者推动的新立法方向。

就媒体而言，设计隐私权成了它们关注的重要议题，笔者以著名媒体（*Horbes*）为例对此做出说明：2011 年开始一直到今时今日，它持续不断地关注设计隐私权。2011 年，它指出设计隐私权已经成为企业新的热点。① 2017 年，它指出设计隐私权是公司人力资源技术的未来，因为它指出，随着欧盟《通用数据保护条例》（GDPR）正式将设计隐私权的原则作为强制性的要求规定下来，雇主应当在技术和流程开发的最早阶段就嵌入隐私权的保护。这是计算领域的一种模式转变，对公司未来数据的处理方式具有重大影响。② 2018 年，它认为设计隐私权对商人从事任何领域的商事活动均是重要的，因为它认为，随着欧盟《通用数据保护条例》（以下简称《条例》）采取的新的隐私保护方法即设计隐私权的保护方法的正式实施，组织可能倾向于将隐私视为监管负担，并且仅仅关注公司的行为是否与该《条例》的要求一致；事实上，保护私人信息对公司的日常生活有着重要而明显的影响，而公司成功做到这一点的唯一方法就是营造一种隐私文化。③ 2020 年，它指出设计隐私权对于公司回应、欧盟和美国对于隐私权的要求均是必要的，如果公司没有贯彻和执行设计隐私权的基本

---

① Kashmir Hill, Why Privacy by DesignIs the New Corporate Hotness, https://www.forbes.com/sites/kashmirhill/2011/07/28/why-privacy-by-design-is-the-new-corporate-hotness/? sh=1e104ecc4276.

② Rick Devine, Privacy by Design Is the Future of HR Technology, Oct. 9, 2017, 09:00am EDT, https://www.forbes.com/sites/forbeshumanresourcescouncil/2017/10/09/privacy-by-design-is-the-future-of-hr-technology/? sh=240767956f8d.

③ Tim Berners-Lee, Three Challenges for the Web, according to Its inventor, Web Foundation, March 12, 2017, https://webfoundation.org/2017/03/web-turns-28-letter/.

原则,则他们很难满足欧盟和美国对隐私权予以保护的强制性要求。①

除了媒体对设计隐私权予以持续关注之外,从 2011 年开始,各国数据和隐私保护官员也对隐私权予以强烈的关注。在《隐私设计:强大的隐私保护——现在和未来》当中,最先提出设计隐私权理论的加拿大隐私官员 Ann Cavoukian 对设计隐私权的现在和未来做出了分析。她认为,设计隐私权的理论获得了惊人的成果,一方面,《有关设计隐私权的决议》所确定的设计隐私权的基本原则已经被翻译成 25 种不同文字并因此在全球传播;另一方面,企业已经意识到,如果它们要在商业领域获得成果,它们就必须按照设计隐私权的要求将隐私权的保护置于整个组织和活动的全过程。② 西班牙信息保护署在 2019 年的《设计隐私权指南》一文中,除了对设计隐私权的概念、设计隐私权的基本原则做出了说明之外,也对系统的隐私要求、隐私工程、保护设计隐私权措施、实施设计隐私权模式和隐私增强技术等内容做出了全面和详尽的说明。③

三、将设计隐私权制定法化

从 2011 年开始,设计隐私权不再停留在隐私官员或者新闻媒体倡导或者关注的层面,而是开始进入立法层面,因为不同国家的立法者开始采取措施,试图将设计隐私权规定在他们的制定法当中,其中某些国家的立法者获得了成功,而另外一些国家的立法者则迄今为止仍然没有成功。

2011 年,美国国会在世界上首次开启了将设计隐私权制定法化的征途,在 2011 年版本的《商事隐私权利法案》(*Commercial Privacy*

---

① Sam Curry, Privacy by Design: Responding to the EU-US Privacy Shield Ruling, Jul 20, 2020, 01:50 pm EDT, https://www.forbes.com/sites/samcurry/2020/07/20/privacy-by-design-responding-to-the-us-eu-privacy-shield-ruling/? sh = 3c544fdc1940.

② Ann Cavoukian, Privacy by Design, Strong Privacy Protection Now, and Well into the Future, 2011, pp. 1 – 31, https://www.ipc.on.ca/wp-content/uploads/Resources/PbDReport.pdf.

③ Agencia Española de Protección de Datos, A Guide to Privacy by Design, https://www.aepd.es/sites/default/files/2019-12/guia-privacidad-desde-diseno_en.pdf;西班牙信息保护署:《设计隐私权指南》,邓梦桦译,载张民安主编《设计隐私权研究》,中山大学出版社 2022 年版,第 313—335 页。

Bill of Rights Act of 2011）当中，明确规定了设计隐私权，其中的第103条认为，在企业经营者即企业实体（entity）所开发的用来收集他人可予识别的个人信息的产品时，无论是在产品的整个生命周期还是在数据的整个生命周期当中，在坚持比例性原则的同时，所有企业实体既应当将他人的个人信息纳入必要的开发流程和实践当中，也需要将他人的个人信息纳入需要维持的适当的管理流程和实践当中，如果这些个人信息是他人享有合理隐私期待的信息的话。

2011年版本的《商事隐私权利法案》第103条规定，当该法所规定的实体收集该法所规定的信息时，它们均应当以与其收集信息的大小、类型和性质成比例的方式实施全面的信息隐私计划：①在整个产品的生命周期当中，它们均应当将他人的信息纳入必要的开发流程和实践当中，以便保护他人的个人身份信息，如果这些个人身份信息是建立在他人对其个人信息享有的合理隐私期待的基础上的话，并且如果为了保护他人对其信息享有的隐私合理期待免受侵犯而需要防范有关危险的话；②在整个数据的生命周期当中，它们均应当将他人的个人信息纳入需要维持的适当的管理流程和实践当中，以确保自己的信息系统符合本法的规定，确保实体所执行的隐私政策以及与他人的个人隐私偏好、同意选择和个人参与的相关机制一致。①

虽然迄今为止，2011年版本的《商事隐私权利法案》仍然没有获得美国国会的通过，但是，在设计隐私权的制定法化的道路上，它仍然具有重大的意义，因为受到它的鼓励，其他国家的立法者在它的基础上更上一层楼并且最终让设计隐私权从单纯的理论上升为制定法所规定的具有法律强制效力的一种隐私权。从2014年7月1日开始，澳大利亚维多利亚州的制定法正式规定了设计隐私权并因此让澳大利亚维多利亚州成了设计隐私权制定法化的先锋。② 不过，在设计隐私权制定法化的征途当中，最重要的一步是欧盟在2016年所通过的《通用数据保护条例》，其中的第25条明确规定了设计隐私权。具体

---

① SEC. 103. PRIVACY BY DESIGN, Commercial Privacy Bill of Rights Act of 2011, E:\BILLS\S799. IS, https://www.congress.gov/112/bills/s799/BILLS-112s799is.pdf.

② Hamish Barwick, Victoria to Adopt Privacy by Design: Victorian Commissioner, Computerworld | May 6, 2014 8：03 am PDT, https://www.computerworld.com/article/3484573/victoria-to-adopt-privacy-by-design-victorian-commissioner.html.

来说，《通用数据保护条例》第 25 条规定了以下三点内容：

第一，在考虑到实施成本和数据处理的性质、范围、情境、目的，以及数据处理对数据主体权利和自由带来的伤害可能性和严重性之后，数据控制者应当在决定数据处理方式和进行数据处理时采取合适的技术性和组织性措施。例如，既应当实施数据保护原则的假名化原则和数据最小化原则，又应当在数据处理过程中整合必要的保障措施，从而满足该条例的要求并保护数据主体的权利。

第二，为了确保在默认情况下，只有某个特定目的所需要的个人数据才会被处理，数据控制者应当实施适当的技术性和组织性措施。数据控制者所承担的这一责任适用于所收集个人数据的数量、数据处理的限度、数据存储的期限和数据的可访问性。尤其需要注意的是，这些措施应当确保在默认情况下，如果没有数据主体的干预，那么，非特定数量的自然人就不能访问相关个人数据。

第三，根据第 42 条所规定的某种已生效的认证机制，该机制可用于证明符合该条第 1 款和第 2 款所规定的合规要求。①

四、从公平信息实施的原则到设计隐私权的基本原则

在 Ann Cavoukian 于 1995 年首次提出设计隐私权的理论之前，信息性隐私权仍然受到法律的保护，不过，人们对他人信息性隐私权提供保护的途径并不是设计隐私权，而是公平信息实践（fair information practice），因为根据这一实践，虽然企业实体能够以收集、使用、存储、公开等方式处理他人的个人信息，但是，他们应当采取公平的方式处理他人的个人信息，如果他们采取不公平的方式处理他人的个人信息，则他们的行为构成非法行为，应当承担侵权责任和其他责任。如何判断企业实体处理他人信息的行为是构成公平的处理行为还是不公平的处理行为？人们普遍认为，在判断企业实体的信息处理行为是否构成公平的处理行为时，我们应当看企业实体在处理他人的信

---

① Art. 25, GDPR, Data Protection by Design and by Default, https://gdpr-info.eu/art-25-gdpr/；Michael Veale Reuben Binns and Jef Ausloos, When Data Protection by Design and Data Subject Rights Clash, International Data Privacy Law, 2018, Vol. 8, No. 2, p. 106；迈克尔·维尔、鲁本·宾斯、杰夫·奥斯洛斯：《设计数据保护与数据主体权利之间的冲突》，缪子仪译，载张民安主编《设计隐私权研究》，中山大学出版社 2022 年版，第 657 页。

息时是否坚持了公平信息实施的原则：如果它们在各个方面均坚持了公平信息实施的原则，则他们的行为没有侵犯他人享有的信息性隐私权；否则，如果它们违反了公平信息实施原则，则他们的行为侵犯了他人享有的信息性隐私权，应当承担包括侵权责任在内的法律责任。

随着设计隐私权理论的提出、传播和普遍承认，人们开始讨论如何通过设计隐私权来保护他人的信息性隐私权，根据这一理论，在判断企业实体处理他人信息的行为是否合法时，人们不再看企业实体的行为是否符合公平信息实施的原则，而是看它们的行为是否符合设计隐私权的原则：如果符合设计隐私权的原则，它们处理他人信息的行为不构成非法行为，如果不符合设计隐私权的原则，则它们处理他人信息的行为便构成非法行为，应当承担包括侵权责任在内的法律责任。问题在于，设计隐私权的原则是否优于公平信息实施原则？它们之间的关系如何？人们是否能够说，在今时今日，信息性隐私权领域开始了从公平信息实施的原则向设计隐私权的原则转移？答案似乎是肯定的。

（一）公平信息实施的五原则

所谓公平信息实施原则（fair information practice principles），是指为了在快速发展的全球技术环境中保有公平、安全和维护他人的隐私，身处信息社会的实体组织尤其是公司企业组织在收集、处理、存储、公开、管理或者流通他人信息时所应当遵循的原则。① 公平信息实施原则最初是由美国卫生、教育和福利部所成立的自动化数据系统咨询委员会在 1973 年确立的，在 1973 年 7 月发布的报告《记录、计算机和公民的权利》（*Records, Computers, and the Rights of Citizens*）当中，该咨询委员会确立了公平信息实施的五原则。

根据《记录、计算机和公民的权利》的规定，公平信息实施的五原则是：其一，公开原则。根据这一原则，任何组织的计算机当中不得有任何秘密存在的个人数据记录保存系统。其二，知情原则。根

---

① Pam Dixon, A Brief Introduction to Fair Information Practices, originally posted June 5, 2006. Updated December 19, 2007, https://WWW.Worldprivacyforum.org/2008/01/report-a-brief-introduction-to-fair-information-practices/.

据这一原则，他人具有发现组织的计算机当中记录了自己哪些方面的信息和所记录的信息是如何使用的方法。其三，同意原则。根据这一原则，在没有获得自己同意的情况下，他人具有方法阻止组织将它们基于一种目的获得的信息用于另外一种目的。其四，矫正或者修改原则。根据这一原则，他人有方法对自己的可识别的信息予以矫正或者修改。其五，可靠性和安全原则。根据这一原则，任何创建、维护、使用或传播可识别个人数据记录的组织都必须确保数据对其预期用途的可靠性，并且必须采取预防措施以防止数据被滥用。①

1980年9月，经济合作与发展组织（OECD）发布了《个人数据隐私保护和跨境流动指南》（以下简称《指南》）；2013年7月，该国际组织对该《指南》做出了修订。除了对其他方面的内容做出了规定之外，该《指南》也对公平信息实践原则做出了规定，认为数据控制者在收集、使用、存储甚至跨境流动他人的个人信息或者个人数据时应当遵循以下八个原则：

第一，收集限制原则（collection limitation principle）。根据这一原则，个人数据的收集应受到限制，任何此类数据均应通过合法和公平的方式获取，在适当情况下，在数据主体知情或同意的情况下获取。

第二，数据质量原则（data quality principle）。根据这一原则，个人数据应与其使用目的相关，并且在这些目的所必需的范围内，个人数据应当准确、完整并保持最新。

第三，特定目的原则（purpose specification principle）。根据这一原则，收集个人数据的目的应在收集数据前确定，随后的使用仅限于实现这些目的或与这些目的不相抵触的其他目的。②

第四，使用限制原则（use limitation principle）。个人数据不应被披露、被提供或者被以其他方式用于特定目的原则以外的目的，除非

---

① Records, Computers and the Rights of Citizens, Report of the Secretary's Advisory Committee on Automated Personal Data Systems, U. S. Department of Health, Education & Welfare, July 1973, OHEW Publication NO. (OS) 73-94, Summary and Recommendations, pp. 20-21.

② Recommendation of the Council Concerning Guidelines Governing the Protection of Privacy and Transborder Flows of Personal Data, Adopted on: 23/09/1980, Amended on: 11/07/2013, https://legalinstruments.oecd.org/en/instruments/OECD-LEGAL-0188.

获得了数据主体的同意或者获得了法律的授权。

第五,安全保障原则(security safeguards principle)。根据这一原则,个人数据应受到合理的安全保护,以防止数据丢失或未经授权的访问、破坏、使用、修改或披露等风险。

第六,开放原则(openness principle)。根据这一原则,对于个人数据的开发、实践和政策,应该有一个总体的开放政策。确定个人数据的存在和性质、使用它们的主要目的以及数据控制者的身份和通常居住地的方法应该是存在的、可以获得的。[①]

第七,个人参与原则(individual participation principle)。根据这一原则,个人应有权:从数据控制者那里或以其他方式获得数据控制者是否拥有与其相关的数据的确认信息,或者要求数据控制者在合理期限内以合理的、容易被理解的方式将与自己有关的数据传递给自己,如果这些数据的传递成本不会太高的话。如果个人的这些请求被数据控制者拒绝,他们有权知道拒绝的理由并且能够对于拒绝提出挑战;如果挑战成功,则个人有权要求数据控制者删除、更正、补充或修改有关自己的数据。

第八,问责原则(accountability principle)。根据这一原则,数据控制者应当采取措施,以便让上述原则得以实施。[②]

不过,在公平信息实践原则方面,最著名的原则仍然是由美国联邦贸易委员会(Federal Trade Commission,FTC)确立的。1998年6月,FTC向美国国会提交了《在线隐私:对国会提交的报告》(以下简称《报告》)。在该《报告》当中,FTC对1998年之前有关公平信息实践方面的一系列报告、指南或者标准法典(model codes)进行了分析、研究,并且从中总结出被人们普遍接受的有关公平信息实践方面的五个原则,它将这五个原则称为隐私保护的五个核心原则(five core principles of privacy protection)。它指出,在1998年之前的25年

---

① Recommendation of the Council Concerning Guidelines Governing the Protection of Privacy and Transborder Flows of Personal Data, Adopted on: 23/09/1980, Amended on: 11/07/2013, https://legalinstruments.oecd.org/en/instruments/OECD-LEGAL-0188.

② Recommendation of the Council Concerning Guidelines Governing the Protection of Privacy and Transborder Flows of Personal Data, Adopted on: 23/09/1980, Amended on: 11/07/2013, https://legalinstruments.oecd.org/en/instruments/OECD-LEGAL-0188.

内，美国、加拿大和欧洲的政府机构不仅已经研究过实体收集和使用他人个人信息的方式即这些实体的信息实践，而且还研究过为确保这些实践公平和对隐私提供适当保护所需要的各种保障措施，由此产生了一系列报告、指南和标准法典，它们代表了有关公平信息实践方面被人们广泛接受的原则。所有这些文件均共同规定了隐私保护的五个核心原则[①]：

第一，通知/知悉原则。最基本的公平信息实践原则是通知/知悉原则，如果没有这一原则，后面的几个原则无法发挥作用，因为后面的几个原则的实行对以通知/知悉原则的尊重作为前提。根据这一原则，在消费者的个人信息被泄露之前，实体至少应当将一些基本的信息告知消费者，包括：收集数据的实体身份；数据的用途；潜在的数据接收者；所收集的数据性质以及收集数据的方式（被动地通过电子监控，或主动地要求消费者提供信息）；提供所要求的数据是自愿的还是强制的，以及拒绝提供所要求的信息的后果；数据收集者为确保数据的机密性、完整性和质量而采取的步骤。[②]

第二，选择/同意原则。选择/同意原则是被广泛接受的公平信息实施的第二个核心原则，根据这一原则，选择意味着消费者能够选择实体如何使用从他们那里收集的任何个人信息。选择也与信息的二次使用有关，即实体超出完成预期交易所需的用途使用消费者的个人信息。此类二次使用可以是内部的，例如为了推销其他产品或促销，实体将消费者的个人信息列入邮件名单当中；也可以是外部的，例如将所收集的个人信息传输给第三方当事人。传统上，人们已经考虑了两种类型的选择/同意制度：选择加入（opt-in）或选择退出（opt-out）。选择加入制度要求消费者采取积极措施，以允许实体收集和/或使用其个人信息；选择退出制度则需要消费者采取积极措施来防止实体收集和/或使用此类信息。两种选择的区别在于默认规则，即消费者未采取任何肯定措施时的默认规则。[③]

第三，访问/参与原则。访问/参与原则是被广泛接受的公平信息

[①] Federal Trade Commission, Privacy Online: A Report to Congress, June 1998, p. 7.
[②] Federal Trade Commission, Privacy Online: A Report to Congress, June 1998, pp. 7–8.
[③] Federal Trade Commission, Privacy Online: A Report to Congress, June 1998, pp. 8–9.

实施的第三个核心原则,根据这一原则,他人享有访问有关自己的数据的能力,既包括查看实体文件中的数据的能力,也包括质疑该数据的准确性和完整性的能力。两者对于确保个人数据的准确性和完整性是必不可少的。为了让访问具有意义,访问必须包括:对数据的及时和廉价的访问,对不准确或不完整数据提出质疑的简单方法,数据收集者可以用来验证信息的机制,以及可以将更正信息和/或消费者反对意见添加到数据文件并发送给所有数据接收者的方式。①

第四,完整/安全原则。完整/安全原则是被广泛接受的公平信息实施的第四个核心原则,根据这一原则,收集者应当确保所收集的个人数据是完整的。为确保数据的完整性,收集者必须采取合理措施,例如,仅使用信誉良好的数据源,针对多个来源交叉引用数据,为消费者提供对数据的访问,以及销毁不合时宜的数据或将其转换为匿名形式。同时,根据这一原则,收集者应当确保所收集的个人信息是安全的。为了确保数据的安全,收集者应当采取管理性的和技术性的措施,以防止数据丢失和行为人在未经授权的情况下访问、破坏、使用或披露他人的个人数据。收集者采取的管理措施包括内部组织措施,凭借该措施限制行为人对数据的访问并确保有权访问的行为人不会将数据用于未经授权的目的。收集者采取的技术安全措施包括禁止行为人在未经授权的情况下访问他人的个人数据,包括数据传输和存储中的加密信息;通过使用密码限制行为人对数据的访问;以及将数据存储在调制解调器无法访问的安全服务器或计算机上;等等。②

第五,强制/救济原则。强制/救济原则是被广泛接受的公平信息实施的第五个核心原则,根据这一原则,除了立法者应当制定隐私保护方面的法律,以便让消费者在自己的个人信息权受到侵犯时能够寻求私人救济,政府也应当通过民事或者刑事处罚方式确保实体遵守公平信息实施原则。因为人们普遍认为,隐私保护的核心原则只有在存在强制执行此种保护时才能有效:如果缺乏强制执行和救济机制,则公平信息实施法典只是建议性的而不是强制性的。不过,除了采取强制执行措施保护消费者的个人信息权免受侵犯之外,人们也可以采取

---

① Federal Trade Commission, Privacy Online: A Report to Congress, June 1998, p. 9.
② Federal Trade Commission, Privacy Online: A Report to Congress, June 1998, p. 10.

众多的替代方法保护他人的个人信息权,其中就包括行业自律(industry self-regulation)。因此,行业自律、立法者制定赋予消费者能够寻求私人救济的隐私保护法律和政府强制执行公平信息实践原则,是消费者个人信息权获得保护的三种方式。①

(二)设计隐私权的七项基本原则

就像设计隐私权源自 Ann Cavoukian 一样,设计隐私权的七项基本原则也源自她在2009年发表的《设计隐私权:最终工坊》一文当中。在该文中,她首次阐述了设计隐私权的七项原则,她指出,实施设计隐私权意味着我们应当关注并且遵守七项基本原则,这些基本原则构成设计隐私权的本质。② 2011年,她对自己在2009年的《设计隐私权:最终工坊》当中所阐述的设计隐私权的七项原则做出了修订,这就是《设计隐私权的七项原则》,她指出:"设计隐私权延伸到作为应用程序的'三部曲'当中,包括系统、负责任的商事实践以及物理设计和网络基础设施。设计隐私权的原则可适用于所有类型的个人信息,不过,它们能够特别强有力地适用于医疗信息和财务信息等敏感数据,因为隐私保护措施的强度与数据的敏感性是相称的。设计隐私权的目标一方面是确保他人的隐私获得保护和确保他人对自己个人信息所具有的控制,另一方面则是确保组织能够获得可持续性的竞争优势。而这两个目标的实现均有赖于组织在行为时遵循设计隐私权的七项基本原则。"③

根据 Ann Cavoukian 的看法,设计隐私权的七项基本原则(The 7 Foundational Principles)是:

1. 主动而非被动,预防而非补救(proactive not reactive, preventative not remedial)

设计隐私权的方法所具有的特点是,它是一种主动措施而非被动

---

① Federal Trade Commission, Privacy Online: A Report to Congress, June 1998, pp. 10-11.
② Ann Cavoukian, Privacy by Design: the Definitive Workshop, (2010) Identity in the Information Society 3 (2), pp. 247-251.
③ Ann Cavoukian, Privacy by Design, The 7 Foundational Principles, Originally Published: August 2009, Revised: January 2011, https://www.ipc.on.ca/wp-content/uploads/resources/7foundationalprinciples.pdf.

措施，它预先采取措施，防止行为人侵犯他人的隐私权。它既不会等到侵犯他人隐私权的风险发生之后才对他人的隐私权提供保护，也不会在侵犯他人隐私权的风险发生之后为了解决隐私权遭受侵犯的纷争而对他人提供救济措施，它的目的在于防止侵犯他人隐私的行为发生。一言以蔽之，设计隐私权对他人隐私权的保护是预先保护而不是事后救济。①

2. 把隐私作为默认设置（privacy as the default）

我们所有人均确信这样一件事：将隐私保护设置为默认的规则（the default rules）。通过确保所有个人数据均能够在任何IT系统或者商事实践当中获得自动保护，设计隐私权寻求对他人的隐私权提供最大限度的保护，这就是，如果他人什么事情均不做，则他们的隐私不会遭受任何侵犯；为了保护自己的隐私免受侵犯，他人不需要采取任何行动，因为在默认的情况下，他人的隐私保护已经被置于系统当中。②

3. 把隐私嵌入设计之中（privacy embedded into design）

设计隐私权将隐私的保护嵌入IT系统和商事实践的设计和架构当中，它不是事后作为附件安装或者插入这些系统或者实践当中去的，其结果是，隐私构成这些系统或者商事实践当中能够起到作用或者发挥功效的核心组成部分，隐私已经成为系统的有机组成部分，它不会减缩系统作用或者功效的发挥。③

---

① Ann Cavoukian, Privacy by Design: the Definitive Workshop, (2010) Identity in the Information Society 3 (2), p. 249; Ann Cavoukian, Privacy by Design, The 7 Foundational Principles, Originally Published: August 2009, Revised: January 2011, https://www.ipc.on.ca/wp content/uploads/resources/7foundationalprinciples.pdf.

② Ann Cavoukian, Privacy by Design: the Definitive Workshop, (2010) Identity in the Information Society 3 (2), p. 250; Ann Cavoukian, Privacy by Design, The 7 Foundational Principles, Originally Published: August 2009, Revised: January 2011, https://www.ipc.on.ca/wp content/uploads/resources/7foundationalprinciples.pdf.

③ Ann Cavoukian, Privacy by Design: the Definitive Workshop, (2010) Identity in the Information Society 3 (2), p. 250; Ann Cavoukian, Privacy by Design, The 7 Foundational Principles, Originally Published: August 2009, Revised: January 2011, https://www.ipc.on.ca/wp content/uploads/resources/7foundationalprinciples.pdf.

4. 功能完整——正和而非零和（full functionality—positive-sum, not zero-sum）

设计隐私权放弃了过时的、以零和的方式协调隐私权与诸如安全权在内的其他合法利益之间的关系，它试图以正和即"双赢"的方式让所有合法利益和目标均获得实现，因为在涉及隐私权和安全权等其他利益之间的关系时，它不需要在隐私权与安全权等其他利益之间进行平衡。设计隐私权规避了隐私权传统保护方法当中所存在的虚假的二分法的伪装，例如，隐私权的传统保护方法认为，隐私权与安全权是无法兼容的，对隐私权的保护意味着对安全权的放弃，而设计隐私权则能够兼顾隐私权和安全权，因为它认为两种均是可能的。①

5. 端到端的安全性——全生命周期保护（end-to-end security—full lifecycle protection）

因为在信息的第一个因素被收集之前，隐私保护便已经被嵌入系统之中，因此，设计隐私权对隐私的保护安全地拓展到所涉及的数据的整个生命周期：从开始一直到结束，因为对于隐私而言，强有力的安全措施是至关重要的、必不可少的，它既能够确保所有数据得到安全保留，也能够确保在程序结束时所有被保留的数据获得及时的、安全的销毁。总之，从信息产生那一刻开始一直到信息消灭之日起，设计隐私权能够确保在整个信息周期内对信息进行端到端的管理、保护。②

6. 可见性和透明度——保持开放（visibility and transpa-rency—keep it open）

设计隐私权试图对所有利害关系人均做出保证：无论他们遵循的商事实践是什么，无论所涉及的技术是何方神圣，它们均会根据既定

---

① Ann Cavoukian, Privacy by Design: the Definitive Workshop, (2010) Identity in the Information Society 3 (2), p. 250; Ann Cavoukian, Privacy by Design, The 7 Foundational Principles, Originally Published: August 2009, Revised: January 2011, https://www.ipc.on.ca/wp content/uploads/resources/7foundationalprinciples.pdf.

② Ann Cavoukian, Privacy by Design: the Definitive Workshop, (2010) Identity in the Information Society 3 (2), p. 250; Ann Cavoukian, Privacy by Design, The 7 Foundational Principles, Originally Published: August 2009, Revised: January 2011, https://www.ipc.on.ca/wp content/uploads/resources/7foundationalprinciples.pdf.

的允诺和目标进行操作并且经过独立的验证,因为它们的组成部分和操作对用户和供应商而言都是可见的和透明的,用户也罢、供应商也罢,他们均信赖设计隐私权并且此种信赖是可以加以验证的。①

7. 尊重用户——以用户为中心（respect for user privacy — keep it user-centric）

最重要的是,设计隐私权要求工程师和运营商将他人的个人利益和对隐私的尊重放在首位,以确保他们的行为是建立在以用户为中心的基础上,因为设计隐私权要求他们采取诸如将隐私保护设置为默认、给予适当的通知以及授权用户做出友好型的选择等。②

Ann Cavoukian 提出的设计隐私权的七项基本原则影响巨大,除了 2011 年版本的《商事隐私权利法案》第 103 条和《通用数据保护条例》第 25 条明确体现了设计隐私权的一些原则之外,大量国家的隐私官员或者学者开始主张设计隐私权的七项基本原则。例如,在 2019 年的《设计隐私权指南》当中,西班牙信息保护署就明确承认设计隐私权的七项基本原则。③

（三）设计隐私权的七项基本原则是否优于公平信息实践的原则

关于 Ann Cavoukian 所提出的设计隐私权的七项基本原则是否具有现实意义,尤其是,是否优于传统的公平信息实践的原则,学者们

---

① Ann Cavoukian, Privacy by Design: the Definitive Workshop, (2010) Identity in the Information Society 3 (2), p. 250; Ann Cavoukian, Privacy by Design, The 7 Foundational Principles, Originally Published: August 2009, Revised: January 2011, https://www.ipc.on.ca/wp content/uploads/resources/7foundationalprinciples.pdf.

② Ann Cavoukian, Privacy by Design: the Definitive Workshop, (2010) Identity in the Information Society 3 (2), p. 250; Ann Cavoukian, Privacy by Design, The 7 Foundational Principles, Originally Published: August 2009, Revised: January 2011, https://www.ipc.on.ca/wp content/uploads/resources/7foundationalprinciples.pdf.

③ Ann Cavoukian, Ph. D. Information & Privacy Commissioner Ontario, Canada. Privacy by Design: The 7 Foundational Principles, Jan 2011 https://www.ipc.on.ca/wp-content/uploads/Resources/7foundationalprinciples.pdf; A Guide to Privacy by Design, Agencia Española de Protección de Datos, pp. 7 – 10, https://www.aepd.es/sites/default/files/2019-12/guia-privacidad-desde-diseno_en.pdf;西班牙信息保护署:《设计隐私权指南》,邓梦桦译,载张民安主编《设计隐私权研究》,中山大学出版社 2022 年版,第 313—319 页。

的态度可谓冰火两重天。主张设计隐私权的学者认为,相对于公平信息实践的原则对用户个人信息所提供的保护过于消极、保守和有限而言,设计隐私权的七原则对用户隐私权的保护更加积极、主动和全方面,已如前述。而反对设计隐私权的学者则认为,她提出的这些原则没有什么现实意义,远不及传统的公平信息实践原则来得有效。

在 2013 年的《设计隐私权:对谷歌和脸书隐私侵权事件的反事实分析》当中,Ira S. Rubinstein 和 Nathaniel Good 就持此种看法,他们指出:"在如何将'设计隐私权的方法'应用于新的信息系统和技术方面,虽然 Cavoukian 的著作为公共和私人部门提供了宝贵的经验,但就目前的目的而言,她所提出的七项基本原则是否比公平信息实施原则更有效还有待商榷。总的说来,Cavoukian 所提出的七项基本原则更多的是一种理想化的观点,而不具有实用性或可操作性。第一项基本原则、第二项基本原则和第三项基本原则尽管有某些重复之处,但它们都提供了有益指导,说明了在设计产品和服务的初期就考虑隐私问题并相应地设置默认值的重要性,不过它们并没有提供任何的设计指导。诚然,在所撰写的几篇与技术相关的论文中,Cavoukian 提供了更多实用的建议,但她很少对设计隐私权原则做出分类或者总结。在一些人将个人数据视为互联网的'新石油'并且隐私控制往往只会限制对这种宝贵商品的开发的时代,第四项基本原则似乎不太现实。① 第五项基本原则强调生命周期管理,它是隐私工程的一个关键组成部分。第六项基本原则类似于在各种各样版本的公平信息实践中为人所熟知的透明原则,而第七项基本原则则主要是对早期的一些原则的总结。"②

---

① See Meglena Kuneva, European Consumer Commissioner, Keynote Speech, Roundtable on Online Data Collection, Targeting and Profiling 2 (Mar. 31, 2009), http://europa.eu/rapid/press-releaseSPEECH-09-156_en.htm.

② Ira S. Rubinstein & Nathaniel Good, Privacy by Design: Counterfactual Analysis of Google and Facebook Privacy, Incidents, Berkeley Technology Law Journal, Vol. 28, No. 2, Fall 2013, pp. 1338-1339;艾勒·S. 鲁宾斯坦、纳撒尼尔·古德:《设计隐私权:对谷歌和脸书隐私侵权事件的反事实分析》,袁姝婷译,载张民安主编《设计隐私权研究》,中山大学出版社 2022 年版,第 721—722 页。

五、实体组织采取三个方面的措施落实设计隐私权的七项基本原则

(一) 将设计隐私权的七项基本原则予以落实的措施

虽然设计隐私权理论要求实体组织将用户隐私权的保护贯穿于端到端的整个生命周期,无论是系统的生命周期还是组织运行的整个生命周期,但是,设计隐私权的七项基本原则仅仅是实体组织在行为时所应当遵循的指导原则和最低限度的道德义务或者法律义务,为了真正将这七项基本原则落到实处,实体组织还应当采取众多的具体措施,以便对用户的隐私提供保护,诸如最小化、隐藏、分离、抽象、告知、控制、执行和证明等。这些具体措施又可以分为两类:面向数据的措施(data-oriented strategies)和面向程序的措施(process-oriented strategies)。面向数据的措施包括"最小化""隐藏""分离"和"抽象",更具有技术性,并侧重于对收集的数据进行隐私友好处理。面向手段的措施则包括"告知""控制""强制执行"和"证明"。这些措施更具组织性,旨在确定实施负责任的个人数据管理的程序。[①]

(二) 面向数据的隐私保护措施

1. 最小化

这一措施的目标是收集尽可能少的数据,从而避免不必要的资料处理,并限制这些处理对隐私可能产生的影响。要做到这一点,实体组织应当采取多种多样的方法:可以只从有限的设备上收集数据(减少数据主体的数量),或从设备上收集更少的信息(减少收集的信息量)来实现;仅选择相关个体的样本和所需属性,在建立选择标准时采用保守的方法,只处理满足选择标准的数据;事先排除与数

---

① A Guide to Privacy by Design, Agencia Española de Protección de Datos, pp. 16 – 23, https://www.aepd.es/sites/default/files/2019-12/guia-privacidad-desde-diseno_en.pdf;西班牙信息保护署:《设计隐私权指南》,邓梦桦译,载张民安主编《设计隐私权研究》,中山大学出版社 2022 年版,第 322 页。

据处理无关的设备和属性;当不再需要某项个人数据时,对其进行部分剥离;一旦某些资料与数据分析不再有关联,将其完全删除,确保无法恢复资料和无法复制任何备份副本等。①

2. 隐藏

这一措施的重点是通过建立必要的手段来确保个人信息的机密性和不可链接性,以便限制数据的可观察性。要做到这一点,实体组织应当采取多种多样的方法:限制行为人对他人个人数据的访问;使用加密技术和散列技术,使他人的个人资料在储存操作和信息传送方面变得晦涩难懂、难以识别;消除应保持独立的数据集之间的链接,以及数据记录的识别属性,以消除它们之间的关联性;使用泛化和抑制技术将不同主题的信息组合在一起,以避免数据之间的相互关联。②

3. 分离

这一措施的目标是避免或尽量减少这样的风险:当实体在独立处理数据时,如果它们使用同一个人的不同数据,它们会将这些数据合并在一起,以便能够描绘出这个数据主体的完整形象(如个人的兴趣爱好、健康状况等)。因此,我们有必要使每个数据处理背景都保持独立,这样实体就很难将应该断开链接的数据集关联起来。为了实现此种目的,实体组织应当采取多种多样的措施:将个人数据收集和存储在不同的数据库或应用程序中,将不同的个人数据的收集和处理分散到在系统内独立管理的处理单元上。③

4. 抽象

这一措施背后的理念是尽可能地限制所处理的个人资料的细节。

---

① A Guide to Privacy by Design, Agencia Española de Protección de Datos, pp. 17–18, https://www.aepd.es/sites/default/files/2019-12/guia-privacidad-desde-diseno_en.pdf;西班牙信息保护署:《设计隐私权指南》,邓梦桦译,载张民安主编《设计隐私权研究》,中山大学出版社2022年版,第322页。

② A Guide to Privacy by Design, Agencia Española de Protección de Datos, p. 18, https://www.aepd.es/sites/default/files/2019-12/guia-privacidad-desde-diseno_en.pdf;西班牙信息保护署:《设计隐私权指南》,邓梦桦译,载张民安主编《设计隐私权研究》,中山大学出版社2022年版,第322—323页。

③ A Guide to Privacy by Design, Agencia Española de Protección de Datos, p. 19, https://www.aepd.es/sites/default/files/2019-12/guia-privacidad-desde-diseno_en.pdf;西班牙信息保护署:《设计隐私权指南》,邓梦桦译,载张民安主编《设计隐私权研究》,中山大学出版社2022年版,第324页。

虽然"最小化"措施会预先选择要收集的数据,但"抽象"这一措施侧重于数据处理的细节程度:使用值范围或间隔概括属性值,而不是具体的字段值;通过使用平均值或一般值,将一组记录的信息按类别汇总,而不是使用属于该组的每个主题的详细信息;使用近似的值或使用某种随机噪声来修改真实数据,而不是使用个人数据的确切值。①

(三) 面向程序的隐私保护措施

1. 告知

这一措施实现了相关条例所确立的透明度目标和原则,并力求使数据主体充分及时了解其数据的处理情况。无论实体组织何时处理所收集的个人信息,数据主体必须知道其数据正在被如何使用、使用的目的是什么,以及向哪些第三方提供了这些信息。要做到这一点,实体组织应当采取多种多样的措施:通过确定动机和目标,实体组织以简明、透明、易懂和易于理解的方式向数据主体提供所要求的关于处理哪些个人数据、如何处理数据及其原因的所有信息;当数据不是直接来自数据主体时,在取得该等数据时或将该数据用于与数据主体之间的通信时,应当在与数据主体的第一次沟通中就披露这些信息;数据主体也必须获知他们的数据有否被转移给第三方。②

2. 控制

这一措施与"告知"措施紧密相关,力求通过实施各种机制,使数据主体能够行使其查阅、纠正、删除、反对、可携带和限制其数据及其处理的权利,以及在申请和服务中给予和撤回同意或修改隐私选项的权利,从而使主体能够控制其个人数据的收集、处理、使用和

---

① A Guide to Privacy by Design, Agencia Española de Protección de Datos, p. 19, https://www.aepd.es/sites/default/files/2019-12/guia-privacidad-desde-diseno_en.pdf;西班牙信息保护署:《设计隐私权指南》,邓梦桦译,载张民安主编《设计隐私权研究》,中山大学出版社 2022 年版,第 324—325 页。

② A Guide to Privacy by Design, Agencia Española de Protección de Datos, pp. 19 - 20, https://www.aepd.es/sites/default/files/2019-12/guia-privacidad-desde-diseno_en.pdf;西班牙信息保护署:《设计隐私权指南》,邓梦桦译,载张民安主编《设计隐私权研究》,中山大学出版社 2022 年版,第 325—326 页。

转移。要做到这一点，实体组织应当采取多种多样的措施：除非制定法另有不同的规定，否则，应当获得数据主体的同意；在处理所收集的个人数据时，应当即时通知用户；提供应用程序和服务的粒度功能（granular functionality）；提供让数据主体能够方便地甚至直接对提供的数据进行修改、更新、修正、撤回或者要求删除的机制。①

3. 强制执行

这一措施确保个人信息的处理符合并尊重法律规定的要求，使处理人能够负担起相应的法律责任。为此，有必要定义一个隐私框架和一个管理结构，其中包括由高级管理层支持的数据保护措施，以及管理者受托遵守该政策的作用和责任。隐私文化必须是组织的重要组成部分，所有成员都必须参与其中。要做到这一点，实体组织应当采取多种多样的措施：制定能够与反映组织内部想要传达给数据主体的隐私条款一致的隐私政策，通过建立程序和实施必要的技术和组织措施来支持政策的制定，确保隐私政策及实施的程序、措施和控制手段符合规定并行之有效。②

4. 证明

这一措施比之前的措施都更进一步，是指数据控制者必须能够向数据主体以及监管当局证明自己所适用的数据保护政策，以及该政策所规定的其他法律要求和义务都已经得到遵守。为此，实体组织应当记录组织的每一项决策，即使它们是相互矛盾的，确定决策是谁作出、何时作出以及为何作出；对组织数据保护政策的遵守程度进行系统、独立和文件化的审核；记录审核结果和其他任何有关个人资料处

---

① A Guide to Privacy by Design, Agencia Española de Protección de Datos, pp. 20 – 21, https://www.aepd.es/sites/default/files/2019-12/guia-privacidad-desde-diseno_en.pdf；西班牙信息保护署：《设计隐私权指南》，邓梦桦译，载张民安主编《设计隐私权研究》，中山大学出版社 2022 年版，第 326 页。

② A Guide to Privacy by Design, Agencia Española de Protección de Datos, pp. 21 – 22, https://www.aepd.es/sites/default/files/2019-12/guia-privacidad-desde-diseno_en.pdf；西班牙信息保护署：《设计隐私权指南》，邓梦桦译，载张民安主编《设计隐私权研究》，中山大学出版社 2022 年版，第 326—327 页。

理操作的事件，并在必要时提供给监管当局。①

六、《民商法学家》第 18 卷对设计隐私权的关注

从 1995 年开始一直到 2022 年，虽然设计隐私权仅仅走过了短短的 27 年，但在各国隐私官员的强力支持之下，它一路披荆斩棘、攻城略地并因此取得了重大成就，因为在这一段时期内，设计隐私权已经完成了从"正在让全球点头认可"的阶段②走向今时今日的"无人不知、无人不晓"的阶段。③ 这就是，除了隐私官员和学者普遍承认之外，立法者的制定法也已经明确规定了设计隐私权，已如前述。此外，即便在立法者没有对设计隐私权做出强制性规定的情况下，全球的"大型企业正在示范设计隐私权"④。

在我国，虽然民法学者对隐私权的理论表现得兴致盎然并且持久不衰，但是，几乎没有任何民法学者关注设计隐私权。民法学者的此种态度直接体现在我国 2020 年的《中华人民共和国民法典》当中，因为，虽然它在人格权编当中以大量的法律条款对他人的隐私权尤其是信息性隐私权做出了规定，但是，它的这些规定均是建立在传统的公平信息实践的基础上的，而不是建立在设计隐私权的基础上的。换言之，它对隐私权尤其是信息性隐私权的保护并不是事先保护。而是

---

① A Guide to Privacy by Design, Agencia Española de Protección de Datos, pp. 22 – 23, https://www.aepd.es/sites/default/files/2019-12/guia-privacidad-desde-diseno_en.pdf；西班牙信息保护署：《设计隐私权指南》，邓梦桦译，载张民安主编《设计隐私权研究》，中山大学出版社 2022 年版，第 327—328 页。

② Ann Cavoukian, Privacy by Design: Origins, Meaning, and Prospects for Assuring Privacy and Trust in the Information Era, Computer Science, 2012, pp. 173 – 174；安·卡沃基安：《论设计隐私权的起源、含义和前景》，缪子仪译，载张民安主编《设计隐私权研究》，中山大学出版社 2022 年版，第 37—40 页。

③ Dag Wiese Schartum, Making Privacy by Design Operative, (2016) 24 Int'l JL & Info. Tech 151, pp. 151 – 154；达格·威斯·沙尔图姆：《促使设计隐私权实施的切实可行的方法》，缪子仪译，载张民安主编《设计隐私权研究》，中山大学出版社 2022 年版，第 197—200 页。

④ Ann Cavoukian, Scott Taylor, Martin E. Abrams, Privacy by Design: Essential for Organizational Accountability and Strong Business Practices (2010) Identity in the Information Society, volume 3, pp. 410 – 413；安·卡沃基安、斯科特·泰勒、马丁·E. 艾布拉姆斯：《设计隐私权：问责制和业务实践至关重要》，温馨译，载张民安主编《设计隐私权研究》，中山大学出版社 2022 年版，第 500—503 页。

事后保护。不过,仅仅对隐私权尤其是信息性隐私权进行事后保护还是远远不够的,因为,当他人的个人信息已经被行为人泄露时,即便他人能够要求法官责令行为人赔偿自己所遭受的损害,他们所获得的损害也无法让自己的损害真正消失。

通过引入设计隐私权的理论,在维持隐私权尤其是信息性隐私权的事后保护手段时,我国民法也能够对他人的隐私权尤其是信息性隐私权提供事先保护。根据此种保护方法,任何组织,无论它们的性质是公司企业、政府部门还是事业单位,也无论它们的规模是小型的、中型的或者大型的,只要它们开发或者使用先进的网络系统和信息通信技术处理用户或者消费者的个人信息,在系统和营运的整个生命周期,它们和它们的所有人员均应当参与到他人隐私权尤其是个人信息隐私权的保护当中来,应当将尊重用户、消费者的隐私、个人信息作为自己一切行为的指南。

为了让我国民法学者了解设计隐私权的前世今生,尤其是为了让设计隐私权能够进入我国民法学者的学术视野和立法者的立法领域,并因此实质性地创新、发展我国的隐私权理论,《设计隐私权研究——新信息性隐私权(三)》(《民商法学家》第18卷)第一次从单纯学术的角度对设计隐私权做出最全面、最系统和最科学的研究。

本书共四编,第一编为"设计隐私权和设计隐私权法",所涉及的内容包括:设计隐私权的概念,设计隐私权的产生、发展和现状,法律对设计隐私权所进行的规范和调整;设计隐私权的构建以及为实施设计隐私权所应当采取的各种措施等。第二编为"当今两大法系国家的设计隐私权",所涉及的内容包括:加拿大安大略省的设计隐私权和设计隐私权法;欧盟的设计隐私权和设计隐私权法,尤其是2016年通过的《通用数据保护条例》关于设计隐私权的最新规定和权威解读;西班牙的设计隐私权和设计隐私权法等。第三编为"设计隐私权的原则和功能",所涉及的内容包括:设计隐私权的七项基本原则,为了贯彻设计隐私权的七项基本原则所要求采取的各种各样的执行措施,设计隐私权的主要目的和功能。第四编为"设计隐私权的适用领域",所涉及的内容包括:设计隐私权在生命记录领域的适用,设计隐私权在远程家庭保健护理领域的适用,设计隐私权在权利丧失领域的适用,设计隐私权在知识性隐私权当中的适用,以及设计隐私权在社交媒体当中的适用。

  《民商法学家》第 18 卷之所以能够顺利地出版，除了主编和各著译者的努力之外，还得益于中山大学出版社和蔡浩然编审的鼎力支持，在《民商法学家》第 18 卷即将出版之际，本书主编真诚地对他们表示由衷的感谢！

张民安教授

2022 年 4 月 26 日

于广州中山大学法学院

目 录

第一编　设计隐私权和设计隐私权法

论设计隐私权的起源、含义和前景
　　………………………… 安·卡沃基安 著　缪子仪 译
　　一、导论 ………………………………………………… (1)
　　二、设计隐私权的背景 ………………………………… (3)
　　三、设计隐私权的起源（1996—2001 年）…………… (6)
　　四、隐私增强技术 ……………………………………… (10)
　　五、隐私增强技术之外的"别样天地"………………… (15)
　　六、设计隐私权概念的发展过程（2001—2009 年）… (17)
　　七、将重心转移到实际成果和结果方面 ……………… (20)
　　八、设计隐私权的应用 ………………………………… (22)
　　九、设计隐私权的现状和未来前景 …………………… (30)
　　十、建立设计隐私权的七项基本原则 ………………… (30)
　　十一、设计隐私权已被越来越多人认可 ……………… (37)
　　十二、结语 ……………………………………………… (40)

设计隐私权：领导、方法与结果
　　………………………… 安·卡沃基安 著　邓梦桦 译
　　一、导论 ………………………………………………… (44)
　　二、不断演变的隐私背景 ……………………………… (45)
　　三、设计隐私权的起源与演变 ………………………… (46)
　　四、设计隐私权的基本原则 …………………………… (49)
　　五、未来的挑战 ………………………………………… (58)
　　六、结语 ………………………………………………… (59)

关于设计隐私权法的阐析
　　………………………… 阿里·埃兹拉·沃尔德曼 著　缪子仪 译
　　一、导论 ………………………………………………… (61)

二、作为法律的设计隐私权 …………………………………… （67）
　　三、设计隐私权法的解释 ……………………………………… （82）
　　四、结语 ……………………………………………………… （110）
构建设计隐私权 ………… 赛达·居尔塞斯　卡梅拉·特隆科索
　　　　　　　　　　　　　克劳迪亚·迪亚兹 著　温馨 译
　　一、导论 ……………………………………………………… （112）
　　二、设计隐私权原则和技术 ………………………………… （113）
　　三、案例研究 ………………………………………………… （119）
　　四、设计隐私权和工程实践 ………………………………… （132）
隐私权法的虚假承诺 ……………… 阿里·埃兹拉·沃尔德曼 著
　　　　　　　　　　　　　　　　　林泰松　缪子仪 译
　　一、导论 ……………………………………………………… （136）
　　二、隐私权法的社会实践 …………………………………… （142）
　　三、日渐式微的隐私权法 …………………………………… （147）
　　四、重现隐私权法昔日的承诺 ……………………………… （180）
　　五、结语 ……………………………………………………… （190）
促使设计隐私权实施的切实可行的方法
　　　　　　　………… 达格·威斯·沙尔图姆 著　缪子仪 译
　　一、导论 ……………………………………………………… （192）
　　二、缩小问题的范围 ………………………………………… （194）
　　三、无人不知的设计隐私权 ………………………………… （196）
　　四、设计隐私权和规范设计 ………………………………… （199）
　　五、在法律和技术之间架起桥梁 …………………………… （204）
　　六、微观技术性设计要素 …………………………………… （208）
　　七、设计隐私权技术 ………………………………………… （210）
　　八、设计要素和设计隐私权技术强强联合 ………………… （213）
　　九、究竟谁才是设计隐私权系统中的用户 ………………… （215）
　　十、结语 ……………………………………………………… （220）
论设计隐私权的规范和调整
　　　　　　　………… 艾勒·S.鲁宾斯坦 著　邓梦桦 译
　　一、导论 ……………………………………………………… （223）
　　二、隐私增强技术和设计隐私权 …………………………… （226）

三、市场激励机制 …………………………………………（238）
四、关于监管激励机制的建议 ………………………（246）
五、结语 ……………………………………………………（253）
六、附录 ……………………………………………………（253）

第二编 当今两大法系国家的设计隐私权

设计隐私权的规范和调整：以加拿大安大略省为例
……………………………………阿夫纳·莱温 著 邓梦桦 译
一、导论 ……………………………………………………（256）
二、设计隐私权 ……………………………………………（257）
三、案例研究 ………………………………………………（260）
四、研究结果 ………………………………………………（265）
五、结语 ……………………………………………………（277）

欧盟关于设计隐私权的初步看法
……………………………乔瓦尼·布塔雷利 著 邓梦桦 译
一、设计隐私权与默认设置 ……………………………（284）
二、通过设计和默认设置保护数据的欧盟法律 ………（290）
三、设计隐私权的国际层面 ……………………………（297）
四、在保护个人数据的同时健全设计系统和操作程序 …（298）
五、通过设计和默认设置来保护隐私 …………………（305）
六、结语 ……………………………………………………（310）

设计隐私权指南 …………西班牙信息保护署 著 邓梦桦 译
一、设计隐私权的概念和基本原则 ……………………（312）
二、系统的隐私要求 ……………………………………（318）
三、隐私工程 ………………………………………………（320）
四、设计隐私权策略 ……………………………………（321）
五、设计隐私权模式 ……………………………………（328）
六、隐私增强技术 ………………………………………（329）
七、结语 ……………………………………………………（333）

设计隐私权和设计数据保护——从政策到编程
…… 欧盟网络与信息安全监管委员会 著 缪子仪 译

一、导论 …………………………………………………… (335)
二、编程隐私权 …………………………………………… (338)
三、设计隐私权策略 ……………………………………… (354)
四、设计隐私权技术 ……………………………………… (361)
五、结语 …………………………………………………… (397)

对设计隐私权作为《通用数据保护条例》条款的研究
……………………………… 莎拉·古斯塔夫松 著 温馨 译

一、导论 …………………………………………………… (408)
二、目的、目标和限制 …………………………………… (409)
三、《通用数据保护条例》简介 ………………………… (411)
四、文献综述 ……………………………………………… (413)
五、研究方法 ……………………………………………… (420)
六、研究结果 ……………………………………………… (424)
七、讨论 …………………………………………………… (431)
八、结语 …………………………………………………… (437)

通过设计来保护数据：对《通用数据保护条例》第25条的评析
……………………………… 阿里·埃兹拉·沃尔德曼 著 温馨 译

一、导论 …………………………………………………… (440)
二、设计隐私权的含义 …………………………………… (442)
三、《通用数据保护条例》第25条的含义 ……………… (444)
四、结语 …………………………………………………… (456)

第三编 设计隐私权的原则和功能

设计隐私权的操作：实施严格隐私实践的指南
……………………………… 安·卡沃基安 著 邓梦桦 译

一、导论 …………………………………………………… (459)
二、概要 …………………………………………………… (463)
三、设计隐私权的七项基本原则之一：主动而非被动，
　　预防而非补救 ………………………………………… (468)
四、设计隐私权的七项基本原则之二：把隐私作为默认
　　设置 …………………………………………………… (473)

五、设计隐私权的七项基本原则之三：把隐私嵌入设计
　　　　之中 …………………………………………………（477）
　　六、设计隐私权的七项基本原则之四：功能完整——正和
　　　　而非零和 ……………………………………………（480）
　　七、设计隐私权的七项基本原则之五：端到端的安全性——
　　　　全生命周期保护 ……………………………………（483）
　　八、设计隐私权的七项基本原则之六：可见性和透明度——
　　　　保持开放 ……………………………………………（487）
　　九、设计隐私权的七项基本原则之七：尊重用户——以
　　　　用户为中心 …………………………………………（490）
　　十、结语 …………………………………………………（494）

设计隐私权：问责制和业务实践至关重要
　　………………… 安·卡沃基安　斯科特·泰勒
　　　　　　　　　　马丁·E. 艾布拉姆斯　著　温馨　译
　　一、导论 …………………………………………………（496）
　　二、问责制与设计隐私权的融合 ………………………（498）
　　三、问责制的基本要素 …………………………………（499）
　　四、设计隐私权的七项基本原则 ………………………（500）
　　五、大型企业正在示范设计隐私权 ……………………（501）
　　六、结语 …………………………………………………（504）

设计隐私权：可有可无之物还是数据保护法的必备原则
　　………………………… 大卫·克雷布斯　著　缪子仪　译
　　一、导论 …………………………………………………（506）
　　二、设计隐私权 …………………………………………（508）
　　三、强制性设计隐私权的观点 …………………………（524）
　　四、分析 …………………………………………………（530）
　　五、结语 …………………………………………………（532）

设计隐私权：具有隐私意识的普适计算系统中的隐私权原则
　　………………………… 马克·朗海因里希　著　缪子仪　译
　　一、导论 …………………………………………………（535）
　　二、隐私权 ………………………………………………（536）
　　三、普适计算所带来的社会影响 ………………………（543）

四、指导方针和原则 …………………………………………（545）
五、结语 ………………………………………………………（555）
论设计模糊性　　　　　　　　　　　伍德罗·哈佐格
　　　　　　　　　弗雷德里克·斯图兹曼 著　缪子仪 译
一、导论 ………………………………………………………（557）
二、必须将设计隐私权予以明确化，以便更好地应用于社交
　　媒体的用户界面 …………………………………………（560）
三、模糊性的概念和内容 ……………………………………（565）
四、设计模糊性的实施 ………………………………………（571）
五、结语 ………………………………………………………（587）
设计隐私权与安全设计：颠覆"隐私 VS. 安全"的模式
　　　　　　　　………………安·卡沃基安 著　邓梦桦 译
一、导论 ………………………………………………………（589）
二、信息收集越多，我们就越安全吗 ………………………（591）
三、隐私与社会繁荣 …………………………………………（594）
四、隐私如何与创新联系在一起 ……………………………（595）
五、结语 ………………………………………………………（597）

第四编　设计隐私权的适用领域

生命记录技术语境下的设计隐私权的方法论
　　　　　　　　………………亚历克斯·米哈伊尔迪斯
　　　　　　　　　利亚恩·科隆纳 著　缪子仪 译
一、导论 ………………………………………………………（599）
二、设计隐私权的概念 ………………………………………（602）
三、与生命记录技术相关的数据流 …………………………（606）
四、生命记录技术的属性为隐私权带来前所未有的挑战
　　………………………………………………………………（606）
五、探讨在生命记录技术的发展过程中实施设计隐私权
　　………………………………………………………………（611）
六、结语 ………………………………………………………（633）

远程家庭保健护理技术：植入设计隐私权以保障隐私
.... 安·卡沃基安　安格斯·费希尔
　　　　　　　斯科特·基伦　大卫·A. 霍夫曼　著　温馨　译
　一、导论 ………………………………………………（635）
　二、数据的传输与分析 …………………………………（638）
　三、隐私和远程家庭保健护理技术 ……………………（639）
　四、公平信息实施和设计隐私权的实施原则 …………（641）
　五、设计隐私权的实际应用 ……………………………（645）
　六、对隐私和远程家庭保健护理技术的思考 …………（649）

设计数据保护与数据主体权利之间的冲突
.... 迈克尔·维尔　鲁本·宾斯
　　　　　　　　　杰夫·奥斯洛斯　著　缪子仪　译
　一、导论 …………………………………………………（651）
　二、关于权衡中权利丧失的案例研究 …………………（656）
　三、将数据保护纳入"设计数据保护"之中 …………（668）
　四、结语 …………………………………………………（682）

数字版权管理与隐私……………朱莉·E. 科恩　著　陈小萍　译
　一、导论 …………………………………………………（685）
　二、知识性消费中的隐私利益 …………………………（686）
　三、将知识性隐私权纳入法律 …………………………（694）
　四、将知识性隐私权编入代码 …………………………（708）
　五、结语 …………………………………………………（713）

设计隐私权：对谷歌和脸书隐私侵权事件的反事实分析
.... 艾勒·S. 鲁宾斯坦
　　　　　　　　　纳撒尼尔·古德　著　袁姝婷　译
　一、相关背景 ……………………………………………（714）
　二、设计原则 ……………………………………………（720）
　三、案例研究和反事实分析 ……………………………（743）
　四、经验教训 ……………………………………………（763）
　五、结语 …………………………………………………（766）

第一编　设计隐私权和设计隐私权法

论设计隐私权的起源、含义和前景

安·卡沃基安[①] 著　缪子仪[②] 译

目　次

一、导论
二、设计隐私权的背景
三、设计隐私权的起源（1996—2001 年）
四、隐私增强技术
五、隐私增强技术之外的"别样天地"
六、设计隐私权概念的发展过程（2001—2009 年）
七、将重心转移到实际成果和结果方面
八、设计隐私权的应用
九、设计隐私权的现状和未来前景
十、建立设计隐私权的七项基本原则
十一、设计隐私权已被越来越多人认可
十二、结语

一、导论

"隐私权对商业来说好处多多。"这句话对于所有处理个人信息

[①] 安·卡沃基安（Ann Cavoukian），加拿大安大略省信息和隐私专员办公室隐私专员。
[②] 缪子仪，中山大学法学院助教。

的企业乃至于所有公共组织和私营部门来说，已经成为一项合法的市场性和功能性规定。总的来看，尽早且彻底地在数据管理系统中构建隐私权，并从由此增强的信任中就可收获源源不断的回报。

事实上，欧盟数据保护法律曾经过漫长的酝酿。在2010年3月，也就是欧盟信誓旦旦承诺大规模审查和修订欧盟数据保护法律的前夕，欧盟数据保护监督员Peter Hustinx曾在发表的意见中指出："在信息和通信技术兴起并席卷全球掀起一片又一片热潮的大环境下，缺乏信任已经是众人公认的一个核心问题。换言之，如果他人不信任信息和通信技术，那么，该技术就很可能会一败涂地……只有在信息和通信技术可靠、安全、在他人控制下并能保护他人个人数据和隐私权的情况下，这种信任才能完好无损。因此，为了大大减少风险并确保他人愿意继续忠心追随信息和通信技术，从信息和通信技术的开端之初，我们就必须在实际层面上将数据保护和隐私权整合在一起。这也就意味着，欧盟数据保护法律框架理所应当在不同层面的法律和政策制定中反映出这种对'设计隐私权'方法的需求。"

除了表达上述观点之外，Peter Hustinx还大力呼吁对他人隐私权采取更全面、更积极的做法。遍及世界各地的数据保护机构纷纷群起而响应——2010年10月，世界各地的国际数据保护和隐私专员在他们的年会上欢聚一堂，紧接着就一致通过了一项堪称里程碑式的决议，那就是承认"设计隐私权"（Privacy by Design，PbD）是"基础隐私保护的重要组成部分"。就该项决议的提出而言，加拿大隐私专员Jennifer Stoddart，以及来自德国、新西兰、捷克和爱沙尼亚的隐私专员都功不可没，他们在提议中指出：①应当大力鼓励将设计隐私权原则作为组织运作默认模式一部分的做法；②邀请数据保护和隐私专员促进设计隐私权，鼓励他们将设计隐私权基本原则纳入各自司法管辖区域内的隐私政策和相关立法，并鼓励深入研究设计隐私权的种种行为。

为了相关组织能够更好地管理个人信息，无论是美国还是欧洲的公职人员和监管机构都紧随其后发布关于设计隐私权原则的正式提案和建议，并将它们纷纷纳入经改革的监督和治理制度。换言之，设计隐私权如今早已不仅仅是一个普普通通的概念，它正在华丽转身成为世界各地主要司法管辖区域的法律和监管要求。

在上述背景下，本文既将主要追溯设计隐私权概念的起源，即从20世纪90年代中期到2011年为止的这段历史，又将回顾加拿大安大略省信息和隐私专员办公室的领导工作，还将特别阐述三个核心主题：一是，设计隐私权的演变进化历程，即从早期强调信息技术到同样强调组织性行为和过程，再到强调更广泛的信息生态系统和体系架构的演变过程。二是，有关阐明和促进一套普遍原则来帮助指导设计隐私权的需求演变过程，即从公平信息实践（fair information practices，FIPs）到设计隐私权七项基本原则的变化历程。三是面对设计隐私权七项基本原则所带来的新的或"强化版"公平信息实践，加拿大安大略省信息和隐私专员办公室做了大量工作，包括：①积极预防而非被动救济原则，该原则意味着在任何数据使用之初就建立明确的领导优先级，从而设置和执行最高隐私标准；②将隐私权嵌入设计原则，该原则意味着在所有设计和操作过程中对这些优先级事项做出可核查的承诺，即一种确保将隐私权承诺彻底纳入有关技术、流程或架构而制定的系统性程序或方法论；③正和而非零和原则，该原则意味着能够反映出多个目标存在的可衡量的和可证明的结果，即所有合法的非隐私目标和功能都应当得到满足。

针对设计隐私权原则中的每一项原则，本文不仅展示加拿大安大略省信息和隐私专员办公室是如何在技术、组织性行为和信息生态系统领域推广它们的，而且阐明这些做法的可行性和未来可能遇到的挑战。

二、设计隐私权的背景

（一）互联网和信息隐私权

在短短不过一代人的时间里，互联网和信息与通信技术不仅如雨后春笋般出现并呈燎原之势席卷全球，而且它们也将管理数据的基本规则彻底颠覆。其实大多数人的心中早已明了，这一波波的趋势对信息时代的隐私权势必有着不容小觑又长久深远的影响。如今，全球都仿佛装了电动马达，大家马力全开地创造数也数不清的信息，而这些数据和信息又在各地不断地复制和储存。随着数据走向数字化并逐渐开始与网络系统相连接，过去大家习以为常的默认隐私保护——个人信息的实际模糊化处理也迅速地消失在我们的视野之中。现在尝试对信息进行清点和分类的行为已经少之又少，他人现在更多地都会选择依靠高级搜索，而不是依靠排序技术来管理信息。上述种种现象交织在一起就带来了一种综合效应，那就是虽然信息在分配、复制和重组方面的成本变得低廉到令人难以置信，并且个人信息也渐渐变得"得来全不费功夫"；但是控制或保护个人信息这条路也随之变得举步维艰。面对这种情况，如果想要制订一套完美、理想的信息隐私权解决方案，那么，结合数据最小化技术、可靠的保障措施、个人参与管理数据和根据隐私权原则所制定的问责措施就显得至关重要。

（二）相关组织的问责制究竟是否在走下坡路

首先，前文已经提到，不仅"隐私权对商业来说好处多多"这一主张已经被载入世界各地公平信息实践的所有原则之中，而且通过这些原则，制定和实施的许多法律和组织性行为也顺理成章地将该主张纳入其中。简言之，通过制定处理个人数据的普遍性原则，公平信息实施用尽全身之力就旨在确保他人所享有的隐私权、促进个人数据自由流动，并通过这些原则来大大助力商业蓬勃发展。事实上，如果要说他人、商业合作伙伴和监管机构对相关组织的数据处理行为能怀有多大的信心，那么，这可能主要由相关组织表达公平信息实践核心要求的能力说了算。具体来说，公平信息实践的核心要求主要包括：①限制收集、使用和披露个人数据的行为；②让他人参与到数据的整个生命周期之中去；③以一种彻底的方式去适用适当的数据保障措施。反过来说，这些核心要求又往往以相关组织的开放性和责任为前提。在二者的相互作用之下，增强信任、提高效率、加强创新和提高竞争优势便指日可待。

其次，虽然"隐私权对商业来说好处多多"无疑是条至理名言，但早期的公平实践原则起草者和适用者脑海中往往考虑的都是大型计算机和集中式数据库。他们当初也不会想到传感器、带宽、存储和计算机处理能力的飞跃式革命，更别提将这些东西汇聚到我们当前超链接的"Web 2.0"网络世界之中和无处不在、唾手可得的数据了。同时，虽然"数据是新经济的命脉所在"这一论断早已成为老生常谈，但是我们又是否知道，如今这一命脉究竟已经变成何种庞然大物？它是如何倍增的？它又可能导致什么后果和达到什么目的？无论身处何方，我们都不难看到在茫茫不明的"云"中某个地方，随着参与者的队伍不断庞大起来，数据的创建、传输、使用和存储也如同滚雪球般呈指数级增长；不仅这些数据大多数时候都属于个人可识别数据，而且这其中的大部分数据还基本上被掌握在数据主体以外的人手中。今天的我们正享受着前所未有、周到之至的全新服务和种种好处，但凡事有利就有弊，伴随着这些服务和好处的就是前所未有、远远超乎你我想象的隐私威胁和重重伤害。有人曾心灰意冷地说，在信息时代，他人的隐私权要么早已灰飞烟灭，要么就在苟延残喘、濒临死亡。在本文看来，无论他人的隐私权是死是活，至少隐私权所处的环境正在飞速变化这一点可以说是毋庸置疑的。

再次，不管大环境发生怎样的变化，不仅对相关组织进行问责的需求依然存在，而且在今天这个时代，这种需求比以往任何时候都只增不减，甚至更为迫切和激烈。不过有一点正在发生变化，那就是无论是对他人、对监管机构还是对商业合作伙伴，向相关主体阐明相关责任和问责制的方式正在悄然发生改变。换言之，除了政策声明之外，当务之急就是需要一种更具创新性和更有力的方法来确保他人的个人数据正在实际上被负责任地管理着。具体而言，加强问责制和相关保证的途径可谓五花八门，其中通常夹杂着技术、政策、相关行为和监管。而就目前来看，我们比以往任何时候都更需要一种全面透彻的设计隐私权方法——它既是一种信息管理方法，又必须得是一种从一开始就确保端到端的监管和责任链的方法。

之所以这样说，本文主要出于两方面的考量：一方面，其实所有相关组织都无一例外地面临着日益纷繁复杂的信息管理挑战。不仅个人可识别信息（personally identifiable information，PII）变得越来越随处可见，而且跨越不断扩大（并且日趋复杂）的网络，越来越多的实体也渐渐开始出于越来越多的目的去访问这些信息。另一方面，在相关主体需要同时遵守多个司法管辖区域的法律和监管要求的同时，信息和通信技术所带来的一系列影响正在从根本上去推翻传统商业组织模式和商业策略。简言之，考虑到当前数据系统、网络和相关实践的庞大规模和复杂性，一套全新的、跟上时代发展步伐的并且广为他人所接受的设计隐私权和实践原则必不可少。同时，不仅这些原则必须要稳健可靠和全面综合，而且它们还要能够在新的全球现实中确保他人隐私权和信任。

复次，回望历史，其实有一个先例颇具划时代意义：那还是在1973年，也就是在大型机、计算机化和数字网络时代的黎明曙光来临之际，美国健康、教育和福利部（HEW）发布的一份报告直接震惊四座；紧接着，该报告所阐述的一套全面信息管理原则也就顺理成章地成为标杆，从此有效地确立起随后数字时代保护他人隐私权的全球性标准。后来，在这份里程碑式的报告发表后的25年里，为了将隐私保护更加深入和普遍地纳入社会法律、条例、组织性行为和个人权利结构之中，一套真正的公平信息实践原则在世界各地政府和政府间组织的不懈努力下应运而生。

最后，如果要对设计隐私权的概念追根溯源，那么，设计隐私权这股运动浪潮的源头应该在加拿大安大略省信息和隐私专员Ann Cavoukian那里。作为20世纪90年代中期提出的一个概念，Cavoukian所提出的这个旨在提高隐私保护门槛的设计隐私权概念可谓风靡全球。而如今，无论是世界各地的数据保护机构、监管机构、隐私权倡导者还是技术人员，他们都逐渐成为这一概念和相关理论的铁杆粉丝，并不断为这一概念和理论的发展和推广贡献着自己的力量。

三、设计隐私权的起源（1996—2001年）

（一）设计隐私权概念的起源

所谓设计隐私权，是指将隐私权嵌入各种技术设计规范中的一种哲学和方法，通过在信息系统设计和部署的早期阶段建立公平信息实践原则，设计隐私权便得以实现。虽然设计隐私权概念最初在适用时只是将目光局限在技术领域，但是它后来也渐渐开始扩大适用范围，这其中就包括组织性行为、物理空间、总体信息架构和网络生态系统。今天甚至有人跃跃欲试地猜测，设计隐私权的概念说不准哪天就会应用在监管监督和治理的立法和系统之中。

事实上，作为一个总体性概念，设计隐私权的起源与20世纪90年代许多新兴的实践和趋势息息相关，尤其是五个颇具代表意义的趋势：其一，大家开始渐渐承认必须解决隐私利益和隐私相关问题；其二，表达一般隐私保护领域的基本原则适用得越来越频繁；其三，在整个信息生命周期之中，尽量在开发信息技术和系统时就减少隐私问题逐渐变成一个共识；其四，对专门化和合格的隐私权问题领导和/或专业投入的需求与日俱增；其五，采用和整合隐私增强技术（privacy-enhancing technologies，PETs）的行为日趋普遍。

（二）逐步承认解决隐私利益和相关问题的好处

如果要说设计隐私权究竟应何运而生，那么，这一切都要追溯到意识观念的变化上来，即大家开始渐渐认识到采用优良隐私实践能带来源源不断的价值和好处。20世纪90年代中期，在预计欧盟《数据保护指令》（Data Protection Directive）即将生效的大背景下，那时无论是欧盟、加拿大还是美国，它们无一例外都在热火朝天地激烈讨论优良隐私实践的种种优点：①欧盟《数据保护指令》的初心就是力求在高度保护他人隐私权和个人数据的自由流动之间取得一种平衡。不过值得注意的是，当欧盟《数据保护指令》要转换为欧盟成员国的国内法时，作为转移欧盟公民个人信息的必要条件，外国司法管辖区域和企业必须要满足"充分性"要求。②在加拿大，为了制定一部国家层面的隐私权法从而指导企业、行业和机构在信息时代应当遵循的合法信息要求，企业和消费者利益的广泛联盟也在紧锣密鼓地举行会议。③美国当然也不甘落后，为了建立起处理个人信息的基本规则，美国也开始与欧盟就"避风港"框架协议展开谈判。

在上述背景之下，他人对所有收集、使用和披露个人信息的组织所怀的期望值也迅速飙升，他们满心希望这些组织在自己的业务和行为中应当顾及他人的信息隐私利益和信息隐私权。换句话来说，除了是一种道德上的必要之外，尊重他人隐私权也正在成为一种商业和市场上的迫切需求。正如加拿大安大略省信息和隐私专员办公室所言，良好的隐私权完全能够为所有相关人员提供一种正和的回报，而其中对相关组织的"回报"就包括提高他人满意度和信任度、提高声誉名望、减少法律责任、提高业务效率、猛增商业收益、提高投资回报率（ROI）并最终保持竞争优势。

(三) 适用公平信息实践的普遍原则

说到设计隐私权方法，最为显而易见的特点就是它是一种原则性方法。为了行之有效且可信可靠，设计隐私权不得不参照那些久负盛名的隐私权原则、标准和其他相关指导，从而系统性地将隐私权嵌入相关技术和业务实践之中。而公平信息实践原则就是其中颇具代表性的领头羊，因为它切切实实地阐明了他人的隐私权以及相关组织需要遵守的种种义务。

事实上，一些自发性的国际公平信息实践原则早就成为制定国家和欧洲领域内类似隐私权法、规定和条例的样板蓝图，比如1980年经济合作与发展组织（OECD）发布的纲领性文件《关于保护隐私和个人数据跨境流动指南》（*Guidelines on the Protection of Privacy and Transborder Flows of Personal Data*）等。紧接着，到了20世纪90年代中期，加拿大安大略省信息和隐私专员办公室慢慢开始认识到，这些公平信息实践原则同样也可以成为信息系统设计的理论源泉。

(四) 尽早全面地识别和减轻隐私问题

在这个日新月异的信息时代，如果说坚持遵守隐私权规范相当于做生意的成本，那么尽早且深入地在信息和通信技术（ICTs）中建立起隐私权规范就能让相关主体的效率突飞猛进，从而作为市场上的先发条件来赢取竞争优势。有句话说得好，"从一开始就建立隐私权规范从而避免将来犯下昂贵的错误才是明智之举，毕竟改造这些错误的代价可不止一星半点"。就拿加拿大安大略省信息和隐私专员办公室来说，它就一直旗帜鲜明地主张尽早并反复地确定隐私问题，并且在它看来，虽然再好不过的就是在产品设计阶段解决隐私问题，但是在产品开发和实施阶段解决也不是不可以。然而，如果我们想要在政策和组织层面上系统地解决隐私问题，那么从一开始就将隐私权嵌入应用程序的框架和方法就显得必不可少。就目前而言，隐私影响评估（privacy impact assessment，PIA）工具和类似的方法已经开始成为设计隐私权方法的当红主角，而安大略省和加拿大政府则已经成为开发和采用信息和通信技术项目中的隐私影响评估工具的绝对领导者。值得期待的是，一种设计隐私权隐私影响评估工具（PbD-PIA）正在酝酿与开发之中，该工具说不准不久之后就会惊喜问世，大家可以有所期待。

（五）恪尽职守的领导和专业投入

鉴于隐私权不会自己跳进信息技术和系统之中，所以少谁都少不了一个恪尽职守的领导。同时，考虑到信息技术和系统的复杂化趋势和它们对组织运作的关键作用，所以适用设计隐私权行为、隐私特征和标准也必须要有架构师和工程师过硬的专业知识作为支撑。

此外，了解相关组织和相关隐私权子领域（法律合规、技术、业务操作、客户关系）对于成功实现设计隐私权来说也至关重要。为了确保强有力的隐私领导、问责制和喜人的成果，加拿大安大略省信息和隐私专员办公室可谓在这条路上挥洒热血的先驱，正是它在极力倡导设置恪尽职守且资源充足的首席隐私官（CPOs），抑或设立类似的职位。

（六）采用和整合隐私增强技术（PETs）

虽然计算机应用、数字化数据和网络给我们生活的各个方面带来了层出不穷又影响深远的隐私问题，但是幸运的是，我们也可以选择利用技术来支持而不是侵犯他人的隐私权。在20世纪90年代，为了确保私人或机密通信和文件免受不必要的篡改和访问，加密技术开始登上历史舞台，而这可谓给隐私增强技术做了一个好榜样。

从隐私权的角度来看，鉴于信息和通信技术基本上是中立的，所以重中之重就在于设计和使用该技术时所做的选择。说得更明白一点，信息和通信技术究竟会走向隐私侵权还是隐私增强，决定权都在设计者和使用者的手中。简而言之，隐私增强技术既能最大限度地减少不必要的数据收集、数据披露和数据使用，又能最大限度地提高数据安全性和增强他人隐私权。同时，隐私增强技术完全可以直接编程进入信息技术、体系架构和系统的设计之中去。

虽然本文在接下来的内容中将指出，设计隐私权早已不再像从前那样只把目光狭隘地局限在信息和通信技术身上，恰恰相反，它如今已经被更广泛地应用于组织性行为和过程、更广泛的信息生态系统和体系架构之中；但是即使是在今天，许多人也仍然会把设计隐私权与隐私增强技术紧密联系在一起。因此，本文在此探讨二者之间的早期联系和演变历程依旧颇具价值。

四、隐私增强技术

（一）传统的隐私增强技术

首先，所谓隐私增强技术（PETs）是指通过防止不必要或非法的个人数据收集、使用和披露，抑或是通过提供加强他人对自己个人数据控制的工具，从而加强信息系统中个人隐私保护的一种信息技术。

作为20世纪90年代才设计和开发出来的一项技术，隐私增强技术的终极目标就是争取相关技术支持来加强隐私保护，而不是去侵犯他人的隐私权。许多人可能都不知道，西方政府不仅曾千方百计地拼命限制加密产品的使用和出口，而且它们甚至还为新兴的数字电信基础设施设计编程过监视"后门"。然而西方政府可没那么容易得逞——密码学家、隐私权倡导人士、相关权利团体和商业利益集团瞬间反应激烈，他们奋起反抗并强烈抵制，而这全都是因为他们看到他人的隐私权、自由和公民自由已经岌岌可危。

其次，2000年在多伦多举行的第十届计算机、自由和隐私权（Computer, Freedom and Privacy, CFP）年会上，相比于往年将目光牢牢锁定在"法律救济是确保他人自由和隐私权的撒手锏"这个问题上，不仅与会者早就将这一问题抛到九霄云外去了，而且他们还幡然醒悟般认识到，"法律追不上技术前进的步伐已不再是什么新鲜事"，并且"考虑到现代信息和通信技术的影响力已经辐射全球，所以法律常常是心有余而力不足"。在他们关于自由和设计隐私权的全天候研讨会上，针对由技术本身所保障的公民自由，与会者还热火朝天地探讨起究竟如何利用技术才能实现对公民自由的有力保护。具体来说，为了绞尽脑汁、努力敲定现实解决方案并制定能够设计和实施信息体系架构、策略和评估标准的原则，从而从本质上去保护他人所享有的隐私权，当时各方面人员纷纷出席该研讨会，其中就包括程序员、密码学家和系统架构师、律师、社会科学家、作家和用户。不知大家是否听说过Lawrence Lessig提出的那个几乎无人不知、无人不晓的著名命题——"代码即法律"（Code is Law），如果该命题确实是一个正确无误的命题，那么，该命题反过来是不是也成立呢？换言之，法律（或政策）是否能被嵌入代码之中呢？

再次，自从1995年以来，随着荷兰数据保护机构费心费力地大力推广"隐私增强技术"一词，加拿大安大略省信息和隐私专员办公室也多次敲黑板强调，我们必须要将公平信息实践的普遍原则直接嵌入信息处理技术和系统的设计和运作之中。对将公平信息实践编纂成法而言，1980年经济合作与发展组织首开先河并发布纲领性文件《关于保护隐私和个人数据跨境流动指南》。紧接着，公平信息实践便开始以五花八门的形式现身江湖，这其中不仅包括欧盟颁布的《数据保护指令》、加拿大颁布的《加拿大隐私权法》（CSA Privacy Code）、亚太经济合作组织（APEC）发布的隐私框架和美国提出的避风港原则，而且还包括当前最新的全球统一隐私标准，即加拿大安大略省信息和隐私专员办公室在2006年与国际隐私和数据保护专员办公室携手提出的标准。虽然在语言和侧重点方面各有千秋，但是上述这些公平信息实践原则却都包含以下这些基本共同点：①限制数据处理，即尽可能限制个人可识别信息的收集、使用、披露和保留；②用户参与，即授权他人在自己的个人数据整个生命周期内发挥参与作用并实行有效控制；③加强安全性，即根据个人数据的敏感程度来保障个人数据的保密性、完整性和可用性。

最后，将隐私权原则尽早并全面地编程进信息技术系统之中堪称良好的隐私增强技术和设计隐私权的核心要求。此外，除了增强隐私保护之外，适用设计隐私权原则还可以大大增强他人对技术和系统的信心和信任，从而促使他们心甘情愿地进一步使用相关技术和系统。

（二）传统的隐私增强技术能够促进用户参与和增强相关权利的能力

事实上，传统的隐私增强技术对于信息自决的美好隐私理想来说大有裨益；而所谓信息自决则是指一种对收集、使用和披露自己个人信息行使控制的能力。回顾20世纪90年代隐私增强技术的发展历史，这段历史仿佛总是围绕着通信拦截和在线监视的问题打转；在这种背景下，传统的隐私增强技术通常会被认为具有以下这些增强隐私保护的功能：①防止第三人未经授权就访问他人的个人通信和存储文件；②自动检索有关数据收集者隐私行为的相关信息，并在这些行为的基础上将他人的决策加以自动化处理；③防止通过小型文本文件、HTTP 标头、网络漏洞和间谍软件自动抓取数据的行为；④防止相关通信与特定个人联系在一起；⑤促进那些披露最少个人信息的信息交易；⑥过滤不需要的信息。

由此我们不难看出，上述这六点内容都属于以用户为中心的工具和功能。这份清单内容不仅在过去 10 年中并没有什么明显的增加，而且它还强烈表明，隐私增强技术是一种能够使他人直接或更大程度上控制自己的个人可识别信息的离散技术。

此时，问题就来了，隐私增强技术之上是否存在一些不必要的界限？这些界限究竟是不同的密码原语、软件或硬件应用程序、嵌入在较大系统中的组件还是整个信息系统？就隐私增强技术本身而言，我们到底应该将它理解为只包括个人专属控制下的技术，还是应当有一个更广泛的定义空间，认为它还包括个人无法控制却必须信任的关键和互补的基础设施组件？针对这些问题，本文将在接下来的内容中详细展开论述。

（三）测试和评估隐私增强技术

在众人迎接千禧年到来之际，根据国际公认普遍标准的指引，加拿大安大略省信息和隐私专员办公室忙得不可开交。它不仅费尽九牛二虎之力建立起一个全球化社区，其中包括全球隐私和数据保护机构、技术开发人员、商业和标准开发组织和隐私倡导者等，而且大家还一起齐心协力来共同正式确定和评估隐私增强技术。同时，欧盟在这方面也几乎没有停下过前进和努力的步伐。

2001 年 3 月，加拿大安大略省信息和隐私专员办公室和其他隐私和数据保护专员办公室一起成立起一个国际性小组，并共同携手来为隐私增强技术制定测试标准，即所谓的隐私增强技术测试和评估项目小组（Privacy Enhancing Technologies Testing and Evaluation Project, PETTEP）。该小组的成员阵容相当豪华，来自政府、各行各业、学术界和法律界的隐私和相关标准专家可都是其中的常客。隐私增强技术测试和评估项目小组成员绞尽脑汁想要将公平信息实践与现有的信息技术安全评估通用标准（common criteria for information technology security evaluation）相结合，从而为隐私增强技术设置隐私保护；要知道，后者其实已经为隐私技术开发过一个占位符，以此用于处理可观察性、可链接性、可追踪性和匿名性问题。此外，该小组成员不仅试图将隐私权相关要求转化为技术功能，而且他们还打算提供一种通用方法，从而确保计算机安全产品的隐私规范、实施和评估过程是以严格化和标准化的方式进行的。如今，无论是世界各地的独立测试实验室，还是经认可的通用标准认证机构，它们都能够对全新的隐私保护配置文件进行认证。其中的试点项目包括智能软件代理、智能卡和匿名的"洋葱路由"（onion routing）网络等。

为了制定出相关规定和系统设计文件，虽然隐私增强技术测试和评估项目小组成员在2001—2005年期间一直忙个不停，而且他们还曾举办过国际讲习班，但是进展却十分缓慢。此外，由于该小组成员的参与全凭自愿，相关领域又非常复杂，加之他们还需要考虑到许多其他领域的标准化工作；所以，该小组所要面对的最大拦路虎之一就是商定一套统一的通用公平信息实施原则来作为通用隐私保护标准的基石。

（四）《弗罗茨瓦夫决议》

在2004年年初，国际标准化组织（International Organization for Standardization, ISO）下属的联合技术委员会（JTC）成立了一个隐私技术研究小组（PTSG），它既寄希望于该小组能够研究讨论出制定隐私技术标准的必要性，又希望它有余力之时还能研究如何制定出该标准。鉴于没有国际标准化组织的官方资格，所以国际隐私和数据保护委员会只好在2004年9月发布一项联合决议；通过该决议，它拼命呼吁大家要"强烈支持制定有效、基于公平信息实践且普遍为人所接受的国际隐私技术标准"。同时，联合技术委员会的专员们坚定不移地认为，该标准不仅能够"针对任何系统或技术的隐私功能提供评估和测试标准"，而且它还能"针对用于管理个人信息的技术和系统的隐私声明提供一定程度上的保证"。

同时，为了能够向国际标准化组织提供相关专业知识，该决议还向国际标准化组织隔空喊话，呼吁国际标准化组织承认隐私增强技术测试和评估项目小组是一个官方正式联络组织。如此一来，通过该组织，隐私和数据保护专员就可以直接在国际标准化组织下属的隐私技术研究小组内展开工作，并展示、讨论和促进隐私技术标准的制定。虽然我们不难预见到。未来几年国际隐私和数据保护委员会的许多决议会层出不穷，但是《弗罗茨瓦夫决议》依旧是其中当之无愧的"老大哥"。该决议的目的，其实就在于在阐明和促进国际隐私标准方面促成更大的合作、协作和协调行动。

值得注意的是，在联合技术委员会讨论和决定建立一个新的小组委员会和标准制定流程之前，隐私增强技术测试和评估项目小组的相关工作就只能被搁在一边先放着。虽然事到最后，联合技术委员会最终决定还是不创建新的隐私工作事项，但是到那个时候，隐私增强技术测试和评估项目小组的相关工作早就没什么很大的紧迫性和可行性可言了。具体来说，相关工作为何走向完全停止，这主要是以下这些因素共同作用的结果，其中包括：①大家日益开始认识到，制定和适用一套普遍标准来测试和评估隐私技术的难度极大，所以将横在面前的重重挑战分解为更易于管理的步骤或离散项目必不可少；②联合技术委员会的专员们普遍准备不充分或缺乏相关能力，这就导致在正式的监督任务之外，他们根本无法参与持续性的技术讨论和标准进程；③由于缺乏一个单一且明确的国际标准化组织论坛或机构来供专员们协商或工作，所以专员们无奈之下只好在各自的国家标准化等级制度和程序中工作；④针对过于狭隘地只把目光局限在将信息技术和隐私增强技术作为隐私解决方案并全然将运作大环境和非技术因素抛之脑后的天真想法，越来越多的人逐渐认识到这种想法的不合理；⑤自2001年以后，隐私威胁模式和监管格局都曾发生过天翻地覆的变化；⑥如今大家的关注重点都逐渐开始转向更直接和更实际的隐私结果和成效。

在上述背景下，本文的下一节内容就将讨论另外三个解决方案中的明星主角。要知道，虽然有关隐私增强技术的工作很重要，但是面对如今的现状，隐私增强技术早已是心有余而力不足——就目前而言，我们既需要采取一种更加全面和综合的方法，又需要各个相关组织辅之以强有力的信息实践，并得到加强版监督机制和问责制度的鼎力相助，毕竟仅仅凭借以用户为中心的技术不能解决一系列棘手的新兴隐私挑战和问题。

五、隐私增强技术之外的"别样天地"

（一）基础设施的重要性

在展开论述之前，本文先简明扼要地指出，扩大隐私增强技术的概念内涵已是大势所趋。之所以这样说，是因为不少人其实已经开始认识到，几乎所有的隐私增强技术都拥有一个便于达到最佳水平的基础设施组件。就拿独立文件和邮件加密程序来说，除非它们是由行为人以安全可靠的方式开发和提供的，并且它们与计算设备、公共网络、远程服务器和其他各方主体都能很好地集成在一起；否则，它们就称不上是名副其实的用户授权。

作为另一种典型的隐私增强技术，隐私偏好平台（Platform for Privacy Preferences，P3P）对基础设施和其他各方主体的依赖也如出一辙。在隐私偏好平台中，虽然他人可以建立机器可读的隐私偏好，然后再与所访问相关网站的隐私政策自动匹配，但是为了保护他人的个人隐私，隐私偏好平台的协议必须得到基础设施的支持才行。

此外，尽管匿名代理服务器或网络允许他人以匿名、假名或其他不可追踪的方式进行网上冲浪或交流信息，但是这在很大程度上也仰仗于受信任的、有利的基础设施和相关参与主体。或许有人会说，可能有一些链接组件会留在他人的计算机上并由他人进行控制，但我们要知道，网络本身也是一种隐私增强技术，而用户界面只是一个接口罢了。

（二）体系架构和设计的重要性

有人可能会很好奇，当传统的独立隐私增强技术嵌入"基础设施"之中时，它们作为隐私增强技术而存在的功能会不会戛然而止呢？对于该问题，本文可以斩钉截铁地说：绝不会。打个简单的比方，说起隐私增强技术时，密码管理器、"小型文本文件切割器"和垃圾邮件过滤器常常会被顺手拿出来举例子，毕竟它们既是可以增强他人隐私权的离散工具，又能尽可能减少针对敏感数据的不必要处理行为。那么，当上述这些隐私增强技术聚合集成到操作系统和浏览器之中时，它们是否一定会失去增强隐私保护的这一特性呢？独立的密码管理器和聚合集成到浏览器或操作系统中的密码管理器有区别吗？相比于专门安装和配置在他人的家庭计算机或客户端应用程序中的垃圾邮件过滤器，那些在互联网服务提供商基础设施中安装和运作的垃圾邮件过滤器水平又到底如何？

总而言之，隐私增强技术既可以只具备其中一种功能，又可以二者兼而有之。无论如何，最重要的就是要认识到基础设施往往是隐私增强技术的重要组成部分，它有时甚至可以成为隐私增强技术的全部。在这种情况下，架构设计可谓至关重要。就拿安全套接字协议（secure socket layers，SSL）来说，它可以对网站进行身份验证并对所有在线通信进行加密；而在默认情况下，每个浏览器都内置了这一功能，这不仅会使得在线隐私权、安全和信任短时间内迅速提升，而且这也是一个有效"融入体系架构"的过程。

（三）培养用户的信心和信任必不可少

无论是信息体系架构、信息设计还是基础设施，它们都对用户授权和用户控制有着举足轻重的影响。鉴于基础设施组件的行为往往一不留神就会超出他人直接访问和控制的范围，所以一定程度的依赖和信任不可或缺；而在网络云计算以及越来越多的行为人一拥而上去创建、使用和公开个人可识别信息的情况下，这种依赖和信任随之不断拓展范围也是迟早的事。不过话又说回来，这可并不意味着隐私增强技术就得靠边站；恰恰相反，隐私增强技术不仅必须要跟上时代和大环境的匆匆步伐，而且它还需要在这个新兴时代建立他人在隐私权方面的信心和信任。打个简单的比方，对那些所谓的"企业"（或"公司"）隐私增强技术往往能一口气同时满足相关组织的需要并保护他人的隐私权。作为隐私增强技术的一种，企业隐私增强技术完全嵌入在信息体系架构和系统中，它们往往由相关组织拥有、操作或以其他方式进行控制，而不是由他人进行个人控制。在这种情况下，企业隐私增强技术完全可以大大促进一切有关个人数据使用的组织控制和隐私权相关规定的合规性。反之，在他人直接参与的情况下，虽然有关数据最小化和强有力保障措施的隐私增强要求也可以被充分实施，但是此时的关注重点则需要放在确保系统的透明度、性能和问责制度上面。而企业隐私增强技术可不是这样，它会将隐私政策直接添加到个人数据上并自动跟踪其使用情况；同时，该技术还会在整个企业内外一起执行相关隐私政策。

在这种情况下，虽然他人直接参与的程度可能会有所减少，但是他们的隐私权却不会受到一丝一毫的影响。其实不用费什么脑筋就能想明白，将隐私增强技术直接嵌入相关组织的基础架构中去几乎毫无阻碍，而这样不费吹灰之力就可以在他人最少参与或根本不参与的情况下实现隐私利益。

（四）小结

对于设计隐私权来说，将普遍的隐私权原则纳入信息和通信技术的设计和运行中仍然是它的一个基本核心要素。如今，隐私增强技术的发展早已远远超出以用户控制为中心的信息和通信技术的范围，这不仅反映出计算设备和它们与网络环境之间的相互交流日趋复杂，而且这也说明我们需要相应地增强他人的信任和信心，并将其作为将各个组成部分紧密联系在一起的强力胶。不知大家有没有听说过"国际隐私增强技术奖"，该奖项每年都会颁发给最优秀的隐私增强技术研究论文，而它的变化就将这一趋势体现得淋漓尽致：最早期获得该奖项殊荣的是研究匿名化技术的相关论文，后来该奖项又被关于电子商务交易中用户活动心理的非技术性研究收入囊中，美国隐私权相关法律规定的分类审查研究也曾是夺奖大热门。而到了 2005 年，明眼人一眼就能看出，在 Google 公司稳坐头把交椅和宣扬反恐的时代，用一种更广泛、更全面和更灵活的方法来设计、实施和确保他人的隐私权才是王道。

六、设计隐私权概念的发展过程（2001—2009 年）

（一）正和思维的观点

曾经，掰着指头都数不过来的隐私倡导者、自由派人士和相关技术人员都曾自信满满地说，在隐私利益面前，社会其他利益都必须得让道；可是 2001 年 9 月 11 日那场惨烈的事件和挥散不去的阴云却给了上述观点重得不能再重的一击。从历史的角度来看，隐私利益一直以来都是一种由社会文化所决定的价值,而随着各种决定因素的千变万化,隐私利益则日渐式微并逐步走向衰亡。隐私倡导者如今就已经开始发现,由于如今的社会大环境充斥着发自内心的公众恐慌、对集体安全的满满期望和希望自己的权利"不要被无情摧残"的卑微渴求,他人想要捍卫隐私权简直比登天还难。你可能很难相信,隐私威胁模型发生变化似乎就是一夜之间的事情。"9·11"事件前脚一发生,眨眼间的工夫,不仅各国政府纷纷出台相关法律并以闪电般的速度开始实施超越隐私权法和他人信息权的一系列举措,而且它们还拼命争取公共部门和私营部门的组织出于公共安全目的去收集、使用和披露越来越多的个人信息。可是我们可曾想过,当收集、披露和使用个人信息可能完全绕开他人进行时,他人的隐私权要何去何从呢?事实上,这种情况可以说是一种再典型不过的零和范式,即一方的收益(公共安全)必然意味着另一方的损失(他人的隐私权)。然而,鉴于公众对安全的需求异常高涨,加之"9·11"事件所引起的轩然大波直接晃动着隐私权的根基,所以这种隐喻着"平衡"的收益/损失方法不可不说使他人的隐私权岌岌可危。

面对必须割舍隐私利益才能获得安全利益这一观点和现状,加拿大安大略省信息和隐私专员办公室是第一个跳出来质疑的机构,因为它认为完全可以两全其美。在它看来,许多安全技术完全可以重新进行设计,从而在保持有效性的同时尽量减少或消除它们的隐私侵入性。同时,通过建立一个新的前提条件,即隐私利益和安全利益是一个不可分割而不是对立的整体中两个互补的方面,相关技术完全可以通过设计而在不牺牲他人的隐私权以及正和而不是零和的情况下保护公共安全。

具体来说,加拿大安大略省信息和隐私专员办公室不仅声称,安全技术同时促进安全利益和隐私利益根本就不算事,而且它还通过一种三管齐下的宣传战略来卖力宣传这一信息:①该宣传战略既通过隐私社区来质疑范式假设,又将关于安全利益和隐私利益之辩提高到传统的、简单的、非此即彼的观点之上。②该宣传战略要求"相关规定编写者"更多地去再三考虑如何在他们的成果中兼顾隐私利益。而所谓"相关规定编写者",加拿大安大略省信息和隐私专员办公室在这里主要针对的是两类群体:第一类,在立法起草时侧重于安全和公共安全的立法者、政策分析人员和法律顾问；第二类，制定建议请求书（RFPs）并为安全技术制定采购"规格"的董事、经理和个人；③该宣传战略还要求"解决方案提供者"，即技术开发人员和相关行业协会将隐私权理论引入组织和协会的政策声明之中，同时还要求它们将隐私权纳入技术解决方案的理论、设计和实施之中。

正如前文所言，评估和适用设计隐私权的范围如今正在疯狂扩张，并且对信息和通信技术的狭隘关注早就是老掉牙的事情了；要知道，如今评估和适用设计隐私权的范围可包括"柔性"法律、政策、程序，以及其他组织控制和可能嵌入隐私增强技术的操作环境。因此，在嵌入隐私权方面，考虑到其他领域的发展是一门必修的功课。

（二）不断变化的法律和监管要求

简单来说，如果我们想要以一种全面且负责任的方式去设计、操作和评价信息管理系统，那么从那些适用于相关组织个人可识别信息处理行为的法律、合同和监管要求处下手往往就是我们所要迈出的第一步。然而，在千禧年到来后的第一个10年里，不仅有关数据隐私权、安全、问责制度和执法的相关法律规定和监管要求在各个部门、司法管辖区如同滚雪球般成倍增加，而且它们也在直截了当地向数据隐私权和相关合规要求正面下战书。

（三）不断发展的相关组织

在应对日新月异、不断变化的商业环境方面，企业发生根本性的变化当然也在所难免。具体来说，随着业务模式和组织结构的变化，企业的信息管理需求也会随之而改变。同时，为了能跟上市场需求变化的步伐，相关组织也正在朝着技术和数据密集型、分散化、以服务为导向、分层扁平化、灵活多变、创新满满和全球化组织的方向铆足力气前进。值得注意的是，在这种背景下，从前管理数据库的模式与今后的模式可就有着天壤之别了。

（四）日新月异的计算和网络环境

在如今这个时代，每个人都不难看到计算、数据存储、传感器软件和网络等领域的革命正进行得热火朝天，而这一系列革命也正在以堪比光速的惊人速度将创新推上发展快车道。虽然个人数据成倍增加并变得无处不在，但是它们却也开始走向一种半公开且可以被即时检索到的状态。此外，网络正在无可避免地变得越来越复杂、深奥和分散；不仅云计算、全新的 Web 2.0 时代和移动设备平台的出现正在以吸引无数眼球的新方式颠覆传统信息流，而且它们还为数据隐私权带来重重等待逾越的难关。

（五）不断变化的个人期待

还有一个颇为棘手的问题就是，只要我们细细留心就会发现，他人并不总是会激烈反对新的"隐私侵入型"创新和服务。这个其实不难理解，虽然他人想要隐私权和控制权不假，但是他们也的的确确希望以自己的个人信息作为交换来获得"免费"服务的许多便利、效率和好处。换言之，相比于了解或者想方设法地对自己的个人信息进行完整和精细的控制，他人往往宁愿选择无条件信任数据保管人的声誉和行为。但是，没有多少人会相信社交网络这点星星之火会形成如今的燎原之势，甚至其中数亿人会心甘情愿地将关于他们自己和相关在线活动的详细个人信息放入公共领域；然而如今，不仅这早已成为每日上演的现实，而且这一现实也在幻化成一个个艰巨棘手的挑战。

在这样的背景下，仅仅依靠隐私增强技术或"代码"来确保他人的隐私权似乎就是在痴人说梦。同时，由于大多数面向他人的隐私增强工具和服务都未能在市场上溅起多大的水花，所以这更印证着这样一种观念，即采取更全面的方法来保护和促进他人的隐私权势在必行。此外，鉴于大家越来越开始认识到，在计算评估任何隐私增强设计和操作时，顾及其他信息系统参与者和合法的非隐私目标同样必不可少，所以传统或"纯粹"隐私增强技术的局限性也逐渐显露出来。换言之，设计隐私权也必须要与时俱进不可。

七、将重心转移到实际成果和结果方面

虽然从许多方面来说，隐私权毋庸置疑是一项人权，但是面对针锋相对的利益，想在它们之中脱颖而出、赢得胜利极为困难。就拿1980年经济合作与发展组织发布的隐私保护指南来说，许多国家在

制定法律和政策时都拿这份名声响当当的指南来当范本;虽然该指南确实旨在促进信息的自由流动和电子商务的出现,但是在瞬息万变的全球环境中,该指南在有效表达隐私权方面常常力不从心。一言以蔽之,在千禧年到来后的第一个10年里,采取一种更具预防性和实用性的方法迫在眉睫。

首先,从他人的角度来说,每每说到隐私权的时候,他人通常想要的不过是明确和可执行的隐私承诺罢了。具体来说,他人既希望获得组织化的透明度、问责制和及时被通报的违规行为;又期望公平交易、避免可预见损害的默认保护和能够迅速恢复对他们造成任何负面影响的行为;也期待着简单明了的隐私界面控制和有效机制来解决他们的心之所系、各种问题和不满情绪;还希冀着为确保有效监督而建立的治理、风险和合规机制。

其次,再说说处理个人信息的相关组织,它们通常希望有更清楚明确的全球性规则和指导方针来作为参考。一方面,它们希望相关法律规定至少能具有最低限度的确定性和一致性;另一方面,它们从心底里却也小小地期盼着拥有创新、发展和管理信息管理系统和行为的自由,而不会时不时就受到不当限制。一般来说,它们往往希望挣脱那些复杂、不透明、变化多端和烦琐的监管枷锁,从而让市场力量尽可能地去解决问题和提出解决方案。鉴于我们往往需要运用底线思维来理解隐私权,所以确保他人隐私权的努力就必须建立在可量化的风险和实务案例的基础之上。

再次,不得不提的还有隐私监管机构。事实上,隐私监管机构有三个十分典型的功能:①促进优良行为实践;②减少相关投诉;③确保相关行为符合相关法律规定。通常情况下,隐私监管机构不仅希望得到自己所监督组织积极主动的问责、可信可靠的保证和遵守相关法律规定的蛛丝马迹,而且它们更希望所有利益相关者都能对隐私风险和利益有清醒的认识和理解,从而及时采取最佳做法并尽可能早地解决问题。目前来看,大势所趋就是隐私监管机构既会倾向于优先考虑相关资源和优先事项,又会将重点放在具体的问题领域和活动上,毕竟这些领域和活动在损害最小化和取得隐私成果方面的前途一片光明。

复次,在当今这个时代,信任正在华丽变身成为商业世界的新兴货币,而这也就意味着行为人既要做出又要实现隐私承诺和安全承诺。要知道,不仅实际化、可衡量和即时性的隐私成果越来越重要,而且为信息时代定义新的普遍隐私价值和共同基准似乎也在成为共识。然而,如果想要达到上述目标,那么,没有一种能够整合个人信息中所涉各种利益的专门领导可不行,毕竟这些利益五花八门,其中相关知识就包括法律知识、信息技术、营销与通信、组织设计、社会学和人类心理学等等。正如加拿大安大略省信息和隐私专员办公室所言,"隐私实用主义(privacy pragmatism)既乐观又现实,既坚守原则又充满激情,既精于算计又具有包容性和功利性;不仅如此,确保隐私价值在未来几代人中继续存在和繁荣发展所需的决心和能量也贯穿始终。同时,隐私实用主义还明确承认,隐私权并不是一种绝对的权利或价值;恰恰相反,隐私权是一种社会价值,它是由社会通过知情的话语和对话来不断定义、确定和执行的社会价值。通过公开的公共话语和社会对话,再辅之以隐私利益和观点的全面传播,实现隐私价值及其好处就是分分钟的事情"。

最后,还需指出的一点就是,隐私实用主义还和高风险领域及早期机会领域的策略重点息息相关。换言之,隐私实用主义需要回归到隐私权和数据保护原则的基础和本质当中来,即去协调在使用他人个人数据时(无论是用作公共用途还是商业用途)重叠甚至有时相互竞争的利益。

八、设计隐私权的应用

随着时间的车轮不断前进,不仅设计隐私权的概念在不断演变、扩大范围并不断超越传统的公平信息实践;而且在强调积极主动的领导和设定高隐私优先事项的同时,设计隐私权也创造着表达和实现这些隐私优先事项的方法,并实现了切实可行又能达到双赢局面的解决方案。如前所述,设计隐私权在特定技术、组织性行为甚至整个信息体系结构和生态系统中都有适用的空间。

(一)信息技术

1. 领导

事实上,由于设计隐私权的起源和隐私增强技术概念脱不了关系，所以对特定信息和通信技术的关注从一开始就是设计隐私权的灵感来源。针对涉及隐私问题的新兴信息技术，加拿大安大略省信息和隐私专员办公室立场鲜明且动作相当迅速，它既标记出了潜在的风险，又在某些领域采取了补救措施和解决方案。比如，生物识别技术领域、射频识别设备领域（RFID）、"智能"卡领域、电子收费系统领域、政府公钥基础设施领域（PKI）、数字权利管理领域、视频监控领域、智能运输系统领域和智能软件代理领域。

2. 方法

看到加拿大安大略省信息和隐私专员办公室对政府行为的监督，加之它在技术问题上如此有先见之明，公共和私营部门组织可眼馋得不行——为了获得关于在新技术和技术支持系统的早期设计阶段嵌入隐私权的相关咨询和指导，它们纷纷跑去广泛征求加拿大安大略省信息和隐私专员办公室的意见。后来，在先前制定隐私权原则和技术设计原则的基础之上，在 2002 年 5 月，加拿大安大略省信息和隐私专员办公室制定出一种更为正式的机制，并将其作为先前所述的界定、评估和独立认证隐私增强技术的国际项目的组成部分。

到了 2004 年，为了实现更为多种多样的目标并克服零和思维，加拿大安大略省信息和隐私专员办公室又灵机一动，大力主张通过在设计阶段早期就识别相关机会，从而将隐私权原则整合到监视、身份识别、预防威胁、跟踪、控制和情报系统等安全技术之中去。

此外，为了鼓励开发和采用隐私建模和语言表达，加拿大安大略省信息和隐私专员办公室还曾与标准开发人员、隐私倡导者和技术开发人员携手合作，比如让协商机器和机器之间的隐私偏好成为可能，抑或用计算机和相关组织以自动适用的方式去表达对隐私权法和信息法的相关要求。

3. 结果

针对某些类型的隐私和安全技术，如加密技术、访问控制技术和审计工具，推广它们根本就无须下多大功夫，因为使用它们的好处是不言而喻且远远超过成本的，诸如强制性违约通知之类的法律规定也提供了额外的激励措施，从而激励行为人积极采用设计隐私权技术。在实践中，考虑到隐私增强技术如今已经将正和思维也囊括在内，所以，它头上就多了个"隐私增强技术加强版"和变革性技术的名号；

毕竟通过结合设计隐私权原则，隐私增强技术实际上正在以一种创新方式来将隐私侵入型技术转化为隐私保护型技术。关于这一点，我们从能够实时掩盖闭路电视录像中个人身份的解决方案中就可见一斑。还有生物加密技术也是如此，该技术使他人能够控制自己的生物特征识别符，并且确保没有通用模板可以与存储在其他数据库中的模板相匹配。其他正和解决方案还包括一种可拆卸的"夹式标签"，该标签既可以用于相关消费品和用户控制的开关之中，又可以用作在身份证和支付卡中切换的嵌入式射频识别设备标签。

如今，如果在欧洲想要认证设计隐私权信息技术产品和服务，那么这可就属于 EuroPriSe 的地盘了。简单来说，所谓 EuroPriSe 是指一个由石勒苏益格－荷尔斯泰因州（Schleswig-Holstein）隐私保护独立中心所牵头的联盟。在 2007 年，EuroPriSe 推出了针对信息技术产品和基于信息技术服务的欧盟隐私认证（European Privacy Seal），只要该认证一出现，那就表明相关产品和服务已经通过两步独立认证程序并被证明符合欧盟隐私权相关法律规定。要知道，该认证程序可谓遍地开花，无论是德国、奥地利、英国、斯洛伐克、西班牙、瑞典还是其他欧盟国家，都纷纷着手开展试点。总的来说，该隐私认证程序既能促进隐私权相关产品市场透明度的提高，又能扩大隐私增强技术的市场，还能最终提高他人对信息技术的信任。更为喜人的是，迄今为止，已经有近 20 种信息技术产品和服务获得了 EuroPriSe 的欧盟隐私认证证书。

此外，欧盟委员会还在不遗余力地推广，为的就是将创建、认可和采用隐私增强技术作为实现设计隐私权目标不可或缺的手段。尤其是在目前欧盟对《数据保护指令》进行审查和极有可能大修大改的背景下，欧盟委员会依旧将其作为在框架计划下正在进行的一项重大研究资助倡议。

（二）组织行为

虽然用特定技术（越以用户为中心越好）来阐明设计隐私权的方法和概念才是上策，但是就设计隐私权遵守隐私权法方面而言，相关组织行为才是工作中心和焦点。

1. 领导：问题定义和一般指导

首先，概括而言，涉及隐私权的商业案例归根到底都集中在获得和保持他人的信任、忠诚度、重复性、更高价值的业务和避免"客户流失"之上。总的来说，这些商业的案例涉及的价值主张通常可以细分为以下三类：①他人的信任能够大大促成成功的客户关系管理并成就价值，换句话说就是收入会滚滚而来；②信任破裂会直接导致市场份额损失、收入损失和股票价值暴跌；③他人的信任在很大程度上取决于相关组织数据隐私政策和实践的力度和可信度。

其次，从反面来说，不仅糟糕的隐私权现状会导致额外的成本和大量流失的收入，而且对数据隐私权视而不见可能还会产生数不胜数的负面后果，而这些负面后果主要包括：①他人会因个人数据被不当使用或遭到披露而受到损害；②损害相关组织的声誉和品牌；③造成与个人数据质量或完整性恶化有关的经济损失；④由于业务损失或由于隐私问题而延迟实施新产品或服务从而造成的经济损失；⑤市场份额损失或股票价格下跌后带来的负面宣传；⑥违反隐私权法的相关规定；⑦他人对相关行业的信心和信任会大大减弱。

再次，加拿大安大略省信息和隐私专员办公室曾与商业咨询公司、学校、研究机构和公司联合发表过一系列文章，这些文章既阐明着未来的风险、回报和挑战，又阐述了在整个组织中全面应用隐私权相关理论的理由。

加拿大安大略省信息和隐私专员办公室曾委托波耐蒙研究所（the Ponemon Institute）就企业的隐私实践做相关研究，最终，针对加拿大和美国企业正在做什么来实现隐私计划以保护关于用户、目标客户和雇员的敏感个人信息，波耐蒙研究所提供了不少研究成果。根据这项研究，就企业的隐私实践而言，最大的弱点和薄弱环节就是客观地衡量相关方案的有效性，并监测企业收集到的用户、目标客户和雇员的敏感个人数据。同时，该研究还得出结论，由于将数据管理职能外包给第三方（北美内外）已成为普遍得不能再普遍的业务行为，所以加强数据隐私权控制、尽职调查和核查方法已是迫在眉睫的事情。在2005年，加拿大安大略省信息和隐私专员办公室又与一个国际商业研究组织精诚合作。该组织不仅是由Don Tapscott主导和牵头的，而且它还在调查和研究不断变化的企业形态，以及通过在商业实践中采用战略性信息技术实现新的竞争优势的方法。显而易见，21世纪经济的命脉所在就是个人可识别信息（PII），所以它必须被视为一种需要被负责管理的资产和负债。同时，随着企业新模型的出现，任何遭遇"企业2.0模型"的组织紧接着面对的都是关于信息处理的基本问题。具体而言，这些基本问题主要包括五个：①相关组织将与谁分享个人可识别信息？②相关组织将如何在内部管理这些个人可识别信息？③相关组织应该如何让他人参与管理自己的个人可识别信息？④相关组织将从其他来源接收到哪些个人数据？⑤相关组织应该在哪里通过新技术来为收集个人可识别信息的行为设置限制？上述五个问题就是下一代组织所要面临的五大信息隐私权挑战，而只有通过采用全面的设计隐私权方法，成功地将这些挑战一举解决才能看到希望的曙光。Tapscott在自己的文章中就曾详细论述过这些挑战，并曾大致勾勒出过可能的解决方案。

最后，加拿大安大略省信息和隐私专员办公室在2005年还曾指出，其实导致现代身份欺诈和盗窃问题的很大一部分原因都是组织而不是个人。正如大名鼎鼎的安全专家Ross Anderson所言，究其根源就是激励机制的失调。换言之，由于数据泄露的负面后果往往都由他人来硬抗，所以企业对信息安全方面根本没什么动力去投资。虽然在2005年之前，不公开报告数据泄露情况简直如同家常便饭；但是幸运的是，只要通过应用设计隐私权原则来积极采用优良隐私实践，那么，确保可信的信息安全计划就指日可待。

2. 方法

缺乏相关知识的行动徒劳无益，缺乏行动的知识也全是白搭。在本文看来，内行的领导堪称行动和成功的先决条件：加拿大安大略省信息和隐私专员办公室和约克大学舒立克商学院都认为，隐私保护必须从最高层自上而下来推行。换言之，必须有一个管理层级的存在来提供真正行之有效的组织性问责制度。比如，在Schulich曾经发表的一篇文章中，他就概述了企业应采取的具体步骤，其中包括自我评估、对雇员进行隐私教育、任命首席隐私干事、将隐私实践作为业绩评估和整套报酬办法的组成部分、定期进行隐私实践审计和向高级管理层提出关于隐私实践的问题。

(三) 隐私诊断和自我评估指南

在 2001 年 8 月，加拿大安大略省信息和隐私专员办公室与 Guardent 公司和普华永道会计师事务所（Pricewaterhouse Coopers）一起推出指南——《隐私诊断工具工作手册》[the Privacy Diagnostic Tool (PDT) Workbook]。作为一个基于公平信息实践的问题和答案的实用工具，该手册可谓是功能多多：它既能帮助相关组织确定自己的隐私准备状态到底是什么，又能帮助它们确定自己需要采取什么步骤来识别到底还缺少什么，还能通过在整个企业中系统地应用设计隐私权来解决上述存在的问题。此外，针对如何将隐私权设计进支持技术的系统之中，加拿大安大略省信息和隐私专员办公室还提供过不少高级程序指导意见。自从那时起，从五花八门的来源获取相关组织的隐私自我评估清单就不再是什么难事了。

(四) 隐私影响评估

在制定和采用隐私影响评估（PIAS）方面，加拿大可谓首屈一指。要知道，如果加拿大安大略省和联邦的公共部门想要获得项目资金，那么它们是绕不开隐私影响评估这一关的。在 2005 年 6 月，也就是加拿大安大略省的《健康信息隐私权法》生效后，加拿大安大略省信息和隐私专员办公室紧接着就发布了《加拿大安大略省个人健康信息保护法隐私影响评估指南》。作为一部几乎无所不包的指南，它对于确保健康信息保管人将隐私保护纳入自己所有业务和过程来说大有裨益。事实上，对于展示设计隐私权方法和积极的尽职调查来说，隐私影响评估是重中之重；毕竟作为一种最佳实践，不仅隐私影响评估在世界各地公共部门的人气迅速飙升，而且它还在适应整个私营部门的使用。综上所述，多年以来，不仅加拿大安大略省信息和隐私专员办公室常常与不同的行业协会携手合作，并在许多联合指导出版物中提出过设计隐私权的最佳实践，而且隐私影响评估方法论和相关指导文件也在世界各地如同滚雪球般成倍增加。

(五) 风险管理

在设计隐私权的发展过程中，还有一个不得不提的显著发展就是对正式风险管理学科的支持,比如最近关于隐私风险管理的联合探索和指导。这种显著发展证明着一种渐进和务实的隐私方法,即通过改变监督方法,从而强调相关组织有责任在自己的隐私执行计划中采取主动且可核查的尽职调查。后来,加拿大安大略省信息和隐私专员办公室与 Nymity 合作推出的风险优化后续指导文件则介绍了隐私风险优化流程(Privacy Risk Optimization Process,PROP);具体来说,该流程可将隐私实施行为嵌入运营政策和运营程序之中从而实现商业实践中的设计隐私权。事实上,隐私风险优化流程背后的理论支撑就是国际标准化组织的理论,即风险既可以是积极的,又可以是消极的;基于这一理论,国际标准化组织将风险优化定义为一个流程,在此流程中,相关组织会尽其所能、最大限度地增加积极风险并减轻消极风险。一言以蔽之,正是利用上述这些理论,隐私风险优化流程才能顺顺当当地将隐私权落实到运营政策和运营程序之中。

(六)强化问责制度的措施

在 2009 年,为了说明如何将设计隐私权应用于提高对国际隐私权法和其他相关规定的问责制度和合规性,加拿大安大略省信息和隐私专员办公室便开始与美国的领先企业合作。而作为一项更大的国际倡议的一部分,无论是国际数据保护机构还是商业协会,它们都在为扩大所有隐私权法所规定的问责制度而做出不懈的努力。

(七)结果

正如前文所述,在 2004 年的时候,加拿大安大略省信息和隐私专员办公室就曾委托波耐蒙研究所就企业的隐私实践做过相关研究,即为了在违法边缘来回试探、与利益相关者建立可信关系、增加收入或加强声誉和品牌,企业究竟会做些什么。具体来说,根据研究报告的结果,作为企业隐私计划的组成部分,那些遥遥领先的企业实施下列商业实践的概率很大:①将信息安全和隐私权整合为一个虚拟团队;②将法律、市场营销、人力资源和信息技术的观点纳入隐私策略之中;③将隐私项目的责任集中在高级执行层的领导下;④在可行前提下考虑使用相关隐私技术;⑤授权当地的管理人员参与其中,特别是在沟通、培训和外联方面;⑥获得实施企业方案的真实预算权限;⑦建立类似于六西格玛技术(six sigma)或国际标准化组织程序的流程标准;⑧建立上游沟通和公平补偿机制;⑨进行隐私影响评估来客观地确定相关事宜、问题和错误;⑩向所有利益相关者提供良好的报告和信息披露工具;⑪倾听他人的隐私偏好、关切和问题;⑫平衡隐私目标与实际业务目标之间的关系;⑬获得信任认证来表明相关隐私实践是有益无害的,特别是在网络和电子邮件外联方面。

同时,就数据保护机构目前确定问责制度的工作而言,它们其实也正在组织性设计隐私权实践领域建立最佳实践。除了前面提到的联合文件之外,加拿大安大略省信息和隐私专员办公室还提供了一套正在进行的其他联合文件和案例研究,以此说明在各种组织背景和情景下,比如远程医疗和新兴的"智能电网"中,如何才能更好地实施设计隐私权。

不过,在本文看来,也许关于实现设计隐私权方面的好戏还在后头——在2010年12月,美国联邦贸易委员会曾发布一份颇为重要的磋商文件,并在其中提出了一个隐私执行的框架;要知道,不仅该框架将适用设计隐私权放在一个具有无与伦比重要性的位置,而且美国联邦贸易委员会还在千方百计地积极寻求这方面的最佳实践。与此同时,欧洲在这方面也仿佛铆足了劲,比如欧盟委员会和理事会就大力主张在经修订和更新的《数据保护指令》中加入设计隐私权的原则。

(八)信息架构、生态系统和治理机制

近几年来,但凡聪敏的人都能看出来,设计隐私权方法可以并且理所应当应用于更广泛的信息生态系统;在这个系统之中,不仅技术和组织都将嵌入其中,而且它们还必须发挥应有的作用。事实上,隐私权往往受益于一种整体的、综合的方法,而这种方法会考虑尽可能多的情境因素,即使这些因素不在系统中任何特定行为人、组织或组件的直接控制范围之内。就拿具有隐私增强功能的浏览器功能或插件来说,虽然它们能够通过小型文本文件去阻止在线追踪行为,但是它们面对其他方式的追踪行为却无能为力。比如,通过网络IP地址、本地存储内容、深度分组检测或浏览器指纹识别等五花八门的方式,再如一种射频识别标签或其他全局唯一标识符，虽然它们嵌入加强版证件中是为了确保界限管理、控制或在线安全，但是它们在其他用例场景中带来隐私威胁的可能性也很高。换言之，在上述每一种情况下，特定技术或过程的隐私利益随时都可能会被更大的系统性因素所击败，而他人或任何一个组织对此几乎无法去控制或影响。在这样的背景下，更广泛的体系架构观点就该出场了。具体来说，所谓体系架构观点就是指探讨如何将设计隐私权方法积极应用于总体性信息体系架构和交互性网络，如联合或可交互的身份识别系统、在线社交网络、其他"Web 2.0"现象、电子政务、行为广告网络和系统、云计算、基于地理位置的服务、物联网、互联网协议，甚至是"智能"监管系统，等等。

简而言之，既然是全球化的隐私挑战，那么，采取全球性的方法、全球合作和全球化解决方案不仅当属情理之中，而且对于阐明和追求尽可能高的隐私理想和标准来说，"领导"的重要性都不言而喻。此外，创造设计隐私权方法和系统也至关重要，毕竟如此一来，我们才能确保这些理想以和谐统一的方式贯穿在整个信息架构和生态系统之中。

九、设计隐私权的现状和未来前景

从目前来看，共同的理解、理想、参考点、承诺和标准依然是我们求之若渴、不断探寻之物。自2005年以来，以权利和执法行动决议为形式，国际隐私和数据保护委员会就一直为阐明普遍隐私规范而努力奋斗。不仅如此，鉴于该委员会日益认识到个人数据的流动是全球性的，并且确保他人隐私权的方法也必须以类似的方式发展，所以它还努力协调着世界各地目前使用的杂七杂八、形形色色的各种隐私权法和隐私实践。

十、建立设计隐私权的七项基本原则

虽然试图制定一部关于数据保护的单一全球性法律看似是一个遥不可及的梦，但是在加拿大安大略省信息和隐私专员办公室看来，在全球范围内制定一部统一的隐私权相关指导文书却指日可待。为了达成这一宏伟目标，加拿大安大略省信息和隐私专员办公室在2005—

2006年便主持创建起了一个国际隐私和数据保护专员工作组，而这一划时代的指导文书就是《全球隐私权标准》（The Global Privacy Standard, GPS）。概括来说，不仅《全球隐私权标准》首次明确将数据最小化确定为一项普遍的隐私权原则，而且它还清清楚楚地要求行为人收集、使用和披露数据的目的既要及早确定，又要明确、有限且和相关情况紧密相关。值得一提的是，在2006年11月3日的第28届国际数据保护委员会会议上，英国已经正式提交并接受《全球隐私权标准》的最终版本。然而，随着设计隐私权的概念继续发展和成熟，摆在面前的问题就是信息和通信技术以及大规模网络数据系统的日益增长和系统性影响。

在2009年，在以七项基本原则的形式编纂之后，设计隐私权的概念昂首阔步地登上历史大舞台。为了使传统的公平信息实践原则保持连贯性，并让它们继续作为理解、执行和核查的相关框架，这七项原则都是以公平信息实践原则的形式出现的，而三个"新面孔"原则也被标记出来并附带额外的评论和指导。之所以要制定设计隐私权的这七项原则，加拿大安大略省信息和隐私专员办公室的初心不过是想让它们作为一个参考框架，从而为设计隐私权在具体领域的应用、审计或核查制定一个详细标准。

具体来说，加拿大安大略省信息和隐私专员办公室提出的这七项基本原则可以分为两部分来看。一方面，有四项基本原则其实都在遥相呼应传统的公平信息实践原则，即数据最小化原则、用户参与原则、可靠保障原则和问责原则。另一方面，其余三项原则代表的则是朝气蓬勃的新面孔，它们主要是指：其一，积极预防而非被动救济原则，该原则意味着在任何数据使用之初就建立明确的领导优先级，从而设置和执行最高隐私标准；其二，将隐私权嵌入设计原则，该原则意味着在所有设计和操作过程中对这些优先级事项做出可核查的承诺，即一种确保将隐私权承诺彻底纳入有关技术、流程或架构而制定的系统性程序或方法论；其三，正和而非零和原则，该原则意味着展示能够反映出多个目标积极存在的实际化、可衡量和可证明的结果，即所有合法的非隐私目标和功能都应当得到满足。

大家可别小瞧这七项原则，要知道，它们不仅已经将传统的公平信息实践原则远远甩在身后，还在寻求建立一个在信息时代最能有力保护他人隐私权的普遍框架。

（一）积极预防而非被动救济原则

1. 积极预防而非被动救济原则的概念

积极主动而非被动消极的措施可谓设计隐私权方法的一大特色，所谓积极预防而非被动救济原则就是指在隐私侵权事件发生之前就实施预测和预防行为。换言之，设计隐私权既不会等待隐私风险的实现，也不会提供隐私侵权行为发生后的补救措施，因为它的目的单纯是为了防止它们发生罢了。用一句话简单来概括，设计隐私权发生在相关事实之前，而不是在事后才出面。

2. 积极预防而非被动救济原则的执行指南

无论是应用于信息技术、组织性行为、物理性设计还是网络信息生态系统，设计隐私权打头阵的第一件事就是要明确认识到积极主动地采取强有力隐私行为的价值和好处，然后再及早并始终如一地实施这种隐私行为［例如，防止（内部）数据泄露的发生］。

从这其中我们就不难看出，所谓设计隐私权就意味着：①为了制定高隐私权标准的最高级别明确承诺，而该标准需要高于全球性法律和相关法律规定的最低标准；②在一种持续改进的文化中，用户社区和其他利益相关者在整个过程中都明明白白分享的一种隐私承诺；③以积极、系统化和创新化的方式识别不良设计隐私权、预测不良隐私行为和结果，并在负面影响发生之前就及时纠正这些负面影响。

（二）隐私默认保护原则

1. 隐私默认保护原则的概念

如果一定要说有什么我们不用费脑筋却板上钉钉的事情，那么这就非默认规则莫属了。简单来说，通过确保个人数据在任何给定的信息技术系统或业务行为中都能自动获得保护，设计隐私权所追求的就是为他人提供最大程度上的隐私保护。而所谓隐私默认保护原则就是指，即使他人什么都不做，他们的隐私权也仍然是完整无缺的。换言之，他人根本不需要采取任何行动来保护自己的隐私权，因为在默认情况下，隐私保护就是内置在相关系统中的。

2. 隐私默认保护原则的执行指南

事实上，隐私默认保护原则可受到了不少公平信息实践原则的影响，其中就包括：①目的明确原则，该原则是指行为人收集、使用、保留和披露他人个人信息的目的应在信息收集时或收集之前告知他人，并且相关目的应当清晰明确、有限并且与相关情况紧密相关。②限制收集原则，该原则是指涉及个人信息的收集行为必须是公平、合法并限于为特定目的所必需的。③数据最小化原则，该原则是指涉及个人信息的收集行为应保持在严格的最低限度之内。具体而言，不仅在默认情况下，相关程序、信息技术和系统的设计应该从不可识别的交互和事务开始，而且在可能的情况下，行为人还应当尽量减少个人信息的可识别性、可观察性和可链接性。④限制使用、保留和披露个人信息原则，该原则是指除非相关法律另有要求，否则，个人信息的使用、保留和披露应当限于他人已同意的相关目的。换言之，个人信息只能够在为达到行为人所述目的所需的时间内保留，然后就应当被立即安全销毁。

此外，如果个人信息的需求或使用不够清楚明确，那么此时我们就应当在适用积极预防原则的同时进行隐私推定，即推定默认隐私设置应当是最能保护他人隐私权的。

（三）将隐私权嵌入设计原则

1. 将隐私权嵌入设计原则的概念

所谓将隐私权嵌入设计原则，是指将隐私权嵌入信息技术系统的设计、体系架构和业务行为之中。这也就是说，隐私权并不是在相关事实发生后所添加的一个装装样子的附加组件；恰恰相反，隐私权是相关核心功能的一个必不可少的组成部分。换言之，不仅隐私权是系统不可或缺的一个组成部分，而且将隐私权嵌入系统之中并不会因此而降低隐私权的功能。

2. 将隐私权嵌入设计原则的执行指南

隐私权必须以一种整体化、综合化和创造性的方式嵌入技术、操作和信息体系架构之中。具体来说，所谓整体化是指必须始终考虑更多、更广泛的相关情境；所谓综合化是指所有的利益相关者和利益都应该被考虑到；而所谓创造性则是指嵌入隐私有时意味着重新发明选择，毕竟现有的替代方案有时常常无法使用。

那么，行为人到底应该怎么做呢？事实上，行为人主要需要做到以下三点：①行为人应该采取系统化、有原则的方法来嵌入隐私权，不仅这种方法要依赖可接受的标准和框架，而且这些标准和框架还必须要能够接受外部审查和审计，所有的公平信息实践都应在设计和操作的每一步都得到同样严格的适用。②行为人应当尽可能开展和公开详细的风险和影响评估，而这些评估内容则需要明确记录隐私风险和为减轻这些风险而采取的所有措施，其中包括替代方案和选择性指标的考虑。③就嵌入隐私权之后产生的技术、操作或信息体系架构及其使用而言，它们对他人隐私权的影响应该被证明是最小的，并且不容易通过使用、错误配置或某些错误而退化。

(四) 功能完整原则

1. 功能完整原则概念

相比于通过零和方法来造成不怎么样的权衡结果，设计隐私权追求的则是以正和"双赢"的方法来容纳所有合法利益和目标。要知道，设计隐私权可不搞虚假的二分法那一套，比如隐私和安全不可共存；恰恰相反，设计隐私权用实际行动证明了鱼和熊掌可以兼得。

2. 功能完整原则的内容

事实上，设计隐私权并不仅仅只是一句假大空的宣言和承诺，而且它也不只是止步于隐私目标而已——恰恰相反，设计隐私权既是为了满足相关组织的所有合法目标，又大大助力了每个利益相关者取得真正、实际和有益的结果。

功能完整原则的主要三点：①如果行为人要将隐私权嵌入既定的技术、过程或系统之中，那么他们就应当以不损害全部功能的方式抑或是尽可能优化所有需求的方式实施相关行为。②虽然在不少人的眼中，隐私权和其他合法的价值观、设计目标和特定领域的技术能力之间往往水火不相容，但是设计隐私权可不这么认为。恰恰相反，设计隐私权不仅包含着合法的非隐私目标，而且还会以创新和正和的方式去容纳这些目标。③行为人既需要将所有利益和目标都清清楚楚、明明白白地记录在案，又应当阐明所需的功能，还应当商定和应用相关指标，并经常避免那些不必要的权衡因素从而找到一种能够实现各种各样功能的隐私解决方案。

同时,在以一种绝佳的、综合化且正和的方式实现所有目标和功能方面,创造力和创新不容小觑。此外,大家也别忽视那些在技术、系统和空间的设计和操作中勇敢克服零和方法的相关主体,毕竟它们代表的可是世界领先的全球隐私领导能力。

(五) 端到端的全生命周期保护原则

1. 端到端的全生命周期保护原则的概念

根据端到端的全生命周期保护原则,隐私权不仅在收集相关信息的第一个元素之前就早已嵌入系统之中了,而且它还可以安全地扩展到所涉及数据从开始到结束的整个生命周期之中。总而言之,强大的安全措施对于他人的隐私权而言至关重要,这既可以确保所有数据都得到妥善保留,又可以确保这些数据在流程结束时及时安全地得到销毁。故而,设计隐私权能够确保相关信息从摇篮到坟墓、端到端都受到安全生命周期的管理。

2. 端到端的全生命周期保护原则的执行指南

简单用一句话来说,不仅他人的隐私权必须在整个领域和有关个人数据的整个生命周期中不断得到保护,而且它们在保护或问责方面不应存在任何差距。此外,虽然所有的公平信息实践原则在此处都有适用的空间,但是"安全性"原则的地位却似乎更为突出一点,毕竟没有强大的安全性,谈何隐私权?

具体来说,端到端的全生命周期保护原则包含以下两个方面的内容:①安全性原则,即根据公认的标准制定机构所制定的标准,行为人必须在整个生命周期之中对个人信息的安全(与其敏感程度相称)承担责任;②应用安全原则,即相关标准必须确保个人数据在整个生命周期中的机密性、完整性和可用性,其中特别包括安全的数据销毁方法、适当的加密技术、强大的访问控制和日志记录方法。

(六) 可见性兼透明性原则

1. 可见性兼透明性原则的概念

说来很简单,可见性兼透明性原则其实旨在向所有利益相关者保证,无论涉及何种业务实践或技术,行为人实际上都是按照既定的承诺和目标运作并经过独立核查的;同时,相关实体的组件部分和操作对用户和供应商也都是保持可见性和透明的。不过大家务必铭记在心的是,哪怕再信任也别忘了核查这一步骤。

2. 可见性兼透明性原则的执行指南

对于建立问责制度和信任来说,可见性和透明性的地位举足轻重。虽然可见性兼透明性原则很好地传承并沿袭了公平信息实践的全部内容,但是出于审计和审查的目的,下面这三项公平信息实践显然更为重要:①问责制度。根据这一项公平信息实践,如果行为人收集个人信息,那么,他们就需要承担保护个人信息的责任,即他们既应当将所有与隐私权有关的政策和程序酌情记录和传达,又应当将这些内容分配给特定个人。同时,如果行为人要将他人的个人信息转让给第三人,那么他们还应当通过合同或其他方式来确保同等的隐私保护。②开放性原则。鉴于可见性和透明性是问责制度的核心,所以行为人应当将有关个人信息管理政策和实践的信息随时提供给他人。③申诉制度。根据这一项公平信息实践,行为人应当建立起申诉和救济机制并向他人通报关于申诉和救济的信息,其中包括如何进入下一级进行申诉以及如何采取必要措施去监控、评估和核查隐私政策和程序的遵守情况。

(七) 尊重用户隐私权原则

1. 尊重用户隐私权原则的概念

简单来说,该项原则要求行为人必须通过提供强有力的隐私默认设置、适当的通知和开发用户友好的选项等措施来维护他人的隐私利益。换言之,保持以用户为中心才是王道。

2. 尊重用户隐私权原则的执行指南

如果想要达到人人喜闻乐见的设计隐私权结果,那么,我们往往需要有意识地围绕个人用户或数据主体的兴趣和需求去设计隐私权,毕竟这些用户或数据主体对自己个人数据的管理拥有最大的既得利益。

在这种背景下,如果想要防止他人的隐私权和个人数据被侵犯或者滥用,那么,或许只有授权数据主体在管理自己的数据中发挥积极作用这一条路可走了。

具体而言，尊重用户隐私权原则主要包含以下四项公平信息实践：①同意原则，即除非法律另有规定，否则行为人收集、使用或披露个人信息的行为必须得到他人自由且具体明确的同意。同时，相关数据的敏感性越大，行为人所要获得同意的要求也随之需要更加具体，并且他人之后依旧可以选择撤回自己的同意。②准确性原则，即为了满足相关法律规定的目的，个人信息和数据应当尽可能准确、完整和处于最新状态。③访问原则，即不仅行为人应当向他人提供访问他们个人信息的机会，并在使用和披露这些个人信息时及时通知他人，而且他人也应当有权质疑个人信息的准确性和完整性并酌情加以修正。④申诉制度。根据这一项公平信息实践，行为人应当建立起申诉和救济机制并向他人通报关于申诉和救济的信息，其中就包括如何进入下一级进行申诉。

值得注意的是，尊重用户隐私权原则可远远不止上述四项公平信息实践这么一点，它其实还包括纷繁复杂的内容，如人机交互界面需要以人为中心、以用户为中心和人性化，毕竟这样才能够可靠地做出知情的隐私决定；再如，商业运作和物理性架构也同样应该展现出这种以人为本的考虑。

十一、设计隐私权已被越来越多人认可

首先，设计隐私权的概念已经吸引了世界各地不少政府官员的注意。无论是欧盟委员会负责司法、基本权利和公民资格的副主席Viviane Reding还是欧盟数据保护机构主管Peter Hustinx，他们无一例外都谈到过设计隐私权将如何提高他人对信息和通信技术的信任。同时，Peter Hustinx还指出，将设计隐私权方法纳入欧盟数据保护立法修订框架之中不过是早晚的事。至于欧盟委员会究竟应当如何将设计隐私权嵌入欧盟的法律和政策之中，Peter Hustinx提出了以下四种方式：①在有关数据保护的法律框架中列入关于设计隐私权的一般规定。②在提出不同部门的具体法律文书时，在具体条款中详细阐述设计隐私权的一般性规定。同时，根据《数据保护指令》第17条和其他现行法律的规定，这些具体规定现在已经可以被列入法律文书之中了。③将设计隐私权作为欧盟数字议程的指导原则。④将设计隐私权

作为原则引入到其他欧盟的倡议（主要是非立法的）之中。

其次，欧盟隐私专员也纷纷认可设计隐私权是一种前途充满光明的方法并应当被纳入欧盟隐私权法的改革之中。在这样的背景之下，在2009年12月，针对"隐私权的未来"，由所有欧盟隐私和数据保护专员组成的"欧盟第29条工作组"发表了一份意见，这也算是欧盟委员会关于保护个人数据基本权利法律框架的磋商所助的一臂之力吧。

再次，2010年10月，加拿大安大略省信息和隐私专员办公室隐私专员Ann Cavoukian博士提出了一项决议，不仅这项具有里程碑一般意义的决议在耶路撒冷召开的国际数据保护和隐私专员年会上获得一致批准和通过，而且它还逐渐变为堪称无人不知、无人不晓的全球性标准。事实上，该决议承认设计隐私权的概念是"基本隐私保护的基本组成部分"。同时，该决议也不只是Ann Cavoukian博士一个人的功劳，来自加拿大的隐私专员Jennifer Stoddart和来自柏林、新西兰、捷克共和国和爱沙尼亚的隐私专员个个都功不可没。具体来说，该决议的内容包括：①鼓励将设计隐私权原则作为组织默认运作模式的一部分；②邀请数据保护和隐私专员共同携手促进设计隐私权、推动将设计隐私权基本原则纳入各自司法管辖区的隐私政策和立法之中，并鼓励研究设计隐私权。

复次，在2010年11月4日，为了让欧盟个人数据保护相关法律制度迈上现代化的新台阶，欧盟委员会发布了一份函件草案并提出《欧盟个人数据保护综合解决办法》。就该函件而言，它既是欧盟委员会对现行法律框架进行审查和公众磋商的结果，又明确支持更多地使用隐私增强技术和设计隐私权原则；如此一来，我们才能既确保数据控制者制定有效的政策和机制，又保证他们能乖乖遵守数据保护的相关法律规定。

除了欧盟之外，世界各地的各个国家几乎都纷纷紧随其后有所行动：①在英国，英国信息专员办公室自2007年以来就一直坚持不懈地参与和举办设计隐私权讲习班和会议、委托相关机构开展研究，并为设计隐私权的实施绞尽脑汁地去制订战略计划。②在美国华盛顿地区，在有关处理行为广告和关于隐私和创新的讲习班的国会测试中，设计隐私权常常被大家挂在嘴边。同时，通过美国联邦贸易委员会发起的一系列隐私权圆桌会议,美国联邦贸易委员会主席 Jon Liebowitz 所提出的在线隐私权三项关键原则也就此得以确立;而在这三项原则之中,排名第一的就是设计隐私权原则。时隔五个月之后,在 2010 年 12 月 1 日,美国联邦贸易委员会便发布了众人期待已久的在线隐私权报告,即"在飞速发展的时代保护他人的隐私权:一个为企业和决策者提出的框架"。具体来说,为了"建立他人和企业在从事商业活动时可以依赖的某些普遍假设和基本保护",该报告提出了一个隐私框架,其中就包括设计隐私权,即企业应该"将实质性的隐私权和安全保护纳入自己的日常业务实践之中,并在产品、服务的设计和开发的所有阶段都系统地考虑隐私问题"。该报告还指出,为了达到以上目标,企业可以采取多种多样的做法,比如采用合理的保障措施、收集信息以满足特定需求、实施合理的数据保留期限、采取合理措施来确保所收集数据的准确性和制定全面且能够覆盖整个企业的隐私保护方案。就连美国智能电网如今也在开动脑筋,想着如何才能好好地采用设计隐私权方法。③在加拿大、美国和欧洲,这些地方的一些公众人物都在讨论究竟如何才能最好地刺激数字经济的创新。同时,澳大利亚前隐私专员 Malcolm Crompton 也将设计隐私权带到了澳大利亚政府项目和信息技术行业协会之中。④有不少研究实验室也如雨后春笋般纷纷涌现出来。如在 2009 年,一个全新的设计隐私权研究实验室在美国亚利桑那州悄然落成,该实验室致力于探索和开发出一种企业保护在线信息的方法。再如 W. P. 凯瑞商学院(W. P. Carey School of Business)下属的设计隐私权研究实验室,该实验室不仅会将世界各地组织的优秀代表凝聚在一起集思广益,从而为企业制定相关隐私标准,而且它还会对如何实施这些标准进行研究。⑤在一些有名的研究出版物当中,国际研究人员、从业人员和学者也在孜孜不倦地对设计隐私权进行更深入的研究。在 2010 年,为了公开表彰世界各地的个人和组织通过设计隐私权方法而为隐私保护做出的点滴努力,加拿大安大略省信息和隐私专员办公室发起了一个"设计隐私权大使项目"。具体而言,如果他人想要获得"设计隐私权个人大使"的光荣称号,那么,他们就需要"始终如一地努力教育相关组织在它们的技术和商业实践中嵌入隐私权,并且这种努力几乎达到了众所周知的程度";而就组织大使而言,所谓"设计隐私权组织大使"则是指将设计隐私权原则嵌入自己日常运营中的企业或公共部门组织。从目前的情况来看，不仅已经有一家小有名气的咨询公司开发出一种基于设计隐私权原则的"设计隐私权评估方法"，而且还有一部分人看起来对类似的事务也是饶有兴趣、热情不减。事实上，加拿大安大略省信息和隐私专员办公室做的事还远远不止上面这些——在2009年1月28日，即国际数据隐私权日这一天，加拿大安大略省信息和隐私专员办公室与多伦多贸易委员会共同举办并主持了一场"设计隐私权挑战赛"。光就该挑战赛而言，每年的参赛嘉宾都人才济济，他们当中不乏来自世界各大公司的高管和新兴企业的研究人员，大家在展示各自的创新性隐私技术方面纷纷大展身手、各显神通。如今，"设计隐私权挑战赛"每年都会在国际数据隐私权日这一天如约举行，最佳设计隐私权往往能在这其中崭露头角。而截至目前，已有三届设计隐私权挑战赛成功举办了。

最后，在适用和审计/审查设计隐私权原则的遵守情况方面，目前早已有了一个用于制定详细标准的参考框架。

十二、结语

如今，大家也日益开始认识到，从"设计思维"的角度去看待创新和竞争力的问题才是上策。而所谓设计思维就是指用一种审视世界和克服限制因素的方式去思考，这种思维方式既是整体的、跨学科的、综合化的和富有创造性的，又是创新的和鼓舞人心的。从同样的设计思维角度来处理隐私问题也实为上策。换言之，在默认情况下，隐私权既需要嵌入网络数据系统和技术之中，又必须成为相关组织的优先事项、项目目标、设计过程和计划运作的组成部分，还必须嵌入每一个触及他人日常生活的标准、协议和行为之中。

本文主要阐述的是从1996年到2011年为止，设计隐私权的起源和演变历程。从前文的论述中，我们不仅不难看出设计隐私权的演变进化历程，即从早期强调信息技术到同样强调组织性行为和过程、再到强调更广泛的信息生态系统和体系架构的演变过程，而且我们还能得知，这种演变实际上是为了应对日新月异的社会环境，即社会需要采取更全面和更实际的方法来回应社会中层出不穷的事件、发展和不断变化的情况。

除此之外，我们还能看到在这一过程中，设计隐私权基本原则是如何代表和沿袭传统的公平信息实践原则，又是如何纳入公平信息实践原则并最终站在公平信息实践原则这一巨人的肩膀之上的，其中就包括对积极领导、可审查核实的方法和可衡量的正和结果等相关要求。

参考文献

［1］ American Institute for Chartered Public Accountants（AICPA）and Canadian Institute for Charted Accountants.（CICA）.（2010）.

［2］ Anderson K.（2003）. Bringing PETs to the mainstream by using evaluation.

［3］ Arizona State University（ASU）.（2009, November）.

［4］ Bennett C J（2009）. International privacy stan-dards: A continuing convergence.

［5］ Bennett C J & Raab C D.（2006）. The governance of privacy: Policy instruments in global perspective. MIT Press. Retrieved April 8, 2011.

［6］ Borking J.（2003）The PET story: Privacy enhancing technologies—Online and offline. Paper presented to 25th International Conference of Privacy and Data Protection Commissioners, Sydney Australia.

［7］ Cameron K.（2005）. The laws of identity. Identity Blog. Retrieved April 8, 2011.

［8］ Cameron K., Posch R. & Rannenberg K.（2008）. Proposal for a common identity framework: A user-centric identity metasystem.

［9］ Canadian Internet Policy and Public Interest Clinic（CIPPIC）.（2007）. Approaches to security breach notification: A White Paper.

［10］ Cavoukian A.（1998）. 407 express toll route: How you can travel the 407 anonymously. Office of the Information and Privacy Commissioner of Ontario, Canada. Retrieved April 8, 2011.

［11］ Cavoukian A.（1999）. Privacy and biometrics, consumer biometric applications: A discussion paper, and Biometrics and policing: Comments from a privacy perspective. Office of the Information and

Privacy Commissioner of Ontario, Canada. Retrieved April 8, 2011.

[12] Cavoukian A. (2002). Security technologies enabling privacy (STEPs): Time for a paradigm shift. Office of the Information and Privacy Commissioner of Ontario, Canada. Retrieved April 8, 2011.

[13] Cavoukian A. (2002). Privacy and digital rights management (DRM): An oxymoron? Office of the Information and Privacy Commissioner of Ontario, Canada.

[14] Cavoukian A. (2002). Concerns and recommendations regarding government public key infrastructures for citizens. Office of the Information and Privacy Commissioner of Ontario, Canada.

[15] Cavoukian A. (2004). Building in privacy from the bottom up: How to preserve privacy in a security-centric world. Presentation to Carnegie-Mellon University, Office of the Information and Privacy Commissioner of Ontario, Canada.

[16] Cavoukian A. (2004). Tag, you're it: Privacy implications of radio frequency identification (RFID) technology. Office of the Information and Privacy Commissioner of Ontario, Canada.

[17] Cavoukian A. (2005). Privacy impact assessment guidelines for the Ontario Personal Health Office of the Information Protection Act. Office of the Information and Privacy Commissioner of Ontario, Canada.

[18] Cavoukian A. (2005). Identity theft revisited: Security is not enough. Office of the Information and Privacy Commissioner of Ontario, Canada.

[19] Cavoukian A. (2005). The new breed of practical privacy: An evolution. Speech to the 26th International Conference of Privacy and Data Protection Commissioners, Montreux, Switzerland, Office of the Information and Privacy Commissioner of Ontario, Canada.

[20] Cavoukian A. (2006). The laws of identity: The case for privacy-embedded laws of identity in the digital age. Office of the Informa-

tion and Privacy Commissioner of Ontario, Canada.

[21] Cavoukian A. (2006). Video: Aword about RFIDs and your privacy in the retail sector. Office of the Office of the Information and Privacy Commissioner of Ontario, Canada.

[22] Cavoukian A. (2006). Creation of a global privacy standard. Office of the Information and Privacy Commissioner of Ontario, Canada.

[23] Cavoukian A. (2007). Guidelines for the use of video surveillance camerasinpublicplaces. Office of the Information and Privacy Commissioner of Ontario, Canada.

[24] Cavoukian A. (2008). Privacy in the clouds. Identity in the Information Society, 1, 89 – 108. doi: 10.1007/s12394-008-0005-z.

[25] Cavoukian A. (2008). Privacy in the clouds: A white paper on privacy and digital identity: Implications for the Internet. Office of the Information and Privacy Commissioner of Ontario, Canada.

[26] Cavoukian A. (2008). Privacy & radical pragmatism: Change the paradigm. Office of the Information and Privacy Commissioner of Ontario, Canada.

[27] Cavoukian A. (2008). RFID and privacy: Guidance for health care providers. Office of the Information and Privacy Commissioner of Ontario, Canada.

[28] Cavoukian A. (2009). Moving forward from PETs to PETs plus: The time for change is now. Office of the Information and Privacy Commissioner of Ontario, Canada.

[29] Cavoukian A. (2009). Transformative technologies deliver both security and privacy: Think positive-sum not zero-sum. Office of the Information and Privacy Commissioner of Ontario, Canada.

设计隐私权:领导、方法与结果

安·卡沃基安[①] 著　邓梦桦[②] 译

目　次

一、导论
二、不断演变的隐私背景
三、设计隐私权的起源与演变
四、设计隐私权的基本原则
五、未来的挑战
六、结语

一、导论

2010 年 10 月,国际隐私专员和数据保护机构在年度会议上一致通过了一项具有里程碑意义的决议,这项决议由加拿大、德国、新西兰、捷克和爱沙尼亚等国的专员们共同提出,其明确了设计隐私权(privacy by design,PbD)是隐私基础保护中"必不可少的组成部分",同时"鼓励采用设计隐私权的原则作为组织默认运作模式的一部分;请数据保护专员和隐私专员推广设计隐私权,促使这些主体将设计隐私权的基本原则纳入其各自辖区的隐私政策及立法之中,并鼓励学者们研究设计隐私权"[③]。

从那时到现在,设计隐私权的基本原则已经被翻译成 25 种语言的版本,美国和欧洲的公共决策者也已经发布了提案和建议,让这些

[①] 安·卡沃基安(Ann Cavoukian),加拿大安大略省信息和隐私专员办公室隐私专员。
[②] 邓梦桦,中山大学法学院助教。
[③] International Conference of Data Protection and Privacy Commissioners (2010). Privacy by Design Resolution, adopted at Jerusalem, Israel, October 27–29, 2010.

原则在组织管理个人信息的改革治理和监督机制中得到表达。① 设计隐私权不仅仅是一个概念，而且成为全球主要司法管辖区的法律和监管要求。本文介绍了设计隐私权的基本原则是如何以公平信息实践原则（fair information practice principles，FIPPs）为基础，以适应现代信息管理需求的方式而存在的；通过积极主动的领导与目标设定、系统与可验证的实施方法，以及可证明的正和结果，设计隐私权原则可以对信息时代的隐私实施有效的数据保护：减少与个人信息相关的伤害和"意外"后果，提升以市场为基础的创新和竞争力，证明数据管理做法的有效性和可信度，制定作为特定领域控制目标和最佳实践的框架；赢得客户、合作伙伴和公众的信任，加强内部问责机制，和支持监管和第三方监督的工作。

设计隐私权的基本原则作为隐私和数据保护的总体框架，可以有效地将数据保护引入信息技术、组织流程、网络架构乃至整个治理和监督系统。

二、不断演变的隐私背景

由于多种原因，隐私与数据保护如今常常被说成处于"危机"之中，这些原因包括：信息和通信技术跨越式的发展、社交网络和云计算的出现、文化规范不断的演变和过时的全球隐私法律。网络信息和通信技术的出现从根本上改变了数据管理的规则，对隐私有着深远的影响，数据的全球化使无数的数据被复制、储存，形成了"数据海洋"。我们不能再像过去在纸质记录上那样谈论信息泄露与破坏，我们难以将其从"公共"领域中移除。随着数据数字化、联网化的发展，以及数据利用方式的不断更新，过去默认的隐私和数据保护模式正在消失。我们现在更多的是依赖于高级的搜索技术和自动化工具来管理和"挖掘"信息。

这样综合起来的效果就是，信息传播、复制和重组的成本变得低廉，个人信息也变得更具有价值，同时也更难以控制和保护。破解信息隐私保护难题的方案需要数据最小化技术、可靠的保障措施、数据处理生命周期中的个人参与和对数据处理器的可靠问责措施联合起来

---

① See EU Commission proposes a comprehensive reform of the data protection rules.

发挥作用。如果说个人数据是现代全球经济的货币,那么信任就相当于中央银行。个人数据的误用和滥用会损害个人的信息自决权,并损害创新经济增长和繁荣所需的信心和信任。

三、设计隐私权的起源与演变

设计隐私权从早期在信息和通信技术的设计和运行实践中产生,伴随而来的海洋隐私增强技术(privacy enhancing technologies,PETs)。随着时间的推移,人们也在考虑使用涵盖范围更广的系统和处理过程,其中包括隐私增强技术的嵌入和运作。①

(一)从零和向正和思维的转变

"9·11"事件及其后果挑战了许多公共政策制定者、隐私倡导者关于个人隐私必然高于社会其他利益的假设。

从历史上看,隐私一直是一种由社会文化决定的价值。隐私倡导者发现,在一种勾起公众本能的恐惧、引起公众对集体安全的渴望和对"不被炸成碎片"权利的渴望的氛围中,隐私利益的保护变得越来越困难。几乎在一夜之间,隐私威胁漠视就发生了变化。公共部门制定了安全法规,并实施了超越信息隐私权的举措,招募公共和私营部门组织为公共安全等收集数据,与此同时,信息网络变得越来越精细与复杂,将数据主体从等式的客户端一侧排除出去,破坏了占主导地位的"客户-服务器"交易模式。在个人信息的收集、披露和使用可能与个人完全无关的情况下,我们如何保证隐私?

零和模式,是指多做一件好事(如加强公共安全、欺诈检测、运营控制等)就会少做另一件好事(比如限制个人隐私、自由)。但鉴于公众对安全的需求非常高,这种零和心态对隐私构成了威胁。笔者及团队成员质疑这种必须放弃隐私才能获得公共或个人信息安全利益的假设,认为许多安全技术和信息系统可以被设计为能同时满足公

---

① Ann Cavoukian (2012), Privacy by Design: Origins, Meaning, and Prospects for Assuring Privacy and Trust in the Information Era, in Privacy Protection Measures and Technologies in Business Organizations: Aspects and Standards, ed. George O. M. Yee, pp. 178 – 208 (Ottawa, Canada: Aptus Research Solutions Inc. and Carleton University).

共安全要求,却又最小化甚至消除它们的隐私侵犯特性。①

正确的模式是正和而不是零和。笔者及团队成员向隐私、标准的编写者和解决方案提供者提出了挑战,并要求:将关于安全和隐私提高到超越简单化的观点之上;制定适当的采购标准;将隐私和数据保护原则纳入所有技术促成的解决方案的概念、设计和实施之中;隐私风险评估和数据保护原则应用的范围不再局限于信息通信技术(ICTs),应包括可能嵌入电子技术的"软"法律、政策、程序和其他组织控制和业务环境。

我们需要一种整体的、综合的方法来保证所需的隐私,这种方法还需要考虑到其他领域的发展情况,包括不断发展的法律和法规要求。在 21 世纪初,人们对各个部门和司法管辖区的数据隐私、安全、问责制和执法等的需要成倍增加,各种组织正在经历深刻的变化以响应不断发展的商业环境,它们的信息管理需求也随着他们的商业模式和运营结构的变化而变化。为了应对市场需求,组织正在向技术密集型和数据密集型转型升级,变得去中心化、服务导向、层级扁平化、灵活、创新和全球化。数据库的管理将不再是以前的样子。

由于不断发展的计算和网络环境,个人数据变得更加海量,粒度更细、更无处不在、更加半公开化,同时可以立即被检索到。与互联网本身一样,各种各样的网络正变得更加复杂、精细和去中心化。云计算、移动计算和社交计算平台的出现正在以全新的方式改变传统的信息流,给数据保护带来了严峻的挑战。更复杂的是,个人和消费者并不总是反对新的"侵犯隐私"的创新和服务,这种趋势变得越来越明显。为此,他们愿意交换自己的个人信息。消费者并不总想对自己的个人信息进行完全而细致的控制,相反,他们选择信任个人数据保管人的声誉和行为。在这种情况下,仅仅依靠隐私增强技术或"代码"来确保隐私和数据保护的信念似乎是一种"天真"的行为。大多数面向消费者的隐私增强工具和服务未能获得市场认可,这只会

---

① See Ann Cavoukian, Transformative Technologies Deliver Both Security and Privacy: Think Positive-Sum not Zero-Sum, 2009b.(Accessed at: www. ipc. on. ca/images/Resources/trans-tech. pdf), and Moving Forward from PETs to PETs Plus: The Time for Change is Now, 2009a (Accessed at: www. ipc. on. ca/images/Resources/petsplus_3. pdf).

让人们更加认识到，有必要采取更全面、更有力的方法来保护和促进隐私。

（二）强调实践结果和成果

隐私权应该如何得到有效表达，尤其是在快速变化的全球环境中，这一点变得越来越不明确。我们有必要采取更具预防性、更实际、更实证的办法。这意味着鼓励做出和遵守更明确的承诺。它意味着强调实际、可衡量和即时的成果，其基础是普遍认可的隐私价值观、在利用个人信息方面融合各种利益的共同框架，以及评估遵守情况的基准。

公平信息实践原则是普遍的隐私价值观，也是将隐私和数据保护目标转化为法律、政策和技术的一般框架。人们基于公平信息实践原则发展出许多文件，这些文件在当今世界各地生效，其长度、细节和应用力度各不相同。尽管表面上存在差异，但它们都有共同的基础。在最广泛的概念层面上，所有隐私和数据保护原则都既在寻求数据处理的不透明度（模糊性），又在其中追求数据处理的透明度。模糊性增强原则通过最小化和数据保护来限制未经授权的数据处理，而透明度增强原则通过将数据主体纳入数据处理生命周期并为数据处理器建立治理需求来提高可见性和问责性。所有的公平信息实践原则都表达了数据最小化、安全保障、用户参与和问责制的"公平信息实践原则"（见表1）。

个人、企业和监管机构对组织数据处理实践的持久信心取决于他们表达公平信息实践原则核心要求的能力，这也促进了效率、创新和竞争优势。换句话说，隐私保护对生意兴隆有所帮助。设计隐私权基础原则建立在既有的公平信息实践原则之上，通过加强问责和信任，力求提高隐私和数据保护的门槛：积极主动的领导和目标设定，系统的、可检验的实施方法，实际、明显的结果。

这些新的处理措施设计原则是由设计隐私权的三个基本原则来表达的，如表1所示。其他四项设计隐私权原则与公平信息实践原则相吻合，因此也与现有的解释、应用和核实数据保护控制的方法相吻合。

表1 公平信息实践原则和设计隐私权原则的表达

公平信息实践原则（FIPPS）	FIPPS的基本构成	设计隐私权原则
目的规范	数据最小化	隐私作为默认（设置）
收集限制		
使用、保留和披露限制		
安全保障	安全保障	端到端安全（安全保障）
知情同意	用户参与	尊重用户隐私（用户参与）
精度		
访问		
救济		
问责制（对数据主体）		
问责制	用户问责制（数据主体之外）	可见性和透明度
开放		
合规	领导和目标设定 系统的、可检验的实施方法 实际、明显的结果	主动而非被动，预防而非补救 将隐私保护嵌入设计 全面功能——正和而非零和

四、设计隐私权的基本原则

（一）模糊性增强原则

模糊性增强原则寻求将数据处理限制到最低或最小限度。没被收集或保留的数据，或安全且不可获取的数据，不得被滥用或误用。强有力的保障措施和尽量减少数据处理的做法提高了模糊度。强制性数据违规披露和通知要求的出现，为各组织有力地应用不透明原则提供了强有力的激励。

1. 默认隐私设置（数据最小化）

未被收集、保留或披露的数据是指不需要保护、管理或说明的数据。不存在的数据不能被访问、更改、复制、丰富、共享、丢失、被破解或以其他方式用于次要和未经授权的目的。这项设计隐私权原则的前提是，设计信息技术和系统的出发点始终应当是最大限度地提高隐私。向个人提供的技术、工具、平台或服务的默认配置或设置应尽可能限制个人身份数据的使用。

默认隐私设置原则是和以下公平信息实践原则相辅相成的：

（1）目的限制。收集、使用、保留和披露个人信息的目的应在收集信息时或之前告知个人（数据主体），指定的目的应该是明确的、有限的和与情况相关的。

（2）收集限制。个人信息的收集必须是公平、合法的，并且仅限于指定目的所必需的。

（3）数据最小化。个人信息的收集应严格控制在最低限度，信息和通信技术、组织流程、网络基础设施和系统的设计应该从默认的不可识别的交互和事务开始，在可能的情况下，应尽量减少个人信息的可识别性、可观察性和可链接性。

（4）使用、保留和披露限制。个人信息的使用、保留和披露应限于个人已同意并完全知情的相关目的（法律另有规定的除外）。个人信息只应在满足规定目的的必要情况下保留，然后安全销毁。

如果对个人信息的需要不明确，那么，组织应该有一个隐私的推定，并且应该适用预防原则，默认设置应该提供最高级别的隐私保护。默认隐私设置原则表达了这样一个概念，即总是从尽可能少的个人资料开始，然后在特殊和具体的数据基础上，证明额外收集、披露、保留和使用的合理性。

2. 端到端安全（安全保障）

这一设计隐私权原则包含了数据安全方法，并进一步强调了组织需要以全面和系统的方式应用安全措施。应该在整个领域和相关数据的整个生命周期中不断地确保数据的保密性、完整性和可用性。保护和监督方面不应该有漏洞。保障原则具有特殊的意义，因为从本质上讲，没有强大的数据安全保障，就没有隐私。

在个人信息的整个生命周期中，组织应按照公认的标准去制定机构应遵循的标准和方法（越敏感的数据应得到更多保护），对个人信息的保管和保护负责。应用安全标准应确保个人数据在整个生命周期中的保密性、完整性和可用性,包括强大的访问控制、有效的日志和审计功能、适当的加密和安全的销毁方法。终端设备、用户工具和接口的设计应考虑到最大的数据安全性,考虑到确定的风险,如丢失、盗窃、篡改和人为错误。信息安全就像一条链条,它的强度取决于其最薄弱的环节如何。确保端到端的安全性需要一个真正值得信赖和有效的系统方法,且这种方法要能够反复适用。

(二) 透明度增强原则

与模糊性增强原则相反,透明度增强原则寻求使确实发生的数据处理更加透明可见,并接受审查和核实。透明度的增强也增大了发现组织滥用职权的可能性,阻止组织采用不合标准的政策及行为,并加强了一般的问责制,这就是透明度的预防作用。

1. 尊重用户隐私(用户参与)

信息自决权是指个人对自己的个人数据具有一定控制能力的权利或能力,是现代信息隐私的基础。最有利于增强隐私的解决办法和结果通常是那些有意识地围绕个人和用户的利益、需求和期望而设计的方法和成果,这些个人和用户是组织管理其个人数据方面拥有最大既得利益的主体。

向数据主体授权,使其可以在管理自己的个人数据方面发挥积极作用,可能是防止他人滥用和误用的最有效的方法。自隐私增强技术诞生以来,尊重用户隐私一直是设计隐私权原则的核心,并得到以下公平信息实践原则的支持。①同意:除法律另有规定,收集、使用或披露个人资料外,应征得个人知情、自由和具体的同意;数据越敏感,所需的同意就越要明确和具体,个人也可在其后撤回同意。②访问权限:应向个人提供查阅其个人信息的途径,并以方便、可理解和安全的方式告知其使用和披露。③准确性:个人信息应该尽可能地准确、完整,并应及时更新以满足特定目的的需要;个人应能够对信息的准确性和完整性提出质疑,并酌情对其进行修改。④合规:组织应建立投诉和补救机制,并将有关它们的信息传达给数据主体,包括如何进入(投诉)的下一级——申诉。

尊重用户隐私对组织提出的要求超越了这些公平信息实践原则,并延伸到了需要以人为中心、以用户为中心,以及用户友好型界面,以便数据主体可以在了解情况的前提下做出同意的决策。类似地，组织政策和流程以及物理架构也应该对个人表现出同等程度的考虑。世界各地对这些"以用户为中心"的公平信息实践原则的解释及其在不同情况下的应用存在很大差异。尽管有这些差异存在，但在设计信息技术和系统时，至关重要的是在何处以及如何以最佳方式让个人在其数据生命周期的关键时刻参与进来。

2. 可见性和透明度

可见性和透明度对于建立问责制和信任第三方至关重要——这不仅仅是为了确保数据主体可以做出知情决策，行使隐私权，而且更多的是为了商业伙伴、监管机构和股东。这一设计隐私权原则完全符合公平信息实践，但出于评估和审计的目的，组织可以特别重视以下公平信息实践原则：①问责制。对个人信息的收集意味着组织有责任对其进行适当的管理和保护，组织应明确并记录与隐私相关的政策和相关程序的责任，传达给利益相关者和利害关系人，并把责任分配给特定的个人；在向第三方转移个人信息时，应通过合同和其他方式确保也在实施同等的数据保护。②开放。公开和透明是问责制的关键，有关个人信息管理和数据保护的政策和做法的信息，不仅应提供给个人，而且应提供给业务伙伴、监管机构、股东和其他相关方。③合规。应建立申诉和补救机制，并向个人提供有关这些机制的资料，包括如何进行下一级申诉，应该采取必要的步骤来监控、评估和验证隐私政策和程序的遵从性，并在适当的情况下与监管机构、业务合作伙伴和其他利益相关者共享结果。

在当今高度网络化的社会，一个技术、组织或系统的可信度、声誉、品牌和成功越来越依赖于外部力量和行为者的行为和行动，随着企业外包商和监管机构对信息处理进行更严格的审查，数据保护业务的可见性和透明度对成功至关重要。

3. 过程原则

到目前为止，我们已经描述了四个"公平信息实践原则的基础元素"，并说明了它们如何与设计隐私权的四个基本原则相对应。现在我们来看三个"新"原则，它们以一种稳健、系统和可验证的方式解释和应用公平信息实践原则。主动而非被动、预防而非补救；隐私嵌入设备和功能全面——正和而非零和的设计隐私权原则以最有力的方式拓展了公平信息实践原则,以应对隐私和数据保护的挑战。

(1) 主动而非被动,预防而非补救(领导与目标设定)。设计隐私权原则追求跨越司法管辖权的、最高的隐私和数据保护的全球标准,这种标准已经超越了合规要求,力图获得看得见的成果和领导力。无论应用于信息技术、组织实践、物理设计还是网络化信息生态系统,全球在数据保护方面的领导地位始于明确认识到及早和持续采用强有力的隐私做法的好处和价值(例如防止数据泄露的危害)。这意味着各组织在最高的层面明确承诺规定和执行较高的隐私和数据保护标准,通常高于全球法律和条例规定的标准。建立相关方法论来识别糟糕的隐私和数据保护设计,预见到糟糕的做法及结果,并在任何意外或负面影响发生之前,以主动、系统和创新的方式纠正它们。各组织维护自己的承诺,反复执行严格的数据处理过程以减轻隐私和数据保护风险。

针对隐私和数据保护的预防性和系统性方法通常与隐私增强技术有关,对具体信息和通信技术的重视仍然是从一开始就鼓励制定隐私和数据保护原则的源泉。对具有隐私侵害影响的新兴信息技术来说更是如此,如视频监控、生物识别、射频识别(RFID)、电子公路收费系统、"智能"电表、联邦身份识别系统和全身成像扫描仪等。

通常来说,虽然设计隐私权的概念最好是由具体的技术来体现——越是以用户为中心的技术越是更合适的选择,但现在各个组织本身已成为设计隐私权原则一个更集中、更有效的重点,特别是考虑到遵守隐私和数据保护法律的要求。组织强有力的隐私保护和数据保护实质上更侧重于获得和保持客户的信任、忠诚、回头率和更高价值的业务,以及避免代价高昂的"客户流失"。其价值通常分为以下几类:①客户信任能够促进成功的客户关系管理和终身价值,换句话说,就是收入;②失信会导致市场份额的损失、收入的损失、股票价值的降低;客户信任在很大程度上取决于组织的隐私政策和数据保护实践的力度和可信度。

"隐私回报"也会起到相反的作用,即糟糕的隐私领导、政策或数据保护实践导致额外的成本,失去机会和收入。不重视数据保护可能会产生许多负面后果,包括:①因个人资料被不当使用或披露而对客户或客户端造成的损害;②对组织声誉和品牌的损害;③因个人资料的质量或完整性遭到破坏而造成的财物损失；④因隐私问题而损失的业务或延迟交付、履行的新产品、服务所造成的经济损失；⑤因负面新闻而丧失的市场份额或股价下跌；⑥违反隐私和数据保护法律和客户对整个行业的信心和信任下降。前瞻性的和预防性的措施需要对在整个组织和信息系统中以彻底的方式应用强大的数据保护所引致的战略风险、挑战和回报有清晰的理解。

（2）嵌入设计中的隐私（系统和可验证的方法）。信息和通信技术、系统和网络已经变得异常复杂。各种数据处理手段在本质上日益相互依赖和不透明，不容易理解，需要利益相关者和用户比以往任何时候都更多的信任，以实现可持续发展。但这些都不是确保问责制、数据保护和个人隐私得以发展的理想条件。隐私承诺和数据保护控制必须以整体、整合和创造性的方式嵌入技术、操作和信息架构中：①全面性，因为在对隐私风险和补救措施进行适当评估时，应该考虑到其他更广泛的背景情况；②一体化，因为所有的利益相关者和利益都应该参与协商，并成为发展对话的一部分；③创造力，因为嵌入隐私权和数据保护控制有时意味着重新创造选择，而现有的选择已经是不可接受的。

应该采用一种系统的、有原则的方法来嵌入隐私和数据保护——这种方法依赖于公认的标准和过程框架，并且经受得住外部审查和审计的检验。在设计和操作的每一个步骤中，都应同样严格地执行所有公平信息实践的做法。在可能的情况下，应进行和公布详细的隐私影响和风险评估，清楚地记录隐私和数据保护风险，以及为减轻这些风险而采取的所有措施，包括替代品的考虑和选择衡量的标准。由此产生的技术、流程或信息结构及其使用对隐私的影响应明显最小化，而不应由于使用、配置错误或错误而轻易降低。为系统地将公平信息实践原则直接纳入组织加强隐私技术的设计和运作以及信息管理做法而作出的早期努力，逐步产生了一系列标准化工具和方法。

第一，隐私自我评估工具。评估工具帮助组织以有原则的、系统的方式理解和记录组织当前持有的数据和数据流，以及对数据的操作状态和过程。自我评估工具是相当初级的，通常采用结构化清单的形式来帮助组织确定其隐私保护是否"准备好了"，并就如何系统地查明和解决差距提供初步指导。许多评估工具可作为隐私规划、行动和改革的必要基础,① 也是衡量、报告和核查组织进展情况的基准。

加拿大是开发和采用隐私影响评估（privacy impact assessments, PIAs）的世界领先者,对 PIAs 的采用对于安大略（省）和加拿大（联邦）公共部门来说是强制性的,以此来获得项目资金。PIAs 具有前瞻性和系统性,是设计隐私权方法的核心,在识别和降低与新的数据处理计划、项目和操作方法的实质性变化相关的隐私和数据保护风险方面,发挥着尽职调查的作用。作为一种最佳实践,它们已经在世界各地的公共部门流行开来,现在正在被应用于全体私营部门的调整。不同的 PIAs 在应用程序、广度、时间、透明度和处方级别等方面差异很大。PIAs 发展及其应用的一个重要里程碑就是行业主导的 RFID-PIA 框架,该框架于 2011 年获得欧盟的认可,认证"设计隐私权"符合欧盟数据保护指令。世界各地的机构都在不断出台隐私影响评估方法和相关指导文件。

第二,风险管理。为做到实用、有效,甚至高效,数据保护需要将资源重点放在风险最高的领域并确定其优先次序。事实上,确定隐私风险,并确定对应的减轻隐私风险的战略,对于良好的隐私评估至关重要。幸运的是,标准化的风险管理方法正在发展并得到国际认可。例如,隐私风险优化流程（privacy risk optimization process, PROP）是一种基于国际标准化组织（International Organization for Standardization, ISO）概念的方法,可将隐私和数据保护风险缓解工作有效地整合到业务政策和程序中。

第三,隐私管理框架。各组织正在发展将隐私和安全目标和需求集成到信息技术、组织流程和网络架构中的系统的、可验证的方法,并且这些方法正在逐渐成熟。隐私管理框架是最全面和最详细的方法,"将隐私政策的要求分解为可操作的隐私服务和功能",并建立起有效的内部控制和问责制。与此同时,信息安全系统的标准和框架正在被越来越多的企业以更严格的方式加以应用,而企业架构设计在

---

① Examples include: IPC, Guardent & PricewaterhouseCoopers, Privacy Diagnostic Tool (2001); Office of the Privacy Commissioner of Canada [OPCC], 2004; American Institute of Certified Public Accountants/Canadian Institute of Chartered Accountants [AICPA/CICA], Privacy Assessment Tool Version 2.0 (2010b).

过去的 10 年中已经迅速发展成为一门学科，造成这种趋势的部分原因是企业受到了来自监管的压力，以及市场上的竞争压力。这些信息管理工作与设计隐私权是一致的，而且在大多数情况下有助于宣传和促进该原则。

在美国，联邦贸易委员会（FTC）已经开始要求一些组织实施全面的数据保护计划，并要求这些计划是"可以经得住检验的"。在欧盟，"事前检查"和其他尽职调查要求正在成为强制性的措施，其要求组织主动证明自己遵守了隐私法。

（3）全面功能——正和而非零和（实际的、可论证的结果）。为了在给定的信息技术、组织或网络体系结构中设计实用而有效的隐私和数据保护，隐私解决方案架构师通常需要考虑多个合法的、有时甚至相互竞争的专有利益，并以最优的、创新的方式满足它们。设计隐私权的全面功能原则除了要求企业做出隐私声明和数据保护承诺之外，还要展示所有数据处理和其他目标是如何得到满足的，以及哪些目标是正在得到满足的。这一强调透明度和可衡量结果的原则的应用加强了外部问责制和领导能力。

当将隐私和数据保护嵌入特定的信息技术、流程、系统或架构时，应以不损害完整功能、满足所有合法利益和优化需求的方式进行。隐私和数据保护通常处于零和状态，也就是说，它们必须与给定领域中的其他合法利益、设计目标和技术能力相竞争。设计隐私权拒绝采用这种方法——它接受合法的非隐私目标，并以创新的正和方式容纳它们；必须清楚地记录所有的兴趣和目标，明确地表达所需的功能，商定并应用度量标准，以及拒绝不必要的权衡，以便找到一个支持多功能的解决方案。

在以综合、正和的方式实现所有目标和功能方面的创造性和创新获得了世界各地机构额外的认可，那些成功克服了过时的零和选择的实体正在展示其因此在全球隐私领域获得的领导地位。这一原则对决策者、执行人员、技术人员和设计师等人提出了挑战，他们需要找到方法，在给定的技术、系统或领域中实现比当前情况或拟议中更好的隐私和数据保护，并且能够记录和展示自己的成就，这样其他人就可以从中学习，从而成为最佳实践。某些类型的隐私和安全技术，如加密、访问控制和审计工具，很容易推广，因为使用它们的数据保护好处是不言而喻的，而且往往超过了预期的成本；加强制性违约通知和合同协议，也为积极开发和采用隐私增强技术提供了额外的激励。

有很多正和"变革性"技术的例子，它们以增强隐私的方式实现多个目标。一种是生物特征加密（BE）技术，它不需要集中存储模板就能实现识别。BE 已被成功部署在安大略各博彩设施中，以识别被要求禁止进入赌场的赌徒。其他两项技术是：①增强隐私的道路收费定价，使车辆跟踪和计费方式尽量减少或甚至排除第三方获得详细的位置和使用数据；②智能电表，在家庭能源消费模式方面实现类似的目标。

简单地增加用户控制的、嵌入 RFID 的身份和其他智能卡的开关开关，通过确保在用户采取肯定步骤将其打开用于数据传输和使用之前，默认的操作模式是关闭的，从而防止对这些独特身份信标的不必要的监视、跟踪及其他滥用。加强隐私的 IT 产品和服务正在欧洲被 EuroPriSe 认证，EuroPriSe 是一个由石勒苏益格－荷尔斯泰因独立隐私保护中心领导的联盟。2007 年，EuroPriSe 为 IT 产品和基于 IT 的服务推出了欧洲隐私印章，这些产品通过两步独立认证程序证明符合欧洲数据保护法的隐私要求。该计划提供评估和认证，根据欧洲隐私封条程序，向任何供应商或服务供应商提出申请。隐私证书的目的是促进提高与隐私有关的产品的市场透明度，扩大促进隐私的技术市场，最终提高客户或市场对信息技术的信任。EuroPriSe 证书迄今已被颁发给近 20 项信息技术产品和服务。其他地方也在开展类似的隐私"trustmark"方案，反映了人们对独立审计、评价和认证方法方面越来越浓厚的兴趣。

欧洲委员会正积极推动设立、承认和采用隐私增强技术，将其作为通过设计实现隐私和业务目标的手段。目前，国际数据保护机构在界定责任方面的工作也在建立共同的定义和最佳做法，以促进组织的"设计隐私权"实践。国际标准组织也在进行类似的工作，以确定隐私实施和评估方法。隐私影响评估和隐私管理框架的准备、使用和发布——无论是强制的、合同的还是自愿的。我们看到了标准化隐私评估、审计和保证系统的出现和发展，如一般公认隐私原则（GAPP）、创新的共同监管举措、认证印章和 trustmark（如 EuroPriSe）以及其他标准。加强勤勉和问责措施与设计隐私权方法相一致。成功案例研究的出版增加了说明和教育价值,并为其他人提供了效仿的例子。也许关于设计隐私权最激动人心的章节还没有写出来,因为大西洋两岸的公共决策者积极地建议将设计隐私权的方法和原则编织到修订的隐私法的结构并加强监管监督系统中。①

五、未来的挑战

说数据是新经济的命脉已成为老生常谈,但今天谁能真正掌握动脉的大小、动脉是如何增长的、它们可能通向何处以及目的何在?由于新的信息流通,我们今天享有前所未有和几乎无法想象的新服务和新利益。但随之而来的是前所未有的、以前无法想象的隐私威胁和伤害。我们必须确保客户/市场对信息经济充满信心和信任的方法已经被建立起来。

(1)消除问责制差距。对组织问责制的需要始终如一——事实上,今天比以往任何时候都更加迫切。随着组织业务模型、结构和操作方法的发展,在内部、对个人、监管者和业务伙伴证明责任的方法也必须被制定出来。除了政策声明、承诺和合同条款之外,现在需要的是更加具有创新性和更加强大的方法,以确保所有利益相关者的个人数据实际上得到了负责任的管理。

(2)预防第一——零伤害。近年来,人们越来越强调预防是一项明确的隐私原则,这反映出国际上越来越多的共识,即首先预防可预见的损害比事后补救要好。伴随这一趋势的是,在数据处理的每一个阶段,各组织都有责任预测和减少不良影响的发生。

(3)建立隐私标准和实施方法。我们看到更规范和系统的方法正在被建立起来,监管机构、专员、数据保护机构、司法部部长等人都要求提供更有力的证据,证明隐私和数据保护承诺得到了遵守,尽职调查得到了落实,这是通过能够接受外部审查和验证的方法。在过去10年中,首席隐私官类职位、角色和职能的显著增长反映了组织对应用隐私方法方面的专业知识需求的反应。

(4)开发隐私和保险指标。我们还看到了对保证、信任信号和其他指标的更广泛需求,这些指标能够以一种对所有涉众都清晰和有

---

① FTC (2010), EC (2010a, b, c, 2011a, b, 2012).

意义的方式传达遵守隐私标准的信息。在很多方面，隐私保护作为一门正式的学科还处于相对初期的状态，这有点像 10～15 年前的信息安全：需要对定义、实现方法、控制目标和度量进行更大程度的标准化工作。

（5）加强隐私管理和管控架构。加强隐私和数据保护责任的途径有很多，通常涉及技术、政策和实践以及"智能"监管的结合。我们比以往任何时候都更需要一种全面的"设计隐私权"信息管理方法——从一开始就确保端到端的监管和责任措施。当前数据系统、网络和实践的规模和复杂性要求一套新的、不断更新的、普遍接受的设计隐私权和实践原则，这些原则全面、稳健，能够在新的全球现实中确保隐私保护、增强信心和信任。扩展应用领域和范围：近年来，越来越清楚的是，"设计隐私权"方法可以也应该被应用到更广泛的信息生态系统中，因为技术和组织都是嵌入其中的，并且必须在其中发挥作用。隐私和数据保护得益于采取一种整体的、综合的方法，尽可能多地考虑到各种背景因素，即使这些因素不在系统中任何特定的参与者、组织或组件的直接控制范围内，也应如此。

一个更宽阔的建筑视图是理想的、是人们所期待的。询问如何将设计基础原则的隐私性和设计隐私权方法应用于以下总体信息架构、平台和可互操作的网络是有意义的。

全球化的隐私挑战需要全球性的方法、全球性的合作和全球性的解决方案。领导力对于阐明和追求尽可能高的隐私理想和标准至关重要。此外，必须创建设计方法和系统，以确保这些理想以协调的方式通过信息架构和生态系统驱动，并展示创新的、具体的、真实的、实际的、可衡量的"双赢"结果。

六、结语

随着从工业制造向知识创造和服务提供的转变，人们信息的价值和负责地管理信息的需求急剧增长。与此同时，创新、竞争和不断增加的系统复杂性给信息隐私和数据保护带来了深刻的挑战。虽然我们希望享受创新带来的好处，但我们也必须保持选择自由和个人对个人数据流的控制。隐私和数据保护一直是一种社会规范，而这些年来，隐私和数据保护已经超越了单纯的法律要求，成为当今信息社会中不可或缺的市场要素，成为信任和自由的关键推动者。越来越多的人认识到，创新和竞争必须从"设计思维"的角度来看待，这种方式同时具有整体性、跨学科性、综合性、创造性、创新性和启发性。

　　隐私也必须从同样的设计思维角度来处理。隐私和数据保护应该默认地被纳入网络数据系统和技术，并成为组织优先事项、项目目标、设计过程和规划操作的组成部分。理想情况下，隐私和数据保护应该被嵌入每一个触及我们生活的标准、协议和数据实践中。我们还看到设计隐私权是如何展示了公平信息实践原则的演变，但在它们之外还包括了对积极领导、可验证方法和可证明的正和结果的要求。

　　设计隐私权即将成为两个主要司法管辖区的监管要求，但要根据每个领域和适用范围更精确地定义其要求，还有很多工作要做。随着设计隐私权原则在世界各地得到采用并适应各种情况和需要，使我们有理由满怀希望和信心地认为，设计隐私权已经为隐私权在 21 世纪及以后的生存发展奠定了坚实的基础。

关于设计隐私权法的阐析

阿里·埃兹拉·沃尔德曼[①] 著　缪子仪[②] 译

目　次

一、导论
二、作为法律的设计隐私权
三、设计隐私权法的解释
四、结语

一、导论

2018年5月25日或许注定是不同凡响而又值得记载在历史丰碑上的一天，因为在这一天，在全世界的关注下，欧盟的《通用数据保护条例》（GDPR）开始正式生效。伴随着它的闪亮登场，所谓"设计隐私权"（privacy by design）的概念也开始凭借自己无与伦比的魅力牢牢抓住众人的眼球——一方面，《通用数据保护条例》火力全开地大力呼吁数据设计保护和默认保护。另一方面，无论是联邦贸易委员会（FTC）还是加州总检察长办公室（the Office of the Attorney General of California），它们无一例外地都对"设计隐私权"这一概念表示认可。虽然设计隐私权现在已经上升到法律的高度之上，并且根据大多数人的理解，所谓设计隐私权就是指将隐私权作为新技术设计过程一部分的一种做法；但是在现实实践中，设计隐私权到底意味着

[①] 阿里·埃兹拉·沃尔德曼（Ari Ezra Waldman），美国纽约大学法学院教授、法律与技术创新中心主任。
[②] 缪子仪，中山大学法学院助教。

什么却无人能说清。① 要知道，在设计隐私权这一概念从学术流行语向法律规定大步迈进的转变过程当中，这种概念的不确定性简直是一个强大的障碍：如果监管者和被监管者都对设计隐私权的含义感到不知所以，那么，他们就不可能去强制执行和主动遵守这一法律规定。鉴于此，本文旨在通过在社会学和法学的语境中去定义设计隐私权的概念，并最终为设计隐私权在实践中的具体要求提供一个模型，从而填补设计隐私权的这一空白。

事实上，无论你随便挑出哪一条有关设计隐私权的法律规定，如果它们想要行之有效，那么它们就必须老老实实、清清楚楚地回答五个问题——由谁来承担设计隐私权的责任？应当从何时开始适用设计隐私权的责任？设计隐私权这个概念在实践中到底有什么具体内容？为什么我们要强加行为人以所谓的设计隐私权的法律要求呢？用户又应当如何去追求自己享有的设计隐私权的权利呢？

第一，设计隐私权的责任重担到底正在压向谁的肩上？虽然大多数相关定义都一股脑地将这一重担强加给数据收集者、数据处理者和科技企业②；但我们必须要知道，这些定义的前提是它们全都假定"设计"是一个特殊且受主观价值影响的定义，而这就会直接导致相关定义直接认定设计隐私权完全是企业义不容辞的责任。面对这样的假定，如今已经涌现出一批技术社会学家出面质疑，并向我们展示这种假定是多么的不靠谱，而设计过程的复杂性又到底是如何超乎你我想象的。

第二，应当从何时开始适用设计隐私权的责任？这个答案就相对显而易见了，只要你稍微动动脑瓜就能想到答案必定是"在设计过程中"开始适用。虽然设计是一个循环的过程，这意味着我们可以不费吹灰之力就能明确识别设计过程的起点和终点，但是技术社会学家可不这么想——在他们看来，设计是一个持续发展、重复迭代的社会过程，这个过程将工程师、企业、用户、外部社会力量甚至是国家全都囊括其中；同时，即使是在桌面插件1.0版本（widget version

---

① Woodrow Hartzog, Privacy's Blueprint: The Battle to Control the Design of New Technologies 11 (2018).

② See, e.g., Regulation 2016/679.

1.0)问世销售之后,这样的设计过程也不会就此终止,而是会继续绵延不息。①

第三,设计隐私权这个概念在实践中到底有什么具体内容?尽管学术界和监管机构都为设计隐私权描绘出一幅幅美好的愿景,但是就为相关行业或法院提供明确可行的实际指导而言,他们的这些愿景根本就不现实。具体来说,对于一部分群体而言,有关设计隐私权的法律规定理所当然要列举出一系列设计隐私权的原则;② 对于另一部分群体而言,不仅这些原则必不可少,而且有关设计隐私权的法律规定还需要将这些原则编码到技术体系结构中去。③ 对于其他一些群体而言,在相关技术中体现出某些价值才是他们最迫切的渴望。这种局面可谓有人喜有人愁:站在学者的角度,设计隐私权的这种不确定性简直是他们期盼已久的一片学术研究的丰厚沃土;站在科技企业内部的角度,这种不确定性带来的影响却堪称灭顶之灾,因为它会导致一系列的失败挫折、效率低下和混乱无序;而站在法院和相关机构的角度,对于美国和欧洲法院、联邦贸易委员会和欧洲数据保护机构来说,由于设计隐私权的含义解释可能宽泛而无边无际,所以当它们在不可避免地面对前述谁来承担责任的问题时,就可以基本不受限制,从而做出五花八门的法律解释。

第四,为什么我们要强加给行为人以所谓设计隐私权的法律要求呢?简而言之,设计本身具有一种举足轻重却又看不见、摸不着的能力,这种能力既能游刃有余地操纵着那些存在于设计生态系统之中的群体,又促使着我们开始深思,我们希望设计能够在哪些价值观背后助一把力。一方面,通过设计隐私权,许多价值观都可以成为位于隐私权中心的明星大主角,其中包括加强用户控制、维护公平、正义和

---

① See The Social Construction of Technological Systems (Wiebe E. Bijker et al. eds., 2012).
② See Ann Cavoukian, Privacy by Design: The Seven Foundational Principles (2009).
③ See, eg., Seda Gurses, Carmela Troncoso & Claudia Diaz, Engineering Privacy by Design, in *Computers, Privacy & Data Protection* 1, 3 (2011).

平等。① 另一方面,通过更好地理解设计隐私权的规范目标,在确定企业的行为到底是否符合设计隐私权相关法律规定的字面含义和内部精神时,企业和监管机构也能处变不惊。

第五,用户应当如何去追求自己享有的设计隐私权的权利呢?在美国,虽然美国联邦最高法院已经使尽浑身解数去为隐私权诉讼的原告设置重重障碍,② 但是公民维护隐私权的热情却依旧高涨,维护隐私权的相关问题也始终热度不减。③ 在这样的背景下,由于不知道设计隐私权的法律规定对企业有何种要求,所以用户在维权的道路上就会又多两块绊脚石,毕竟在无从判断企业是否合规的情况下,他们想要对潜在的案件提起诉讼是十分困难的。

总而言之,如果上述五个问题始终得不到回答,那么,有关设计隐私权的法律规定就相当于一纸空文——不仅不同的司法管辖区域可能会做出各种各样的司法解释,而且为了逃避责任,各个企业也会一股脑儿地逃到友好地区去扎堆。④ 除此之外,这种含糊不清的法律规定还会给予企业偷偷钻空子的机会,毕竟这样一来,他们就可以千方百计地以一种有利可图的方式去做出自己的定义,而不是设身处地地去为用户着想;不仅如此,在最高法院发表意见之前,这些企业可能就已经提前开始对相关法律规定指手画脚、妄加评判了。⑤

事实上,上述这些有关法律解释的问题早已是老生常谈。具体来说,鉴于语言和立法起草过程往往存在无法避免的局限性,所以,一些法律规定往往只能将自己的含义和细节留给解释自己的人。⑥ 在这

---

① See, e.g., Rena Bivens & Oliver L. Haimson, Baking Gender into Social Media Design: How Platforms Shape Categories for Users and Advertisers, *SOCIAL MEDIA + SOCIETY*, Oct. 12, 2016, pp. 3–7.

② See, e.g., Spokeo, Inc. v. Robins, 136 S. Ct. 1540, 1545, 1550 (2016).

③ See Daniel J. Solove & Danielle Keats Citron, Risk and Anxiety: A Theory of Data-Breach Harms, 96 *Tex. L. REV.* 737, 750–756 (2018).

④ See Ian Burrell, Billy Hawkes: The Irishman with a Million Peoples Privacy to Protect, *INDEPENDENT* (Feb. 7, 2014).

⑤ Lauren B. Edelman, Working Law: Courts, Corporations, and Symbolic Civil RIGHTS (2016).

⑥ See e.g., Victoria F. Nourse & Jane S. Schacter, The Politics of legislative Drafting: Congressional Case Study, 77 *N. Y. U. L. REV.* 575, 594–596 (2002).

样的情况下，法院和监管机构只能想方设法地去寻求理论指南和相关类比，从而好去解释那些模糊不清的法律术语；① 而企业、投资者和其他利益相关者则渴求着法律规定的某种可预测性，因为他们必须确保自己描绘的企业未来美好蓝图在新法律允许的范围内。②

　　本文提出有关设计隐私权的法律应当包含产品设计缺陷的责任原则，旨在填补上述这些法律空白。在本文看来，作为一种权力的运用，设计的广度和隐蔽性就是它自身无穷无尽的力量源泉（我们常常意识不到设计悄无声息地影响着我们的无数生活方式）。③ 好的设计和差的设计带来的结果堪称天壤之别：绝妙的设计可以使我们的生活更加美好安逸、便捷高效和安全可靠，而糟糕的设计则会直接导致安全系数暴跌、痛苦不堪和不平等。正如 Don Norman 在《日常设计》(The Design of Everyday Things) 中所言，"设计绝佳的物品解释和理解起来不费吹灰之力，而被不良设计的物品则使用起来困难重重且令人就心烦意乱。这些设计糟糕的物品几乎不能给消费者提供任何使用线索，有时甚至还会提供虚假的线索；换言之，它们简直就是在诱捕消费者误入圈套"④。于是乎，当生产者生产的产品具有消费者无法看到的设计风险并由此造成损害时，为了帮助那些无辜的受害者获得公平正义，普通法中的产品责任制度便应运而生。具体言之，产品责任制度构造出一套基于侵权行为的法律制度，根据该制度，如果生产者投放市场的产品使他人遭受损害，那么，他们就应当就自己投放产品造成的损害承担侵权责任。在该制度的帮助下，无论是谁来承担设计责任的问题，还是这些责任应当服务于哪些价值观的问题，由设计引起的隐私问题通通都能够迎刃而解。同时，虽然设计的定义在该制度框架下依然不够清晰明了，但是法官还是会强行要求企业就自己的侵权行为承担相应的责任，其中很大程度上的原因就是出于普通

---

① See, e.g., Larry Alexander, The Banality of Legal Reasoning, 73 *NOTRE DAME L. REV.* 317 (1998).
② See, Richard Craswell & John E. Calfee, Deterrence and Uncertain Legal Standards, 2 *J. L. ECON. & ORG.* 279, 279-280 (1986).
③ See also Neal Kumar Katyal, Architecture as Crime Control, 111 *YALE L. J.* 1039, 1043 (2002).
④ Donald A. Norman, The Design of Everyday Things 2 (1988).

法中有关价值观的考量，即所谓的公平、正义和缓解权力失衡的考量。鉴于数据收集的相关设计也会造成大同小异的权力失衡局面，加之这种设计也完全有充分的能力去利用用户，所以通过类比产品设计缺陷责任制度来明晰设计隐私权的定义绝对堪称上策。

虽然有一些学者曾提出，严格责任或产品责任或许在解决隐私问题和数据泄露问题方面大有用武之地，[①] 但是，本文并不提倡建立一种全新的、包含隐私侵入型设计的产品责任制度，从而使用户能够通过该制度来起诉科技企业和数据收集者。恰恰相反，在本文看来，有关设计隐私权的法律规定现在已经拥有基本的框架，它只是需要进行细节化罢了；而作为一套已经成熟稳定的法律制度，产品责任制度则可以帮助我们去定义设计隐私权在实践中到底有何具体要求。举例来说，有一些侵权法律理论就对制定企业行为标准来说大有裨益，其中包括风险效用平衡理论、合理的替代设计理论（reasonable alternative design，RAD）、可预见的意外用途理论和警告义务理论，有了这些理论，明确设计隐私权相关规定的要求就不再是什么烦心事了。

一言以蔽之，不仅本文将一一耐心回答前述五个问题，而且本文还会提供一个兼具理论性和实践性的方法论，我们姑且将其称为设计隐私权的法律。概括来说，首先，本文第一部分既将提出一些悬而未决的问题，又将大胆挑战迄今为止有关设计隐私权的法律规定表述中所包含的假设，特别是设计的含义、企业、用户和其他人在设计过程中的作用，还会强调企业和监管机构棘手难办的不确定性问题。其次，本文第二部分将提出一个以前未曾有过的类比对象，即产品设计缺陷责任。之所以做出这种类比，一方面是因为产品责任制度和本文所要讨论的设计隐私权所出现的背景极为类似；另一方面则是因为它们都是奔着解决同一个根本问题去的，即那些在我们的知识能力所及之外构成无可避免危险的产品。在该部分内容中，本文不仅将把产品责任制度应用于设计隐私权的法律规定，并会针对设计隐私权究竟在实践中有何要求提出简洁明了、清晰详细的观点，而且还会讨论设计隐私权法律的可取之处和并对那些反对的声音做出回应。最后，本文

[①] See, e.g., Danielle Keats Citron, Reservoirs of Danger: The Involution of Public and Private law at the Dawn of the Information Age, 80 S. *CAL. L. REV.* 241, 296 (2007).

将对全文做出简短的总结并探讨相关研究未来究竟应走向何方。

二、作为法律的设计隐私权

综观遍览浩如烟海的学术文献,有关设计隐私权的定义五花八门,如果将这些定义浓缩成精华,那么,我们大概能得出以下三点结论:①设计是企业应当承担的责任;②企业必须采取技术性和结构性措施来遵守设计隐私权的相关要求;③他们必须事先或者在问题出现之前就采取这些措施。虽然相关的定义多,但这些定义的细节却仍然模糊不清,这就提出了问题:应该由谁来承担设计隐私权、抑或数据设计保护和默认保护的责任?应当从何时开始适用设计隐私权的责任?设计隐私权这个概念在实践中到底有什么具体内容?为什么我们要强加给行为人以所谓的设计隐私权的法律要求呢?用户又应当如何去追求自己享有的设计隐私权的权利呢?

根据社会学家和技术社会学家的观点,设计是纷繁复杂、细致入微而又多方面相交融的。① 同时,设计既不会仅仅局限于一场场会议和一串串代码,也不会一到产品发布就悄悄地退出舞台;恰恰相反,即使设计拓展延伸到用户和在企业之外运行的其他社会群体之中,设计也依然有惊人的能力去影响相关产品的工作方式。然而,如果这种学术观点是准确无误的,那么,有关设计隐私权的法律规定对企业的责任分配就会因此失去理论基础。

同时,就"企业必须采取技术性和结构性措施来遵守设计隐私权的相关要求"而言,这种说法对解决实践中的问题来说根本就无济于事。学者和专家为设计隐私权创造出过各种各样的定义,而这种定义的多样性则会将设计隐私权本身带向实践层面和理论层面的危险深渊。换言之,在没有任何明确指导的情况下,试图遵守设计隐私权规定的科技企业完全可以随心所欲地选择任何一种方法来履行自己的责任;与此同时,为了确定设计隐私权的法律规定到底有何具体要求,不同司法管辖区域的法官采取的做法也很有可能有极大差别,这就会使得相关法律规定的执行显得任意又任性。

---

① See, e. g., Bruno Latour, Reassembling the Social: An Introduction to Actor-Network-Theory 9 – 16 (2005).

除了上述问题之外，价值观的问题也不容小觑。现行的设计隐私权法律规定似乎反映着极为不和谐的价值观，如此一来，当法官和监管机构不得不回答有关设计隐私权法律规定的目的时[①]，他们陷入的状况便十分糟糕。同时，如果设计隐私权的法律规定依旧接受各种各样、杂七杂八的法律解释，那么，其大部分的权力和无穷潜力可就难保了。

（一）设计隐私权的主体和时间

一部好的法律或者一项好的法律规定，要解决责任分配问题。虽然有关设计隐私权的定义表述比比皆是，但是它们对这个问题的回答竟出奇一致，而这个答案就是科技企业。以这种方式反观分配责任所基于的理论基础极度不靠谱，而且对于"设计"到底何时发生的争论局面则会造成设计隐私权法理论的混乱。

1. 设计隐私权过程中的企业责任

在绝大多数人的眼中，科技公司应当就设计隐私权承担责任仿佛是理所当然的真理：其一，根据《通用数据保护条例》，设计隐私权的主体应当是数据控制者，把范围再缩小一点，这些数据控制者主要指的就是"处理个人数据"的"产品生产者"。[②] 其二，作为加拿大安大略省的前信息和隐私事务专员（Information and Privacy Commissioner of Ontario），同时作为最早一批帮设计隐私权打响知名度的人，Ann Cavoukian 持有的观点也如出一辙，即"设计隐私权的七项基本原则"约束的主体就是科技企业。[③] 其三，在联邦贸易委员会看来，所谓设计隐私权就是指"在相关组织中和在产品、服务的每一个发展阶段，企业促进用户隐私权保护的行为"[④]。其四，Woodrow Hartzog 也曾表示，"设计隐私权的界限主要就是以灵活的企业标准为形

---

① Jens C. Dammann, The Right to Leave the European, 48 TEX. INTLL. J. 125, 137 (2013).

② See Regulation 2016/679, recital 78, at 9.

③ See Ann Cavoukian, Privacy by Design: The Seven Foundational Principles (2009).

④ Fed. Trade Commn, Protecting Consumer Privacy in an Era of Rapid Change: Recommendations for Businesses and Policymakers, at 22 (2012).

式体现出来"①。

之所以得出此结论,原因是多方面的:

第一,对许多用户来说,企业的社会责任是极具影响力的。一方面,虽然每个用户的肩上都担着保护自己隐私权的重担②,但是其实大家都心知肚明,用户往往会陷入心有余而力不足的窘境。另一方面,在缺乏监管的情况下,由于作为数据收集者的企业手中紧握大权,所以它们只需动动手指头就能轻而易举地对用户的隐私权造成影响。③ 此外,对于许多依赖源源不断的个人信息来投放定向广告的企业来说,它们的商业利益与用户的隐私权本来就是水火不容的两种东西④,使用相关数据去歧视边缘化人群对它们来说更是不足为奇。⑤ 由此来看,如果把设计隐私权的责任集中放在企业的肩上,那么,不仅用户和企业之间的磕磕碰碰、大大小小的摩擦一定程度上会减少,而且这也会在一定程度上阻碍企业贪婪攫取商业利益的脚步。

第二,虽然存在一些拖后腿的影响因素,但是仅就在设计中做出有利于用户隐私权的改变而言,科技企业在这方面依旧是占尽先机。比如在事故责任分配的语境下,Guido Calabresi 就曾大力主张,责任的天平应当倾向于最容易识别并能以最廉价的方式解决问题的一方。⑥ 同时,如果要说起为用户在迷宫般复杂难搞的隐私管理中引路导航,⑦ 或者是黑掉某个网站平台的代码来保护用户的个人隐私,抑或是从根本上去整合有利于用户隐私权的元素,那么,能高效且有效解决上述问题的可就非企业莫属了。

---

① Woodrow Hartzog, Privacy's Blueprint: The Battle to Control the Design of New Technologies, at 121 (2018).

② Woodrow Hartzog, Privacy's Blueprint: The Battle to Control the Design of New Technologies, at 21 – 25 (2018).

③ Jack M. Balkin, Information Fiduciaries and the First Amendment, 49 *U. C. DAVIS L. REV.* 1183 (2016).

④ See, e.g., Chris Jay Hoofhagle & Jan Whittington, Free: Accounting for the Costs of the Internets Most Popular Price, 61 *UCLA L. REV.* 606, 630 (2014).

⑤ See, e.g., Danielle Keats Citron & Frank Pasquale, The Scored Society: Due Process for Automated Predictions, 89 *WASH. L. REV.* 1, 13 – 16 (2014).

⑥ See Guido Calabresi, The Costs of Accidents: A Legal and Economic Analysis (1970).

⑦ Woodrow Hartzog, Privacy's Blueprint: The Battle to Control the Design of New Technologies, at 21 – 55 (2018).

第三，针对企业在数据收集的整个生命周期中所做的决策，从概念到设计再到实现，这些决策无一不潜移默化地影响着用户的隐私权。说老实话，科技产品可不是什么不食人间烟火的产品，恰恰相反，科技产品出自一个个企业和团体之手又经其之手流向市场，而这些企业和团体则是由一个个活生生的、有血有肉的人组成的；这些人往往为了共同的理想目标而不懈努力奋斗，也正因如此，这些理想和目标就难免会受到周围形形色色的人和千奇百怪想法的影响。就拿微软公司来说，既然首席执行官 Satya Nadella 以个人名义夸下要创造无障碍环境的"海口"，微软公司内部层出不穷的新想法难免就会受到这句个人承诺的深刻影响。① 在席卷硅谷的"黑客文化"影响下，不仅"快速行动，除旧立新"（Move fast and break things）这样的口号应运而生，而且风格迥异、五花八门的设计价值也开始层出不穷。② 许多学者已经指出，如果一家企业能从成立之初就开始苦苦思索用户的隐私问题，那么，它就更有可能将对用户隐私权的尊重纳入自己的企业文化，从而顺理成章地将这种尊重也融入自己的产品之中。③ 综上所述，通过让企业在整个设计过程中承担设计隐私权的责任来鼓励企业上下尊重用户隐私权，这的确不可不说是一个妙招。

2. 技术社会学

首先，虽然上述观点看似挑不出什么毛病，但是它们其实存在着一个致命盲点，就是它们无一例外地都假定设计过程在企业开始销售产品时就宣告终结，这也就意味在这种语境下，设计过程尽在企业的掌控之中。④ 然而事实却并非如此，技术社会学家就已经为我们指明，设计本身其实并不仅仅局限于为企业工作的工程师团队；恰恰相反，设计是一个持续发展、重复迭代的社会过程，这个过程将企业文化甚至是产品发布后的用户创造内容全都囊括其中，而这也就意味

---

① See Satya Nadella, The Moment that Forever Changed Our Uses, MICROSOFT (Oct. 21, 2017).

② See Omer Tene & Jules Polonetsky, A Theory of Creepy: Technology, Privacy, and Shifting Social Norms, 16 *YALE J. L. & TECH.* 59, 93 (2014).

③ Oshrat Ayalon et al., Developers Make Design Decisions About Users Privacy: The Place of Professional Communities and Organisational.

④ See Cal. Evid. Code § 646 cmt. (West 1970).

着,科技企业在设计过程中并不总是掌控着足以一锤定音的话语权。① 由此大家也就不难发现,学者、法官和监管机构至今对于两个关键问题都未表达什么意见:①如果设计并不仅仅是企业的特权,那么,为什么在产品正式与用户见面之前,尤其是在不同的用户对隐私管理各有所好的情况下,只有企业应当独一份去承担设计隐私权的责任呢?②如果用户至少也要为科学技术造成的损害承担一部分责任呢?比如,如果 Twitter 上的种族主义者黑掉微软的智能聊天机器人(AI chatbot),那怎么办呢?

其次,上述假定企业责任的做法内部蕴含的就是大名鼎鼎的行为人网络理论(actor-network theory)。虽然该理论在谈到设计时有别出心裁、颇具价值的观点,并将代理行为人意愿的任务分配给设计师,但是这种理论却往往会将用户的作用抹除得一干二净。根据行为人网络理论,诸如机器之类的人工制品并不是平白无故、凭空出现的,而是作为社会关系或行为人网络的产物而存在。打个简单的比方,Google 公司、苹果公司、Dropbox 或任何其他小型或大型的科技企业都属于该理论中的行为人网络;在这些行为人网络中,为了创造出独一无二的新产品、新版本或为共同的目标而努力奋斗,企业高管、设计师、营销人员和其他利益相关者会通过协议和横向团队相互热切互动,而用户相对而言根本就是个局外人。

可是,正如 Susan Leigh Star 所言,行为人网络理论会导致设计的璀璨成果和光环最终几乎全部集中在设计师(主要是男性设计师)的头上,或者那些有能力运用正确的工具、给力的队友并在正确的时刻将自己的设计推向前沿的设计师身上。于是乎,设计师就摇身一变成为科技和社会的大英雄,紧接着成为设计隐私权的法律规定中最为显而易见的责任承担者;而由于组成这些设计师的人群往往非富即贵,且大多数都是白人和男性,所以边缘化群体、社会运动、激进主义和其社会力量对此做出的贡献就会直接被抹杀,静悄悄地蜷缩在角落。

再次,面对这种种问题,社会学家 Steve Woolgar 在承认更广义的设计概念方面曾试图迈出过一小步。他认为,设计师是通过验收测

---

① See, e.g., Weidenfeller v. Star & Garter, 1 Cal. App. 4th 1, 6 (1991).

试（Beta test）和设计技术来预先对产品进行"配置"的，以此来使用户仅仅能以某些规避错误或规避其他使用障碍的方式去使用产品。为了更好地理解，大家不妨仔细回想一下自己的计算机端口，这些端口要么就是为特定输入而设计的（例如 USB 线就无法插入平行端口），要么就预先在数据权限管理方面施加过限制。不过在该理论模型中，虽然用户不再是可有可无的角色，毕竟用户的输入实际上是设计过程中必不可少的一环；但是说白了，用户充其量只能是设计师出面代表的小角色，不仅用户的设计完全发生在科技企业森严厚重的高墙之内，而且男性设计师和他们的雇主依然还是该理论舞台中心万人簇拥的大明星。

　　复次，鉴于 Woolgar 的理论依旧具有局限性，所以该理论和行为人网络理论的处境可谓"半斤八两"，即双双被批评为过于单薄。就 Woolgar 的理论而言，设计主要还是局限于科技企业内部那些带有英雄光环的行为人的行为。但是我们必须要知晓，除了这些光环耀眼的行为人之外，还有许许多多群体都在设计过程中发挥着举足轻重的作用：①设计师可并不是一言九鼎的老大，他们通常还需要乖乖服从企业高管和企业内部股东的命令。②各种外部力量发挥的作用也不容小觑，其中包括雷厉风行地报道设计错误或数据泄露丑闻的记者，以及密切监管相关科技的公权力机构、研讨并通过相关法律的决策者和呼吁公平公正使用科学技术的人士。③哪怕是被许多学者视而不见的用户，他们其实也并不仅仅是在老老实实、沉默不语地遵循设计师设定好的种种限制。Wiebe Bijker 和 Trevor Pinch 就曾指出，用户也是能够左右设计进程的社会大军之一。① Woolgar 曾选择使用"编码"（encoding）一词来描述工程师和设计师在科技产品中嵌入用户行为限制的技术过程，而在某些学者看来，用户可会自己"解码"去探索和发现产品全新且意想不到的用途。举例来说，美国当初曾刮起一股动静巨大的汽车热潮，但广大农场主却压根不买汽车的账，因为他们觉得汽车与自己世世代代习惯的生活方式格格不入。为了表明自己

---

　　① See TREV or J. Pinch & Weibe E. Bijker, The Social Construction of Facts and Artifacts: Or How the Sociology of Science and the Sociology of Technology Might benefit from Each Other, in The Social Construction of Technological Systems（Wiebe Bijker et al. eds., 1987）.

与时代潮流抵抗的坚定决心,农场主开始把汽车作为农场的固定电源来使用。俗话说有求必有供,汽车在下一轮的更新迭代中就将广大农场主的需求一并考虑在内,而作为"科学技术变革的推动者",这些农场主可以说是功不可没。① Bijker 也曾做过赫赫有名的案例分析:在高轮自行车问世之初,出于安全因素的考量,许多老年人对此避之犹恐不及,更别提使用它们了;可是也恰恰就是这种局面激发着设计师几年后开发出一种全新的、更为安全可靠的小轮自行车,由此开创出属于自行车的光辉时代。于是许多学者开始渐渐认识到,有时正是用户聪明机智地摸索出设计师想都没想到的产品新用途,从而使设计最终有了天翻地覆的改变。④"妇女能顶半边天"这种说法也不愧是至理名言。作为企业项目或工程项目的特定组成部分,伴随着产品发布走向尾声,大多数人总是认为设计往往也会慢慢地淡出人们视野,然而女性主义却如同一声惊雷将这种传统观点彻彻底底地颠覆。通过着眼于"消费者联结"(the consumption junction)的概念,Ruth Schwartz Cowan 开创起女性主义技术思想的先河,并孜孜不倦地研究消费者究竟是在什么时间和什么地点在竞争产品之间做出选择。最终,不仅 Cowan 的观点将从前许多人奉为真理的观点全盘推翻,即设计过程始于且终结于科学家和工程师之手,而且她还着重强调女性在设计过程中扮演着举足轻重、无可替代的角色。为了让该观点在学术界站稳脚跟,女性主义学者随后纷纷表明,许多技术成品的设计都离不开女性的帮助,这其中就包括微波技术、生殖技术、计算机和一些家用设备。

最后,只有到用户能够最终拍板确定产品在他们手中的用途和所蕴含的价值观时,整个设计过程才真正宣告终结,而不同的用户定义产品用途的方式也会因人而异、各不相同。同时,针对一些理论的简化模型,即超级英雄般的男性工程师、设计师独自担起设计重任抑或是充当用户意愿的代理人,这既有可能会将边缘化群体推得越来越远,又会提前就将设计拉下舞台。至于说设计隐私权的责任到底由谁

---

① Ronald Kline & Trevor Pinch, Users as Agents of Technological Change: The Social Construction of the Automobile in the Kural United States, 37 TECH. & CUL. 763, 768 – 794 (1996).

承担、又到底在何时发生,一方面,如果设计并不仅仅局限于产品发布之前,那么,设计隐私权的责任就应当贯穿科技、产品的整个生命周期,即从概念的萌芽到产品投入使用的全过程,而不是在产品销售的一刹那就戛然而止;另一方面,如果用户在设计中扮演的角色真的至关重要,那么,企业在用户有机会调整、探索新产品之前就把隐私相关问题设计定稿就会显得无比荒谬可笑。此外,鉴于设计师、工程师和用户在设计隐私权设置过程中扮演的角色各有各的重要性,所以就"科技企业是设计隐私权责任的唯一承担者"这样的绝对化表述而言,技术人士是万万不能赞同的。

(二)设计隐私权的内容、原因和方式

如果设计隐私权连主体和时间都含糊不清,那么,关于它在实践中到底有什么具体内容、为什么要强加给行为人以这样的责任和要求,我们就更别指望得到什么清晰明了的回答了。在本节内容中,通过回顾有关设计隐私权和涉及设计中价值观的相关文献,本文将梳理出八种不同的设计隐私权定义和它们旨在促进的价值观。在本文看来,定义的多样性和含混不清会将设计隐私权本身带向实践层面和理论层面的危险深渊;换言之,如果无人知晓设计隐私权相关法律规定的具体要求和目的,那么不仅企业对于自己的战略是否符合法律要求会感到一头雾水,而且这也会使得那些饱受隐私侵入型设计侵害的受害者求助无门。

1. 众多的设计隐私权的定义

第一,如果要提到设计隐私权的定义,那么,我们就免不了要追根溯源到广为人知的公平信息实践原则(FIPPs),该原则其实起源于美国健康、教育和福利部(HEW)在1973年的一份令人震惊的报告。这份报告当初建议行为人应当及时向用户告知相关信息,其中包括行为人的数据使用行为、用户享有的更正相关数据和同意自己的数据被二次使用的权利。与此同时,该报告还呼吁各个企业公开并使自己的数据使用行为保持透明化、对自己收集的数据加以限制(即数据最小化)、留存相关数据并保持合适的数据安全水平。此外,假如我们细细留心就会发现,《通用数据保护条例》中有不少该报告熟悉的身影,比如数据最小化原则、数据访问原则、透明度原则和知情同

意原则。① 例如《通用数据保护条例》第 78 条就明确提到过公平信息实践原则中数据最小化原则、透明度原则、数据访问原则和数据安全原则这四项原则。② 由此我们不难推断出,《通用数据保护条例》中的设计隐私权内容其实并没跑出公平信息实践原则的手掌心,它们不过是同根同源的东西罢了。③

第二,除了是《通用数据保护条例》中设计隐私权定义的渊源之外,公平信息实践原则同样也是第二种设计隐私权定义的核心重点。换言之,当 Ann Cavoukian 在阐释设计隐私权应当遵循的七项基本原则(PbD)时,无论是经过深思熟虑还是出于无心之举,她都会有意无意地向公平信息实践原则靠拢。这七项基本原则在设计隐私权领域的"江湖地位"也是响当当的,它们主要包括积极预防而非被动救济原则、隐私默认保护原则、将隐私嵌入设计原则、功能完整原则、全生命周期保护原则、可见性兼透明性原则和尊重用户隐私原则;不仅如此,这些原则还与前述报告中关于用户控制原则和透明度原则的内容遥相呼应。Ira Rubinstein 和 Nathan Good 曾指出,这七项原则要么是在重复公平信息实践原则,要么就内容宽泛得让人无从下手。换言之,除了给出基本定义之外,即"所谓设计隐私权是指在设计过程早期就考虑隐私问题的行为",这七项基本原则几乎没有提供什么有价值的实践指导。

第三,与前两种定义陷入同样的窘况一样,第二种设计隐私权的定义可能同样对实践指导无济于事。根据联邦贸易委员会的说法,所谓设计隐私权就是指"在相关组织中和在产品、服务的每一个发展阶段,企业促进用户隐私权保护的行为"。事实上,这种定义已经悄然摇身变成另一种要求,即要求企业采用包括设计考虑在内的隐私项目。打个简单的比方,在 2011 年 3 月,联邦贸易委员会曾严肃地要求 Google 根据隐私风险评估来"设计和实施合理的隐私控制和程

---

① See Regulation 2016/679 of the European Parliament and of the Council of 27 April 2016.

② See Regulation 2016/679 of the European Parliament and of the Council of 27 April 2016 on the Protection of Natural Persons with Regard to the Processing of Personal Data and on the Free Movement of Such Data and Repealing Directive 95/46/EC, 2016 OJ. (L 119).

③ See Woodrow Hartzog, The Inadequate, Invaluable Fair Information Practices, 76 MD. L. REV. 952, 955 – 956 (2017).

序"；没过多久，同样的要求也下达到了 Facebook 头上。虽然相关要求被火速下达，但是，联邦贸易委员会却从未详细解释过这些要求在实践中究竟意味着什么、又有何具体标准。

第四，为了填补上述法律空白，学者们也没闲着，三种设计隐私权的定义就在这样的背景下"粉墨登场"：其一，Ira Rubinstein 认为，所谓设计隐私权是指将特定的数据保护法转换为代码的隐私增强技术或编程工具。① 为了说得更明白点，Rubinstein 和 Good 曾举出例子，即不仅设计隐私权要求企业做出在有限时间内删除用户数据的承诺，而且还要求企业设计一个数据库，从而自动识别用户个人数据并在预先编程的日期内删除它们。② 其二，在 Kenneth Bamberger 和 Deirdre Mulligan 看来，所谓设计隐私权是指将隐私专业人员整合到科技企业各个业务单元中的组织性措施。其三，笔者也曾在其他文章中指出，企业应当大踏步往前走得更远，而所谓设计隐私权就是指企业既应当将律师和隐私专业人员收入设计团队麾下，又应当使设计师去良好适应设计中的道德精神与隐私权中的核心思想。③ 虽然该理论在设计隐私权从学术流行语发展到法律规定方面起过不小的作用，但是，方法论的多样性依旧会使得设计隐私权的相关法律规定笼罩着一层不清不楚的面纱。

第五，设计隐私权的第七种定义出自 Woodrow Hartzog 的智慧，即所谓设计隐私权是指利用各种法律工具的指导行为，以此来指导那些能够影响用户隐私权的技术设计。同时，Hartzog 还极力呼吁相关法律规定应当为技术设计"设定一定的界限和目标"④。比方说，如果能够机智地利用合同法、侵权责任法和消费者保护法，那么，设计隐私权就能够妥当解决困扰已久的"撤回同意"（extracted consent）

---

① See Ira Rubinstein, Regulating Privacy by Design, 26 *Berkeley Technology Law Journal* 1409, 1414 – 1428 (2012).

② See Ira S. Rubinstein & Nathaniel Good, Privacy by Design: A Counterfactual Analysis of Google and Facebook, Privacy Incidents, 28 *Berkeley Technology Law Journal* 1333, 1341 – 1342 (2013).

③ See Ari Ezra Waldman, Designing Without Privacy, 55 *HOUSTON L. REV.* 659 (2018).

④ Woodrow Hartzog, Privacy's Blueprint: The Battle to Control the Design of New Technologies at 7 (2018).

问题；这种问题现在比比皆是，具体一点来说就是凭借设计接口、协议和单击框的方式，科技企业会无所不用其极地去操纵、推动和鼓励用户默认同意自己的数据收集制度。① 不得不说，Woodrow Hartzog 和其他一些相关理论都迈进了一大步，因为他们都开始认识到，法律在设计隐私权的过程中有着无法替代、至关重要的地位。不过，虽然 Hartzog 指出，利用法律可以抑制科技企业对数据过度渴求的难看"吃相"②，但这对法官和监管机构来说还远远不够，毕竟它们仍然需要一张无比详尽的理论地图来找寻各种有关设计隐私权特定问题的答案。

第六，《通用数据保护条例》为我们带来了第八种也是目前最新的设计隐私权定义，不过让大多数人大跌眼镜的是，它在概念的清晰明了方面却直接在走下坡路。《通用数据保护条例》第 25 条第 1 款规定："数据控制者应当采取合适的技术性和组织性措施，例如数据控制者可以采取匿名化措施，从而有效实施诸如数据最小化原则之类的数据保护原则。"③《通用数据保护条例》第 78 条则更为详细贴心地给出过一份可能有助于数据控制者更好遵循第 25 条的措施清单，其中包括"尽量减少处理个人数据的行为、尽快将个人数据匿名化、将个人数据的功能和处理透明化、允许他人（数据主体）监控数据处理行为和创建并改进相关的安全功能"④。作为一份称不上完整的技术性措施清单，该清单也不是一无是处，毕竟它为企业建立合规机制提供了一份快速指南，但它却丝毫没有提及任何必要的组织性措施，并且它的表述也不够具体。换言之，《通用数据保护条例》第 25 条的核心要义就是要求数据控制者采取"旨在有效践行数据保护原

---

① Woodrow Hartzog, Privacy's Blueprint: The Battle to Control the Design of New Technologies at 211 – 213 (2018).

② Woodrow Hartzog, Privacy's Blueprint: The Battle to Control the Design of New Technologies at 211 – 213 (2018).

③ See Regulation 2016/679 of the European Parliament and of the Council of 27 April 2016 on the Protection of Natural Persons with Regard to the Processing of Personal Data and on the Free Movement of Such Data and Repealing Directive 95/46/EC, 2016 OJ. (L 119).

④ See Regulation 2016/679 of the European Parliament and of the Council of 27 April 2016 on the Protection of Natural Persons with Regard to the Processing of Personal Data and on the Free Movement of Such Data and Repealing Directive 95/46/EC, 2016 OJ. (L 119).

则"的技术性和组织性措施,而这些数据保护原则却都散落分布在《通用数据保护条例》的其他章节内容中,这就会使得介绍设计隐私权的第25条最终沦为一个包罗万象的条款,沦为一副没有自己具体要求的骨架。

2. 设计隐私权所蕴含的价值观

总的来说,设计并不会不带任何感情色彩地保持中立;恰恰相反,被设计出的产品和相关技术会反映出深深嵌入它们自身的价值观,[1] 这也就使得价值观与设计隐私权的法律规定之间有了密不可分的关系。作为由各种各样观点杂糅而成的大杂烩式的产物,设计隐私权的法律规定往往会反映出价值观的不和谐,甚至有一些价值观之间完全处于针锋相对的状态。打个简单的比方,Cavoukian 曾在自己的文章中谈到透明度、知情同意和安全性等问题,[2] 其中反映出的观点就是设计隐私权的目的就在于赋予用户控制自己个人数据的权力;而 Woodrow Hartzog 的观点却恰好与此相反,Hartzog 认为设计隐私权应当把注意力都集中在相互信任和默默无闻等价值观上面,同时他还指出,正因为我们身处于万物互联的数字时代,加之信任对于隐私权而言至关重要,[3] 所以,设计隐私权更应该想方设法地去建立信任和信心。

根据 Frederic Stutzman 和 Hartzog 的说法,默默无闻也算是一种不可小觑的隐私价值观。大家不妨想想看,如果企业需要费尽九牛二虎之力才能收集到用户的个人数据和信息,这些数据四处分散在互联网的角落,抑或相关信息身处市政厅尘土飞扬的某个小文件柜里,那么,企业哪还有什么人愿意投入时间、金钱和浪费精力来识别用户呢?[4] 在这两位学者看来,鉴于为数据收集行为设定界限会为企业的商业监视行为设置重重障碍,所以将默默无闻这种价值观设计进去也

---

[1] Woodrow Hartzog, Privacy's Blueprint: The Battle to Control the Design of New Technologies, at 95 – 119 (2018).

[2] See Ann Cavoukian, Privacy by Design: The Seven Foundational Principles (2009).

[3] Woodrow Hartzog, Privacy's Blueprint: The Battle to Control the Design of New Technologies, at 97 – 107 (2018).

[4] Woodrow Hartzog, Privacy's Blueprint: The Battle to Control the Design of New Technologies, at 110 – 111 (2018).

必定是个好主意。

既然默默无闻这种价值观可以在设计隐私权过程中被采纳,那么,信任、控制等价值观,抑或任何设计师、企业、立法者、监管机构或法学教授偏爱的价值观又何尝不可呢?这便是问题的症结所在。恰恰因为关于设计隐私权的想法百家争鸣,它们既有大同小异之处,又有针锋相对、相互矛盾的点,所以,整个设计隐私权理论和相关法律规定都让人会产生一种东拼西凑的感觉;① 而这就会将设计隐私权本身带向实践层面和理论层面的危险深渊。

3. 法律规定含糊不清所产生的负面影响

当一句话几乎可以指代任何东西的时候,它基本上说了也跟没说一样。设计隐私权的法律规定现在差不多陷入的就是这种尴尬处境——设计隐私权的理论和法律规定现在可谓包罗万象,无论是遵循公平信息实践原则,还是做出技术性变革,抑或将律师整合进更为多样化的设计团队,这些内容仿佛都能和设计隐私权扯上点关系;可是大家是否知道,不仅这种含糊不清的法律规定会产生大量有害的副作用,使设计隐私权的法律规定受到四面夹击,而且它还会使设计隐私权的发展道路上充满艰难险阻。具体而言,这些负面影响主要表现在以下四个方面:

第一,含糊不清的法律规定无法适当地指导企业行为。② 如果设计隐私权的法律规定不能充分告知企业自己的具体要求,那么,企业就无从得知监管机构究竟想让自己采取什么行动、做出什么改革或提出何种新战略。③ 这种法律规定的模糊性代价极其高昂、损失也相当惨重,它既会成为设计隐私权法律规定在实现目标路途中的绊脚石,又会使得大肆敛财的公司只会做出一些不痛不痒、轻微而又肤浅的改变。

第二,如果没有相应的监管指导,那么设计隐私权的法律规定就很有可能会被随意压缩和排挤。通过利用某种简单、易懂或实现成本廉价的价值观并加以运作,法官、监管机构或相关行为人完全有可能

---

① Daniel J. Solove, Understanding Privacy 1 (2008).
② See, e.g. Connally v. Gen. Constr. Co., 269 U.S. 385, 391 (1926).
③ See Kolender v. Lawson, 461 U.S. 352, 357 (1983).

随心所欲地去缩小设计隐私权法律规定的范围。这可不是在杞人忧天，就拿美国来说，美国的隐私权法总是一个劲儿地围绕着"同意"和"控制"打转，而对隐私权的其他要素却选择视而不见。① 这种对同意的狂热迷恋直接导致隐私诉讼的原告在法庭上行使自己的隐私权时举步维艰。② 因为通常在面对原告关于数据滥用的指控时，法官会理直气壮地指出明明是原告心甘情愿同意分享自己信息的，承担分享信息的风险也当属情理之中。③ 除此之外，在没有监管指导的情况下，选择性地解释设计隐私权原则的事情也将如同家常便饭。根据最近的一项研究表明，在科技企业将某些隐私权法落到实处和日常工作中时，它们会精挑细选出一些易于理解和引人注目的要求去完成，而一些复杂难搞和细致入微的隐私要求则会被排挤到角落里无人问津，④ 那么，谁又能保证设计隐私权的法律规定不会面临这种窘况呢？

第三，如果法律规定含糊不清，那么，用户很难辨别企业到底是渎职还是合规，如此一来，用户在市场上和法律界的声音就会日渐衰弱。例如：驰名商标构成要件的含混不清会使商标权人寻求稀释索赔（dilution claims）的决定复杂化⑤，民事诉讼规则的模糊性会使当事人对自己的诉讼权利和诉讼义务感到一头雾水⑥，而专利申请规定的模糊混乱则会使得未来的发明者无法确定专利的覆盖范围究竟是什

---

① Woodrow Hartzog, Privacy's Blueprint: The Battle to Control the Design of New Technologies, at 62 – 67 (2018).

② See, e. g., Spokeo v. Robins, 136 S. Ct. 1540 (2016).

③ See, e. g., In re Nw. Airlines Privacy Litig., No. Civ. 04-126, 2004 WL 1278459 (D. Minn. June 6, 2004).

④ See Ari Ezra Waldman, Designing Without Privacy, 55 HOUSTON L. REV. 697 – 699 (2018).

⑤ See, e. g., Sandra L. Rierson, The Myth and Reality of Dilution, 11 DUKE L. & TECH. REV. 212, 303 n. 393 (2012).

⑥ See Arthur F. Greenbaum, Jacks or Better to Open: Procedural Limitations on Co-Party and Third-Party Claims, 74 MINN. L. REV. 507, 534 (1990).

么①,寻租性的专利权诉讼可能会就此泛滥成灾。② 一言以蔽之,所有案件和法律中的模糊性都会使得诉讼成本迅速上涨,从而使得潜在原告的心里开始打退堂鼓,最终不得不放弃通过法律诉讼来维护自己权利的念头。因此,如果设计隐私权的法律规定也含糊不清,那么用户便只能无奈地闭上嘴,作为隐私保护工具的公共利益影响诉讼也会渐渐消失得无影无踪。③

第四,含糊不清的法律规定还会使执法行为变得独断专行、肆意妄为。如果设计隐私权的法律规定能够包含八个以上、各不相同的具体要求,并且这些要求有宽有严,那么,政府、监管机构和数据保护机构(DPAs)就很可能根据自己的偏见或政治信仰来决定调查对象和适用的法律要求;这样一来,不仅法治无从谈起,而且用户更无从知晓自己应当何时、如何追求自己的权利。Kolender v. Lawson 一案就将这种问题体现得淋漓尽致——在该案中,O'Connor 大法官以法律规定模糊不清为由而认定一项有关流浪和游荡的刑事法律规定违宪,同时他指出,模糊不清的法律规定就相当于"毫无目标和标准地拿着机枪扫荡一大片,而警察、检察官和陪审团则可以肆意妄为地遵循自己的个人偏好"④。大家可以闭上眼睛想象一下这样一幅图景,虽然同样都是面对《通用数据保护条例》中有关设计隐私权的法律规定,但是在法国,一位赞成隐私权保护的执法者会积极采纳相关规定并在执法时采取高标准严要求;而在美国,联邦贸易委员会一位大力支持商业化的执法者则会对相关规定做出最为宽松的解释。⑤ 在这种背景下,不仅设计隐私权法律规定的影响力会一落千丈,而且这也会极大地削弱设计隐私权法的泪泪力量。

---

① See Dan L. Burk & Mark A. Lemley, Fence Posts or Sign Posts? Rethinking Parent Claim Construction, 157 *U. PA. L. REV.* 1743, 1745 (2009).

② Jonathan L. Moore, Particularising Patent Pleading Pleading Patent Infringement in a Post-Twombly World, 18 *TEX. INTEL. PROP. LJ.* 451, 486 (2010).

③ See Am. Assn for justice, Driven to Safety: How litigation Spurred Auto Safety, INNO-VATIONS 4-49 (2010).

④ Kolender v. Lawson, 461 U.S. 352, 358 (1983).

⑤ See William McGeveran, Friending the Privacy Regulators, 58 *ARIZ. L. REV.* 959 (2016).

三、设计隐私权法的解释

正如前文所言,由于目前对设计隐私权法律规定总是进行模糊化处理,所以设计隐私权的主体、内容、时间、原因和方式均有着各种各样的理论和五花八门的解释。然而,对于一个在事前(在产品发布之前)而不是事后(在出了问题之后)就需要法律指导的法律领域来说,这简直是一件令人头痛的事,毕竟负责遵守法律的主体需要了解相关法律规定对自己的要求,负责解释法律的主体需要掌握如何回答千奇百怪的问题,就连法律受益者也需要知晓自己享有怎样的权利、又应当如何维护这些权利,所以,几乎每个人都需要理论性和实践性的详细指南。

不过,我们还不至于从头再来,因为社会早已不是第一次面临新的、大规模生产的科学技术,也不是第一次知道这些技术可能会在用户不知情的情况下造成损害。事实上,和当前的科技图景几乎别无二致,不仅有关产品责任的普通法理论是在技术化、经济化和社会化的大环境下发展起来的,而且它的出现也是为了回答主体、内容、时间、原因和方式等困扰设计隐私权法律规定的问题。当然,这二者也并不是一模一样,产品责任制度主要是通过侵权责任制度确立起对企业行为的规范和要求的,并更侧重于危及消费者健康和安全的产品,[①]而设计隐私权的法律规定则更多针对的是数据收集工具。虽然客观存在的差异无法改变,但是产品责任制度中依然有不少可取之处和闪光点值得设计隐私权的法律规定用心揣摩、认真领悟。

在这一节内容中,本文将分三步依次展开论述:其一,本文认为产品责任制度和本文所要讨论的设计隐私权所出现的背景极为相似,并且它们都是奔着解决相同的根本问题去的;其二,本文既将建立起有关产品责任制度是如何影响设计的分类表格,又将最终侧重于论述作为一个有效的类比对象,产品责任制度应当如何应用于明晰设计隐私权的法律规定;其三,通过类比产品责任制度,本文将为设计隐私权的法律规定创建一个模型,从而让设计隐私权华丽转身为清晰明了的法律规定。

---

① See Winterbottom v. Wright, 10 M&W 109, 152 Eng. Rep. 402 (1842).

(一) 产品责任制度

首先，说到大家耳熟能详的产品责任制度，它其实是从一系列法院判例中发展出来的，目的则是在于解决大批量生产产品所引起的种种损害。虽然该术语从表面上看采用的是"严格"责任这样的表述，但是这并不意味着产品生产者就必须就市场上产品造成的所有损害承担责任。比如，《美国侵权法复述（第二版）》第402A条就规定，如果行为人生产和销售"对他人具有不合理危险的缺陷产品"，并且该产品"在实质到达他人手中之后"使他人遭受损害，那么，他们就应当就自己的生产和销售行为对他人承担责任。随着时间的推移，为了确定怎样的产品才算是缺陷产品，美国联邦最高法院曾制定过一些标准、定义和检验方法，而它们对于梳理设计隐私权法律的细节也将大有裨益。①

其次，在20世纪，面对消费者与技术之间飞速发展的全新社会经济关系，法官慢慢地开始意识到过错侵权责任制度已远远应付不过来现实状况，产品责任制度由此应运而生。事实上，影响产品责任制度产生的社会因素至少从两个方面也反映出用户当今与科技企业之间的关系。一方面，与制造业的情况如出一辙，有能力收集数据的科技企业也在创造源源不断的经济机会和重重风险。针对大型个人信息数据库带来的机遇和风险，Danielle Citron 曾将其与为工业时代提供动力的大型水库所带来的机遇和风险进行过比较：② 虽然这些水库在为纺织厂、机器和大型新工厂提供源源动力方面功不可没，但是一旦大坝破裂，奔涌而出的滚滚水流便开始造成数量惊人、遍及各处的财产损失，而工业时代之前所出现的任何情况都根本无法与之相提并论。③ 为了解决逐渐多如牛毛的无过错行为所引起的损害，严格责任制度便开始整装待发，登上属于自己的时代舞台，Rylands v. Fletcher

---

① See Douglas A. Kysar, The Expectations of Consumers, 103 *COLUM. L. REV.* 1700, 1708 – 1724 (2003).

② Danielle Keats Citron, Reservoirs of Danger: The Involution of Public and Private Law at the Dawn of the Information Age, 80 *S. CAL. L. REV.* 244 (2007).

③ Danielle Keats Citron, Reservoirs of Danger: The Involution of Public and Private Law at the Dawn of the Information Age, 80 *S. CAL. L. REV.* 243 – 244 (2007).

一案①就是其中教科书般的经典案例。如今历史仿佛一个轮回，类似的一幕再一次惊人地重复上演——诸如 Facebook、Google 和亚马逊之类的科技企业如今正在用尽千方百计去收集互联网用户的相关数据，可是这些数据却如同一把双刃剑，有利也有弊。从好的方面来说，这些数据不仅有助于科技企业和它们的合作伙伴嗅到新的商机，而且可以在求职者和雇主之间架起桥梁，帮助用户找到"真命天子"、智能解锁用户的手机、不用用户亲自动手就打开家中的电器，抑或聪明机智地播放用户挚爱的歌曲。一旦保护用户个人信息数据的屏障被打破，这些数据就会开始受到内外夹击。无论是内部破坏（未经授权的访问）还是外部攻击（黑客），被泄漏的数据信息都会对用户造成无法弥补的惨痛损失。此外，一些别有用心之人还有可能利用这些数据来发起歧视②甚至骚扰用户，从而给用户造成大量无形损失或是经济损失。鉴于水库和个人信息数据库有着如此多的巧合之处，所以，为了解决用户个人数据泄露问题，Citron 就曾大力呼吁应当在这方面也建立起严格责任制度。③

最后，科技的迅猛发展和更新换代使科技企业与用户之间的权力和信息变得严重失衡。在工业化时代还未到来之前，消费者要想知道自己是从谁那里购买商品的可谓易如反掌；由于经济交流比今天要少得多也亲密得多，所以消费者不用费什么心思就能保护好自己免受劣质商品的侵害，毕竟他们既可以在购买前仔细考察产品并再三思索，又能凭经验和口碑去判断卖家的可信度，还能够货比三家、随意更换卖家。可是等到工业化时代到来之后，尽管生产者能生产玻璃瓶、儿童玩具和重型机械等丰富多彩的产品，但是消费者的专业知识匮乏得可怜，又找不到什么机会去严加调查，只能任由生产者摆布。而如今的数字时代就更别提了，不仅用户的个人数据和信息总是在看不见的暗处被算法和智能机器收集和分析，而且当今科技产品的设计还在将权力天平逐渐倾向设计师的那一端，用户渐渐只能可怜巴巴地仰望天

---

① Rylands v. Fletcher [1868] 3 LRE & I. App. 330 (HL).
② See, e.g. Julia Angwin et al., Machine Bias, PROPUBLICA (May 23, 2016).
③ See Danielle Keats Citron & Mary Anne Franks, Criminalizing Revenge Porn, 49 WAKE Forest L. REV. 345 (2014).

平的另一端。① 在这种情况下，面对个人数据已被商品化的数字产品，用户绞尽脑汁、用尽全力也很难确保自己的数据安全。

出于上述这些相似问题的考量，许多学者呼吁对隐私侵权行为和数据泄露案件适用产品责任制度其实也属意料之内、情理之中。其一，在1960年，赫赫有名的 William Prosser 教授一口气就发表两部里程碑式的传世大作，即《论隐私权》②和《论严格责任》③，被无数学者援引并奉为宝典的经典。这两篇文章如同投放了一颗原子弹般震撼了法学界，为严格责任制度在隐私侵权领域的适用打下了坚实基础；还由于 Prosser 教授还参与编纂了《美国侵权法复述（第二版）》，所以隐私权法和严格责任制度的内容同时都被纳入进该《美国侵权法复述（第二版）》之中。④ 其二，Benjamin Sachs 曾指出，如果作为数据收集者的行为人不能确保用户的数据安全，那么，他们就应当就自己的行为承担严格责任。⑤ 其三，Sarah Ludington 曾创新性地提出过一种新的严格责任侵权行为，即滥用存储个人数据的侵权行为，而这或许在推行公平信息实践原则方面能派上一些用场。⑥ 其四，Citron 的"水库"比喻上文已经详述，该理论便旨在主张将 Rylands v. Fletcher 一案中的严格责任制度模型应用在数据泄露案件之中。⑦

（二）产品责任制度对设计的影响

虽然上述这些学者的建议都极富洞察力，但是他们的局限性也显

---

① Woodrow Hartzog, Privacy's Blueprint: The Battle to Control the Design of New Technologies, at 62 – 67 (2018).

② See William L. Prosser, Privacy, 48 CAL. L. REV. 383 (1960).

③ See William L. Prosser, The Assault upon the Citadel (Strict liability to the Consumer), 69 YALE LJ. 1099 (1960).

④ See RESTATEMENT (SECOND) OF TORTS §§ 652A – 652I (1977) (privacy torts).

⑤ Danielle Keats Citron, Reservoirs of Danger: The Involution of Public and Private Law at the Dawn of the Information Age, 80 S. CAL. L. REV. 241, 296 (2007).

⑥ See Sarah Ludington, Reining in the Data Traders: A Tort for the Misuse of Personal Information, 66 Md. L. REV. 140, 171 – 172 (2006).

⑦ Danielle Keats Citron, Reservoirs of Danger: The Involution of Public and Private Law at the Dawn of the Information Age, 80 S. CAL. L. REV. 244 (2007).

而易见：一方面，他们都在试图通过严格责任制度来创造一种全新的隐私侵权责任。比如 Sachs 就特别提到企业的数据泄露行为、身份盗窃行为和歧视行为，① Ludington 提出的新隐私侵权责任则主要用于解决数据泄露的问题，② Citron 所以会将 Rylands 一案的模型套用在数据库程序员的身上，原因在于其能够意识到"计算机网络的漏洞"可能会导致事后伤害。③ 不过，本文的终极目标在于用鲜活的设计隐私权法律规定这副骨架，而不是创造出一种全新的侵权行为。另一方面，这些学者的建议都更侧重于严格责任的作用，可是我们要知道，如今的产品责任制度远远不止严格责任这么简单。如果一篇文章在论述产品责任制度时只提到严格责任就戛然而止，那么，该文章只能称得上是说了一半的话。

就产品责任制度对设计的影响而言，这种影响如表 1 所示。

表 1　产品责任制度对设计的影响

项　目	具体影响	普遍影响
直接影响	法院判决（产业内）	理论类比
间接影响	法院判决（产业间）	成本增加

首先，真实的或具有威慑性的产品责任诉讼会直接或间接地影响设计，因为它们会激励生产者开发安全性更高的产品，从而提高不安全产品的最终成本。④ 虽然这种激励调整的效果通常是支撑产品责任屹立不倒的理由之一，也是在数据泄露和相关隐私权案件中适用严格责任制度的考量因素之一，但是由于威慑因素只会徒增不良设计的成本，所以这种方法其实无法帮助法院、监管机构或设计师去解释设计隐私权法律规定的具体要求到底是什么。

---

① Danielle Keats Citron, Reservoirs of Danger: The Involution of Public and Private Law at the Dawn of the Information Age, 80 *S. CAL. L. REV.* 241, 296 (2007).

② See Sarah Ludington, Reining in the Data Traders: A Tort for the Misuse of Personal Information, 66 *Md. L. REV.*, at 141 (2006).

③ Danielle Keats Citron, Reservoirs of Danger: The Involution of Public and Private Law at the Dawn of the Information Age, 80 *S. CAL. L. REV.* 284 (2007).

④ See Lewis v. Timco, Inc., 716 F. 2d 1425, 1429 (5th Cir. 1983).

其次，产品责任案件中的判决会直接且具体地影响设计，因为它们能够针对特定情况下的特定产品来准确界定到底哪些设计是安全的，哪些又是有安全隐患的。就拿 Dawson v. Chrysler 一案来说，在该案中，由于一名警察在汽车侧面受到撞击后不幸受伤，所以法院最终认定 Chrysler 公司应当就该警察受到的损害承担赔偿责任。该案让所有汽车公司自此之后知道自己在设计时必须避免人在汽车侧面受到碰撞。① 再说 Garrett v. Ford 一案②，在该案中，原告因为腹部安全带而惨烈受伤，法院最终判决认为这种特定的安全带设计是不具备安全性的，而这一判决也促使汽车公司苦思冥想，紧接着迸发出以特定的三点式重新设计安全带的灵感③，整个汽车产业最后都开始将三点式后座安全带纳入自己的设计之中。④ 然而值得注意的是，虽然准确界定安全或不安全的设计确实可以为特定产业或特定情况中的设计师提供一定的确定性，但是将希望全部寄托于法院做出有关设计的判决根本就相当于是在白日做梦；因为法官和陪审团既没有形式上的能力，又和设计中的因素相隔甚远，他们能做的不过是就事论事地做出特定判决罢了。

再次，《产品责任法》能够具体地、间接地影响设计。打个简单的比方，假设《产品责任法》规定，如果企业未能检测出产品中含有潜在危险物质（比如硅酮隆胸植入物），那么，它们就应当就自己的行为承担产品责任。⑤ 如此一来，一大批化学公司或药品企业都会大受影响，因为只有将产品一而再再而三地认真仔细地做过检测，它们才能放心大胆地把这些产品投放市场。然而，上述这种影响设计过程的间接途径依然过于理想化且与设计严重脱节，它依旧无法回答有关设计隐私权法律规定的详细具体问题。

最后，本文的重中之重就是产品责任制度影响设计的第四条路径，即直接且普遍化地进行事前影响。通过此前的一个又一个产品责任案件，如今法院已经制定出一系列具体要求和企业行为规范；有了

---

① Dawson v. Chrysler, 630 F. 2d 950, 958–959 (3d Cir. 1980).
② Garrett v. Ford, 684 F. Supp. 407 (D. Md. 1987).
③ 15 U.S.C. §45 (a) (1).
④ Garrett v. Ford, 684 F. Supp. 407 (D. Md. 1987).
⑤ See, e.g., Dow Chemical v. Mahlum, 970 P. 2d 98, 118–119 (Nev. 1998).

这些要求和规范，企业就能够不费吹灰之力地知道自己需要怎样做才能免于卷入令人头大的侵权诉讼之中。只要通过类比，这些规范和要求就能为我们所用并提供出一种新模型，即设计隐私权法律规定的具体要求，这其中就包括企业应当如何权衡隐私风险与用户权益，以及在面对相关诉讼的威慑和法院判决之前，企业应当如何去理解和解释法律规定中模糊术语的含义。本文在此必须要明确一点，那就是本文并没有为了设计隐私权而提出一种全新的产品责任侵权行为；恰恰相反，本文相当于对产品责任制度的规范和规则进行说明，紧接着再用这些说明去充实设计隐私权法律规定的骨架。本文的这种做法其实不足为奇，毕竟理论类比这种方式在整个法学界中比比皆是①；尤其是在隐私权领域，判例法和相关法律规定往往会不断被拿来应对层出不穷的新技术带来的新问题。

（三）将产品责任制度类比适用到设计隐私权领域

针对设计隐私权相关的一系列开放性问题，产品责任制度中的产品设计缺陷责任完全可以一一对答：由谁来负责设计？企业应当在哪段时间内承担设计隐私权的责任？设计隐私权法律规定的具体要求是什么？设计隐私权法律规定的目标和目的是什么？用户应当如何根据法律规定维护自己设计隐私权的权利？如果能够回答完这些问题，那么，离设计隐私权的法律出炉也就不远了。

1. 由谁来负责设计

首先，如果想要设计隐私权，那么企业和上游技术开发人员就需要在设计过程中把隐私问题纳入考虑范围。虽然这样做从直观上来看意义非凡，但是这种责任分配方式却受到不少技术社会学学者的抨击，他们指出，设计并不仅仅是被英雄化的工程师、设计师抑或是雇用他们的企业的专属品。此外，虽然产品责任制度面临的处境几乎和设计隐私权的法律规定一模一样，它既需要沉稳应对一系列问题，又必须完成责任分配的重任；但是产品责任制度却同时承认，一旦消费者在购买后修改产品时，或者消费者以一种出乎设计师意料的方式使用产品，那么消费者也会对产品设计产生不容小觑的影响。面对飞速

---

① See, e.g., United States v. Johnson, 380 F. 3d 1013 (7th Cir. 2004).

变迁的时代和快速发展的理论，相比于就此气馁，普通法选择逐渐开始适应这样一个事实，即设计是一个牵涉多方面的社会过程；普通法如今认为，如果消费者是在生产者能够合理预见的情况下对产品进行修改和使用，那么生产者依然要就自己设计缺陷产品的行为承担产品责任。同样，本文认为设计隐私权的法律规定也可以借鉴产品责任制度的这些理论，从而将设计隐私权的责任放在科技企业身上。

其次，在产品责任制度下，生产者要做的可不仅仅是设计出合理安全的产品这么简单；就他们所要设计出的产品而言，不仅这些产品要能够承担得起预期用途，而且它们还得经受住设计师意料之外、计划之外但能够合理预见的用途的考验。就拿 Barker v. Lull Engineering 一案[1]来说，在该案中，被告制造的一台大型装载升降机一如既往地在斜坡上工作，结果万万没想到，由于被告在设计时忘记设计支撑腿，所以这台升降机霎时间就因失去平衡而倾覆下来，操作人员也因这突如其来的灾祸受了伤。原告据理力争，强烈要求被告一定要就其设计缺陷产品的行为承担产品责任；而被告答辩说自己在设计升降机时从来就没打算让它在斜坡上操作。不仅主审法官将被告的答辩记挂在心上，而且他还对陪审团做出指示，告诉他们只有在产品按预期方式被使用时，他们才能追究被告及产品生产者的责任。原告对此当然不服气，在案件被上诉到美国加州最高法院之后，在将先前的判决直接驳回的同时，美国加州最高法院指出，产品的使用也应当包括"以可以合理预见的方式使用"，而升降机有时会在不够平坦的地面上使用理所当然是可以合理预见到的。此外，Katz v. Swift & Company 一案同 Barker 一案的判决思路可谓有着异曲同工之妙。[2] 在该案中，一根绑在羊腿上的橡皮筋猛然绷断，一位可怜的屠夫便因此受伤；而美国联邦最高法院最终认为，由于橡皮筋没有绑好会引起消费者损害这件事是完全可以合理预见到的，所以被告应当就自己的行为承担产品责任。

在上述两个案例中，虽然被告都一口咬定自己压根没有预料到自己产品的特殊用途或滥用情况，但是这根本无关紧要，因为"如果产品通过合理使用而造成的损害是可以合理预见到的"，那么，即便

---

[1] Barker v. Lull Engineering, 573 P. 2d 443 (Cal. 1978).
[2] Katz v. Swift & Co., 276 F. 2d 905 (1960).

该用途在生产者的设计意图之外，生产者也仍然需要就自己的行为承担产品责任。否则，后果将不堪设想——一旦设计师有意划定责任范围并企图逃避责任，那么汽车生产者在汽车发生碰撞时就可以躲得远远的，椅子生产者也不会竭尽全力设计出足够结实的椅子来供消费者站立；它们到那时就会摆出一副事不关己的姿态表示，汽车是用来开的而不是用来撞的，椅子是用来坐的而不是用来站的。由此看来，判断生产者是否需要承担严格责任的关键点就在于判断产品的用途能否被合理预见。

再次，从大多数司法管辖区域的判例来看，不仅生产者设计的产品要能经得起意料之外的使用，而且他们还得能承受住消费者后续对产品的修改和调整。有两个案件就将这一点体现得淋漓尽致——在 Thompson v. Package Machine Company 一案①中，为了取出一件成品，原告想当然地就把手臂伸进塑料制模机中去，结果却永远地失去了这条手臂。原告声称该机器有几个极不合理的设计缺陷，其中首要的就属安全装置，按理说该机器的安全装置应该使机器保持开启状态，这样才能够使消费者顺利移除和替换机器中的塑料制品，结果安全装置的缺陷最终导致悲剧直接上演。面对原告的指控，被告却反驳指出，除非消费者在机器离开工厂后擅自对机器进行过修改和调整，否则该机器的安全装置是不可能出现故障的。最终，由于认定"原告对该机器的调整是可以合理预见到的"，所以法院认为被告依然应当就自己设计缺陷产品的行为承担产品责任。

而 Soler v. Castmaster 一案的判决和 Thompson 一案有颇多异曲同工之妙。② 在该案中，由于压铸机上的安全门发生故障，所以原告在试图从模具上取出成品时便伤到了手。值得注意的是，这台机器在设计之初并没有设计安全装置，不过原告的雇主却自行增加过一个安全装置；有了这个安全装置，压铸机在安全门打开时就会自动关闭机器的电源从而允许操作人员安全取出成品。然而，虽然原告对产品进行过修改，但是新泽西州最高法院可没打算就此饶过被告。新泽西州最高法院指出，由于为机器增加安全装置是可以合理预见到的，尤其是

---

① Thompson v. Package Machine Co., 99 Cal. Rptr. 281 (1971).
② Soler v. Castmaster, 484 A. 2d 1225 (N. J. 1984).

当被告制造该压铸机时,市场上的这类安全装置早已普及到千家万户,所以被告仍然需要就自己设计缺陷产品的行为承担产品责任。

复次,虽然上述这些判例中的当事人可能远没想到这么多,但是无论是审理 Barker 和 Katz 一案的法院还是审理 Thompson 或 Soler 一案中的法院,它们其实都在与设计和技术的社会属性进行顽强拼搏与斗争。换言之,上述每一个判例都在向我们传达一个信息,即除了老实地使用产品之外,消费者也能够在很大程度上影响到产品的设计。一方面,消费者能够通过设计师意料之外的方式使用产品从而影响设计。就好比农场主将第一批汽车当作固定电源使用①,或者农村妇女将自己的第一部电话用作自己与社会联系的代理人②,Barker 一案和 Katz 一案的原告亦是如此;另一方面,消费者还可以通过调整和修改产品来影响设计,比如在 Thompson 一案和 Soler 一案中,原告就对机器进行过物理性改动。再如,多年以来,由于男性设计出的家用产品和烹饪用具根本无法适应正常家务生活的需要,所以女性凭借着自己的勤劳与智慧逐步调整这些产品。③ 不过,虽然消费者会通过可合理预见的使用和修改行为对设计产生影响,但是在大多数司法管辖区域,生产者仍然需要就自己设计缺陷产品的行为承担产品责任。在这种背景下,不仅生产者有责任设计出合理安全的产品,而且他们还必须要考虑产品能够被使用的各种方式,以及这些产品和用途应当如何融入更广泛的社会实践生态系统之中。

最后,作为一个极佳的类比对象,产品责任制度在界定设计隐私权的主体方面大有裨益。虽然消费者会对设计产生一定影响,但是在大多数司法管辖区域,生产者仍然需要就自己设计缺陷产品的行为承担产品责任,否则生产者就会无数次面对责任而溜之大吉,从而损害

---

① Ronald Kline & Trevor Pinch, Users as Agents of Technological Change: The Social Construction of the Automobile in the Kural United States, 37 TECH. & CUL., at 768 – 794.

② Ronald Kline & Trevor Pinch, Users as Agents of Technological Change: The Social Construction of the Automobile in the Kural United States, 37 TECH. & CUL., at 768 – 794.

③ See Ruth Schwartz Cowan, The Consumption Junction: A Proposal for Research Strategies in the Sociology of technology, in The Social Construction of Technological Systems, (Wiebe Bijker et al. eds., 1987).

产品责任制度的总体目标。① 不过，为了顺应设计的社会性质，法院还是对该责任加以一定的限制，即只有在消费者使用、修改或调整产品可以被合理预见的情况下，生产者才需要就自己设计缺陷产品的行为承担产品责任。总而言之，设计隐私权的法律规定也可以适用类似的规则，即不仅设计隐私权的责任应当由科技企业来承担，而且它们考虑隐私问题的范围还应当延伸到产品所有可预见用途的隐私含义之中去。

2. 企业应当在哪段时间内承担设计隐私权的责任

在将设计隐私权法律规定的具体要求进行细化之前，我们还必须论述清楚承担设计隐私权责任的时间。如果说设计是一个持续向前的过程，并且设计在产品发布后依然在稳步向前进行，那么，企业到底应当在哪段时间内承担设计隐私权的责任呢？虽然根据产品责任制度的规定，出于"产品对消费者的伤害始于销售"这种考量，一般从产品被销售或分配的那一刻起，生产者就开始负有设计出合理安全产品的责任；但是在本文看来，生产者的责任早已远远超出这一范围。事实上，从产品责任制度的类比来看，设计隐私权的责任应当存在于整个数据收集工具的生命周期之中，贯穿于产品从概念到使用的全过程。

就法院判断产品安全性的时间点而言，研究产品责任制度的学者长期以来一直处于一种公说公有理、婆说婆有理的局面。John Wade 曾列出过六个可能的时间点，即产品制造、分配、购买、造成损害、审判或任何一个特殊的时间点。② 此外，两个版本的《美国侵权法复述》都无一例外地认为判断产品安全性的时间点应当是在生产者分配或销售产品之时——《美国侵权法复述（第二版）》认为，能够适用产品责任的对象主要是"预期到达并最终确实到达消费者手中的产品，并且该产品的销售条件没有发生重大变化"③，这就意味着生产者有责任在产品离开仓库之前确保产品的安全；而《美国侵权法复述（第三版）》则将产品设计缺陷限制在"销售或分配时"发现的

---

① See, John Jay Fossett, The Development of Negligence in Computer 14 N. Ky. L. REV. 289, 306 (1987).

② John W. Wade, On the Effect in Product Uability of Knowledge Unavailable Prior to Marketings 58 N. Y. U. L. REV. 753, 754 (1983).

③ Restatement (Second) of Torts § 402A(1) (b) (1977).

设计缺陷①,这也就意味着设计师和生产者所要承担的产品责任结束于产品最终发布之时。②

然而,《美国侵权法复述(第二版)》的这些条款并没能反映出事情的全貌,因为明眼人都能看出,生产者在将产品销售出去后依然对消费者负有一定的产品责任。③ 比如,如果生产者发现产品具有潜在的缺陷,那么,它们就有义务在发现之时对消费者进行警告和提醒。④ 之所以这样做,就是因为已经流向市场的那些存在潜在缺陷的产品会对消费者构成重大风险,而产品责任制度的其中一部分目的就是降低不知情消费者所面临的风险。⑤ 然而与此同时,产品责任制度却几乎从未要求生产者更新旧产品或对已经流向市场的产品加以改造,从而去适应最新和最好的安全技术⑥;毕竟这样做既烦琐繁重,行政程序上又十分麻烦,成本还令人望而却步。⑦ 根据绝大多数司法管辖区域的观点,如果当生产者销售所谓的"无保护"产品或是所谓的危险机器时,除非消费者为相关产品安装上自己选择的任何安全设备,否则这些产品在销售之时根本就无法正常运转,那么,生产者就不用就自己设计缺陷产品的行为承担产品售后责任;在这其中蕴含着一个理论,即如果生产者原本销售的是一种无法正常运转、不起任何作用的产品,那么,这种产品就不属于危险产品的范畴。⑧

综上所述,产品责任制度不可不说是设计隐私权的前车之鉴。就像生产者持续地对产品中的潜在缺陷负有产品责任一样,既然生产者所要承担的产品责任并不会随着产品发布就宣告结束,那么科技企业

---

① See RESTATEMENT (THIRD) OF TORTS: PRODUCTS LIABILITY § 2 (1998).

② See Michael B. Gallub, Limiting the Manufacturers Duty for Subsequent Product Alteration: Toward a National Approach, 16 *HOFSTRA L. REV.* 361, 363 (1988).

③ See, e. g., John S. Allee, Post-Sale Obligations of Product Manufacturers, 12 FORDHAM URB. L. J. 625 (1984).

④ See RESTATEMENT (THIRD) OF TORTS: PRODUCTS LIABILITY § 2 (1998).

⑤ Alden D. Holford, The Limits of Strict Liability for Product Design and Manufacture, 52 *Tex. L. REV.* 81, 81–82 (1973).

⑥ See, e. g., Habecker v. Copperloy Corp., 893 F. 2d 49, 54 (3d Cir. 1990).

⑦ See also, e. g., Cincinnati Inc., 538 N. W. 2d at 336–337 n. 42.

⑧ See, Bautista v. Verson Allsteel Press Co., 504 N. E. 2d 772, 774 (Ill. App. Ct. 1987).

也应当持续地就数据收集代码中的隐私漏洞承担设计隐私权的责任，毕竟这些隐私漏洞会对用户数据构成持续的风险。事实上，这一原则在隐私权法中已经可见一斑——根据数据泄露告知的相关规定，如果用户的个人数据已经被泄露，那么，行为人就应当及时告知用户；同时，联邦贸易委员会也认为，如果相关隐私政策发生任何变化，那么，行为人就必须及时告知用户。此外，虽然出于成本和可管理性的考量，产品责任制度通常不会让生产者承担过重的产品改造责任，但是这对数据收集来说根本就是很小的事，因为大多数的科技产品其实都属于是"系留产品"（tethered products）。①

根据 Chris Hoofnagle、Aniket Kesari 和 Aaron Perzanowski 的观点，所谓系留产品就是指那些通过无线网络而与卖方建立持续性连接的产品②；与重新生产制造出一个超出生产者控制范围的重型机械产品相比，不仅通过互联网连接来对代码进行定期更新的成本相对便宜，而且这样做还能不动用什么人力物力财力就实现轻松管理。总而言之，通过将产品责任制度进行类比，不仅科技企业在销售产品之时和销售产品之后都要承担设计隐私权的责任，而且它们还需要承担持续更新相关平台和代码的责任，这样用户的隐私权才能安然无恙。

3. 明确设计隐私权责任的相关理论

虽然设计隐私权的相关法律规定指出，科技企业必须要立足根本去考虑隐私问题，并且必须要让隐私成为企业文化和企业产品别具一格的特征，但是这种大而空的口号到底在实践中意味着什么却没人能说清楚。在这种背景下，为了明晰设计隐私权法律规定的具体要求，产品责任制度可就能派上大用场了。不知大家是否听说过赫赫有名的 Greenman v. Yuba Power Products 一案，借助该案，不仅美国加州最高法院内部携手一致地在产品责任案件中确立起严格责任原则③，而且产品设计缺陷的相关法律规定也开始渐渐将一系列具体的检验标准和理论囊括进来，从而去为梳理生产者的责任铺平道路。随着时间的

---

① Chris Hoofhagle, Aniket Kesari & Aaron Perzanowski, The Tethered Economy, 87 GEO. WASH. L. Rh, V. (forthcoming 2019).

② Chris Hoofhagle, Aniket Kesari & Aaron Perzanowski, The Tethered Economy, 87 GEO. WASH. L. Rh, V. (forthcoming 2019).

③ Greenman v. Yuba Power Products Inc,, 377 P. 2d 897 (Cal. 1963).

流逝,虽然如今的产品责任制度与 Greenman 一案中确立的产品责任制度已经大不相同,但是当风险效用平衡理论、合理的替代设计理论(reasonable alternative design,RAD)、可预见的意外用途理论和警告义务理论强强联手的时候,明确生产者设计出安全产品的具体要求就不再是什么烦心事了。

在本文看来,对于明晰科技企业在设计隐私权语境下的具体责任要求来说,以下这些理论同样是大有裨益的。

(1)设计过程中的风险效用平衡理论。

提到风险效用平衡理论,Barker v. Lull Engineering 一案绝对可以说是将其作为检验标准的鼻祖级案件。[1] 自此之后,消费者通过该标准去证明生产者设计的产品有缺陷或缺乏安全性便不再只是一个美好的理想。在该案中,原告将被告生产的装卸机拿去斜坡上而不是平坦的地面上使用,结果这台装卸机直接就倾覆过来并导致原告受伤。美国加州最高法院对此指出,如果原告想要证明相关产品具有设计缺陷且未能达到"普通消费者的期待",那么,他们就可以选择以下任何一种检验标准来证明:其一,消费者期待标准;其二,风险效用标准,即陪审团判定"产品设计的危险性要超过该产品对社会的效用"。至于这两种检验标准应当分别在哪些情况下适用,[2] 美国加州最高法院认为,如果消费者凭借普通的"日常经验"就能毫不费力地理解某种产品应该如何运作,比如当农民被有缺陷的拖拉机弄伤时,或者当医院护工因佩戴不安全的乳胶手套而生病时,抑或当举重运动员被自己日复一日使用的压腿机伤害时,那么,适用消费者期待标准就已经绰绰有余;而如果判断对象是一些较为复杂的产品,比如汽车等产品,那么,这时风险效用标准就能用得上了。

虽然这两种检验标准通常只出现在对抗制诉讼(adversarial litigation)的过程当中,以此来确定生产者到底是否需要对消费者承担产品责任,但是事实上,它们同样也会对设计过程产生直接有力的影响。具体来说,在适用消费者期待标准的情况下,该检验标准会促使生产者千方百计地将日常产品设计向产品一般用途和普通消费者的期

---

[1] Barker v. Lull Engg, 573 P. 2d 443 (Cal. 1978).
[2] Soule v. Gen. Motors Corp., 882 P. 2d 298 (Cal. 1994).

待努力靠拢,然而由于数据收集工具实在是过于纷繁复杂,所以这在设计隐私权的语境下完全行不通;而在适用风险效用标准的情况下,该检验标准则会鼓励生产者在产品发布前的设计阶段就再三权衡产品设计的危险性和对社会的效用,而这恰恰和设计隐私权谋求的目标一拍即合。

事实上,正如学者们所言,设计隐私权如今迫在眉睫的问题就是用户的隐私权在产品被发布之前压根得不到应有的重视,因为大家似乎总是将注意力都放在事后的惩戒上,而这恰恰是一种效率极低、最不可取的做法。反过来说,如果科技企业在设计过程中就能考虑到隐私问题,那么这种做法可能会提前将科技企业的不良动机和负面刺激因素扼杀在摇篮之中。说得再详细一点,在设计过程中考虑隐私问题极其需要企业的大力配合,这其中不仅包括创建一个积极活跃的隐私团队,并且这个团队还要足够强大来使自己的声音能在企业动态中被大家听到,而且企业还将需要一群隐私方面的专业律师,从而在设计过程中不断发现并指出潜在的隐私问题。此外,适当的记录也必不可少,例如,记录设计过程中企业考虑隐私问题的方式,以及产品要怎样设计才不会把用户的隐私权置身于不必要的水深火热之中。简言之,如果以风险效用平衡理论和风险效用标准作为类比对象,那么设计隐私权关于"科技企业必须要立足根本去考虑隐私问题"的法律规定就不再是一句徒有其表的口号,该目标的具体要求就应当是在新产品设计过程中,科技企业必须要在该产品产生的隐私损害与消费者利益之间进行一定的平衡。[1]

(2) 可预见的意外用途理论。

虽然学术界一直对该理论是否应当成为产品责任法的一部分而争得没完没了[2],但是毋庸置疑的是,可预见的意外用途理论如今已经成为《美国侵权法复述(第三版)》不可分割的一部分。根据可预见的意外用途理论,所谓缺陷产品就是指那些通过更安全的设计本可以

---

[1] Woodrow Hartzog, Privacy's Blueprint: The Battle to Control the Design of New Technologies, at 127 – 128 (2018).

[2] e.g., John B. Attanasio, The Principle of Aggregate Autonomy and the Calabresian approach to Products L. iability, 74 Va. L. REV. 677 (1988).

避免"可预见的损害风险"的产品。① 同时，如前所述，可预见性其实也是意外用途理论的一个组成部分，而这种可预见的意外用途理论在明确设计隐私权法律规定方面也是大有用武之地。一言以蔽之，在可预见的意外用途理论的语境下，当科技企业进行风险效用平衡时，它们还应该将产品所有可预见意外用途所带来的隐私影响都统统考虑在内。

事实上，以数据为支撑的许多科学技术如今遍地开花，而它们的许多用途或许设计师当初想破脑袋都不会想到。打几个简单的比方：其一，Facebook 就曾委屈巴巴地说自己设计的初心就是为了把用户聚集在一起，而不是去四面散播假新闻或是去操控用户的行为。其二，虽然视频直播技术诞生之初可能是为了低成本满足广大观众的需求，但是如今也有不怀好意之徒使用该技术来播放性侵事件和大规模枪击案。其三，尽管基于用户位置的追踪技术大大方便人们的生活，但是它同时也可能成为性骚扰行为和隐私侵权行为的帮凶。虽然我们不得不承认上述这些用途中只有一些可以被预见得到，并且还有人会跳出来说侵权法中的可预见性通常只是陪审团的事实问题罢了；但是在事前设计的背景下，可预见性可不止于此，它将会是科技产品设计师、隐私问题专家、用户、专业协会、记者和学术专家之间一种基于事实的对话，并且每一个专家都可能对相关产品可预见的用途畅所欲言。至少我们可以拍着胸脯说，如果科技企业能够在设计阶段至少考虑到相关技术可预见的潜在风险，那么，科技产品就能在安全可靠性方面更上一层楼。

就拿最近轰动一时的两家大公司合作一事来说，作为各自业界无人不知、无人不晓的大公司，基因检测公司 23andMe 最近与制药界巨头葛兰素史克（GlaxoSmithKline）携手合作，葛兰素史克直接斥巨资拿下 23andMe 基因数据库的使用权来开发新药。② 虽然从 23andMe 设计出基于唾液的家庭基因组检测技术之时起，将该技术用于合作开发新药就已经在可预见的范围内，毕竟 23andMe 早已将这种可能性

---

① See Restatement (Third) of Torts: Products Liability § 2 (b) (1998).
② See Maggie Fox, Drug Giant Glaxo Teams up with DN/Testing Company 23andMe, *NBC NEWS* (July 25, 2018 2:00 PM).

写进自己的隐私政策之中；但是与葛兰素史克的合作还是催生出几个无可避免的隐私问题，其中包括转移个人数据的风险、使用还未同意别人使用的血亲基因数据的潜在风险，以及23andMe的用户可能压根不理解自己对隐私政策的同意到底意味着什么。

不过，如果这两家商界巨鳄能够在相关产品发布之前就考虑这些问题，那么相关产品可能就会及时做出一些设计上的修改，从而赶在不良后果发生之前就预先将这些问题一网打尽。诚然，23andMe确实有将"同意参与研究"设计为一种"选择－同意"而不是"选择－退出"，但是它其实完全有能力让这种"选择－同意"更为清晰明确，比如23andMe可以更确切具体地解释用户的基因数据将何去何从，而且无论是通过在注册过程中设计屏幕弹出还是在页面中插入色彩艳丽的提示，23andMe都可以采用一种更为引人注目的方式去引起用户的注意。此外，考虑到未来可能存在的合作关系，设计师还可以创造一种匿名化和安全性更高的工具，高管们也可以尽量减少与制药公司共享的数据量。① 虽然上述这些措施也不意味着用户的隐私和数据就能就此锁进保险箱并且确保万无一失，但是它们至少可以找出拐点并让风险大幅度下降。

（3）合理的替代设计理论。

首先，虽然本文已经分析完上面两个理论，但是这其实离我们的目标还差很远，因为仅仅让企业对可预见的利益和损害进行平衡这样的要求依然相当模糊，于是第三个理论就是合理的替代设计理论。所谓合理的替代设计理论，是指一种能够指定科技企业所要平衡的内容的理论。从宏观上来看，关于该理论的文献资料可谓浩如烟海，这其中就包括该理论是否能反映普通法的状态②，以及该理论是否会破坏产品设计缺陷责任的整个制度。③ 就本文所探讨的内容而言，在产品

---

① See Regulation 2016/679 of the European Parliament and of the Council of 27 April 2016 on the Protection of Natural Persons with Regard to the Processing of Personal Data and on the Free Movement of Such Data and Repealing Directive 95/46/EC, 2016 OJ. (L 119).

② See, e.g., James A. Henderson, Jr. & Aaron D. Twerski, Achieving Consensus on Defective Product Design, 83 CORNELL L. REV. 867 (1998).

③ See, e.g., Ellen Wertheimer, The Biter Bit: Unknowable Dangers, the Third Restatement, and the Reinstatement of Liability Without Yault, 70 BROOK. L. REV. 891 (2005).

责任制度中，所谓合理的替代设计理论其实从表面上看是很容易理解的，该理论是指：如果生产者能够用一种更安全的方法运用现有技术来设计产品，并且这种设计还可以在不增加不合理成本的情况下降低可预见的损害风险，那么，生产者就应该选择这种替代设计而不是更危险的设计。换句话说，通过采用更安全的替代设计，更安全设计的成本（包括生产成本和降低产品功能等成本）必须要低于预防可预见损害而产生的成本。

其次，如果我们留心看一看合理的替代设计理论在产品设计缺陷诉讼中的作用，那么我们就会发现，该理论同样可以作为设计隐私权法律规定的一个绝佳的类比对象。正如生产者必须在更安全设计上所花费的成本和可预见的损害之间进行权衡，在设计隐私权的语境下，科技企业也需要在具有更强隐私保护性设计的成本、可预见的隐私风险和程序功能的损失之间进行权衡，而前者就包括隐私默认设置、"选择－同意"数据收集、及时告知用户、加强版的用户同意、数据最小化、对数据处理加以限制和对数据收集和存储加以限制等等。简而言之，如果存在一种更安全、更能为用户隐私权保驾护航的替代设计，并且该设计不会在产品功能上做出不必要的牺牲，那么在设计隐私权的语境下，企业就应当选择更安全的替代设计。①

再次，我们来说说合理替代设计的证明责任问题。虽然《美国侵权法复述（第三版）》将诉讼期间合理替代设计的证明责任抛给了原告，② 但是这只是少数人抱有的观点，实践中只有少数几个州的司法机关选择放弃《美国侵权法复述（第二版）》的观点而采纳《美国侵权法复述（第三版）》的观点。③ 举例来说，在 Barker v. Lull Engineering 一案④中，美国加州最高法院最终得出结论，如果消费者凭借普通的"日常经验"就能毫不费力地理解某种产品应该如何运作，

---

① Woodrow Hartzog, Privacy's Blueprint: The Battle to Control the Design of New Technologies 128 (2018).

② See also RESTATEMENT (THIRD) OF TORTS: PRODUCTS LIABILITY §2 (b) (1998).

③ Frank J. Vandall, The Restatement (Third) of Torts: Products Inability Section 2 (B): The Reasonable Alternative Design Requirement 61 *TENN. L. REV.* 1407, 1408–1413 (1994).

④ Barker v. Lull Engg Co., 573 P. 2d 443 (Cal. 1978).

那么法院就应当适用消费者期待标准来判断产品设计缺陷；而如果判断对象是一些常人难以理解的复杂产品，那么这时风险效用标准就必须得付诸实施了。① 再如一些法院曾得出结论②，认为应当由生产者去证明相关产品并不存在任何合理的替代设计。此外，在设计隐私权的语境下，鉴于算法平台和科技企业一如既往地保持自己数据收集工具的秘密状态，所以这种复杂性也表明应当由算法平台和科技企业去承担相应的证明责任，从而去证明它们在创造和销售产品时并不存在合理的替代设计。

最后，为了给这种更为直接明确的风险效用平衡标准再加一把力，企业还可以从政府行政机构的隐私影响评估（privacy impact assessments，PIAs）中取经。简单来说，所谓隐私影响评估就是指对个人信息如何收集、使用、分享和维护的分析③，其目的主要在于确保设计师、高管、隐私专业人员和其他相关人员能够在产品的整个生命周期中都有意识地将隐私保护问题纳入考虑范围。说得再具体一点，隐私影响评估既能够识别和评估隐私风险、考虑替代方案和拍板确定降低风险的策略，又能够提供帮助并阐明产品的原理。由此我们不难看出，有了隐私影响评估的助攻，科技产品设计师就能顺风顺水地推进自己版本的合理替代设计分析，从而确保隐私保护这个选项也能在设计过程中获得一席之地。同时，仅仅采用隐私影响评估其实还远远不够，企业的隐私协议也不应该仅仅成为合规的象征，而是务必要融入企业文化中去；要知道，不仅该协议能够迫使企业记录下自己对隐私问题的所思所想和种种考虑，而且它还能促进企业的透明度和问责制。

（4）警告义务理论。

首先，在产品责任制度下，除了进行风险效用平衡分析和判断是否存在合理的替代设计之外，生产者还负有警告消费者可预见风险的

---

① Barker v. Lull Engg Co., 573 P. 2d 443 (Cal. 1978).
② See, e.g., Onati v. Straub Clinic & Hosp., Inc., 659 P. 2d 734 (Haw. 1983).
③ Fed. Trade Commn, Privacy impact Assessments, https:// www.ftc.gov/site-information/privacy-policy/privacy-impact-assessments [https://perma.cc/LB7H-YAC4]（last visited June 16, 2019）.

义务。① 同理，收集用户数据的科技企业也负有类似的警告义务。事实上，虽然将企业的数据使用行为告知用户是"告知-选择"制度的重中之重，而该制度又是当今无数消费者隐私权法的王牌内容。② 无论是作为数据收集者的企业还是监管机构，哪怕设计和美学是可以人为操控的，它们依旧没怎么把心思放在隐私通知的显示方式上面。如果将产品责任制度中的警告义务作为类比对象，那么，这种警告义务其实就类似一种设计义务，而这种义务就会促使企业和监管部门将隐私政策的设计放在心上。

其次，在产品责任制度中，生产者负有的警告义务主要有两种：其一，在产品销售之时，生产者必须要警告消费者与产品可预见用途有关的风险；其二，在产品销售给消费者之后的某个时间点，如果生产者知道或应该知道自己的产品是危险的，那么它们就有义务做出合理的努力来向消费者发出产品售后警告。值得注意的是，无论是在产品销售之时还是销售之后，这种警告都必须是"充分的"或在当时的情况下是合理的。不过，生产者的售后警告义务比销售时的警告义务更具有局限性：在销售产品之时，生产者警告消费者相对来说省时又省力，因为它们只需在产品离开仓库之前给产品贴上标签就算大功告成了。③ 在产品销售出去之后，由于产品已经离开生产者的控制，所以种种现实障碍会使售后警告颇为烧钱且困难重重。

再次，有的法院曾在一些判例中描述过到底什么才算是充分的警告，它们指出：警告必须"清楚明确和具体详尽"，并且相关警告在产品本身或使用手册中必须有足够的体现。④ 同时，警告也大可不必长篇大论，因为过长的警告反而会大大削减它们的有效性。就像美国联邦第四巡回上诉法院所说："虽然生产者对每一个可能发生的事故都做出警告的出发点是善意的，但是随着时间的推移，这些警告反而会成为一些冗长乏味、难以理解的标签——太冗长以至于无法阅读，

---

① See, e.g., Richter v. Limax Intl, Inc., 45 F. 3d 1464, 1471 (10th Cir. 1995).
② Woodrow Hartzog, Privacy's Blueprint: The Battle to Control the Design of New Technologies 128 (2018).
③ See Lovick v. Wil-Rich, 588 N. W. 2d 688, 693 (Iowa 1999).
④ See Hood v. Ryobi Am. Corp., 181 F. 3d 608, 611 (4th Cir. 1999).

太专业以至于难以理解。"① 此外,还有一些法院曾指出,警告可不能简单列出一系列风险就草草了事;恰恰相反,警告既必须以一种特定的版式向消费者传递信息,又必须使用一种能引起消费者注意和传达所涉风险严重性的语言。② 综上所述,在产品责任制度下,充分的警告不仅事关"展示、语法和强调",而且还必须符合消费者的知识水平,或者反映出消费者在操作产品时可以预见的缺乏的经验或技能。

复次,回到设计隐私权的语境下,科技企业的隐私通知也可以借鉴上述警告义务理论的长处。总的来说,科技企业所使用的隐私通知也有两种类型:其一,隐私政策。说起隐私权政策,它们最初其实是企业为了规避监管而想出来的小妙招,后来又在州和联邦的授权下呈星火燎原之势蔓延开来。事实上,隐私政策与生产者在销售之时的警告有着异曲同工之妙,虽然隐私政策能够告知用户关于数据收集、数据使用和数据分享的各种方式,但是它们却总让人看得一头雾水,根本就没人有闲情逸致去认真阅读这些隐私政策,毕竟它们总是冗长乏味又不知所云。不仅如此,这些隐私政策还总以一种想要操控用户行为的姿态被设计并呈现出来。其二,"即时"通知。谈到即时通知,它们其实和生产者的售后警告颇有雷同之处,它们并不会在用户第一次购买谷歌手机或首次访问网站时就出现,反而会在相关平台、产品或应用程序进行数据收集之前现身,从而让用户能够更有效地掌控自己的信息披露行为。虽然即时通知如今已经得到联邦贸易委员会的大力支持,并已经被举荐为移动隐私生态系统中的最佳行为;但是从实践中的情况来看,即时通知往往是一种只能选择接受或放弃的选择题,它们更多的是鼓励用户草草点击"是"并继续下一步操作,而不是鼓励用户去多加考虑自己的信息披露行为。

最后,从以上论述中我们可以看出,由于设计上的考虑不周,所以隐私政策和即时通知现如今就成了摆设。在产品责任制度之下,警告的设计至关重要,因为法院早已认识到警告的展示方式和表述会直接影响消费者的理解,而只有能够被充分理解的警告才能真正起到保

---

① See Hood v. Ryobi Am. Corp., 181 F. 3d 608, 611 (4th Cir. 1999).
② See Brochu, 643 F. 2d at 657.

护消费者的作用。① 其实科技企业的隐私通知也万变不离其宗,以产品责任制度中的警告作为类比对象,科技企业也同样需要"清晰明确、简明扼要地告知用户潜在的隐私风险"②。为了达到这样的目标,科技企业能采取的措施数不胜数,随便举几个例子来说:其一,虽然以一项针对监管机构的、更长的隐私政策作为补充也不是不可以,但是科技企业和监管机构还是应该着眼于普通用户的理解水平去设计和发布隐私通知;其二,就隐私政策而言,科技企业既可以使用简洁明了的陈述方式、用户友好的美学设计、抓人眼球的鲜艳色彩和一目了然的表格,又可以通过弹出窗口或其他便于理解和注意的形式来方便用户的访问;其三,就产品售后的警告和通知而言,由于生产者曾经不得不面对的重重现实障碍如今已经不复存在,所以科技企业在即时通知时仍然应当遵循与售后警告如出一辙的规则。

4. 设计隐私权法律规定的目标

讨论完具体要求,接下来我们再将目光集中到设计隐私权法律的下一个组成部分,即确定基本价值观。鉴于这项任务对于理解含混不清的法律规定来说大有裨益,加之它还能帮助科技企业制定合理有效的合规策略,所以这项任务的重要性同样不容小觑。然而,如前所述,设计隐私权众多的定义反映出令人眼花缭乱的各种价值观,其中包括控制、信任和默默无闻等等。值得注意的是,有些情理之中的价值观没有被某些隐私定义所涵盖这件事简直令人百思不得其解,而产品责任制度为我们提供的视角之一就是对此最好的例证,这个价值观就是公平。

说到公平,不得不提的就是鼎鼎有名的 Escola v. Coca Cola Bottling 一案③;在该案中,Traynor 大法官的赞同意见全仰仗着"公平"二字才做出。在自己的赞同意见中,Traynor 大法官以相关政策作为论据来论证生产者应当对缺陷产品承担严格责任,他认为:虽然生产者可以轻而易举地预见自己产品中潜在的一些风险,但是大批量产品的消费者却没有这个本事;虽然生产者承担新设计带来损害的预防成

---

① See D'Arienzo v. Clairol, Inc., 310 A.2d 106, 112 (N.J. Sup. Ct. 1973).
② D'Arienzo, 310 A.2d at 112.
③ Escola v. Coca Cola Bottling, 150 P.2d 436 (Cal. 1944).

本只是自己所赚巨额利润的九牛一毛，但是消费者却通常在面对生命和身体损害的巨大成本时脆弱得不堪一击；虽然生产者是最初将危险产品投放到市场中的人，但是最终受伤的人却往往是消费者。正如研究侵权学者 Gregory Keating 所云，在从生产活动中受益的一方和"碰巧是受害者"的一方之间，之所以因自己的盈利活动而造成消费者损害的生产者应该承担侵权责任，其实这并不仅仅因为生产者更容易吸收和分配损失；① 恰恰相反，这不过是一个简单的公平问题罢了——作为公平价值观的有力武器，由于产品责任制度本就旨在化解、重置生产者和消费者之间的不平衡，所以生产者理所应当就自己造成的损害承担产品责任。

与 Traynor 大法官在 Escola 一案中论述的权力失衡现象如出一辙，科技企业与用户之间广泛的社会、信息和资源也面临着严重不对等的情况。因此，通过公平这个价值观对此进行再平衡、再调整势在必行。事实上，虽然科技企业知道（或理应知道）自己产品所造成的隐私风险，但是由于这些数据收集工具是一些秘而不宣的专有算法，所以普通消费者在保护自己的隐私权时只能是心有余而力不足。遍览整个世界，科技企业可谓当今最富活力、最灵活多变和吸金能力最强的企业类型之一，这也就使得它们比普通用户更有能力去解决产品的隐私风险，而不是像用户一样只能在问题发生后面对巨额成本唉声叹气。总而言之，根据公平价值观的要求，科技企业应该在肩上承担起设计隐私权的责任，从而更好地保护用户免受不必要的隐私风险。

此外，公平价值观还承认隐私权与平等之间存在着一种密不可分的联系。要知道，从古至今总是被边缘化的那些社会群体同样需要享有数据隐私权，可遗憾的是大多数人总是被根深蒂固的偏见蒙蔽双眼，因此他们往往就认识不到这一点。针对边缘化群体，Mary Anne Franks 指出："在了解监视威胁的真实范围方面，只有关注种族、阶级和性别才算是把住了问题的命脉。至于那些被边缘化的群体，特别是那些经历各种从属关系形式交叉的人，他们常常也会发现自己处于多种监视形式的交叉点，比如高科技和低科技的交叉点、虚拟和实体

---

① Gregory C. Keating, Pressing Precaution Beyond the Point of Cost-Justification, 56 VAND. L. REV. 653, 667 (2003).

的交叉点。"① 由于各种各样的监视形式会被设计进新技术之中,所以它们如今总是会出其不意地出现在我们的生活中,打个简单的比方,监视应用程序、地理社会追踪等工具正在成为亲密伴侣暴力中相当常见的利器。不过,在公平价值观的语境下,上述问题都将迎刃而解,不仅公平价值观将使科技企业有责任去考虑产品设计会如何影响到普通用户,而且它还会促使科技企业也分出一些心力给那些蜷缩在角落的边缘化群体。

5. 用户应当如何根据法律规定行使自己设计隐私权的权利

首先,在本文看来,除了上述这些内容之外,设计隐私权的法律规定还必须充分告知用户,从而使他们既能懂得区分企业的合规行为和违法行为,又能货真价实地行使自己设计隐私权的权利,并从使用产品的第一天开始就考虑自己的隐私问题。然而遗憾的是,即使研究设计隐私权的队伍已经逐渐庞大起来,笔者也很难在相关文献中找到论述维权途径的内容,学者们要么就对此视而不见,只把自己的注意力集中在企业的事前责任上②,要么就图省事,直接将执法不力的责任推到联邦贸易委员会、欧盟数据保护机构和联邦总检察长等监管机构的身上。③ 虽然毋庸置疑的一点是,监管机构应该(并且已经)被赋予强制科技企业遵循设计隐私权法律规定的权力,而且正如 Woodrow Hartzog 所言,不仅联邦贸易委员会负有监管"不公平和欺骗性商业行为"的职责,而且它完全有能力将监管操控性设计和侮辱性设计作为自己职责的一部分④;但是,把有关设计隐私权执法的所有责任统统丢给消费者安全监管机构还是万万不可的——要知道,由于联邦贸易委员会和欧盟数据保护机构都工作压身、超负荷运转、手头预算紧张且机构性能力欠缺,加之它们独自面对企业不良行为时往往无能为力,所以唯有通过建立在设计隐私权法律规定中的私人行动

---

① Mary Anne Franks, Democratic Surveillance, 30 *HARV. J. L. & TECH.* 425, 464 (2017).

② See Ann Cavoukian, Privacy by Design: The Seven Foundational Principles (2009).

③ Woodrow Hartzog, Privacy's Blueprint: The Battle to Control the Design of New Technologies 11 (2018).

④ See also Woodrow Hartzog, Unfair and Deceptive Robots, 74 *MD. L. REV.* 785 (2015).

权，用户才能曲线救国地去实现自己设计隐私权的权利。不过，面对上述困境，我们其实可以从产品责任制度中吸取不少经验教训，从而一举攻克这些难题。

其次，隐私权诉讼中的许多问题也同样值得我们去深究和类比。在隐私权诉讼中，鉴于法院常常判定原告主张的损害赔偿内容有投机取巧之嫌。① 比如，原告有时会要求被告赔偿自己未来遭受损害的风险、防止身份盗窃的预防措施和对个人数据安全产生的焦虑，所以原告一直在挖空心思地去证明自己遭受过特定且具体的损害。至于原告在证明损害时要达到何种标准，法官往往要求原告证明他们因隐私侵权行为遭受的损害与他们被汽车、拳头或掉落的碎片撞击而受到的人身损害别无二致。

然而，这两种损害根本就不相关。在本文看来，隐私权诉讼原告绝不应该被困在人身损害赔偿的牢笼之中，不仅他们所遭受的其他类型损害也应当和人身损害平起平坐，而且普通法也理应承认这些损害类型：一方面，就拿威胁这项故意侵权行为来说，在长达600多年的历史长河中，如果要判断行为人是否需要就自己的威胁行为承担侵权责任，那么，判断标准就是他人是否感到恐惧，而从来不是他人是否遭受人身损害或财产损害②；另一方面，精神损害也并非无法赔偿，比方说，如果行为人实施故意精神侵害行为（intentional infliction of emotional distress，IIED），那么，他们依然需要就自己的行为对他人承担侵权责任。③ 此外，Daniel Solove 和 Danielle Citron 还曾指出，虽然预防数据泄漏相关的无形风险会产生一些合理成本，但是有了客观理性人标准的鼎力相助，无论是确定该合理成本到底是多少，还是根据该成本去认定无形损害的赔偿数额，它们都不再是什么无从下手的难事。回到设计隐私权的话题上来，如果企业在设计过程中把隐私问题全然抛在脑后，那么，企业设计出的产品就会使用户的隐私权陷入四面楚歌的境地。④ 正如 Ryan Calo 所说的那样，在这种情况下，用

---

① Clapper v. Amnesty International USA, 568 U. S. 398 (2013).
② I de S et Ux. v. W de S, Y. B. 22 Edw. 3, fol. 99, pl. 60 (1348).
③ See Nancy Levit, Ethereal Torts, 61 GHO. WASH. L. REV. 136, 140-158 (1992).
④ Woodrow Hartzog, Privacy's Blueprint: The Battle to Control the Design of New Technologies 11 (2018).

户所遭受的损害和侵权案件中可认定的损害类型在分析上还是有所区别的,比如故意精神侵害行为造成的损害。① 反之,这种损害反而和Solove、Citron在数据泄露语境下探讨的无形损害靠得更近一些。因此,在评估设计隐私权案件中的损害时,合理预防成本理论和客观理性人标准依然可以派上大用场。

最后,就像《通用数据保护条例》一样,如果想要避免对每一个用户都挨个去识别、认定他们是否遭受特定具体的损害,那么,设计隐私权法律规定其实可以规定法定损害赔偿。这一点我们从产品责任制度身上其实已经可见一斑——历经时代变迁,产品责任制度逐渐认识到,除了设计缺陷产品会造成特定且具体的损害之外,流向市场的设计缺陷产品还会带来高昂的社会成本,不仅它们威力惊人,能够同时对不计其数的消费者造成损害,而且它们还会给普通消费者带来让他们惊掉下巴的恢复成本②,并使得四处敛财的生产者通过削减安全成本来攻占市场的高地。③ 同时,也正是因为这些高昂到离谱的社会成本,产品责任制度才不得不在某些情况下规定惩罚性赔偿。因此,为了防止科技企业逃避它们对社会承担的设计隐私权责任,设计隐私权法律规定也不是不能考虑规定数额较大的法定损害赔偿。

6. 设计隐私权法律的优点

在本节内容中,本文已经详细与大家探讨过设计隐私权的法律主体、具体要求、时间、原因和方式,将这些内容统统结合在一起来看,设计隐私权法律的美好蓝图便已经开始在我们面前徐徐展开。在该法律的语境下,设计隐私权的法律规定要求在构思、设计、开发和使用产品的时候,不仅收集、处理用户数据的产品开发人员和销售人员应当在产品带给用户的利益和可预见的隐私风险之间寻求一个平衡点,而且他们还应当只把那些既能给用户带来合理利益、又能把随之产生的隐私风险控制在最低水平的产品投向市场。此外,科技企业所

---

① Ryan Calo, Privacy Harm Exceptionalism12 *COLO. TECH. L J*, 361, 363 (2014).
② See Ellen Wertheimer, Punitive Damages and Strict Products Liability: An Essay in Oxymoron, 39 *VILL. L. REV.* 505, 506 n.4 (1994).
③ See Michael Rustad, In Defense of Punitive Damages in Products Liability: Testing Tort Anecdotes with Empirical Data, 78 *IOWA L. REV.* 1, 86 (1992).

要承担的设计隐私权责任还必须贯穿在科技产品的整个生命周期之中,不仅这些责任之中就包括告知用户相关产品收集、处理数据的方式和所有可预见的隐私风险,而且科技企业还必须以一种能使普罗大众都充分且全面认识风险的方式去告知用户。

本文提出的设计隐私权法律主要有以下优点。

第一,该法律既能反映出设计的社会属性,又能体现出公平分配责任对隐私保护无与伦比的重要意义。现行的设计隐私权法律规定主要是建立在控制和获取用户同意的基础之上①,这就会使得在面对操控性设计时,被打个措手不及的用户只能自己扛起保护个人信息和数据安全的重任。例如 Woodrow Hartzog 就曾指出,即便科技企业会通过各种选项、隐私中心赋予用户控制权,用户的同意也能够"将隐私保护的责任转嫁到能力较弱的一方身上,换言之,为了行使自己被赋予的控制权,用户不得不无奈背负起保护自己个人信息和数据安全的沉重责任"②。同时,如果用户偏要什么都不做、什么都不选,那么,结果也不会有任何改观,因为科技企业会认为"用户不采取行动即为默认同意"③。面对这种棘手的情况,通过将责任的天平适度推回到科技企业那一边,本文提出的设计隐私权法律的优势就会顷刻显现出来。

第二,该法律条理清晰且弹性灵活。无须再做什么特别的设计,该法律就已经兼具治理结构和法律在某种程度上所要求的确定性。首先,该法律要求科技企业的设计师必须要选择一个合理的、隐私保护性强的替代设计(如果有的话),如此一来,用户的隐私权和隐私问题就能在设计过程中拥有一席之地,并得到公平的对待。其次,对于希望设计隐私权法律规定明确化的法官和监管机构而言,该法律运用的类比对象,即产品责任制度可以在一旁提供一系列的工具、理论、可取之处和经验教训。这就使得他们在面对过于超前的问题时不用再两手一摊,什么都做不了。最后,该法律也为用户提供指了一条明

---

① Woodrow Hartzog, Privacy's Blueprint: The Battle to Control the Design of New Technologies 11 (2018).
② Woodrow Hartzog, Privacy and the Dark Side of Control, *IAI NEWS* (Sept. 4, 2017).
③ Woodrow Hartzog, Privacy's Blueprint: The Battle to Control the Design of New Technologies 66 (2018).

路,从而方便用户向联邦贸易委员会等监管机构或直接通过法院去主张自己设计隐私权的权利。

第三,抛开灵活性不说,该法律还是限制企业大肆敛财行为和投机主义行为的一剂灵丹妙药。由于法律既未强制要求企业在设计阶段考虑隐私问题,也没有要求它们只能销售那些具备隐私保护工具的产品,所以许多危险的技术都正在加急脚步向毫无戒心防备的消费者靠近。例如,不仅手机的手电筒应用程序会蛮不讲理地收集大量用户数据,而且它还会将这些数据与广告商共享。① 再如,在用户已经卸载某些应用程序之后,它们依然有可能悄无声息地获取用户的行动轨迹。不过,在设计隐私权法律的语境下,这些问题都将迎刃而解。

反对设计隐私权法律的声音主要有以下三种。

第一,有些人认为本文提出的设计隐私权法律太过于任性随意。他们往往会高声发问:为什么类比对象选取的是产品责任制度?虽然毋庸置疑的是,除了产品责任制度之外,消费者权益保护法等其他类比对象也可以清楚地阐明设计隐私权的法律规定。② 但是,在阐明产品设计缺陷的问题方面,产品责任制度称第二就没有人敢称第一。正如前文所述,不仅产品责任制度和设计隐私权所出现的背景极为类似,而且它们还都是奔着解决同一个根本问题去的;同时,这二者都选择将注意力集中在开发新技术的途径以及新技术影响他人的方式上面,而其他的类比对象并不具备这种独一无二的优势。

第二,在认为法官、陪审团和监管机构不会插手设计流程的那些人看来,本文提出的设计隐私权法律仿佛根本就说不通。他们指出,如果设计隐私权的法律规定要求科技企业来承担证明责任,从而去证明自己销售给用户的产品不存在合理的、隐私保护性强的替代设计,那么法院或监管机构的判断可能就会渐渐将设计师的自主判断取而代

---

① See Robert McMillan, The Hidden Privacy Threat of... flashlight Apps?, WIRED (Oct. 20, 2014 2:30 AM).

② Woodrow Hartzog, Privacy's Blueprint: The Battle to Control the Design of New Technologies 123 – 126 (2018).

之。然而在本文看来，这种担忧有点杞人忧天了——因设计缺陷而引起的产品责任早在数十年前就已经登上历史舞台，随着时间一分一秒地流逝，虽然法官已经建立起一套判断产品安全合理性的灵活标准，但是法官却从未动过取代设计师的念头。比如，尽管法官会判定生产出安全带会导致乘客受伤的汽车具有不合理的危险。[①] 但是，这些法官可从来没想要亲自上阵去设计出新的安全带；恰恰相反，他们只是划定相关界限、做出价值判断和代表全社会的利益罢了。这也就是说，如果设计隐私法律能够在一定程度上揭开科技设计的神秘面纱，那么这未尝不是一件好事？在如今这个物欲横流的时代，虽然科技企业可通过将自己的算法秘而不宣，从中贪婪攫取着数目惊人的巨额财富，但就像 Frank Pasquale 说的那样，隐秘的数据收集工具很有可能会潜移默化地影响和操纵用户的行为——不仅这些工具可能会将用户冷酷无情地划分为三六九等，而且它们还会对用户造成无法估量的损害；而一旦发现苗头不对，科技企业甚至会大加利用数据产品营销技术的隐秘性来逃避责任。综上所述，设计隐私权法律可以让我们去对科技企业的算法、技术一探究竟，从而确保科技企业在设计过程中早早就考虑到安全和隐私等社会公平问题。

第三，还有人质疑该法律会时不时将科技创新扼杀在摇篮之中。本文对此观点不能苟同：虽然大家普遍认为监管和创新是水火不相容的关系，但是目前基本没有什么确凿证据来让该观点牢牢地站住脚。在本文看来，创造力和创新思维往往会在受约束的环境下茁壮成长。[②] 即便现实情况并非如此，本文也依然不愿意向创新知识产权霸权主义低头；事实上，有些其他的事情远比这种霸权主义重要得多，比如公平性、保护用户免受企业掠夺性行为侵害等。

四、结语

虽然如今大家总是热火朝天地讨论设计隐私权，但是事实上，设计隐私权很多时候只是在被大肆渲染炒作，其实质却是个金玉其外、败絮其中的面子工程。虽然设计隐私权有无穷的潜力来调整科技企业

---

① Garrett v. Ford, 684 F. Supp. 407 (D. Md. 1987).
② Joseph P. Fishman, Creating Ground Copyright, 128 *HARV. L. REV.* 1333 (2015).

和用户之间权力的不平衡，但在现实实践中，设计隐私权到底意味着什么却压根没有一个人能说得清道得明。要知道，在设计隐私权这一概念从学术流行语向法律规定大步迈进的转变过程当中，这种概念的不确定性简直堪称是一头致命的拦路虎。

在上述背景下，本文旨在通过回答设计隐私权的法律问题来为这种转变搭一道桥梁。具体而言，本文首先提出了五个问题，并依靠技术社会学理论来探讨每个问题的内在复杂性和包含的假设。以该背景为基础，本文紧接着从产品设计缺陷责任出发来论述设计隐私权在实践中的具体要求；之所以做出这种类比，本文主要是出于以下四点考虑：其一，产品责任制度和本文所要讨论的设计隐私权所出现的背景极为类似；其二，它们都有相似的目标，即创造更安全的产品和保护他人免受侵害；其三，这二者都已经认识到，最为明智之举永远是对事前设计施加影响，而不是等到出问题再追悔莫及；其四，它们都同样希望相关制度和法律规定足够灵活，从而在监管需要和动态技术变化的生存空间之间寻求一个平衡点。

设计隐私权登上历史舞台已经 10 年有余，随着设计隐私权的日渐成熟，涉及它的学术成果也必须要追赶上它的步伐。首先，如果设计隐私权想要让自己的影响配得上自身的潜力，那么，相关的学术研究就不得不从表层思想转向实质问题。换言之，不仅未来的学术研究必须将这种设计隐私权法律的模式应用到它们提出的具体问题中，而且它们还必须对这种应用进行相关测试，以便确定在科技企业、数据保护机构和决策者中，这一美好愿景或其他愿景正在顺利无误地实地运作。其次，相关研究还可以采取民族志访谈和对照实验的形式。再次，就有关设计隐私权的决策而言，不仅它们应当认真考虑本文提出的设计隐私权法律，而且它们还应当分出一些心力在设计隐私权意图达到的目的和目标身上。最后，本文的终极目的在于保护用户、缓解权力失衡、消除市场上的操控性和隐私侵入性技术以及寻求公平。无论采取什么形式，只有设计隐私权的法律规定"张开双手拥抱"上述这些价值观，它们才能产生应有的价值。

构建设计隐私权

赛达·居尔塞斯[①] 卡梅拉·特隆科索[②]
克劳迪亚·迪亚兹[③] 著 温馨[④] 译

目　次

一、导论
二、设计隐私权原则和技术
三、案例研究
四、设计隐私权和工程实践

一、导论

"设计隐私权"囊括了一系列的原则。在系统开发之初,人们应用这些原则以化解隐私问题并实现数据保护的合规性。然而,由于其具体内涵模糊不清,人们仍然不清楚设计隐私权原则的庐山真面目。此外,在工程系统中,关于这些原则的应用也存在着诸多开放性问题。

植入隐私思维的系统工程需要将隐私保护的要求融入典型的系统工程活动中。这项工作的主要内容有:引出和分析隐私以及功能需求,开发满足这些需求的设计,实施这些设计,以及测试在实施过程中是否满足了功能性和隐私性的需求。由于大多数隐私要求依赖于基本的安全工程机制,如保证保密性、完整性或可获得性的机制。然而,过去人们在设计系统时很少会有这一方面的隐私考量,即使是那

[①] 赛达·居尔塞斯(Seda Gürses),代尔夫特理工大学技术政策与管理学院副教授。
[②] 卡梅拉·特隆科索(Carmela Troncoso),瑞士洛桑联邦理工学院助理教授。
[③] 克劳迪亚·迪亚兹(Claudia Diaz),比利时鲁汶大学电气工程系副教授。
[④] 温馨,中山大学法学院助教。

些讨论设计隐私权原则的政策制定者，也通常会忽视或难以应用这些隐私观念。

本文的目的是从工程的角度对设计隐私权进行初步探究，从而为缩小政策制定者和工程师理解设计隐私权的差异鸿沟做出贡献。具体而言，我们考虑了"数据最小化"在工程系统中的作用，并思考它与实施设计隐私权的相关性。我们通过两个案例进行了研究，这两个案例的主要目标是开发创新的解决方案，以预防性、主动性和默认性的方式将隐私嵌入系统中。

我们从这两个案例研究中发现，从数据最小化出发是一个工程系统想要符合设计隐私权原则所要迈出的第一步，这一步是基础性的且有必要的。正如我们在本文第二节中所讨论的，这与最近一些关于系统设计隐私权含义的解释不同。为了证明数据最小化在设计隐私权中的核心作用，我们在本文的第三节中介绍了两个案例研究。我们在每个案例中都讨论了以下情形：当数据最小化没有被用作系统工程的基本原则时会有的潜在隐私风险，并展示了当数据最小化被作为工程活动的起点时，该风险是如何被降低的。我们还归纳了在这两个案例研究中被应用的一些工程原则，并讨论了数据最小化的不同风格。最后，我们在第四节中讨论了政策和工程之间的相互作用，以及其与设计隐私权的相关性。

二、设计隐私权原则和技术

数据保护的政策制定者已经提出了"设计隐私权"这一术语。[1] 随后，该术语在不同的关于数据保护的政策建议中被认可，我们将讨论 FTC 关于"在日新月异的时代保护消费者隐私"的报告，以及欧盟委员会的"欧盟数据保护的全面战略"。[2] 在下文中，我们将首先

---

[1] Ann Cavoukian. Privacy by design: The 7 Foundational Principles. Information and Privacy Commissioner of Ontario, Canada, 2009; Peter Schaar. Privacy by design. Identity in the Information Society, 3: 267 – 274, 2010; European Data Protection Supervisor. Opinionon pirvacy in the digital age (march 2010): privacy by design as a key tool to ensure citizens trust in icts, 2010.

[2] European Commission. Communication from the commission to the european parliament, the council, the economic and social committee and the committee of the regions: A comprehensive strategy on data protection in the European Union. Technical report, October 2010.

介绍一些关于设计隐私权原则的提议，然后再从工程技术的角度来分析这些原则定义中的缺漏之处。

（一）"放手"的设计隐私权

安大略省的信息和隐私专员 Ann Cavoukian 一马当先地提出了"设计隐私权"，她也是关于"设计隐私权"最重要倡导者之一。在关于如何实现设计隐私权的阐述中，Ann Cavoukian 提出了七个指导性原则。[①] 在以色列举行的第 32 届国际数据保护和隐私专员年会上，这些原则被其他著名的政策制定者作为一项决议广泛采纳。这七项原则包括：①主动的而非被动的原则；②预防的而非补救的原则；③将隐私作为默认设置原则；④将隐私嵌入设计原则；⑤全功能性——正和而非零和原则；⑥端到端的生命保护周期原则；⑦可见性和透明性原则，尊重用户隐私原则。

Cavoukian[②] 关于设计隐私权的概念延伸到了"IT 系统、负责任的商业实践，以及物理设计和网络基础设施"这"三部曲"中。文件中列举的原则适用于这"三部曲"，因此需要对隐私保护采取全面的方法。尽管这样的方法看起来面面俱到，但从 Cavoukian 的文件中，我们并不能清楚设计隐私权到底是什么，以及它应该如何转化为工程实践。大多数原则在对其本身的解释中使用了"设计隐私权"这一术语。例如，原则四"将隐私嵌入设计原则"的定义指出："设计隐私权被植入了 IT 系统的设计和结构当中。它并不是事后的一个附加内容。因此，隐私保护成为其所提供的核心功能的一个重要组成部分。且隐私在作为系统组成部分的同时不会削弱系统的功能。"此种定义是循环性的：设计隐私权的内涵是应用设计隐私权。

它向读者传达了这样的理念：需要在系统开发的最初就采取相应的隐私措施，但是人们并不清楚这个隐私问题到底是什么，也不清楚如何将其转化为设计。关于设计隐私权的模糊性处处可见。例如，数

---

① Ann Cavoukian. Privacy by design: The 7 Foundational Principles. Information and Privacy Commissioner of Ontario, Canada, 2009.

② Ann Cavoukian. Privacy by design: The 7 Foundational Principles. Information and Privacy Commissioner of Ontario, Canada, 2009.

据保护指令条款所表述的各种原则也存在着此种问题。该指令规定，数据收集应当是有限的。正如 Kuner① 所总结的："欧盟数据保护法要求处理过程严格被限制在最初通知数据主体的目的范围内。例如，指令第 6（1）（b）条部分规定，个人数据必须是'为特定的、明确的和合法的目的而收集'，并且必须'就收集或进一步处理的目的而言是恰当的、相关的、不过分的'。"

这两个条款都提到了对收集和处理的数据的不同类型的限制，但它们没有明确提到数据最小化。尽管 Kuner 和其他法律学者认为，数据最小化可以通过对这两个原则的解释得出，"这意味着个人数据的处理必须要限制在必要的最小数量"，但数据最小化并没有被明确地包含在指令中。这种缺乏被提及的情况在实践中造成了严重的后果。

数据最小化原则的缺位使得相称性条款预期目的容易落空。数据收集者可以解释目的规范，使其包括他们需要的任何数据，从而消除了考虑数据最小化的必要性。他们甚至会得寸进尺，认为只要向个人提供对所收集信息的"控制权"，如知情同意权和主体访问权，就可以将数据保护指令（或公平信息实践原则）解释成其默许他们收集所有感兴趣的数据。

这种控制可以在系统中转化为政策选择和协商、隐私设置以及其他允许个人访问和修改其个人数据的解决方案。这种方法的流行（通过提供"控制"使大量数据的收集合法化）在大多数身份管理倡议文件中尤为显著，例如，符合数据保护的设计开发的创新技术。

尽管提供控制权可以是一个强有力的工具，但即使上述所有保护措施都到位了，主体对个人数据的控制范围也是十分有限的。通过缩小个人数据的定义范围，公司可以限制那些为用户提供"控制"其数据收集的解决方案的范围。② 通过对汇总的个人数据进行简单的匿名化处理，数据处理活动就能被置于数据保护的范围之外，最终使用户鞭长莫及。

---

① Christopher Kuner. European Data Protection Law: Corporate Compliance and Regulation, Second Edition. Oxford University Press, 2007.

② Seda Gürses, Ramzi Rizk, and Oliver Günther. SNS and 3rd party application privacy policies and their contruction of privacy concerns, in ECIS, 2010.

"现有的原则不能有效地将数据最小化作为一项重要原则传达给公司和政府"这一事实被 FTC 举行的隐私圆桌会议的参与者所证实。他们指出:"消费者数据的收集和使用越来越多""收集数据的公司与多个实体分享数据""数据收集和使用的增长是在没有充分关注消费者隐私的情况下发生的"。[①] 尽管认识到现有的公平信息实践原则在数据收集的大潮中无法力挽狂澜,但联邦贸易委员会提出的隐私框架[②]仍然将设计隐私权定义为:"公司应在其整个组织中以及在其产品和服务的每个发展阶段促进消费者隐私。公司应将实质性的隐私保护措施纳入其实践中,如保护数据安全、合理的收集限制、恰当的保留做法以及保证数据的准确性。公司应在其产品和服务的整个生命周期中保持全面的数据管理程序。"

在这份内容丰富的文件中,其他部分没有一处再次提到数据最小化或收集限制。这个定义再次提醒我们,设计隐私权不仅仅是一个技术设计问题,对"三部曲"的强调是避免其沦为以技术为中心的社会技术问题解决方案的一个重要因素。然而,由于缺乏对技术手段或原则的参考,人们根本没有动力去探索将隐私转化为系统设计的可能性。设计隐私权被认为是一种非技术策略,这让人们不禁要问:为什么"设计"一词会被置于举足轻重的位置。

欧盟委员会最近在对计划的描述中采取了类似的"放手"立场:"根据设计隐私权的概念及其具体实施,数据保护合规将嵌入技术和程序的整个生命周期中,贯穿从早期设计阶段到部署使用的全过程。"这一设计隐私权的定义与《数据保护指令》中的比例和目的限制条款相类似。它在关于技术应用的原则方面没有提供额外的引导。因此,这一定义也容易被解释为公司能够收集任何带有隐私标签的数据,并且同时缩小了控制范围,正如我们在上文所述。它还忽视了第 29 条数据保护工作组和欧洲数据保护监督员先前的建议,这些建议对设计隐私权有着明确的定义,其中就包括数据最小化原则。

[①] U.S. Federal Trade Commission. Protecting consumer privacy in an era of rapid change: A proposed framework for businesses and policymakers. Technical report, December 2010.

[②] U.S. Federal Trade Commission. Protecting consumer privacy in an era of rapid change: A proposed framework for businesses and policymakers. Technical report, December 2010.

(二)"着手"的设计隐私权

这些设计隐私权定义之所以模糊不清,似乎是由于政策制定者和工程师在理解技术上遵守数据保护的规划时存在脱节。所有的定义都暗示着数据最小化可以被组织性和技术性的控制及透明度替代。因此,政策文件中设计隐私权的不同表现形式为其被解释为"可以收集和处理任何数据"留下了选择余地(只不过还带有隐私标签)。设计隐私权可以被简化为一系列象征性的活动,以保证消费者的信心和促进信息在市场上的自由流动。

从安全工程的角度来看,控制和透明机制并没有提供手段来减轻因在大规模数据库中收集数据而产生的隐私风险。对于大规模的强制性系统(如道路收费系统和智能能源系统),或事实上的强制性系统(如电信),这个问题就变得尤为重要。所有这些应用都会产生具有高度敏感信息的大型数据库。考虑到这些数据库的规模,以及它们对公司、政府和其他组织的吸引力,与之相关的风险是超乎想象的。

鉴于这些数据库的规模和特点,没有任何技术机制可以保证其不会泄漏事故,受到功能蠕变的影响,或被那些拥有数据权限和访问权的人滥用。通过访问控制和透明度等技术机制提供控制感,只是一些组织"相信我们,我们不作恶"这一主张的延伸。这种机制受到数字信息基本属性的限制,即很容易被复制、传播和操纵。即使该组织是值得信赖的、负责任的、有着良好意图的,这些风险仍然会存在。从安全工程的角度来看,数字格式所固有的风险意味着数据最小化必须是在这些系统中应用设计隐私权的基本原则。

从设计隐私权的定义中也可以看出,当涉及数据最小化时,现有的计算能力便被忽略了。虽然这些政策文件承认新的技术手段可以促进大量数据的收集和处理,但很少有人认识到这样一个事实:对日常活动的技术模仿可以以非直观的方式实现,而且在某些情况下,此类做法所需的数据不用那么多。

在线系统的互动之所以比模拟对象需要的数据更"少",存在着很多原因。首先,组织可能会发现,当他们把一些工作流程移植到数字领域时,某些信息就不再需要了。例如,在 ELENA 项目[①]的开发过程中,Schaar[②] 指出,"在此之前,使用的传统纸质表格设定了标准。因此,在传统程序下收集的所有数据元素也都被包含在新的 ELENA 系统中。然而,我们显然有充分的理由怀疑某些数据字段的必要性"。

Schaar 随后表示,这一经验为他关于设计隐私权和数据最小化的明确立场提供了依据:"在规划过程的早期检查是否将个人数据的数量限制在必要的绝对最低限度是非常重要的,并且需要弄清楚如何做到这一点。在信息技术中复制日益复杂的官僚系统的趋势……可能会产生涉及数据保护的主要问题。"

利用远超我们直观所见的数学和计算方面的技术能力,完成工作流程所需的数字信息就可以得到简化。在隐私领域之外,有着这样一个关于非直观的计算魔术的例子,即有损数据压缩算法。在 MP3 的基础上,有损数据压缩算法允许缩小图像和声音文件的大小。这些算法为互联网上不可或缺的功能铺平了道路,如基于 IP 的语音传播、在线广播等等。虽然我们不能直观地看出一个缩小了大小的声音文件如何听起来与原始声音的区别,但我们已经接受了 MP3 作为一个理想的计算给定。

对于那些在过去的几年中发展起来的有时"具有魔力般"的计算能力,我们仍然缺乏类似的技术直觉。这些机制可以进一步减少通常意义上被认为是"与目的有关的恰当的、相关的和不过分"的数据。

匿名化和假名化是一些熟悉的数据最小化机制,尽管它们具有容易理解的比喻,但人们却很难直观地掌握,例如,"在匿名集合中不可区分"是什么意思?对于那些对数学概念知之甚少的人来说,要理解"零知识证明"是如何起作用的就更困难了。零知识证明是一种机制,可以在不透露任何信息的情况下证明某个陈述是正确的。例

---

① The project Elektronischer Entgeltnachweis has the objective to create a database in which all the income data of persons employed in Germany will be stored.
② Peter Schaar. Privacy by design. Identity in the Information Society, 3: 267 – 274, 2010.

如，虽然证书可以对主体的出生日期进行编码，但零知识协议能够证明主体超过 18 岁，且不透露实际的出生日期或任何其他信息。同样，利用现有的研究成果，人们可以开发出能够识别出个体但不观察他们活动的系统。例如，私人信息检索（PIR）机制允许授权用户查询数据库，但不让数据库所有者看到其查询了哪些数据库项目。一旦这些机制背后的直觉变得明显，人们就更容易理解它们在应用数据最小化方面的潜力。随后，我们将能更好地明白它们对我们理解设计隐私权所产生的影响。

因此，我们可以得出这样的结论：任何对"数据最小化"的解释都应与最前沿的技术相结合，而不是仅仅与我们对模拟世界中数据最小化可能意味着什么的理解相结合。如果这结论能够实现，那么，其将是政策辩论上的一个重大突破，可与最近关于数据库匿名化的不可实现性，以及这些结果对个人数据概念的影响的讨论相媲美。为了进一步促进设计隐私权的"技术性直觉"，我们接下来将进行两个案例研究。在这两个案例中，不同的数据最小化技术得到了应用。

三、案例研究

（一）电子请愿

在第一个案例研究中，我们分析了数据最小化技术的使用。这些技术在公开业务数据的同时依赖于匿名措施（即隐藏用户身份）。为了说明这种设计的可能性，我们选择了 Diaz 等人提出的保护隐私的电子化请愿系统。请愿是指向当局提出正式请求。通过签署请愿书，个人可以表达他们对某一倡议的支持或反对，使当局在起草新法时可以考虑这些意见。由《里斯本条约》引入的欧洲公民倡议（ECI）[①]允许公民在收集了来自成员国的 100 万个签名以表明改变的意愿后，可以提出新的欧盟立法要求。

在纸质版的请愿书中，个人通常会提供他们的姓名或其他标识符（如他们的身份证号码）和签名，这些签名会被验证。如果姓名（或标识符）存在，并且手动签名与姓名（或标识符）相匹配，则签名

[①] http://ec.europa.eu/dgs/secretariat_general/citizens_initiative/indexen.htm.

有效。此外，同一个人的重复签名也会被排除。纸质版请愿书中签名的收集和验证过程成本高昂。为了收集签名，必须部署大量的志愿者，即使这样，也只能接触一小部分人群，给予他们机会以表达对请愿的支持。类似地，验证签名的真实性也是昂贵和烦琐的。因此，电子版请愿书会使请愿书更容易获得，它不仅大大提高了个人表达意见的能力，同时还减少了提出请愿和统计支持者数量这一过程的成本。因此，我们可以预言，网上请愿将会迅速地完全取代书面请愿方式。

1. 电子请愿系统的直接执行方案

实施电子请愿的直接方案是模仿书面请愿。许多欧盟成员国拥有政府颁发的具有数字签名能力的电子ID，可以将其用于这一目的。这一方案的基本流程如下：首先，进行用户标识。用户提供一个唯一的标识符，如国民身份证号码。其次，进行用户身份验证。用户提供证据，证明自己就是其所声称的本人，具体方法是用电子ID在请愿书上进行数字签名。最后，进行签名验证。请愿系统验证用户的签名是否能链接到有效的电子身份证书，并可能进一步验证证书中包含的一些用户属性。例如，欧洲公民倡议（European Citizens' Initiative）规定，有效的签名必须来自欧盟成员国的成年公民。此外，系统还会检查该身份是否已被用于签署请愿书，并删除掉重复的签名。

表达支持请愿的个人姓名和签名被保存在数据库中。这个数据库包含个人信息，如请愿书签名者的姓名和身份证号码。因此，需要采取数据保护措施来保护这些数据。收集签名的主体扮演了"控制者"的角色，负责确保数据不被用于其他目的，以适当的安全措施、在有限的时间内保存。若控制者不遵守数据保护规定，则可能会受到制裁。

2. 隐私风险

我们将隐私风险分为以下两类：其一，公开披露是哪些人签署了某种请愿书；其二，信息的滥用，即根据人们的想法对他们进行描述、分类、歧视或污名化（在第二种情况下，此种滥用行为可能是隐蔽的，不易被数据主体察觉到）。

通常情况下，请愿涉及的主题在社会和政治方面存在着较大争议，如堕胎、同性婚姻、移民、宗教自由这类的棘手难题，因此，这类请愿会透露个人的政治意识形态、宗教信仰和性取向等敏感信息。

若将表达某种观点的个体的名字进行披露，则可能会导致这些人成为众矢之的，受到骚扰，或者承受来自他们的家庭、朋友、邻居或工作环境的社会压力。同样，即使这些信息没有被公开披露，能够掌握支持某项倡议的人的姓名的主体也可能会根据这些信息做出伤害这些人的行为，使他们处于不利地位，或者使他们的私生活受到侵犯（例如，设置针对性的广告形式，其中可能就会暴露他们的宗教信仰）。秘密机构或警察还可能会实施一种特殊类型的入侵，他们可能会对支持某些政治倡议或想法的个人感兴趣，并将其置于监视之下。

从技术角度来看，我们可以识别出两类威胁：一类来自对数据库的未经授权的访问，另一类则是有权访问信息的人的滥用行为。一旦数据库中的信息被获取，它可能就会被无形地滥用，甚至可能会被发布到互联网上。

当存在软件漏洞或不合格的安全配置时，若有来自外部的恶意主体访问数据库，则可能会导致未经授权的访问，像这样的安全漏洞比比皆是。① 请愿可以由各种各样的主体来提出和组织，其中就包括缺乏安全专业知识的小型组织，以及那些没有充足资金来布置强有力的安全措施的组织。因此，期望请愿签名数据库没有安全漏洞无疑是不现实的。

除了未经授权的访问所造成的威胁之外，还存在着另一个风险，即被授权访问数据库的人会出于恶意的目的使用他们的权利。这可能是某个组织故意实施的组织战略，也可能是有着恶意的个人的单独行为，或者一个善意的人被社交工程攻击欺骗或被强迫披露信息的行为（例如秘密机构或警察）。内部攻击很难被检测到，因为所有这些对数据库的访问都已得到了授权。

我们要强调的是：与电子请愿书相关的隐私风险远远大于纸质请愿书的风险。一方面，纸质签名被存储在实体档案中，因此防止其进一步传播相对容易。一旦签名清单统计完成后，它们就不再被需要了，这些信息可以通过焚烧或撕碎文件的方式彻底被销毁。另一方面，收集电子请愿签名和核对的容易程度也意味着人们可以轻易复制和导出数据到其他文本中（由故意或因不良的安全措施导致），它们

---

① http://www.ucdmc.ucdavis.edu/compliance/guidance/privacy/example.html.

将被用于为任何其他目的而收集的请愿书。与纸质请愿书相比，电子请愿书的风险显著增加的一个主要因素在于：不同的信息可以被轻松链接在一起。使用唯一标识符对签名者进行身份验证意味着：他们的签名可以与他们在不同背景中执行的其他数据处理相关联，从而使人们能够在复杂的数据图标中聚合信息。此外，一旦这些资料不再被需要，任何人都无法保证这些资料的所有副本都已被删除。即使人们的观念随着时间的推移而改变，他们在过去的某一时刻持有的某种观点也一直会有迹可循。

3. 匿名的电子请愿系统

请愿的目的是显示公众对某一倡议的支持程度。为了确保签名的数量能够如实反映公众对请愿书的支持程度，我们必须保证以下几点：其一，签名与真实存在的个人相对应。其二，只有有资格签署请愿书的个人才参与到该行为中。例如，在某些情况下，请愿书只能由达到法定年龄的公民或居住在某一国家或地区的公民签署。其三，每个人只能在请愿书上签名一次。其四，签名数计算正确。

我们认为，可识别性的要求并不是请愿所必需的要件，因为统计请愿的重点在于有多少人支持了这项请愿，至于这些人究竟是谁，实际上是无关紧要的。在纸质版的请愿书中，使用标识符和手写签名是必要的，因为这是检查签名真实性和唯一性的公认方法。如果将纸质签名匿名化，就不可能确保它们与真实的个人相对应，也无法确定每个人只签过一次名。因此，对于纸质版请愿书而言，可识别性是十分必要的，否则无法防止作弊行为。

正如我们在上文中的解释，从纸质版请愿到电子请愿的进化将隐私风险提升到了一个新的水平。然而，这种危机中也蕴含着机会：通过利用最先进的计算技术，我们可以设计电子请愿系统，在保证不作弊的情况下提供相同的功能，同时允许请愿签名人保持匿名。这要归功于高级加密协议，它能够同时满足看起来水火不容的需求。

这种匿名电子请愿系统由注册机构、电子请愿网站服务器和用户计算机上运行的客户端软件组成。注册机构向用户颁发匿名凭据，该凭证随后被用于匿名签署请愿书。登记机构负责确保每个人只获得一个匿名凭证，并证明凭证中编码的属性（例如年龄、邮政编码或居住地点)是正确的。脚注①中提到的设计基于现有政府发行的电子ID。为了获得匿名认证,用户需要使用自己的电子身份向注册机构进行身份验证。授权机构负责检查用户是否还未获得匿名凭据,并且确认电子ID中包含的内容。实际的匿名证书是由用户和注册机构交互生成的:用户不能更改证书中编码的属性值,而且用户此后使用该凭证生成签名时,当局将无法识别具体的身份凭证。

  由用户来存储匿名凭据,随后再去请愿服务器签署请愿书。为了做到这一点,用户和请愿服务器将运行一个交互协议,其中包括:其一,用户仅需证明她拥有由注册机构颁发的有效凭证,而不用证明自己的身份。其二,在有需要的情况下,用户需证明其与编入该凭证中的信息相符。例如,用户可以证明她的年龄比某个年龄大(但不必不透露她的确切年龄),或者她居住的城市编码是在列举的几个编码之中(而不必透露实际的邮政编码)。其三,用户选择其想要支持的请愿书并在上面生成签名。该协议的特性是,其无法检测到不同请愿书上的两个签名是否由同一匿名用户产生。同时,同一匿名用户在同一份请愿书上的两个签名是可被链接的。因此,在所有用户都保持匿名的情况下,重复签名可被删除。即使请愿服务器与注册机构合作,它们也无法识别出是哪些已发出的凭证被用于生成请愿签名。其四,匿名签名由请愿服务器发布,以便用户可以检查他们的签名是否被统计。在用户仍然能够识别自己签名的情况下,没有任何其他主体能够知道是谁生成了该匿名签名。

  为了保证匿名性,我们需要确保:请愿签名者的身份不会因追踪他们与请愿服务器的通信而被识别。即使协议不能识别用户,请愿签名者仍然有可能因他们的IP地址而被识别。因此,用户必须通过类似Tor等匿名通信网络连接到请愿服务器。匿名通信网络把许多用户的连接进行了混合,所以无法从中推断通信的双方(在这种情况下,即无法推断谁正在访问特定的web服务器)。对于所有依赖匿名措施的解决方案来说,使用匿名通信网络来实现隐私保护是必不可少的。

---

① Claudia Diaz, Eleni Kosta, Hannelore Dekeyser, Markulf Kohlweiss, and Girma Nigusse. Privacy preserving electronic petitions. Identity in the Information Society, 1 (1): 203 - 209, 2009.

4. 重新评估隐私风险

隐私风险产生的原因在于创建具有敏感信息的数据库，而这些敏感信息可能被用于达成各种恶意的目的。取消可识别签名这一措施达到了防患于未然的效果。匿名签名可能会被公布，这样每个人都可以看到请愿书获得了多少支持，但同时签名者的真实身份是受保护的。这种方法使人们能够自由地表达对某些倡议的支持，而不必担心可能会产生的消极后果。匿名签署请愿书将消除来自社会的压力和寒蝉效应，从而增加人们的参与度，并促进言论自由。

实施匿名请愿中的隐私风险与重新识别匿名的个人的可能性相关。当签名的条件只有少部分人能满足时，才可能通过匿名签名记录重新识别个体。例如，假设我们规定只有年龄超过 105 岁且居住在特定邮编地区的人才可以签名，那么获得凭证并满足这些条件的人则少之又少，甚至也许只有一个人生成了签名，而这就意味着匿名签名可以被重新识别。当然，这种极端的情况不太可能发生，有权签署请愿书的人数一般不会很少；否则，这项请愿就是白费力气。

更严重的风险是通过通信分析进行重新识别。匿名通信基础设施的使用独立于电子请愿系统本身。如果不使用这样的基础设施访问请愿服务器，则会给人留下可乘之机：人们能够通过 IP 地址重新识别签名。此外，最先进的匿名通信网络提供了针对 web 服务器的保护，但对那些访问网络基础设施的对手无能为力。例如，除了请愿服务器之外，控制用户 ISP（Internet Service Provider）的对手可能能够关联通信并重新识别用户。因此，需要对链接进行删除，以使外部不能根据 cookie 或其浏览器配置[①]来识别用户。

另一个需要进一步分析的风险是：将获取凭证的动作与基于时序攻击的签名动作相关联的可能性。例如，如果用户是他们在获得凭证后立即去签署请愿书，那么，勾结的注册机构和请愿服务器就可以根据这中间时间的长短以一定的概率将这二者联系起来。总体而言，这样的隐私风险显著降低了，因为希望识别请愿签名者的恶意实体需要部署复杂的流量分析攻击，要做到这一点并不容易。不过，为了保证

---

① Christopher Kuner. European Data Protection Law：Corporate Compliance and Regulation, Second Edition. Oxford University Press, 2007.

完美的保护，我们还需要在通信基础设施层面解决剩余风险。

（二）电子通行费收取服务

在第二个案例中，我们研究了以下这种情况：在需要身份而不能采用匿名化的应用程序中如何使用数据最小化。此时，数据最小化的重点是限制随身份一起泄露的敏感信息的数量。我们展示了关于该方法的一个例子：由 Balasch 等人提出的保护隐私的电子收费服务。该设计方法也适用于其他根据用户的消费来计费的服务，例如 Smart Metering。

电子通行费收取服务（ETP）在世界范围内已蓬勃发展。与目前的道路税统一税率不同，ETP 允许根据里程、道路类型等参数来计算每个公民的个性化费用。通过欧洲电子通行费收取服务（EETS）决定，欧盟正在致力于推动电子收费，而美国的一些州也采纳了此种做法。类似的策略也被保险公司采纳，用于为他们的用户提供个性化的汽车保险政策。

1. ETR 系统的直接实施方案

由于收费需根据用户的驾驶模式决定，所以其必须使用用户的位置信息。为此，在所有拟议的架构中，车辆都需携带车载单元（OBU），该单元会收集车辆随时间推移而变化的位置（例如使用 GPS 接收器），而这些数据将被用于在税期结束时计算最终费用。在公共 ETP 系统的直接实施方案中，就像其他类似的"按里程付费"的应用程序一样，① 这项费用的计算由服务提供商远程执行。在这种方式中，OBU 仅仅充当一个中继设备，用于收集位置数据（以及根据税收政策其他与车辆相关的信息），并将其发送到后端服务器。该服务器负责处理数据，得出最终的费用，并将其传输给用户。

此外，ETP 系统为服务提供商提供一种方法来验证费用是通过正确计算得来的。当提供者接收到原始位置数据时，可以使用数据挖掘来发现追踪方面的异常。这样一来，验证就变得简单了。此外，这种设计方法似乎也有着经济上的优势。OBU 在使用上的简单性使其成

---

① Octo Telematics S. p. A. http://www.octotelematics.com/solutions/insurance-telematics/，STOK. http://www.stok-nederland.nl/.

本低廉。然而，由于存在收集敏感数据的行为，这一方案同时也产生了根据数据保护立法①建立安全措施的义务，由此增加了后端服务器的维护成本。若这些安全措施失败而导致泄露事故，则公司将会面临巨额罚款。除此之外，该公司还可能因此声誉扫地，这将是难以用数字衡量的巨额损失。

2. 隐私风险

尽管集中式设计在某些方面是有优点的，但它却在隐私保护方面存在不足。在前面的电子请愿案例中，我们区分了未经授权访问数据相关的风险，以及具有被授权方滥用该信息相关的风险。

有观点认为，如果OBU发送给服务提供商的信息不受未经授权方（如窃听者或通信提供商）的侵害，那么，用户的隐私就得到了保护。实际上，通过使用加密等方法，在某些情况下的确可以向外部隐藏对通信内容的访问途径。但是，通信提供商可获得的通信数据（如通信发生的位置）可被用于从通信追踪中去推断私人信息。即使该追踪是匿名的，也可以从追踪本身去获取司机的身份。

假设抵御外部的隐私保护措施得到了保证，在这样的集中式方案中，服务提供商必须得到用户的信任。数据保护法禁止对收集到的数据进行除服务目的以外的进一步处理（即根据用户的驾驶模式计费）。然而，通过授权访问位置数据的恶意提供商（就像持续的GPS收集所产生的那样）会处于特权地位，从而对客户做出可能泄露敏感隐私信息的推断。这些信息价值极高，可以被用来分析用户并为他们提供更好的服务，凭借这一利器，该公司会拥有比其竞争对手更大的商业优势。

尽管从商业的角度来看，这样的分析推断是十分有利的，却对隐私保护造成了毁灭性的后果。数据挖掘增加了歧视性社会分类的风险，从而将公民置于不利的地位。而那些能从位置数据追踪中推断出来的信息，绝大部分都被认为属于客户的高度敏感信息。个人的行动轨迹会对他的健康信息、政治倾向或宗教信仰进行解释。对于经常到

---

① Directive 95/46/EC of the European parliament and of the Council of 24 October 1995 on the protection of individuals with regard to the processing of personal data and on the free movement of such data, 1995.

肿瘤诊所就诊的人而言，他们的轨迹会暴露自己的病情。而如果用户的位置记录显示他们经常访问天主教堂或清真寺，则他们的宗教信仰也可能会暴露。我们还注意到，尽管一个人经常去的地点将许多信息都编码在内，但它们并不是唯一泄露个人信息的汽车使用数据。

从隐私的角度来看，服务的集中化导致数据库成为了隐私泄露的重灾区。数据库中保存的信息可能会被披露给除服务提供者以外的第三方，或是意外泄露（如173个移植记录在巴塞罗那①泄露的事故），或是内部人士泄露（例如维基解密公布的美国机密文件）。事实上，位置数据在许多情景中的效用使得这些数据库的内容极具吸引力，它们可以被卖给其他公司，甚至卖给政府。以英国的Traffic Master公司为例，其收集用户的数据以获取交通状况信息。这些信息会被卖给运输部门，这些使用记录包括：一个识别车辆的编号、两个有六位数字的读取位置、信息抓取时的日期和时间、车辆的类型、移动的速度和方向（以15分钟为间隔）。

从警方到税务机关，国家机构都对位置信息有着极大的兴趣，这些信息可以被用来确认一个人是否在他们声称的时间点去过某个地方。然而，大量数据库的存在为滥用打开了大门。例如，在2010年，警方向伦敦交通局索取了6576个Oyster Card用户的位置记录。虽然这些信息可能确实可以助执法调查一臂之力，但与此同时不能忽视隐私保护，更不能放任该功能的扩张。随着数据库的增长，服务提供商可能会在没有为公民提供足够保障的情况下就被迫交出个人数据。

3. 个人数据收集最小化的ETP系统

该系统的直接实施既有优点也有缺点。大多数缺点是由深入的位置数据收集所导致的。这些数据对于提供服务（即根据用户的驾驶行为对他们收费）而言并非不可或缺。即使不将完整的位置记录发送给服务提供者，构建ETP系统也是可行的。事实上，ETP系统必须满足两个简单的要求：其一，提供商需要知道最终收费；其二，提供商必须保证这笔费用计算正确，用户不能在费用上使诈。

Balasch等人推出了一个名为PrETP的系统，这是一个提供隐私保护的ETP系统，能够满足上述两个要求。PrETP采用分散式架构，

---

① Hallados en la calle los datos de 173 trasplantados en un hospital catalan.

其中车载单元（OBU）在本地计算费用，并在税期结束时将其传输给服务提供商。为了证明费用是根据提供商规定的政策计算的，PrETP 还使用了加密承诺。正如其名称所示，该承诺允许用户承诺一个值而不必公开它，即以一种用户不能声称承诺了另一个值的方式将用户与该值绑定在一起。此外，在有必要的情况下，该值随后可以被揭示。这个系统提供了与上面介绍的简单方法相同的功能，且只揭示了最小数量的位置数据。

OBU 的主要功能是收集位置数据，并根据提供商制定的政策计算费用。此外，OBU 使用加密承诺来证明其在计算中使用了正确的位置和价格，并报告正确的最终费用。承诺的特性将报告的最终费用与所承诺的值绑定在一起，这样用户就不能声称其报告了编入承诺的位置或价格以外的值。且由于承诺是使用 OBU 中包含的秘密生成的，因此外部的对手不能冒充诚实的驾驶员。

PrETP 的问责制是基于这样一个假设，即通行费收取者（通常为政府）能够有途径获得证据，证明一辆车在特定时间出现在特定地点（如路边雷达或收费站拍摄的照片）。这个证据可以反过来被服务提供商用来让用户证明其是否诚实。换言之，证明存在一个承诺，该承诺包含了与通行费收取者提供的证明中相同的位置和时间。直观地说，该协议确保了司机不会做出欺诈行为。如果司机关闭 OBU，欺骗 GPS 信号，或谎称错误的费用，那么，该司机将面临无法应对服务提供商提出的挑战，因为该司机对包含这样的位置和时间的片段没有做出承诺。同样，错误的道路价格也不会在不被发现的情况下使用，因为一旦承诺被打开，服务提供商就可以检查其是否使用了一个路段的正确费用。承诺的加密属性允许其在不向提供商透露任何其他信息的情况下，额外证明报告的最终费用是所有承诺的子费用的总和（即 OBU 不能承诺正确的子费用，却报告错误的总费用）。OBU 使用的费用是由服务提供商制定的定价政策来确定的。

4. 对隐私风险的重新评估

首先，与直接实施的方案相比，PrETP 的去中心化方法降低了驱动程序所面临的隐私风险。在直接应用的方案中，其使用了加密阻止外部对手读取消息的内容。由于车辆总是从预先定义的位置（如家庭地址、办公室地址等）进行通信，因此无法对通信模式进行交通分析。我们注意到后一种防御方法也可以集成到上文描述的直接应用中。

其次，PrETP使用先进的加密技术，以确保敏感数据不会离开用户掌控的领域，这种方法使用户不必再依赖服务提供商，并大大降低了信息被滥用或与未授权方共享的风险。除了在正常运行情况下收集的少量位置数据外，在应对司机诚实度的挑战时，也会披露少量的信息。为达到这一目的，位置数据被分割成片段，随后计算子费用和每个片段的承诺。因此，在应对相应挑战时，用户只需要披露一个包含挑战位置的小轨迹段，而这一内容是服务提供商已经知道的。

PrETP的创造者已经实现了一个OBU原型，并且做出了如下阐明：与普遍观念相反，这些隐私技术带来的窃听是适度的，而且它们十分高效，足以部署在商用车载设备中。此外，这种去中心化的方法将敏感数据保存在每辆车的系统中，即在一个简单的设计和验证系统中。如果要求现成的后端系统为大量的数据提供同等程度的隐私保护，那么，其价格会高得令人望而却步，且根本无法实现。

最后，尽管PrETP限制了收集的数据量，但其设计方法并没有放弃遵守数据保护的需求。OBU和提供商交换消息中的敏感信息仍须受到保护，以抵御第三方的侵害，后端服务器必须正确配置以保护收集的个人信息（例如用户的身份和他们所支付的金额）。此外，最小化数据可以降低后台系统的维护成本，因为系统现在处理的是不那么敏感的数据，这进一步证明了设计隐私权为服务提供商带来的好处。

（三）小结

迄今为止，我们在工程领域几乎没有应用设计隐私权的经验，这也意味着我们缺乏在系统工程中应用设计隐私权原则的方法。最近，在与隐私相关的研究中出现了许多新的突破，这使情况变得愈发复杂。这些突破动摇了我们关于何种做法具有可能性的假设（如匿名化不可实现性），并要求我们思考将这些结果应用于系统的方法。

本文的主要目标是助力于缩小工程方法论中的这一差距，并说明新的研究结果如何影响设计隐私权的工程实践。为达到这一目的，我们概括了两个案例研究中的措施和经验教训。

第一，功能需求分析。若要设计一个以隐私为核心的系统，则首要任务是明确描述其功能,即目标必须是明确的和可行的。含糊其词或不合理的描述会带来极大的风险,产生一个会收集更多数据的设计。因为工程师需要收集大量的数据,以保证系统都可以被该设计所容纳。例如,在电子收费的案例研究中,其功能被明确限定为:根据公民的驾驶模式来征税。而那些范围更加宽泛的功能描述(即系统可用于其他目的,如支持执法或基于位置的服务),将与PrETP的设计相冲突。如果架构必须有足够的灵活性来整合额外的服务,那么这些服务也需要被精确地阐述,以便在整个系统的分析中进行考虑。

第二,数据最小化。对于一个给定的功能,人们需要对实现该功能所必需的数据进行分析。这项活动具体包括以下内容:对最先进的研究进行调查,以探索哪些数据可以被进一步最小化;对替代架构进行评估(如分布式的、集中式的架构),这些架构都有助于数据的最小化。在大多数情况下,这些方案依赖于先进的隐私保护加密技术,例如我们案例研究中使用的匿名证书或加密承诺。在电子请愿这一方案中,服务提供商需要计算每份请愿书真实的签名数量。为此,唯一需要的个人信息就是这个人有权签署请愿书的事实。需要注意的是,提供商只需要知道这种权利是有效的,而不需要知道导致这种认可的条件。比如,如果一个请愿书的范围仅限于某个小区的居民,服务提供商只需要证明此人住在该地区(例如个人的邮政编码在一个给定的范围内),而不需要更具体的数据(如姓名、身份证号码或签名者居住的街道和号码)。电子收费定价的情况也是类似的情况,对司机征税所需的最小数据为他们的身份信息和要收取的金额。而其他的私人数据(如车辆的位置和时间)并非必不可少的。因此,在这一案例中,收集和处理数据的架构是分散式的,其中心系统不能访问深入的位置数据,这种做法在此情况中是合适的。

第三,考虑攻击、威胁和风险的模型。一旦确定了所需的功能和将被收集的数据,开始开发潜在攻击者(如好奇的第三方、服务提供商)的模型就成为可能,这些攻击者可能实现的威胁类型有:公开曝光、链接、剖析。因此,实现威胁的可能性和影响是风险分析的主题。这项工作的重要程度不容忽视,需要有分析领域的专业技能以及对潜在攻击、漏洞最新研究成果的认识。在电子请愿书的案例研究中,攻击者模型包括:考虑服务提供商可能有动机和能力设计内部攻击的方式。在电子收费系统的案例中，威胁模型的开发需要意识到与集中式服务器通信的流量分析如何被用来确定用户的位置或典型轨迹，这能揭示敏感信息或实现剖析。除此之外，尽管收集的数据可能会构成隐私威胁，但这一点可能并不总是显而易见的。即使能够认识到数据的收集、处理与隐私、数据保护的相关性，也还需要掌握隐私问题相关的专业知识，如智能冰箱的例子。

第四，多边的安全需求分析。除了系统本身的目的之外，工程师还必须考虑其他约束，以确保系统中主体的安全性和正确行为，这是系统的不同利益相关者所期望的。确认被包括的项目，分析和解决这些相互冲突的安全要求也被称为多边的安全。分析的目的是找到一种设计，使隐私措施不会损害其他重要的安全目标，如完整性、可用性的目标等等，反之亦然。例如，在电子请愿书的案例研究中，用户必须能够签署请愿书（在不需要披露他们身份的情况下），但为了计签名的数量是有意义的，系统必须确保只有符合条件的个人才能参加，且每个人只能签署一次名字。在ETP的案例研究中，我们必须确保最终的费用与用户的驾驶记录相对应。

第五，实施和测试系统的设计。系统设计的最后一步是实施满足完整性要求的解决方案，使私人数据的暴露量达到最小。此外，还必须仔细检查潜在的漏洞，并根据设定的功能需求来验证系统的运作。电子请愿系统能够在不泄露个人具体信息的情况下检测出重复的信息，而PrETP只在用户被怀疑有不当行为且提供商已经知道的情况下（通过挑战证明）透露更加深入的位置数据。为了实现多边安全，可能会重新迭代进行数据最小化和安全要求的分析活动。此外，功能可能会根据风险进行修改，反之亦然。若在实施和测试过程中发现问题，工程师们也需要回到设计台返工。由于这些原因的存在，我们还未定义这些活动的顺序，只要求在执行任何活动之前必须对所需的功能有一个初步的定义。这一步非常关键：如果功能从一开始就没有明确的界限，则没有办法保证系统的目的不会从进一步的数据最小化中受益。在我们的案例研究中，如果功能没有得到适当的界定，即使按照我们所采取的方法，最终也会被迫采取集中的方式来收集所有的数据（即类似于每个案例研究介绍中所描述的直接实施方案）。最后，需要强调的是，我们的描述并不详尽，未来可能还会有更多的活动计划,以更好地解决系统的多边性、可用性和维护问题。

四、设计隐私权和工程实践

我们的案例研究说明了如何使用这五种活动来嵌入新的技术,以开发基于设计隐私权基本工程原则(数据最小化)的系统。然而,建立一个由设计隐私权策略决定的工程实践需要解决诸多问题。这些问题不仅局限于工程实践领域。它们还需要对策略和工程之间的相互作用进行讨论。

(一)数据最小化、编程专长和工具

我们选择了以上的案例研究来显示数据最小化设计空间的丰富性:在第一个案例研究中,主体的身份被隐藏,而业务数据被披露。在第二个案例中,主体身份被披露,但随之一起被披露的敏感数据被最小化。这些方法对于研究中的应用来说是足够的。然而,它们并不代表已经做到了对用户保护的极限水平。其他应用可能允许同时进行匿名和最小化交易数据的披露,从而实现更强的数据最小化。随着一系列新安全问题和隐私风险的层出不穷,数据最小化以及它与其他设计隐私权原则的互动可能会不断发展。我们的例子只是需求和约束可能组合的一个小样本。我们从中归纳出的基本设计步骤,只能作为指导未来设计的参考。

我们从这些案例研究的经验中认识到,适用数据最小化原则来实施系统需要对背景有透彻的了解:对该特定环境中的风险和威胁进行整体分析,有能力去系统地分析这些风险和威胁,同时使用最先进的研究成果重新整理隐私和功能要求。此外,要参与的工程师与法律专家一起工作,对法律要求有基本的了解(例如数据保护),并知晓这些法律约束对工程系统的影响。与此同时,对隐私和监控的社会、政治和经济概念的理解也极大地影响了工程师对问题的把握和系统的设计。

从以上经验中,我们可以得出这样的结论:设计隐私权工程需要有特定类型的专业知识作为支撑,这种专业知识对于发展设计隐私权工程实践是不可或缺的。需要采取的措施包括创造隐私工程方法并培训未来的专家,使这些专家了解安全和隐私技术的最先进研究成果、

法律框架以及当前的隐私和监控辩论。此类专家的培训可能与安全工程研究人员有相似之处，他们需要对复杂的技术构件了如指掌，并通过对过去安全和隐私相关事件的迭代分析来收集知识库，例如研究和实施的突破、违反、失败和语用。因此，安全工程实践需要一个分享和批判性审查该知识库的社区，这在安全工程社区是十分常见的。

"专家"与"高成本"这两个词有着密不可分的联系。如果人们要重视设计隐私权，那么，所有计划处理个人数据的人都应当能获得技术和专业知识。这意味着设计隐私权团体也必须寻求某种方法，使隐私和安全技术以及任何相关的最新研究都能从公共领域获取。此外，这些隐私机制的实施方式必须尽可能地易于理解。如果隐私技术成为专利，或者由复杂难懂的解决方案组成，那么，设计隐私权将只能使大公司尝到甜头，而对小型或即将成立的公司和组织激励不足。我们预计这将对设计隐私权隐私市场的建立产生负面影响。

（二）设计隐私权和核对清单

纵览过去关于如何根据设计隐私权的不同原则来设计系统的建议，例如 PIA[①]，可以看出人们对这项工程任务复杂性的理解和研究寥寥无几。我们在案例研究中表明，即使是数据最小化的这一概念，在工程的设计空间中也有多种翻译，并且随着研究的进展、隐私工程社区的发展和我们在设计隐私权方面经验的增加，可能还会出现对这个词更多的理解。因此，我们不可能把设计隐私权原则简化为一个可以不费吹灰之力就能完成的核对清单。相反，如果这些不成熟的核对清单被普及，设计隐私权很可能会变得模糊和有弹性，能够应用于任何系统，就像 TrustE seal 的例子一样。这样的话设计隐私权的概念将有可能对所有参与者造成损害：如果原则被松散地应用，那么，它会导致错误的隐私和信任感，最终这个词将失去它的声誉，沦为毫无意义的事物。有经验表明，技术中立的核对清单方法同样容易被用来收集和处理所有感兴趣的数据，正如应用数据保护指令和公平信息实践原则的历史所揭示的那样。问题在于：来自工程隐私的经验如何有助于设计隐私权不再重蹈覆辙？设计隐私权在工程中的应用在哪些方面

---

① U. K. Information Commissioner. Pia handbook, 2009.

可以得到加强?

（三）超出工程专业领域的问题

关于作为设计隐私权基础的工程活动，有三个方面我们特意没有详细描述，因为它们超出了工程实践的范围；但在这里我们还是要提到以下这些内容，因为它们与实践的形成方式相关。

第一，相称性的伦理、法律和政治分析。在开始任何设计隐私权的活动之前，鉴于系统对隐私产生的负担，需要就所需系统的"合法性"进行讨论。在脚注①的内容中，作者提出了一种设计方法，其中包括三个阶段：合法性、适当性和充分性。合法性被描述为"确定应用目标对预期使用人群是有用的"。在系统设计完成甚至完成部署之后，这个问题应该被再次重申。在我们的两个案例研究中，这一内容包括仔细检查电子请愿系统和拟议的道路收费系统是否会给目标人群带来更大的好处而非负担。此种讨论涉及多个利益相关者和各种类型的专业知识，远远超越了工程问题的范围。此外，还必须评估相称性问题与任何系统的相关性，例如，关于智能冰箱需要进行相称性分析和应用设计的隐私这一问题，由谁来决定？根据何种标准？

第二，设计隐私权和人群监测。构建设计隐私权的其中一个作用就是数据最小化，数据最小化是为了避免收集大量的数据，这些数据以后可能被重新利用。当然，这种方法也有局限性。如果系统的目的是对人群进行侵入性监视，那么，即便给这些系统贴上设计隐私权的标签，不管数据最小化的程度如何，都具有误导性。最近，德国宪法法院收到了关于 ELENA（Elektronische Entgeltnachweis）系统的控诉，该系统是根据设计隐私权的原则来开发的[2]，其表明存在着利用设计隐私权来粉饰侵入性系统威胁的行为。如何利用设计隐私权来影响人们对（侵入性）系统的看法，这个问题具有开放性，需要政策制定者和工程师谨慎处理。

---

[1] Giovanni Iachello and Gregory D. Abowd. Privacy and proportionality: Adapting legal evaluation techniques to inform design in ubiquitous computing. In International Conference for Human-Computer Interaction, pp. 91 – 100, 2005.

[2] Peter Schaar. Privacy by design. Identity in the Information Society, 3: 267 – 274, 2010.

第三，风险和社会规范。风险评估比理解一个系统的技术风险更为重要。定义何谓风险还需要理解个人以及社会集体对风险的不同解释。人们的理解取决于他们在社会结构中的位置、他们与具有不同认识论社区的联系以及他们对社会可接受和不可接受的活动的理解。因此，Dourish 和 Anderson 强调，风险评估是一种集体的而非个人的现象。我们需要发展风险和安全分析的实践，使风险分析的工程实践与社会、文化上的风险分析相协调。无论是工程实践中的风险分析，还是社会实践中的风险分析，都不能被对方所取代。

隐私权法的虚假承诺

阿里·埃兹拉·沃尔德曼[①] 著　林泰松[②]　缪子仪[③] 译

目　次

一、导论
二、隐私权法的社会实践
三、日渐式微的隐私权法
四、重现隐私权法昔日的承诺
五、结语

一、导论

遥想过去，大家或许都曾天真地授权形形色色的人获取自己的数据，可是你我可曾知晓，恰恰正是这些让我们无比放心的人正站在背后虎视眈眈地威胁着我们的隐私权。放眼四周，这样的例子比比皆是：其一，脸书长期以来一直对保护用户信息不受第三人侵犯这件事漠不关心；其二，即使仅仅是因为有能力而非有需要这样做，移动应用平台还是会时不时地扫描获取用户数据；其三，就那些我们生活中习以为常的物品来说，比如烤面包机、牙刷、成人玩具等物品的生产商们往往会无所不用其极地将一切产品与物联网相连并且跟踪记录用户的私密行为，而这也给黑客数之不尽的作案机会；其四，虽然明知存在奥威尔史（Orwellian）的监控风险，但是人脸识别技术仍然在日益蓬勃发展并欣欣向荣；即使是备受信任的学术研究人员，他们有时

[①] 阿里·埃兹拉·沃尔德曼（Ari Ezra Waldman），美国纽约大学法学院教授、法律与技术创新中心主任。
[②] 林泰松，广东国信信扬律师事务所主任、高级合伙人，法学博士。
[③] 缪子仪，中山大学法学院助教。

也会在未经他人同意的情况下就挖掘私密数据。总而言之,明眼人都能看出,他人的隐私权早已岌岌可危,而本来旨在保护他人隐私权的法律却难以发挥作用,这也本文撰写的动机。

作为一部杂糅着相关法规、宪法规范、监管命令和法院裁判的法律,隐私权法昔日似乎站在金字塔顶端傲视群雄。就拿欧盟的《通用数据保护条例》(GDPR)来说,它一直凭借着"全面综合"和"世界上最严格的隐私权法之一"而声名远扬;而《美国联邦加利福尼亚州消费者隐私权法》(CCPA)则更是有过之而无不及。① 再如美国联邦贸易委员会(FTC),通过将广泛监管作为武器,它对收集、使用和操纵个人信息的行为严格进行限制。除此之外,不仅美国联邦最高法院不久前再次重申《美国联邦宪法第四修正案》(以下简称《第四修正案》)的历史承诺(commitment),即为了减少无孔不入的政府执法人员对民众所实施的监视,如果政府执法人员想要获取基站位置数据,那么,他们就必须事先取得搜查令。② 欧盟法院也对欧洲公民数据的跨境转移提出质疑,以此提醒美国企业需要做更多的工作来保护他人的个人信息。③

虽然这些法律保护看起来已经十分周全,但是这些法律保护的外表下隐藏着的却是不牢固的基础。事实上,之所以隐私权法未能提供他人想要的保护,这在一定程度上主要是因为履行法律义务的责任总是被企业外包给工程师,而工程师们往往是通过企业渠道而不是自己的眼睛去了解隐私权法的。在这样的背景下,本文就将提供这一日益增长的外包市场的初步印象。具体而言,基于对隐私合规生态系统原始一手材料的研究,本义认为,由于隐私合规审查止在被外包给第三方技术供应商,而这些第三方技术供应商又将它们对于法律的憧憬实例化到自己的服务中去,所以隐私权法其实正处于一种法律内生性的过程中。换言之,表面上的合规似乎已经成为实际隐私保护的代名词。

---

① See Cal. Civ. Code § 1798. 100 (West 2018).
② Carpenter v. U. S., 138 S. Ct. 2206 (2018).
③ See Case C-362/14, Maximillian Schrems v. Data Protection Commissioner [2015] E. C. R. 650.

就这种内生性发展而言,虽然它对于隐私权本身来说是全新的,但是它对于法律来说却早已不是什么新鲜事。正如法律社会学学者 Lauren Edelman 所言,所谓法律内生性,是指相比于约束或指导被监管实体的行为,法律实际上是怎样由法律试图监管的空间中产生的理念所塑造的。具体来说,每当措辞含糊不清的法律要求允许现实中的合规专业人士界定法律在实践中的含义时,法律内生性的情况就会出现;而这种情况出现的时候,相比于根据法律所要实现的实质性目标,比如保护消费者或平等来塑造法律,合规专业人士往往会根据经营效率和减少企业风险等管理价值观来构筑法律,也恰恰就是这种做法为企业创建仅仅在表面上符合法律要求的体制、政策和协议大开其门。随着这些象征性的法律构筑变得越来越普遍,法官和政策制定者也开始随波逐流地将它们视为最佳法律实践的优秀范例,然后将仅仅是法律合规的象征性符号误认为是企业遵守法律规定的体现。[①] 当这种情况发生时,鉴于法律合规的度量标准可能会与实际情况相冲突,如在企业环境中采用的象征性合规体制、过程、步骤和政策,所以法律压根就无法实现它们的实质性目标。面对上述状况,Edelman 就曾在在工作场所种族歧视和性别歧视的语境下探讨过法律内生性问题,其中包括因无效的培训、缺乏权威的政策、清单和由合规专业人士设置的权力低微的多元化办公室和《美国联邦公民权利法》第七编中平等目标难以实现等一系列问题。值得注意的是,这个问题在实际生活中其实比 Edelman 提到的还要普遍得多。

在本文接下来的内容中,笔者所要提出的原创研究就将表明,虽然隐私权标准正在被纳入企业合规体制之中,但是这些体制所能提供的隐私保护却微乎其微。具体来说,不仅 Edelman 所指出的法律内生性情况在每个阶段都显而易见,而且隐私权法的一些最重要的工具都是如此的含混不清,其中就包括设计隐私权、同意的必要条件和美国联邦贸易委员会同意法令,这就导致相关专业人士有极大的自由度出于满足自身需要的目的而构筑法律,从而使法律内生性情况愈演愈烈。然而,由于这些手握大权来决定隐私权法含义的人往往反映的是

[①] Lauren B. Edelman, Working Law: Courts, Corporations, and Symbolic Civil Rights, Chicago, University of Chicago Press, 2016, pp. 12 – 22.

企业或管理层的利益而不是他人的利益,所以他人损失惨重必定是意料之中的事情。

学者们曾论述过首席隐私官(CPO)和科技企业内部工程师在隐私权法实施过程中发挥的作用,不过除了这些人之外,参与其中的还有不少利益相关者,其中包括近200个技术供应商——它们既将自己对隐私权法的解释具体化到自动化工具的设计中,并且常常把自己包装营销成一站式合规商店的形象,而且这些供应商还将隐私权法"管理化",从而将法律解释和谈判的关键点从专业人士转向工程师和技术销售人员。如此一来,工程师和技术销售人员便开始成为法律决策的中心人物,他们既从管理角度考虑隐私问题,又经常创建象征性的合规体制。换言之,无论是权力低微的隐私办公室,还是形式主义且缺乏实质内容的隐私清单,他们的行为说白了就是为了尽量减少隐私权诉讼、调查和外部冲击的风险,而不是加强对他人的隐私保护。

然而,如果对这种将隐私权法外包给供应商和顾问的做法放任自流,那么,这必将对隐私法、技术产业、使用者和社会产生无比深远且令人心神不安的影响。事实上,随着越来越多的科技企业描绘出它们看似合法合规的创造性画面,律师和法官也越来越有可能顺应企业所创建的缺乏实效的体制:他们要么把这些体制作为科技企业实质性遵守法律的证据,要么就直接将它们纳入相关法律规定,从而削弱法律为他人提供更强有力隐私保护的能力。在隐私权领域中,这样的例子早已随处可见。例如,虽然美国联邦贸易委员会在同意法令中纳入相关审查要求,但是它却根本没有确保这些要求的严密性;再如《通用数据保护条例》,虽然它明确要求数据收集者雇用隐私官员,但是它却并不能确保赋予数据收集者们相应的授权。要知道,这对他人隐私权所造成的损害绝对不容小觑。

同时,法律内生性也会重重削弱法治社会的根基。换言之,随着仅具象征性意义的法律体制日渐发展,由立法制定社会政策的能力便会日渐式微。此时我们可能就会不禁发问:如果法律的目标在实践中终会受挫,那么还有什么必要通过某项法律来实现积极的社会变革呢?此外,随着法律决策的中心进一步从政策制定者、法官和律师转移到工程师，正当程序的实质性和程序性保护可能也会渐渐消弭殆尽。①

除了上述提及的危害之外，将隐私权法外包给工程师还会进一步侵蚀传统的专业知识模式②，包括那些法学院所教授的知识；然而我们要知道，正是因为有这些知识，社会公共利益和维护他人权益的价值观才能在实践中占有一席之地。同时，当社会公共利益和对专业知识的尊重受到严重冲击之时，一般而言，第三方顾问和供应商所提供的狭隘的、以合规为导向的隐私保护方式还有可能破坏民主社会的另一个支柱，那就是所有这些都可能对技术产业产生举足轻重的影响。换言之，就那些能够负担得起隐私专业知识内部处理和外包处理的大企业，通过大加利用市场力量，它们往往既会以最有利于自己的方式去构筑法律，又会在竞争对手和小企业前设置重重难以逾越的障碍，还对他人的需求和偏好视而不见。

不过，话又说回来，现如今可正是打击隐私权法中象征性意义合规霸权的关键时刻。一方面，由于像《通用数据保护条例》和《美国联邦加利福尼亚州消费者隐私权法》这样的法律仍然是新鲜事物，美国联邦贸易委员会灵活的消费者保护方法有能力调转方向来摆脱对表面合规体制的盲目遵从，加之消费者群体还有机会让千千万万的人听到他们的声音，所以我们仍然可以改弦更张——虽然技术供应商可以扮演五花八门的角色，但是决定法律对客户要求的外包工程人才这种角色可不在考虑范围之中。相反，通过提供企业所需要遵从法律的相关信息来帮助客户，技术供应商可以将合法合规的工作留给专业人士来做。另一方面，从立法者到民间社会再到学术界，消费者隐私生态系统的各个层面其实都可以助一臂之力。此外，如果我们想要为技术供应商创造一个既能促进企业利益又能促进消费者利益的空间，那么我们就需要了解事情发展的来龙去脉、顾问和技术供应商如何才能做得更好，以及社会法律程序如何才能实实在在地将书面法律条文转

---

① See Danielle Keats Citron, Technological Due Process, 85 *WASH. U. L. REV.* 1249 (2008).

② See Gil Eyal, For a Sociology of Expertise: The Social Origins of the Autism Epidemic, 118 *AM. J. SOC.* 863 (2013).

化为真实的隐私保护实践。

概括而言,本文将主要按照以下顺序展开论述:

本文第一部分将把隐私技术供应商置于隐私权法社会实践的生态系统中,通过与律师、监管机构、州检察长、首席检察官和内部工程师进行比较,本文将指出隐私权法并不是在真空中制定或者执行的,而是会受到实践中合规责任人的影响。

本文第二部分将对法律内生性进行描述,并认为通过建立仅具有象征意义的法律合规体制,一些隐私技术供应商正在破坏对他人的实质性隐私保护。不仅第二部分内容主要依赖于新鲜一手材料、定性和定量研究,而且读者们还会看到从未见于文献讨论的对于科技企业内部隐私合规的独到见解。值得注意的是,第二部分内容认为除了第三方技术供应商之外,应对隐私权法的法律内生性问题需要多方共同携手努力、精诚合作。更准确地说,本文将指出这个相对新的和不断增长的第三方技术供应商市场在解决该问题中独一无二却又无比重要的作用。

本文第三部分将探讨法律内生性迫在眉睫的危险,确定第三方技术供应商能够切实支持一部实质性的且有利于他人隐私权保护的方式,并建议修改法律和隐私权法的社会化实践。最后,本文将对研究成果做一个总结,回应潜在的反对意见,并讨论本研究议程中的下一步究竟应该如何做。

在开始本文的分析之前,笔者还是想先简单讨论一下本文所使用的研究方法。由于第三方技术供应商市场几乎算是一块未经开垦的处女地,所以为了确定市场参与者,并分析他们和他们与隐私权法专业学者、工程师和律师之间的关系对隐私权法的影响,本文主要进行的是一手资料研究。为此,笔者曾参加过各式各样的隐私行业会议,其中包括隐私专业人员国际协会(IAPP)全国会议"隐私、安全、风险,2017"、由大名鼎鼎的隐私权学者 Dan Solove 和 Paul Schwartz 组织的 2018 年国际"隐私+安全"论坛和 2018 年"隐私+安全"论坛、欧洲管理和技术学院(ESMT)年度论坛和特拉维夫大学组织的"2018 网络周"。在这些会议上,不仅笔者曾会见包括高科技、航空航天、零售、金融和旅游在内各行各业的隐私专业人士,而且还安排或进行过一系列半结构化访谈。

基于上述经历、案例研究、行业概况和隐私权学者的建议，本文最终确定隐私行业中的第三方合规供应商，并在网上查阅其营销文献、产品和服务。在一小队研究助理的帮助下，笔者使用 LinkedIn 高级服务来按照企业识别确定供应商。接着，笔者向所有已经确定过的供应商发放相关调查，以此引出其对隐私权概念和对客户责任的相关主题，并通过与五家企业代表的访谈来补充这项调查。不过，这五家企业并不代表随机样本，笔者只是利用与代表的访谈来跟进和填补他们公开服务信息以外的空白罢了。就访谈而言，这些企业代表的发言程度千差万别，受访者要么就获准以雇主代表的身份被记录发言，要么则倾向于依据保密协议匿名发言。此外，新闻媒体的公众评论和其他学者进行的研究也为本文的研究提供过不少信息。

还需指出的是，为了确定隐私权领域专业人士、律师和合规供应商究竟是如何理解隐私权法，也为了尽量减少调查中的反馈偏差，[1] 笔者曾参加过供应商企业和隐私专业人员国际协会主办的网络研讨会，并在行业期刊上评论面向隐私权界专业人士的文章。具体而言，笔者不仅开展一个为期 20 个月的研究项目，采访隐私权和设计行业的领军人物，其中包括隐私权领域专业人士、内部工程师、律师和从事设计隐私权的工程师，[2] 而且把实地调查的一手材料补充到美国和欧盟对隐私权法规、案例和监管命令的传统法律研究之中。之所以本文将欧盟的隐私权法也涵盖在内，这主要是因为《通用数据保护条例》对全球科技企业产生的影响是巨大的。

二、隐私权法的社会实践

虽然大多数学者都理所当然地将隐私权法视为自上而下的现象，并且想方设法地去研究宪法、立法和法院裁判究竟是如何影响数据的收集和使用的;[3] 但是，毫无疑问，这些看似丰富的研究议程其实是

---

[1] See, e.g., Anton J. Nederhof, Methods of Coping with Social Desirability Bias: A Review, 15 *EUR. J. SOC. PSYCH.* 263 (1985).

[2] See James S. Coleman, Relational Analysis: The Study of Social Organizations with Survey Methods, 17 HUMAN ORG. 28, 28 – 29 (1958—1959).

[3] See, e.g., Orin Kerr, Cross-Enforcement of the Fourth Amendment, 132 *HARV. L. REV.*

不完整的,因为大家对实践中的社会结构,即他人、专业组织和企业的关注根本不够。要知道,不仅这些人和组织才是真正将法律付诸行动的主体,而且在确定法律在实践中的意义方面,他们做的工作可比立法者和法官要多得多。

(一) 法律专业人士的实践

话又说回来,实践中的研究情况现如今也已经开始悄然发生变化,有几位学者已经着手研究真实存在的人究竟是如何影响隐私权法的——Chris Hoofnagle、Daniel Solove 和 Woodrow Hartzog 就已经展示过美国联邦贸易委员会委员是如何在授权下承担起事实上隐私监管机构的角色的,虽然它的出发点确实是监管"不公平和欺骗性"的商业行为,①但是其实它大可不必如此。具体而言,在20世纪90年代末时,美国联邦贸易委员会委员开始大力鼓吹数字和互联网技术正在改变生产者和消费者之间的商业关系,这既使后者背负着重重隐私风险,又同时赋予前者大肆掠夺和暗箱操纵的机会。②事实上,美国联邦贸易委员会对监管权力的主张大获成功,以至于不仅律师和隐私权领域专业人士开始将美国联邦贸易委员会同意法令视为一种普通法,而且他们还从中去了解自己所需承担的具体法律责任。③

同时,Danielle Citron 曾细细探究过美国联邦州检察长(AGs)极富灵活性的隐私保护工作,要知道,他们可是长期活跃于大众视线外的隐私执法者。后来 Citron 发现,美国联邦州检察长既可以有效地实施立法机构通过的隐私权法,又可以通过执法活动制定政策。同时,由于他们受益于广泛的法律权威、本土知识、专业化办公室和全国各地同事的协同合作,所以即使是那些可能使联邦政府机关瘫痪的政治之争也很难限制他们的活动;正因如此,美国联邦州检察长如今已经成为"隐私保护执法前线"不可或缺的中坚力量。比如,在2017年,不仅美国联邦州检察长采用单打独斗或者协同合作的方式

---

① See 15 U.S.C. §45 (a) (1).
② Fed. Trade Commn, Privacy Online: Fair Information Practices in the Electronic Marketplace: A Report to Congress 1–3 (2000).
③ Daniel J. Solove & Woodrow Hartzog, The FTC and the New Common Law of Privacy, 114 COLUM. L. REV. 583 (2014).

与 Target、Lenovo、Hilton、Vizio 和少数其他企业就数据泄露和隐私赔偿达成和解①，而且他们还曾提起对 Equifax 的诉讼。

此外，美国联邦州检察长对界定法律的含义和执行法律的方式也产生了举足轻重的重大影响。打个简单的比方，如果要遵守各州隐私法律的规定，那么，企业到底应该做什么，又不应该做什么？针对这一问题，不仅美国加利福尼亚州的移动隐私权指导文件"移动中的隐私权"曾提供出范例以供参考，而且另一文件"公开你的隐私习惯"还曾吸纳《美国联邦加利福尼亚州在线隐私权保护法》（CalOPPA）中的模糊规定，即隐私政策应该是"显而易见的"② 并且能够在设计和阅读过程中体现出来。再比如，得克萨斯州检察长办公室曾在《儿童在线隐私权保护法》中采用通用化语言并得出结论认为，如果行为人收集 13 岁以下未成年人的位置信息，那么，他们的行为便会违反法律规定。除此之外，加利福尼亚州检察长还曾与硅谷科技企业召集工作组，并说服这些企业在移动隐私权和非自愿色情方面采取某些特定做法，尽管这些做法并不是加利福尼亚州法律所明确要求的。总而言之，虽然美国联邦州检察长可能并没有参与制订隐私权法③；但是正如 Citron 所表明的那样，他们既为法律注入了有利于消费者的价值观，又在法律的建设和实际实施中发挥了关键的作用。随后，Kenneth Bamberger 和 Deirdre Mulligan 两位学者开始着手研究首席隐私官（CPO）究竟是如何填补隐私权法所留下的空白的。通过一系列对号称行业翘楚的隐私权领域专业人士的访问，Bamberger 和 Mulligan 得出结论认为，首席隐私官往往认为他们所在企业的企业责任可不仅仅只是合规而已；相反，他们认为法律规定提供的不过只是底线罢了。具体而言，几位美国首席隐私官曾用信托术语描述他们的工作：他们既是数据的"忠实好管家"，又对他人肩负着责任。简而言之，一些首席隐私官认为他们的主要目标就是建立和维护与客户、雇员和社会之间的"企业信任关系"。事实上，在 20 世纪 90 年代，首

---

① See Danielle Keats Citron, The Privacy Policymaking of State Attorneys General, 92 Notre Dame L. REV. 747 – 795 (2017).

② Cal. Bus. & Prof. Code § 22575 (a).

③ See Danielle Keats Citron, The Privacy Policymaking of State Attorneys General, 92 Notre Dame L. REV. 758 – 759 (2017).

席隐私官这一职位才开始在金融和卫生部门崭露头角,接着在此后10年间将触角伸向到其他行业。① 现如今,如果你在 LinkedIn 上轻点鼠标搜一搜"首席隐私官""副首席隐私官"或其他作为中上层管理人员的隐私职位,那么你就会发现差不多有164人正在兢兢业业地从事着这些工作。

(二) 转移隐私责任

事实上,无论是美国联邦贸易委员会委员、美国联邦州检察长还是首席隐私官,他们身上都有一个基本素质不谋而合,那就是他们都深深沉浸于法律的海洋之中。就拿律师来说,律师既接受过专业法律培训,又会根据立法目标去解释相关法律规定,并将立法或生效判例付诸实践,还普遍理解正当程序、透明度和解释的重要性。② 尽管律师并不总是正义的化身③,但是他们在法律解释和法律遵守方面却能够提供其他职业所没有的机构能力。

虽然看似无所不能,但是在现实中,许多法律决策却往往是由律师之外的人做出的:其一,Kate Klonick 曾指出,不仅大量的网络内容版主都在探讨言论自由法。④ 而且网络平台在确定何为著作权法中的"合理使用"时也是讨论得热火朝天。⑤ 其二,国家如今将宪法责任都外包给政府执法人员,正是政府执法人员目前在对搜查和扣押法做出实际解释。其三,Catherine Crump 曾指出,那些监控政策其实都是由政府雇用的供应商所制定的。其四,就司法决策而言,国家越来越多地开始将它们外包给听取证据、思考法律论证和发布具有约束性命令的调解员和仲裁员。

---

① Kenneth A. Bamberger and Deirdre K. Mulligan. Privacy on the Ground: Driving Corporate Behavior in the United States and Europe, Massachusetts Institute of Technology 2015, pp. 11 - 261.

② See Danielle Keats Citron, Technological Due Process, 85 *WASH. U. L. REV.* 1254 - 1255 (2008).

③ See, e. g., Jonathan K. Van Patten, Lawyer Advertising, Professional Ethics, and the Constitution, 40 *S. D. L. REV.* 212, 212 (1995).

④ See also Kate Klonick, The New Governors: The People, Rules, and Processes Governing Online Speech, 131 *HARV. L. REV.* 1598 (2018).

⑤ See Lenz v. Universal Music Corp., 801 F. 3d 1126 (9th Cir. 2015).

除了法律决策之外，实践中的隐私决策也往往不是由律师作出的。在此，本文就将探讨一下科技企业雇用的工程师是如何在所创建的产品中实例化对隐私权法特定观点的。考虑到工程师们所处的合作网络和接近设计过程的独特地位，他们往往拥有将隐私权法转化为设计的特殊能力。通过第一人称访谈、对企业设计过程的观察和对内部隐私标准及协议的分析，笔者发现，至少对于高科技部门的一些工程师来说，他们在设计过程中考虑的消费者隐私权的类型与来自首席隐私官办公室的粗略隐私权概念有着天壤之别，相比于首席隐私官常常会依据信任来考虑隐私权，许多工程师往往会从选择体系结构出发去考虑隐私权。

同时，虽然隐私权领域专业人士确实会想方设法创建全企业范围的协议和培训，希望以此帮助将隐私权纳入产品设计之中，但许多工程师却总是会头脑一热临时作出隐私决策，甚至经常将效率、速度和其他工程价值置于隐私权之上；虽然企业的隐私团队可能会绞尽脑汁去努力游说他们的老板，并表明不仅隐私权的重要性无与伦比，而且它甚至对商业都好处多多，但是工程师们却仍然会回到他们的教育和社会经验之中，并与其他工作的技术人员一起把注意力转移到隐私权之外的其他地方。① 这也就意味着，在某些情况下，隐私权法、设计隐私权和认真努力的隐私权领域专业人士的愿景常常会落空，因为将内部隐私规则转化为设计的工程师往往有着不同的，有时甚至是矛盾的优先事项、背景和观点。

令人沮丧的是，就将隐私权法决策的核心从律师转移到工程师身上这种情况而言，妨碍将强有力的隐私保护纳入技术设计只是可能带来的后果之一而已。一方面，正如 Citron 所言，如果通过技术过滤器实现法律自动化，那么，这既可能会破坏实质性和程序性保障，又会导致用不透明的算法取代透明的程序，抑或是造成用快速的计算机生成答案来进行短路审议决策的结果。② 另一方面，更大的风险也会随

---

① See Ari Ezra Waldman, Designing Without Privacy, 55 HOUSTON L. REV. 716 – 725 (2018).

② See Danielle Keats Citron, The Privacy Policymaking of State Attorneys General, 92 Notre Dame L. REV. 1254 – 1255 (2017).

之而来。Citron 还在文中指出，第三方技术供应商工程师对于隐私权法合规的自动化正在带来一波波威胁，因为这种做法正在用仅具象征性意义的合规取代真正有益于他人的进步，从而让隐私权法的承诺灰飞烟灭。

三、日渐式微的隐私权法

毋庸置疑的是，美国联邦贸易委员会委员、美国联邦州检察长办公室、首席隐私官和实践中的工程师都左右着隐私权法制定前进的方向，但是，隐私权法制定中力量的天平正在慢慢倾斜，因为隐私权法正在由广大的第三方技术供应商进行定义、协商和实施。具体来说，不仅这些第三方技术供应商正在将它们的隐私权法观点嵌入他们声称将帮助数据收集者遵守隐私权法的工具设计里，而且至关重要的是，其中有一部分第三方技术供应商还在实质上用一种狭隘、基于合规和以管理为重点的方式去构建隐私权法。一言以蔽之，它们正在将隐私权置于 Lauren Edelman 所谓的法律内生性和象征性合规的道路上一去不回。[①]

概括而言，本部分内容将描述法律内生性的内容并展示隐私权法的内生性，接着为大家梳理四个相关的含义：其一，虽然许多隐私权领域专业人士和律师内心真诚地希望帮助企业遵守隐私权法的文字和精神，但是由于他们将企业的隐私义务框架等同于最大限度地减少企业风险，加之他们对第三方技术供应商百般依赖，所以这一隐私承诺如今就仿佛一个没有灵魂的空壳。其二，许多顾问和技术会创造出各种仅具象征意义的合规体制，而这些体制却往往只是名义上的合规。其三，虽然这种新出现的法律内生性情况会让大企业坐稳权力的宝座，但是这同时也会阻碍将隐私权嵌入设计的步伐、破坏隐私权法实现实质性目标的能力，从而在总体上破坏法治根基。其四，随着相关法律和监管命令已经开始将象征性体制的存在作为遵守隐私权法的证据，法律内生性也开始在隐私权法中占据主导的一席之地，不过要知道，这一过程其实并不完整。

---

① See Lauren B. Edelman, Working Law: Courts, corporations, and symbolic civil rights, Chicago: University of Chicago Press, 2016, pp. 12–14.

（一）法律内生性

首先，大家或许对《工作法》（Working Law）早有耳闻，在这本赫赫有名的著作中，Edelman 曾展示过企业重形式、轻实质的民权法律合规方式到底是如何对职业平等的实际进展产生有害影响的。Edelman 百思不得其解，为什么即使在《美国联邦公民权利法》（the Civil Rights Act）通过以及平等就业机会委员会（EEOC）成立 50 年之后，"基于种族、性别和其他受保护类别的严重职业不平等现象"还仍然存在？虽然相关原因可能五花八门，但是 Edelman 的研究表明，法院和平等就业机会委员会其实并没有强制执行《美国联邦公民权利法》的实质内容；恰恰相反，这些单位不仅只是在遵从象征性的内部体制，包括开办培训、出台反歧视政策、制订投诉程序和设置多元化办公室等，而且还拿几家在《美国联邦公民权利法》之后发展起来的企业作为证据，即使这些企业没有雇用或晋升少数群体，法院和平等就业机会委员会也仍然判定他们实际上遵守了法律。①

不可否认的是，有时这些体制具有重要的表达效果。例如，不歧视政策是将不歧视嵌入企业精神中的第一步，但它们也可能是不合规虚有其表的伪装。打个简单的比方，一家企业可以有一项不歧视政策，但绝不强制执行；它可以雇用一名多元化雇员，但根本不赋予他办公室的相关权力；它可以制定广泛的内部听证程序来处理偏见投诉，但使用审查委员会来否认所有的索赔。尽管如此，这些标志仍然会被法院接受为该企业没有违反《美国联邦公民权利法》的证据；换言之，当受歧视的受害者起诉他们的雇主时，律师和法官常常会搬出这些制度，然后将合规体制的存在与实际合规行为混为一谈。②

其次，Edelman 还发现，在法律层面尊重那些仅具象征意义的合规现象并非偶然，恰恰相反，这属于法律内生性发展的一个组成部分；在这个过程当中，合规专业人士扮演的角色举足轻重却又令人心

---

① Lauren B. Edelman, Working Law: Courts, corporations, and symbolic civil rights, The University of Chicago Press, 2016, pp. 6 – 28.

② Lauren B. Edelman, Working Law: Courts, corporations, and symbolic civil rights, The University of Chicago Press, 2016, pp. 168 – 173.

生沮丧。具体而言，在法律社会学家看来：一方面，法律是社会关系的产物，比如游说、社会运动、官僚机构、对抗性诉讼中的争论和有组织的法律专业人士；另一方面，法律也可以是它所试图监管的环境的产物，法官和立法者要么来自相关行业产业，要么就曾有过代表行业参与者的经验。这种情况与合规官员充分记录相关工作的专业倾向两相结合，他们往往就会依靠速记启发法（shorthand heuristics）来证明相关企业的行为是合规的。如此一来，一种荒唐可笑的法律实践就此产生：不仅法院不会去寻找实质性进展的证据或者相关企业遵守法律原则的证据，而且它们还会屈从于企业所创造的表面合规现象。

再次，就拿最终破坏工作场所反歧视法的法律内生性过程来举例，Edelman 注意到法律内生性一般来说一共有六个阶段：其一，当立法机关通过一项内容含糊不清的法律时，法律内生性的过程就拉开了序幕。具体而言，无论是《美国联邦公民权利法》第七编还是构成反就业歧视法律生态系统的其他法律，它们既没有具体说明"歧视"或"平等就业机会"的含义①，也没有具体说明法院应如何确定雇主究竟是否存在歧视性行为。虽然这些含糊之处可能是立法性起草过程的结果，但是无论起源如何，它们都会让实践中那些负责合规的主体产生截然不同的解释。其二，由于立法上存在模糊性，所以诸如律师、顾问和合规专业人士之类的企业专业人员便开始手握定义法律含义的机会，毕竟作为法律和企业之间的过滤器，这就是他们的职责所在。同时，在公民权利方面，由于人力资源专业人员和内部法律顾问主要负责设计、监测和管理人事政策，所以他们在这一进程中也发挥着不容忽视的核心作用。具体而言，他们会利用模糊法律所带来的回旋余地而得出结论，即他们的目标是尽量减少雇主的诉讼风险，而不是实际上消除偏见、歧视和不平等。其三，接下来，这些专业人员就会根据他们眼中的法律要求来制定以合规为导向的解决方案。具体来说，法律模糊性的存在使这些专业人员能够大大发挥创造性，他们就能在遵守相关法律框架的同时避免实质上干扰自己赖以追求的主要目标，即企业的持续生产力和利润。例如，为了遵守《美国联邦公民权利法》第七编的相关规定，企业就会去起草政策、设立新的办

---

① 42 U.S.C. § 2000e et. seq. (as amended).

公室和职位、建立争端解决机制和报告结构并聘请顾问制定新的方法。随着专业人员与同事们得意扬扬地分享自己的这些绝妙创新做法，这些表面合规的象征性体制就会以迅雷不及掩耳之势传遍整个行业。其四，一旦这些制度和体制就位，法律就相当于得到了"管理"（managerialized）。所谓"管理"就是指企业合规体制开始成为实际适用法律并定期协商法律含义的场所。说得再详细一点，在这种情况下，如果雇员要提出歧视控诉，那么他们不会立即去找法官，而是会去告诉多元化官（diversity officer），多元化官可能会要求雇员提供证据，届时指控可能会移交给内部审查小组。紧接着，内部律师便将参与其中，而企业则将使用看起来非常像对抗性诉讼或争议解决的程序。然而在上述过程的每一个阶段，就确定法律的含义和如何在任何特定情况下适用法律的专业人士们而言，他们恰恰正是那些首先发展和钻研合规体制的内部律师和合规专业人员。其五，一旦雇员想要试图维护自己的权利，企业就会发动这些合规体制来进行反击。相关研究已经表明，不仅企业会为受歧视的受害者设置程序障碍，而且律师还会阻止受害者通过内部程序解决问题，甚至于利用这些合规体制去阻止雇员向法院求助。在 Edelman 看来，这种现象会对法律发动真正变革的能力产生三个负面影响：①它会阻止他人针对侵犯他们权利的行为采取相应行动；②它会导致表面合规体制以真正进步的姿态昂首阔步进入法律意识之中；③它会将少数工作场所歧视诉讼最终转化为关于合规体制而不是公民权利的辩论。其六，法律内生性的最后阶段就是法院对于象征性体制的顺从，抑或是企业合规体制最终嵌入法律的制度解释之中。具体来说，该阶段主要是在三个渐进步骤中发生的：在工作场所歧视案件中，法官将首先指出被告企业已经建立起反歧视制度体系，其中包括多元化官和内部争议解决程序。随着时间的推移，法官所指出的这些内容就会成为歧视行为是否实际发生的事实问题的证据。到最后，一些合规体制与法律意识渐渐变得密不可分，仅仅是这些合规体制的存在就可以被法官作为证明一家企业没有进行歧视性行为的证据。事实上，出现这种情况的原因有很多，它们包括但不限于司法在决策中倾向于启发式、美国联邦法院在具体判例中指出合规体制将有助于被告的案件、歧视案件的双方律师在陈述中日渐频繁地提到这些合规体制①和司法政治等等因素。

最后，经过上述六个阶段之后，合规体制和遵守法律实质性要求混为一谈的效果便就此达到；这些法律内生性情况发生得越多，这些合规体制就会越多地进入我们关于法律要求的集体意识之中。然而要知道，象征性合规和实际合规其实是不相关的两种东西，如果我们把它们混为一谈，那么，关于造就一个更为平等的工作场所的目标就会渐渐土崩瓦解。

（二）隐私权法的法律内生性

如今，上述法律内生性的情况在隐私权法中也缓缓拉开序幕。从《通用数据保护条例》到美国联邦贸易委员会法令，作为模糊化的隐私权规则，它们简直是为供应商以服务于企业而不是消费者利益的方式制定法律而打开了大门，鉴于第三方技术供应商能够将自己的法律观点嵌入技术设计中去，所以相比于立法者和首席隐私官，第三方技术供应商可昂首阔步走上隐私权法社会实践的舞台中心。同时，随着这种现象在整个隐私合规市场上逐渐扩散开来，法律意识也难免会受到影响；法官、律师和用户甚至开始认为，仅仅存在合规体制就足以证明对法律的实质性遵守。

不过，话又说回来。这一情形可能并不会像 Edelman 所担心的那样难以磨灭。② 在接下来的内容中，本文就将建立起隐私权法中的法律内生性叙述，并指出第三方技术供应商为侵蚀实质性隐私保护所立下的"汗马功劳"。

1. 隐私权法的模糊性

首先，即使是聪明机智如律师，隐私权法灵活的定义和标准也常常会让他们感到棘手，毕竟它们相当容易受到技术设计和象征性体制的削弱破坏。当法律采取灵活标准的形式时，虽然实践中的政策制定

---

① Lauren B. Edelman, Working Law: Courts, corporations, and symbolic civil rights, The University of Chicago Press, 2016, pp. 170 – 172.
② Lauren B. Edelman, Working Law: Courts, corporations, and symbolic civil rights, The University of Chicago Press, 2016, pp. 223 – 225.

者有权进行调整、考虑背景变化并评估相关情况下的最佳做法①，尤其是在法庭有机会有发言权之前；但是模糊不清的标准所带来的问题依旧不容小觑。就拿以"惊人的复杂"和"模棱两可"②著称的《通用数据保护条例》来说，它就曾列出过几个广泛的标准，并认为这些标准还需要"随着时间的推移给出具体详细的内容"。而在这些具体的内容出现之前，受监管的企业仍有空间来决定法律的含义。

对此，本文在此只需简单抛出两个例子就足以说明问题：其一，虽然《通用数据保护条例》第25条大力呼吁"设计隐私权和默认隐私保护"，但是除了根据一般的理解认为这一条指的是将隐私权作为新技术设计过程的一部分之外，实践中关于"设计隐私权"究竟为何物仍然是个未知数。即使"第29条工作组"的指导条文曾为我们拨开过一点迷雾，但是除了提出"如果企业能够将隐私权和数据保护置于产品开发的前沿一线，那么，它们就能够确保自己的产品和服务遵守设计隐私权原则"之外，其实也再别无他物。此外，针对设计隐私权，虽然学者们曾提出五花八门的定义，无论是模糊性隐私权原则、隐私增强技术还是一系列价值观念，抑或是提出用设计的"边界和目标去规范产品设计缺陷责任"，如今依旧没有统一的说法。总而言之，在欧盟法院制定出明确的规则之前，这种模糊性必然将持续存在。其二，《通用数据保护条例》的同意要求也同样语焉不详。根据《通用数据保护条例》，如果企业想要收集用户普通的非敏感数据，那么用户的同意必须是"不模糊的"；如果企业想要收集用户的敏感数据，其中包括但不限于身心健康信息、种族、族裔或性取向，那么用户的同意就必须是"清晰明确的"。虽然"不模糊的"和"清晰明确的"这两个概念明显存有差异，但是《通用数据保护条例》本身或任何解释性文件却都没有澄清究竟有哪些行为能够使得用户的同意变得"清晰明确"而不仅仅是"不模糊"。打个简单的比方，尽管第29条工作组指出，"应当明确的是，如果数据主体只有修改默认

---

① See Lawrence Lessig, The Path of Cyberlaw, 104 YALE L. J. 1743, 1744 – 1745 (1995).

② Alison Cool, Europe's Data Protection Law Is a Big, Confusing Mess, *N. Y. TIMES* (May 15, 2018).

选项的设置才能拒绝数据处理行为（即基于沉默的同意），那么他们的使用行为本身并不会构成清晰明确的同意"，但是它却从未明确说明究竟需要采取何种积极性行为才能构成清晰明确的同意。①

其次，我们不妨再来看看美国的情形：除了《通用数据保护条例》之外，美国的隐私权领域专业人士还必须将美国联邦贸易委员会的同意法令纳入企业经营之中。虽然作为事实上的美国联邦隐私监管机构时日已久②，但是美国联邦贸易委员会的同意法令中往往包括许多模棱两可的要求，而这就会给予实践中的各方专业人士以广泛的自由来确定法律在实践中的含义究竟是什么。事实上，这一点在美国联邦贸易委员会的评估要求上体现得可谓淋漓尽致：根据同意法令，在法令的生效期内，美国联邦贸易委员会要求它控制范围内的企业大约每两年就需要提交一次评估，并且这种评估必须要由具有足够经验的"合格、客观、独立的第三方"审计人员来完成。具体而言，企业既需要描述具体的隐私控制机制、根据企业的规模和范围评估它们的充分性并解释它们是如何满足美国联邦贸易委员会的要求的，又要证明这些机制确实在有效地运行。虽然这看上去已经足够具体得挑不出什么毛病，也没有给错误留有什么余地；但是评估毕竟不是审计，它们还是会给受监管的企业留下回旋的空间。要知道，审计是独立的第三方分析，审计人员往往自己审查证据并做出独立于审计主体的结论；评估则往往基于来自管理层的断言，而不是来自审计人员完全独立的分析，并且这种评估通常是由管理层设定的目标而构成的。换言之，本来应该是作为评估对象的企业实际上却可以确定评估的依据，这就相当于在赋予企业一些预先确定结果的权力。

除了评估要求之外，美国联邦贸易委员会另一个模棱两可的标准就是要求企业向他人提供"充分"的通知。就拿 FTC v. Frostwire, LLC 一案③来说，在该案中，美国联邦贸易委员会认为针对用户必须采取几个步骤才能保护某些文件隐私这件事，该企业并未能"充分

---

① Art. 29 Data Protection Working Party, Opinion 15/2011 on the Definition of Consent 36 (July 13, 2011).

② 15 U.S.C. §45 (a) (1) (2016).

③ Complaint for Permanent Injunction and Other Equitable Relief, FTC v. Frostwire, LLC, No. 1: 11-cv-23643.

告知用户 Android 文件共享应用程序的这一隐含要求"。而在 In FTC v. Echometrix 一案①中，美国联邦贸易委员会则认为 Echometrix 隐私政策中的广泛声明过于模糊不清，以至于该隐私政策"根本未能充分披露"企业的数据收集制度。再比如在 In re Sears Holdings Management Corp 一案②中，美国联邦贸易委员会最终得出的结论就是，Sears 的长期法律许可协议"并没有充分披露软件应用程序在安装时"会监控用户的一系列行为。在上述几个案例中，虽然美国联邦贸易委员会一再重申"充分"二字，但是它却从来没有阐明过"充分"的含义，而是选择一种渐进式的普通法方式。毫不夸张地说，在美国联邦贸易委员的隐私权法律体系中，唯一没有留出解释余地的就是它的底线基本规则：永远不要撒谎。

再次，其实模棱两可的法律和灵活多变的标准早已不是什么新鲜事，毕竟语言和立法起草过程的局限性往往会导致法律和规则将自己的意义和细节留给解释它们的人。事实上，就像普通法源远流长的历史一样，关于标准和规则的争论也由来已久。Margot Kaminski 就曾指出，只要我们将《通用数据保护条例》与解释工具（包括第 29 条工作组的报告）结合起来，《通用数据保护条例》中那些看似模棱两可的术语就会变得清晰起来。而在 Dan Solove 和 Woodrow Hartzog 看来，从美国联邦贸易委员会的同意法令中，律师和隐私权领域专业人士也完全可以拼凑出到底什么是和如何构成"充分"的通知。③

最后，就《通用数据保护条例》和美国联邦贸易委员会同意法令的解释而言，它们既不是平白无故出现的，也不一定就必然带有第 29 条工作组或美国联邦贸易委员会的某些意图；恰恰相反，这些解释往往是由受偏见、社会影响和机构压力影响的活生生的人做出的。根据美国联邦贸易委员会自己的统计，其实平均每年只有 10 起左右与隐私权有关的案件而已，这必然会大大限制律师从案例中收集经验

---

① Complaint for Permanent Injunction and Other Equitable Relief, FTC v. Echometrix, Inc., No. CV10-5516 (E. D. N. Y. Nov. 30, 2010).

② Complaint, In re Sears Holdings Mgmt. Corp., FTC File No. 082 3099, No. C-4264 (F. T. C. Aug. 31, 2009).

③ Daniel J. Solove & Woodrow Hartzog, The FTC and the New Common Law of Privacy, 114 COLUM. L. REV. 658-661 (2014).

教训并找到清晰的法律来源。① 退一步来说,即使律师能够找到足够清晰的法律来源,美国联邦贸易委员会和数据保护机构也只有在旷日持久的调查和诉讼之后才有机会做出正式裁决,而在此之前,不仅企业可以利用它们的先发优势从而在法庭有发言权之前就巩固自己对法律的解释②,而且还能够根据企业而不是消费者的价值观来大肆解释那些模糊的术语。一言以蔽之,随着法律解释的责任越来越多地从律师转向第三方技术供应商的工程师,《通用数据保护条例》和美国联邦贸易委员会的想法和意图只会逐渐消失在遥远的天边。

2. 从风险规避的角度来界定企业所要承担的法律义务

(1) 从上述内容中,想必大家已经不难认识到隐私权法的模糊性;在这样的背景下,当地的隐私权领域专业人士难免有机会(和责任)来以一种使遵守成为可能的方式去翻译法律对其雇主的要求。正如 Edelman 所描述的那样,这些隐私权领域专业人士"既会使某些法律或规范对雇主来说可见或不可见,又会将这些法律与组织生活紧密地构造在一起"。在这样做的过程中,他们相当于是在塑造"法律的美学";换言之,不仅他们将决定有哪些法律能够通过过滤器,而且他们还会决定相关法律义务究竟是何种模样。在 Edelman 看来,在关于实施(或缺乏)《美国联邦公民权利法》方面,人力资源方面的专业人士和律师占有举足轻重的地位;③ 而在隐私权领域,律师、首席隐私官和相关工作人员则应承担主要的法律过滤作用,最好是根据法律的基本目的来规定企业的法律义务,即创造更强有力的隐私保护,并保护他人免受掠夺性数据收集行为的影响。④

不过,这其实更像一种触不可及的理想化类型。要知道在实践中,第三方技术供应商在构造隐私权法的要求方面越来越积极,除了

---

① Daniel J. Solove & Woodrow Hartzog, The FTC and the New Common Law of Privacy, 114 *COLUM. L. REV.* 600 (2014).

② See, e.g., William T. Robinson & Sungwook Min, Is the First to Market the First to Fail? Empirical Evidence for Industrial Goods Businesses, 39 J. MARKETING RES. 120, 126 (2002).

③ Lauren B. Edelman, Working Law: Courts, corporations, and symbolic civil rights, The University of Chicago Press, 2016, pp. 78–82.

④ See also Assembly Bill 375, Sec. 2.

它们之外，内部律师、企业律师、管理顾问甚至是营销专业人士也在扮演着重要却令人沮丧的角色。事实上，虽然第三方技术供应商的作用不容小觑，但是它们的力量其实并未得到充分探索——基于主要的来源研究，包括访谈、营销文献、行业期刊文章、博客和白皮书，这些第三方技术供应商总会将隐私权义务限定在狭义的层面上，要么就集中在企业风险规避上，要么就集中在更广泛的隐私权义务上。换言之，忽略隐私权的灵活标准是常有的事，第三方技术供应商总是会采用易于编程的、但内容差强人意的规则。[1] 即使是首席隐私官千辛万苦地企图带来一个宏伟强大的、亲近消费者的并且基于信任的隐私权愿景，发生这种情况也依旧是常有的事情，因为第三方技术供应商很可能会将这种承诺毁于一旦。此外，在过去的三年里，差不多已经出现过170多家企业在试图满足相关组织的信息性和技术性需求，即遵守《通用数据保护条例》和美国联邦贸易委员会同意法令的相关要求。然而，根据本文的研究，虽然第三方技术供应商口口声声地说他们正在将专业知识付诸实践，并且他们还以实干家的身份标榜自己。但是，在正儿八经"实施"隐私权法、创建系统、开发合规软件和满足企业需求方面，这些第三方技术供应商不仅主要在设计用于反映关于合规应该是什么样子的规范决策的工具，而且所描绘的愿景往往以管理为重点和以合规为导向，而不是稳健型或消费者友好型。

（2）虽然对市场上每一个第三方技术供应商都进行分析不在本文的讨论范围之内，但是根据对第三方技术供应商产品、营销策略和人员的研究，以及对第三方技术供应商高管和与他们合作的隐私权领域专业人士的访谈表明，这些企业中的一部分正在以专家的身份标榜自己，并且它们在将相关工具营销为一种在遵守具体法律规定方面易于使用的"万金油"；而另一部分企业则专注于隐私权法的可编纂部分，并且它们往往会基于工程师对法律规定的解释进行编纂和构造。打几个简单的比方：其一，就拿 JLINC 实验室（JLINC Labs）来说，作为一家总部坐落于奥克兰的企业，JLINC 实验室有13名雇员，不过，其中一名律师都没有，而该实验室就曾声称自己的同意管理技术

---

[1] See Danielle Keats Citron, Technological Due Process, 85 *WASH. U. L. REV.* 1249 (2008).

可以"轻轻松松帮助它遵守任何数据相关的法律规定"。其二，Nymity 的隐私合规软件曾声称是"《通用数据保护条例》已就绪"，并且对"组织获得、维护和展示持续化的合规状态"大有裨益。其三，不仅 Fair Warning 曾向医疗保健服务提供者推销隐私权和安全解决方案，而且它还声称自己的程序能够"完全解决第二阶段《美国联邦健康保险携带和责任法》（HIPAA）的五个审查协议要素，并部分解决了其余 26 个要素"。其四，ZLTech 也曾提供"《通用数据保护条例》已就绪的解决方案"，并明确声称自己的识别、最小化和管理个人数据使用的工具能够使客户符合《通用数据保护条例》的多方面要求。总而言之，在进入这个要求合法合规技术的市场之时，这些第三方技术供应商正在逐步将它们设计中对法律要求的特定愿景进行实例化。[1]

（3）概括来说，隐私合规技术总共可以分为五类，它们大多数都能够反映对模糊性法律的特定解释：

第一，受众最大的类别就是第一类隐私合规技术，即由 99 个第三方技术供应商所提供的技术。这一类隐私合规技术的主体主要是那些能够帮助企业了解它们拥有哪些数据、如何收集数据和谁可以访问这些数据的第三方技术供应商。具体而言，这些第三方技术供应商能够提供数据发现工具和数据映射工具，比如那些由高级元数据和密码云（CipherCloud）创建的工具，这些工具既有助于企业确定它们拥有什么样的个人数据，又能告诉企业这些数据是如何在一家企业中流动的。同时，这一类隐私合规技术还包括网站扫描器，这些网站扫描器既能识别嵌入式小型文本文件和跟踪器[2]，又能识别那些决定谁能够访问信息的活动监视器。如此一来，企业不费什么力气就能遵守几项相关法律要求，其中包括：用户获得、纠正和接收正在收集和正在处理的个人数据副本的权利，《通用数据保护条例》的相关文件、安

---

[1] See Joel R. Reidenberg, Lex Informatica: The Formulation of Information Policy Rules Through Technology, 76 *TEX. L. REV.* 553, 554-555 (1997).

[2] See, e.g., Jerry Kang, Information Privacy in Cyberspace Transactions, 50 *STAN. L. REV.* 1193, 1227-1229 (1998).

全性要求，以及美国联邦贸易委员会的隐私权判例，等等。① 此外，虽然信息收集工具并不总是会蓄意触及法律规定，就好比 BigID 提供的服务只会为企业提供数据地图和分析；但是为了收集遵守隐私权法所必需的数据，这些工具中的许多技术设计不得不反映第三方技术供应商对"个人信息"的法律定义的解释，即州、国家和国际隐私权规则所适用的数据类别。值得注意的是，许多第三方技术供应商往往只专注于帮助企业管理"个人可识别信息"或个人可标识信息（PII）。② 现行法律主要规范的是"个人数据"和"个人信息"，这两种信息既远远超出了个人可标识信息的范畴，又采用的是看似非敏感的数据可以被分析从而创建私密信息的方式。这也就意味着，尽管有合规的保证，但是由于对法律规定的解释有所出入，所以一些第三方技术供应商可能会让相关企业的处境岌岌可危。

第二，由 65 家第三方技术供应商根据隐私专业人员国际协会提供的评估管理软件。简单来说，该软件可以将隐私程序的日常工作自动化，其中包括操作隐私影响评估（PIAs）、培训雇员、向监管机构填写和提交合规文件。说到隐私影响评估，无论是《通用数据保护条例》还是美国联邦贸易委员会都曾明确要求在签署同意令后，受监管的实体必须要进行长达 20 年的持续监测和报告。然而，由于隐私影响评估如今被外包给第三方技术供应商软件，所以隐私影响评估往往反映的都是该软件设计者所解释的法律要求。根据隐私专业人员国际协会的说法，虽然大多数企业都还是在使用它们的内部法律团队进行隐私影响评估，但还是有 15% 的企业使用的是第三方技术供应商设计的模板，而这些模版可能和律师创建的模板或由政府机构提供的模板大相径庭。举例来说，CyberSaint Security 就常常在营销自己的模板，并保证使用该平台的企业完全可以"立即看到自己在《通用数据保护条例》和《公平信息实践》方面的合规状况"或"任何框架和标准"。可是需要注意的是，该平台产品反映出一个问题，那就是该平台允许企业维护和更新合规问卷，而所有的这些问卷都是由

---

① See, e. g., In re HTC Am. Inc., FTC File No. 122 3049, No. C-4406, at 3 (F. T. C. July 2, 2013).

② See, e. g., Cognigo, Achieve GDPR Compliance in Days, Not Months.

CyberStrong 自己创建的。

第三，由 48 家第三方技术供应商提供的可以跟踪和记录用户同意的管理软件。为了有效充当合规好帮手，这些工具必须要进行编程，这样才能更好地识别、区分和获取不同类型的法律同意——要知道，这些法律同意的类型五花八门，每一个都有不同的法律定义，比如明确的、清晰的、可验证的、书面通知的，等等。虽然识别和区分这些法律同意困难重重，但是第三方技术供应商却往往将自己的软件营销为一种全面无懈可击的同意解决方案。例如，3PHealth 曾开发出一个移动平台，该平台允许他人对共享个人信息享有"完全的控制"，并且该平台还自我标榜为"简单、一致、全面的数据隐私权和个性化导航框架"。需要注意的是，该平台产品反映出一个问题，那就是在应用程序中，相比于区分不同隐私权法所需要的不同同意类型，第三方技术供应商仿佛更喜欢标准化的选择模式。虽然这种标准化的同意类型足以应付绝大多数情况，但即使如此，它也在一定程度上反映出第三方技术供应商对隐私权法有关同意的一种编程化解释。

第四，由 26 家第三方技术供应商设计的去识别化工具。针对不同州、国家和国际性法律对于数据匿名化或假名化的要求，该工具能够让企业按照不同的状态安全地处理相关个人数据。不过话又说回来，这些法律给法律解释留下了不少空间，因为这些第三方技术供应商的工程师往往能够决定所使用的匿名化技术类型和所适用的数据子集。就拿 Arcad Software 来说，它的"DOT 匿名器"就是通过"隐藏或匿名化相关数据的个人元素"来"进行设计从而满足《通用数据保护条例》的最严格要求的"。可是需要注意的是，这种设计往往需要对法律所定义的"个人元素"进行编程，而这恰恰是第三方技术供应商没有加以解释的一个过程。

第五，由 29 家第三方技术供应商提供的紧急事件响应平台。根据《通用数据保护条例》的要求[1]和美国每个州的法律规定，该平台能够在适当通知企业的情况下帮助企业迅速应对数据违规行为。在该语境下，大致有两类第三方技术供应商：第一类就是像 Proofpoint 这样的第三方技术供应商，它们往往将自己定位为一种遥遥领先并能够

---

[1] See GDPR, art. 33, at 52.

应对数据威胁的技术性资源,不过它们可不会乖乖承诺自己会遵守相关法律规定;第二类第三方技术供应商则恰恰相反,它们往往会针对自己的工具给出法律结论,并且会将保证法律合规作为紧急事件响应平台的一个组成部分。例如,Resilient就曾严正声明,它的隐私模块旨在指导企业"通过正确应对数据泄露事件来帮助企业满足监管期限的要求"和其他《通用数据保护条例》所包含的要求。同时,Resilient既会告诉企业它们应该告知哪些部门、"应该如何告知它们和需要哪些信息",又会为这些目的提供相应的专有模板。① 可是需要注意的是,如果要做到这一点,那么,Resilient就必须将对法律的解释编程进这些指导、建议和模板之中。

(4)综观这些第三方技术供应商,将平台构造成避免违规风险的投机取巧方法的可不在少数。ZLTech将自己的"《通用数据保护条例》已就绪解决方案"作为避免"前所未有的制裁风险"的巧妙方法;② "软件即服务"提供商Clarip则称自己为"帮助品牌最小化隐私风险的下一代数据隐私平台"。不过,话又说回来,还有一些第三方技术供应商对待风险的方式可截然不同。就拿Spearline来说,除了提供一个合规管理平台之外,Spearline还允许企业识别和修补数据安全风险。毫无疑问,虽然并不是所有第三方技术供应商都认为自己的作用是降低企业违规风险,但是它们中的大多数仍然遵循着这一模式。一方面,这种风险焦点在相关文献中也可见一斑。比如,大家对《数据保护和隐私权》或许早就有所耳闻,作为一本提供国际隐私权发展分析的行业期刊,该期刊前五卷中的几篇文章无一例外都将重点放在最小化企业风险方面。例如,在"基于风险的隐私方法:风险或商业保护"这一篇文章当中,作者就认为《通用数据保护条例》要求隐私保护机制与用户所面临的风险数据处理需要成正比。③ 不

---

① See Monica Dubeau, Resilient Platform Adds GDPR Regulations, Helping Organizations Address 72-Hour Notification Requirement, IBM RESILIENT BLOG (May 24, 2018).
② See, e.g., Kon Leong, The GDPR Puzzle, INSIDE BIG DATA (Sept. 7, 2017).
③ See Giulio Coraggio & Giulia Zappaterra, The Risk-Based Approach to Privacy: Risk or Protection for Business?, 1 J. DATA PROTECTION & PRIV. 339 (2018).

过，无论是本文的大部分内容还是其余两篇实用性指南①，它们都将目光集中在如何使用隐私影响评估来减轻企业面临《通用数据保护条例》惩罚的风险上面。事实上，虽然隐私影响评估理所应当帮助企业"识别和评估对他人隐私权的潜在威胁、讨论替代方案并为每个企业确定适当的风险缓解措施"②，但是如果一家企业仅仅想要避免自身的风险，那么它也完全可以把隐私影响评估看作一种记录对隐私复选框方法且快捷方便的纸质追踪文件。另一方面，这种风险框架在隐私合规的场景中也屡见不鲜。隐私专业人员国际协会和 Trust Arc 曾联合发表过一项研究，研究的重点就是根据不合规行为对企业造成的风险来对《通用数据保护条例》的不同部分内容进行优先级排序。③ 同时，相关组织还曾将数据最小化作为降低企业风险的一种方式并为此主持过几次网络研讨会，专家们在会上指出，数据保护合规的重中之重就是"用尽千方百计去降低新隐私权法给企业带来的风险"。④ 虽然专家这一席话最终鼓励许多企业纷纷将隐私官安置在风险管理部门，⑤ 但是这也给隐私权法本身带来一种决定性的影响。换言之，虽然只收集某一特定目的所需的尽可能多的数据确实能够降低诉讼风险或调查风险，毕竟《通用数据保护条例》确实白纸黑字要求的就是数据最小化；但是要知道，这一要求的初衷其实是要减少与收集和处理个人数据相关的隐私风险。⑥ 从狭义上来说，所谓数据最小化意味着企业要尽可能多地保护自己免于承担责任；而从广义上来说，所谓数据最小化则属于尊重用户意愿的数据使用方法的一个组成

---

① See, e.g., Alan Calder, Richard Campo, & Adrian Ross, EU General Data Protection Regulation (GDPR): An Implementation and Compliance Guide, 142 – 1458 (2018).

② See Kenneth A. Bamberger & Deirdre K. Mulligan, PIA Requirements and Privacy Decision-Making in U.S. Government Agencies, in PRIVACY IMPACT ASSESSMENTS, 225 – 274.

③ IAPP & TrustArc, Getting to GDPR Compliance: Risk Evaluation and Strategies for Mitigation (2018).

④ See, e.g., Webinar, the Role of Risk Management in Data Protection, Jan. 23, 2015.

⑤ See Kenneth A. Bamberger & Deirdre K. Mulligan, New Governance, Chief Privacy Officers, and the Corporate Management of Information Privacy in the United States: An Initial Inquiry, 33 *LAW & POLY* 477, 488, 493 – 494 (2011).

⑥ See, e.g., GDPR, recital 75, at 15.

部分。

（5）将数据隐私权法框架界定为一种基于企业风险的法律框架其实没什么好大惊小怪的。通过说服高管将风险框架视为一种高度优先事项，风险框架实际上完全可以扛起鼓励法律合规的重任，特别在一些高管仍然认为隐私权与企业利润目标不一致的情况下就更是如此。要知道，征收4%全球收入罚款的风险可不是开玩笑的，这必将大大有助于让隐私合规成为企业的核心使命。同时，从内生的政治角度来看，风险框架的意义也同样不容小觑：通过强调不合规的种种风险，隐私权领域专业人士就可以在最高级别的企业决策中监视一些举足轻重的领域；如此一来，他们既能在企业中占有一席之地，又能在企业政策方面拥有自己的话语权。[①] 此外，风险框架对第三方技术供应商来说也是一件大好事，因为风险框架不仅能够让第三方技术供应商大大增加自己的市场份额，而且还能突出强调它们所提供服务的重要性。[②] 就连隐私专业人员国际协会都发现，为了满足相关法律的复杂技术要求，受《通用数据保护条例》监管的组织和企业最有可能在第三方技术供应商身上砸钱。

（6）虽然风险框架的好处多，但如果我们的目标是遵守隐私权法的实质性目标，其风险框架还是有不少值得商榷的地方：其一，风险框架过于狭隘，它往往专注于避免问题而不是去实现一些明确肯定的目标，即更大的用户控制、隐私权和安全。其二，风险框架不够完整。事实上，相比于管理风险，隐私权所包含的内容还远远不止这些，隐私权其实还包括管理他人的期待、管理他人对默默无闻的渴望、管理他人对信任的需求和管理他人对将数据传输给第三人的天然厌恶感。换言之，如果企业沿着狭窄的风险缓解小路行走，那么这样只会分散企业对更重要、更具实质性任务的宝贵注意力。其三，风险框架有点目光短浅。要知道，通过增强他人的信任，隐私权其实完全可以反过来助商业一臂之力，特别是当企业创新和将隐私权作为商业

[①] Lauren B. Edelman, Working Law: Courts, corporations, and symbolic civil rights, The University of Chicago Press, 2016, p. 97.

[②] Lauren B. Edelman, Working Law: Courts, corporations, and symbolic civil rights, The University of Chicago Press, 2016, p. 98.

的许多隐私政策只是徒有虚名罢了。笔者曾采访过的一位工程师指出，协议对设计产生任何实质性影响的情况少之又少。正如一位前工程师所言，"虽然我们确实需要在设计隐私权、法律和营销方面下点功夫"，但这一过程其实是"合规式的"。他指出："我至今仍然记得我的经理告诉我，'隐私权检查完毕，我们可以继续了'。"事实上，三位受访者有一种感觉大同小异，那就是尽管审核新设计是隐私权领域专业人士的本职工作，但是隐私团队其实打从心眼里并不想真正阻碍这些新设计。"没有人想成为创造力的绊脚石"，谷歌的一位前工程师一针见血地指出，"我不能百分之百地打包票，但是我肯定隐私权也不想成为创造力的绊脚石。总之，隐私权领域专业人士和隐私团队并没有伸手阻止我们去做我们的工作"。由此我们不难看出，企业大多时候只是将内部合规规则简化为流于表面的象征性体制罢了。

除了企业隐私政策之外，关于第三方技术供应商究竟是如何仅仅使用象征性体制，并干扰隐私权法的实质性实施，另一个典型例子就是美国企业回应美国联邦贸易委员会的"评估"要求的方式。先说说评估，就像 Google① 和 Facebook② 常常被要求的那样，评估要求往往是美国联邦贸易委员会众多武器中唯一真正的撒手锏。③ 毕竟该要求表面上需要一个合格的、独立的第三方机构来验证企业的合规情况到底如何。也恰恰由于这个原因，评估要求往往会被认为是改变行业生态环境或巅峰行业规则的武器（game changer）。④

可是大家万万没想到，由于半路杀出的第三方技术供应商帮助将这些评估要求转化为象征性合规体制，所以评估要求所要达到的目标终究只能化为泡影。打个简单的比方，美国联邦贸易委员会希望通过评估来确保 Google 拥有一个隐私小组、一个持续和灵活的隐私评估

---

① See, e.g., Agreement Containing Consent Order, at 4, in the Matter of Google, Inc., Docket No. C-4336, No. 102 3136.

② See Agreement Containing Consent Order, at 6-7, in re Facebook, Inc., Docket No. C-4365, No. 092 3184, at 5 (F.T.C. Nov. 29, 2011).

③ Daniel J. Solove & Woodrow Hartzog, The FTC and the New Common Law of Privacy, 114 COLUM. L. REV. 583 (2014).

④ Jessica Leber, The FTCs Privacy Cop Cracks Down, *MIT TECH. REV.* (June 26, 2012).

过程、与能够保护数据的第三方技术供应商保持良好关系和其他一些相关要求①；但从相关报告的编辑版本来看，评估报告的内容几乎完全基于 Google 提供的简洁的结论性语言。例如该报告指出："为了确定合理可预见的内部和外部重大风险，也为了明确遵守美国联邦贸易委员会的命令，Google 已经完成隐私风险评估过程。"同时，作为这一简明扼要陈述的证据，该报告只是提请读者注意 Google 对审查人员问题的答复，而并没有给出任何实际证据。最终该报告得出结论："鉴于 Google 的隐私控制运作具有足够的有效性，所以，Google 绝对能够提供合理的保证来保护所涉及信息的私密性。"我们要知道，这一结论其实仅仅建立在"附件一中管理层声明的附件 A 中所规定的 Google 隐私计划"的基础之上。换言之，能够显示 Google 符合美国联邦贸易委员会要求的唯一证据竟然是 Google 自己对此的声明。此外，由于相关评估完全可以通过未经独立调查的粗略、简明的陈述来完成，所以这一事实也在表明，美国企业回应美国联邦贸易委员会"评估"要求的方式也不过只是一种象征性合规体制罢了。

综上所述，由于第三方技术供应商总是提供几乎完成的、有时甚至是已经完全完成的评估报告来表明合规情况，所以本来作为有效监督工具的评估要求几乎被侵蚀殆尽——CyberSaint 得意扬扬地表示"自己的评估报告相当于已经审计完毕的报告，并且该报告根本无须人类费心费时的努力来制作"；Nymity 也口口声声地说自己提供的模板"已经具有 60% 的完整度并且能够灵活地满足相关要求"和企业的业务重点，从而使监管"合规变得轻而易举"。②虽然对于那些试图降低成本和将大把工作时间花费在审查文件的隐私权领域专业人士来说，第三方技术供应商提供的这些产品简直是大救星；但是与此同时，由于这些产品根本没有深入探讨实质性内容，所以它们也在助长象征性合规体制的歪风邪气。

4. 隐私权法的管理化

虽然形式大于实质这一点已经毋庸置疑，但是我们要知道，这些

---

① See, e.g., Agreement Containing Consent Order, at 4, In the Matter of Google, Inc., Docket No. C-4336, No. 102 3136.

② Interview with Paul Lewis, FIP, CIPM, CIPT, CIPP/C, CISSP, Senior Privacy Office Solutions Advisor, Nymity, Washington, D.C. (Feb. 27, 2018).

合规体制如今已经扩散到整个隐私生态系统之中。隐私专业人员国际协会发现，在2017年，投资第三方技术供应商荣登最受欢迎的隐私合规策略第二名。① 对企业来说，决定要不要投资第三方技术供应商的唯一障碍其实就是兜里有没有资金："只要企业有预算，第三方技术供应商就会活跃在市场上。"② 此外，隐私博客和各大隐私权会议也正在通过各种新的和频繁的分析来将注意力转向外包隐私合规这一全新的领域。③

事实上，通过隐私权领域专业人士网络的传播，象征性合规体制如同星星之火一般逐渐呈燎原之势。④ 具体而言，同一家第三方技术供应商可能会与五花八门的企业携手合作，然后第三方技术供应商又会和一些咨询企业倾情赞助隐私权领域专业人士。⑤ 就拿隐私专业人员国际协会关于第三方技术供应商的年度报告来说，这让参与年会的成员轻而易举就能够获得一份经过策划的潜在合作伙伴名单。⑥ 通过在研讨会和会议上的偶然互动，隐私权领域专业人士会热火朝天地相互分享关于顾问和第三方技术供应商的经验和建议。紧接着，科技企业就会顺理成章地将隐私合规相关事宜外包给同一系列第三方技术供应商。这也就促成了组织社会学家 Paul Di Maggio 和 Walter Powell 所说的"同构"（isomorphism），而所谓同构就是指同一市场上的企业以类似的方式运作、雇用和建立体制的倾向。⑦

除了同构现象之外，象征性合规体制的广泛传播造成的另一个结果就是，这些合规体制和它们的设计者开始渐渐成为定期协商、解决和实施隐私权法的一号核心地带。正如 Edelman 在讨论反歧视法的管

---

① See also IAPP & EY, IAPP-EY Annual Privacy Governance Report iv-v (2017).
② IAPP & TrustArc, How Privacy Tech is Bought and Deployed, 2 (2018).
③ See, e. g., Jeff Northrop, 50 Shades of the Privacy Profession, PRIVACY TECH (Feb. 8, 2015).
④ See Mark Granovetter, The Strength of Weak Ties, 78 AM. J. SOC. 1360, 1363 – 1366 (1973).
⑤ See Privacy Security Forum, 2018 Sponsors.
⑥ See Iapp, 2017 Privacy Tech Vendor Report (2017).
⑦ See Paul J. DiMaggio & Walter F. Powell, The Iron Cage REVisited: Institutional Isomorphism and Collective Rationality in Organizational Fields, AM. SOC. REV. 147, 147 – 149, 153 (1983).

理时所言,那些解释政策和管理内部审查程序的合规专业人员已经开始成为法律解释和法律实施的中心人物。事实上,隐私权法内部也正在上演着惊人雷同的这一幕:即使内部隐私专业人员用尽千方百计,将隐私合规事宜外包给顾问和第三方技术供应商,将隐私权法转移给第三方技术供应商工程师之势也仍旧势不可挡。

打几个简单的比方:其一,为了便于为企业编制合规问卷从而完成、评估风险水平并向监管机构报告,当 Cyber Saint 通过自然语言处理算法提供一项新的隐私权法或网络安全法时,Cyber Saint 和它的工程师们其实正在悄然变身为隐私权法过滤器,因为他们,或者更准确地说他们设计的算法完全能够决定法律需要什么,以及企业必须采取什么措施才能达到法律的合规要求。其二,拿 Nymity 来说,不仅 Nymity 会向企业提供一份清单来向它们展示究竟应当如何将隐私权融入设计和企业体制之中,而且它的自动合规工具还能够"具有60%的完成度……并且能够帮助企业填写模板的其余部分"从而完成合规文件。虽然这些工具可能会使 Nymity 的客户企业效率满满,但是关于这些工具如何运作、究竟什么构成合规,这一系列决策却是由 Nymity 工程师很久以前所做出的。其三,虽然当 Radar 提供数据泄露事件的响应管理时,它声称自己是在"根据联邦、州和国际法生成一个具体的紧急事件响应计划和通知指南",并"提供所有必要的文件来支持企业根据相关法律规定所要承担的举证责任",[①] 但是,其实此时 Radar 才是法律协商的核心所在,因为 Radar 的工程师早已经嵌入他们自己所理解的法律报告和合规系列文件之中。其四,作为一个自称为"多效合一"的完整合规管理工具,Aura Portal 的"《通用数据保护条例》加速器"既有模板、日志和系统,又有"预先设计的流程来遵守相关法律规定"。虽然许多其他的第三方技术供应商也纷纷做出过类似的保证,但是无论怎么说,隐私权法如今都确确实实正在由远离监管机构和首席隐私官办公室的工程师进行解释和分析。

此外,第三方技术供应商往往还会通过从管理的角度讨论隐私权

---

① Radar, Product Data Sheet, Incident Response Management: Simplify Compliance with Automated Multi-Factor Risk Assessment.

来促进隐私权法的管理化。就拿就业歧视来说，Edelman 注意到，虽然《美国联邦公民权利法》专门提及种族歧视和性别歧视的问题，但是当地的合规专业人员还是更倾向于将他们的工作放在多样性方面，并为增加多样性提供管理化理由（即利润）而非社会理由。这样做就会导致一个结果，那就是即使是那些关心种族平等和性别平等的企业高管，他们也会渐渐开始以更模糊的措辞并通过企业利润的视角来思考多样性问题。事实上，隐私权领域所遭遇的处境和上述就业歧视领域"半斤八两"：不仅一些第三方技术供应商举着提高效率和生产力，同时降低罚款风险的大旗推销它们的隐私工具，而且它们还从营销的角度来看待隐私合规体制：如果用户觉得自己的隐私权受到保护，那么他们便更有可能继续与数据收集者共享自己的个人信息。要知道，截至目前，隐私专业人员国际协会既主办过网络会议，又发表过各种各样的博客，重点就在于讨论第三方技术供应商的效率和生产力效益。当企业开始认识到隐私权对商业好处多多时，用户从中收到的好处也少不了，但是真相却是这种价值观主张会从帮助用户转为帮助企业。

在这种情况下，第三方技术供应商往往会大力推进管理化目标，而不是实质性的隐私目标。然而，就诸如效率、生产力和利润之类的企业目标来说，它们通常会被认为与监管立法的实质性法律目标处于针尖对麦芒的紧张关系之中，比如平等、不歧视他人的隐私权。然而话又说回来，正如 Julie Cohen 和其他人所言，[1] 其实压根没有这样的冲突，即监管与创新之间水火不相容，更具体地说，隐私权必须给企业目标让道。总而言之，虽然有不少隐私权领域专业人士绞尽脑汁大力主张隐私权和深入、实质性地遵守隐私权法。[2] 然而现实却往往背道而驰，如今企业往往运用象征性合规体制来推进管理化目标，从而伤及用户的利益。

5. 管理化和合规意识

（1）之所以会发生上述这些情况，主要就是因为围绕隐私权所

---

[1] See, e.g., Julie E. Cohen, What Privacy Is For, 126 HARV. L. REV. 1904, 1919 – 1920 (2013).

[2] See Michael Spadea, Getting Your Board on Board, Part II, IAPP (Sept. 1, 2012).

使用的管理辞令和合规体制的激增在潜移默化地影响大家对合规的看法。换言之，如果我们从企业管理的角度来理解隐私权法，即认为隐私权法侧重于管理公司风险、寻求监管和利润之间的平衡和加强创新，那么我们往往就会认为，按照这些法律规定所发展起来的象征性合规体制足以构成对法律的遵守。这种看法在所有人的法律意识中是如此根深蒂固，以至于随着时间的推移，压根没有人考虑这种看法到底能不能站得住脚。这种现象造成的直接后果就是他人的隐私权重重受挫，因为他们会渐渐认为隐私权法根本就救不了他们。

（2）这不是耸人听闻，因为这一幕正活生生地在我们身边上演。正如 Joe Turow 所言，即使企业隐私政策仅仅是简单的数据使用行为声明而不是什么保密承诺，用户也自顾自地假设拥有隐私政策的网站就会实际上保护他们的隐私权。再如 Woodrow Hartzog 所言，用户和政策制定者常常会混淆用户对隐私权的控制结构，比如同意按键、从左到右切换、小型文本文件同意甚至是"选择－加入"按键，在此，本文仅举几个与实际用户授权和隐私权有关的例子。而这里的问题在于，正如 Hartzog 所明确指出的那样，"用户控制根本无法进行拓展。在控制机制下，大量的选择将用户直接淹没，这简直就是所谓的徒劳无功"。[①] 就选择本身而言，虽然从技术上来说，选择往往被认为是严格法律所要求的，比如《通用数据保护条例》，但是它如今却逐渐变了味，因为它已经开始成为一个把隐私管理的负担从科技企业转移到用户身上的简单策略；可是我们要知道，科技企业实际上处于有效解决隐私问题的优势位置，而用户却并非如此。难怪在 2018 年美国参议院听证期间，Facebook 的老大 Mark Zuckerberg 曾高达 53 次提到要给用户更多的选择权和更多的控制权。[②]

（3）在本文看来，如今的隐私保护现状岌岌可危。一方面，第三方技术供应商其实在一种反消费者的法律环境中运作，不仅权利动

[①] See Woodrow Hartzog, Privacys Blueprint: The Battle to Control The Design of New Technologies (2018).

[②] See Facebook, Social Media Privacy, and the Use and Abuse of Data, Hearing Before the Committee on the Judiciary and the Commerce, Science, and Transportation Committee (2018).

员已经困难重重,而且起诉要求①和其他障碍还会阻碍隐私权诉讼的原告使用侵权法、合同法和隐私权法来维护他们的隐私权;另一方面,就连美国联邦贸易委员会要求企业彻底改变它们的隐私和安全方法的权力也在受到审查。不仅如此,现行法律的同意模式对科技企业规定的只是最低限度的义务,同时还会给予它们充分的机会去通过设计来操纵用户。然而纵使情况已经如此恶劣,大多数用户甚至还不愿意去了解他们的隐私权,就因为很多企业高管和自封的专家都说隐私权早已经消亡殆尽。

(4)第三方技术供应商使得这一问题的情况雪上加霜,特别因为它们总是专注于能够揭示来龙去脉的合规"案底"(paper trail)。这样的例子比比皆是:就拿ComplianceLog来说,它既能为制定内部隐私规则、网站隐私政策和市场本身提供支持,又能够帮助企业"记录它们正在接触的数据",这样一来,如果数据保护机构进行调查,那么,企业就可以不慌不忙地提供相关报告上来。再如,PossibleNow,通过收集明示同意、小型文本文件同意和其他偏好并提供"合规案底",它能够"确保企业已经符合监管性合规要求",即确保企业已经遵守《通用数据保护条例》《美国联邦加利福尼亚州消费者隐私权法》和其他隐私权相关法律的规定。虽然《通用数据保护条例》中也包含文档记录的要求,即企业需要提供报告来证明根据美国联邦贸易委员会的同意法令,它们已经采取过"合理和适当"的措施来保护用户的隐私权;但是令人大跌眼镜的是,这些第三方技术供应商往往会将合规体制(记录)与实际合规(遵守《通用数据保护条例》的要求)混为一谈。就《通用数据保护条例》关于文档记录的要求而言,虽然该要求的目的就是想要让企业证明它们已经遵守《通用数据保护条例》的所有法律要求;但是《通用数据保护条例》第30条本身其实是一种手段而并非目的。然而,许多第三方技术供应商却总是将合规文档记录视为终极目标,并将自身营销包装为一种通过为审查要求做准备来帮助企业实现《通用数据保护条例》合规的模样。打个简单的比方,Compliance Point 就保证它的 OnePoint 平台能够"使各企业实施一种统一的方法来遵守《美国联邦健康保险

---

① See Spokeo v. Robins, 136 S. Ct. 1540 (2016).

携带和责任法》、《美国联邦信息安全管理法》（FISMA)、《网络安全框架》和《通用数据保护条例》等法律规定"。同时，该产品和它的市场定位也几乎完全集中在"降低准备审查所需的成本、时间和精力"上面。

（5）就将文档记录作为《通用数据保护条例》的目的重点而言，不仅这一行为将象征性合规体制上升为实际合规的证据，而且它还会掩盖隐私权法的实质性内容，并阻止用户和决策者采取更加强有力的行动。或许大家都对大名鼎鼎的、有关监禁有色人种穷人的 Gideon v. Wainwright 一案①有所耳闻，Paul Butler 就曾针对该案的影响提出过大同小异的论点：Butler 认为 Gideon 把关注焦点都选择放在一项程序性权利，即聘请律师的权利上，而这就会掩盖"穷人辩护的真正危机"，即监狱是为穷人而非富人设计的。② 换言之，通过确保足够的代表性来"使刑事司法系统披上合法、公正和保护普通老百姓的外衣"，这就足以阻止任何人去继续深入挖掘一些深埋其中的问题。Butler 最终得出结论指出："虽然从表面上来看，Gideon 一案给穷人带来的好处似乎远不只是象征性的，毕竟它要求美国联邦各州都要为穷人慷慨支付律师费，但事实上 Gideon 一案的后续却表明，象征性权利和物质性权利之间的区别可能比实际看起来还要更明显"。③ 要知道，隐私权法所面临的情况也如出一辙——虽然隐私权领域专业人士和第三方技术供应商对文档记录的热切关注为技术设计、数据使用和信息流的合法性提供了一种方便快捷的象征性合规体制，但是这些内容的内核仍然无法被掩盖，那就是它们对用户造成的伤害不可估量。

（6）风险框架对隐私权造成的影响也不容小觑。事实上，当第三方技术供应商专注于提供帮助企业根据隐私权法管理公司风险的工具时，相比于关注法律在实质上所要求的内容，它们关注的其实更多是到底做什么才能对它们的客户企业有好处。就像 Edelman 公司在研

---

① 327 U. S. 335 (1963).

② See Paul Butler, Poor People Lose: Gideon and the Critique of Rights, 122 *YALE L. J.* 2178 (2013).

③ See Paul Butler, Poor People Lose: Gideon and the Critique of Rights, 122 *YALE L. J.* 2198–2199 (2013).

究中指出的一样，不仅大把风险管理律师都建议建立象征性体制，好让雇主看起来仿佛在尽最大努力改善工作场所的平等，而且一些第三方隐私技术供应商也正在销售它们的产品，并把这些产品营销包装为避免调查、审计和法律挑战的巧妙捷径。毕竟在风险叙事语境下，这类行为均能大大有助于阻止权利动员和监管调查。①

6. 隐私权法中象征性合规体制的遵守

（1）当法律内生性叙述成为我们对法律的集体意识的一部分之后，当象征性合规体制被律师、法官和监管机构作为遵守法律的实际证据而加以利用时，法律内生性叙事就会得到充分的循环。总的来说，这一循环过程主要有提及、相关联和遵守三个步骤。具体而言，如果法官仅仅在判决中提到象征性合规体制，那么，这就会进入第一个"提及"阶段；如果法官发现存在与回答法律或事实问题相关的象征性合规体制，那么，这就会进入第二个"相关联"阶段，如法官会判断存在内部争议解决程序与企业是否遵守相关法律规定相关联；如果法官认为存在某种具有决定性的合规体制，那么，这就会进入最后的"遵守"阶段。在就业歧视的语境下，Edelman 发现在整个法律中，遵守象征性合规体制的证据比比皆是——律师会在辩护状中列出这类证据，法官会提及这些内容并指出它们是合规的证据，甚至就连原告的律师也会将它们作为禁令救济的目标。② 然而，由于让第三方技术供应商帮助企业遵守《通用数据保护条例》等法律，所以，想要评估第三方技术供应商在巩固法律内生性方面的作用实在是相当棘手。③ 虽然有不少第三方技术供应商都将自己营销包装为一种能够轻松提供符合合规标准的合规案底和所需文件的模样，但是法院和监管机构目前还尚未以任何官方或系统的方式认可这些产品。总之无论如何，不管承认与否，这一法律内生性循环过程已经从起点出发。

（2）自从 20 世纪 90 年代中期以来，美国联邦贸易委员会便开

---

① Lauren B. Edelman, Working Law: Courts, corporations, and symbolic civil rights, The University of Chicago Press, 2016, pp. 165 – 167.

② Lauren B. Edelman, Working Law: Courts, corporations, and symbolic civil rights, The University of Chicago Press, 2016, pp. 171 – 173.

③ See also The History of the General Data Protection Regulation, European Data Protection Supervisor.

始实施一项基本上属于自我监管性质的隐私权制度，这也使得业界自此能够开始制定有关辩论的条款。如此一来，如果美国联邦贸易委员会想要评估个别企业究竟是否遵守相关法律规定，那么它很多时候就会遵循行业惯例，在数据安全领域就更是如此。打个简单的比方，企业通常会信誓旦旦地承诺用户信息是加密的、安全有保障的或者足够受保护的，而当出现数据泄露事件时，美国联邦贸易委员会就会依靠行业的习惯性做法即惯例来确定企业最初到底应该做什么的基本标准。就拿 United State v. ValueClick 一案来说，在该案中，美国联邦贸易委员会声称 Value Click "没有按照行业标准加密敏感信息"。①而在 Re Eli Lilly & Company 一案中，美国联邦贸易委员会则声称该企业未能使用"行业标准安全套接字层进行加密"。② 不过，虽然行业惯例长期以来一直是普通法衡量合理谨慎的标准，但是即使是行业惯例也必须具备合理性，这里本文建议对行业惯例要进行两步合理性分析：一方面，通过从行业的启发式设定开始，相关分析需要变得内生化，从而给企业一个设置需要被反驳的假设的机会；另一方面，即使我们接受行业惯例在美国联邦贸易委员会隐私权"普通法"中的关联性，它也仍然说明了受监管实体会按照自己受到判断的方式去设定判断基准。

（3）美国联邦贸易委员会有时还会遵守其他的行业象征性合规体制——在 TrustArc 开始发行隐私"印章"来证明网站的隐私政策符合某些标准和规范之后，美国联邦贸易委员会便开始将这些印章作为企业合规的证据。③ 就拿 FTC v. Toysmart. com 一案④来说，在该案中，美国联邦贸易委员会指出 Toysmart 已经成为"一个认证在线企业的隐私政策并允许此类企业展示信任标记或隐私印章的特许挂牌组织"。⑤ 由于美国联邦贸易委员会参考和提及的是一个由第三方自行

---

① See, e. g. , Complaint for Civil Penalties, Permanent Injunction, and Other Equitable Relief at 12, 14, United States v. ValueClick, Inc. , No. CV08-01711MMM（RZx）.

② Eli Lilly, 133 F. T. C. at 765.

③ See Complaint, In the Matter of True Ultimate Standards Everywhere, Inc, No. 1323219, at 4.

④ FTC v. Toysmart. com, LLC, No. 00-11341-RGS.

⑤ FTC v. Toysmart. com, LLC, No. 00-11341-RGS.

开发的合规体制,所以这种做法相当于将 TRUSTe 的隐私印章推向法律意识的层面;而正如 Solove 和 Hartzog 所言,这将会推动更多的网站来创建隐私政策。①

(4)《通用数据保护条例》也开始将行业象征性合规体制纳入其中。在过去的 20 年中,有一类隐私领域专业人士突然涌现在我们的视野之中,他们先是出现在金融和卫生部门,后来又将触角伸向其他各行各业。现如今,如果你在 LinkedIn 上轻点鼠标搜一搜"首席隐私官""副首席隐私官"或其他作为中上层管理人员的隐私职位,那么,你就会发现差不多有众多的人正在兢兢业业地从事着这些工作。在认识到从企业内部倡导隐私权的重要性之后,《通用数据保护条例》便开始要求企业必须要雇用数据保护官员,并让他们"参与涉及个人数据保护的所有问题"。虽然该要求的重要性不容置喙,但是数据保护办公室其实也属于一种合规体制,如果像研究表明的那样,即数据保护办公室被边缘化、得不到支持或与技术设计过程脱节,那么,它也会最终沦为象征性合规体制。

(5)虽然这些象征性合规体制的规模看起来似乎尚不足为惧,但有一点颇为令人担忧,那就是它们很可能会对法官和监管机构产生锚定效应。所谓锚定效应是指一种认知偏见,在这种偏见中,他人在做出决定时往往会过于依赖最初获取的信息。② 在锚定效应的语境下,由于像隐私印章或首席隐私官办公室这样的象征性合规体制可能会给大家留下深刻印象,所以它们将来便有可能会在司法部门成为正式人员决定或监管命令;这也就意味着到那个时候,即使隐私印章毫无意义,抑或是首席隐私官办公室并不能影响到产品设计或数据使用,大家也会凭借这些证据认为企业是合规的。总而言之,虽然第三方技术供应商的产品还没有正式进入法律之中,但是锚定效应仍然有可能在未来不断上演。

---

① Daniel J. Solove & Woodrow Hartzog, The FTC and the New Common Law of Privacy, 114 COLUM. L. REV. 583 (2014).
② See, e.g., Timothy D. Wilson et al., A New Look at Anchoring Effects: Basic Anchoring and Its Antecedents, 125 J. EXPERIMENTAL PSYCH. 387, 387–388 (1996).

(三) 外包的风险

在隐私专业人员国际协会看来，第三方隐私技术供应商的增加在很大程度上是一种积极的发展，毕竟隐私权领域专业人士"现如今可以在几十家第三方技术供应商中寻找解决方案，以此来应对《通用数据保护条例》和其他法律所带来的挑战"。[①] 事实上，这只能反映有众多市场参与者的好处罢了，而不能反映工程师做出法律结论会带来任何价值和有效性。在本文看来，将第三方技术概念化为法律合规问题的解决方案会带来重大风险，这些风险有些是实际风险，还有些则是系统性风险。

1. 实际风险

为了向有需要的隐私权领域专业人士大力推销，隐私合规技术往往会通过颇具说服力但不一定诚实坦白的广告来营销自己。在2018年的第三方供应商隐私技术报告中，隐私专业人员国际协会曾审查过每一家相关企业和产品，然后发现广告和现实之间的脱节可不是一星半点：在大多数情况下，虽然几乎72%的第三方技术供应商都会在某一时刻将它们的产品和服务定位为能够实现《通用数据保护条例》的合规，[②] 但事实上，它们中的大多数都只能满足《通用数据保护条例》众多要求中的两三个而已。负责任地说，压根没有一家第三方技术供应商能够提供满足前述全部五类服务的产品。然而，考虑到《通用数据保护条例》一些要求的含义具有不确定性，再加上被认定为不合规就会陷入对财务困境的焦虑不安，隐私权领域专业人士或者他们支持的企业高管受到上述这些广告和承诺的影响简直如同家常便饭，毕竟第三方技术供应商可以把他们从水深火热之中解救出来。要知道，这不仅使得利用第三方技术供应商市场对隐私权领域专业人士来说危险重重，特别是当第三方技术供应商在功能上将隐私权法削减到可用代码代替的程度时，而且一旦企业内部人员将购买合规技术与实际解决问题混为一谈，这种包容性不足的合规技术还可能会反过来大大增加企业面临行政罚款的风险。

[①] See Iapp, 2017 Privacy Tech Vendor Report (2017).
[②] See Iapp, 2017 Privacy Tech Vendor Report (2017).

同时，并非所有企业内部人员都会赞成外包这种做法，因为将隐私合规相关事宜外包给第三方技术供应商也会对行业产生某些不对等的影响。事实上，外包的成本往往会比内部处理更低，毕竟后者需要内部技术专家、新雇员的大量工资、配套福利、系统性的时间和能力。虽然像微软这样的商业巨头可以在内部处理大部分合规问题时游刃有余。比如，它在 2019 年 1 月便开始向用户提供合规支持服务；但是事实上，正如隐私专业人员国际协会和 TrustArc 最近指出的，预算受限或许可以解释究竟为什么许多企业没有聘请任何机构来帮助操作数据映射、列出数据清单或实施隐私影响评估。

退一步来说，即使对于那些打算寻求第三方技术供应商的企业来说，规模和预算也是不容小觑的问题。事实上，聘请第三方技术供应商也需要搜集资料，除了一系列明确的目标、持续的关系维护、雇员培训、技术评估之外，企业还需要将相关技术融入企业实践和日常之中。爵士制药公司的首席隐私官 Denise Farnsworth 就曾良心建议，在聘请第三方技术供应商之前，企业应当首先"仔细检查企业的相关规章制度，然后确定相应的合规事宜"。IBM 加拿大公司的首席隐私官 Anick Fortin-Cousens 也曾指出："对于第三方技术供应商和聘请它们的企业来说，供应商管理是一项举足轻重的工作。不仅整个实施过程需要历经多个回合，而且作为一种货真价实的伙伴关系，第三方技术供应商和企业之间还需要分配资源。我们和第三方技术供应商之间每天和每周都有互动。"① 同时，一旦第三方技术供应商的产品开始启动和运行，那么便会有后续一系列工作等着企业来做，其中包括培训和将产品的使用融入企业文化之中。② 一言以蔽之，上述所有的这些内容都需要砸入大量时间和金钱，而这恰恰是小公司和初创企业心有余而力不足的两件事。

不过，这对于财大气粗的大企业来说就不算事了，大企业不仅可以利用内部专家来对潜在第三方技术供应商进行广泛的尽职调查、测试和背景调查，而且还可以利用优越的议价能力来使第三方技术供应商的产品符合企业利益的最大化，它们甚至还可以在琳琅满目的产品

---

① See Iapp, 2017 Privacy Tech Vendor Report (2017), at 22.
② See Iapp, 2017 Privacy Tech Vendor Report (2017), at 25.

中选购到最好的产品。然而，鉴于这些第三方隐私技术内嵌有法律解释，所以大企业往往会利用规模优势来以有利于它们自身而非竞争对手和用户的方式来构建隐私合规体制。

2. 系统性风险

虽然上述这些担忧就可能足以让隐私权领域专业人士停下他们的脚步，但是还有更多的系统性风险正在悄然逼近。

首先，对于社会上具备专业知识的专家来说，将法律决策外包给工程师就是一项不小的威胁。如今，许多第三方技术供应商正在将它们对法律要求的解释编程到自己的产品之中，以便方便快捷地为企业提供法律问题的解决方案，可是这种法律工作却往往都是在没有律师的情况下进行的。[①] 就拿 Advanced Metadata 来说，虽然它声称自己大加利用"20 年的数据科学和信息管理经验"，但是它的 3 名员工却都是数据分析师。再比如，提供基于云的数据映射服务的 Cipher Cloud 最近召开过一次网络研讨会，虽然它的战略高级副总裁和营销副总裁（他们都不是隐私权领域专业人士或隐私律师）声称，CipherCloud 基于云的工具可以帮助企业"通过四项关键能力达到《通用数据保护条例》的合规要求"，但是这也只是销售人员得出的法律结论罢了。事实上，如果在没有法律专业知识的情况下做出法律决策并将这些决策编到代码之中，那么不仅制造出不良产品的风险会大大增加，而且通过暗暗地将法律解释和法律实施技能定性为可常规化的、非理性的、不完善的或过于人性化的，这还会对法律和隐私权领域专业人士构成重重威胁。正如 Frank Pasquale 所说，关于任何工程师、企业家或商人都可以将隐私权法及其所需的人类判断和谈判巧妙地编程到机器中的想法，这些想法往往会忽略人类学专家所带来的"定性评估……重新校准和风险调整定量数据的谦卑意愿"。[②]

其次，通过编程代码翻译法律也只能涵盖隐私权法中可以进行编程的部分内容。许多隐私合规技术往往都含有一个认识性错误，那就

[①] See Ari Ezra Waldman, Designing Without Privacy, 55 HOUSTON L. REV. 659 (2018).

[②] See Frank Pasqaule, Professional Judgment in an Era of Artificial Intelligence and Machine Learning, at 2.

是它们往往会假设隐私权法可以被简化为人工智能可以识别的因素，可是事实却并非如此。要知道，隐私权的内容无所不包，除了合规案底和数据地图之外，它还涉及人与人之间的关系、模糊性、可负担性和情境期待。然而，即使是顶尖技术产品，它们也无法捕捉到上述所有这些内容。

再次，通过将隐私权法协商的中心从受过法律培训的专业人士转移到受过技术培训的专业人士身上，第三方隐私技术供应商也直接扭转了话语权的方向。具体而言，他人所使用的语言往往塑造着他们对正统性、现实和合法性的理解与看法。正如福柯（Foucault）所言，"话语传递并产生权力"。① 不仅如此，无论是批判性种族理论学者还是女权主义学者，他们针对话语权所提出的观点也如出一辙。② 虽然他人对隐私权的社会理解是以五花八门的方式进行书写和讨论的，并且这些理解有时还是相互冲突、重叠和不和谐的，但是通过噪声，他人还是可以接触到话语权的。

举几个例子来说：其一，当 Alexa 公司悄悄聆听着用户所说的一切内容时，用户会感觉到"相当毛骨悚然"；其二，"匿名化"能够保护他人免受数据泄露的影响；其三，他人想要更多的"控制权"来控制自己的信息；其四，他人会"信任"亲密好友能够保守自己的秘密。如果要将这种话语权转换为技术语言的话，那么，它们可能就是二进制代码、源代码、受贸易保密保护的"黑匣子"算法和智能机器，而这种转换往往会使得技术学家摇身一变成为社会的新统治者和社会控制的独裁者。概括而言，在这样一个由第三方技术供应商决定法律的要求，并将这些要求设计成合规工具的世界中，法律话语渐渐开始成为编程话语；而这既会剥夺他人的权力，让他们无法获得由技术驱动的隐私话语权，又会再次给予隐私权法的承诺以重重一击。

最后，通过编程代码翻译法律还会大肆破坏正当程序。虽然隐私

---

① See also Gerald Turkel, Michel Foucault: Law, Power, and Knowledge, 17 *L. & SOCY REV.* 170, 172 (1990).

② See, e.g., Charles R. Lawrence, If He Hollers Let Him Go: Regulating Racist Speech on Campus, 1990 *DUKE L. J.* 431, 444 (1990).

技术确实能够体现隐私权法所要求的特定愿景，但是发生实例化的设计过程却几乎完全隐藏在他人面前。要知道，从传统上来看，法律往往是公开解释的：立法听证是公开记录，立法历史是法律解释的组成部分，司法意见有经过设计的解释，每个州和联邦政府都有要求相关政策行为向社会公众公开的公开记录法。此外，法律通常还包含维护法律合法性的程序性正当程序和实质性正当程序。正如 Danielle Citron 所指出的那样，将法律决策转向自动化技术这一趋势会让上述这些保障措施逐渐消失殆尽，从而使他人变得孤立无援。① 一言以蔽之，越是要求用"黑箱"算法来实施法律，公共治理项目就会越来越支离破碎。②

四、重现隐私权法昔日的承诺

行文至此，在构建隐私权法中的法律内生性叙事时，本文认为，数据保护法中的模糊性使得企业在以促进企业利益而非他人利益的方式去制定法律要求方面有了可乘之机，尤其是第三方技术供应商的工程师正在实例化他们的愿景，即将法律要求转化为给企业提供合规解决方案的技术产品，从而使得隐私权法谈判协商的中心渐渐与立法机构甚至是首席隐私官办公室渐行渐远。要知道，这可能会使形式凌驾于实质之上从而催化形成表面上似乎符合法律的合规体制，可是作为象征性合规体制，它们实际上却会破坏保护数据主体隐私权的立法目标。如前所述，如果法律赋予象征性合规体制以官方认可，或是象征性合规体制开始填补最初产生它们的模棱两可的法律条文所留下的空白，那么法律内生性循环的最后一个阶段就会开始上演，而这必将使隐私保护和法治变得岌岌可危。不过，现在采取行动仍然还有扭转局面和翻盘的可能。

当然，隐私权领域专业人士在聘请和与第三方技术供应商合作时应当尽职尽责。③ 除此之外，为了鼓励工程师尊重强有力的隐私权概

---

① See Danielle Keats Citron, Technological Due Process, 85 *WASH. U. L. REV.* 1249 (2008).

② See, e. g., Houston Fed. of Teachers v. Houston Ind. Sch. Dist., 251 F. Supp. 3d 1168, 1180 (2017).

③ See Iapp, 2017 Privacy Tech Vendor Report (2017).

念，并将隐私权纳入企业精神、实践和日常生活的角角落落，本文接下来还将讨论一些必要的法律和结构性改革。值得注意的是，如果第三方技术供应商运作的外部法律环境发生变化，或是它们的工作方式和向隐私权领域专业人士推销自己的方式发生新变化，那么，这些都有可能会改写本文迄今所描述的早期法律内生性叙述。

(一) 法律改革

(1) 通过让合规专业人员来解释模糊性法律规定的含义，法律不仅往往会助力传播象征性合规体制，而且通过结合复选框合规、管理化和侵蚀消费者价值观的话语和过程，只会空给企业价值观加油罢了。事实上，无论是通过系统性的还是特定的方式，法律都还能做得更好。

(2) 当务之急是我们必须赶紧远离隐私权法的业务性愿景，因为这些愿景极易受到象征性合规体制的影响。截至目前，几乎所有涉及个人数据保护的方法都建立在简化版公平信息实践（FIPs）的基础之上，即美国联邦住房、教育和福利部（HEW）于1973年制定的一套隐私权原则。虽然无论是美国联邦住房、教育和福利部的报告还是经济合作与发展组织（OECD）的一套类似准则，都无一例外地都建议用户应当被通知相关数据使用行为、有机会更正数据、接收数据收集的目的和范围限制以及对相关数据的任何二次使用做出同意，并且其中两项建议，即通知和同意已经渐渐成为国际隐私权法不可或缺的支柱，甚至于骄傲号称世界上最全面的数据保护法的《通用数据保护条例》本质也是以同意为基础的一套制度。但是，无论是通常以隐私政策形式出现的通知，还是通常表现在用户点击接受服务条款勾选框中的同意，它们都存在不少缺陷。[①]

一方面，用户既不能在隐私政策中充分处理信息[②]，也不能合理地处理为他们设计的每一个按键、单击框、复选框和相关设置，从而

[①] See Neil Richards & Woodrow Hartzog, The Pathologies of Consent, 96 *WASH. U. L. REV.* (forthcoming 2019).

[②] Joel R. Reidenberg et al., Disagreeable Privacy Policies: Mismatches Between Meaning and User' Understanding, 30 *BERKELEY TECH. L. J.* 39, 40, 87–88 (2015).

将他们的同意传递给数据收集者。① 另一方面，由于通知和同意具有纯粹的业务性质，并且往往受限于发布文档和单击按键，所以它们往往极其容易受到象征性合规工具的影响；换言之，它们不费吹灰之力就能在按键或切换键中进行编程，好让用户做出同意的意思表示。由此可见，基于通知和同意的法律制度已经深深陷入技术解决主义的泥潭，而那些机会主义的第三方技术供应商则正在一旁虎视眈眈地伺机而动。

（3）幸运的是，我们的面前并不是死路一条——其一，Woodrow Hartzog 曾大力呼吁利用合同法、侵权法和消费者权益保护法来规范新技术的设计。其二，Jonathan Zittrain、Jack Balkin、Dan Solove、Danielle Citron 和我都认为，数据收集者应该被视为他人信息的受托人，因此，与医生、律师和受托人之间的关系大同小异，数据收集者也应当承担类似的照顾义务、忠诚义务和保密义务。其三，夏威夷参议员 Brian Schatz 在第 115 届国会结束时所提出的一项提案中的一些想法也与上述观点不谋而合。虽然这并不是说，该提案获得通过就不会受到象征性合规体制的破坏和侵蚀，但是至少能够先把隐私权法引向背后有几个世纪的普通法清晰性做支撑的古老标准，而不是轻易就把法律简化为简单粗暴和不够包容的冰冷代码。

（4）将法律的其他方面予以明确化和具体化也有助于重拳打击法律内生性叙述的现象。打个简单的比方，英国信息专员办公室（UKICO）就曾发布指导文件，并给出过一些符合《通用数据保护条例》法律标准的设计类型的具体例子。例如为了满足《通用数据保护条例》第 7 条提出的同意要求，英国信息专员办公室建议，"所谓明确肯定的'选择-加入'（opt-in）方法可能包括签署同意声明、口头确认、以同等重要程度呈现的二元选择或将技术设置从默认模式中切换出来"。相比之下，缺乏类似明确性信息的美国可就相形见绌了②，这也就是为什么美国联邦贸易委员会亟须一种通过编写相关规

---

① See Woodrow Hartzog, The Case Against Idealizing Control, 4 *EUR. DATA PROTECTION L. REV.* 423, 428–429 (2018).

② See, e.g., CAL. DEPT OF JUSTICE, PRIVACY ON THE GO: RECOMMENDATIONS FOR THE MOBILE ECOSYSTEM (2013).

则来证明自己权威的能力。要知道,相关机构制定规则的目的就在于将模糊的法律要求予以明确化、根据法律要求提供明确的通知、提供参与公共治理的机会并全面解决社会公众和企业所面临的种种问题。① 然而,由于受到马格纳森－莫斯规则制定(Magnuson-Moss Rulemaking)中"程序性负担"(procedurally burdensome)流程的限制②,而该流程又要求美国联邦贸易委员会必须进行全行业范围的调查、准备报告、提出规则、参加一系列公开听证会并考虑其他替代性选择③,所以,美国联邦贸易委员会在长达37年的时间中都没有实施过该流程。④ 如此一来,由于缺乏制定规则的权力,所以,美国联邦贸易委员会制定的隐私权相关规定往往都会欠缺清晰度。同时,正如Citron所言,美国联邦贸易委员会往往并不愿意就相关调查发出明确具体的结函。⑤

如果想要弄清楚美国联邦贸易委员会所使用的特定术语或短语到底意味着什么,那么,唯一的方法就是求助于它以前颁布过的同意法令。⑥ 然而,相比于规则制定所能达到的清晰程度,普通法分析在通常情况下都会心有余而力不足。例如,如果仅仅适用《美国联邦贸易委员会法》第5条的话,那么该条规定只能够禁止"不公平和具有欺骗性"的行为和任何其他的隐私权法律规定;而规则制定则恰恰相反,它既可能会直接切断法律的内生性叙述过程,又能够限制相关人员将模糊性法律规定进行管理化的能力。

(5)在更微观的层面上,美国联邦贸易委员会还必须成为更积

---

① See William S. Jordan III, Ossification Revisited: Does Arbitrary and Capricious Review Significantly Interfere with Agency Ability to Achieve Regulatory Goals Through Information Rulemaking?, 94 *NW. U. L. REV.* 393, 394 (2000).

② Daniel J. Solove & Woodrow Hartzog, The FTC and the New Common Law of Privacy, 114 *COLUM. L. REV.* 583 (2014).

③ FTC, Rulemaking: Operating Manual, Chapter Seven.

④ Daniel J. Solove & Woodrow Hartzog, The FTC and the New Common Law of Privacy, 114 *COLUM. L. REV.* 583 (2014).

⑤ See Danielle Keats Citron, The Privacy Policymaking of State Attorneys General, 92 *Notre Dame L. REV.* 747 (2017).

⑥ See Danielle Keats Citron, The Privacy Policymaking of State Attorneys General, 92 *Notre Dame L. REV.* 585 (2017).

极的、针对第三方技术供应商的监管机构。在它对第三方技术供应商市场的第一次调查中,尽管 TRUSTc 已经承诺每年都会对那些获得第三方技术供应商所追求的隐私印章的企业进行重新认证,但是美国联邦贸易委员会仍然对 TRUSTe 提起诉讼并声称它不符合要求。不过就像绝大多数美国联邦贸易委员会的调查一样,针对 TRUSTe 的诉讼只是扳着指头都数得过来的违背承诺判例中的又一个判例罢了。然而事实上,第三方技术供应商并没有违背它们对他人的承诺;恰恰相反,一些第三方技术供应商实际上正在通过破坏隐私权法来颠覆他人对数据保护的期待。在本文看来,如果第三方技术供应商在合规能力方面误导企业,并最终在如何保护隐私权方面大肆欺骗最终用户,那么美国联邦贸易委员会理所应当享有法定权力去控制该行业。①

(6) 美国联邦贸易委员会的审计也必须在有效性方面再加把劲。对此,证券监管领域的模式可能对解决这个问题大有裨益。不知大家可曾听说过鼎鼎有名的《萨班斯－奥克斯利法》(the Sarbanes-Oxley Act),作为一部美国联邦证券交易委员会于 2002 年颁布的法案,该法案要求上市企业必须拥有完全独立的审计委员会,不仅该委员会主要负责检查有问题的财务报告,并负责"任命、补偿和监督"企业的独立审计人员,而且该委员会还必须包括至少一名财务专家,并有匿名报告可疑会计事项的机制。同时,《萨班斯－奥克斯利法》一直都将内部审计团队作为商业模式的基石:虽然审计团队长期以来总是被视为简单的成本中心,但是它们现在对于公司治理和法律合规来说都是至关重要的一环。除此之外,《萨班斯－奥克斯利法》还要求企业高管必须签署财务报表,从而确保更多的参与并建立他们对诚信的责任感。②

从《萨班斯－奥克斯利法》的方法之中我们或许也应当悟出点门道,这样我们便既能够激励美国联邦贸易委员会授权的审计行为,又可以增强企业内部隐私团队的能力,毕竟其中许多团队也常常被视

---

① Daniel J. Solove & Woodrow Hartzog, The FTC and the New Common Law of Privacy, 114 COLUM. L. REV. 667–676 (2014).

② See Sarbanes-Oxley Act, §302; 17 C. F. R. §§228.

为成本中心。① 正如前面所讨论的那样，在没有经过任何深入独立调查的情况下，有数不胜数受美国联邦贸易委员会同意法令约束的企业往往会通过评估或认证来满足相关审计要求。针对这种情况，不仅萨班斯-奥克斯利风格的规则能够更好地管理审计委员会和独立审计人员，而且这种规制还能够确保隐私权法被更好地遵守，并防止隐私审计走向管理化。此外，为了让企业高管认真专心地对待隐私问题，要求他们签署相关隐私审计文件也不失为一个策略。

（二）第三方隐私技术供应商的新方法

事实上，通过向企业提供他们需要遵守法律的相关信息，被外包的技术仍然可以在隐私权法生态系统中发挥无与伦比的重要作用。由于信息资源公司往往不会给出法律结论，所以当它们需要提供相关法律信息时，它们就不得不与隐私权领域专业人士精诚合作。隐私权领域专业人士就曾报告说他们对这类产品的需求相当旺盛，因为如果不知道到底有哪些数据，也不知道法律究竟要求什么，那么，法律合规就只能是天方夜谭。②

就拿 TeachPrivacy 来说，作为一项由隐私权法学者 Daniel Solove 运营的隐私权领域专业人士培训服务，通过提供相关法律的说明和描述行业最佳实践，TeachPrivacy 能够帮助相关人员得心应手地完成他们的工作。具体来说，TeachPrivacy 为用户提供了 123 门课程，其中一些短的课程也就 2～5 分钟，并且这些课程的内容相当丰富多彩，其中包括"隐私权意识完整培训计划""个人数据的生命周期"和一系列关于《美国联邦健康保险携带和责任法》的课程。有趣的是，作为 LinkedIn 上动不动就撰写解释性文章的红人和受万人景仰的学者，Solove 在 TeachPrivacy 上也是一位相当活跃的明星博主。

再说说同样将自己营销包装为隐私信息提供者的 DataGuidance。该平台既会总结归纳新的隐私权法相关法律规定，又会创建比较图表，从而使用户能够看到世界各地的隐私权法相关规定、了解他们需要做什么才能够符合合规要求并打印出相关文件。在该平台上，内部

---

① Iapp & Trustarc, Measuring Privacy Operations 12 (Dec. 5, 2018).
② See Iapp, 2017 Privacy Tech Vendor Report (2017).

隐私分析人员与"400多个隐私权领域专业人士"携手合作，并在全球范围内向用户提供这些关于隐私权法特定领域的监管更新内容、法律解释、网络研讨会和相关视频。在这样做的过程中，DataGuidance 逐渐将隐私合规生态系统中的一个举足轻重却长期缺位的角色予以填补；换言之，它并不处理任何企业的合规事宜，它只是为企业提供这样做的工具罢了。

值得一提的还有作为一种数据工具出现的 BigID，它既能够扫描企业所拥有的所有信息，又能够识别个人信息。前文已经提到过，这可能需要工程师去识别什么是"个人信息"，什么又不构成"个人信息"，不过这对 BigID 来说根本不算事，因为它通过两种方式就将这个问题一举解决：一方面，BigID 中隐私权领域的首席专家 Debra Farber 是一名隐私权领域的律师，而他会直接参与产品的设计；另一方面，对产品的展示表明，该平台还允许自己的业务用户去决定究竟哪些信息能够构成法律规定的"个人信息"。换言之，通过为用户创建一个地图，用户可以根据自己的需要和他们对法律的解释来对指定适用的法律进行调整和明确。虽然该平台可能无法自动解决解释错误的问题，但是它却的的确确能够避免法律结论的编程化进程。

综上所述，相比于承诺会帮助用户符合《通用数据保护条例》《美国联邦加利福尼亚州消费者隐私权法》《美国联邦健康保险携带和责任法》或任何隐私权法的合规要求，如果采用上述这些更温和的方法，那么，不仅像 TeachPrivacy、DataGuidance 和 BigID 这样的信息提供者就大可不必冒着承诺太多或提供不兼容解决方案的风险，而且还能够与律师携手合作。同时，正如 DataGuidance 所亲口承认的那样，由于法律专家的加入对于激发用户的"信任"和"信心"来说大有裨益，所以采用这种方法的企业可能会更有可能在竞争惨烈的市场上站稳脚跟。

值得注意的是，虽然有些企业可能根本无法承担聘请全职或兼职法律专家的成本，但是这并不意味着隐私合规市场就此对包括初创公司在内的第三方技术供应商关上大门。就拿 Airloak 来说，作为一家总部设在柏林的初创公司，它的 7 名员工中没有一名律师。[①] Airloak

---

① See Iapp, 2017 Privacy Tech Vendor Report (2017).

将自己标榜为"第一个《通用数据保护条例》级别的匿名解决方案",并可以提供"即时隐私合规服务"。换句话说,虽然Airloak承诺自己的匿名化工具将通过创建真正的匿名数据来帮助企业免于受到《通用数据保护条例》的约束,但是这只是技术专家得出的一个法律结论罢了。为了将用户对该产品的任何担忧疑虑都统统打消,Airloak采取了一种三管齐下的方法:其一,它发起了一个世界性的"漏洞赏金"计划,该计划旨在要求技术专家攻击系统并识别匿名数据集中的任何单个用户。在经过3300万次攻击之后,两个小组终于发现出一些被识别出来的信息,紧接着Airloak便十分给力地开始重写代码来解决这个问题。其二,不仅Airloak选择与Max Planck软件系统研究所合作,而且它还大胆适用一般数据评分系统来衡量数据集的匿名程度。其三,最重要的是,通过与法国数据保护机构——国家信息和自由委员会(the Commission Nationale de L'informatique et des Libertés,CNIL)合作,该机构最终确定Airloak的匿名化工具是符合"第29条工作组"第216号工作文件中所规定的匿名标准的。① 不过,即使没有官方的匿名工具认证制度,国家信息和自由委员会也会愿意与任何一家第三方技术供应商合作;即使没有特定的使用先例,国家信息和自由委员会也会愿意去讨论《通用数据保护条例》的合规情况。不仅如此,根据Airloak的说法,这样的合作还是免费的。此外,除了Airloak之外,Anonos的BigPrivacy也被欧盟数据保护委员会(原第29条工作组)认证为符合《通用数据保护条例》中匿名化要求的工具。

另外,通过聘请内部律师和隐私权领域专业人士,并让他们参与到隐私合规技术的设计过程中去②,虽然这样确实可以提高第三方技术供应商产品的可信度,但所花费的成本也是一笔不小的数目。同时,由于限制第三方技术供应商仅仅提供信息似乎显得过于狭隘和不切实际,所以,如果第三方技术供应商想要顶着压力冒险进入隐私合规市场并保证产品符合法律要求,那么与监管机构进行合作或许才是

---

① Art. 29 Data Protection Working Party, Opinion 05/2014 on Anonymisation Techniques 3 (Apr. 10, 2014).

② See Ari Ezra Waldman, Designing Without Privacy, 55 HOUSTON L. REV. 659 (2018).

上上策。一言以蔽之，伴随着法律日新月异的变化，上述这些策略或许才能使关于隐私合规的讨论更接近它应有的水平。

（三）对反对观点的回应

在强调一些第三方技术供应商所带来的法律内生性风险时，本文既主张改变法律现状，又建议第三方技术供应商采取更温和一些的做法，即注重提供信息而不是做出合规承诺、聘请内部律师和隐私权领域专业人士和与能够证明相关技术符合法律标准的监管机构建立密切关系。鉴于这些论点可谓"一石激起千层浪"，所以，本文在此介绍其中的一些反对观点：

第一，有一些人可能会说，本文所描述的法律内生性叙述更多的是一种合规文化中的系统性问题，而不是隐私权领域特有的问题。事实上，Edelman曾指出，虽然着眼于就业歧视和仅仅为了遵守相关法律规定而建立起来的往往是象征性合规体制，但是这其中的主要责任得让那些"合规专业人员"来背，因为"他们的专业训练和角色"往往会让他们以管理化的方式去构建法律。同时她还指出，由于"那些卖力营销自己服务的合规行业如雨后春笋般不断涌出，所以在雇主将法律环境视为威胁之后，助长法律内生性叙述的风险框架还将继续存在"。然而，这些都是合规行业作为一个整体所固有的问题，它们可不仅仅存在于隐私合规领域之中。

第二，针对那些认为本文只是将法律内生性叙述视为一个简单的一般合规问题的观点，他们可完全没有抓住重点。事实上，法律内生性叙述确实是一个合规问题，可它既是隐私权领域的新问题，也是唯一不利于实现隐私权法承诺的问题。要知道，隐私权领域的问题和就业歧视问题有着天壤之别，因为隐私权领域的问题总是围绕着技术打转，而其中一些技术早就远远超出法官、律师和陪审团的常识和专业范围之外。一旦等到局面混乱不堪，再加上受监管的实体被视为专家时[①]，外生的法律制度就会认为自己压根没有能力来为自己调解和决

[①] See, e.g., Kevin Anthony Hoff & Masooda Bashir, Trust in Automation: Integrating Empirical Evidence on Factors that Influence Trust, 57 HUMAN FACTORS 407, 409 – 428 (2015).

定困难的问题。此外,就隐私权法的一系列灵活多变、有时模棱两可的标准而言,这些标准往往会使前文提到的、尚且不完整的速记启发法变得吸引力满满;然而,虽然依靠简单且内涵不足的规则确实能够更容易、更快、更方便、更以过程为导向地去判决案件,但是这种做法同样也会让法院的出错率大大提高。

第三,还有一些人可能会争辩说本文的论点大错特错。在本文看来,当 Edelman 在就业歧视的语境下论述法律内生性问题时,她主要选择把目光放在合规专业人员和律师的工作上,因为正是他们建立起损害雇员公民权利的象征性体制。因此,隐私合规市场上的同等参与者压根不是本文视野内的第三方技术供应商,只有隐私权领域专业人士和律师才是本文目光锁定的目标所在。虽然毫无疑问的是,就那些只打算在表面上装装样子、只想付出最小努力就达到合规要求的隐私权领域专业人士和律师而言,他们只会在法律内生性叙述和隐私权法有效性不断被侵蚀的情况下火上浇油;但是我们也要看到,他们中的许多人也在奔走呼告、积极倡导相关组织内部的隐私权,并且在这样的情况下,一些第三方技术供应商的技术解决方案往往还会让他们的努力毁于一旦。

第四,第三方技术供应商或许会心生不满,因为它们可能会认为本文的论点和相关建议可能会将一个有巨大需求的活跃市场中的创新观点扼杀在摇篮之中。对此,本文认为,虽然市场存在巨大旺盛的需求这一点是不争的事实,但是创造性和创新性思维往往在约束环境下才能健康茁壮成长。① 即使事实并非如此,笔者也不愿意向创新的智力霸权屈服,毕竟不是所有的创新都是顶尖的创新,不仅开发劣质产品的企业可能会在市场上长期亏损,而且从短期和中期来看,它们还有可能使数百万人的数据面临意想不到的风险。不仅如此,就本文中有关法律改革和第三方技术供应商的建议而言,其实它们既旨在帮助第三方技术供应商更好地完成它们的工作,又真挚希望能够帮助数据收集者充分和实质性地遵守隐私权法。

---

① See, e.g., Joseph P. Fishman, Creating Around Copyright, 128 *HARV. L. REV.* 1333 (2015)。

五、结语

从本文的论述中我们不难看出,正在实施隐私权法的其实是蓬勃发展的第三方技术供应商市场,它们不仅千方百计发展着自己对法律要求的愿景,而且还将这些愿景实例化为承诺帮助企业合规的技术产品代码。通过采用一种基础性的分析方法,本文使用了一系列方法来突出第三方技术供应商对隐私合规产生的举足轻重的影响,其中包括主要来源研究、定性访谈、产品展示、行业文献回顾、网络研讨会、博客和针对隐私专业人员国际协会所确定的每一家第三方技术供应商的研究。正如本文试图表明的那样,这些第三方技术供应商正在为Lauren Edelman所谓的法律内生性过程源源不断地贡献力量;在这个过程中,诸如合规案底、评估和审计、内部和外部政策等具有合法性的体制正一步步将法律实际合规的地位取而代之。同时,当这些象征性合规体制如雨后春笋般涌现时,它们既将法律的实质性权力慢慢摧毁,又开始将权力话语从法律转移到技术身上,而这一切都让他人的隐私权变得岌岌可危。

同时,除了本文讨论的内容之外,本文所没有讨论的内容也相当耐人寻味——本文既不认为所有的第三方技术供应商都是问题的一部分,也不认为只有它们才是破坏隐私权法承诺的罪魁祸首。事实上,虽然第三方技术供应商所造成的影响举足轻重,但是这一问题尚未得到充分的研究。鉴于此,本文在试图在解决后一个问题的同时也在对前者进行论证,以期填补法学、社会学和跨学科隐私权文献的空白。

在本文看来,研究之路"道阻且长",不仅未来的研究应当将第三方技术供应商放置在被社会力量影响隐私权法实施的生态系统之中加以讨论,而且探究科技企业内部和外部隐私权法的编程化进程也必不可少。同时,对法律内生性问题的对策进行更多的研究也至关重要,其中就包括如今正在进行的工程师隐私教育和软件工具设计的许可要求。

此外,从更广义的角度来说,第三方技术供应商日益增长的影响也在突出私人治理和公共治理中的一个问题,即对技术能够解决问题的坚定信念,而这同样需要更多的学术关注。事实上,面对五花八门的社会问题,由于隐私权法并不是社会所能作出的唯一回应,所以私营部门和公共部门都在千方百计地寻求新的人工智能工具来一举解决出现的问题。然而，这种情况发生得越频繁，它们就越有可能破坏合法治理和启蒙运动对人类尊严的庄严承诺。总而言之，制止隐私权法被不断侵蚀只是我们迈出的第一步，而前方依旧埋伏着艰难险阻等着我们去探索和解决。

促使设计隐私权实施的切实可行的方法

达格·威斯·沙尔图姆[①] 著　缪子仪[②] 译

目　次

一、导论
二、缩小问题的范围
三、无人不知的设计隐私权
四、设计隐私权和规范设计
五、在法律和技术之间架起桥梁
六、微观技术性设计要素
七、设计隐私权技术
八、设计要素和设计隐私权技术强强联合
九、究竟谁才是设计隐私权系统中的用户
十、结语

一、导论

当今,数据处理既影响着家国大事和鸡毛蒜皮的琐碎小事,又将自己的触角伸向私人生活、政府、商业、经济生活和社会的方方面面。事实上,作为人类智慧的登峰造极之物,计算机和设计决策的关系无比亲密:相关专家会在计算机软件中输入和明确化相关指令,而这些指令又将转过头来影响个人数据处理的方式。同时,这些指令的功能就如同一把双刃剑,它们可能会促使软件用户遵守隐私权相关法律规定,但说不准也会让用户守法这件事变得困难重重。换言之,隐

[①] 达格·威斯·沙尔图姆（Dag Wiese Schartum）,挪威奥斯陆大学法学院教授。
[②] 缪子仪,中山大学法学院助教。

私权法的实现在很大程度上都依赖于软件设计,而这种设计却常常由专家的偏好和决策所左右;在最糟糕的情况下,软件设计甚至还可能出自那些缺乏个人隐私保护知识或对隐私保护兴趣寥寥的专家之手。

在这种背景下,设计隐私权这句口号和目标在过去近20年的时间里风靡全国。就设计隐私权这句简洁明了的流行语而言,它主要建立在对计算机化社会中形式隐私保护和实质隐私保护之间关系的认识基础之上。如今,为了将隐私权嵌入软件和数据管理之中,一些指导方针、政策和工具应运而生。虽然这在很大程度上代表着一种以技术为导向的方法和针对隐私权的一种较为狭隘的定义,即隐私权主要涉及机密性和数据安全;[1] 但是我们必须明白,隐私保护可不单单是为了将隐私风险最小化,它既关乎数据控制者的合规问题,又旨在促进对数据主体权利的尊重。在本文看来,截至目前,与设计隐私权带来的意识形态影响相比,它对软件产业造成的影响恐怕根本就不值一提。[2] 鉴于设计隐私权的背后还有这么大一片尚待探索的广阔天地,所以无论是进一步阐述设计隐私权的方法,还是探讨我们如何才能让心中的美好理想切实落地变为现实,它们都颇具价值。概括而言,由于一般的设计隐私权方法往往会要求在软件系统中嵌入功能强大的设计隐私权,加之大多数隐私要素都围绕着法律打转,所以设计隐私权的方法论应该以法律为出发点,从而让律师和其他隐私问题专家能够不费吹灰之力就能识别和理解法律到设计决策这个转变过程中的大多数举措。通过接下来的论述,不仅本文将提供一个具体明确的方法论,并举例说明对于打造隐私权友好型信息系统的美好愿景来说,该方法论将如何积极地助以一臂之力;而且基于对设计隐私权原则的简要讨论,本文还将阐明这些原则其实并没有过多说明我们到底要如何将设计隐私权付诸实践。

同时,要想实现设计隐私权的美好愿景,光靠方法论可不行,立法的重要性同样也不容小觑;毕竟有的法律是在为设计隐私权实行做

---

[1] I Rubinstein and N Good, Privacy by Design: A Counterfactual Analysis of Google and Facebook Privacy Incidents (2013) 28 *Berkely Tech LJ* 1333, 1406.

[2] D Klitou, A Solution, But Not a Panacea for Defending Privacy: The Challenges, Criticism and Limitations of Privacy by Design in B Preneel and D Ikonomou (eds), Privacy Technologies and Policy: First Annual Privacy Forum, APF 2012 (Springer 2014).

足准备,而还有的法律则会成为设计隐私权前进道路上的一块绊脚石。一般来说,鉴于欧洲的隐私权立法往往兼具模糊性和自由裁量性,加之它们相对来说很少能被精准解释,所以,就在信息系统中创建先进良好的设计隐私权而言,欧洲立法可谓严重地拖后腿。基于这样的背景,本文就将对基本的监管选择做出简要探讨,探讨它们是如何成为设计隐私权前进道路上的拦路虎,又是如何为隐私权相关规定的直接、正式表达开辟便捷大道的。一方面,立法为设计隐私权提供的基础资料越少,直接来自法律文本的、显而易见的设计隐私权选项就越少,而我们也就越需要一种能够揭示这种可能性的方法论;另一方面,一旦以设计隐私权为导向的政策与阻碍设计隐私权的立法相碰面,我们就会无可避免地陷入一种严重的政策困境,而这就会使得让设计隐私权发挥它的最大潜力这一美好设想顿时化为一片泡影。

此外,从电子政务研究领域的立法转型来看,设计隐私权其实并没有什么特别出彩之处。说得更确切一点,"设计隐私权"的理论大多数时候都跑不出一个圈,即我们能够或应当在何种程度上将相关法律规定转化为信息系统。依笔者之见,如果我们不再将设计隐私权捧得神乎其神,那么,从事法律其他部分转化工作的律师就会开始渐渐意识到,设计隐私权也不过是家常便饭罢了。

二、缩小问题的范围

在进入核心主题之前,我们还是需要先界定一下问题的范围。大多数人公认的设计隐私权含义的解释是①:其一,根据 Cavoukian 的观点②,所谓设计隐私权,是指从一开始就将隐私权作为核心功能嵌入信息技术、商业实践和网络基础结构中的行为,这就意味着我们必须要有意地、有远见地预先嵌入隐私权。其二,根据所谓的"设计隐私权决议"③,所谓设计隐私权还会涉及数据处理和物理性设计;其三,欧盟《通用数据保护条例》审议稿第 23 条也曾对设计隐私权

---

① I Rubinstein, Regulating Privacy by Design (2011) 26 Berkely Tech LJ 1409, 1423.

② See A Cavoukian, Operationalizing Privacy by Design: A Guide to Implementing Strong Privacy Practices (December 2012) Information and Privacy Commissioner, Ontario, Canada.

③ Privacy by Design Resolution, 32nd International Conference of Data Protection and Privacy Commissioners (Jerusalem, Israel, October 2010).

作出强制性规定,① 该条规定指出:"为了满足本条规定的要求并切实保障数据主体的权利,数据控制者应当采取合适的技术性和组织性措施和程序。"该条规定特别提到了技术性和组织性措施,虽然这些措施毋庸置疑包含信息系统,但是其他措施和要素其实也并没有被排除在外。

从上述三种设计隐私权含义的表述中不难看出,设计隐私权其实是一个广泛并且开放的概念;所谓设计隐私权涉及设计一系列范围广泛的东西,无论是有形的还是无形的,只要它们能够对隐私权产生影响,它们就都能够成为设计隐私权的对象。然而,在本文看来,正是因为对设计隐私权对象定义得如此宽泛,所以建立一个普遍通用的、充分具体的设计隐私权方法论就变得困难重重。同时,虽然在组织性措施、商业实践、数码设备和软件领域的设计隐私权问题可能大同小异,但本文依旧认为每个领域都需要不同的设计隐私权方法论。

此外,必须说明的是,本文的注意力将主要集中在讨论信息与通信技术(information and communication technology,ICT)的软件方面。总的来说,本文将主要着眼于两个维度:信息系统和信息基础结构。所谓信息系统是指由人和计算机组成的处理或解释信息的系统,虽然它既由手动化部分又由计算机化部分组成,但是本文的重心还是会放在信息系统的计算机化部分。受篇幅所限,虽然本文无法详细地探讨用于信息与通信基础结构的软件,但是本文一向认为信息系统方面的示例颇具转化价值,并且相关方法论其实也大同小异。

总而言之,操作、检索、传输和存储个人数据等计算机程序是本文的重中之重。虽然系统和数据处理的手动化部分也并非无足轻重,但是计算机化的部分才是真正的重头戏,毕竟它们才是迄今为止支撑设计隐私权的最重要的要素。鉴于计算机系统能够提供"自动化",而隐私权相关规定的自动化既意味着对隐私权的大力支持,又不用通过在每个个案中分配时间、知识、意识和动机来实现隐私权法,所以,本文认为自动化信息系统可谓实现设计隐私权终极目标的大

---

① Commission, Proposal for a Regulation of the European Parliament and of the Council on the Protection of Individuals with Regard to the Processing of Personal Data and on the Free Movement of Such Data (General Data Protection Regulation) COM (2012) 11, 25 January 2012.

前提。

三、无人不知的设计隐私权

（1）如果要从目标和结果的角度来说，那么，所谓设计隐私权主要是指将隐私权嵌入信息系统。① 相比于实现目标的路径，制定目标仿佛根本就是"小菜一碟"。而对于那些希望设计出符合隐私权法要求的信息系统的软件开发人员来说，他们往往会随大流地遵循Cavoukian 提出的七项设计隐私权基本原则：①积极预防而非被动救济原则；②隐私默认保护原则；③将隐私权嵌入设计原则；④功能完整原则，即正和而非零和原则；⑤端到端的全生命周期保护原则；⑥可见性兼透明性原则；⑦尊重用户隐私权原则，即以用户为中心的原则。

（2）面对这七项基本原则，一系列的问题便接踵而来：在将这些原则铭记在心的情况下，软件开发人员到底如何才能创建出具备良好设计隐私权的信息系统呢？他们应该从哪里开始着手又应当如何进行呢？为了找寻这两个问题的答案，本文接下来就将简要探讨这七项原则中的有用信息。②

第一，这其中有两项原则看起来似乎卓有成效：一方面，第一、二项原则表明隐私默认设置可以使得系统变得对用户隐私权更加友好。换言之，只有选择那些隐私保护最佳选项之外的选项时，用户才必须做出积极的选择。打个简单的比方，就一个请求用户同意进行GPS 跟踪的输入命令而言，原则上它的默认选项应当是"不同意"。说得再明白点，这个原则其实就是关乎当用户做出对隐私有影响的选择时，相关程序到底应该输入何种默认值的问题。不过话又说回来，鉴于当前隐私权法中并没有多少规定涉及用户选择和默认选项，所以，虽然第二项原则在用户同意的情况下很重要，但是它在直接适用隐私权法方面的效用却极其有限。另一方面，尽管第三项原则表明隐

---

① 参见"缩小问题的范围"这一部分内容。
② See eg. C Bier and others, Enhancing Privacy by Design from Developers Perspective in B Preneel & D Ikonomou（eds）, Privacy Technologies and Policy: First Annual Privacy Forum, APF 2012（Springer 2014）74, 79.

私权可以嵌入系统设计之中,从而成为系统的有机组成部分,但是这不过是在重复设计隐私权的整体想法罢了,它并没有正面回答到底要"如何"做到这一点。

第二,除了上述三项原则之外,其余四项原则表达的是具有一定普适性的目标。从某种意义上来说,它们甚至在隐私权友好型设计的领域之外亦能派上用场。就拿第一项原则来说,所谓"积极预防",是指通过事前风险评估来降低信息系统对用户隐私权产生负面影响的可能性;在该项原则的语境下,核心重点就是要防止一切可能出错的事情发生。可是在本文看来,强调设计隐私权应该尽可能在早期进行考虑或许更为一种上上策。所谓"早期"就是指在软件开发的过程之中,这就意味着按照这样的原则,如果等到软件已经准备妥当而可以正常使用之时才考虑隐私权的问题,那么一切都为时已晚。在梦寐以求的理想情况下,如果企业的目标是让设计隐私权行之有效,那么即使是在软件开发过程中太晚考虑隐私问题,也会被认为是为时已晚,毕竟理想状态下的设计隐私权应当早早从系统要求的规划和说明阶段,即软件开发过程的初始阶段就开始了。值得注意的是,就积极预防而非被动救济这项原则而言,它不仅是为了从隐私权的角度去预防和避免糟糕的解决方案,而且它还在表达一个目标,即确保企业能够事先考虑到用户的隐私权及其潜在影响。同时,这一积极的视角也在点醒着我们,即设计隐私权可以并不仅仅止步于合规就停步,恰恰相反,积极预防也可能意味着"超额完成"隐私权相关法律规定的要求。举例来说,除了提供隐私权相关法律规定的访问权之外,产品设计还有可能超额完成法律要求,从而提供全年无休、全天不停的访问权。总而言之,相关规定和要求越是复杂、越是雄心勃勃,企业就越应该在软件开发过程中更早着手设计隐私权这件事。

第三,第四项原则既表明信息系统的设计隐私权不应该以牺牲系统功能为代价,又可以理解为隐私保护并不必然会对其他利益和目标产生负面影响。从字面意义上来说,"功能完整、正和而非零和"几乎可以说是一种痴心妄想:一方面,隐私保护的核心要素是用户的自主权,并且这一点在用户有机会拒绝同意上就可见一斑;而另一方面,用户的拒绝同意却往往会使自己无法充分利用和享受服务。比方说,如果某个用户想要通过互联网买张票但是又拒绝透露自己的手机号码，那么，他显然不会被允许访问购票服务的全部功能。同时，如果手机号码被视为交易安全的先决条件，并且该购票服务还强制要求用户提供手机号码，那么，该用户迫不得已之下就必须做出一种非黑即白的选择，即要么选择保护自己的手机号码，要么选择访问该购票服务。由此可见，相比于功能完整原则来说，功能最大化原则才更为靠谱和脚踏实地一些。不过话又说回来，无论是功能完整原则还是功能最大化原则，它们都无法说明到底要"如何做"才能实现这样的功能。

第四，第五项原则是"端到端的全生命周期保护原则"。根据该原则，一旦信息系统包含用户个人数据，那么信息系统的设计就应该考虑并支持信息安全的各个方面。当然，虽然信息安全到底包含哪些内容至今还众说纷纭，但是毋庸置疑的是，信息安全主要的要素就是机密性、可访问性和完整性。此外，和上面几项原则存在的问题半斤八两，该原则主要表达的也是一个目标，而不是应该如何去实现这个目标的方法。事实上，在信息安全领域存在着不可胜数的安保技术和附加程序，它们完全可以被嵌入系统设计之中。Danezis 等人就曾在报告中介绍过一系列"隐私技术"，这其中就包括身份验证、身份管理、安全通信、匿名和假名、加密、防止重新识别等五花八门的技术。由于报告中提到的大多数技术措施都主要用于支持保密技术，所以有的人会跳出来说该报告缺乏支持隐私权其他方面的技术措施。虽然该报告也提到过其他类型的隐私技术，比如透明度增强技术和可干预性增强技术，但是它其实主要是在阐明"设计信息安全"比隐私保护的其他方面要容易实现多了。

第五，就第六项原则而言，虽然"可见性兼透明性原则、保持信息开放"体现了开放性的无穷价值，特别是个人数据处理过程中的信息访问；但是该项原则并没有说明到底要引入何种类型的信息开放，也没有说清要提供何种类型的信息。为了让该项原则的要求更加明确，恐怕只有依靠具体明确的法律规定了。

第六，关于第七项原则，所谓"尊重用户隐私权、以用户为中心"是指通过对信息系统进行设计来赋予用户一定的权力，并支持用户维护隐私权的目标。这里就存在一个问题：这些用户究竟是谁呢？仅仅根据该原则，我们无法下论断，经过设计隐私权的系统应当总是将数据主体视为用户。事实上，不仅数据主体、数据控制者、数据处理者和数据保护机构都是相关信息系统的潜在"用户"，而且一个信息系统还可能会有多个对隐私保护需求不同的用户组。①

（3）本文之所以在此要对这七项原则一一点评，其实是为了阐明，虽然我们可以从这七项原则中提取出一些关于设计隐私权的重要元素和指导原则，但是就作为成功实现设计隐私权的过程描述和通关秘籍而言，它们所能提供的价值乏善可陈，其中一个原因就是这些原则不过是一些泛泛而谈的口号罢了，它们根本不是系统性的、分析性的行动路线。在本文看来，对于设计隐私权究竟是什么或应该是什么，虽然这些原则也提供了一些有用的、不太充分的解释，但是它们在"如何做"方面却完全闭口不言。

（4）虽然不少人已经渐渐开始意识到这七项原则存在的缺陷，但是面对最初的雄心壮志和如今现实之间的巨大鸿沟，却几乎没有人愿意迈出脚步、做出尝试。② 据笔者所知，全面尝试阐述普遍的设计隐私权方法的就是 Danezis 等人，他们以广泛的文献研究和几部先前出版的著作为基础，曾提出过不少建议。在接下来的内容中，特别是在"在法律和技术之间架起桥梁""细观技术性设计要素"和"设计隐私权技术"这三部分内容中，本文将提出一种方法论，以此用于开发经过设计隐私权的信息系统。与少数其他人尝试论述的设计隐私权方法论相比，鉴于本文提出的方法论自成一派、别具一格，所以，本文只会对 Danezis 等人提出的策略、模式和技术的主要方面稍加提及，而不会做更详细的探讨。此外，与其他文献相比，不仅本文相当重视法律方面以及法律和技术之间的相互关系，而且由于本文将讨论范围已经缩小到与信息系统相关的问题，所以本文的讨论覆盖面也会比 Danezis 等人报告中的内容更少一些。

四、设计隐私权和规范设计

如果立法的目的是想让设计隐私权简单容易一点的话，那么，似

---

① 在数据控制者这一方的数据主体和雇员都应当被视为用户。
② See G Danezis and others, Privacy and Data Protection by Design: from Policy to Engineering [European Union Agency for Network and Information Security (Report) (ENISA 2014)]. 13.

乎十有八九都能成功。为了实现这一目标，在可能的情况下，相关法律规定在起草之时就应考虑到计算机系统独一无二的性质。换言之，当起草隐私权相关法律之时，立法者就应该思索再三到底是否应该考虑计算机系统的属性，如果要考虑，又到底应该如何去考虑这些属性。

（1）由于计算机的运算能力惊人，所以，任何能用数字表示的规则和规定都极其适合计算机化。同时，虽然金钱几乎和隐私权相关规定沾不上边，但是在某些方面，时间却至关重要，因为包含时间条件的规定属于"可进行设计隐私权"的规定。无论是涉及数据存储的时间限制、申请期限和其他法律行为期限的规定，还是隐私相关数据处理过程中的操作顺序，它们无一例外都是适用设计隐私权方法中规范要素的活生生的例子。同时，由于计算机是一种逻辑化机器，所以它们既能够完美应对五花八门的情况，又可以不费吹灰之力地支持那些包含全面和复杂模式情况的相关规定，比如可能对隐私保护造成某些影响的规定。这也就意味着，对逻辑运算符（即"如果条件成立则结果成立"）进行形式化表示显然不算什么高标准严要求：事实上，"如果、并且、那么"（IFs，ANDs and THENs）这样简单的逻辑序列根本就于事无补，例如"如果同意是知情的，并且该同意意思表示自由且明确，那么该同意就是有效的"，因为真正的难题其实在于确定到底什么是"知情"、什么是"意思表示自由"、什么又算是"明确"，而不是去确定将这些条件合并在一起的逻辑结构。不过退一步来说，对于创建简单的设计隐私权来说，隐私权相关规定的逻辑和算术结构还是能稍稍助力一把的，特别是在与明确事实相结合的情况下。同时，就"可进行设计隐私权"的立法而言，尽可能明确地去定义相关输入和事实描述必不可少。打个简单的比方，《数据保护指令》(*The Data Protection Directive*) 第 7 条规定[1]，只有在数据主体明确表示同意的情况下，或者在基于本条所述的必要理由而处理个人数据时，行为人才有权处理个人数据：其一，值得注意的是，如果个

---

[1] Directive 95/46/EC of the European Parliament and of the Council of 24 October 1995 on the Protection of Individuals with Regard to the Processing of Personal Data and on the Free Movement of Such Data [1995] OJ L281.

人数据处理行为有明确立法根据的话,那么,该处理行为同样不会违反法律规定。由此可见,虽然《数据保护指令》直接确立了数据处理的两个可选择的法律基础(即同意和必要根据),但是它对第三个法律基础即立法却丝毫没有提及。其二,该条规定的逻辑结构也存在一定问题,数据控制者是不是可以总是选择"必要理由"而不是获取数据主体同意呢?鉴于该条规定并没有明确地直接定义条件结构,所以这就意味着数据控制者几乎总是可以选择"必要理由"来避免获取数据主体的同意。

总的来说,这种不明确性会给隐私权立法带来极大的不确定性,这既可能是立法者分析不足的结果,又可能只是因为政治协议无法达成而产生的一种内在不确定性,抑或这种不确定性只是政治上的权宜之计罢了。然而无论如何,对于设计隐私权的目标来说,相关规定的这种不明确性只可能会把情况弄得一团糟,或者至少会让情况变得相当棘手。就拿软件开发人员来说,他们压根不愿意对不明确的法律规定进行软件编程,其中一个重要原因就是计算机系统属于典型缺乏灵活性的系统:他们可一点都不想对不确定的法律规定进行硬编码(hard-code),毕竟如果法院随后又建立起不同的规则,那么他们还得可怜巴巴地冒着对系统进行昂贵的重新设计和软件修改的风险。

(2)事实上,隐私权法中的每一种前提条件都可以通过新的条件子集进行分解和规定。举例来说,"意思表示自由"就可以通过以下几个条件来加以定义:①没有武力;②没有威胁;③没有经济损失;等等。简而言之,越能更好地通过条件子集去定义和结构化相关规定的主要条件,软件中的法律内容就更能完美地呈现出来。虽然从技术的角度来看,相关定义当然是越详尽越好,并且每个定义化要素都对设计隐私权的过程来说大有裨益,但是不仅某些政策原因会避免相关条件被详细化描述,而且还可能会有某些充分理由来避免对子条件进行明确化。此外,有的人还会从法律渊源或者相关文献中去找寻子条件。换句话说,即使立法本身三缄其口,这也并不意味着就不存在相关的、有效的子条件,这只能说明在法律的主要法律渊源中找不到这种子条件,从而必须通过对法律渊源的深入分析来确定这种子条件。因此,那些希冀促进设计隐私权的立法者应当尽可能详细地阐明自己所确信的条件,而这可能会在一些相对详细的层面上开展,例如详细定义子条件。①

（3）另一个与设计隐私权目标相关的规范设计选择则会涉及相关法律规定所指向的层面，即一个层面是"个案"规范，另一个层面则是"系统"规范。所谓个案规范是指确立各方主体在具体情况下适用的权利和义务，相比之下，所谓系统规范则是指为处理此类案件而开发的计算机系统建立相关法律规定。在对涉及个人数据处理的一般法律规定进行界定时，隐私权相关规定会更偏向于系统规范一些，比如《数据保护指令》的部分内容。② 然而从技术上来说，受相关法律规定约束的其实是个人数据的"处理"，而不是执行这种处理的"信息系统"。在本文看来，虽然"处理"和"信息系统"之间看似风马牛不相及，但是比起"个人数据处理"这种表述，使用"个人数据系统"作为基本概念来构建和制定《数据保护指令》和《通用数据保护条例》草案的相关规定仿佛才是一计良策。③ 同时，针对个人数据系统或这类系统的次级类别制定法律规定也颇具可行性，毕竟这样的规定才能体现出法律中具体明确的设计隐私权要求。④ 此外，为了更好地支持用户或数据主体，立法者还可以制定一些对他们有利的法律规定，比如特定类型的个人数据系统必须具有解释性功能。

（4）虽然对信息系统进行规范必不可少，但是这可不意味着相关规定就必须要具体到与技术中立原则达到水火不相容的程度。⑤ 当然，虽然选择对特定类型的信息系统进行规范，并在细节层面上确定技术性能要求也不是不可以，比如处理生物特征数据的系统、位置数据系统和监视系统等等，但是，要求系统必须具有某些性质和功能的

---

① 隐私权法的动态方面应通过选择灵活的系统设计来满足，即允许建立特定的新的子条件集。

② 例如，有关数据质量的原则和使数据处理合法化的标准。

③ 换言之，从整体上去规范信息系统，而不仅仅是去规范系统的所作所为（处理数据）。

④ Commission, Proposal for a Regulation of the European Parliament and of the Council on the Protection of Individuals with Regard to the Processing of Personal Data and on the Free Movement of Such Data (General Data Protection Regulation) COM (2012) 11, 25 January 2012.

⑤ M. Hildebrandt and L. Tielemans, Data Protection by Design and Technology Neutral Law (2013) 29 Computer Law & Security Review 509.

简单规定则要脚踏实地得多。具体而言，相关法律规定可以强制要求信息系统包含特定的设计隐私权要素，而不是像现行立法那样，即设计隐私权仅仅是软件开发人员对法律规定所进行的模棱两可解释中所产生的随机可能性罢了。为了让数据主体影响原则站得住脚，相关法律规定既可以确保数据主体有权向数据控制者请求访问个人数据，又可以直接要求数据控制者在信息系统内设置能够促进这项权利的功能。就当今立法中的个案规范而言，作为一项个人权利的访问权就是最好的例子；而就信息系统规范而言，强制要求信息系统为访问权提供支持就是再好不过的例子。①

（5）为了通过规范信息系统来更好地支持隐私原则，从而使设计隐私权步入发展快车道，我们有些时候或许得回过头重新思考一下隐私权相关规定。打个简单的比方，立法者可以引入一项规定来要求数据控制者在系统中设置一个模型，以此来支持确认或拒绝同意处理个人数据的程序，再结合对有关同意案件中所涉及的逻辑和条件加以更系统化、更全面和更准确的规范，上述这种规范方法往往能够产生一般可作为系统隐私需求规定的法律条款。值得注意的是，就系统规范方法而言，它和详尽规定信息系统应该如何运作才能保护隐私权之间可不一定要画等号。对于使在线同意成为信息系统组成部分的一般义务来说，由于数据控制者对此享有相当可观的自由裁量权，所以评估每一种情况所需的规范水平就显得尤为重要。具体来说，如果信息系统受到的是直接规范，那么这种规范就必须得是百分之百系统性、全方位的，因为我们必须要让逻辑上紧密相连的问题板上钉钉地受到规范。例如，如果撤回同意是一个选项，那么，这种撤回行为就必须受到规范；而当立法者同时对提交和撤回行为进行规范时，他们就应该以同样的详细程度说明这两种情形下的所有条件。换言之，对信息系统进行的规范可不能重蹈如今许多情况的覆辙，即随意加以规范或由某些偶然事件来驱动规范；恰恰相反，虽然一定的实用灵活性对系

---

① 作为一种选项，立法者可以建立一种无须向数据控制者提出请求的访问权。换言之，数据控制者有义务建立数据主体可以独立访问而不需要数据控制者个人协助的信息系统，这通常是在互联网上提供的自助服务。后一种选择是直接监管信息系统的一个例子，这意味着设计隐私友好型信息系统需要承担一定的法律义务。

统规范来说是件好事,但是它却也不能作为系统规范的全部。

(6) 当前的隐私权相关规定并不包含对隐私要求的具体规定,即那些可以被软件开发人员轻松获取并嵌入信息系统的规定。Klitou曾指出,要说为何设计隐私权方法论总是很难被广泛接受,归根结底可能是因为隐私权法太模糊了。① 虽然本文也认为自由任意和模棱两可的规定会成为创造先进、自动且有效的软件设计隐私权路上的绊脚石,但是不可否认的是,前路依然不乏希望。从某种程度上说,如果想要实现设计隐私权的美好目标,那么无论相关规定是怎么制定的,系统开发人员都需要在有效的隐私权相关规定和原则等之上建立一些别的东西。而现在问题的核心就在于,面对相关立法为设计隐私权设下道道难关的境况,我们到底要如何做才能设计出具有隐私功能的信息系统?换言之,为了实现设计隐私权的远大抱负,我们需要做些什么才能越过相关法律规定对设计隐私权设下的重重阻碍。

五、在法律和技术之间架起桥梁

首先,设计隐私权往往以软件开发作为前提,这也就是说,所谓设计隐私权就是指设计新的信息系统或重新设计、调整现有系统的过程。与改变现有系统相比,从头开始构建新系统仿佛有无穷的可能性,毕竟对现有系统进行彻头彻尾的改变往往会遇到一些明显的限制,并且信息系统的基本属性也会极大地阻碍这种改变。同时值得注意的是,在通常情况下,比起其他设计属性,架构选择往往更重要;而在本节内容中,本文将只把目光聚集在讨论新信息系统的开发之上。

在正式探讨之前,我们可以先大致对当事人主体做一个基本的区分:一方面,明确指定系统的功能和其他属性的一方;另一方面,基于这些要求来实现或构建系统的一方。② 在某些情况下,双方可能都属于同一个组织,比如为开放的商业市场开发产品的一家软件公司;

---

① D Klitou, A Solution, But Not a Panacea for Defending Privacy: The Challenges, Criticism and Limitations of Privacy by Design in B Preneel and D Ikonomou (eds), Privacy Technologies and Policy: First Annual Privacy Forum, APF 2012 (Springer 2014).

② 在通常情况下,在系统开发过程中指定系统功能等的人后来会成为隐私权法所规定的数据控制者,然而,面向商业市场的系统开发人员却很少会成为数据控制者。

而在其他情况下，在合同关系中，乙方一般是软件开发人员，甲方则是指定所需系统的功能和其他属性的缔约公司代表。通常情况下，由于软件开发人员要比甲方公司的开发经验丰富得多，所以在实践中，双方往往会在交流中才开始明确相关要求，而软件公司或软件开发人员的建议则会对甲方公司的最终选择和要求产生举足轻重的影响。同时，鉴于有些方案可能会需要大量的开发工作或强大的计算机能力，所以它们的价格也会相对高一些。此外，针对相关方案是否符合自己的能力、工具和经验，软件开发人员有时甚至还会争论不休。① 由此可见，即使甲方公司在合同框架内要求软件开发人员或软件公司进行设计隐私权，我们也别抱太大期望，别指望甲方公司在设计隐私权领域的知识和决心能起什么决定性作用或派上什么大用场。

事实上，设计隐私权所需要的知识其实主要有两种：其一，关于实质性隐私问题的法律知识；其二，关于技术和软件开发的知识。为了创造出绝佳的设计隐私权，这两种类型的知识在系统开发过程中缺一不可。鉴于合同双方在法律和技术方面各有专攻、各有所长，所以充分的沟通非常有必要，毕竟这样才能形成涵盖这两方面知识的共同见解。事实上，无论是哪一方拥有这些知识，一般的设计隐私权方法论都需要在法律和软件编程这两项能力之间架起一道桥梁。因此，针对如何才能更好地把这二者连接在一起，接下来本文就将简要地叙述叙述这道桥到底要怎么架。

其次，迎面而来的第一个问题就是，这道桥究竟应该从哪一边开始建呢？在本文看来，虽然也不是完全不可行，但是大多数情况下本文都不建议从技术这边开始着手。不管怎么说，鉴于以技术为导向的方法论似乎总是稳坐首席宝座，所以在探讨替代方案之前，本文将先简要介绍以技术为导向的一些方法论：一方面，Danezis 等人曾提出过与设计过程相关的十二组"隐私技术"②，其中每一组都有特定的隐私技术，而所有这些技术加在一起就构成了设计隐私权过程中可用的技术库。另一方面，另一种已有的设计隐私权方法论就是制定设计

---

① 举例来说，他们更愿意采用设计隐私权模式，而不是从事数据获取行为。

② 例如，用于身份认证、保障私密通信、匿名化、数据库中的隐私权、隐私保护型数据挖掘的各种技术。

隐私权"策略"和设计隐私权"模式"。所谓设计隐私权策略,是指实现隐私目标的基本方法,围绕"最小化""隐藏""分散""聚合""通知""控制""执行"和"演示"这些中心词,Danezis 等人曾提出过八种设计隐私权策略。而所谓设计隐私权模式,则是指用来实现这些策略的模式。尽管设计隐私权模式是一种针对常见隐私问题的、可重复使用的软件解决方案,但它们可不是已经完成的、现成就能即用的设计。由于设计隐私权模式非常具体,所以它们往往只适用于软件开发的最后阶段。至于这些模式究竟有哪些,只要点击一下"http://privacypatterns.org"这个网站①,大家就能看到上面列出的九个模式和十五个类别,它们已将相关技术和适用情形描述得一清二楚。

在设计隐私权的过程之中,虽然隐私技术、设计隐私权策略和设计隐私权模式也有自己的用武之地,但是用这些方法开启设计过程却可能会被认为一开始就走错了方向。至少可以这样说,如果我们把针对信息系统的设计隐私权看作一种方式,即一种提高处理个人数据的信息系统合规性的方式,那么,隐私权法才应该是起点,而隐私技术、设计隐私权策略和设计隐私权模式应该被看作"措施"才对,即一种次要的对法律规定的潜在回应。换言之,我们只需动动脑筋就能预见到,对信息系统进行设计隐私权的过程理应从法律方面开始着手。至于规范性平台究竟应该是何种模样,我们手中其实有不少选择,由于设计隐私权通常旨在创造法律上可以接受的隐私实践,所以基础的选择应当包括适用的法律,即国家层面的数据保护法律②和隐私权领域的其他特别法,这些特别法可能包括有关专业保密的规定和作为设立特定登记册基础的法律等。③ 此外,隐私权相关法律规定的主要法律渊源还可能是判例法、合同中订立的隐私条款和各种类型的指示说明等。

除了国内法之外,国际隐私原则其实也可以充当隐私权相关法律规定的法律渊源。然而本文也必须要说,这些原则规定得实在是过于

---

① 该网站是由 Nick Doty、Mohit Gupta、Jeff Zych 和 Rowyn McDonald 开发的。
② 欧盟未来的《通用数据保护条例》将构成适用法律的主要渊源,但是现行的《数据保护指令》等指令则不会,因为它们对欧盟各成员国处理个人数据没有产生直接影响。
③ 例如,人口登记、医疗记录规定、刑事犯罪记录等。

含混不清,以至于本文很难相信信息系统中的结论能够符合法律规定。在 Danezis 等人论述《数据保护指令》之时,他们就曾特别引用过相关隐私原则,而在《数据保护指令》第 34 条规定之中,他们曾 11 次引用隐私原则。这个不太高的引用频率表明,隐私原则最好还是应该作为明确隐私权相关法律规定要求的一种补充,而基于这些原则的设计要素则应该时常根据适用的法律进行检查。

在设计过程的法律基础这块大石头落地之后,接下来需要解决的问题就是信息技术到底要如何助力该法律基础的适用。换句话说,接下来要跨越的难关是技术层面的难关。在技术方面,虽然直接采用隐私模式等方法倒也不是不行,但是这些方法主要涉及的是与数据安全相关的问题,它们无法产生超出隐私权法规定的那一小部分设计要素。在本文看来,设计隐私权的过程应当遵循一种普遍通用的方法论,不仅这种方法论可以产生一系列支持设计隐私权的设计要素,而且它还应该以软件开发人员所熟知的设计要素为基础。[①] 那么,问题来了,从软件开发人员的角度来看,哪些类型的设计要素能够卓有成效地对相关法律规定进行正确表示呢?据笔者所知,目前并没有什么标准化的设计要素列表可以参考;故而在这里,本文将提出四个设计要素,这些设计要素既是大多数软件设计人员耳熟能详的要素,又能适用于法律和隐私权的层面,它们主要包括:其一,架构设计(系统组成部分、属性和关系);其二,数据设计(系统数据元素、数据模型和相互关系);其三,过程设计(系统代码控制系统中的数据处理、过程模型);其四,界面设计(与其他系统和系统用户交互的设计)。在接下来的内容中,本文就将深入解释和探讨上述这些设计要素。

[①] 当然,整个设计过程,即软件开发过程应该在过程模型中得到描述。Van Rest 和其他人曾讨论过不同的模型应当如何适应当前的设计隐私权定义,并且认为诸如瀑布模型之类的模型根本不适合。本文不讨论系统开发模型,只是假设为所有以设计隐私权为目标的软件开发选取一个模型不是本文所要关注的目的,模型的选择最重要的可能还是软件开发过程的复杂性和创新水平。此外,还应该强调的是,由于一定程度的迭代性总是被需要的;因此,纯瀑布模型将被排除在外。

六、微观技术性设计要素

（1）第一个设计要素是架构设计。根据 Antignac 和 Le Metayer 说法[①]，所谓系统架构是指"对系统进行推理所需的一组结构，该结构包含软件元素、硬件元素、两者之间的关系和两者的属性"。这两位学者指出，从至少以下五个原因来看，系统架构对于设计隐私权而言至关重要：其一，由于系统架构是最早产生的载体，所以它也是最根本的、最难以改变的设计决策载体；其二，系统架构完全可以过滤掉不必要的细节而只将注意力集中于关键问题上面；其三，系统架构能够引导并激发软件开发人员无穷的创造力；其四，文档化的系统架构能够大大增强利益相关者之间的沟通；其五，不仅系统架构可以作为可重复使用的模型被创建出来，而且在提高隐私权友好型解决方案的可重复使用性、降低成本和在软件开发人员中传播知识和专长方面，系统架构所能发挥的关键作用也无可比拟。同时，如果要着手正式开始设计隐私权，那么，当务之急就是要先搞明白，如何对信息系统进行架构设计才能符合隐私权法相关规定或隐私原则的要求。具体来说，就架构设计而言，具体要搞清的细节问题还不少。举几个例子来说：其一，一个规划中的系统是否应该有一个问题解释模型，从而为系统用户提供支持而奠定良好基础；其二，是否应该将某些特定的外部数据库集成到该系统中来；其三，隐私权相关规定到底应该放在系统的哪个位置，又应该如何表示出来？究竟应该放在数据库的定义中、在编程代码模型中还是应该在存储的格式化数据中？

（2）第二个设计要素是"数据设计"，而这里的数据主要是指"个人数据"。当我们揭开架构设计的神秘面纱，并开始针对该层面的细节问题做出抉择时，数据设计和其余两个设计要素所带来的问题就会展现在我们面前。所谓数据设计，就是指确定应该成为系统一部分的数据类型、数据之间的关系、数据定义和数据格式化的程度和类型、数据质量要求等的设计过程，而这些问题的解决方案通常会在数据模型抑或信息模型中进行叙述。在隐私权举足轻重的计算机系统

[①] T Antignac and D Le Metayer, Privacy by Design: From Technologies to Architectures in B Preneel and D Ikonomou (eds), APF Annual Privacy Forum 2014 (Springer 2014).

中，由于大量的数据都属于个人数据，所以数据设计就会顺理成章地成为设计隐私权的重中之重。如此一来，上述关于架构设计的问题就该重新组织一下语言了，它应该重新被表述为：如何对信息系统进行数据设计才能符合隐私权法相关规定或隐私原则的要求？

（3）第三个设计要素是用于处理个人数据的"过程设计"。在这里，所谓过程设计主要是指决定如何处理个人数据的逻辑控制过程。说得再具体一点，过程设计既涉及应该在数据方面执行的具体操作，又涉及相关过程的操作应该位于系统中的何处和如何表示；不仅相关处理规则会在过程模型中得到详述，而且这些处理规则还会确定数据的收集、比较、存储和质量控制等过程。换言之，同前述两个设计要素的处境如出一辙，真正棘手的挑战在于找出，到底如何对信息系统进行过程设计才能符合隐私权法相关规定或隐私原则的要求。

（4）第四个也是最后一个设计要素是用户界面设计，即涉及与其他系统和系统用户交互的设计。鉴于架构设计已经对模型、行为人和它们之间的关系进行过总体层面上的描述，所以用户界面设计所要解决的难题就是对这些界面的各种功能和属性做出更详细的设计。具体而言，通过从用户组的定义、用户组的目标、任务和可能需要的支持等着手，用户界面决定了系统和不同用户组之间的交互方式。[①] 例如，系统应当如何以及在何种程度上自动通知用户？它又应该针对系统功能和其他信息而向不同的用户组提供何种解释？此外，鉴于用户界面设计还涉及手动过程之间，抑或手动过程与自动过程之间的交流和互动，所以相关人员去理解和操作系统也必不可少。与用户界面设计形成鲜明对比的就是系统界面设计，系统界面设计往往是针对五花八门的自动过程集之间的交流和互动进行设计。打个比方来说，我们需要确定技术协议的标准，从而确保系统之间的通畅交流和不同系统中数据定义的标准化等。

（5）有了法律渊源和上述四个设计要素，设计隐私权的实现就已经开始看到胜利的曙光了，特别是系统设计过程就更是如此。如果能有更详细的法律输入，那么，成功的可能性更会大大增加。举例来说，我们可以考虑隐私权法的每一条规定、每一项隐私原则和每一条

[①] 有关用户的问题将在下文设计隐私权技术部分做出详细讨论。

解释性要素的可能性，比如数据主体的同意到底能否被有关架构、数据、过程和用户界面的设计决策所支持呢？针对种种设想情况，本文在这里试着给出了一些可能性较大的答案：其一，可以考虑增加一个系统的同意模块（架构设计）；其二，在这个模块中，通过被明确且清晰标识的个人数据和其他数据，有关有效同意的法律要求可以被部分表示出来（数据设计）；① 其三，如果该同意模块中的数据被添加或删除，抑或数据定义被修改，那么，系统就会自动通知用户（过程设计）；其四，用户可以在可选择的具体详细层面上访问相关同意信息。

（6）虽然四个设计要素结合法律渊源的方法论能派上不少用场，但是它依旧处于一种初级水平。因此在大多数情况下，为这种方法论再添加一些内容或许才是明智之选，比如应用某些设计隐私权技术来表达和支持隐私权相关规定就是个不错的办法。而在下面的内容中，本文就将详细论述这一点。

七、设计隐私权技术

概括而言，不仅以上四种设计要素可以与至少四种类型的设计隐私权技术相结合②，而且计算机系统还可以通过这些技术来支持隐私权相关规定和隐私原则；设计隐私权技术的调查如表1所示。事实上，这些设计隐私权技术在某种程度上是相互关联。

第一，所谓一般信息技术是指向用户提供涉及每个特定系统一般隐私问题相关信息的一种技术，而这些信息主要包括判例法等可靠有效的法律文本（法律、判例法、合同等）、对此类文本的解释和关于该系统应如何处理个人数据的一般说明等等。

第二，所谓通知技术则又往前迈了一步，它主要是指在系统中自动生成或手动引出提醒事件的一种技术。一方面，通知技术一词既反映着对系统实际的手动或自动使用，又比一般信息技术更具动态性；

---

① 例如，数据记录提交和撤回同意（认证过程、日期、时间等），并描述关于控制器、处理器、用途、来源、传输等所需的信息。

② 本文用了设计隐私权技术这种表述，以此来与 Danezis 等人提出的隐私技术做一定区分。

另一方面，通知技术的变化性还意味着这种技术会与自动化过程密切相关，即通知技术反映着系统的自动化部分实际上是如何运作的。

表1　关于设计隐私权技术的调查

一般信息技术	表示
通知技术	表示
用户定义例程技术	信息
自动化技术：法律自动化技术、支援性自动化技术	信息

不过，一般信息技术和通知技术都具有不可执行的内容，毕竟它们针对的对象是人。而用户定义例程技术和自动化技术走的可是完全不同的一条道路，它们都和计算机系统中隐私规则的表述息息相关。

第三，所谓用户定义例程技术是指通过在隐私权相关规定中建立一些有关识别和相关条件的例程，从而将隐私规则正式地在系统中进行表述的一种主要策略。

第四，所谓自动化技术则涉及用户定义例程的一个子类别，不仅该例程支持系统的手动使用，而且它还能自动执行系统中定义的法律规范和其他规范，从而对用户个人数据进行正确处理。

就用户定义例程技术而言，最简单的一个例子就是定义一个主要由手动来执行的计算机例程，该例程主要用来表示有关同意处理个人数据的规则。虽然这样一个用户定义例程主要包含的都是手动输入，但是相关表示还是会暗含自动化的小元素。而就自动化技术而言，本文主要指的是将有效法律规则作为直接操作来源的法律自动化技术。[1] 故而在下面给出的示例中，自动化技术仅涉及逻辑运算"如果、并且和那么"的执行；而用户定义例程的所有其他部分则都会由手动操作构成。[2]

---

[1] See e. g. , D W Schartum, Dirt in the Machinery of Government? Legal Challenges Connected to Computerized Case Processing in Public Administration (1995) 2 International Journal of Information Technology 327; J Grimmelmann, Regulation by Software (2005) 114 *Yale LJ* 1719.

[2] 有关同意必须是明确的条件属于一种间接法律表示，因为相关条件与选框息息相关。

表2　自动化技术涉及的逻辑运算

如果	有效的用户认证 = 是
并且	意思表示自由的勾选框 = 是
并且	已经阅读过相关信息的勾选框 = 是
并且	同意的勾选框 = 是
那么	假设同意是有效的，并继续以该同意作为数据处理的法律基础

鉴于隐私权法中的条件往往具有一定的任意性和模糊性，所以法律自动化的可能性极其有限，建立起来也困难重重。不过话又说回来，自动化技术并不一定必须以法律渊源作为基础，它也可以把为确保适当数据处理而建立的相关规定作为基础。为了提高数据处理过程符合隐私权法相关规定的概率，自动化例程有时还可以将系统开发过程中制定的相关规范作为法律基础。打个简单的比方，系统完全可以通过编程来自动显示一般信息和相关通知。在同意例程中，为了以一种增加合规可能性的方式来通知用户，直接基于现有法律渊源的自动条件试验或者使用自动功能都是常有的事。例如，如果用户在系统的同意模块中运行相关功能，那么，这就可能会自动导致用户能够持续访问和看见有关解释"同意"的法律规定的一般信息。虽然并没有法律强制规定这种同意例程，但是我们依旧可以据理力争地指出，这对于确保适当数据处理来说至关重要。

总而言之，系统中涉及所适用法律的表示最好处于一种"恰当的水平"——与现行有效法律相比，一方面，数据控制者应当承担的义务既不应过于宽松，又不应过于严格；另一方面，数据主体的权利既不应受到限制，又不应过分扩张。然而有一个问题却确实值得再三考虑，那就是"超额完成"隐私权相关法律规定的要求到底是不是一种可能和可取的行动路线。那么到底什么叫作"超额完成"隐私权相关法律规定的要求呢？举例来说，相关有效的同意规定并不会强制数据控制者在细节层面获取数据主体的同意。换言之，数据主体并非必须对个别类型的个人数据表示同意，抑或拒绝分享特定的数据但选择接受其他类型的数据处理；但是从设计隐私权的角度来看，这种过于细节化的方案最终可能成为首选方案。再比如，系统还可能会允许第三人在没有向数据控制者提出请求的情况下访问一般信息和/或个人数据，比如通过基于互联网的自助服务软件。尽管本文无意在此讨论"超额完成"隐私权相关法律规定的容许性，也没有论述将《数据保护指令》作为最高或最低法律标准的问题，但是从设计隐私权的角度来看，除了可适用的法律渊源中直接规定的隐私保护措施之外，考虑让数据控制者也能自行规定一些隐私保护措施这一点总是值得推荐的。有了隐私原则、设计隐私权策略、技术和模式的助力[1]，这种方案必将为设计隐私权的前途带来一片光明。

八、设计要素和设计隐私权技术强强联合

在上述内容中，通过提出一些设计要素和设计隐私权技术，本文旨在寻找将隐私权相关规定转化为计算机例程和功能的可能性，从而设计出能够增加合规行为可能性的软件。同时，既然上述建议中每个要素都各有可取之处和受限之处，所以将所有要素强强联合在一起或许才是上策。

在表 3 中，本文将举例说明在软件开发过程当中，设计隐私权技术要素的生成，以及这些要素是如何激发出对能够嵌入软件系统中的隐私增强要素的意识的。简而言之，通常的着手点就是法律输入、国家层面的通用数据保护法、相关判例法和其他法律来源，然后再辅以对隐私原则的考虑。[2]

需要说明的是，表 3 中的单元格中的值均与同意有关；而根据适用法律的不同，每一项隐私权相关法律规定都可以生成类似的表格。虽然在每个单元格中，本文都暂且只提到了一种可能性，但是当建立关于同意的真实隐私权相关规定时，每个单元格中包含的内容可能就不止这么一个条目了。[3] 此外，如果要在一般隐私权相关法律规定所包含的所有问题中都充分使用这种方法论，那么，产生大量将隐私权

---

[1] See G Danezis and others, Privacy and Data Protection by Design—from Policy to Engineering (European Union Agency for Network and Information Security (Report) (ENISA 2014) 22 – 47.

[2] 笔者认为，隐私权原则在考虑是否可能过度满足隐私权相关法律规定的要求方面会发挥卓有成效的作用。

[3] 将相关规定与每个单元格联系起来也很不科学。

规定嵌入系统中的方式就是很自然的事情。因此，未来会有一个确定优先次序的过程也是意料之中的事情了。

表3 设计隐私权技术要素的生成

技术要素	用户定义例程技术	自动化技术	通知技术	一般信息技术
架构设计	有关同意模块和相连数据库的定义	对同意模块和相连数据库之间的相互操作性和一致性进行自动检查	在主要系统要素的功能不正常时通知系统管理员	有关系统架构中同意模块的信息
数据设计	同意程序中有关有效数据输入的定义	对数据主体认证的一致性进行自动检查	在用户的同意声明超过五年的情况下通知系统管理员	有关数据定义和数据所带来的法律影响的信息
过程设计	同意程序中有关有效数据处理的定义	在用户撤回同意之后，自动屏蔽和删除相关附件数据	当法律基础发生变化时通知系统管理员	有关过程和相关法律要求的信息
用户界面设计	同意模块中有关用户导向型程序的定义	数据处理结果对用户自动可见	在错误使用同意程序的情况下通知用户	一般同意信息附有相关法律规定链接

表3体现的就是一种简单且灵活的设计隐私权方法论，该方法论至少包含九个步骤：其一，通常基于国家层面的隐私权相关法律规定来确定一项或一系列具体法律要求；其二，评估是否/如何通过结合四个设计要素和四种设计隐私权技术来支持上述法律要求；其三，分析是否/如何通过结合四个设计要素和表3中的四种设计隐私权技术来超额完成上述法律要求；其四，基于成本和效益分析，生成一份有关优先事项的初步清单，其中包括可用的设计隐私权模式；① 其五，

---

① 见本文在法律和技术之间架起桥梁部分内容。

说明如何实现这些措施并分析相关的成本费用；其六，重新考虑优先事项，并针对每项法律要求制定有关优先措施的最终清单；其七，针对每项相关法律要求再一次重复步骤一到步骤六；其八，从步骤七开始，对所有计划的措施进行成本效益评估并进行优先选择；其九，实现设计隐私权，并在需要的时候对上述步骤进行重新考量和重复。

值得注意的是，不要认为上述方法论是需要经大脑思考的过程；恰恰相反，该方法论其实是一个需要不断重复和反复考量的过程。

九、究竟谁才是设计隐私权系统中的用户

（1）虽然设计隐私权的某一条原则已经表述过有关用户视角的观点，但这些用户究竟是谁仍然是一个悬而未决的问题。除了使用系统访问服务的人属于一眼就能看出的潜在用户组之外，无论是作为数据控制者组织中的员工，还是受数据控制者雇用而对系统中个人数据进行特定处理的其他人，他们都有可能会被视为用户。就拿那些用于购物和购买服务的系统来说，该系统就会涉及两组用户，即交易双方各为一个用户组；不仅双方都需要考虑可能的隐私保护措施，而且他们还都可能需要对可能影响系统设计的特殊隐私问题加以考虑。同时，除了保护自身隐私权之外[1]，数据控制者这一方的用户或雇员可能还需要一定的支持来在法律范围内操作系统，而数据主体则必须确保自己的数据是在一种完全符合法律规定并且尊重自己合法权利的情况下被处理的。换言之，在上述这一类系统中，以用户为中心就意味着要紧盯着两个重心：数据控制者这一方的相关人员和数据主体。而走在这一类系统对立面的还有某些系统，在某些类型的系统中，数据控制者这一方可没有相关人员，只有由不可胜数的数据主体操作的自动化系统；在另外一些系统中，两方甚至都没有直接用户，只有数据主体的智能手机和数据控制者的系统在直接、自动地相互通信。总的来说，在自动、自主操作设备的情况下，以用户为中心的方法要么就会不了了之，要么用户就会调转方向，转而确保或重新建立某种对数据处理的手动控制。

---

[1] 主要与他们在日志文件中作为与个人数据相关的数据主体的角色有关，以此显示他们作为雇员是如何处理其他人的数据的。

（2）根据欧盟《通用数据保护条例》第 23 条的规定，只有数据控制者才需要承担设计隐私权的义务。要知道，系统的隐私保护水平与整个社会的隐私保护水平之间有着剪不断的联系。在一个理想化的完美世界里，几乎在不需要什么介入因素的情况下，数据控制者都能心甘情愿地完全遵守设计隐私权系统提供的隐私权相关法律规定。然而理想很丰满，现实却很骨感——由于遵守隐私权法相关规定的现状还远远称不上完美，而且我们几乎没有任何理由相信它有一天会是完美的，所以在设计隐私权方面，我们要做的可不止设计系统而已。

如今，无论是在职业场合，在公共空间还是在私人场所，信息和通信系统已经开始将自己的触角伸向人们生活的各个角落。在这样的背景下，不仅访问技术至关重要，而且了解技术、处理技术相关功能所造成的问题，然后控制技术和这些问题也同样举足轻重。特别需要指出的是，考虑到技术的复杂性和无与伦比的速度，"技术处理技术"（technology-handling technology）更应被视为一种充分了解和控制技术设备和相关功能的先决条件，而所谓"技术处理技术"主要是指一种用于分析、理解和/或控制技术系统的技术。同时，在隐私权保护方面，我们诚挚期望至少参与个人数据计算机处理的各方主体都能够获得某种技术支持，特别是享有相关权利和承担相关义务的主体，这样他们才能全面理解系统和自己的所作所为。建立在这一观点的基础之上，我们的目标又可以再往前迈一步，那就是参与处理个人数据的任何一方都应当有权使用某种类型的技术处理工具。虽然我们也可以将这个观点排除在设计隐私权之外，但是在本文看来，废除对设计隐私权的默认限制颇具重要性，毕竟这种限制主要是数据控制者应当承担的责任。相反，我们其实更应该认识到，系统设计方法应当将那些由其他相关主体控制的信息系统也囊括在内，尤其是数据保护机构、数据处理者和数据主体控制下的信息系统。

（3）简明地阐述一种所有相关主体都在控制计算机隐私工具的情况。① 在图 1 中，三角形代表这些主体通常是组织，圆圈代表无组织的个人，而数据主体则既可以在社会、特定情境等某些领域内自行组

---

① 不一定是系统用户。举例来说，数据保护机构既可以开发以数据主体和数据控制者为用户的系统，也可以开发供它们自己使用的系统。

织从而促成系统开发,又能像其他主体一样控制计算机工具。① 图 1 的核心要义就是一种可能的数字隐私资源的基础结构。在这其中,不仅每一个角的计算机工具都可以分离,而且它们还都只有为控制工具的一方服务的功能。虽然数据控制者这一方的系统并不需要支持数据主体和数据保护机构提出的要求,但是为了满足数据控制者这一方相关组织的直接需要,系统还是有可能会对自己的功能做出一定限制的,抑或支持本组织外部的用户组。实在不行的情况下,数据控制者这一方的系统甚至会满足数据保护机构的需要,如在迫于数据控制者的法定义务或数据保护机构的行政权力的情况下,它们可能就会这么做。

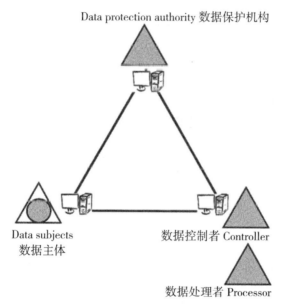

图 1　一种可能的数字隐私资源的基础结构

同时,数据保护机构开发的软件既可以囊括服务于数据控制者和数据主体的功能,又可以主要用于支持直接行使政府权力等功能。退一步来说,即使是由数据主体开发出来的软件,它们也依旧可能对数据保护机构和数据控制者大有裨益,例如它们可能会包含由作为竞争

---

① 数据主体的标志是三角形套着圆圈。

对手的数据控制者或企业所运营系统的隐私性能。

（4）本文在这里其实只打算探讨数字隐私资源基础结构的某些方面，即每一组相关主体都有可能开发可供其他主体访问和使用的系统要素。概括来说，该问题至少包括一个外部和一个内部方面：外部方面涉及一个群体中的各方相关主体如何开发可供其他主体使用的隐私资源，其中最重要的就是数据保护机构的作用和这些机构支持数据主体、数据控制者和数据处理者的机会。就数据保护机构提供的那些包含信息和指导的服务而言，即使这些服务不过是简简单单的、基于互联网的服务，哪怕没什么新意，它们也一样可以被看作设计隐私权信息系统的一种基本形式。同时值得注意的是，有可能开发联合软件组件这件事也极为吸引大家的眼球，而所谓联合软件组件就是指那些可集成并用于不同信息系统的组件。具体而言，传统老套的政府方法就是监管和指导数据控制者和其他主体的系统如何运行，并希望尽可能多的数据控制者能够遵守、购买或开发设计隐私权系统。相比之下，数字隐私资源的共享基础结构与之有着天壤之别：根据该基础结构，数据保护机构应当开发联合系统组件，而这些组件可以被访问、调整并集成到各种数据控制者的系统之中。举例来说，数据保护机构完全可以提供一些关于同意和访问请求的标准化例程；与其寄希望于数据控制者开发出他们的并行例程，数据保护机构可以直接霸气满满地开发出一个标准化例程。① 对于数据主体来说，好处也是肉眼可见的：不仅用于主张权利等的例程可以在数据控制者之间被识别出来，而且这些例程还能在可信赖度颇高的同时保持足够的司法水平。

就开发标准化的设计隐私权组件而言，一方面，由于这件事具有无穷的商业潜力，所以私营企业完全可以开发经国家数据保护机构认证、最终甚至经跨国机构认证（比如欧盟）的组件。而另一方面，在那些市场机制发挥作用的地方，上述组件的开发就万万不能再依赖商业前景；恰恰相反，数据保护机构此时就应该转而考虑主动将企业肩上设计隐私权的责任揽到自己肩上。除了数据保护机构这一方，数

---

① 抑或少量的标准化例程，例如，同一例程的几个版本适应于不同的应用领域；在挪威，通过挪威研究委员会资助的相关研究项目，为政府部门设计的标准化同意例程已经被开发出来了。

据控制者和作为数据主体的相关组织有时也能为数字隐私资源的共享基础结构贡献自己的一分力量。比如,通过在互联网上提供有关自己信息系统的相关法律文件,数据控制者有可能会开发系统模型来促进相关数据保护机构的集中检查。再如,作为数据主体的相关组织(如工会),它们也可以为工作场合的集体同意开发一种基于信息通信技术的例程。① 行文至此,本文在这个问题上就不再过多往前延伸了,本文目前只是做一个一般性假设,即开发和共享数字隐私组件指日可待。

数字隐私资源共享基础结构的"内部方面"涉及数据控制者、数据保护机构和公民权利组织(代表数据主体/公民)之间的工具交换。具体而言,许多数据控制者很可能压根没有什么动力去与别人分享自己开发的设计隐私权模型,毕竟对一些企业来说,比起竞争拼搏和捍卫原创的熊熊野心,与别人分享自己创新成果的意愿根本就不值一提。然而,社会并非每一部分都是按照竞争模式来组织的,就拿作为社会其中一个分支的公共管理来说,在该领域实现数字隐私资源共享就是一个脚踏实地的愿望。

(5)根据《数据保护指令》第27条的规定,欧盟成员国和欧盟委员会应当"鼓励在考虑到不同处理部门具体特点的基础上起草旨在促进本指令合理适用的行为准则"。而对于数据控制者来说,让设计隐私权模型向"功能性行为准则"方向去发展可能更切合实际一点。具体而言,相比以文本形式发布传统老套的行为准则,不仅设计隐私权模型可以作为一种规定可接受行为和相关建议行为的工具,而且它们实际上还可以向数据控制者提供依照这些规范运行的工具。此外,这些设计隐私权模型还可能包含很多选项,这就使得数据控制者可以在自己的特定业务中适用标准化工具。就拿同意例程来举例,在该例程中,数据控制者既可以选择提供给数据主体一个接受或拒绝在细节层面处理个人数据的选项,又可以选择一种不那么具体详细的同

---

① See L A Bygrave and D W Schartum, Consent, Proportionality and Collective Powerin S Gutwirth and others (eds), Reinventing Data Protection? (Springer 2009).

意技术。①

值得注意的是，数据保护机构还负有协同合作的义务。《数据保护指令》第 28 条第 6 款规定，"数据保护机构应当在履行职责所需的范围内相互合作，特别是要相互交流所有有用的信息"。事实上，鉴于"交流有用信息"这项义务在适度的同时却略显含糊不清，所以被公认为有用且实用的信息交流技术方式对于该条款的有效性而言至关重要。而就明确性或目的性而言，《通用数据保护条例》相比之下也没有好到哪里去，该条例指出："为了保证能够融洽一致地实施和适用本条例，监管机构应当相互提供相关信息和相互协作，并应采取相关措施来促进彼此之间的有效合作。"② 然而，随之而来的有两个问题：一方面，共享型设计隐私权模型的开发并不符合这一规定；另一方面，并没有相关规定指出要建立一个在数据保护机构之间分配软件开发成本的模型，这就会导致一个问题，即在这种背景下，大多数数据保护机构到底还会不会无私分享自己开发的设计隐私权模型？

（6）从设计隐私权的视角来看，《通用数据保护条例》所传达的技术观点既简单粗糙，又零散而不成体系。根据该条例草案，监管机构之间的协作应当通过"电子手段"来进行③，并且其他条款也强调相关通信应当是以"电子的"形式进行。《通用数据保护条例》第 62 条第 1 款 d 项指出，欧盟委员会有权对各监管机构之间、监管机构和欧盟数据保护委员会之间以电子方式进行的信息交换进行细化。换言之，相关技术其实仅局限在通信和信息方面，而就数据保护机构对使用技术工具的需要而言，它和《通用数据保护条例》第 23 条所要求的设计隐私权方法之间根本就没有什么关系。

十、结语

作为一个吸引众人的概念，设计隐私权可能会让人们认为它代表着一种与众不同的视角。然而，事实上，只有当我们坚持将信息技

---

① 这些模型的图形设计还应让每种业务都可以做出自己的选择。由于在业务区域会受到设计隐私权模型的标准化影响，所以这些选择不一定就意味着一致性和缺乏原始外观。
② See General Data Protection Regulation (n 10) art 55 (1).
③ See General Data Protection Regulation (n 10) art 55 (6).

术、商业实践、网络基础结构、过程和物理性特征设计混合在一起时，这种观点才能站得住脚；如果我们选择一种更狭义的方法并将注意力主要集中在软件方面，那么，设计隐私权其实不过是用信息技术的法律形式表示这个普通话题的一个方面罢了。在本文看来，其他东西其实都是浮云，至关重要的是在褪下光环之后，我们要看到设计隐私权也有许多软件开发人员能从五花八门的领域认识到的共通点，而恰恰是这些共通点，它们会让软件开发人员不费吹灰之力地将相关问题与自己的一般经验联系起来。就拿电子政务来说，它堪称各种应用的集中营：在电子政务领域，大量的法律规定要么被转化为计算机程序，要么计算机系统就会以各种各样的方式为这些规定提供坚实支持。同时，计算机系统在该领域内随处可见、遍地开花，它们广泛应用于税法、社会保险法、海关和货物税法、中小学和大学招生规定、一系列其他法律和行政领域。为了方便大家理解，建立在上述这个例子的基础之上，本文就将概括阐述与设计隐私权相关的一系列挑战。

一般情况下，法律表示既可以被看作以计算机系统内容的形式出现的法律，又可以被看作这类系统的框架。

第一，所谓作为计算机系统内容出现的法律，其往往是指对规范主要利益领域的特殊法律规定进行转化。回到电子政务的例子中，在税务系统中，税法是摆在第一位的，而税法主要就是税收立法的相关规定在税务系统中的转化和体现。以此类推，当社会保险机构在开发养恤金系统时，退休养恤金的相关法律规定就是重中之重；当保险公司为订立保险合同而开发以互联网为基础的系统时，保险法相关规定就是头号重点。总而言之，为了创建一个运行良好的系统，在计算机系统中对首要关键的法律进行表示是必不可少的。

第二，相比之下，所谓作为框架的法律则是指并非一定要在计算机系统中实施的法律领域。[①] 虽然这一类法律也可以在系统中被转化和实施，但是通常这种情况很少发生。打个简单的比方，隐私权法、政府行政法和政府持有信息相关的法律就将这种情况体现得淋漓尽致：鉴于这些法律对于实现和促进相关业务的首要目标来说并非必不可少、无可替代，所以数据控制者很可能会选择不将它们整合到自己

[①] 它们仍然构成了对系统使用的要求和限制。

的计算机系统之中。不过，毕竟这些法律属于法律框架并规范着相关系统的使用，所以，相关主体还得遵守它们。换言之，即使相关系统没有提出投诉的程序，相关主体显而易见也有权提出投诉；即使相关系统不支持提交同意和撤回同意，数据主体理所当然也享有这种权利。

此外，法律的某些部分目前仍然是一个框架，它们还没有转化为计算机系统的内容。在如今这个高度计算机化和瞬息万变的大环境中，如果某些法律必须要手动进行适用，那么，相比起那些由计算机系统支持、最终转化为软件并自动执行的法律，它们所要面临的不被遵守的风险根本就无法与之相提并论。就这一棘手的挑战而言，它与包含法律保障和五花八门权利的一般法律息息相关。例如，隐私保护、一般法律保护和访问权。除此之外，"设计法律保护"也在提醒我们，这一挑战不仅局限在隐私权领域，而且通过隐私分类或其他类型的法律保障，找到一种能够实施保护他人的法律的路径几乎是所有领域共同的心声。如果本文的这种概括言之有理，那么，本文提出的让设计隐私权切实可行的方法论所阐述的便不仅是改善隐私权的程序，而且在对保护他人的相关法律规定进行分类的方面的实施是有益的。

论设计隐私权的规范和调整

艾勒·S. 鲁宾斯坦[①] 著　邓梦桦[②] 译

目　次

一、导论
二、隐私增强技术和设计隐私权
三、市场激励机制
四、关于监管激励机制的建议
五、结语
六、附录

一、导论

欧洲和美国的隐私执法人员正以前所未有的激情欢迎设计隐私权。这是信息与通信技术（information and communications technologies，ICT）之中的理念，即从一开始就在隐私的基础上进行建设，好过最后才把产品或服务与隐私拴在一起。欧盟数据保护指令的内容中一直包括要求数据管理者在设计和操作信息与通信技术时实施"技术和组织措施"的规定。但事实证明，这是不够的。欧盟委员会（European Commission，EC）在呼吁设计隐私权的同时，希望看到各个主体在设计、生产或获取信息与通信技术系统的一开始就能考虑数据保护原则。特别地，他们鼓励使用隐私增强技术以及有利于隐私的默认设计。

美国联邦贸易委员会在其最近的一份工作报告中描述了一份拟议

[①] 艾勒·S. 鲁宾斯坦（Ira S. Rubinstein），美国纽约大学法学院信息法律研究所法律兼职教授和高级研究员。
[②] 邓梦桦，中山大学法学院助教。

框架，它包括三个主要部分：设计隐私权、简化消费者选择、增强数据实践透明度。① 根据该工作报告，当公司在整个组织中，以及在产品和服务开发的每个阶段中都提倡保护消费者隐私的时候，它们就已经实施了"设计隐私权"。更具体地来说，设计隐私权包括两个主要的因素：第一个是在公司的实践中纳入实质性的隐私保护，第二个是在产品和服务的整个生命周期中维护全面的数据管理程序。报告中还简要地提到了隐私增强技术的使用，比如身份管理、数据标签工具、传输加密工具以及"检查和调整默认设置"的工具。简而言之，大西洋两岸的监管机构都认为有必要建立一个新的法律框架来保护21世纪的网络隐私，而其主要方面之一就是设计隐私权。

尽管隐私增强技术和设计隐私权还没有被准确定义，甚至它们之间在用法上也有所重叠，但这两个概念并不完全相同。它们的区别可以总结如下：隐私增强技术是具有离散目标的应用程序或工具，用于处理单一维度的隐私，这些维度可以是匿名性、机密性或个人信息控制。隐私增强技术经常被添加到现有的系统中，这有时是设计师的事后想法，有时是（隐私敏感的）最终用户所提出的要求。相反，设计隐私权并不是一种特定的技术或产品，而是一种系统的方法，用以设计出将隐私嵌入底层规范或体系结构的技术。虽然隐私增强技术和设计隐私权是可以区分的，但这两个短语没有固定的用法，监管机构和评论员经常交替使用它们。尽管得到了监管机构的认可，但隐私增强技术还没有在市场上得到广泛接受，而相对地，也只有少数公司接受了设计隐私权。对各种关键定义的混淆导致了这种缓慢的采用速度。例如，目前我们尚不清楚"设计隐私权"这一概念与某些技术或者组织措施之间的关系，也不清楚监管机构在敦促公司开发保护隐私的产品时真正想的是什么。

经济学在确定隐私增强技术的采用率和设计隐私权的实践方面也起着重要的作用。在消费者方面，隐私增强技术很少被证明是受欢迎的，而且人们对有严格隐私保护措施的产品和服务的需求似乎相当有限。原因包括消费者对上网、搜索、社交网络、电子商务等日常网络

---

① FTC, Protecting Consumer Privacy in an Era of Rapid Change (2010), available at http://www.ftc.gov/os/2010/12/101201privacyreport.pdf.

活动所带来的隐私风险缺乏了解，对隐私增强技术或设计隐私权如何帮助降低这些风险的了解也有限。此外，认知和行为上的偏见可能会阻止一些人按照他们所表现的偏好（期待更多的隐私）行事。而其他的消费者只是不太关心隐私。在商业方面，疲弱的消费者需求抑制了信息技术的支出。此外，考虑到许多公司从在线广告中获得的巨额利润，他们不愿主动实施隐私增强技术或设计隐私权实践，因为这会限制它们收集、分析或分享有价值的消费者数据的能力。[1] 尽管欧盟委员会（European Commission）赞助了一项关于经济成本和隐私增强技术的好处之间的研究，英国也正在研究如何提升在设计隐私权方面投资的商业案例，但其中很少有证据表明隐私技术能够带来收益，更不用说它能给采用它的公司带来竞争优势了。实际上，欧洲需要更多地关注采用设计隐私权的经济或监管激励，而联邦贸易委员会的报告基本上没有提及这一点。与此同时，不仅对于采用设计隐私权的公司来说，设计隐私权的监管含义是模糊的，对于一些"搭便车者"而言也是如此。

本文的第一部分试图阐明设计隐私权的含义，并就隐私官员如何制定适当的监管激励措施，以抵消这种新方法的某些经济成本和某些不确定的隐私利益提出一些建议。

本文的第二部分会先对隐私增强技术进行分类，根据它们与数据保护或隐私法的交互方式将它们分类为"替代品"或"补充品"。替代型隐私增强技术的目标是个人数据的"零收集"，如果成功的话，那么此时法律的保护就显得不那么重要，甚至有些多余。相比之下，补充型隐私增强技术分为两类：隐私友好型和隐私保护（/保留）型。这两个词在隐私文献中都是熟悉的用语，但它们却没有固定的含义。在本文中使用时，"隐私友好型"在字面上的意思是一个主要通过加强通知、选择和访问来便利个人控制其数据的系统或功能；而"隐私保护型"指的是另一种相比而言数量少得多的系统，它主要是通过加密协议或其他复杂的措施来提供可证明的隐私保障。

本文的第三部分探讨了在美国联邦贸易委员会提出的综合信息隐

---

[1] See Ann Cavoukian, Privacy by Design, INFO. & PRIVACY COMMR, Ⅲ.C. (2009), http://www.ipc.on.ca/images/Resources/privacybydesign.pdf.

私计划（comprehensive information privacy programs, CIPPs）这一概念的具体背景下设计隐私权的含义。笔者还着眼于设计隐私权实践如何与隐私增强技术的使用和一些行业领军者的活动相关联，这些领军者在整个产品开发和数据管理生命周期中依赖工程方法和相关工具来实现隐私原则。基于这一分析，并以定向广告作为主要例证，以联邦贸易委员会的分析为背景，本文接着指出，经济激励措施不足以确保隐私增强技术被广泛采用，也不足以确保社会会在综合信息隐私计划的设计方面进行重大投资。

本文的第四部分考虑了监管机构如何通过以下方式更成功地促进设计隐私权的使用：①确定最佳实践，包括禁止的做法、要求的做法和建议的做法，这些做法都汇总在本文的附录之中；②将这些最佳做法置于一个创新的监管框架内，使之能够促进新技术和工程做法的试验、鼓励通过利益相关者代表之间面对面的谈判和基于共识的决策达成监管协议和支持新提出的隐私立法所界定的、激励驱动的安全港机制。

二、隐私增强技术和设计隐私权

美国联邦贸易委员会提议的框架规定，公司应发展和实施综合信息隐私计划，以确保实践恰当地结合了报告中确定的四个实质性原则（数据安全、合理的收集限制、健全的保留实践和数据准确性）。综合信息隐私计划的两个核心要素是：①指派专人负责隐私培训；②推动隐私政策问责，评估和降低隐私风险。这些隐私评估应在产品发布前进行，并在产品发布后定期进行，以应对数据风险或任何其他情况的变化。综合信息隐私计划规模和范围应根据相关数据和处理此类数据的风险来确定，收集大量消费者数据或敏感数据的公司需要投入比收集少量非敏感数据的公司更多的资源。报告顺便提到，联邦贸易委员会的工作人员支持人们使用隐私增强计划。这份报告对设计隐私权的诱人描述具有极大的直观吸引力。为什么呢？联邦贸易委员会的讨论表明，设计隐私权通常可以减少错误和成本，但这一讨论仍然缺乏细节，也没有完全解释设计隐私权意味着什么。公司是否有意通过更多、更好地利用隐私增强技术来保护隐私？如果是这样，哪种隐私增强技术最有效？为什么？联邦委员会的报告没有经过讨论就建议使用几种隐私增强技术（身份管理、数据标签工具、传输加密工具以及检查和调整默认设置的工具），但它没有根据相关标准对它们进行区分。

设计隐私权是否意味着公司应该实施具体的设计实践或合规措施？没有更详细的指导，公司将不知道它们应该做什么（或不应该做什么），它们应该花多少钱来达到预期的结果，或者这种方法将在多大程度上提高它们在监管机构眼中的地位。接下来的讨论为研究这些问题奠定了基础，本文将发展一种新的隐私增强技术分类，探讨设计隐私权的意义，并比较现有私营部门的方法和联邦贸易委员会在工作报告中的分析。

（一）隐私增强技术的成功与失败

隐私增强技术已经有 25 年的历史了。许多隐私增强技术反映了专家们在密码研究方面的重大进展，这些进展也使高级隐私功能成为可能，如匿名支付系统、实时通信的匿名保护、通过匿名凭证方案进行身份验证，以及匿名检索在线内容的方法。身份保护以及与此相关的隐私增强技术最早是在 1995 年的《匿名之路》(*Path to Anonymity*)报告中作为监管策略引入的。然而，正如 Feigenbaum 及其同事在 15 年（多）之后所总结的那样：尽管这类技术很明显大量存在，但被广泛使用的却很少。即使它们被广泛使用，它们也不一定能消除"各种部署问题"。[1]

当然，并不是所有的隐私增强技术都依赖匿名协议。该术语包含了匿名之外的一系列工具，包括那些强化通知和选择、帮助自动化通信和/或执行隐私政策、或通过加密确保机密性的工具。可以说，匿名工具是最有效的隐私增强技术，因为它们首先阻止身份识别或个人数据的收集，而不考虑法律要求。因此，它们有时被称为真正的或纯

---

[1] See Joan Feigenbaum et al. , Privacy Engineering for Digital Rights Management Systems, 2320 Lecture Notes in Computer Science art. 6, 2002, available at http://cs-www. cs. yale. edu/homes/jf/FFSS. pdf. See also Ira Rubinstein et al. , Data Mining and Internet Profiling: Emerging Regulatory and Technological Approaches, 75 U. CHI. L. REV. 261, 274 – 277 (2008).

粹的隐私增强技术。① 相比之下，其他隐私工具允许收集和分析数据，但这些工具会帮助有知识和有动机的消费者更好地控制他们共享的数据，以及控制与谁共享数据。

虽然联邦贸易委员会建议使用隐私增强技术，但其工作报告并没有讨论隐私增强技术的不同种类和用途，或它们历史上的成功和失败。事实上，我们有大量关于隐私增强技术的文献，它们提出了许多分类。大多数的分类方法都是根据隐私增强技术的功能来区分的（例如这种隐私增强技术是否确保匿名性、保密性、透明度）。然而，分类方法有时会与其他因素相结合，比如最终用户是否在客户端部署隐私增强技术，或者公司是否在服务器端部署隐私增强技术。其他研究人员根据隐私增强技术潜在的隐私概念（比如控制、自主、隔离）对它们进行分类，但这种方法并没有被证明是非常有用的。

本文采用了不同的方法，根据隐私增强技术与政府监管的关系对其进行分类。笔者将在下一节中表明，所有的隐私增强技术都被分为两个大类：替代型隐私增强技术（屏蔽身份及/或防止收集个人资料或个人识别资料以取代隐私监管），或补充型隐私增强技术（通过使用技术措施来实现特定目标，从而支持监管目标）。本文表明，这种分类更有可能为私营部门采用隐私增强技术提供有用的指导。

（二）隐私增强技术的分类：替代品和补充品

替代型的隐私增强技术试图通过阻止或尽量减少收集个人资料来保护个人隐私，从而使法律保护显得多余。相反，补充型的隐私增强技术允许收集和使用这些数据，只要这些活动符合隐私法和相关的法律要求。替代型隐私增强技术的主要类型依赖于匿名性来屏蔽或减少用户标识，以及/或基于以客户为中心的架构来防止或最小化个人可识别信息的收集。他们的设计是基于一个潜在的假设，即商业信息技术系统是有缺陷的，而法律规则和制裁在大多数（如果不是全部的）

---

① See, e.g., Roger Clarke, Introducing PITs and PETs: Technologies Affecting Privacy, 7 *PRIVACY L. & POLY REV.*, no. 9, Feb. 2001, at 181.

情况下是无效的。这些隐私增强技术将保护的重心从监督企业行为转移到防止或避免（需要被监督的）数据收集和分析行为。大多数出名的隐私增强设计是由个别终端用户部署离散应用程序来提供有限功能，如匿名浏览或加密电子邮件。一些替代型隐私增强技术还需要继续研究，并得到非营利组织和志愿者的支持（例如 Tor 匿名网络①），但很少看到企业在自己的产品或服务中使用替代型隐私增强技术。

在实际情况中，替代型隐私增强技术的理论多于实践。由于上文提到的那些原因，只有很少的工具被广泛使用，而那些试图围绕这些工具来创建业务的公司都失败了，这反过来又阻碍了进一步的投资。这并不令人惊讶。以盈利为动机的互联网公司收集和分析个人数据有多种目的——投放定向广告、个性化服务、收取费用以从任何销售中榨取尽可能多的剩余（经济学家称之为价格歧视）。因此，它们不愿意主动采用替代型隐私增强技术，这进一步侵蚀了此类工具的市场。

与之形成鲜明对比的是，补充型隐私增强技术的设计是为了贯彻法定的隐私原则或相关的法律要求。因此，公司急于部署它们，以确保合规和/或给客户一个正面印象，即它们承诺保护隐私（这里指的是控制个人数据）。补充型隐私增强技术的开发者理所当然地认为公司收集数据是为了各种有用的和有利可图的目的。他们开发补充型隐私增强技术的目的不是为了阻止或减少此类收集，而是通过确保数据的收集和处理符合基于公平信息实践原则（fair information practice principles，FIPPs）的监管要求，从而来减少损害消费者的风险。补充型隐私增强技术能够前端用户体验。例如，知情同意机制、访问工具和偏好管理，解决后端基础设施和数据共享网络带来的隐私问题。例如，IBM 的 Tivoli 隐私管理助手，它帮助企业管理用户身份、访问权限和跨整个电子商务基础设施的隐私策略，以及惠普的政策合规检查系统。

补充型隐私增强技术分为两类：隐私友好型和隐私保护型。隐私友好型的增强技术试图通过改进的通知和同意机制、浏览器管理工具、数字仪表盘等，让人们对自己的个人数据有更多的控制权。相比

---

① 洋葱头匿名网络，洋葱头（The Onion Router）是一种软件。

之下，保护隐私的隐私增强技术在很多情况下就像是替代型隐私增强技术。它们依赖于复杂的加密协议，这些协议可能产生具有强大保护力的部署解决方案，但同时也能满足法律要求。这些特征的结合允许公司和政府机构从事可能被视为侵犯隐私的活动，同时也能严格地保护隐私。其中具有说服力的例子包括保护隐私的数据挖掘和保护隐私的目标广告。

为什么这些分类很重要？① 答案是与培养和使用隐私增强技术的动机有关。一方面，坦率地说，市场对替代型隐私增强技术的激励是微弱的。另一方面，互补型隐私增强技术的商业案例更有说服力，因为它们既支持现有的合规义务，又倾向于提高公司作为一个值得信赖、关心隐私的主体的声誉。当然，只有当企业认为这样做的直接成本和机会成本足够低，足以证明投资的合理性时，它们才会选择互补型隐私增强技术。因此，公司不太可能采用隐私保护型的补充型隐私增强技术，因为它们比隐私友好型的增强技术更难实施，也没有那么灵活。这些观察结果表明，为了克服私营企业在增加隐私增强技术投资时的不情愿（特别是在面对有限的消费者需求、相互竞争的商业需求和疲弱的经济时）监管激励措施可能仍然是必要的。

为了控制目标广告的投放而设计的隐私增强技术，很好地说明了替代型隐私增强技术和补充型隐私增强技术之间的区别以及采纳它们的动机。本文根据上文所给定的隐私增强技术分类，对目标广告中应用的隐私增强技术进行以下简要描述。

1. 替代型隐私增强技术

通过让消费者匿名浏览网页，替代型隐私增强技术可以使用各种匿名工具来防止跟踪和定向广告。例如，匿名代理服务器允许用户在不透露 IP 地址的情况下上网。Tor 浏览包使用更强的加密协议提供了类似的功能。然而，与其商业模式一致的是，没有一个主要的搜索或网络广告公司支持用户在他们的网络服务中使用这些工具，或者构建这样的功能，或者教育用户在哪里找到和如何使用这些隐私增强技术。联邦贸易委员会似乎不太可能设计出足够有吸引力的激励措施来克服替代型隐私增强技术带来的机会成本，除非对那些没有采用替代

---

① Daniel J. Weitzner et al., Information Accountability, 51 *COMM. ACM* 82 (2008).

型隐私增强技术的人实施严格的监管。

2. 补充型隐私增强技术——隐私友好型

许多极受欢迎的商业互联网和网络广告公司都大力支持这样的工具：公司会推测用户的偏好，用户通过工具编辑这种偏好及相关的统计分类来控制公司对自己投放的在线广告，或者选择退出作为参与公司相关的行为目标。能够反映这些的例子包括广告偏好管理助手、独立的和基于浏览器的 cookie 管理助手、允许用户删除 cookie（包括 Flash cookie）的其他浏览器控件、"隐私浏览"功能（每次用户关闭浏览器或关闭隐私浏览时，此功能都会删除 cookies，有效地隐藏用户的历史记录）、链接到行为广告的附加信息和选择的新图标，以及来自三大主要浏览器厂商的、基于浏览器的新"请勿跟踪"（do not track）工具。这些隐私增强技术为什么吸引公司的原因很明显：它们以一种对隐私友好的方式增加了（对用户的）通知和（用户的）选择，同时又没有扰乱广告业务模式。

3. 补充型隐私增强技术——隐私保护型

斯坦福大学（Stanford University）和纽约大学（New York University）的一群隐私研究人员最近开发了一种针对定向广告的隐私保护方法，他们称之为 Adnostic。这个新开发的系统将允许广告网络参与行为分析和广告定位，但不需要服务器跟踪消费者。相反，所有为投放定向广告所必需的跟踪和分析都是在客户端进行的，也就是说，是在用户自己的浏览器中进行的。当一个网站想要向用户投放基于其偏好而选择的广告时，用户的浏览器会从广告网络服务商提供的广告组合中选择最相关的广告，但是浏览器不会将这些信息透露给广告服务商或任何第三方。Adnostic 是一项很有前途的技术，因为它提供了比隐私友好型增强技术更强的隐私保护，同时保留了大部分的广告商业模式。[1] 但与此同时，Adnostic 也给在线广告行业带来了新的成本和复杂的操作，削弱了不同广告服务商之间基于最佳广告匹配算法的竞争能力，这引发了一定的争议。截至撰写本文时，Adnostic 还没有找到任何买家，而且在缺乏更强有力的监管激励措施的情况下，似乎也

---

[1] See Ann Cavoukian, Redesigning IP Geolocation: Privacy by Design and Online Targeted Advertising.

不太可能找到。

表 1 总结了三类设计隐私权的隐私增强技术的主要特征。

表 1 隐私增强技术的主要特征

设计隐私权的类型	目标	实例	鼓励采用的程度
替代型隐私增强技术	防止追踪和分析	匿名代理服务器；Tor 浏览包	低：因机会成本高而疲软
补充型隐私增强技术——隐私友好型	用户对在线广告的控制	广告偏好和 cookie 管理器，广告图标，"请勿跟踪"工具	高：增强了用户控制，同时最小地干扰广告商业模式
补充型隐私增强技术——隐私保护型	在不向第三方透露用户偏好的情况下允许追踪和分析	Adnostic	低：尽管 Adnostic 支持商业模式，但它十分复杂，并将控制权从广告商转移到用户身上

(三) 设计隐私权的分析

设计隐私权是一个无形的概念，它至少意味着在收集或处理个人数据的产品和服务的设计和运营中实施公平信息实践原则。实现这一点的一种方法是使用现有的隐私增强技术或创建新的隐私增强技术，以应对出现的隐私问题。此外，设计隐私权可能指的是过程、系统、程序和政策的采用——其中任何一个都可能具有技术维度——可以统称为隐私保护措施。欧盟隐私官员长期以来一直支持使用隐私增强技术，但现在也开始采用一种更广泛的设计隐私权方法，这种方法强调合理的设计实践。在美国，联邦贸易委员会没有重视隐私增强技术，[1] 反而强调了一系列广泛的保障措施，包括某些设计实践。下文的讨论试图通过更详细地分析美国联邦贸易委员会的工作报告来给

---

[1] FTC, Protecting Consumer Privacy in an Era of Rapid Change (2010).

（以上讨论的）骨头加点肉。

工作报告指出，设计隐私权包括一套综合的发展和管理过程，以及实践。与隐私增强技术一样，我们有必要将（设计隐私权的）前端软件开发活动与后端数据管理实践区分开来。前端活动是面向客户的产品和服务的设计过程（即客户通过下载软件、使用web服务和/或共享个人数据或创建用户内容与之交互的产品和服务）。后端实践由数据管理过程组成，这些过程确保信息系统（用于内部使用以及与附属公司、合作伙伴和供应商共享数据）遵守隐私法、公司政策（包括公开的隐私政策）和客户自己的隐私偏好。虽然有所区别，但前端与后端这两个生命周期是重叠的，因为大多数为互联网（internet）设计的产品和服务结合了前端组件和后端数据处理。软件开发的生命周期力求确保在设计产品和服务时，软件开发人员既要考虑客户的隐私期待，又要考虑他们需要防范的相关威胁模型。

一方面，这种方法允许用户控制他们的个人数据，例如，通过提高他们对公司将从他们那里收集什么信息、如何使用这些信息以及他们对这些信息的传输、存储和使用有什么选择的理解。与此同时，它试图将隐私事件的风险降到最低，例如，秘密或未预料到的数据收集、未经授权的数据使用、转移或暴露，以及安全漏洞。另一方面，数据管理生命周期更多关注的是，当公司员工访问、使用、披露并最终删除客户数据时，公司应该如何在考虑隐私的情况下设计和管理信息系统。这种前端/后端区别一般与工作报告第五（B）（1）和（2）小节所讨论的主要问题一致。前者建议公司"将实质性的隐私保护纳入他们的实践"，而后者建议公司保持"全面的数据管理程序"。然而，委员会的分析也有明显的缺陷。例如，对软件设计指导方针和数据管理实践没有详细的描述。总的来说，这份工作报告缺乏对最佳实践和其他可行步骤的有效讨论，而这些都是公司为了能有效采用设计隐私权而需要的。接下来的两节将详细讨论这些问题。

1. 私营部门中的设计隐私权：前端和后端方法

一些老牌的、较成熟的跨国IT公司已经为在软件开发和数据管理中建立隐私，制定了指导方针、政策、工具和系统。微软将隐私嵌入其设计过程的安全开发生命周期（security development lifecycle，

SDL）就是一个最著名的例子。① 安全开发生命周期的目标是将隐私和安全原则集成到软件开发生命周期的五个阶段（需求、设计、实现、检验和发布）。每个项目都有隐私影响评级，这些评级决定了合规所需的设计规范。微软的"软件和服务开发隐私指南"补充了其安全开发生命周期指南，这是一份 51 页的文件，列出了基于公平信息实践原则和相关的美国隐私法的基本概念和定义；讨论了不同类型的隐私控制和基于共享计算机、第三方和其他情况引起的特殊考虑；然后，列举了九个具体的软件产品和网站开发场景。对于每个场景，指南确定了与通知和同意、安全和数据完整性、客户访问、cookie 的使用以及其他控制或需求相关的必要和推荐的实践。

在数据管理方面，IBM 的 Tivoli 隐私管理助手是一个全面的企业隐私管理系统，支持各种隐私功能。惠普也在开发一个全面的方案来管理信息生命周期储存、检索、使用、优先级、更新、转换和删除，以及完成身份管理任务，比如对身份的收集、存储和处理，以及分析信息、身份验证和授权、数字身份的"配置"（即账户注册和相关任务），以及用户对其个人数据和身份的管理。据惠普信任系统实验室的研究人员称，这需要一个隐私义务模型（基于数据主体的权利、企业就使用其个人资料所获得的许可，以及与公平信息实践原则有关的各项法定义务），还需要管理这些义务的框架。由此产生的"义务管理系统"使企业能够配置信息生命周期和身份管理解决方案，以处理隐私义务和隐私所决定的偏好和约束。而这些在理想的情况下，应该以自动化和集成的方式实现。

虽然产品开发和数据管理强调不同方面的设计隐私权，但这两种方法的目标大致相同：使用技术和组织措施的组合来建立隐私保护，以确保遵守适用的规则。在过去的 10 年中，计算机科学家已经开始开发形式化的方法，用于从管理利益相关者行为的政策和法规中提取规则的描述；同时，他们也已经开发用于表示此类规则的正式语言，以及用于通过执行运行时监视和事后审核的软件系统来实施此类规则的方法，以确保其披露和使用个人信息的行为遵守这些规则。正如

---

① See Steve Lipner & Michael Howard, Microsoft Corp., The Trustworthy Computing Security Development Lifecycle, MDSN (Mar. 2005).

Breaux 和 Anton 在一篇以健康保险携带和责任法案（HIPAA）隐私规则为模型的论文中指出的那样："被法规允许的行为称为权利，而被要求的行为称为义务。从利益相关者的权利和义务，我们可以推断出执行这些规则以遵守法规的系统需求。"① 使用正式语言使软件系统的隐私要求与法律法规保持一致的想法无疑超出了美国联邦贸易委员会建议公司将实质性隐私保护纳入其实践的考虑范围。此外，法律要求工程、正式语言以及相关的工具和技术正是软件开发人员所需要的，为了将设计隐私权从一个模糊的警告（在隐私中建立起来比以后在产品中拴住隐私来得更好）转变成一个有计划和结构化的设计过程。

2. 工作报告中的设计隐私权和美国联邦贸易委员的执法行动

与这些非常详细和全面的前端和后端商业方法相比，或者与需求工程的新兴学科相比，美国联邦贸易委员会在第五（B）（1）节中对隐私发展指南的讨论似乎是很不完整的。一方面，它只考虑了公司应该纳入实践的四个实质性的隐私保护（安全、收集限制、保留实践和准确性）但没有解释为什么所有的八个公平信息实践原则不适用。当然，其他两条原则，即日的规范和使用限制——与在产品和服务中建立隐私保护高度相关。该节中同样严重忽略的（但不包括报告后面的部分）是未能讨论常见的使用场景或管理这些场景的规则、与每个场景相关的威胁的严重性，以及处理这些威胁所需的、与客户的期待和法律要求一致的安全措施。在第五（B）（2）节中，报告的指导包括两项建议。第一项是公司要实施综合信息隐私计划；第二项是，"在适当的时候"它们要评估风险［类似于隐私影响评估（Privacy Impact Assessments，PIAs）］，但这些见解还没有得到充分发展，不足以提供很多有用的指导。

例如，报告忽略了什么时候进行风险评估是合适的。考虑到 2002 年电子政府法案第 208（b）（1）（A）条②提供了相关的指导方

---

① See Travis D. Breaux & Annie I. Anton, Analing Regulatory Rules for Privacy and Security Requirements, 34 IEEE TRANSACTIONS ON SOFTWARE ENGINEERING 5 (2008).

② Pub. L. No. 107-347, § 208 (b) (1) (A), 116 Stat. 2899, 2921-2922 (2002) [codified at 44 U.S.C. § 3501 (2006)].

针,要求联邦机构在开发或采购以可识别形式收集、维护或传播来自公众或关于公众的信息的 IT 系统或项目之前进行隐私评估,所以这种忽略是令人感到惊讶的。虽然工作报告提供了一些隐私审查的例子(尤其是在对点对点文件共享的讨论中)和一些规范性的指导意见,它在提供隐私评估的详细规则或要求方面做得还不够,不足以帮助公司决定何时进行这些评估,或者它们是否以一种有意义的方式进行了评估。当然,隐私影响评估是隐私风险评估中最广泛使用的工具,尤其是在公共部门。有趣的是,商务部最近发布的《隐私绿皮书》也鼓励企业使用隐私影响评估来提高其行为的透明度,提高消费者的意识,并确定有助于降低相关隐私风险的替代方法。但是工作报告中关于隐私评估的讨论太过简短,无法推断它是否与美国商务部的推理一致,或者是否会采用欧洲模式,即全行业的隐私影响评估必须由隐私官员审查和批准。

总而言之,工作报告最好被作为对于机构实施设计隐私权指导的第一步来阅读,第五(1)和(2)节为企业如何将隐私保护措施融入其开发和数据管理实践提供了初步指导。工作报告中的其他指导来源包括在提供通知和选择方面的"普遍接受的做法"的讨论,以及如何增加数据实践的透明度,报告在两个方面都在设计隐私权方面提出了一些做法建议。

同样具有指导意义的还有一些对于"间谍软件"和"广告软件"的强制行动,这些行动建议禁止设计实践或要求披露实践。在被禁止的类别中,联邦贸易委员会提起了涉及以下行为的几起案件:①未经用户同意,利用安全漏洞安装软件;②将软件与恶意软件捆绑;③安装 root kit 软件[①];④捆绑自由软件和恶意软件;⑤程序的所有功能(如内容保护或"手机主页"功能);⑥某些跟踪软件将监测、记录或传送的数据类型;⑦消费者卸载任何广告软件或类似的监控用户互联网使用和显示频繁、有针对性的弹出广告的程序的方法。这些个案有助于充实工作报告内的讨论,并以禁止的、必需的和推荐的方式构成了设计隐私权指导的初步回馈。

诚然,所有这些都不足以解释美国联邦贸易委员会所谓的"设

---

① root kit 软件可以被黑客利用来获取对某台电脑的 root 级别访问权限。

计隐私权",或者说不足以解释——采用更宽泛的说法——综合信息隐私计划中的"设计隐私权"。但委员会提供了两个线索：第一个线索可以从联邦贸易委员会给谷歌的文书中看出。① 尽管对谷歌内部的审查程序是否足够充分还有所怀疑，但委员会选择结束调查是由于谷歌给出了以下保证：其一，谷歌没有也不会使用 Wi-Fi 有效载荷数据，并打算删除它。其二，谷歌将采取一定的措施，"包括任命一名负责工程和产品管理隐私事务的主管；增加对关键员工的核心隐私培训；并将正式的隐私审查过程纳入新方案的设计阶段"。② 此外，委员会建议谷歌"制定并实施合理的程序"，如"仅收集满足商业目的所需的信息，处理不再需要的信息以实现该目的，并维护收集和存储的信息的隐私和安全"。这封结束调查的文书显然预告了工作报告中关于隐私的几个主题。第二个线索是综合信息隐私计划（如员工报告中所描述的）与综合信息安全计划（comprehensive information security programs，CISPs），正如保障措施规则和许多联邦贸易委员会的强制行动中所定义的那样——之间的明显相似之处。最近达成的一项协议，解决了谷歌在推出其"Buzz"社交网络服务时从事欺骗性贸易行为的指控，该协议证实，欧盟委员会在综合信息隐私计划的总体概念和具体要素上都是基于综合信息安全计划的。

  虽然综合信息安全计划和综合信息隐私计划都结合了人员和问责措施、风险评估（包括对产品设计的考虑）、设计和实施过程以及正在进行的评估，但两个方案在重要方面存在差异。例如，隐私风险评估仍处于起步阶段，可以利用的技术资源远远少于安全风险评估，后者通常采取威胁建模的形式，并依赖于高度开发和完善的安全编码实践和测试工具。同样，联邦贸易委员会同意建立综合信息安全计划和综合信息隐私计划的命令，要求公司定期提交合格专业人员的评估，以证明其项目在普遍接受的程序和标准的基础上有效运行。虽然在安全领域存在这样的基准，但在隐私领域却不存在，但这种情况也正在

---

  ① See Letter from David C. Vladeck, Director, Bureau of Consumer Protection, to Albert Gidari, Esq., Counsel for Google (Oct. 27, 2010); See Kevin J. OBrien, New Questons over GooglesStreetView in Germany, *N. Y. TIMES*, Apr. 29, 2010.

  ② See Letter from David C. Vladeck, Director, Bureau of Consumer Protection, to Albert Gidari, Esq., Counsel for Google (Oct. 27, 2010).

发生变化。值得注意的是，虽然工作报告对综合信息隐私计划的讨论在很大程度上预告了谷歌在其解决方案中需完成的义务，但报告支持"设计隐私权"，而同意令中则没有出现这些内容，尽管综合信息隐私计划有几个规定的要素都包括了设计方面。这一疏忽是故意的，还是联邦贸易委员会对这些要求的表述和/或设想发生了转变，还有待观察。

三、市场激励机制

这一部分所讨论的问题是隐私市场是否提供了足够的激励来使企业在社会最优水平上投资综合信息隐私计划的要素（包括设计隐私权和技术方面），或者是否需要政府干预以确保有合适的投资。许多隐私监管机构在设计上支持隐私保护，它们似乎相信企业会认识到这种投资的好处，并采取相应的行动。因此，英国信息专员办公室（Information Commissioner's Office，ICO）坚称，设计隐私权将产生一种"隐私红利"，这与 Ann Cavoukian 早先宣称的尊重隐私并赢得客户信任的公司的"隐私回报"相呼应，也与她最近断言的"全功能——正和而非零和"是其所称的设计隐私权的基本原则相呼应。但我们有理由质疑他们的这种乐观态度。

首先，正统的经济学观点预测，在完全信息的情况下，市场力量将产生有效的数据收集和分析。作为一个必然的结果，理性的公司将投资于综合信息隐私计划来响应消费者的需求，以保护其免受与数据收集、未经授权的二次使用、处理错误和不当访问相关的风险。然而，这种观点假设消费者了解如何识别和防范两个有形的伤害——如身份盗窃或价格歧视，还有无形的伤害，这很难用经济术语来定义，因为它们涉及 Daniel Solove 所说的"数字档案"，以及与之相关的"不安、脆弱和无力感"。事实上，很少有消费者了解这些风险，更少有消费者熟悉隐私增强技术（或者不怕麻烦地使用它们），又或者能轻易识别出有完善隐私保护程序的公司。[①] 此外，有分量的学术观点表明，这种意识的缺乏反映了信息不对称，而如果没有监管干预，

[①] Daniel J. Solove, The Digital Person: Technology and Privacy in the Information Age, New York University Press, 2004, p. 149.

这种情况以及相关的市场失灵很难纠正。①

其次,无论在隐私保护项目上投资了多少的公司都遇到了几个问题。在理论上讲,发展一项综合隐私计划、在产品和服务中涉及隐私,以及/或部署隐私增强技术可以降低个人数据被滥用或滥用的风险,从而降低隐私被侵犯的可能性和保护成本。采用成本效益方法时,公司可以通过估计和比较避免此类损失的预期收益与隐私(及相关安全)保障措施的预期成本来决定投资多少。但这些估算缺乏必要的数据,没有这些数据,许多公司反而陷入被动模式,推迟必要的投资,直到隐私事件发生或政府监管迫使它们采取行动。此外,由于公司从定向广告、个性化和价格歧视中获利,它们有强烈的动机在尽可能少的限制下收集和分析尽可能多的客户数据。因此,某些隐私增强技术或设计隐私权决定可能会增加公司不愿支付的机会成本。

最后,进行此类投资的其他原因,比如避免声誉受损,以及相关的销售或客户损失。不出所料,广告行业对其目前的做法进行了相当有力的辩护,认为有针对性的广告为消费者提供了有用的信息,并为免费的网络内容和服务提供担保,而且广告商是"匿名"使用这些信息的。但是,隐私倡导者强烈反对这种理由,相反,他们呼吁关注与行业惯例相关的潜在危害(如价格歧视给消费者带来的成本)和档案社会的出现。接下来,我们的目标不是解决这些长期存在的争议,也不是决定如果在线广告商不仅能自我监管,还能受到新的隐私法的监管,消费者的处境是否会更好。相反,我们的目标是从经济角度考察隐私投资并决定这个市场是否在运转。

(一) 为什么隐私增强技术的消费需求疲软

关于隐私增强技术消费者需求的市场数据非常少,一部分的原因是它们没有作为一个单独的产品类别而被跟踪。关于替代型隐私增强技术和隐私友好型增强技术都有传闻证据,虽然证据具有不确定性,

---

① Daniel J. Solove, Understanding Privacy, Harvard University Press 2008, pp. 76 – 92; Jerry Kang, Information Privacy in Cyberspace Transactions, 50 *STAN. L. REV.* 1193, 1265 – 1268 (1998); Paul M. Schwartz, Properly, Privag, and PersonalData, 117 *HARV. L. REV.* 2055, 2076 – 2084 (2004).

但它表明大多数隐私增强技术的用户数量不到 100 万。① 联邦贸易委员会最近的工作报告提供了类似的统计数据，包括流行广告拦截工具的下载和使用情况。

这些数字是否表明消费者对隐私工具的需求在不断增长，公司应该理性地提供更多的隐私增强技术，或者建立起隐私保护？很明显，与流行的反病毒和相关安全产品相比，这些产品的规模很小，后者虽声称拥有多达 1.33 亿的用户，但与全球近 20 亿互联网用户比起来显得有些微不足道。唯一矛盾的数据来自 Facebook 的一位隐私官员，他表示，Facebook 在 2009 年 12 月发布其新的隐私控制功能时，该公司 3.5 亿用户中有近 35% 的人定制了该项隐私设置。这些数据可能反映了用户对 Facebook 在隐私控制方面（不受欢迎）的变化感到不满；如果没有不满，那么，这是一个有趣的发展，需要进一步的研究。

显然，对隐私增强技术需求疲软最常见的解释是：由于信息不对称，大多数人不了解分享个人数据可能带来的风险。其他评论人士则指出了"隐私悖论"的存在，即消费者经常声称他们高度重视自己的隐私，但他们的个人数据却没有什么价值。关于这类行为著名的例子包括消费者赠送个人数据以换取会员卡、折扣和其他便利，如免费的内容和服务。② 隐私专家 Alan Westin 提到了不同的隐私敏感性。③ 行为经济学家对此曾提出了基于有限理性和行为偏差（如即时满足或乐观偏见）的解释。

对于人们为什么看起来不愿意关心自己的隐私需求——无论是通过自我救助的方法还是向公司要求更好的隐私工具——最直观、最令人满意的解释来自计算机研究人员 Adam Shostack 和 Paul Syverson 的观点。他们指出，当人们知道自己现在有隐私问题的时候（如自己

---

① John Alan Farmer, The Spector of Crypto-anarchy: Regulating Anonymity-Protecting Peer-To-Peer. Networks, 72 *Fordham L. REV.* 725, 754 (2003).

② See Janice Y. Tsai et al., The Effect of Online Privacy Information on Purchasing Behavior: An Experimental Study, 22 *INFO. SYS. RES.* 254, 255 – 256 (2011).

③ See Opinion Surveys: What Consumers Have To Say About Information Privacy: Hearing Before the House Commerce Subcomm. on Commerce, Trade, and Consumer Protection of the H. Comm. on Energy and Commerce, 107th Cong. 15 – 16 (2001).

家里的情况可以被邻居所窥视时）他们会花钱购买有效且容易理解的解决方案（如窗帘和栅栏）。但这种情况发生在互联网中就变得有些难以理解，他们通过举例 cookie 的情况说明了这一点：理解 http、cookie 是什么并不容易，因为这需要对协议、服务器和"有状态"（statefulness）有一些了解。理解具有可跟踪性和可链接性的 cookie 之间的交互就更加复杂了，因为它需要理解 web 页面构造、cookie 再生和非 cookie 跟踪机制。

不幸的是，将这种 cookie 威胁分析扩展到消费者在日常使用互联网时遇到的其他技术太容易了。在许多情况下，消费者缺乏对追踪技术的认识，或者不了解这项技术是如何运作的，特别是当他们访问一个拥有"指向标"（一种不可见的像素，允许广告商在用户浏览网页时跟踪他们）的网站时、注册一个在线账户、点击一个横幅广告、安装一个工具栏、使用广告赞助的照片存储服务，或者使用手机定位附近的商店时。当他们在社交网络上写博客或分享关于自己或亲友的想法、照片或视频时，他们可能知道自己在做什么，但却没有充分认识到自己的这种行为对隐私的影响。在这些案例中，人们要认识到隐私问题，都需要具备大多数消费者所不具备的、对互联网技术的洞察力和远见。现在也没有任何关于隐私产品和服务的"消费者报告"可以帮助他们评估产品或服务的价值。由于没有有效的信号机制来表明什么是"好的"隐私做法，一组经济学家得出结论：网络隐私遭受了逆向选择。

(二) 为什么公司不愿意在设计隐私权上投资

在决定是否投资设计隐私权时，企业要进行复杂的成本效益权衡，涉及直接、间接和此类投资的机会成本，各种技术和其他隐私保障措施在减少风险和相关损失方面的有效性，对这些技术和保障措施的需求，通过部署它们而获得的竞争优势，以及任何可能限制或阻止个人数据处理的技术所带来的机会成本。本节探讨了企业在面对疲弱的消费者需求时如何对隐私支出进行预算。对于这个问题，我们有一个重要的警告：大部分相关的分析和数据来源于信息安全投资的文献。鉴于缺乏有关隐私成本的可靠数据，这种风险是不可避免的。

本节还考察了监管机构在为设计隐私权寻找商业理由时很大程度

上被忽视的一个因素，即监管机构认为企业将从采用这种方法中受益的原因。缺失的因素是，如果设计隐私权的做法限制了利用个人资料进行商业活动的范围，企业的机会成本将会增加。

分析过企业应该在信息安全方面投资多少的经济学家们，一般都同意以下三点。第一，成本效益分析是决策制定的可靠基础。在这种方法下，公司必须评估安全活动的成本和预期收益，这反过来又需要评估安全破坏的潜在损失和发生这种破坏的可能性。第二，如果有可靠的数据为分析提供信息，企业更有可能使用成本效益分析。然而，在这里很难获得有关潜在损失及其可能性的数据。第三，如果没有这些数据，许多公司将依靠替代成本效益方法如增量预算调整（即，基于可能无关的因素向上或向下调整以前年度的预算）或更被动的方法（例如，增加投资以应对违约事件，使安全成为必做的项目）。

为了便于讨论，假设这些观察结果也适用于隐私投资决策。如前所述，几乎没有关于"隐私的好处"的数据，即对隐私事件的潜在损失或对此类事件发生的可能性作出的可靠估计。至于"隐私成本"的数据，我们有两份可用的研究报告，但它们的结果却大不相同：第一份报告表明，大型组织每年在整体隐私投资上的支出为50万美元至2200万美元，用于隐私技术的支出不到总预算的10%；相比之下，专门用于隐私办公室人员和相关开销占23%，用于培训计划的占24%。第二项研究则表明这一投资数额每年是在50万美元到250万美元之间。与《财富》500强公司的平均安全支出相比，这些数字是高是低还不清楚。

一方面，在缺乏使公司能够使用成本效益方法评估隐私投资的数据的情况下，由于机会成本，即可能会干扰其当前收集和分析客户数据的方法（包括分析和定位等常见做法）的技术或其他防护措施的成本，公司可能会决定不投资于设计隐私权。的确，机会成本可能被认为是设计隐私权动员会中不请自来的客人。标准的经济学说认为，只有当隐私有助于公司通过吸引新客户来增加利润时，公司才会关心隐私。有一些实验证据表明，尽管网上商家的商品价格更高，但消费者还是愿意为保护隐私支付额外费用。包括 Alessandro Acquisti 在内的经济学家也猜测，是否可以使用隐私增强的身份管理系统（identity management systems，IDMs），让消费者能够以假名与商家互动,同时让商家能够收集、分析,并有利地利用非识别或聚合数据。这些都是有趣的想法,但是 Acquisti 并没有提供商业应用的证据,尽管相关的技术已经存在很多年了。①

另一方面,因为公司从收集和分析客户数据中获利,所以很有可能拒绝任何会剥夺他们宝贵信息来源的隐私保护措施。为在线广告目的收集和分析数据是一笔大生意。② 按照 Tucker 的说法,在线广告高度依赖于目标定位,即是用客户档案找到最有可能影响特定客户的特定广告。此外,目标定位增加了广告对公司的价值,因为他们能够把客户与特定广告匹配起来,不再需要浪费资源去"无的放矢"地投放广告。事实上,2009 年行为定向广告的价格是非定向广告价格的 2.68 倍。总而言之,广告定位是有价值的,而隐私保护可能会增加广告投放的机会成本,从而降低在线广告的经济价值,这样会对依赖广告收入的公司造成投资抑制。如果在隐私保护方面的投资能够吸引新的、对隐私敏感的客户,或者向他们收取更高的价格,这种抑制可能会被抵消,但目前鲜有证据表明这种情况会发生。

(三) 声誉制裁会推动隐私投资吗

公司是否足够关注高调隐私事件带来的声誉损害,从而增加对隐私技术的投资?尽管几乎没有数据显示企业在应对隐私危机方面的支出,但有关安全漏洞的通知对声誉影响的数据值得研究。超过 45 个州已经颁布法律,要求公司在涉及个人信息的数据安全事件发生时必须要通知个人。一方面,这些信息披露导致了 Schwartz 和 Janger 所说的"有用的尴尬",因为它们迫使企业在数据安全方面进行事前投资以避免声誉制裁,包括信任下降和潜在的客户流失。波耐蒙研究所(Ponemon Institute)对美国过去几年的数据泄露成本进行了研究,报告称,2009 年公司遭遇数据泄露事件的平均损失为每起事件 675 万

---

① See Jan Camenisch et al., Position Paper, Credential-Based Access Control Extensions to XACML 4 (W3C Workshop on Access Control Application Scenarios, 2009).

② See Catherine E. Tucker, The Economics Value of Online Customer Data (WPISP & WPIE, Background Paper #1, Dec. 1, 2010).

美元，每条泄露记录的成本为204美元。① 后一项金额中超过70%涉及"非正常周转，或现有及未来客户流失"等间接成本（2008年为75%），这些公司的员工流失率也从2008年的3.6%上升到3.7%。② 另一方面，经验证据表明，数据丢失事件后声誉损失的成本（以股票市场影响而言）在统计上的效果是显著的，但在金钱方面则相对较低，而且消散得很快。③

尽管一些评论人士将这些研究视为声誉制裁迫使企业改善安全措施的证据，但Schwartz和Janger采取了更为谨慎的做法。正如他们所指出的，声誉制裁对数据安全的影响可能相当复杂。首先，小公司和"老鼠屎们"（bad apples）一般对名誉问题不那么敏感。④ 其次，如果制裁的依据是公司的自我报告，这可能会抑制报告的积极性。最后，如果"没有一个运行良好的数据安全消费者市场"，声誉制裁是无效的。尽管客户可能从接收、阅读和理解违约通知中获得一些相关知识，但转换成本和"企业如何管理数据安全的信息"的知识缺乏破坏了这个市场。此外，波耐蒙研究中所依赖的方法还存在一些弊端。例如，它的流失率是根据公司的估计，而不是根据在泄露事件发生后有多少客户跳槽到另一家公司的调查数据，而且它没有解释数据泄露前后客户流失率的差异，也没有解释可能存在的其他因素。

即使假设声誉制裁有助于增加公司的安全支出，也有理由质疑它们对隐私投资的影响。一个明显的区别是，虽然公司未授权访问个人数据的行为触发了现有的违反通知法律，但没有法律要求公司要通知除了数据泄露以外的隐私事件。在没有法律强制披露这些事实的情况下，企业不愿自我报告他们的隐私问题。尽管调查记者和隐私倡导者可能会填补这一空白，但即使他们做得很好，最终的结果也是关于客户如何应对隐私事件以及公司是否通过加大对隐私保护的投资来回应客户的强烈反应的数据越来越少。数据的缺乏使得实证研究相当

---

① See Paul M. Schwartz & Edward J. Janger, Notification of Data Security Breaches, 105 MICH. L. REV. 913, 936 (2007).

② See Ponemon Inst., 2009 U.S. Cost of A Data Breach Study 5 (2009).

③ See Ponemon Inst., 2009 U.S. Cost of A Data Breach Study 5 (2009).

④ See Paul M. Schwartz & Edward J. Janger, Notification of Data Security Breaches, 105 MICH. L. REV. 930-931 (2007).

困难。

以上问题导致的结果之一就是，目前还没有对隐私保护失败的成本进行系统研究，但 Schwartz 和 Janger 提到的其他因素仍然存在。因此，小公司和"老鼠屎们"将搭上大公司声誉的便车，而信息不对称和行为偏差使消费者无法理解隐私事件会如何影响他们，或者他们能做些什么。关键在于，在隐私保护方面缺乏一个运作良好的消费者市场的情况下，尽管可能受到声誉方面的制裁，企业仍将不愿在隐私增强技术或设计隐私权上花更多的钱。业界长期以来的预测显示，由于隐私问题，公司在互联网上的销售中损失了数十亿美元。目前还不清楚这种情况是否真的发生。如上所述，消费者就隐私对其网上购物决定的影响所进行的自我报告的态度不总是符合他们的实际行为。相反，许多消费者（如 Westin 所说的"不关心"和至少一些他所描述的"实用主义者"）似乎愿意为了折扣或方便而放弃隐私。这并不是说公司现在就要，或者应该对它们在隐私和可信度方面的声誉漠不关心。看起来公司确实在意其剩余，不仅仅因为不仅因为消费者的看法对销售和利润有一定影响，而且因为任何理性的公司都倾向于避免与重大隐私事件相关的费用。这些损失包括法律费用、求助核心人员的成本、员工生产力的损失、监管罚款、客户信任度的降低以及潜在客户流失，所有这些都可能造成巨大的损失。

然而，这些声誉制裁对隐私技术投资的影响仍不明确。近年来，微软（Word 文档、Windows 媒体播放器、通行证）以及最近的谷歌（谷歌邮箱、搜索、谷歌街景、Buzz）、Facebook（Beacon、Newsfeed）和苹果（iPhone 位置跟踪数据）也对透明度、通知、选择和数据保留提出了类似的担忧。隐私倡导者们（或者说维权人士）对这些事件的回应方式都很类似，他们向公众大声疾呼、写公开信，并向监管机构投诉。之后报纸刊登重大新闻和社会舆论，隐私官员展开调查并发表意见，一些客户提起集体诉讼。但不同的结果对于公司在隐私保护投资方面的影响也有所差别，只有在伴随两个额外因素的情况下，负面评价才可能对增加投资产生重要影响：政府官员的持续关注、公然违背用户期望的行为且立即引发了强烈抗议（比如当公司跨越了适当和不适当数据共享之间的无形边界时）。这需要进一步的实证研究和分析，但超出了本文的讨论范围。

四、关于监管激励机制的建议

上文得出的结论是,一方面,经济激励不足以增加企业在隐私保护方面的投资。总的来说,消费者对隐私增强技术的需求疲软、与许多隐私增强技术相关的商业活动的机会成本、隐私保护投资的成本效益分析所需的相关数据的缺乏,这些都不利于隐私增强技术在市场上的进一步实施。如上所述,声誉制裁确实发挥了作用,特别是当企业还受到监管机构的持续关注,或跨越了某些数据处理的微妙边界而受到公众强烈反对时。在这些情况下,即使是互联网巨头,如微软、谷歌、脸书和苹果,也得被迫"低头撤退",修改或撤销有争议的功能。这是否意味着自我监管正在发挥作用,还是仍然需要政府干预?在过去的12个月里,国会已经考虑引入新的隐私立法,包括从主要保护消费者免受在线跟踪的范围较小的法案到综合性的隐私法案。① 在对这些法案的预期中,业界已经公布了新的自我监管举措,包括广告行业的自愿行为准则和搜索公司、网络广告商和浏览器供应商将要应用隐私友好工具的举措。② 这些活动能否成功地阻止新的立法,还有待观察。③

而在另一方面,隐私倡导者也反对这些所谓的自我监管,认为这些努力太少、太迟。他们认为,需要政府干预来纠正隐私市场的失灵,这意味着市场对隐私保护的需求将保持在较低水平,如果没有新的立法,公司不会增加投资。因此,他们坚持要求国会最终通过全面立法,为在线和离线数据处理实践建立基本的隐私要求,并且国会要授权联邦贸易委员会参与规则制定。当然,新的默认隐私规则可能会纠正市场失灵,但也会限制盈利活动,让公司和公众付出巨大代价。

笔者在最近发表的一篇文章当中建议自我监管和规范性政府监管

---

① See Staff of Richard Boucher, Discussion Draft of House Bill To Require Notice to and Consent of an Individual Prior to the Collection and Disclosure of Certain Personal Information Relating to That Individual, 111th Cong. 53 (e) (May 3, 2010).

② See Tanzina Vega, Google and Mogilla Announce New Privacy Features, *N. Y. TIMES* Gan. 24, 2011).

③ See John Eggerton, Q&A with FTC Chairman Jon Leibowitk, *MULTICHANNEL NEWS* (Feb. 21, 2011).

不应被视为政策制定者被迫选择的相互排斥的选项。本文所表达的观点与隐私学者 Kenneth Bamberger 和 Deirdre Mulligan 的观点一致,本文最后提出了一些建议,建议监管者如何通过识别最佳实践和/或将这些最佳实践置于创新的监管框架中,从而更好地促进设计隐私权的使用。这种分析考虑了在两种不同环境下的联合监管解决方案:第一种,国会未能颁布新的立法,但联邦贸易委员会继续在定义综合信息隐私计划方面发挥着积极作用;第二种,国会颁布了一项新的隐私法,使公平信息实践原则广泛适用于收集个人可识别信息的公司,并可能授权联邦贸易委员会建立一个共同监管的安全港计划。

(一) 美国联邦贸易委员会是隐私监管机构

如果国会颁布一项新的隐私法,要求企业在其常规业务运作和产品开发和数据管理生命周期的每个阶段都将隐私纳入其中,并授权联邦贸易委员会制定规则,那么,委员会将通过发布实施条例来解决设计隐私权问题。这将非常类似于联邦贸易委员会根据《金融服务监管法案》(GLBA) 来起草一项涵盖金融机构的安全和保密要求的规则。如果新的立法没有颁布,委员会是否已经有权根据联邦贸易委员会法案第五节来定义综合信息隐私计划的要素并要求商业公司实施它们?简短的回答是肯定的,但要有前提。

《联邦贸易委员会法》第 18 条授予委员会有限的权力来制定规则,以界定"商业中或影响商业的不公平或欺骗的行为或做法"。① 无论是好是坏,与传统的行政保护法案(Administrative Protection Act,APA)规则制定相比,这些程序都是繁重且耗时的。因此,委员会往往倾向于依靠战略强制行动来实现其监管目标,这是它在开发适用于商业公司的信息安全程序时所遵循的程序。在为综合信息隐私计划奠定基础的过程中,委员会还依靠第五条所规定的权力发布了关于商业隐私做法的机构指南。这已被证明是一种灵活而有效的工具。总的来说,这种战略执行和与行业合作制定的机构指导方针的结合表明了联邦贸易委员会"有能力通过执行不断变化的隐私保护标准来应对有害结果",以适应"市场、技术和消费者期待"的变化。

---

① See 15 U.S.C. 5 57a (a) (2) (2006).

从这个基础上，委员会可以也应该采取策略性的执法策略，以补充为数不多的与设计隐私权有关的执法个案。确实，委员会应该通过建立更多的禁止、需要和建议的做法，进一步改进国际计划方案的核心内容。这是必要的，因为用综合信息安全计划来类比推理综合信息隐私计划是远远不够的，前者的基础设计、编码和测试实践远不如后者发达。委员会应考虑采取其他措施，例如：①召开新一轮研讨会，由工业界、学术界和倡导组织的专家确定有用的宠物，并讨论在隐私保护方面的最佳做法，然后提交工作报告和其他适当的指导；②支持国际标准化组织和其他机构为界定国际隐私设计标准而进行的工作；③与国家标准协会或其他联邦机构合作，资助需求工程、正式语言和相关工具和技术的研究，这些研究将把设计隐私权从一个口号转变为一个工程学科。

(二) 监管创新

如果国会制定了新的隐私立法并授权联邦贸易委员会发布实施条例，这将为监管创新开辟几条新途径：从针对公司的新技术试验和工程实践，到多方利益相关者就如何实施"请勿跟踪"实践达成的协议，再到灵活的安全港安排。本节简要审查了如果联邦贸易委员会被授予新的监管权力，那么，它应该采取如下的几个步骤。

1. 隐私 XL 项目

美国联邦贸易委员会应该借鉴环境监管的做法，赞助一个隐私 XL 项目（Project XL）。简而言之，XL 项目是一个由美国环境保护署（Environmental Protection Agency）与个别企业协商协议，由环境保护署修改或放宽现有的监管要求以换取企业可执行的承诺，以实现更好的环境效果的项目。虽然这些项目有几种风格，但目前最有用的是实验性 XL 项目。在这个项目中，美国环保署带头确定了一种创新的监管方法或技术，并在少数试点项目中进行测试，然后由美国环保署和其他利益攸关方进行严格评估。这些项目从一开始就被认为是一种实验，如果成功，它可能会对整个行业产生影响，如果不能产生更好的结果，则可能会被放弃。实验性 XL 隐私项目的一个明显候选领域可能是隐私决策领域。几项拟议的隐私法案都包括了冗长而详细的通知要求。这些规定的出发点是希望以清晰和显眼的方式告知消费者，公司有关个人资料的所有相关做法,并确保重要通知不会过于模糊或不显眼。这些努力试图确保严格和完整的隐私通知,这是可以理解的,但也让人感到遗憾:毫无疑问,许多网站和商家都有不公平或欺骗性的通知行为,但更多的说明性通知要求并不是解决问题的根本办法,这些问题还包括信息不对称、通知缺乏可读性、消费者因惰性而对通知理解有限等。① 此外,研究人员已经开发了多种工具使隐私信息能够对消费者更加有用,例如标准化的、易于阅读的隐私声明(类似于食品上的营养标签)、增强个人隐私安全平台项目(the platform for privacy preferences project)的可用性,以及要求搜索引擎按照根据计算机可读的隐私政策来提供搜索结果。② 联邦贸易委员会应该鼓励企业采用这些隐私友好型增强技术,以取代其他过于规定性的通知要求的监管救济。

2. 协商制定规则

国会可能会通过包括"请勿跟踪"要求在内的几个悬而未决的法案其中的一个。如果国会这样做了,并授权联邦贸易委员会颁布实施"不得跟踪"条款的规则,联邦贸易委员会应该放弃传统规则制定,而采用协商/谈判规则制定。③ 在 FTC 的传统规则制定中——以《儿童在线隐私保护法》④(Children's Online Privacy Protection Act,COPPA)的规则制定为例——委员会会首先发布一份拟议规则制定的通知(notice of proposed rulemaking),征求相关当事人的意见。接下来,它会对这些评论提出的问题进行审查,包括举办一个公共研讨会,从行业、隐私倡导者、消费者团体和其他政府机构获得有关具体问题的额外信息。最后,委员会公布最终规则,其中包括机构对公众

---

① See Aleecia M. Mcdonald et al., A Comparative Study of Online Privacy Policies and Formats, in proceedings of the 9th International Symposium on Privacy Enhancing Technologies, PETS 2009 (Ian Goldberg & Mikhail J. Atallah eds., 2009).

② Patrick Gage Kelley et al., Standardizing privacy notices: An online study of the nutrition label approach, Carnegie Mellon Univ., Report No. CMU-CyLab-09-014, 2010.

③ See Ira S. Rubinstein, Privacy and Regulatory Innovation: Moving Beyond Voluntay Codes, 6 I/S: J. L. & POLY INFO. SOCY 355, 358 (2011).

④ Pub. L. No. 105-277, 112 Stat. 2581 (1998) [codified at 15 U.S.C. % §6501-6506 (2006)].

意见的分析（也已公布），以及接受或拒绝根据通知提出的修改理由。① 此外，协商规则制定是由法律定义的对传统规则制定的替代，在传统规则制定中，行政机关被授予自由裁量权，将受影响方的代表召集到一个谈判委员会进行面对面的讨论。如果委员会达成协商一致意见（定义为一致同意，除非委员会同意不同的定义，如一般同意），则该机构可以将该协议作为一项拟议规则发布，但需遵循正常的行政审查程序；但如果谈判未能达成共识，该机构可能会按照自己的规则行动。②

为什么"请勿跟踪"规则的制定要协商而不是依靠传统规则制定的方法？协商规则制定的核心观点是，传统规则制定阻碍了当事人之间的直接沟通，经常导致误解，甚至导致对最终规则的昂贵诉讼。相比之下，协商制定规则的承诺是，通过在规则制定过程中召集不同的利益相关者，回应他们的担忧，并达成知情的妥协，将以更低的成本和更高的合法性出现质量更好的规则。当基本规则要求监管机构、受监管行业和其他受影响方之间共享信息时，当各方认为通过合作和达成妥协可以获得某些好处时，谈判规则制定的效果最好。可以说，如果联邦贸易委员会成立一个协商规则制定委员会来处理"请勿跟踪"规则，这些条件就会得到满足。

显然，各方会带着不同的观点来到谈判桌上。行业希望尽量减少其收集和分析广告定位所需数据的能力上的负担，从而保持信息的自由流动。例如，它可能会表明隐私友好型的增强技术就足以达到立法目标。寻求更好、更有效的保护措施以防止分析和锁定目标的隐私倡导者可能会要求任何选择退出的机制都是默认开启的，而不是要求用户要主动采取行动，否则，他们可能会要求行业采用隐私保护型增强技术。这些差异是根深蒂固的，或许是意识形态上的，因此不容易克服。然而，我们有理由相信，所有受影响的受监管行业、代表公众利益的倡导者和监管人员，都有强烈的动机进行面对面的谈判，并将从

---

① See COPPA Rulemaking and Rule Reviews, FTC BUREAU CONSUMER PROTECTION Bus. CTR., http://business.ftc.gov/documents/coppa-rulemaking-and-rule-Reviews.
② See generally Negotiated Rulemaking Act of 1990 (NRA), Pub. L. No. 101-648, 52 (3)-(5), 104 Stat. 4969, 4969 [codified as amended at 5 U.S.C. §§ 561-570 (2006)].

这种信息共享的环境中受益。

　　至于动机，业界可能关心的是，联邦贸易委员会是否缺乏必要的专业知识，以了解网络广告背后的复杂技术和商业模式；如果不了解，委员会是否会发布缺乏灵活性和细微差别的"不跟踪"规则，对行业收入和盈利能力造成严重负面影响。他们还可能担心，随着新立法的出台，委员会将寻求一种更激进的执法策略。倡导者可能担心，即使国会制定了"不跟踪"立法，也不能保证规则制定的成功。在线广告行业将坚持认为，出于广告目的的分析和跟踪对消费者造成的真正伤害很小，而新的广告限制（尤其是默认的选择退出规则）不仅会降低广告收入，还会危及免费在线内容和服务的补贴，导致消费者的成本上升。① 此外，倡导者可能担心，私营派系将占据常规的规则制定过程的主导地位，或者在实施新立法时对经济产生未知的影响，联邦贸易委员会将需要非常谨慎地进行谈判。简而言之，双方在面对面的谈判中提出最好的论据，做出合理的让步，并达成妥协，就可能会有所收获。

　　就信息共享而言，通过谈判制定规则的过程，其本质上鼓励各方之间更可靠地传递信息。网络广告行业毫无疑问比隐私倡导者和联邦贸易委员会的工作人员拥有更多的专业知识和对自身技术和发展中的商业模式的洞察力。在过去，这些信息大多是通过单方面的沟通来分享或获得的单方面的行为准则，比如提交给联邦贸易委员会的投诉，对联邦贸易委员会报告的评论，或在公共论坛上的指控和反指控。然而，在谈判规则制定过程中，科斯（Coasian）讨价还价的逻辑占上风。换句话说，每一方都寻求最大限度地分享因偏离标准要求而产生的收益，这就要求各方互相教育，汇集知识，并在解决问题方面进行合作。简而言之，当双方就优先事项和权衡进行明确的谈判时，他们比依赖传统规则制定所特有的间接交流更有可能达成令人满意的妥协，他们明白，如果谈判失败，联邦贸易委员会将继续执行自己的规则。

---

① See, e.g., Do-Not-Track Dissected: CLICKZ Sends Feedback to FTC, CLICKZ (Feb. 18, 2011).

3. 安全港项目

如果国会将授权安全港计划的任何一项提案立法，那么，联邦贸易委员会应该采取一种共同监管的方式来制定规则，也就是说，行业在形成自我监管指导方针方面享有相当大的灵活性，以提供超出默认法定要求的隐私保护作为交换。《儿童在线隐私保护法》第 5503 节规定了一个可选的安全港，理论上，"考虑到行业的具体问题和技术发展"它将允许企业"制定灵活的自我监管指导方针"。在实践中，《儿童在线隐私保护法》的规定并不是很灵活，部分原因是安全港的批准过程需要对《儿童在线隐私保护法》规则的实质性规定与自律指导方针的相应章节进行并行比较。因此，通过的《儿童在线隐私保护法》安全港项目在部门或技术方面几乎没有区别。它们也不会从利益方之间的面对面谈判中获益。新的私隐立法提供了一个可喜的机会，可以改进这一在实施避风港方面的初步努力。

例如，第 611 号决议特别指示联邦贸易委员会实施安全港计划，允许并促进"隐私保护、有意义的消费者控制、简化披露方法和透明度方面的持续发展和创新"，并为参与自我监管提供"额外激励"。① 委员会实现这一目标的一个办法是允许进行上文所述的那种试验。然后，委员会可以决定是否允许一个行业部门通过对隐私、个人隐私安全平台项目用户代理和隐私搜索服务的"营养标签"的某种组合来遵守法案第一章中的通知要求。或者，即使第 403（1）（A）和（B）小节要求安全港计划为消费者提供一个通用的选择退出机制和各种偏好管理工具，委员会也可以决定公司是否通过采用像 Adnostic 这样的保护隐私的目标广告系统来满足（部分或全部）这些要求。

此外，委员会应将实施安全港视为试验谈判制定规则的完美机会。② 考虑到 Kerry-McCain 法案第 103 节规定了设计隐私权的要求，第 501 节要求联邦贸易委员会颁布一项规则，建立安全港项目，以实施该法案关于个人数据的某些用途的要求，所以该法案也应该被解读为鼓励实验；而第 701（1）款要求商务部通过"召集私营部门利益

---

① H. R. 611, 112th Cong. § 404 (4), (5) (2010).
② In 5 U.S.C. § 563 (a) (2006).

相关者，包括工业界、公民社会团体、学术界成员，在公开论坛上制定支持安全港项目应用的行为准则"，为商业数据隐私政策的发展做出贡献。① 这些用语相当于公开邀请一个指定的谈判委员会在安全港计划的背景下充实设计隐私权的含义。

五、结语

隐私官员对隐私增强技术和设计隐私权的认可既带来了令人兴奋的机遇，也带来了严峻的挑战。虽然公司可以通过在新产品和服务的设计中建立隐私来改善其数据操作，但只要经济激励依然不足，设计隐私权或隐私增强技术的意义仍然不明确，公司就不太可能掌握主动权。面对疲弱的消费者需求、缺乏用于成本效益分析的相关数据、公司自愿限制收集和分析有价值个人数据的机会成本高，以及声誉制裁（往往不足以推动新的隐私投资），监管激励措施是必要的。

在未来几年，国会可能会颁布新的隐私法。在没有新的立法的情况下，联邦贸易委员会可能会继续采取战略性的执法行动，并单独或与商务部联合，召集来自行业、倡导团体和学术界的专家来制定设计隐私权的最佳做法。此外，新的立法可授权由联邦贸易委员会监督的实验用创新的管理方法，放松适用于所有人的要求，以换取更好的隐私保护结果；协商解决新出现的监管挑战，如如何最好地实施"请勿跟踪"规则，和/或使用安全港计划，允许灵活的自我监管安排，以实施综合信息隐私计划来配合联邦贸易委员会的监督和执法。简而言之，无论国会采取哪种方式，联合监管方式不仅克服了纯粹自愿的行业行为准则与高度规定性的政府监管之间的错误二分法，而且还有助于鼓励隐私技术的创新和实验。

六、附录

隐私方面最佳实践的初步清单（基于联邦贸易委员会的执法案例及其工作报告）：

（1）被禁止的行为，公司不得利用任何安全漏洞下载或安装软件。发布与"lureware"捆绑的软件代码，追踪消费者的互联网活动

---

① The Kerry-McCain bill, S. 799, 112th Cong., 5 701 (1) (2010).

或收集其他个人信息,改变公司偏好的主页或其他浏览器设置,在公司浏览器中插入新的工具栏,安装拨号程序,在第三方网页中插入广告超链接,或安装其他广告软件。安装内容保护软件,隐藏、遮掩或错误地命名文件、文件夹或目录,或歪曲文件、目录文件夹、格式或注册表项的目的或效果。

(2)被要求的行为,公司必须清楚而明显地披露自由软件与有害软件(恶意软件)捆绑在一起的时间,这会给安装自由软件的消费者带来安全和隐私风险。清楚及明显地披露安装 CD 上的软件可能限制消费者复制或分配 CD 上的音频文件或其他数码内容的能力;而且,如果此类软件导致有关消费者所谓的"电话家庭"功能,那么,公司必须在任何此类传播之前披露这些信息,并获得消费者的选择同意。公司要提供一种易于识别的方法,让消费者卸载任何监控消费者的互联网使用,并经常显示有针对性的弹出广告的广告软件或类似程序,让这些广告软件程序难以被消费者识别、定位和从他们的电脑中移除。① 在安装此软件之前,明确且显著地披露某些跟踪软件将监视、记录或传输的数据类型,并与所有的用户许可协议分开。② 当消费者的数据被收集、张贴或以其他方式获得时,如果公司使用消费者数据的方式与其声称的方式有实质不同,那么,在使用前必须披露信息并获得消费者"选择加入"的同意。③

(3)推荐的做法,公司应该或坚持做到以下几点。其一,制定和实施有关收集和使用任何可识别个人身份的资料的合理程序,包括仅在满足商业目的所需的范围内收集资料、处理为实现该目的不再需要的资料,以及维护收集和储存的资料的隐私和安全。其二,在新计划的设计阶段加入正式的隐私检查程序。其三,采用"滑动比例"方法,考虑不同情况下获取资源的成本和好处。其四,在隐私通知中提供"对公司整体数据操作的清晰、可比和简明的描述"。其五,在收集、使用或共享任何"敏感信息",包括"关于儿童、金融和医疗

---

① Decision and Order, Zango, Inc., Docket No. C-4186 (FTC Mar. 9, 2007).
② Decision and Order, Sears Holdings Management Corp., Docket No. C-4264 (FTC Sept. 9, 2009).
③ See Decision and Order, Gateway Learning Corp., Docket No. C-4120 (FTC Sept. 10, 2004).

信息以及精确地理位置数据的信息"之前,应寻求明确的肯定同意。其六,当消费者选择不收集、使用或共享他们的信息时,这个决定应该是持久的,并且不受特定商家反复提出的额外请求的影响。其七,当公司与消费者有关系时,它应该"在消费者提供数据或与公司进行其他接触时"提供一种选择机制,如果一个公司从事在线行为广告的商业行为,它应该使用一个特殊的选择机制,包括"请勿跟踪"。其八,当社交媒体公司向第三方应用程序开发者传达消费者信息时,通知和选择机制应该在消费者决定是否使用该应用程序时出现;同时,在任何情况下,通知和选择机制在应用程序获得消费者信息之前出现。

第二编　当今两大法系国家的设计隐私权

设计隐私权的规范和调整：以加拿大安大略省为例

阿夫纳·莱温[①] 著　邓梦桦[②] 译

目　次

一、导论
二、设计隐私权
三、案例研究
四、研究结果
五、结语

一、导论

本文是一个案例研究的结果展示，该案例研究考察了监管机构在促进设计隐私权（privacy by design）解决方案中所发挥的作用。设计隐私权，也称从设计着手保护隐私，是一种处理隐私的方法，它敦促组织采取设计隐私权，而不是把隐私作为事后的"问题"来处理。很多人赞成这种新方法，却很少有人去执行它，其中原因有很多，比如，我们很难将设计隐私权的设想转换成工程算法。随着设计隐私权被引入新的欧盟《通用数据保护条例》（General Data Protection Regu-

---

[①] 阿夫纳·莱温（Avner Levin），瑞尔森大学泰德·罗杰斯管理学院法律与商科教授。
[②] 邓梦桦，中山大学法学院助教。

lation，GDPR），① 了解设计隐私权成功的条件以及监管机构在促进这种成功方面是很重要的。

本案例研究通过考察加拿大安大略省及其信息和隐私专员在两项设计隐私权举措中的做法，希望能够帮助我们了解以上信息。安大略省并不是随机选择的结果，相关举措实施之时，其隐私专员 Ann Cavoukian 博士孜孜不倦地在国内和国际上倡导设计隐私权方案；2010年支持设计隐私权的《耶路撒冷隐私专员宣言》、新《通用数据保护条例》吸纳设计隐私权等，在很大程度上可以归因于她的宣传和努力的结果。

本案例研究旨在检视专员作为监管者所扮演的角色，以及监管者的行为是否对设计隐私权的成功或失败有任何影响。本案例研究的两个项目：一是安大略省赌场在现有摄像头中安装面部识别技术，这一举措因设计隐私权的成功而广受赞誉。二是在多伦多的公共交通系统中加大摄像头的部署，在这一举措中，设计隐私权并未站稳脚跟。之所以挑选这两个例子，是因为在它们之中潜在的侵入性技术和潜在的设计隐私权解决方案是类似的，针对这两个结果相反的案例进行研究能够更明确地关注监管机构的角色和监管机构的影响。

本文第一部分是介绍性的。第二部分回顾了应用设计隐私权的工程挑战和其他相关的对设计隐私权的批评。第三部分展示了案例研究的方法论和细节，以及如何分析在案例研究期间进行的访谈。第四部分阐述了研究结果。第五部分从三个主要领域的调查结果中得出结论。

二、设计隐私权

设计隐私权的起源可以追溯到早期对公平信息实践原则（fair information practice principles）目的的实现，这项工作当时被称为"隐私增强技术"（privacy-enhancing technologies），这一概念展示了

---

① EC, Regulation (EU) 2016/679 of the European Parliament and of the Council of 27 April 2016 on the protection of natural persons with regard to the processing of personal data and on the free movement of such data, repealing Directive 95/46/EC (General Data Protection Regulation), [2016] OJ, L 119/1, art 25 (1) [GDPR].

公平信息实践原则是如何体现在信息和通信技术上来实现强大的隐私保护。然而，隐私增强技术关注科技及以及它对隐私所提供的潜在保护，而设计隐私权则不同，因为设计隐私权是指直接和整体地建立在设计和操作之中的隐私保护，不仅包括技术当中的隐私保护，而且还包括操作、系统、工作流程、管理结构、物理空间和网络基础设施当中的隐私保护。从这个意义上说，设计隐私权是隐私对话演变的下一个步骤，而这种对话首先导致了隐私增强技术的出现。正如Cavoukian所阐述的，设计隐私权由七个基本原则组成。这些原则是：主动而非被动，预防而非隐私遭受侵犯之后的救济，保护隐私是默认设置，在设计中考虑隐私，功能全面——正和而非零和博弈、端到端的生命周期保护，可见性和透明性，尊重用户隐私。[1]

在20世纪90年代初，设计隐私权代表了从传统方法到保护隐私的重大转变，传统方法重点关注法规本身，通常是为信息管理实践设定最低标准，并通过法律和监管手段为侵犯隐私的行为提供补救措施。前柏林数据保护和信息自由专员Alexander Dix将传统的监管方式描述为"马已脱缰，才关马厩"。[2] 相比之下，设计隐私权拥有更大的监管灵活性：在过去，公平信息实践原则主要是通过执行公司内部的政策和流程来实现的，保护隐私一直是律师的职责；而现在，在"设计隐私权"的主题下，政策制定者们正在呼吁私营部门利用代码的独特属性来加强对隐私的保护。

自从设计隐私权被Cavoukian首次提出之后，设计隐私权在过去的20年里逐渐得到了接受和认可，虽然它一开始看起来很激进，但它已经被广泛应用，成了隐私监管机构、隐私倡议者和信息技术专业人士词汇一部分，也成了媒体吹捧的主题。这一进程中一个重要的里程碑就是国际隐私和数据保护委员会在2010年通过的耶路撒冷决议。该决议承认设计隐私权是"基础隐私保护的重要组成部分"。该决议进一步"鼓励采用设计隐私权的基本原则"，并将其作为"一个组织

---

[1] Information and Privacy Commissioner, Ontario, Canada, Privacy by Design: The 7 Foundational Principles, by Ann Cavoukian (Toronto: IPC, August 2009).

[2] Alexander Dix, Built-in Privacy—No Panacea, But a Necessary Condition for Effective Privacy Protection (2010) 3: 2 *Identity in the Information Society* 257 at 257.

的默认操作模式"的一部分,"邀请数据保护和隐私专员/权威人士:促进设计隐私权,并鼓励研究设计隐私权"。①

事实上,设计隐私权的研究在该决议出台后蓬勃发展。从试图证明特定方法成功的具体项目,如面部识别、普适计算、互联网协议和其他"侵犯隐私的技术",到将设计隐私权应用于信息和通信技术的更普遍的尝试,再到那些认为设计隐私权的实施应基于对当代隐私实践的理解,学术研究的累积效应在很大程度上一直帮助设计隐私权从理论概念转变为监管工具。2014年,澳大利亚专员在澳大利亚新隐私立法的指导方针中明确提到设计隐私权,维多利亚州成为澳大利亚第一个明确支持并实施设计隐私权的国家隐私办公室。美国在2015年的《商事隐私权利法案》中明确提到了设计隐私权,并将其作为一种必要的商业实践。② 在白宫的隐私法案提案发布之后,美国国会紧跟着通过了《隐私法》,其中也提到了设计隐私权,《隐私法》律议美国政府需有一个明确的政策来将设计隐私权的原则纳入其立法精神之中。③

在欧洲,欧盟委员会于2016年批准了《通用数据保护条例》的最终版本。该条例将于2018年开始时实施,为各机构提供了两年的时间来调整以遵守该规定。《通用数据保护条例》第25条提及了设计隐私权的概念和隐私的默认保护。④ 根据该条规定,实体必须有一个组织(数据控制人)来实施合适的技术和组织手段,确保在确定处理方法和处理过程中,实体都满足数据保护原则的要求。此外,这个组织需要确保,在默认情况下,只有对每个特定处理目的有必要的个人数据才能被处理。个人资料不会被主动提供给第三方。例如,社

---

① 32nd International Conference of Data Protection and Privacy Commissioners, Resolution on Privacy by Design International? Conference of Data Protection and Privacy Commissioners at 2 (29 October 2010), online: ICDPPC < www. icdppc. org/wp-content/uploads/2015/02/32-Conterence-Israel-resolution-on-Privacy-by-Design. pdf >.

② HR 1053, 114th Cong, s 113.

③ Libbie Canter, White House Privacy Bill: A Deeper Dive Inside Privacy? (27 February 2015), online: Inside Privacy (https:// www. insideprivacy. com/advertising-marketing/white-house-privacy-bill-a-deeper-dive/).

④ EC, Data Protection Day 2015: Concluding the EU Data Protection Reform? essential for the Digital Single Market (Brussels: 28 January 2015).

交媒体公司将不再能够为其应用程序提供信息共享或信息公开的默认设置。《通用数据保护条例》首次明确将设计隐私权纳入一项主要的立法措施之中，这使得该概念及其纳入《通用数据保护条例》的方式受到了大家的密切关注，一些人称赞《通用数据保护条例》对设计隐私权采取了"灵活的方法"。例如，实施设计隐私权的组织将能够考虑相关的成本，并进行风险评估来确定适当的隐私保护水平和设计隐私权。然而，也有一些人批评欧洲的做法过于关注隐私的概念，认为这是对个人信息的控制——信息自决权是信息和隐私专员喜欢的概念。然而，主要的问题还是设计隐私权将如何作为《通用数据保护条例》的一部分而被实际应用。如何理解和执行这一规范？一些人试图在法律和工程之间架起桥梁，而另一些人认为这是很困难的，如果桥梁是可能的，那我们应该能看到设计隐私权在组织行为其他维度中的应用。

本文的目的是运用案例演技的方法，通过对安大略省两个项目的检视来对设计隐私权的成功和未来应用的想法做出一些贡献。也有其他人将案例研究的方法用于设计隐私权，但他们的做法多少有点离题。[①] 相比之下，本文集中关注引入了潜在的隐私侵入技术并明确引用了设计隐私权的两个举措，由此可以得出一些研究结果。这些研究结果旨在确定监管干预的作用，并有助于讨论：当被设定为法律标准时，我们应该如何应用设计隐私权。本文的下一部分内容将讨论这些举措的细节和相关的案例研究方法。

三、案例研究

（一）法律和监管背景

加拿大安大略省公共部门的组织有一套具体的隐私立法需要遵循。《信息自由和隐私保护法案》（*Freedom of Information and Protection of Privacy Act*）和《市政信息自由和隐私保护法案》（*Municipal Freedom of Information and Protection of Privacy Act*）分别管理着省级和

[①] Inga Kroener & David Wright, A Strategy for Operationalizing Privacy by Design (2014) 30: 5 Information Society 355.

市级的公共部门。然而，安大略省并没有对私营部分的组织有具体的隐私立法。适用于私营部门的是加拿大的联邦法案《个人信息保护及电子文档法案》(Personal Information Protection and Electronic Documents Act)。安大略省还为医疗服务提供商制定了具体的隐私立法，即《个人健康信息保护法案》(Personal Health Information Protection Act) 公共卫生部分的私营经营者也由《个人健康信息保护法案》管理，人们认为该法案与《个人信息保护及电子文档法案》基本相似。

安大略省的信息和隐私专员 (Information and Privacy Commissioner of Ontario) 是执行《信息自由和隐私保护法案》《市政信息自由和隐私保护法案》和《个人健康信息保护法案》的监管机构。专员独立于行政部门，由安大略省立法议会任命并向其报告。根据这三项法案和法定授权，专员负责：解决政府或医疗卫生从业人员和组织拒绝批准公民查阅或修正资料的请求时，公民所提出的投诉和申诉；调查与政府或医疗卫生从业人员和组织所持有的个人资料有关的隐私投诉；确保政府组织和医疗信息管理机构遵守各法案的规定；教育公众了解安大略省的信息访问和隐私法律；就获取信息和隐私的问题进行研究，并为拟议的政府立法和计划提供意见。①

在 Cavoukian 担任专员的 15 年任期内，她的办公室以所谓的"3C"方式——协商、配合和协作来执行其职责。双方办公室和政府或医疗卫生从业人员和组织强调合作而不是对抗来解决投诉。通过主动地寻求协作关系来为出现的隐私和信息访问问题找到共同的解决方案。在办公室内部，Cavoukian 的 3C 方法促使她创建了一个研究、政策和特别项目部门，这个部门履行着独立于办公室的合规、执行、调查和投诉职责。并且，这个部门拥有丰富的技能和职业资格，专注于政策、法律和技术的专门知识，并在本文讨论的两项举措中发挥了重要作用。

（二）两个组织的背景

本文的重点是安大略省隐私立法所涵盖的两个组织，信息和隐私

---

① Information and Privacy Commissioner of Ontario, Role and Mandate, online: IPC < www.ipc.on.ca/about-us/role-and-mandate/ > .

专员对这两个组织负有监督责任。以下是两个组织的简要背景资料介绍。

1. 多伦多交通运输委员会的背景

多伦多交通运输委员会是多伦多市的一个机构，由一个董事会监督。[①] 多伦多交通运输委员会负责多伦多市内的公共交通运营，包括公共汽车、有轨电车和地铁。多伦多交通运输委员会由《市政信息自由和隐私保护法案》下的信息和隐私专员进行管理，但其不像安大略省彩票和博彩公司（Ontario Lottery and Gaming Corporation）一样，没有正式的监管机构来监督多伦多交通运输委员会的核心活动。多伦多交通运输委员会是由适用于其他公共部门机构的一般立法和多伦多市附例管理的。

2. 安大略省彩票和博彩公司的背景

安大略省彩票和博彩公司是安大略省的一个"运营企业代理"。其目的是提供博彩和彩票娱乐（赌场、彩票、赛马等），同时以"对社会负责的方式"实现利润最大化。[②] 作为一个运营企业机构，安大略省彩票和博彩公司只有一个股东——安大略省政府，它通过董事会向安大略省财政部部长汇报工作。董事会的任命不是全职的，董事也不直接管理安大略省彩票和博彩公司。安大略省彩票和博彩公司是一个由《信息自由和隐私保护法案》规范的机构，但其主要监管机构是安大略省酒精和博彩委员会（Alcohol and Gaming Commission of Ontario），安大略省酒精和博彩委员会在1996年出台的《酒精、博彩条例和公共保护法案》下运作。与信息和隐私专员不同，安大略省酒精和博彩委员会并不独立于政府，它要向安大略省的司法部汇报工作。

（三）两项监督举措

1. 多伦多交通运输委员会的监督举措

多伦多交通运输委员会的监督举措始于公民在2007年秋季向信

[①] Toronto Transit Commission, The Board Toronto Transit Commission, online: TTC < www.ttc.ca/AbouttheTTC/Commissionreports-and information/index.jsp >.

[②] Ontario Lottery and Gaming Corporation, ABOUT OLG Ontario Lottery and Gaming Corporation, online: OLG < about.olg.ca/who-we-are/ >.

息和隐私专员提出的一项投诉。"隐私国际",或称"国际隐私组织",是一个总部设在英国的组织,它对多伦多交通运输委员会计划在地铁系统中增加更多的视频监控摄像头,从而扩大其闭路电视监控系统的做法表示不满,并提出投诉。值得一提的是,多伦多交通运输委员会已经建立起了一个强大的闭路电视监控程序指令(包括政策和程序)和一个广泛的系统网络,包括老式的模拟和新式的数字闭路电视技术。这项投诉称多伦多交通运输委员会违反了《市政信息自由和隐私保护法案》。信息和隐私专员对多伦多交通运输委员会的行为进行了调查以回应这封投诉信。鉴于当时公众对视频监控系统的兴趣高涨,以及这些系统对隐私的影响,调查并没有按照传统方式进行。Cavoukian决定,除了对投诉的正式调查,她的办公室还将扩大调查范围,以检查"隐私增强技术在减轻视频监控摄像头的隐私侵犯性方面所能发挥的作用"。在报告讨论隐私增强技术部分的引言中,Cavoukian进一步指出:"隐私保护必须从一开始就直接建立在技术的设计和实施中。这个就是我常说的'设计隐私权'。"该报告随后讨论了由多伦多大学研究工程师所开发的一种具体形式的图像、目标的探测和加密技术。

调查报告发现多伦多交通运输委员会并没有违反《市政信息自由和隐私保护法案》。尽管如此,报告还是为多伦多交通运输委员会提出了12项建议,其中两项与软件解决方案和设计隐私权有关:多伦多交通运输委员会应该时刻关注、更新隐私增强技术的研究情况,尽量采用这些技术;多伦多交通运输委员会应该选择一个基点来评估由多伦多大学研究人员开发的隐私增强视频监控技术。报告最终建议多伦多交通运输委员会在报告发布之日起3个月内提供"合规证明或其根据每项建议的改进情况更新"。① 其他的调查报告通常只由信息和隐私专员的合规、执法、调查及投诉部门来处理,而这项技术建议则会促使研究、政策和特殊项目部门与多伦多交通运输委员会进行合作。监管机构在调查报告中建议多伦多交通运输委员会检视自己的

---

① Information and Privacy Commissioner of Ontario, Privacy and Video? Surveillance in Mass Transit Systems: A Special Investigation Report, by Ann Cavoukian, Privacy Investigation Report MCO7-68 (Toronto: IPC, 3 March 2008) at 44 [IPCO, Privacy and Video Surveillance].

隐私增强视频监控技术，而多伦多交通运输委员会以为多伦多大学研究人员提供一个测试环境和地铁监控室作为回应，这些措施可以让研究人员用几个月的时间评估这项技术在地铁平台上的可行性。在研究人员完成了对该技术的测试和评估后，多伦多交通运输委员会认为它不可能将该软件技术纳入其闭路电视监控系统中。

2. 安大略省彩票和博彩公司的监督举措

与多伦多交通运输委员会的举措不同，安大略省彩票和博彩公司进行设计隐私权项目并不是由部门投诉和调查报告引发的。同样是在2007年，安大略省彩票和博彩公司找到信息和隐私专员，讨论在其自愿的"自我排斥"项目中采用面部技术的举措是否合法。"自我排斥"计划，也称"不得进入赌场协议"，即允许安大略省彩票和博彩公司在对赌博上瘾的人进入赌场的时候，把他们赶出去。在此之前，安大略省彩票和博彩公司都是使用纸质方法：要求安全人员检查"自我排斥"计划中登记人员的照片和相关身份信息，然后手动尝试识别登记人员，并在赌场人群中找到他们。① 在发生了几起登记人员没有被辨认出，所以"自我排斥"计划失败的事件之后，安大略省彩票和博彩公司试图对赌场的人进行现代化监控。

双方初步讨论的结果是进行一项研究和试点工程，内容是关于生物特征加密技术在安大略省彩票和博彩公司人脸识别系统中的应用和发展。该项目需要安大略省彩票和博彩公司、信息和隐私专员、多伦多大学和 iView（视频监控供应商）之间的合作。信息和隐私专员的研究政策和特殊项目部门领导了此项行动，而合规、执法、调查及投诉部门没有参与其中。

在项目结束时，安大略省彩票和博彩公司共在 27 个地点成功实施了这项技术。② 信息和隐私专员、安大略省彩票和博彩公司也发表了一份报告，该报告指出他们成功地将多伦多大学开发的技术与安大

---

① See: Information and Privacy Commissioner, Ontario, Canada, Privacy-Protective Facial Recognition: Biometric Encryption Proof of Concept, by Ann Cavoukian & Tom Marinelli (Toronto: IPC, November 2010) [IPCO, Privacy-Protective Facial Recognition].

② Sharon Oosthock, OLG facial scans to help gambling addicts CBC News (26 November 2010), online: CBC < www.cbc.ca/news/technology/olg-facial-scans-to-help-gambling-addicts-1.929760 >.

略省彩票和博彩公司的面部识别系统结合起来,即"将生物特征加密作为二级分类器使用,已经被证明能够增强顾客隐私和系统安全性,甚至能够增强安大略省彩票和博彩公司'自我排斥'计划中登记名单系统的整体准确性"。

(四)研究方法

这个研究项目使用案例研究的方法来检视设计隐私权引入安大略省彩票和博彩公司的过程和多伦多交通运输委员会对隐私嵌入视频监控技术的回应,以及在这些采用设计隐私权方法的组织中,监管机构所发挥的作用。我们对每项计划中至少3名参与者进行了半结构式的访谈,这些人在战略政策和技术方面都发挥了积极的领导作用。调查问卷见附录,这些访谈被记录和转录下来,然后由研究团队的成员阅读,以确定对话中的关键线索,并得出以下部分列出的调查结果。需要注意的是,参与者被要求回忆他们10年前参与的一项活动的细节,就像任何其他案例研究一样,从中得出结论的能力是有限的。

我们没有显示参与者的身份,只在表1中列出了每个参与者可识别的角色:

表1 每个参与者可识别的角色

参与者	角色
参与者1	战略决策者
参与者2	高级项目管理/技术人员
参与者3	法律/监管人员
参与者4	项目执行经理/高级技术人员
参与者5	项目执行人
参与者6	法律/监管人员
参与者7	研究/技术人员

四、研究结果

值得一提的是,要从加拿大安大略省这一案例研究中总结出设计隐私权在其他领域中的成功或失败,是需要非常谨慎的。考虑到这一点，文章的这一部分将介绍设计隐私权的实施要点以及访谈中出现的监管者所发挥的角色。研究结果由三个主题组成。第一个主题关注设计隐私权，即人们对概念的反应、原则如何指导工作以及工程上的挑战等。第二个主题围绕着这两种举措的组织和领导层面。最后，第三个主题涵盖了那些专注于理想中监管者的作用、立法出发点、Cavoukian 办公室的支持等。

（一）设计隐私权主题

1. 设计隐私权和遗产系统①

现有技术和基础设施系统的约束——"遗产系统"是实现设计隐私权的概念性和实际性的障碍：设计隐私权以设计一个新的信息系统或重新设计或调整一个现有系统的过程……为先决条件。与更改现有的系统相比，从头构建系统提供了更多的可能性。要全面更改现有系统往往会遇到一些明显的限制：信息系统的基本特性极大地限制了对系统的改进。② 这样的约束在安大略省彩票和博彩公司和多伦多交通运输委员会中都存在。然而，保护隐私的解决方案为这两个组织创造了一些机会，因为现实中对于这两个组织都面临的面部识别问题，都没有现成的解决方案。例如：其一，参与者 2 说："当我们谈到使用面部识别时，很多人会说，之前已经尝试过了，不要再浪费时间；然后我会把这些告诉参与者 1，即一开始就说我们要做这个的人。这些舆论也会给技术人员带来挑战，现在我们必须站出来看看我们到底能不能做到这一点。"其二，参与者 5 补充道："我们一直在使用面部识别的生物特征加密技术来保护隐私。"当然，从某种意义上说，这是设计隐私权概念开始的前提条件。因此，选择将设计隐私权作为

---

① 遗产系统（legacy system），也叫传统系统（traditional system）、遗留系统，是指在企业内部集中的环境中一组相关的烟囱应用程序的集合。目前，学术和工业界对遗留系统的定义没有统一的意见。Bennett 在 1995 年对遗留系统做了如下的定义：遗留系统是我们不知道如何处理但对我们的组织又至关重要的系统。Brodie 和 Stonebraker 对遗留系统的定义如下：遗留系统是指任何基本上不能进行修改和进化以满足新的变化了的业务需求的信息系统。

② See Nigel Davies & Marc Langheinrich, Privacy by Design (2013) 12：2 IEEE Pervasive Computing 2 [Davies & Langheinrich, Privacy by Design].

隐私问题出现后的解决方案比较容易,因为解决方案必须"从零开始"设计和实施。在安大略省彩票和博彩公司,研究人员正试图寻找一种特殊的隐私保护方案来解决那些登记人员试图重新进入赌场的问题。而在多伦多交通运输委员会中,设计隐私权能够运用的范围似乎更广泛。多伦多交通运输委员会已经有了一个用于地铁的闭路电视摄像头网络,其中一些还属于遗产系统。其三,参与者7说:"这个系统就是现存的系统,其中包括现有的摄像机和公共汽车、有轨电车和地铁站台的存储/监控的基础设施。换句话说,这个项目着眼于现有的遗产系统,而不是设计一个新系统,就是要改造现有的系统。对此,我们有两种选择:一是加入一个新系统,二是对现有系统进行改造来符合设计隐私权的要求。"

多伦多交通运输委员会还必须处理单独的政策问题:从乘客的安全和运营商的安全再到"9·11"事件后国家的安全问题,似乎设计和应用一个创新的方案来解决一个有限的问题,比改造一个现有遗产系统来解决广泛的政策问题更加容易。

2. 对设计隐私权的初始反应

安大略省彩票和博彩公司的工作人员并没有明确地意识到设计隐私权是一种理念,或者没有意识到其体现的原则。不同级别的员工对设计隐私权的反应不同。例如,参与者1看到了公共政策的吸引力:"它总是开始于一个设计的想法,如果你在工作开始时就深思熟虑、建立了计划,隐私和信息保护不是发生在故事的最后,而是发生在整个过程中,为什么这与我们所涉及的其他事情都不相同呢?"例如,对于参与者2来说,设计隐私权开始对他的吸引力并不大:"老实说,当我第一次认识这个原则的时候,我在想这个对我们有什么帮助呢……因为它太概念化了……我们怎样去运用这些原则,真正着手去做面部识别来帮助实现'自我排斥'计划呢?我要告诉你们,技术人员根本不相信我们能做到。"例如,参与者5对设计隐私权也并不热衷:"我想,这个其实没什么意义。这就是我的真实想法。我最初的想法就是,我不明白、我不理解这个东西。因为我只是从一个解决方案的角度去看,一开始我真的很难理解,为什么我们要使用生物加密。我对此很不认同,因为我们所说的生物特征、图像,已经是公开的信息了。事实上,它也必须在那里,这样安全检查员才能够去识别人群。所以，对这些信息我们实际上做不到保密。所以它实际上必须是公开的，我想说的是，如果它已经公开了，那么，生物特征加密在这里有什么作用呢？"在多伦多交通运输委员会的项目之中，人们对于设计隐私权和生物特征加密的合并，以及多伦多大学的研究项目是否比现有的商业解决方案有任何优势，也存在着类似的不解与疑惑。参与者6解释道："我不认为设计隐私权有任何问题，我建议他们去看看多伦多大学正在研究的最新技术。所以，从设计隐私权的角度来看，你被引导到了一条特定的道路上，我要告诉你，工程师们并不一定认为多伦多大学里的东西和市场上已经存在的东西有什么不同。"面对如此复杂的反应，看起来监管机构似乎在说服和支持安大略省彩票和博彩公司设计隐私方面发挥的作用更大，而不是"仅仅"在关注合规方面发挥了关键作用。

3. 运用设计隐私权原则

在安大略省彩票和博彩公司的项目中，对解决方案的研究会考虑到生物特征面部识别，保护顾客被系统所捕获的隐私，因为这种系统会随着实践的推移不断发展和改进。例如，参与者4最初表示："委员会的想法是一种有趣的概念，即能够保护在数据库中的生物特征，这是我们试图解决的问题。"然而，早期的尝试似乎并不成功。参与者5就不太熟悉的设计隐私权及其原则发表了评论："我并没有很多设计隐私权的经验，所以可能在我们开始研究设计隐私权原则的六个月后，我所做的就是一个协调练习，即我们如何协调？你知道我们计划要做的事情和即将要做的事情。我们如何做到使这些事情与'七大原则'相一致？当你试图想出这些解决方案并与专员进行对话时，这些原则是否会让你绞尽脑汁呢？还是你已经在解决这个问题上有所进步了，然后你试图去适应这些设计隐私权的想法？"

在协调练习之后，参与者5描述了寻找隐私（问题）解决方案，以及如何重新定义"问题"的过程："我对我们如何使用我可以接受的生物特征加密有了一个想法，所以我在一次我们的会议上进行了交谈，专员说的第一件事是生物特征加密一个很好的应用。"在专员批准将设计隐私权嵌入面部识别系统的新方式之后，参与者5总结道："我身上的负担减轻了很多，因为现在我可以真正地相信它，并且我可以创造一些有意义的东西。"

参与者 4 也分享过对生物特征加密技术的担忧,包括它是否能与设计隐私权兼容,特别是其"全功能"原则:"这就是这项研究的全部意义所在,如果它行不通,我们就会停止对整个生物特征加密的概念研究,因为它不是切实可行的。"参与者 4 还用通俗的语言补充道:"我是否应该相信我们在保护人们隐私方面从一开始就做对了?我想答案是肯定的,但是因为我们着眼于隐私的整体解决方案,我认为其中的风险就是,当你考虑到生物特征加密的必要性时,你就不清楚我们是否必须这样做。所以我认为,作为一个案例研究,它有一些好处,但最后,设计隐私权和设计隐私权的原则无论如何都是好的软件工程设计原则。每一种方法的实用性,完全取决于每个单独的项目。"

此外,安大略省彩票和博彩公司还担忧基本的隐私原则,如目的规范,以及它所提出的数字化和存储面部图像的做法是否符合这些原则。参与者 3 指出:"我们必须防范的是,我们将人们的图像存档了之后,它可能被用于第二种目的,如果那个地区有犯罪,警察带着搜查令,带着合法的法庭命令上门找你,然后他们说我们想要获取你档案中所有的生物特征信息。这就是信息第二目的的使用,尽管它是合法的,但我们不希望这样。"参与者 4 还指出,我们还有其他更具有保护性的选择。

在多伦多交通运输委员会的举措中,该项目还处于研究阶段,但这似乎不是因为与设计隐私权及其原理相关的工作困难,而是因为技术障碍。参与者 7 说道:这种解决方案可以实现,但记住,这种做法几年前就已经有了,没有体现闭路电视系统领域在最近所取得的进步;如果多伦多交通运输委员会早期就投资并承诺使用这种隐私增强技术,这种编码就可以在摄像头上实现,这样更安全,也更容易实施。

4. 设计隐私权和教育

在调研中,我们会要求参与者根据他们的经验和他们参与的具体项目来总结设计隐私权。例如,参与者 2 认为,"设计隐私权原则就是指导着你。相关的知识体系必须紧随其后。所以我经常想到那些大学,在一些信息项目中,如果你实际上开始在大学里介绍这七项原则的概念,那么,这种教育之下的学生就会对这些非常了解。"参与者

7 补充说，难以实施这种教育的困难之一在于工程教育已经形成了一种规范模式，并且主要由专业知识主导："设计隐私权需要工程师的主导。技术解决方案中没有什么可以阻止这一点。但这对于本科教育来说是困难的。工程师正在被监管，需要更多的时间来作出反应。在20年前，隐私还不是那么重要，我认为将设计隐私权嵌入课程或产品中没有任何问题。"至于设计隐私权原则，以及这些规则是否足够详细来为工程师提供指导，参与者都认为现在缺少的是受过教育的人，因为受过教育的人能够理解设计隐私权中积极的信息并且使其有意义。

5. 设计隐私权立法

基于多伦多交通运输委员会的举措，参与者 6 对任何试图立法或强制实施设计隐私权的行为有所担心："当组织需要某样东西时，你在咨询的基础上去做，那么设计隐私权的概念就会得到更大的发挥，并取得成功。一旦计划实施之后再去咨询，计划成功的机会就要小得多。"参与者 3 对设计隐私权的立法很满意，但是对设计隐私权的官僚化表示担忧："首先是为什么我认为将设计隐私权纳入立法是一件非常积极的事情。通过在《通用数据保护条例》中纳入设计隐私权，设计隐私权自动被升级了，因为公司现在被要求将隐私作为默认设置来实现设计隐私权、数据预测设计，这不再只是一个建议，而是一个被要求做的事情，并且不可避免地会提高公司的'标准'。你可以在某种程度上把它看成是默认的。我们所说的积极同意并不是你所知道的普遍标准，这就是公司'标准'提高了的原因。我唯一担忧的，甚至我不想把它说成是担忧，它是一个问题。我不想这个新事物始终受着旧监管的束缚。"

这可能是因为其他监管机构在接纳设计隐私权方面进展非常缓慢，虽然现在它已经成为一项监管共识。例如，参与者 3 指出："在欧盟专员会议上，整个设计隐私权花了三年的时间才让自己有所发展。最初的两年多时间里，它只得到了礼貌的掌声。第三年，来自电信行业英国专员成为欧盟的专员，她接纳了设计隐私权，然后欧盟开始有了专员会议，她开始宣传设计隐私权，而设计隐私权在 2004 年、2005 年之后才开始流行。"

值得注意的是，设计隐私权在与具有非法律背景的监管机构合作方面取得了最大的成功。

6. 主题总结

从设计隐私权这一主题中得到的研究结果，一方面，与设计隐私权的概念和原则之间的差距有关；另一方面，与将设计隐私权作为一种工程解决方案来实施的尝试有关。必须使用遗产系统的限制、对设计隐私权不熟悉的限制，以及设计隐私权的原则学习要求一个学习周期和耗时的映射练习的限制，都导致了设计隐私权实施困难。在上述两个案例中，一个案例中的实施过程被停滞了，而在另一个案例中，为了达成最终的解决方案，我们必须重新思考和构造这整个过程。值得注意的是，将设计隐私权纳入立法的举动受到了很多关注。

（二）组织主题

1. 内部支持

总的来说，通过确保所有的内部人员都已经被更新，安大略省彩票和博彩公司就能对项目提供内部支持。除了公共政策方面的领导支持外，面部识别系统的设计隐私权还需要参与该项目的技术人员的支持。参与者2描述了这个过程："我们的方法很有条理性，所以不会突然有人进来并提出问题。在任何时候，当在调整这个结构的时候，我们都在教育我们的内部人员。"

安大略省彩票和博彩公司决定停止进行设计隐私权时，监管机构和技术人员的支持至关重要。参与者2说道："事实上，我们在专员的办公室开过会，她很明确地希望我们继续推进这件事，所以回到公司之后，我想该如何继续进行这个工作呢？我对我们能否完成这个设计并不是很有信心，但当我们聘请了这位先生之后，他自己承担了这个重任。"

基于设计隐私权解决方案的成功，参与者5解释道："我们还有一些具体的例子来说明我们是如何遵守设计隐私权原则的，我们有两个分类器：一个是人脸识别，它减少隐私问题；一个是生物特征加密，它接管后解决隐私问题。事实上，这两个不同的分类器使你的系统的准确性更好。我们已经把它从4%的假警报率降到了2%以下，就像在生物识别领域，这是非常非常好的结果。"

在多伦多交通运输委员会的项目中，对生物特征加密设计隐私权技术的内部支持从未建立起来，也许正因如此，这里的设计隐私权仍然还处于初级研究阶段。除了上文提到的，对与多伦多大学研究团队合作的担忧之外，专员指出设计隐私权的具体路线似乎与现有的多伦多交通运输委员会技术不兼容。参与者6阐述道："如果你正在进行实时监控，这个设计隐私权的解决方案将有助于解决人们看到多少信息的隐私问题。但在断开连接的地方，多伦多交通运输委员会几乎没有进行什么监控，而在那些被监控的地方，我们的系统太老了，好像并不能进行设计隐私权的操作。"

根据参与者7的说法，多伦多交通运输委员会并没有提供与安大略省彩票和博彩公司相同水平的资金支持："这个项目只持续了几个月，其间还开了很多会。没有得到多伦多交通运输委员会的资助。多伦多交通运输委员会仅提供的'实物'资源是访问Bay站的设备。安大略省彩票和博彩公司则与它不同，因为它提供了资金。就其性质而言，安大略省彩票和博彩公司也拥有重要的技术资源。以组织上来说，多伦多交通运输委员会与安大略省彩票和博彩公司相比，对设计隐私权也缺乏兴趣。在安大略省彩票和博彩公司中，从CEO到技术人员都对设计隐私权很有兴趣。多伦多交通运输委员会有不同的优先事项，我怀疑，即使委员会有了高级管理人员，它也没有相关的专业知识。"

此外，参与者7认为，多伦多交通运输委员的这个项目可能不是一个设计隐私权项目："这个项目着眼于现有的遗产系统而不是设计一个新系统；就改造现有的系统来说，我们有两种选择：一是加入一个新系统，二是对现有系统进行改造来符合设计隐私权的要求。"无论这是否一个"真实的"设计隐私权实践，这项研究项目都没有提升多伦多交通运输委员内部对隐私的重视。参与者6描述了其对待隐私的看法：除了监管机构和一些隐私倡导组织，大多数多伦多交通运输委员会的人并不特别关心隐私。

2. 内部隐私办公室的角色

在安大略省彩票和博彩公司，内部信息访问和隐私办公室就在试验项目中扮演的角色有多种说法。参与者2将其描述为"隐藏在组织中"。

参与者4认为，这整个隐私领域的设计和政策在当时是全新的。

就像隐私，当我们开始这个项目的时候，整个隐私环境都不像今天这样清晰。参与者 5 也表示，在项目成功后，隐私办公室的重要性增加了。安大略省彩票和博彩公司一直都有一个隐私部门，但我认为这个部门可能扩大了，或者说其存在更加清晰了，因为我真的相信这是一个非常重要的部分。他们用隐私影响评估作为一个例子来告诉人们，隐私影响评估应该提前做。

3. 主题总结

与组织主题相关的发现是，设计隐私权计划与任何其他计划类似，需要内部支持才能成功。所有级别的内部支持都需要，在工程层面上的支持更是如此。设计隐私权倡议的成功或失败与组织内隐私事务办公室的存在无关，甚至与积极隐私文化的存在无关。然而，设计隐私权倡议的成功在事后加强了整个组织的隐私保护。

（三）监管机构主题

1. 监管机构在早期阶段的角色

在这个案例研究中，参与者似乎很难把自己在安大略省担任了 18 年的职位角色与自己在信息与隐私专员办公室的角色分开。本文将在下一节进一步讨论这种二元性，但参与者很清楚，他们不仅要遵守正式的法律规定，还要面对专员的个人信仰。参与者 1 把它表达成如下形式："我想说的是，Ann 真的是在试图把组织带入下一个世纪。她的独特之处在于，她总是在寻找能够真正实现隐私的方法。她不仅对报道和调查感兴趣，她还想知道如何让人们更容易地去实现隐私。"

正如参与者 3 观察到的，在安大略，如果公司不与监管机构联系就擅自行动，那么，公司可能会陷入很不利的境地。因为专员总是会直接地对政府部门说："过来和我谈谈，我会在背后默默帮助你。"参与者 4 也说："你知道，专员是不会让我们在没有生物特征加密的情况下实现面部识别的。"参与者 6 认为："设计隐私权似乎更像是专员的个人利益，毫无疑问，你会了解到专员对于设计隐私权的想法。"

参与者 6 进一步补充说："设计隐私权可以简单地看作为了避免更严格的监管审查和获得监管批准而必须支付的价格，当你回头看

2007年的时候，多伦多交通运输委员会其实已经开始调研了，人们对多伦多交通运输委员会提出了一些要求。所以多伦多交通运输委员会没有讨价还价的余地，它必须符合要求。在实施之前，当多伦多交通运输委员会回到监管步骤，与监管机构一起讨论多伦多交通运输委员会在设计隐私权方面做了什么；这对我来说更有吸引力，这也是为什么设计隐私权会得到更多支持的原因。实施设计隐私权并不是因为多伦多交通运输委员会相信它的作用，而是多伦多交通运输委员会为做它想做的事情所付出的代价，这是根本的区别。所以当你今天在观察多伦多交通运输委员会的前置摄像头或者音频时会发现，多伦多交通运输委员会有着更大的目标，它会更加乐意做出某些行为，会为了安抚每个人而花费资金成本，并且将会实施和在设计上采取更积极的方式保护隐私。"

2. 监管举措的支持

为了说服安大略省彩票和博彩公司考虑设计隐私权，该办公室提供了超出传统监管参与的支持。参与者3描述了他们的第一次会议："我们在会议室开了这个会，安大略省彩票和博彩公司的首席执行官把这些都安排好了，她说，我知道专员会和我们一起努力找到解决问题的办法。而专员说我有一个解决办法，但它必须经过测试，那就是生物特征加密。"

参与者2认为，监管和非常规的支持对于人们接受设计隐私权的方法来说至关重要："我们经历了'完美风暴'。我们拥有一个权力的代言人，他关心社会责任。我们有一个隐私专员，她从设计上保护隐私，并且在她的组织里有能够胜任此项工作的人。我们有多伦多大学，并且很幸运地找到了一家从事面部识别的安大略省公司。综上所述，设计隐私权发挥了作用。"

参与者4谈到了专员所提供的支持和对内部人员多样化的需求："我们有定期的状况汇报会议，我们有像安大略省彩票和博彩公司、隐私专员、多伦多大学、供应商的支持，并且我们有安大略省酒精和博彩委员会、网站管理和博彩管理。"

3. 一级隐私监管机构

对于设计隐私权的成功来说，很重要的一点就是要有隐私监管机构，隐私监管机构没有把安大略省彩票和博彩公司视为一级隐私监管机构，而多伦多交通运输委员会并没有一个主要的隐私监管机构。参与者4给我们举了一个例子："当我们进入赌场之后，为了能够在赌场里自由活动，我们需要博彩监管人员在场，无论任何时候你在赌场里做什么，隐私监管人员都在那儿。"

4. 协作或执行

Cavoukian 的 "3C" 方法不仅在安大略省彩票和博彩公司和隐私专员之间起作用，而且在多伦多交通运输委员会和专员之间也起到了重要的作用。参与者3说："从隐私的角度来看，Cavoukian 总是喜欢软硬兼施。她宁愿在问题出现之前解决，而不是在问题已经发生之后。"

事实上，至少在安大略省彩票和博彩公司看来，在项目的概念阶段，隐私问题就需要在视频监控面部识别技术的发展过程中得到解决。很明显，在高层看来，隐私监管机构可能会对监控和生物识别技术结合的做法表示担忧，这种技术将涉及收集所有赌场顾客的敏感信息，而不仅仅是目标人群——"自我排除"计划的登记人员。因此，他们在项目概念阶段，就主动去与专员接洽。从这一点来看，设计隐私权是一个公司与监管机构合作的机会，并且设计隐私权的路线将避免强制类型的监管关系。

在多伦多交通运输委员会中，最初的情况有所不同，因为隐私监管机构已经收到了人们对于多伦多交通运输委员会使用闭路电视的投诉。这一投诉在隐私监管机构和多伦多交通运输委员会之间建立了一种正式的调查关系，而这种关系在安大略省彩票和博彩公司中并不存在。但在投诉之前，多伦多交通运输委员会和监管机构之间似乎确实存在一种非正式的关系。参与者6说道："多伦多交通运输委员会对其在公交车上安装的摄像头作出了公开声明，这就使该委员会被安大略省隐私专员办公室电话请去开会，办公室对该委员会说，我们想要帮助你们，我们想要看到你们的政策，我们想要和你们在政策上合作。"

换句话说，人们的投诉使得隐私监管机构及其监管进入一种强制执行式的关系，这种关系的重点是由合规、执法、投诉和调查部门领导的正式调查。

5. 监管机构的整体角色

相比现在，多伦多交通运输委员会与安大略省彩票和博彩公司更容易与隐私专员接洽，因为当时的隐私专员是 Cavoukian 博士——她在过去乃至现在在公众心里的形象都十分高大，并且她在大力倡导隐私和支持寻求隐私友好解决方案的组织方面享有盛誉。参与者1是这样描述这位前专员的："Ann 对新解决方案持一种开放态度，而不是马上说你们不能这么做。参与者3阐述了隐私专员的做法：隐私专员制定了3C政策（沟通、合作、协商）如果你在任何可能发生的事情发生之前和专员谈过，那么他们会在幕后跟你合作，而不是试图在其中当个坏人。专员想要有效的解决方案，想要帮助你，他们会给予你充分的信任。

隐私专员的部分主张是改变内部人员对隐私的看法。参与者3提到，专员曾经说过："良好的隐私是一个商业问题，而不是一个合规问题，而且是一个竞争优势。与监管机构发生冲突是一种零和策略。"参与者5也认为，隐私专员发挥了积极的作用，如果没有 Ann 的大力推动，这一切都不会发生。我可以跟你保证。我甚至都没有想过要这么做。所以，我想说的是，她对此的热情，以及她坚持让我们强烈地从隐私的角度来看待这些事情的态度，对我们真的很有帮助。我想隐私专员办公室真的让我们走上正轨。让整个项目，整个计划都在正轨上。当然，安大略省彩票和博彩公司是一个自愿的参与者，我们所有人都想要确保我们所做的是对公共利益最好的事情，但我认为你肯定需要那个指导，这是关键。

在多伦多交通运输委员会，他们与隐私专员的整体关系有了不同的基调，因为试图为多伦多交通运输委员会的相机设计隐私是在对投诉多伦多交通运输委员会及其做法进行正式调查的同时进行的。虽然参与者很少谈及调查本身，但似乎在多伦多交通运输委员会的视频监控扩张中采用设计隐私权的解决方案会存在几个障碍，包括多伦多交通运输委员会并非自愿地采用设计隐私权，而是通过投诉调查而被强加的。

与监管机构的互动让多伦多交通运输委员会明确了自己对监控摄像头的需求，否则，该委员会对设计隐私权的需要是不会出现的。参与者6说："多伦多交通运输委员会表示他们希望监管机构参与进来,我们希望确保我们所说的是完美的,我们希望与隐私监管机构合作。"

参与者 1 认为,当代社会隐私监管者的角色不同于其他监管者的角色:有一件事,我认为隐私是独特的,现在有大量的工具可以获取别人的信息。由于环境的原因,隐私监管机构更有必要用具有前瞻性的眼光来预见未来的发展方向,并在如何设计方面用这种眼光与公司合作。

6. 主题总结

与监管者主题相关的调查结果认为,Ann Cavoukian 在设计隐私权实施过程中所扮演的个人角色与她的办公室所扮演的正式监管角色是分不开的。很明显,早期的监管支持对设计隐私权的成功至关重要,而以调查形式存在的正式监管关系实际上是适得其反的,并没能促使设计隐私权的成功。一般来说,似乎一个协作监管模式关注相关隐私法的执行和非正式关系的模式更可取。例如,当隐私专员被认为不是主要的隐私监管机构时,设计隐私权想要成功就需要一个更正式的计划。

五、结语

从本项目的研究结果可以归纳出三个问题:工程问题的隐私、组织功能的隐私和设计隐私权的监管。

(一) 工程问题的隐私

隐私仍然是一个工程问题。十年前,在这两个项目中,第一个也是最重要的挑战是设计一个技术解决方案:以一种有意义的方式反映设计隐私权原则。在这两个项目中,所有级别的工程师都注意到他们无法以一种能够帮助他们工作的方式使用设计隐私权的原则。

在多伦多交通运输委员会,项目仅停留在一些初步测试中,结果表明,多伦多交通运输委员会并不认为生物特征加密技术有用。这是一个直接的结论,事实上,与设计隐私权没什么关系。简单地说,这项技术并没有按照多伦多交通运输委员会所希望的方式工作,或者至少没有获得继续推进这项倡议的支持。在有限的试验期间,设计隐私权及其原则对研究人员和工程师的作用有限,因为他们试图将隐私增强技术纳入多伦多交通运输委员会的系统。因此，设计隐私权不能向研究人员提供（相当于工程手册般）专业的指导，也不能为他们指明成功的方向。设计隐私权几乎没有实际用途，由于多伦多交通运输委员会内部对该倡议缺乏组织支持，它甚至都无法发挥激励、鼓舞或意识形态的作用。

在安大略省彩票和博彩公司，在所有高层领导及在所有监管部门的支持下，由于设计隐私权工程的困难性，这个计划差点失败。从某种意义上说，正如这些发现所揭示的那样，最初的计划确实失败了，很明显有必要重新配置这个项目，使生物特征加密能够以某种形式集成到安大略省彩票和博彩公司准备部署的面部识别系统中。从最初的希望设计隐私权通过加密图像保护所有访问安大略省彩票和博彩公司赌博网站的人。① 这样做可以减少由于各种次要的、未经批准的目的而与他人共享这些信息的风险。因此，安大略省彩票和博彩公司计划转而采用生物特征加密，以增强其"自我排斥"用户数据库的安全性。换句话说，这些顾客的图像被用作一个加密密钥，在"自我排斥"的顾客进入安大略省彩票和博彩公司赌博网站时解锁数据库。

安大略省彩票和博彩公司的项目很难说会减少闭路电视或面部识别技术的使用。然而，安大略省彩票和博彩公司的项目确实做到了隐私增强技术和图像处理及数据库的成功整合。问题在于，这个项目是否是设计隐私权原则成功应用于技术问题的一则实例呢？我们是否能断定设计隐私权原则在安大略省彩票和博彩公司的工程师们尝试将生物特征加密纳入他们的系统时提供了指导？不幸的是，结果表明我们并不能得出肯定的结论，设计隐私权充其量激励了所有参与这个项目的人去真正找到一种设计隐私权保护的方法。因此，设计隐私权作为一种激励因素和驱动力是重要的，但设计隐私权原理对工程师的实际指导作用并不大。

（二）组织功能的隐私

鉴于设计隐私权在技术、工程方面的实施困难，人们越来越意识

---

① See: Information and Privacy Commissioner, Ontario, Canada, Privacy-Protective Facial Recognition: Biometric Encryption Proof of Concept, by Ann Cavoukian & Tom Marinelli (Toronto: IPC, November 2010) [IPCO, Privacy-Protective Facial Recognition].

到，设计隐私权的价值更多的在于它带来组织功能的变革，并作为一种有效的领导工具。

本研究的两个项目得出了截然不同的、几乎完全相反的组织方法。

第一，多伦多交通运输委员会对组织变革没有什么兴趣。领导层认为，设计隐私权的举措是由于外部抱怨而强加于组织的隐私监管强制。实际上，组织看起来似乎无法理解，为什么从组织的角度上看，信息和隐私专员审查其现有系统和政策时，为什么会对它进行正式的调查。因此，从一开始多伦多交通运输委员会似乎在组织上反对任何加强或设计其系统隐私的企图，可能因为这等于承认了它需要加强这些制度，而在某种程度上这些制度是缺乏的，因此，对这些制度的投诉将被认为是合理的。正式的投诉程序以及由此在多伦多交通运输委员会与信息和隐私专员之间建立的正式关系，增加了组织的沉默。作为一个组织，多伦多交通运输委员会似乎满足于保持在投诉的内容之中，而不冒险超越（只要做到不被投诉就好了）。因为隐私增强技术的探索是信息和隐私专员调查报告的正式建议之一，多伦多交通运输委员会对此事进行了正式的处理，也许尽了最小的努力，以确保它符合报告的要求，但并不是出于对隐私的强烈关注。他们不认为设计隐私权是一种激励人心的意识形态，而是一种强加的要求。

在多伦多交通运输委员会中，他们没有推动引进新的、可能具有侵入性、监控功能的技术。该组织的优先事项在于提高服务水平、增加和维持客流量、改善客户体验、维持成本等方面。它的核心任务是提供交通服务，因此，领导层将调查、报告和试点项目视为不受欢迎的干扰。在这样的组织环境中，设计隐私权几乎没有发挥作用的空间，更不用说作为一种有用的领导工具了。

第二，安大略省彩票和博彩公司采用设计隐私权的方案是战略性的、经过计算的，以此来确保其对组织功能隐私的监管支持，使其"自我排斥"计划实现现代化。安大略省彩票和博彩公司的最高领导层致力于支持隐私保护与其感兴趣的面部识别技术的整合。研究结果显示，安大略省彩票和博彩公司的领导层不仅在处理信息和隐私专员的战略上认识到其价值，还将其视为一种真正的公共政策的价值。就其本身而言，保护隐私符合安大略省彩票和博彩公司渴望实现的其他价值观，例如作为一个负责的博彩公司而承担组织功能隐私的社会责任。

还有另外两个原因使得设计隐私权更容易被安大略省彩票和博彩公司所采用：第一个原因是，安大略省彩票和博彩公司没有受到调查，也没有成为人们向信息和隐私专员投诉的对象。因此，安大略省彩票和博彩公司不受正式关系的约束，也不用关注其任何行动可能会给正在进行的调查带来的影响。第二个原因是，信息和隐私专员不是安大略省彩票和博彩公司的主要监管机构，这使得两个实体之间的关系更加自由和非正式。从调查结果可以清楚地看出，安大略省彩票和博彩公司在与其主要的监管机构安大略省酒精和博彩委员会之间的关系上非常谨慎，安大略省酒精和博彩委员会的监管指导有时也相当详细。安大略省彩票和博彩公司认为，信息和隐私专员与设计隐私权之间是对立的关系进一步支持了以下的结论：设计隐私权的力量体现在其意识和激励组织功能隐私方面，这种功能使得组织能从一开始就考虑隐私问题。

一旦安大略省彩票和博彩公司的领导认可隐私权和设计隐私权需要面部识别来主动采纳，那么，它就能够向在项目工作的工程师灌输隐私考虑的必要性，并与隐私专员公开合作，制定一个增强隐私的解决方案；隐私专员没有被认为是一个可怕的监管机构，而是一个被请来整合产品和隐私及帮助理解设计隐私权的主题专家。

研究结果表明，在整个安大略省彩票和博彩公司组织中，隐私的作用和重要性都有所提高，从一个更加正式、有限、服从的角色变成了一个更加普遍的、文化的、战略的角色。参与者对设计隐私权及其原则越来越熟悉，隐私办公室的资源和组织重要性都有所增加，隐私影响评估也不再是新鲜事。设计隐私权的重要性在于其影响变化、鼓舞和激励的能力，而不是其提供如何将隐私嵌入具体、给定项目的详细指导的能力。当然，一旦设计隐私权成为法律要求，这样的结果会在对设计隐私权的执行中设定出一种理想的监管角色。

（三）设计隐私权的监管

如本文第二部分所述，《通用数据保护条例》第 25 条指出，各组织实施旨在实现数据保护原则的技术和组织措施，有效地将必要的保障措施纳入数据处理。第25条还指出，各组织在这样做时必须考虑技术状况、实施成本、处理的性质、范围、背景和目的因素，以及处理过程对自然人的权利和自由造成的不同程度的风险。最后，本文指出组织将能够通过认证来演示对《通用数据保护条例》的遵从性。按照《通用数据保护条例》的设想，认证将是由组织自愿进行的过程，并且证书和印章将由认证机构颁发，而认证机构又将得到相关数据保护部门的认可。

《通用数据保护条例》中使用的、与设计隐私权相关的立法语言中体现了以下重点：

首先，设计隐私权并不仅仅被理解为一种技术或工程工具，而且是一种组织工具，可以用来实现更好地保护隐私的组织措施和变化。

其次，《通用数据保护条例》第25条认为，设计隐私权是一种在不同环境下会出现很大不同情况的工具，为了能成功地成为监管工具，设计隐私权必须考虑第25条中所列出的因素。这一用语表明，欧盟在设计隐私权方面不会采取严厉的监管方法，组织机构将获得相当大的灵活性。当然，不受约束的灵活性确实引发了人们的担忧，即设计隐私权的现实与理想状况相比，是否会大打折扣或不会带来有意义的监管变革。然而，案例研究表明，有关设计隐私权实施的监管灵活性是必要的。

下面我们将进一步讨论这种灵活性，但在讨论之前值得注意的是，尽管有明显的相似之处，但这两个举措的监管路径是极不相同的。安大略省彩票和博彩公司和多伦多交通运输委员会都探索了非常相似的侵入性技术，并且都受到安大略省关于个人信息的相同法律框架的约束。然而，这些相似之处只是用来强调这两种举措得到了完全不同的结果。不同的结果很大程度是由于每个举措所享有的内部组织的支持程度不同，以及因为监管机构在两个举措中的角色不同而造成的。

在多伦多交通运输委员会项目中，监管机构受到正式调查的限制，无法与多伦多交通运输委员会合作推动设计隐私权的实施。然而，调查安大略省彩票和博彩公司项目与信息和隐私专员能够积极合作，并表现出相当大的灵活性。设计隐私权向公众展示的举措是隐私将被设计嵌入使用创新生物加密技术的监控摄像头中，这样所有进入安大略省彩票和博彩公司赌场的个人的隐私都会通过加密其图像而受到保护，该项目的范围最终确定是通过对"自我排斥"用户的图像进行加密，以保护他们在安大略省彩票和博彩公司数据库中的个人信息，这是一项值得注意和称赞的成就。对安大略省彩票和博彩公司项目的调查结果可以清楚地看出，如果没有信息和隐私专员和当时Cavoukian专员的特别批准，该项目就不会以这种方式发展。

考虑到多年来围绕设计隐私权开发或试图开发设计隐私权的许多操作细节的模糊性，似乎一个刚性的设计隐私权实施方法反而会适得其反。设计隐私权一直以来都是最具影响力的指导原则，它强调隐私的重要性，并通过强调隐私应该被包括在每一个与个人信息有关的组织计划之中，将隐私提升到与其他组织目标同等重要的高度。多伦多交通运输委员会和安大略省彩票和博彩公司的项目向我们表明，将设计隐私权映射到工程、解决方案和设计算法上是极其困难的。因此，考虑到设计隐私权当前的状态，一些灵活性几乎是必不可少的。

从某种程度上说，Cavoukian采用了一种灵活的监管方式，这种方式既符合设计隐私权，也在这些年来，被研究数据保护权威模型及其有效性的学者所推崇。信息系统的研究人员认为，设计隐私权只有在作为情境方法的一部分而不是试图量化隐私时才会成功。例如，学者们呼吁，尤其是在设计隐私权领域，建立一个创新的监管框架，如果不是鼓励的话，至少也是允许专家对新技术和工程解决方案进行实验，促进组织和监管机构之间达成协议，这些协议是讨论和协商的产物。在这两方面，这与本案例研究中信息和隐私专员的做法非常相似。

（四）设计隐私权的未来

既然设计隐私权将成为世界上最大司法管辖区之一的欧盟的法律，它以后将会如何发展呢？本案例研究告诉我们，去发展一个统一的设计隐私权原则从而映射到工程和解决方案的设计上几乎是不可能的。安大略省的这两个项目表明，在几乎可以看作理想的环境下，即有一个鼓励和支持的监管机构，有组织的热烈响应（至少安大略省彩票和博彩公司是积极响应的），要实现设计隐私权的部分成功，也是十分困难的。设计隐私权最好是作为一种保护隐私的号召，作为一种可以在组织内部使用，也可以在外部被监管者使用的变革和领导工具。

因此，欧洲和其他监管机构应该如何处理设计隐私权？从本案例研究来看，似乎需要刚性和柔性的混合。对原则本身的坚持需要刚性，即隐私必须成为优先事项，在没有考虑到隐私的情况下不能行动。本案例研究还告诉我们，在具体项目中实施设计隐私权，监管的灵活性是绝对需要的。如果监管者得出一种统一的方法，并不加区别地实施这种方法，那么，设计隐私权将会失败。

认证可能会在创造这种监管灵活性方面发挥重要作用，这不是因为认证的是执行标准，而是因为在监管者和被监管者之间引入了中介。从某种意义上说，在设计隐私的组织中，与细节相关的刚性监管应外包给认证机构。Cavoukian 通过她在 Ryerson 大学的设计隐私权卓越中心，与德勤会计师事务所合作，成为首批提供此类认证的机构之一。①

由于设计隐私权的局限性，这种监管"讨价还价"的风险是很明显的，这可能是无法避免的。对安大略省的案例研究可能是一种警告信号：不可以牺牲隐私保护为代价来维持监管的灵活性。

---

① See Sylvia Kingsmill, Privacy by Design Assessment and Certification Deloitte (October 2017), online: Deloitte < www. ryerson. ca/content/dam/pbdce/certification/Privacy-by-Design-Certification-Program-Assessment-Methodology. pdf >.

欧盟关于设计隐私权的初步看法

乔瓦尼·布塔雷利[①] 著 邓梦桦[②] 译

目　次

一、设计隐私权与默认设置
二、通过设计和默认设置保护数据的欧盟法律
三、设计隐私权的国际层面
四、在保护个人数据的同时健全设计系统和操作程序
五、通过设计和默认设置来保护隐私
六、结语

一、设计隐私权与默认设置

（一）为何对"设计隐私权"发表意见

2018年年初，用先进的信息和通信技术处理个人数据的公开辩论牢牢抓住了人们的视线。议会委员会正在欧洲议会、美国国会以及英国、德国和法国等欧盟成员国的国家议会进行或考虑进行调查。作为一般公众，希望了解他们的个人资料如何被处理和用于追踪公民在网上的活动，以及这些主体如何处理收集到的个人资料。在这些调查中，科技公司高管的听证会发挥了核心作用。

尽管媒体有巨大的兴趣，但公众对跟踪和定位的了解不多。欧洲数据保护监督员在它们最近的意见[③]中分析了网络操纵个人数据的情

[①] 乔瓦尼·布塔雷利（Giovanni Buttarelli），欧洲数据保护监督员。
[②] 邓梦桦，中山大学法学院助教。
[③] EPDS Opinion 3/2018 on online manipulation and personal data of 19 March 2018, https://edps.europa.eu/sites/edp/files/publication/18-03-19_online_manipulation_en.pdf.

况,并就数据保护法的执行、监管机构跨部门的共同分析和合作、自我监管和个人赋权等方面提供了建议。该意见还指出,学者们最近的发现强调了设计技术的重要性,它们支持个人实际、有效地行使基本权利,而不是完全由企业的经济利益驱动。

这份意见以隐私和技术专家多年来对技术设计在确保基本隐私权方面的作用所做的工作为基础。它评估了全球法律和技术的发展,并就进一步加强隐私和数据保护的措施提出建议。尽管对网络操纵的观察使得人们迫切需要技术设计中的新方法,也尽管现在在互联网上使用的系统中发挥着核心作用,但我们还是必须确保,基本权利必须被适用于所有数据处理工具的技术发展所考虑,无论使用的平台和应用领域是什么。

1. 是"设计隐私权"还是"通过设计保护数据"

为了更好地表达,我们使用"设计隐私权"这一术语来指代在过去几十年的国际辩论中发展起来的确保隐私的技术措施的宽泛概念。相比之下,我们使用"通过设计保护数据"和"通过默认保护数据"这两个术语来指代《通用数据保护条例》①中第25条规定的具体法律义务。虽然在这些义务下采取的措施也将有助于实现"设计隐私权"这一更一般的目标,但我们认为,"设计隐私权"这一目标可能需要考虑更广泛的方法,包括一个远见和道德层面,与载入欧盟基本权利宪章的原则和价值一致。

2. 是技术塑造社会,还是社会塑造技术

(1) 自从第一个人造工具出现以来,技术就与人类的进化联系在一起。技术进步极大地影响着人类社会的进化,这种进化通常都是好的,但偶尔也有坏的。管理我们社会的规则——作为约束性法律和社会规范——也深受技术的影响。数据保护是这种相互作用的一个很好的体现,因为这个法律概念的诞生首先与计算机的发展和普及有

---

① Regulation (EU) 2016/679 of the European Parliament and of the Council of 27 April 2016 on the protection of natural persons with regard to the processing of personal data and on the free movement of such data, and repealing Directive 95/46/EC (General Data Protection Regulation); OJ L 119, 04.05.2016, p. 1.

关，最近又与互联网有关。《数据保护指令》① 第 2 段（"鉴于数据处理系统的设计目的是为人类服务"）和《通用数据保护条例》第 4 段（"个人数据处理的设计目的是为人类服务"）的纲领性表述充分说明了这一点。数据保护的例子显示了技术和规则之间交互的复杂性：虽然数据保护的概念本身是为了应对计算机在行政和商业领域中兴起的力量而发展起来的，但直到几十年后，在技术设计中整合数据保护保障措施的义务才成为明确的法律义务。

（2）1989 年，两项发展标志着一场转变的开始，这场转变最终使互联网成为今天占主导地位的通信基础设施。虽然在最初的 20 年里，互联网主要被科学机构用于民用和军事的研究，但其通过连接现有的电子邮件服务向公共商业用途开放。同年，Tim Berners-Lee 先生提出了使用链接和通用资源定位器的分布式超文本系统，这为万维网奠定了基础，万维网似乎具有组织信息并使其可在全球范围内被访问的无限潜力。

（3）互联网和万维网在过去 30 多年里不断发展和壮大，并且其规模、容量和能力仍在不断地增大。Cookies、脚本语言、压缩视听格式、搜索引擎、视频流协议、社交媒体平台、智能移动设备、跟踪、分析和分析工具已经催生了新的使用方式和开展业务的方式。虽然这许多的好处显而易见，但人们就这些设备、系统等对基本权利、民主社会的基础和运作的影响的担心与日俱增。个体失去对个人数据的控制、假新闻传播、有针对性的政治广告、系统对个人数据进行分析和评估，这是最近发现的一些新的数据挑战。② 在他 2018 年 WWW 周年纪念日的演讲中，Tim Berners-Lee 先生指出，世界上超过一半的人口都在访问网络，但是，网络现在处于极少数强大的平台公司的控制之下，他们有权决定哪些想法和创新被支持，使世界上的大多数人

---

① Directive 95/46 of the European Parliament and the Council of 24 October 1995 on the protection of individuals with regard to the processing of personal data and on the free movement of such data.

② Tim Berners-Lee, Three challenges for the web, according to its inventor, Web Foundation, March 12, 2017, https://webfoundation.org/2017/03/web-turns-28-letter/.

对互联网的发展没有发言权,同时使广告成为网络的主要驱动力。①

(4) 当我们的议会和社会仍在寻找应对这些挑战的方法时,新技术的发展可能会给人类交流和社会互动带来更大更深刻的影响。海量信息的处理,即大数据,正在不断增加。物联网仍处于部署的早期阶段,联网设备的数量预计将至少以一个数量级在增长,这些物联网设备不仅在家庭和城市中变得更加普遍,而且还被装置在人们本身的身体上。人工智能的发展才刚刚开始从狭窄的专业领域走向广泛的应用。区块链技术被广泛应用,包括在处理个人资料方面,现在社会正在抉择有关这些技术未来发展的商业和工程决策,这些决策可能会对我们和我们的后代产生持久的影响。

(5) 我们已经看到了一项成功塑造技术的工作,即根据社会目标来塑造技术,那就是在过去的几十年里为保护自然资源而发展的可持续性原则。② 与环境法一样,必须以符合决定我们民主社会的基本权利和价值的方式为技术的整个生命周期设计和实施技术。环境法方面的经验激发了人们的信心,让我们相信,以最有利于人类的方式去控制技术是可能的。研究历史上的技术表明,"技术不好也不坏,也不是中立",它的发展不受内在决定论影响,它是可以被塑造的,"虽然技术可能是导致许多公共问题的首要因素,但非技术因素在技术政策决策中占有更关键的地位"。③ 在 2015 年成立的道德顾问小组的工作背景下,欧洲数据保护监督员在过去几年中对更广泛的道德需求进行了分析。

(6) 欧盟已就处理个人资料时的技术解决方案制定具体条文。自 2018 年 5 月 25 日《通用数据保护条例》完全适用以来,数据保护已不再是一种必要或推荐的良好做法,而是所有根据欧盟法律处理个人数据的主体都必须遵守的法律和完全可执行的义务。我们需要保持

---

① Tim Berners Lee, The web is under threat. Join us and fight for it. Web Foundation, March 12, 2018, https://webfoundation.org/2018/03/web-birthday-29/.

② Bryan C. Williamson, Do Environmental Regulations Really Work?, in: University of Pennsylvania, The Regulatory REView, 24 November 2016, https://www.theregREView.org/2016/11/24/williamson-do-environmental-regulations-really-work/.

③ Melvin Kranzberg, Technology and History: Kranzbergs Laws, in Technology and Culture, Vol. 27, No. 3 (Jul., 1986), pp. 544 – 560.

这一势头来实现这一种全新的义务，并提高《通用数据保护条例》所承诺的保护的效力，而不是把这种效力解释得过于狭隘。本意见旨在通过提高公众意识、创造公共价值和社会福祉来促进这一进程，并呼吁有关的利益相关者（欧盟和国家政策制定者、数据保护和其他监管机构、学术界、技术提供商、负责处理个人数据的私营和公共组织以及正在处理数据的主体）参与负责任的讨论，做出正确的决定，不仅要考虑到科技的进步及其无穷无尽的能力，而且要考虑到其中涉及的基本权利，其中包括隐私和个人资料的保护。

（7）虽然《通用数据保护条例》第 25 条是朝着负责任的技术设计和运营方向努力的一个重要里程碑、虽然这一新法律原则的贯彻和执行方式将成为整个新的法律数据保护框架成功的关键因素，但该意见并未对《通用数据保护条例》第 25 条进行全面的法律分析，也未就机构遵守该条提供逐步指导。这份意见的目的是确定所有利益攸关方易于理解的主要原则及其后果的基本要素，用通俗易懂的语言传达明确的信息，以促进富有成效的辩论。有关《通用数据保护条例》第 25 条的详细指引可由监管当局和欧盟数据保护委员会提供。

（二）设计隐私权的历史

（1）过去，许多组织将隐私和数据保护视为（主要）与遵守法律有关的问题，以往的做法仅限于发布涵盖所有侵犯可能的长期隐私政策，并以此对隐私事件做出反应，从而使用政策中的正当程序尽量减少对自身利益的损害。换句话说，对许多组织来说，数据保护仅限于"粉饰"，对组织的目标或做法或对有关个人的保护几乎没有影响。

（2）将法律原则转化为可操作的要求的困难以及需要真正多学科的方法来解决隐私问题，这些都加大了由律师管理的法律合规纪律与由业务经理和工程师推动的动态创新过程之间的差距。业务经理和工程师对管理组织实际运作的流程和系统的设计和实施负有最终责任。

（3）在这种背景下，"技术的发展不仅是引起隐私问题的原因，也是隐私问题解决方案的一部分"这一想法不迟于隐私原则被编入最佳实践和法律之时诞生，即 20 世纪 70 年代。David Chaum 和其他人进行了最初的技术研究，明确以解决隐私问题为导向，对数据最小化、匿名交易和通信以及统计记录中的隐私技术做出了贡献。通信技术、IT安全（包括旨在使ICT系统的终端用户在隐私和安全方面有更多自决权的概念框架）、匿名通信和密码学方面的改进，为后来被称为隐私增强技术（PETs）的发展铺平了道路，这是一系列旨在将个人隐私风险降至最低的技术解决方案。

（4）然而，在互联网和万维网的发展和扩展过程中，安全和隐私都没有被真正纳入首要要求，其优先考虑的是功能、可扩展性和开放性。在2013年国家安全机构的大规模监控项目被披露后，互联网工程任务组（IETF）发表声明，承认最近报道的监控规模令人惊讶。这样的规模在许多互联网协议的设计过程中是没有设想到的。随后，在2013年11月举行的温哥华IETF会议上，启动了在互联网协议中进一步整合隐私的工作。

（5）"设计隐私权"一词最初由Ann Cavoukian使用，当时她是加拿大安大略省的信息和隐私专员。在她的概念中，设计隐私权可细分为"7项基本原则"[①]，强调需要在整个数据生命周期的设计阶段主动考虑隐私要求，以把隐私要求"嵌入IT系统和商业惯例的设计和架构中……而不削弱功能……"、将隐私作为默认设置、端到端安全保护，并接受独立验证。默认隐私原则被引出作为第二项基础原则，规定设计隐私权涉及"确保个人数据在任何特定的IT系统或商业行为中自动得到保护。如果一个人什么都不做，他们的隐私仍然保持完整。个人不需要采取任何行动来保护他们的隐私——它被默认为系统的一部分"。这句话是对默认隐私原则的一个强有力的操作性定义，即个人在使用服务或产品时不需要承担争取保护的负担，而是"自动"享有基本的隐私和个人数据保护权。

（6）在被《通用数据保护条例》废除的数据保护指令95/46/EC29（以下简称"指令"）中已经可以找到设计隐私权原则的一些要素。该指令的第46条强调了为保护数据被处理者的权利和自由而采取的技术和组织措施应如何在"处理系统的设计和处理本身时适用……"

---

① See: https://www.ipc.on.ca/wp-content/uploads/2018/01/pbd.pdf.

（7）2010年10月第32届数据保护和隐私专员会议通过的"关于设计隐私权的决议"是承认该原则为"基本隐私保护的重要组成部分"的一个里程碑。会议邀请数据保护当局在"各自管辖范围内制定政策和立法"时，促进设计隐私权。

（8）第29条工作小组（WP29）在对欧盟委员会数据保护改革公众咨询的答复中，要求在新的立法框架中引入设计隐私权原则，因为"虽然指令的上述规定有助于促进设计隐私权，但在实践中它们还不足以确保隐私被嵌入ICT中"，还要求"默认设置隐私"。WP29继续建议，这一原则"应该对技术设计者和生产者以及数据控制者具有约束力，他们应该有义务在信息技术程序和系统的规划阶段就考虑到技术数据保护"。

（9）在2010年3月的"关于通过促进数据保护和隐私促进信息社会中的信任的意见"中，欧洲数据保护监督员完全赞同将设计隐私权原则作为提高公众对信息技术的信任的关键工具，并进行了全面分析，提出了具体建议。我们指出该原则应如何嵌入一般和部门的个人数据保护立法中（包括社交网络、物联网、RFID设备和浏览器）。我们还就如何促进该原则在IT产品和服务中的实施提出了建议，并承认隐私增强技术还没有实质性地进入市场，并分析了可能的原因，包括缺乏经济激励、机构支持和用户需求不足。

（10）尽管设计隐私权在法律、技术和概念发展方面取得了重大进展，但它在保护个人基本权利方面仍远未充分发挥其潜力。本意见的以下部分概述了相关的发展，并建议进一步努力。

二、通过设计和默认设置保护数据的欧盟法律

（一）《通用数据保护条例》第25条

《通用数据保护条例》第25条的标题为"通过设计和默认设置保护数据"，其规定控制者应在处理的设计阶段和操作阶段实施适当的技术和组织措施，以有效地整合数据保护保障措施，遵守法规，保护数据被处理者的基本权利。这些措施的确定应考虑到技术水平、实施成本和处理的性质、范围、背景和目的，以及对这些个人的权利和自由的风险。该25条规定，在默认情况下，只有为处理的每个具体

目的所必需的个人数据才可以被处理。该 25 条的结论是，可以使用经批准的认证机制来证明对既定要求的遵守。

《通用数据保护条例》第 25 条的数据保护设计和默认要求补充了第 24 条规定的控制者的责任，这是《通用数据保护条例》的一个核心条款。该条定义了"谁应做什么"以保护个人及其个人数据，并指出应采用基于风险的方法来确定为此目的需要做什么。更准确地说，它规定控制者应"实施适当的技术和组织措施，以确保并能够证明处理是按照……法律规定进行的"。这些措施的设计应"考虑到技术水平、实施成本和处理的性质、范围、背景和目的，以及对自然人的权利和自由所可能造成的不同程度的风险"。这些包括《通用数据保护条例》第 32 条的规则，该条要求有一个信息技术安全风险管理框架和措施，通过充分保障这些数据的安全来减少对个人数据被处理的风险。有必要提醒的是，第 32 条中确定的措施只是针对第 5 条中的一个数据保护原则，即所谓的"完整性和保密性"，而第 24 条则是指所有数据保护原则的实施和对整个《通用数据保护条例》的遵守。在控制者有责任确保并能够证明遵守法律的情况下，《通用数据保护条例》第 25 条旨在采取第 24 条所要求的技术和组织措施，强调其实施过程中的某些方面已经隐含在第 24 条中，并增加了其他方面，使其成为强制性的。我们在以下段落中对这些方面进行描述。

1. 通过设计保护数据的义务的各个层面

（1）第一个方面是承认这样一个事实：部分或完全由 IT 系统支持的个人数据处理应该始终是设计项目的结果。《通用数据保护条例》第 25 条要求在设计和运行阶段都要考虑保障措施，因此要着眼于整个项目的生命周期，并在项目要求中明确规定对个人及其个人数据的保护。

（2）第二个方面是风险管理方法，目的是选择和实施有效保护的措施。需要保护的目标（资产）是数据被处理的个人，特别是他们的基本权利和自由。在这方面，没有指明强制性的措施。然而，立法者对组织在选择适当措施时必须考虑的因素（处理的性质、范围、背景和目的）给出了指示。同时，该组织有责任在现有的保障措施中（在"技术水平"范围内）进行选择，将其成本作为导致最终决定的因素之一，并与个人的风险进行权衡。这两个因素，即现有技术水平和实施措施的成本，不能被解释为所选择的措施不能充分减轻现有的风险，以及由此产生的保护是不充分的。

（3）第三个方面是这些措施必须是适当的和有效的。有效性要以这些措施的目的为基准：确保并能够证明符合《通用数据保护条例》，实施数据保护原则，保护数据被处理的个人的权利。特别是，第25条规定，这些措施应旨在"以有效的方式实施数据保护原则……"。第5条中规定的这些数据保护原则可以被视为要实现的目标。它们被立法者挑出来作为在处理个人数据时保护个人隐私的基石，并在《通用数据保护条例》中由更详细的规则（即向个人提供的信息和他们作为"数据主体"的权利，这是对"透明度"原则的进一步阐述；或第32条的安全义务）或其他问责工具所补充，如第30条的文件义务，这些都有助于这些原则的实施。这意味着，有效地满足这些原则/目标，并通过其他条款在法律中进一步详细说明，将确保个人数据得到预期的保护。

（4）第四个方面是将确定的保障措施纳入处理过程的义务。《通用数据保护条例》包括了一些保障措施，以保护其数据通过处理本身的"外部"手段被处理的个人，例如数据保护通知。而这个层面的重点是需要通过直接保护个人的数据和管理数据的方式来保护个人。

上述这四个方面都同样重要，并成为问责制的一个组成部分，并将酌情接受主管数据保护监督机构的监督。

2. 通过默认设置保护数据的义务

（1）应用通过设计保护数据的原则之后，组织必须在默认情况下，只处理符合法律规定的每个特定目的所需的个人数据，并透明地通知有关个人。虽然可以说这一义务已经隐含在设计和操作阶段的"目的限制"和"数据最小化"原则中，但明确的规则强调了采取技术措施的重要性，以满足数据被处理的个人的期望，除了产品和服务的基本和严格意义上的目的外，不要让他们的数据被处理用于其他目的，例如通过配置设置。

（2）默认情况下数据保护条款的一些附加价值也是对数据最小化原则的进一步阐述和对存储限制原则的延伸。第25（2）条解释了默认只处理必要的个人数据的义务如何"适用于所收集的个人数据的数量、其处理的程度、其存储的期限和其可访问性……"。然后，该条款通过在一个特定的使用案例中对一般原则进行实例化，确立了一个确切的义务：组织应制定措施，防止个人数据在默认情况下被公开。

3. 处理者的作用和控制者的相关职责

在《通用数据保护条例》中，代表组织处理个人数据的服务提供商被视为"处理者"。组织/控制者有责任选择能够支持他们遵守法律的承包商/处理器，因此也有通过设计和默认设置的数据保护义务。这间接地要求这些处理者设计、操作流程和技术，以便使负责任的组织能够通过设计和默认的方式保护个人和他们的数据。

4.《通用数据保护条例》第 25 条和产品和技术的开发者

《通用数据保护条例》第 25 条的义务有一个严重的局限性，那就是它们只适用于对控制者施加义务，而不适用于那些用于处理个人数据的产品和技术的开发者。产品和技术提供者的义务没有包括在《通用数据保护条例》的实质性条款中。然而，第 78 条指出，"在开发、设计、选择和使用基于处理个人数据或处理个人数据以完成其任务的应用、服务和产品时，应鼓励产品、服务和应用的生产者在开发和设计此类产品、服务和应用时考虑到数据保护的权利，并在适当考虑技术水平的情况下，确保控制者和处理者能够履行其数据保护义务……"。因此，第 25 条的应用将要求供应商在设计他们的产品时，使控制者能够采取所有必要的措施来保护个人和他们的数据，并将其配置为默认情况下，在没有任何用户干预的情况下，完全不收集个人数据，或至少只收集那些严格必要的数据，以评估该产品的基本使用情况的预期效果。

5.《通用数据保护条例》第 25 条和公共行政部门

《通用数据保护条例》第 25 条适用于作为控制者的所有类型的组织，包括公共行政部门，考虑到他们为公共利益服务的作用，他们应该在保护个人的基本权利和自由方面做出表率。《通用数据保护条例》强调了数据保护中设计和默认设置的作用，当公共行政部门需要确定其产品和服务的提供者时，《通用数据保护条例》在其第 78 条中指出，"通过设计和默认设置保护数据的原则也应在公开招标中得到考虑"。公共行政部门被要求在第一线以负责任的方式应用这些原则，并准备在必要时向主管监督机构证明其实施情况。

6. 数据保护影响评估

（1）《通用数据保护条例》第35条规定，当处理"可能对自然人的权利和自由造成高风险"（的数据）时，必须进行数据保护影响评估（Data Protection Impact Assessment，DPIA）。当组织估计其数据被处理的个人的风险水平很高时，这一义务补充了第24条的强制性风险管理方法。数据保护影响评估是一个出色的问责工具，在非强制性的情况下，组织也可以从采用这种方法中受益。

（2）WP29在其关于DPIA的指导方针中指出，它是一种数据保护的设计保障，因为它"应该在处理之前进行"。这与数据保护的设计和默认原则是一致的。对数据保护风险的管理是"通过设计和默认方式保护隐私"的核心。

（二）欧盟部门法中的设计隐私权和通过设计保护数据

除了《通用数据保护条例》，欧盟部门法中还有一些与通过设计和默认设置保护隐私原则有关的规定。

1. 关于隐私和电子通信的指令和无线电设备指令

（1）通过设计和默认设置保护隐私的原则没有明确出现在《电子隐私指令》的实质性条款中。[①] 然而，其第30条规定，"提供电子通信网络和服务的系统在设计上应将必要的个人数据量严格限制在最低限度……"。这是对公共电子通信服务和产品的提供者的建议，即以尊重数据最小化原则的方式设计这些服务。

（2）《电子隐私指令》第46条指出，"对公共电子通信服务用户的个人数据和隐私的保护应独立于提供服务所需的各种组件的配置……"，从而回顾了总体保护的必要性，因此，可能有必要采取措施，要求用于电子通信服务的某些类型的设备制造商在构建其产品时纳入保障措施，以确保用户和用户的个人数据和隐私得到保护，并明

---

① Directive 2002/58/EC of the European Parliament and of the Council of 12 July 2002 concerning the processing of personal data and the protection of privacy in the electronic communications sector，OJ L 201，31.7.2002，p.37；amended by Directive 2009/136/EC.

确提到根据关于无线电设备和电信终端设备的第1999/5/EC54号指令采取的措施。第2014/53/EU55号指令废除了该指令，并取代了无线电设备的相关规则，在第3（3）（e）条中明确规定，某些无线电设备的构造应包含"确保用户和用户的个人数据和隐私受到保护的保障措施"。我们可以注意到，在这项业务中，也提到了产品的工程阶段。

欧洲数据保护监督员关于委员会提议用新的《电子隐私条例》取代《电子隐私指令》的意见与《通用数据保护条例》第78条的方法相一致，并为该部门提议"硬件和软件供应商有义务实施默认设置，以保护最终用户的设备免受任何未经授权的访问或在其设备上储存信息"。这项义务将适用于所有类型的通信服务的硬件和软件供应商，包括即时通信、IP语音、物联网中的"对象"和网站运营商之间的个人数据通信。这项规定将大大提高保护标准，并使所有电子通信服务的供应商有真正的机会遵守规定，而不是通过指责没有合适的供应商来否定其保护程度低的说法。它还将成为一个参考，以便在其他部门可能扩展类似的规定。

2. eIDAS条例

eIDAS条例[①]为在欧盟数字单一市场提供电子身份和信任服务提供了框架。由于提供这类服务需要服务提供者处理个人数据，该条例提到了《数据保护指令》。除了遵守数据保护原则外，该条例还明确提到了设计隐私权，作为eIDAS互操作性框架应支持的一项原则。eIDAS服务的技术实施应该由一个共同的互操作性框架来指导，该框架实施了通过设计保护隐私的原则。然而，有必要调整根据eIDAS条例实施的措施，以开发这一潜力。

3. 能源和天然气的智能计量和智能电网：一个共同监管的案例

（1）对于能源部门，更确切地说，对于智能计量系统在欧盟的推广，数据保护的设计原则已经得到了更全面的证实。2012年，欧盟委员会发布了一份关于在电力和天然气市场推出智能计量系统的准

---

① Regulation (EU) No. 910/2014 of the European Parliament and of the Council of 23 July 2014 on electronic identification and trust services for electronic transactions in the internal market and repealing Directive 1999/93/EC, OJ L 257, 28.8.2014, p. 73.

备工作的建议①，为成员国提供关于设计和默认的数据保护以及数据保护原则应用的指导。该建议规定，成员国应采用和应用数据保护影响评估模板（DPIA 模板），然后确保网络运营商和智能计量系统运营商采取适当的技术和组织措施，确保按照 DPIA 模板保护个人数据。该模板由行业在委员会的帮助和协调下编制，并两次提交给 WP29 征求意见。它被附在 2014 年 10 月通过的一项委员会建议中。②

（2）DPIA 模板建议的第 17 条说明："这样的模板应促进通过设计来保护数据的原则的应用，鼓励数据控制者尽快进行数据保护的影响评估，从而使他们能够预测对数据主体的权利和自由的潜在影响并实施严格的保障措施。这些措施应该由数据控制者在应用程序或系统的整个生命周期内进行监测和审查。"这符合第 39 段所述的数据保护风险管理过程的核心作用，也符合第 27 段所强调的在项目的早期阶段和整个生命周期中考虑隐私要求的必要性。

（3）第 2012/148/EU 号建议还引发了一项倡议，即在 10 项最低功能要求的基础上确定智能计量系统网络安全和隐私的最佳可用技术。③ 最佳可用技术（Best Available Techniques，BAT）一词是指"活动及其操作方法发展的最有效和最先进的阶段，它表明特定技术对提供遵守欧盟数据保护框架的基础的实际适用性。它们旨在防止或减轻对隐私、个人数据和安全的风险"。

（4）在《通用数据保护条例》第 25 条的基础上，BATs 增加了相当于技术措施和组织措施的技术水平的说明，其中考虑到了措施的有效性、技术的成熟度和实施的成本。此外，专注于隐私的最佳可得技术也可被视为隐私增强技术。

（5）我们相信，在智能电表领域开展的工作的一些要素，特别

---

① Commission Recommendation 2012/148/EU of 9 March 2012 on preparations for the roll-out of smart metering systems (OJ L 73, 13.3.2012, p.9): http://eur-lex.europa.eu/legal-content/EN/TXT/PDF/? uri = CELEX:32012H0148&from = EN.

② Commission Recommendation 2014/724/EU of 10 October 2014 on the Data Protection Impact Assessment Template for Smart Grid and Smart Metering Systems (OJ L 300, 18.10.2014, p.63): http://eur-lex.europa.eu/legal-content/EN/TXT/PDF/? uri = CELEX:32014H0724&from = EN.

③ See: https://ec.europa.eu/energy/sites/ener/files/documents/bat_wp4_bref_smart-metering_systems_final_deliverable.pdf.

是清点隐私的最佳可用技术的方法,可以有助于在不同的技术领域实现设计隐私权。

三、设计隐私权的国际层面

通过设计和默认设置保护隐私和数据原则的采用不仅仅是一个欧盟的概念:因为其发展的重要部分是由在大西洋另一边的地区所推动的。隐私专员在《耶路撒冷宣言》中转述的 7 项基本原则、对隐私增强技术的研究以及对隐私要求系统和流程的工程化努力,都影响了全世界的隐私指导和最佳做法及新兴标准的定义。最近有人提议将设计隐私权作为一项原则纳入其他国家的法律。加拿大、澳大利亚和美国等国家的主管部门都采用了设计和默认设置方式来保护隐私的做法,这些主体通常还会同时使用隐私影响评估(PIAs),这些方式被确定为"方法步骤",限定了在项目早期阶段进行的整体方法,并用于通过评估数据保护风险激发需求。这种方法得益于隐私影响评估的广泛适用范围,它往往超越了对个人数据的严格保护,包含了更广泛的、多学科的和背景性的隐私概念,甚至包括其他基本权利的目标。

美国联邦贸易委员会(FTC)2012 年的一份报告将设计隐私权作为一个新框架的三个主要概念之一,该框架将"包括一整套新的、用于 21 世纪的公平信息实践原则"。[①] 设计隐私权"必须是工程师或网站开发人员在编写代码或开发新产品时本能地考虑的问题。尊重隐私必须被视为创新过程的一部分。帮助消费者减轻隐私保护的负担,隐私保护往往依赖于这样一种观念,即消费者能够阅读和理解冗长的隐私政策中的法律术语。联邦贸易委员会的新框架试图摆脱那种不现实的隐私保护愿景"。[②] 美国联邦贸易委员会的框架在适用范围、法律性质方面与《通用数据保护条例》不同,在其旨在实施的一些隐私原则的法律解释方面可能存在一些实质性差异。例如,《通用数据

[①] Remarks of Commissioner Edith Ramirez, Privacy by Design Conference, Hong Kong, June 13, 2012: https://www.ftc.gov/sites/default/files/documents/public_statements/privacy-design-and-new-privacy-framework-u.s.federal-trade-commission/120613privacydesign.pdf.

[②] Remarks of Commissioner Edith Ramirez, Privacy by Design Conference, Hong Kong, June 13, 2012: https://www.ftc.gov/sites/default/files/documents/public_statements/privacy-design-and-new-privacy-framework-u.s.federal-trade-commission/120613privacydesign.pdf.

保护条例》第 5 条的数据保护原则中的合法性，包括数据处理的严格必要性测试。然而，美国联邦贸易委员会对设计隐私权的定义可以被视为与第 2.1 节中概述的欧盟法律中的所有层面相当相似（在方法上，甚至在很大程度上），并且明显是为了实际执行该原则而制定的。虽然美国联邦贸易委员会的框架和其他相关倡议对设计隐私权和技术手段的概念发展做出了贡献，但没有适当的立法发展跟进，因此它们没有产生深刻和深远的影响，而如果立法者做出充分的承诺，它们本可以产生这种影响。美国商务部下属的国家标准与技术研究所（National Institute of Standards and Technology，NIST）曾发布了一份内部报告，介绍了美国联邦系统的隐私工程和风险管理概念。[①] 这在政府或数据保护机构提供的指导全景中是一个突出的创新，因为该文件包括一个隐私风险模型和一个在工程系统处理个人数据时实施隐私要求的方法。国家标准与技术研究所的文件被认为是美国联邦信息系统的标准，联邦机构应该遵守。国家标准与技术研究所的隐私工程计划仍在继续。[②]

四、在保护个人数据的同时健全设计系统和操作程序

（一）通过设计和默认的方式将隐私和数据保护操作化

欧盟数据保护法和其他隐私框架，如公平信息实践原则或经济合作与发展组织的指导方针，规定了要达到的目标，但通常没有就如何在实践中达到这些目标提供指导。应用设计隐私权的原则可以帮助解决这个问题，因为它可以转化为实际的指导，以便定义一种方法来整合隐私和数据保护要求，作为旨在开发和运行处理个人数据的过程、程序或系统的项目的一部分。同时，确定并实施适当的技术和组织措施，将其纳入这些过程、程序和系统，以保护个人及其数据。通过确定任务和界定及分配资源和责任，将对隐私的支持纳入组织的管理和治理框架。

[①] NISTIR 8062-An Introduction to Privacy Engineering and Risk Management in Federal Systems：https://doi.org/10.6028/NIST.IR.8062.

[②] https://www.nist.gov/itl/applied-cybersecurity/privacy-engineering.

长期以来,其实我们一直有方法来定义业务流程和 IT 系统的需求。特别是,对于如何为 IT 系统的需求有一个共同的理解,学术界和工业界已经提出并采用了许多最佳做法。通常情况下,需求被分解成功能性需求和非功能性需求。功能性需求定义了主要的业务目的和要开发的系统的特殊性。非功能性需求适用于所有系统并关注横向问题,例如安全需求和对适用法律的遵守。在非功能性需求中应该考虑隐私和数据保护。但由于许多原因,在设计系统时,隐私常常被遗忘或被视为事后的考虑。这方面的原因包括:隐私的概念是有背景的,而且往往取决于社会文化,以及我们很难将隐私目标转化为可操作的要求。欧盟网络和信息安全局(European Union Agency for Network and Information Security,ENISA)在 2014 年 12 月发布了一份关于如何策划设计隐私权的分析报告。[①]

(二) 策划隐私和数据保护

1. 确定资料保护要求,并选择适当的措施以满足其要求

(1) 目前的一些隐私工程方法通过直接从数据保护原则中定义数据保护目标,或定义可满足原始目标的中间操作目标来工作。其他方法则更明确地由风险管理方法驱动,通过识别和处理不符合数据保护原则的风险和/或直接评估对个人可能产生的不利影响。

(2) 我们说《通用数据保护条例》将这些原则视为要实现的目标,作为保护个人基本权利和自由的"代理",与风险水平无关。同时,它采用了一种"预防"方法,并确定了在某些情况下要实施的保障措施(如安全措施、个人数据泄露通知等)。由于环境、数据的性质、处理的类型等原因,为了有效地实现对个人的预期保护并赋予他们既定的数据保护权利,剩下的内容应交由风险管理方法来解释。这种方法使组织能够确定新的措施,并有助于在个人风险的基础上详细说明和整合已经确定的强制性措施。

(3) 在软件开发中我们已经启用了这种方法,即使用特定设计模式的目录来开发已知隐私问题的解决方案。

---

① Privacy and Data Protection by Design—from policy to engineering, ENISA, December 2014: https://www.enisa.europa.eu/publications/privacy-and-data-protection-by-design.

2. 现有方法的例子

（1）基于对隐私和数据保护目标的定义，已经有可能开发出完全整合相应要求的设计方法。本节对其中一些方法进行了简要介绍，感兴趣的读者可以查阅源文件以获得更全面的了解。

（2）"隐私工程的六个保护目标"提供了一个框架来确定处理个人数据的 IT 系统的保障措施。除了经典的 IT 安全的保密性、完整性和可用性三要素外，还有三个额外的目标，即不可链接性、透明度和可干预性。在这种情况下，IT 安全不是针对组织的风险，而是针对个人权利的风险。如果清楚要保护的目标是什么人，就可以使用 IT 安全风险管理文献中任何已知的常规方法。

（3）"不可链接性"是指信息片段相互之间以及与个人之间的关联能力。匿名性显然属于这一范畴。"透明度"意味着"所有与隐私有关的数据处理，包括法律、技术和组织环境，都可以在任何时候被理解和重构……此外，它是问责制的一个先决条件。实现或支持透明度的标准方法包括记录（日志）和报告、数据处理的文件或用户通知"。"可干预性"能够"有效地执行变化和纠正措施"，并与个人权利的实现和主管当局的可能干预有关。

（4）这些目标相互关联，并有助于表明隐私措施之间可能相互冲突。例如，在可干预性服务下对个人资料进行记录操作，会产生误用记录操作的风险，从而增加错过"不可链接性"目标的风险。为了完善这些目标，可以用一种方法来引出满足这些目标的保障措施，也可以努力建立一个为这些目标服务的可能措施目录。

（5）美国的国家标准与技术研究所已经采用了隐私工程的定义，即"系统工程的专业学科，专注于实现不受可能给个人带来问题的条件的影响，这些问题是由系统处理个人可识别信息时产生的、不可接受的后果"。国家标准与技术研究所认为，隐私工程是由许多组件组成的，其基本要素是风险管理框架和工程目标。他们确定了一个隐私风险模型和三个隐私系统目标，在经典的安全目标之上，总是由保密性、完整性和可用性代表：可预测性、可管理性和不可关联性。这三个目标有助于工程系统满足隐私原则，正如参考文件中所说明的。

（6）"可预测性"是关于"使个人、所有者和经营者能够对个人可识别信息及其信息系统的处理做出可靠的假设"，这意味着整合各种机制,并向利益相关者提供证据,证明为保护个人及其数据而应该做的事情是存在的,并且是有效的。例如,设计一个机制来实现同意管理,并对所选择的内容提供证据,这将满足可预测性目标。"可管理性"意味着"提供对个人可识别信息进行细化管理的能力,包括修改、删除和选择性披露",这对适当的个人数据管理是必不可少的。"不可关联性"能够"处理个人可识别信息或事件,而不与系统运行要求之外的个人或设备发生关联"。这一隐私目标明确地关注个人数据的最小化和可能的匿名化。

(7) 在国家标准与技术研究所的隐私工程方法中,可预测性作为一种元目标脱颖而出,为实施措施的有效性以及对利益相关者(个人、政府、社会等)提出的解决方案的透明度和问责制提供基础。落实这一目标的一个实际例子是使用密码学来提供事实的数学证据等措施。

(8) 另一个隐私工程方法的例子是鲁汶大学开发的 LINDDUN 方法[1],在这个特定的案例中强调了风险分析的层面。它需要:①创建基于高级系统描述的数据流程图;②将以下隐私威胁类别映射到图表元素上,可链接性、可识别性、不可否认性、可检测性、信息披露、不知情、不遵守性,这些都是由方法论确定的;③确定数据流图中这些威胁可能构成风险的那些元素,并使用方法学提供的隐私威胁树模式进行风险分析。然后根据评估结果对威胁进行优先排序。LINDDUN 并没有指出如何进行风险评估。这意味着,导致风险优先级的标准由实施该方法的组织决定,这给组织带来了一些灵活性;④根据风险的优先次序,选择与具体威胁相关的缓和战略和具体解决方案。该方法论提供了一个缓和策略的分类法,可以根据需要进行整合和细化。然后选择隐私增强技术来有效地实施这些战略。

(9) 风险管理是 LINDDUN 方法论的核心,辅之以高水平的、技术中立的战略目录,通过组织措施和最先进的技术解决方案加以实施。

(10) 确定实施隐私要求的措施的另一种方法是确定"模式",

---

[1] See https://distrinet.cs.kuleuven.be/software/linddun/. The methodology comes from the DistriNet research group of the KU Leuven University.

以设计符合隐私要求的 IT 解决方案。软件开发方法中定义的解决经常性问题的"设计模式",被提议作为在战略和战术背景下在系统中实施隐私措施的构件。然后,这些模式在软件构件中实际实现,并得到隐私增强技术的支持。针对常见的隐私相关问题的"设计策略"被确定下来,描述了"实现某个设计目标的基本方法"。为了更好地建模,它们可以被分解成更多、更具体的抽象层。例如,在所谓的"战术"中,作为"有助于总体战略的设计隐私权的方法"。

3. 应对产品的整个生命周期、组织治理进行管理

(1) 虽然一些隐私工程方法主要关注需求阶段或要实施的措施,但隐私工程必须考虑服务或产品的整个生命周期,从初始规划到服务/产品处置。然后,需要在组织中建立适当的治理和管理结构及程序,以实现整体方法。

(2) 注重整个项目生命周期的方法的一个例子是 PRIPARE 研究项目发布的方法。它提出了与隐私有关的综合行动和八个项目阶段的可交付成果,从对组织环境和基础设施的考虑,到系统退役。其他有用的指导可以在挪威数据保护当局的网络出版物中找到。①

(3) 有效的设计隐私权和默认设置意味着,从本质上讲,保护个人的基本权利成为组织的任务之一,因此,它应该反映在其组织治理和管理结构中,并以负责任的方式适当分配隐私任务和责任。隐私要求的主要责任由管理层承担,执行工作可以委托给负责设计和操作相关系统的部门。IT 和技术部门根据企业主的指示和设计隐私权的最佳实践来支持企业主。

(4) 隐私和数据保护官员的作用是重要的,他们的参与在设计隐私权方法中至关重要。当组织计划处理个人数据的系统时,他们需要在早期阶段就参与进来,这样他们可以在必要时支持经理、企业主和 IT 及技术部门。他们的技能组合应该符合这些要求。

(5) 欧洲数据保护监督员发布了 IT 管理和 IT 治理指南,以支持欧盟机构在开发和运行 IT 系统时考虑到隐私和数据保护要求,以及如

---

① Datatilsynet, Software development with Data Protection by Design and by Default, https://www.datatilsynet.no/en/regulations-and-tools/guidelines/data-protection-by-design-and-by-default/.

何建立符合问责原则的组织的 IT 治理。这些准则是基于普遍适用的原则，尽管它们是针对欧洲数据保护监督员的特定支持者而发布的。

4. 标准化工作

（1）在不同的标准化组织和倡议中，一直在努力将隐私要求纳入系统设计中。它们通常以现有的 IT 安全风险管理方法为模型，将其扩展和修改为隐私风险管理。例如，国际标准化组织（ISO）已经发布了与信息和通信技术环境中的个人可识别信息有关的隐私框架（ISO/IEC 29100）和隐私架构（ISO IEC 29101）的标准。他们的工作包括将关于信息安全管理的 ISO/IEC 27001 和 27002 标准扩展到隐私管理领域。另一个例子是国际互联网工程任务组（IETF）发布的关于"互联网协议的隐私考虑"的 RFC 697398，它旨在将隐私保护包含在互联网协议中。

（2）考虑到认证在遵守《通用数据保护条例》方面可能发挥的作用，预计隐私保护的标准也将提高。具体而言，认证机制可用于证明主体符合通过设计和默认设置保护数据的原则。

（3）2015 年，欧盟委员会要求与欧盟委员会有合作协议的欧洲标准化组织（ESOs），为安全行业制定"通过设计保护隐私和个人数据的方法"和"隐私和数据保护管理框架"。2017 年，在《通用数据保护条例》通过后，欧洲标准化组织认为有机会制订更广泛和更明确的工作计划，将隐私、数据保护和网络安全结合起来。它包括：一个关于"设计和默认情况下的数据保护和隐私"的标准，提供"对制造商和/或服务提供商的要求"，以实施"适用于所有商业部门，包括安全行业"的原则，以及关于该原则的具体实施的技术报告，关于网络安全、隐私和数据保护的倡议，以支持最近和正在进行的相关欧盟层面的政策制定。这种标准化活动可以为行业和所有利益相关者提供一个基线，以建立设计隐私权的技术状态。出于这个原因，它的结果必须符合相关的法律规定，以便它确实有助于确保通过设计适当实施数据保护。[1]

---

[1] See also Kamara, I., Co-regulation in EU personal data protection: the case of technical standards and the privacy by design standardisation mandate, in *European Journal of Law and Technology*, Vol. 8, No. 1, 2017: http://ejlt.org/article/view/545/723#_edn20.

（三）隐私增强技术

隐私增强技术，即针对系统设计中某些隐私相关问题的具体技术解决方案，在综合隐私工程方法的想法之前，今天它们可以被认为是隐私工程的优质基本构件。现有隐私增强技术的全面清单超出了本文件的范围，但我们可以参考一些相关的例子，如一种被称为"基于属性的凭证"或"匿名凭证"的设计策略，它使个人有可能在不披露其全部身份的情况下对服务进行认证，而只是以可信的方式有选择地披露在该背景下严格需要的那些属性。这是通过使用特定的密码学概念（如零知识证明）来实现的。例如，如果一项服务是针对成年人的，个人应该只是安全可靠地披露他们超过18岁，而不需要向服务披露他们的年龄和其他身份属性。① 许多来自商业和非商业环境的开发者，已经投资于提供具有增强隐私功能的工具和服务。与此相关的领域是消息服务领域，它通常提供全面的端对端加密，没有任何中央服务器处理或存储通信内容或元数据。这种服务的全面普及（特别是在2013年之后），促进了更广泛使用的通信工具对类似加密标准的采用。在搜索引擎等领域也有一些类似的成功经验。流行的浏览器增加了更多的隐私控制，如不跟踪（DNT）功能和用户对跟踪功能的控制，并可能通过许多抑制跟踪的尝试或限制剖析的附加组件来加强。通信基础设施，如混合网络，还有完整的操作系统，也已经发展到完全可用的程度。《通用数据保护条例》中以技术为导向的元素正在引发基于技术的新商业理念，例如支持有意义的同意机制和数据可移植性。所有这些都表明，通过设计实施隐私的技术能力是可行的。

多年来，隐私增强技术已经发展起来，并努力对所掌握的内容进行清点，例如，欧盟网络和信息安全局在其2014年12月关于设计隐私权的出版物中对隐私技术的状况作了报告。该报告已被另一份关于大数据分析的设计隐私权的报告所补充。② 近年来，欧盟网络和信息

---

① See https://privacybydesign.foundation/en/(IRMA project); https://privacybydesign.foundation/irma-explanation/for an application of the technique.

② Privacy by design in big data, ENISA, December 2015; https://www.enisa.europa.eu/publications/big-data-protection.

安全局继续分析技术现状,并提供了一种方法来分析隐私增强技术的准备情况和成熟度,一种评估在线和移动隐私工具的方法,以及向所有利益攸关方提出的建议,以创建和维护一个充分和合格的隐私增强技术成熟度存储库。在最新版本的报告中,欧盟网络和信息安全局建议主管部门和监管机构促进"在实际执行数据保护设计原则的背景下,使用该工具作为隐私增强技术评估的在线存储库",研究界通过"作为平台的评估者和用户积极参与,并鼓励其进一步使用"来支持它,研究界、委员会、欧盟安全和隐私领域的机构参与改进该平台。

欧洲数据保护监督员将继续通过我们自己未来的行动,在欧盟网络和信息安全局正在进行的倡议基础上,促进隐私工程。拥有一个有效的、最新的和基于质量的评估工具,可以通过了解PETs的技术状况,对通过设计和默认的隐私实施水平进行监测和基准评估。在对欧盟委员会网络安全一揽子计划的正式评论中,欧洲数据保护监督员指出,欧盟网络和信息安全局是目前欧盟层面上唯一具备能力和资源的机构,可以就通过设计和默认方式保护隐私和数据以及提高隐私技术进行专门的研究和咨询活动。我们重申我们的建议,即使不与欧盟网络和信息安全局合作,也应该与其他机构,如欧洲数据保护监督员,来保持和加强这一职能。

五、通过设计和默认设置来保护隐私

(一)促进"最先进的技术"和加强隐私保护

1. 目前的情况

(1) 我们在2010年"关于通过促进数据保护和隐私来推动信息社会中的信任的意见"中所进行的分析在今天仍然基本有效。商业产品和服务在设计上和默认情况下完全接受隐私的概念是有限的。另一方面,国家监控的曝光让人们意识到,为了分析目的而无处不在、大规模收集个人数据的危险。《通用数据保护条例》的出台提高了公众的敏感性,激励企业将注意力和资源转向隐私和数据保护。随着《通用数据保护条例》的全面实施和执行行动的开始,这一趋势可能会继续下去。目前出于分析和定位目的对商业跟踪的政治关注可能会进一步增加对广泛可用的、支持设计隐私权的服务和产品的需求。

(2) 隐私增强技术在某种程度上已经进入了主流商业服务，包括更广泛地采用加密技术以保障个人数据的安全。例如，移动信息服务的端到端加密。使用"不跟踪"及其默认的不跟踪设置，尽管这并不经常被遵守，而且服务提供商对此有不同的解释，或者在向客户收集使用统计数据时应用差异化的隐私算法。对隐私友好的搜索引擎似乎以一种可持续的方式运作。其他服务仍处于小众市场，采用程度有限。被称为个人信息管理系统（PIMS）的产品和服务系列为用户提供了更多控制其数据的可能性，包括隐私增强技术和新的数据管理设置，通常利用新的商业模式。欧洲数据保护监督员在其关于 PIMS 的意见中提供了对现状的评估和对政策措施的建议。[1]

(3) 学术界和产业界在民间团体和一些隐私和数据保护机构的支持下，在数据科学、密码学、量子物理学、人工智能和机器学习以及人文科学等领域进行了相关研究。工程和互联网协会已经开始为隐私工程投入明确的资源，并使其逐渐为大众所知。欧盟通过研究和技术发展框架计划和其他政策倡议共同资助了许多项目。这是值得注意和鼓励的，但还不够。

2. 未来的趋势

关键是要不断进行研究，同时确保隐私技术能够达到良好的成熟度，并能在市场上推广为可负担的技术、产品和服务。促进隐私增强技术和战略的政策应属于欧盟议程的优先事项。欧洲议会公民自由、司法与内政事务委员会（LIBE 委员会）正在就委员会的网络安全一揽子计划进行辩论。它已考虑到欧洲数据保护监督员敦促不要放弃欧盟对隐私增强技术的研究和政策建议的支持，并相应考虑对经审查的欧盟网络和信息安全局法规的共同提案进行修改。我们强烈鼓励欧盟立法者通过明确分配任务并向适当的实体提供足够的资源，确保继续支持隐私增强技术。

一项关于通过设计保护隐私和 PET 的共同战略可以成为在国际上进行建设性对话的一个重要杠杆。近年来，欧洲数据保护监督员发起了 IPEN 倡议，通过联网和强调现有的隐私工程倡议，以及通过协

---

[1] EDPS Opinion on Personal Information Management Systems，October 2016：https://edps.europa.eu/sites/edp/files/publication/16-10-20_pims_opinion_en.pdf.

调行动促进公众的隐私解决方案,来弥补法律要求和隐私工程之间的差距。到目前为止,我们主要关注欧盟参与者,在2017年11月,我们与未来隐私论坛、ULD、卡内基梅隆大学和鲁汶大学联合组织了一个研讨会,在会上我们讨论了隐私工程的技术现状和挑战,重点关注欧盟和美国。学术合作伙伴决定就研讨会上确定的问题进行研究,并填补跨大西洋合作中可用和负担得起的隐私技术方面的现有空白。第一批学术出版物可能在不久的将来问世。

公共行政部门应以身作则,充分接受通过设计和默认设置保护隐私的原则。我们坚信这确实是正确的做法,这将间接促使商人们愿意为隐私技术花费更高的成本。2017年10月《塔林电子政务宣言》的结论指出:"电子政务的发展必须尊重、支持和加强人们的基本自由,如言论自由、隐私和保护个人数据的权利,并遵守相关欧盟法律,特别是《通用数据保护条例》。我们将确保在设计公共服务和公共管理信息和通信技术(ICT)解决方案时考虑到信息安全和隐私需求,遵循基于风险的方法并使用最先进的解决方案……我们呼吁欧盟委员会与我们的国家共同合作,就如何在2018年将欧盟的研究和开发资金更多地用于开发网络安全和隐私工具和技术并在公共管理部门部署提出建议。"欧洲数据保护监督员支持这一呼吁,并将通过其对欧盟机构的咨询和监督作用的具体举措为这一政策目标做出贡献,其中试点项目可以成为可行解决方案的开拓者。我们呼吁欧盟委员会利用其资助项目,如研发、结构基金和行政合作项目,如ISA2,并协调政策举措,发展公共部门的作用,使其成为推动技术和市场发展的动力。应在欧盟和国家层面协调政策和经济激励制度(后者尤其适用于中小企业),以降低经济上可行的"技术水平"的门槛,从而使个人和整个社会受益。这在当前数据驱动的在线商业环境中尤为重要,因为当前的寡头垄断对初创企业和中小企业计划在隐私增强技术上进行有价值的投资构成了障碍。

在选择数据保护的技术和组织措施或评估一个组织所采取的措施时,成本因素发挥了作用。组织从其投资中获得的利益与成本是相平衡的。保护个人数据不仅可以减少他们的责任、损害和制裁的风险。在一个个人越来越关注数据使用和越来越警惕其数据的利用可能对他们的生活产生负面影响的社会中,一个令人信服和持续的设计隐私权承诺应被视为一种竞争优势。德勤 2018 年全球人力资本趋势报告见证了企业向"社会企业"的必要转变，即与不同的利益相关者（包括监管者和社区）保持积极的关系，"对于维护一个组织的声誉……以及培养客户的忠诚度至关重要"，从而"影响其最终的成功或失败"。通过设计和默认设置的隐私来保护个人的权利和利益，这很大程度上是促进企业成功的关键。

我们特别重申，呼吁公司利用其资源、能力和创造力，以个人为中心，控制其数据，发明新的服务和商业模式。正如我们在自营的网站博客中就复杂的行为广告做法和基础技术，对正在进行的电子隐私条例的立法程序进行的评论："有效控制用户的限制因素不是技术。当企业的利益受到威胁时，我们看到了技术发展的巨大努力和令人难以置信的成就。"这种转变是非常重要的，它为通过设计保护隐私和数据的做法提供了支持。

（二）设计隐私权是价值观驱动技术发展的一个里程碑

越来越多的行动者和组织发起了旨在加强技术开发和推广过程中社会和伦理责任的举措。虽然隐私在这些倡议中具有核心作用，但它往往与其他基本权利和社会目标相一致。正如在 CPDP 2018 会议上所观察到的，现在我们有一种普遍的感觉，网络的发明者和业内人士都认为，我们可能已经失去了对服务于人类和社会的技术的控制；而技术主流反而被少数公司的商业利益所驱动。这不仅关系到对现有法律的遵守，而且关系到人的尊严和基本自由，包括我们民主社会的基础。盛行的商业模式利用我们的个人数据和用这些数据所构建的数字标识，将我们自己和我们的个性降低为影响和被操纵的对象。这可能会严重影响我们的生活，即使我们没有在线互动，也会改变他人对我们的看法，改变我们对他人和周围世界的看法，并影响我们的权利和自由。

2015 年，欧洲数据保护监督员发布了一份关于需要用数字伦理来补充监管方法的意见，旨在支持根据人类共同价值观设计和使用新技术。成立的道德顾问小组刚刚结束了两年的任期，并发布了一份最终报告，分析了数字道德面临的主要挑战，并指出了未来的主要方向和风险：确认了在数字时代，人类的尊严应该是不可侵犯的；人及其数据是两个不可分割的概念；基于自动大数据分析的决策可能与民主社会不相容，并造成歧视；这种数据商品化有将价值从个人转移到个人数据上的风险。

我们呼吁建立技术领域的伦理基础，这一呼吁得到了其他利益攸关方的认同，包括技术行动者，特别是考虑到人工智能应用的预期增长及其在许多领域中影响我们生活的作用。2016年4月，电气与电子工程师协会（IEEE）发起了自主与智能系统伦理全球倡议，这是一个雄心勃勃的项目，旨在指导"智能技术的伦理实施"。该倡议的目标是"将人类福祉的伦理方面纳入当前A/IS技术的设计和制造中，并重新构建成功的概念，使人类进步能够包括有意优先考虑个人、社区和社会的伦理价值"。一份报告收集了全世界数百名参与者的意见，旨在推动对该主题的公开讨论。此外，还成立了工作小组来设计标准，以纳入特定情况下的道德考虑，包括隐私和自主系统对个人数据的处理，不需要人类的投入。①

早在1989年，IETF就发布了一份文件，将任何破坏互联网预期用途的行为定义为道德上不可接受的行为，包括破坏用户隐私的行为。2017年10月，IETF提供了关于人权协议的详细指导，被认为是长期研究工作的第一个里程碑，互联网并不是价值中立的……本文件旨在：①揭示协议与人权之间的关系；②提出可能的指导方针，在未来的协议开发中将互联网作为人权的有利环境加以保护，其方式类似于为隐私考虑所做的工作；③提高人权社区和技术社区对互联网技术运作的重要性及其对人权的影响的认识。

支持隐私权的倡议可以作为灯塔，在设计互联网和技术驱动的社会时，将道德原则结合起来，以实现全面的人权。欧洲数据保护监督员认为，通过设计和默认设置的方式来有效实施隐私原则是一个前所未有的机会，可以促进对技术伦理的尊重。所有的利益相关者都肩负着重要的责任；尤其是那些以利用个人数据为业务基础的公司和公共机构，都被要求塑造他们的业务，为共同利益服务。

---

① See：https://ethicsinaction.ieee.org/.

六、结语

我们希望促进利益相关者（政策制定者、监管者、工业界、学术界和公民社会）之间的成熟和务实的辩论，以便在设计技术为人类服务方面做出明确和可行的决定。同时，我们确认欧洲数据保护监督员致力于有效实施《通用数据保护条例》，特别是通过设计和默认原则来保护数据。在这种情况下，欧洲数据保护监督员呼吁所有的利益相关者加强努力。

欧洲数据保护监督员在以下方面呼吁欧洲议会、理事会和欧盟委员会：①在正在进行的《电子隐私条例》的立法过程中，确保强有力的隐私保护，包括设计隐私权；这既是为了促进更大的隐私增强产品和通信服务的市场，也是为了给欧洲企业创造新的市场机会，将隐私作为其组织 DNA 的一部分。②在调整或创建影响技术设计的法律框架时支持隐私，通过增加激励措施和证实义务，包括适当的责任规则，将设计隐私权纳入产品和服务，例如在运输、能源、金融、智能城市和物联网领域。③通过适当的执行措施和政策倡议，在欧盟和成员国层面上促进设计隐私权方法和隐私增强技术的推广和采用。④通过维持欧盟网络和信息安全局当前的能力和任务，或通过向其他实体分配适当的资源，确保在欧盟层面对隐私工程和隐私增强技术进行研究和分析的能力和资源的持续可用性。⑤通过欧盟的研究和技术开发工具，支持新的做法和商业模式的发展，特别关注新兴的做法，如人工智能、机器学习和区块链。⑥支持欧盟机构和国家公共行政部门的政策倡议，以身作则，利用行政部门的合作政策，在公共采购中纳入适当的设计隐私权要求。⑦支持对隐私工程和隐私增强技术的"技术状态"及其进展进行清点和观察，并提高公民和经济及政治行为者对这一问题的认识。

欧洲数据保护监督员还将继续与 EDPB 的其他数据保护机构合作，酌情促进设计隐私权：①支持协调和有效地执行《通用数据保护条例》第 25 条和相关规定，同时进行适当的宣传和其他支持行动。②为控制者提供关于适当执行法律基础中规定的原则的指导。

我们认为，协调并尽可能地联合数据保护机构的技术能力，对于促进、定义和评估通过设计和默认设置的数据保护的雄心勃勃的

"技术状态"至关重要。欧洲数据保护监督员邀请他的同事们在EDPB以及数据保护和电信国际工作组的范围内朝这个方向共同努力。

欧洲数据保护监督员将直接支持推进隐私工程和PET的倡议和试点项目，利用现有的倡议，促进欧盟层面的进一步合作和国际层面的合作。在这方面，IPEN网络将特别有意义。欧洲数据保护监督员与奥地利、爱尔兰和石勒苏益格－荷尔斯泰因的数据保护机构一起，发起了一个实施数据保护原则的移动健康应用程序的竞赛。

我们希望为将隐私和道德要求纳入技术设计的一般性辩论主流作出贡献。我们欢迎对这一初步意见的反馈。由欧洲数据保护监督员和保加利亚数据保护局联合举办的2018年国际隐私和数据保护专员会议，应该是关于一般数字伦理的讨论中的一个里程碑，也是一个更好地定义设计隐私权的前进方向的机会，是一个以价值为导向的技术开发方法的好例子。

设计隐私权指南

西班牙信息保护署 著　邓梦桦[①] 译

目　次

一、设计隐私权的概念和基本原则
二、系统的隐私要求
三、隐私工程
四、设计隐私权策略
五、设计隐私权模式
六、隐私增强技术
七、结语

一、设计隐私权的概念和基本原则

（一）设计隐私权的概念

"通过设计保护数据"的理念已经存在了 20 多年，在设计隐私权（privacy by design）这个术语下，学者们在这一领域开展了大量工作。这个概念是由加拿大安大略省信息和隐私专员办公室隐私专员 Anne Cavoukian 在 20 世纪 90 年代提出的，并于 2009 年在第 31 届国际数据保护及隐私专员会议上以《设计隐私权：最终工坊》为题，向大家介绍了这一概念。[②] 2010 年于耶路撒冷举行的第 32 届国际数据保护和隐私专员会议通过了"关于隐私保护的决议"，使其得到了国

[①] 邓梦桦，中山大学法学院助教。
[②] Ann Cavoukian, Identity in the Information Society, Aug 2010, Volume 3, Issue 2, pp. 247 - 251；Privacy by Design：the Definitive Workshop. A foreword by Ann Cavoukian, Ph. D https://link.springer.com/content/pdf/10.1007%2Fs12394-010-0062-y.pdf.

际的认可。① 该决议承认了将隐私原则纳入组织系统的设计、操作和管理流程的重要性,以实现数据保护的整体保护框架。它还鼓励采用 Ann Cavoukian 所定义的"设计隐私权的基本原则",并邀请数据保护当局积极工作,以促进将设计隐私权纳入其各自国家的数据保护政策和立法之中。

欧盟《通用数据保护条例》2016/679(以下简称 GDPR)在第 25 条②"通过设计和默认方式保护数据"的标题下,将从产品和服务设计的第一阶段考虑隐私要求的做法纳入了数据保护法规。因此,GDPR 赋予了"通过设计和默认方式保护数据的原则"法律要求的地位,以便从系统和产品的早期开发阶段就整合保护公民在其个人数据方面的权利和自由的保障。因此,在草拟本文件时,"设计数据保护原则"(data protection by design)和"设计隐私权"可以被视为等同的术语,即任何类型的数据处理从一开始就需要考虑隐私及保障隐私遭受侵犯之后的救济的原则。

所谓设计隐私权,是指为了建立将隐私保护贯穿于对象的整个生命周期当中(无论是系统、硬件或软件产品、服务或流程)而建立的以风险管理和问责制为核心的策略。所谓对象的整个生命周期,是指从概念的提出到概念的删除的所有阶段和过程,包括开发、生产、运营、维护和退出的阶段。此外,它不仅涉及在项目的早期阶段考虑到隐私保护措施的应用,而且还考虑了处理相关数据的所有业务流程和做法,从而实现组织对个人数据管理的真正治理。我们的最终目标是确保数据保护在开发的早期阶段就已经存在,而不是在产品或系统中增加一项数据保护服务。隐私应该是上述产品或服务本质的一个组成部分。

---

① Resolution on Privacy by Design. 32nd International Conference of Data Protection and Privacy Commissioners. Jerusalem (Israel) 27-29/10/2010 https://edps.europa.eu/sites/edp/files/publication/10-10 27_jerusalem_resolutionon_privacybydesign_en.pdf.

② Article 25. Data protection by design and by default—General Regulation (EU) 2016/679, on Data Protection https://eurlex.europa.eu/legal content/ES/TXT/HTML/? uri = CELEX:32016R0679&from = ES#d1e3126-1-1.

（二）设计隐私权的基本原则

设计隐私权的理念是将隐私作为组织业务模式中的默认工作方式，并扩展到支持数据处理的信息技术系统、相关业务流程和做法以及所使用的通信渠道的物理和逻辑设计。我们通过实施 Ann Cavoukian 界定的设计隐私权的基本原则，可以确保隐私保护的实施能体现如下七项原则[1]。

1. 主动而非被动，预防而非隐私遭受侵犯之后的救济

设计隐私权涉及在影响隐私的事件发生之前就对其进行预测。任何使用个人资料的系统、过程或基础建设，必须从一开始就加以构思和设计，找出对资料当事人的权利和自由可能造成的风险，并在对其造成实际损害之前将风险降至最低。设计隐私权政策的特点是采取积极主动的措施，预测威胁，查明系统中的弱点，以消除或尽量减少风险，而不是在安全事故发生后立即采取补救措施加以解决。也就是说，设计隐私权不是"整改政策"，而是预见风险的具体化。

这涉及：①一个组织的明确承诺，且这种承诺必须得到行政部门最高一级的推动；②发展出一种所有员工都参与其中的、不断改进的、以承诺为形式的组织文化，作为一项政策，在其转化为以结果为动力的具体行动之前和之后，都毫无意义；③界定及分配具体责任，使组织的每个成员都清楚地认识到他们在隐私方面的任务；④制定基于指标的系统方法，以便及早发现在保障隐私方面存在缺陷的程序和做法。

2. 以默认方式保护隐私

设计隐私权力求利用最新的技术来向用户提供尽可能高的隐私保护水平，特别是在任何系统、应用程序、产品或服务都默认保护个人数据的情况下。默认设置必须通过设计来建立，以此提供最高级别的隐私保护。如果主体不自己修改设置，那么，组织将保证其隐私受到保护，并且保持其隐私的完整性，因为这种做法被集成到系统中并构

---

[1] Ann Cavoukian, Ph. D. Information & Privacy Commissioner Ontario, Canada. Privacy by Design: The 7 Foundational Principles, Jan. 2011, https://www.ipc.on.ca/wp-content/uploads/Resources/7foundationalprinciples.pdf.

成默认设置。

这一原则实际上是在整个处理阶段都坚持数据最小化：包括数据的编译、使用、保存和传输。为此，有必要：尽可能地对数据的收集做出限制；将个人资料的使用限制在资料收集的目的之下，并确保根据合法的依据处理资料；根据"need to know"（必须知道）的原则，以及建立差异化查询档案背后的职能，限制参与数据处理的各方查阅个人资料；确定严格的数据保留时限，并建立起保证遵守的业务机制；对未经授权而链接的独立数据源设置技术和程序障碍。

3. 在设计中嵌入隐私

隐私保护必须是一个组织的系统、应用、产品和服务以及业务实践、过程中不可分割的组成部分。它不是一个添加到现有实体中的额外层或模块，而是必须从概念开发和设计本身的各个阶段就集成到一组非功能性需求中。为确保在初步设计阶段就顾及隐私保护，我们必须：将保护隐私视为系统和服务生命周期内，以及组织流程设计中的一项基本要求；对个人权利和自由进行风险分析，并酌情进行数据保护影响评估，将评估结果作为任何新处理措施的组成部分；从"设计隐私权思维"的角度记录组织内部通过的所有决定。

4. 功能全面：正和而非零和

人们一直觉得，如果要获得隐私保护，那么我们就必须以牺牲其他功能为代价，因此，我们总是会看到一些哗众取宠、贩卖焦虑的标题，如隐私 vs. 使用性、隐私 vs. 功能、隐私 vs. 商业利益，甚至是隐私 vs. 安全性。"功能全面：正和而非零和"的原则是一个发挥人的能动性的方法，其目标是寻求一个"双赢"的最佳平衡点，组织要以开放的心态接受新的解决方案，在业务和隐私层面实现充分运作，有效、高效地解决问题。为此，从产品和服务的概念发展的最初阶段开始，一个组织必须：假定不同的合法利益之间可以共存，比如：①这个组织本身的利益以及其服务的用户的利益，组织必须相应地查明、评估和平衡这些利益；②为参与者建立起合作和协商的沟通渠道，以便理解并汇集乍一看似乎存在分歧的多种利益；③如果拟设定的解决方案有侵害隐私的风险，则组织需要寻求新的解决方案和替代方案以实现预期的功能和目的，但绝不能忽略必须适当管理用户隐私的风险这一要求。

5. 端到端的安全：全生命周期保护

隐私是在设计中产生的，在系统启动之前，它的安全必须在数据的整个生命周期得到保证。信息安全涉及储存信息的系统的保密性、完整性、可用性和复原力。隐私性还保证了数据主体在处理信息可交互性的过程中的不可互连性、透明性和干预控制能力。为了在数据处理的各个阶段整合隐私，必须彻底分析所涉及的不同操作（收集、记录、分类、保存、咨询、传输、限制、删除等），在每种情况下，必须执行最适当的信息保护措施，其中包括：①早期的假名化或匿名化技术，如 k-anonymity；根据对配置文件的访问对数据和处理操作进行分类和集合；②默认进行数据加密，从而使数据在被盗、意外丢失时的"自然"状态难以辨认；③在信息的生命周期结束时，对其进行安全、有保障地销毁。

6. 可见性和透明度：保持开放

保证隐私安全的关键之一就是能够证明有隐私的存在，验证所处理的是给定的信息。数据处理方面的透明度是向监督机构表明勤勉和负责态度的关键，也是在数据主体面前表示信任的一种手段。如《政府发展报告》第 39 号文所述，收集、使用、查阅或以其他方式处理有关他们的个人资料，以及在多大程度上处理个人的数据，对数据主体而言都应该是透明的。

透明度和可见性的提高需要采取如下一系列措施：①公布有关组织运作的隐私和数据保护政策；②制定和公布简明、清晰和易懂的信息条款，使数据主体能够了解其数据的处理范围、可能面临的风险以及如何行使其数据保护权利；③虽然没有强制要求，但数据控制人员都需要公开其组织所进行的所有工作的清单，或者至少让它易于被数据主体所查阅；④分享机构的数据控制者的身份和联系方式；⑤建立方便、简单和有效的沟通机制，以及赔偿和投诉机制。

7. 尊重用户隐私：以用户为中心

在兼顾组织在处理数据方面的合法利益的情况下，组织的最终目标是保障数据主体的权利和自由，因此，所采取的任何措施都必须侧重于保障他们的隐私。这涉及设计"以用户为中心"的程序、应用、产品和服务，并考虑到用户的需要。用户必须在管理其数据和控制其他人如何使用数据方面发挥积极作用。他们的不作为不应意味着他们同意了自己隐私减少，这也是上述原则的体现：倡导提供最高程度保护的默认隐私设置。

设计以保障数据主体隐私为重点的流程、应用程序、产品和服务包括：实现"强有力"的隐私默认设置，并在修改既定参数时告知用户其隐私受到的影响；提供完整和适当的信息，获得用户知情、自由、具体和明确的同意，在所有需要的情况下用户都必须明确表示同意；向数据主体提供查阅其资料的途径，告知其有关信息处理目标的具体情况以及为此所进行的通信；实施高效和有效的机制，使数据主体能够行使其数据保护权利。

受《通用数据保护条例》约束的各方：《通用数据保护条例》（GDPR）将"通过设计保护数据"作为一项必须满足的法律要求。GDPR第83条[1]认为，不遵守这一义务是应受惩罚的罪行，正确适用这一规定是衡量违反行为严重性的标准之一。根据GDPR第25条的规定，所有数据控制者，不论其规模、所处理的数据类别、处理的性质，均有责任以设计的方式实施资料保护。具体而言，它要求在确定处理手段时和在处理本身时"采取适当的技术和组织措施"。虽然根据GDPR第78条注释和GDPR第28条的规定，数据控制者必须负责履行这项义务，但在处理个人资料时，其他参与人，例如服务提供者、产品及应用程序开发人或设备制造商，亦须参与通过设计保护数据的工作。数据控制者必须鼓励他们在"开发和设计这些产品、服务和应用时考虑到用户保护其数据的权利"，当它们必须使用另一个处理器进行数据处理时，他们必须选择"能够提供相同保证的处理器来实施适当的技术和组织措施，这种处理行为将符合本条例的要求，并能确保数据主体的权利"。

简而言之，作为其职责的一部分，数据控制者必须将其选择的产品和处理器限制在那些能够确保满足GDPR要求的产品和处理器上，并且根据法律，它们还必须对"通过设计和默认设置保护数据"负责。这一要求也适合联合控制者，它们在确定数据处理方法、处理目

---

[1] Article 83. General conditions for imposing administrative fines—General Data Protection Regulation（EU）2016/679, https：//eurlex. europa. eu/legal-content/EN/TXT/HTML/？ uri = CELEX：32016R0679&from = EN#d1e6301-1-1.

标方面共同承担责任。

二、系统的隐私要求

从数据保护的角度来看,要设计和发展可靠的系统,关键在于了解个人资料处理对个人隐私的影响。在其第 5 条规定之中,GDPR 列出了处理数据时需要遵守的基本原则,例如,除系统本身的功能要求或要求外,与问责制结合起来的原则:合法性、公平性和透明度、目的限制、数据最小化、准确性、储存限制、完整性和保密性则成为每个系统、应用、服务或过程在设计中必须确保的核心和目标。

(一) 隐私和安全目标

一般来说,设计安全可靠的系统的重点是分析风险和应对威胁,因为这些威胁会影响到那些更注重隐私的系统的安全目标:保密,禁止未经授权而进入系统;完整,保护系统的资料不受未经授权的修改;以及确保数据和系统在必要时随时可用。然而,虽然未经授权查阅和修改个人资料可能成为威胁个人隐私的一个重要方面,但在经授权的数据处理过程中可能出现其他风险因素,必须在对资料当事人的权利和自由进行风险评估时加以确定。

决策失控、数据收集过度、重新识别、歧视和/或污名化、自动决策中的偏见、用户不了解其数据被非法处理或资料被泄露的范围和风险,这些都是隐私风险的例子,对个人权利和自由产生了明显影响,不能仅仅通过使用专门侧重于安全目标的传统风险模式来管理。考虑到上述情况以及收集、使用和披露个人数据的系统在计划和授权下的运作可能对隐私造成的风险,有必要扩大分析范围,我们不仅要对未经授权的处理所产生的危险进行分析,而且对有计划地和经授权处理信息所可能引起的那些危险也要进行分析。

为了涵盖这些可能的风险,有必要在分析框架内纳入三个新的以隐私为重点的保护目标[①],这些目标保障了 GDPR 确立的处理原则:

---

① Harald Zwingelberg Marit Hansen, 7th Prime Life International Summer (PRIMELIFE), Sep. 2011, Trento, Italy. pp. 245 – 260; Privacy Protection Goals and Their Implications for eID Systems. https://hal.inria.fr/hal-01517607/document.

①不可连接性。这是指在处理资料时,尽量确保在某一领域内的个人资料不会与在另一范畴的资料有关联,或者确保要建立这些联系所需的工作量相当大。这一隐私保护目标通过禁止不同数据组之间的互联,最大限度地降低未经授权使用个人数据和创建个人档案的风险,并保障了目的限制、数据最小化和限制存储等方面的原则。②透明度。这是指将数据处理透明化,以便所有相关方在处理过程中的任何时候都能理解和复制信息的收集、处理和使用。该隐私目标力求清晰地描绘出处理过程,并在数据处理前、中、后期向所有有关人士,包括数据管理者和数据主体,提供有关隐私目标的说明及其适用的法律、技术及组织条件,从而降低忠诚及透明度原则所针对的风险。③干预性。这是指确保参与个人数据处理的各方,特别是其数据被处理的主体,在必要时可以干预数据处理,以便对信息处理采取纠正措施。这一目标与界定和实施行使数据保护权利、提出申诉或撤销数据主体的同意的程序密切相关,也与确保数据管理者评估法定义务履行情况和机制的有效性密切相关。这三个隐私保护目标以及现有的安全目标建立了个人数据处理方面的全球保护框架,并通过风险评估确定系统必须满足的其他非功能属性或需求,这些属性或需求成为设计隐私权过程的切入点(见表1)。

表1 通过隐私目标保证 GDPR 处理原则

隐私保护的目标		
不可连接性	透明度	干预性
数据最小化、存储限制、完整性和保密性	合法性、公平性和透明度目的限制	目的限制、准确性完整性和保密性问责制

从全球角度来看,这六个保护目标相互补充[①],有时也相互重叠。因此,这就是为什么在对未来数据处理进行每次数据保护影响评估时,必须评估哪个目标更加优先,并采取必要的保障措施。

---

① Marit Hansen Meiko Jensen Martin Rost, International Workshop on Privacy Engineering, Protection Goals for Privacy Engineering, May 2015, https:// www.ieee-security.org/TC/SPW2015/IWPE/2.pdf.

三、隐私工程

隐私工程是一个以风险为导向的系统过程，其目标是在个人数据处理的信息系统的生命周期内，将设计隐私权原则转化为实际和操作的术语：①指定系统必须满足的隐私属性和功能，以使其设计和实现成为可能（特别是关于隐私需求定义）；②设计架构和实施系统元素，以涵盖已定义的隐私要求（设计隐私权和开发）；③确认定义的隐私要求已正确实施，并满足利益相关者的期望和需求（隐私验证和确认）。

我们的目标是使隐私成为系统设计的一个集成部分，这样隐私需求是根据完全可实现的属性和功能来定义的，系统以积极主动的方式适当地管理已识别的任何隐私风险。为此，需要一个系统的和方法论的方法，在概念的开发和分析阶段，即将确定的隐私要求，转移到设计和实施阶段的具体战略和解决办法上来，从而在不同的抽象层次上有序地工作。在最高层次上，在对象的概念发展和需求分析的初始阶段，为了保证隐私目标和数据处理原则的实现，我们有必要使用设计隐私权策略，这是一种高层次的通用方法，旨在确定在数据处理的不同阶段应遵循的策略。该策略为设计设备的工程师提供了一个可访问的模型，以定义在分析和需求阶段中确定的隐私要求。设计隐私权策略是法律规定的处理原则与隐私保护在具体解决方案中的实施之间的桥梁。正如我们将在下文中看到的那样，它们的核心是对在数据处理活动中可能对隐私造成威胁的行动做出反应，它们之间互不排斥。相反，我们应该采取的做法是，使所有或大多数的原则都得到使用，以便使系统开发的目标尽可能地有利于隐私保护。

设计隐私权策略在最底层的设计隐私权模式中得到了体现。这些策略都是在设计阶段可重复使用的解决方案，可以用于解决产品和系统开发中常见的隐私问题。这些模式的目标是在系统的设计隐私权中创建可重复使用解决方案的目录，并使设计过程标准化。策略和模式之间的关系并不是一一对应的，即相同的模式可以实现和响应多个隐私策略，为整个数据处理活动中出现的不同问题提供解决方案。

最后，在最底层，也就是在开发阶段，我们发现了增强型的隐私保护技术，或称为 PETS（privacy enhancing technologies），这些技术是指用一些具体的技术来实现设计隐私权的模式。委员会在其提交欧洲议会和促进通过隐私增强技术保护数据理事会的函件中将其定义为"通过消除或减少个人数据或防止不必要的和/或不受欢迎的个人数据处理，在保护设计隐私权的同时不损害资讯系统的功能的'一整套连贯的资讯及通讯科技措施系统'"。① 与设计隐私权模式和策略类似，单个隐私增强技术可用于实现多个设计模式解决方案。

四、设计隐私权策略

目前的研究确定了八项设计隐私权策略，即最小化、隐藏、分离、抽象、告知、控制、执行和证明。这八项策略又可以分为两类②，即面向数据的策略和面向程序的策略。面向数据的策略包括"最小化""隐藏""分离"和"抽象"策略，更具有技术性，并侧重于对收集的数据进行隐私友好处理。面向程序的策略包括"告知""控制""执行"和"证明"。这些措施更具组织性，旨在确定实施负责任的个人数据管理的程序，隐私目标和设计隐私权策略的联系如表2所示。

表2　隐私目标和设计隐私权策略之间的联系

隐私保护目标	面向数据的隐私保护策略	面向程序的隐私保护策略
不可链接性	最小化、抽象、分离、隐藏	—
干预性	—	控制、执行、证明
透明度	—	告知

虽然根据具体情况，某些策略可能比系统发展框架内的其他策略更适用，但从概念开发和概念分析的最初阶段就已经被考虑并联合应用于实践之中，允许在数据处理业务和程序中纳入保障和保护措施，

---

① Communication from the Commission to the European Parliament and the Council on Promoting Data Protection by Privacy Enhancing on promoting data protection by Privacy Enhancing Technologies (PETs) https://eur-lex.europa.eu/legalcontent/EN/TXT/PDF/? uri=CELEX:52007DC0228&from=EN.

② Jaap-Henk Hoepman. Privacy Design Strategies (The Little Blue Book), Mar 2019 https://www.cs.ru.nl/~jhh/publications/pdsbooklet.pdf.

使最终结果能够考虑到保障数据主体权利和自由的隐私要求。

（一）最小化

这一策略的目标是收集尽可能少的数据，从而避免不必要的资料处理，并限制这些处理对隐私可能产生的影响。要做到这一点，我们可以只从有限的设备上收集数据（减少数据主体的数量），或从设备上收集更少的信息（减少收集的信息量）来实现，为此，我们可以运用以下措施：①选择，仅选择相关个体的样本和所需属性，在建立选择标准时采用保守的方法，只处理满足选择标准的数据（白名单）。②排除，与前面的方法相反，这种方法是指事先排除与数据处理无关的设备和属性（黑名单）。在此种方法之下，我们必须采取开放的态度，排除尽可能多的信息，除非我们有理由认为这些信息对于预期目标来说是绝对必要的。③剥离，当不再需要某项个人数据时，我们可以对其进行部分剥离。这就要求我们提前对每一项被收集的数据设定存储期限，并在该存储期限结束时建立自动删除机制。如果数据是个人记录中的一部分，而其中的信息量又大于数据分析所需要的量，那么我们可以将不必要的字段的值修改为预定的默认值。④销毁，一旦个人的某些资料与数据分析不再有关联，我们必须将其完全删除，确保无法恢复资料和无法复制任何备份副本。⑤我们还必须记住，只有绝对必要的数据才必须交流和分享，在处理新的个人信息时，我们也必须删除那些对达到预期目标没有作用的数据。

（二）隐藏

这一策略的重点是通过建立必要的手段来确保机密性和不可链接性，从而限制数据的可观察性。以下是实施这一策略的具体措施：①限制，在空间（访问数据的细节和类型）和时间（处理阶段）方面实行"need to know（必须知道）"原则，以便限制行为人对他人个人资料的访问。②混淆，使用加密技术和散列技术，使个人资料在储存操作和信息传送方面变得晦涩难懂、难以识别。③分离，消除应保持独立的数据集之间的链接，以及数据记录的识别属性，以消除它们之间的关联性，在这里要特别注意元数据。④混合，使用泛化和抑制技术将不同主题的信息组合在一起,以避免数据之间的相互关联性。[1]

(三) 分离

这一措施的目标是避免或尽量减少这样的风险:当实体在独立处理数据时,如果它们使用同一个人的不同数据,它们会将这些数据合并在一起,以便能够以描绘出这个数据主体的完整形象(如个人的兴趣爱好、健康情况等)。为此,我们有必要使每个处理背景都保持独立,这样实体就很难将应该断开链接的数据集关联起来。以下措施有助于实施分离策略:①隔离,将个人数据收集和存储在不同的数据库或应用程序中,这些数据库或应用程序在逻辑上或在不同的物理系统上是独立的,并采取额外的措施来保证其不可链接性,如编程删除数据库索引。②分布,将不同的个人数据子集的收集和处理分散到在系统内独立的管理的处理单元上,来进行相应的、不同类型的处理,并尽可能地使用不同系列和应用程序来实现在不同的设备上处理信息的分散和分布式结构,而不是使用统一访问的集中式解决方案,因为这种解决方案可能依赖于单一的控制单元。

(四) 抽象

这一策略背后的理念是尽可能地限制所处理的个人资料的细节。虽然"最小化"策略会预先选择要收集的数据,但"抽象"这一策略侧重于数据处理的细节程度,以及通过三种策略来汇总数据:①总结,使用值范围或间隔概括属性值,而不是具体的字段值。②分组,通过使用平均值或一般值,将一组记录的信息按类别汇总,而不是使用属于该组的每个主题的详细信息。③干扰,使用近似的值或使用某种随机噪声来修改真实数据,而不是使用个人数据的确切值。

对于每一个数据处理,我们都有必要研究输入数据的详细程度是如何影响结果的,以及有效处理所需的精度是多少。特别是,数据收集后的时间长度可能会影响它们的相关性,这就是为什么定期回顾存

---

[1] Spanish Data Protection Agency (AEPD) —Unit of Evaluation and Technological Studies. K-anonymity as a privacy measure, June 2019 https://www.aepd.es/media/notas-tecnicas/nota-tecnica-kanonimidad-en.pdf.

储的信息并应用这些策略是有用的。

（五）告知

这一策略实现了相关条例所确立的透明度目标和原则，并力求使数据主体充分及时了解其数据的处理情况。无论何时进行处理，数据主体必须知道其数据正在被如何使用、使用的目的是什么，以及向哪些第三方提供了这些信息，除此之外，GDPR 第 13 条和 14 条还规定了其他内容。信息的透明度是隐私的基本要求，因为它允许数据主体在处理过程中做出知情的决定，并据此提供自由、具体、知情和明确的同意。对以前提供的信息进行处理的任何修改都必须传达，包括可能严重影响数据主体的自由的安全漏洞。这一策略基于隐私条款的存在而存在，这些条款有助于在全球范围内向数据主体传播这一信息，同时采用以下措施：①提供，通过确定动机和目标，向数据主体提供 GDPR 所要求的关于处理哪些个人数据、如何处理数据及其原因的所有信息。必须提供关于数据储存期以及与第三方分享这些数据的详细情况。为了实现真正的透明，数据主体必须能够获得这些信息，并且是能够持续地获得，同时，处理数据的实体还必须说明数据主体可以与谁联系以及如何联系，以便就其隐私及其在个人数据保护方面的权利提出问题并获得解答。②解释，以简明、透明、易懂和易于理解的方式，用简单明了的语言提供数据处理信息。为了避免密集、复杂和笨拙的信息政策，我们可以采取一种分层的办法：在同一数据收集媒介内同时提供基本信息，并在第二级媒介中提供额外的详细信息。③通知，当数据不是直接来自数据主体时，则在取得该等数据时（至多不超过获取数据的一个月时间内），或将该数据用于与数据主体之间进行通信时，应当在与数据主体的第一次沟通中就披露这些信息。数据主体也必须获知他们的数据有否被转移给第三方。此外，实体还必须落实相关机制，以明确和简单的语言描述违规行为的性质，通知当事人可能发生的安全漏洞事件，因为这些事件可能对当事人的自由和权利构成严重威胁。

考虑到数据收集程序各不相同，通知方法必须根据使用的每种方法的情况进行调整，此外，还可以在必要时使用能够全面反映预期处理情况的情报反馈措施。

（六）控制

这一策略与"告知"策略紧密相关，力求通过实施各种机制，使数据主体能够行使其查阅、纠正、删除、反对、可携带和限制其数据及其处理的权利，以及在申请和服务中给予和撤回同意或修改隐私选项的权利，从而使主体能够控制其个人数据的收集、处理、使用和转移。为落实这些机制，采用了以下措施：①同意，如没有任何其他合法依据，须取得资料当事人的同意，在处理敏感数据、采用某些自动决定或在国际转让等情况下，必须获得资料当事人明确的肯定。此外，数据主体必须在任何时候都能够撤回其同意，实体要通过有保障的机制，使撤回同意和给予同意一样容易。②警告，即使数据处理已经按照法律的规定提供了一般信息，甚至当事人已经同意了该等处理，实体在收集个人数据时，也要即时通知用户。③选择，提供应用程序和服务的粒度功能，特别是在基本功能方面，而不以用户同意处理不需要执行的个人数据为前提。④更新，实现一种使用户可以方便地，甚至直接对提供的数据进行修改、更新和修正的机制，以此来实施一种特殊的处理，使其准确和能够反映现实。⑤撤回，提供一种让用户撤回或要求删除提供给控制者处理的个人资料的机制。

技术进步使得持续收集数据成为可能，同时也使得数据主体可以通过隐私平台轻松管理数据，数据主体可以访问、更新、取消和修改选定的隐私设置。在设计应用程序时必须考虑这些功能。

（七）强制执行

这一策略确保个人资料的处理符合并尊重法律规定的要求，使处理人能够负担起相应的法律责任。为此，有必要定义一个隐私框架和一个管理结构，其中包括由高级管理层支持的数据保护策略，以及管理者受托遵守该政策的作用和责任。隐私文化必须是组织的重要组成部分，所有成员都必须参与。以下措施可能有助于实现这一目标：①创建，制定一种数据保护政策，该政策必须能够反映组织内部想要传达给数据主体的隐私条款。实体必须建立必要的结构，并分配资源来支持这一政策，并确保组织的处理活动尊重和遵守数据保护法规。组织还必须为所有成员制定培训和认识计划，以确保其对问责制的承诺得以实施，展现出一种负责任的态度。②维持，通过建立程序和实施必要的技术和组织措施来支持政策的制定。组织必须审查是否存在有效的机制和程序来保证数据主体权利的行使、数据主体对信息的处理，并及时通知安全漏洞事件，以及可能根据法律要求调整的处理措施，还要提供证据来证明组织遵守了条例所规定的义务。③维护，确保隐私政策及实施的程序、措施和控制手段符合规定并行之有效，适用于机构所有的处理活动和日常活动。数据保护官员在这一策略的实施中扮演着重要的角色，因为他们要评估控制者的守法情况，和监督组织内数据保护法规的遵守情况。实施隐私管理模式，如 ISO/IEC27701：2019 标准提出的模式，也是有效的。它列出了各项要求，并为建立、实施、维护和不断改进隐私信息管理（PIMS）系统提供了指导。①

（八）证明

这一策略比之前的策略都更进一步，其目标与 GDPR 第 24 条的规定相一致②，它是指数据控制者必须能够向数据主体以及监管当局证明自己所适用的数据保护政策，以及该政策所规定的其他法律要求和义务已经得到遵守。从实际的角度看，这是对所有与数据处理有关的决定进行关键的、持续的和可追溯的自我分析，并确保机构内部对个人数据进行了实实在在的管理来落实法律法规所要求的问责制。为确保及证明组织符合法律的规定，以下措施可用于实施这项策略：①记录，记录组织的每一项决策，即使它们是相互矛盾的，确定决策是谁作出的、何时做出的，以及为何做出。②审核，对组织数据保护政策的遵守程度进行系统、独立和文件化的审核。③报告，记录审核结果和其他任何有关个人资料处理操作的事件，并在必要时提供给监管当局。

---

① Technical Committee ISO/IEC JTC 1/SC 27. ISO/IEC 27701：2019 Security techniques-Extension to ISP/IEC 27001 and ISO/IEC 27002 for privacy information management—Requirements and guidelines, August 2019 https://www.iso.org/standard/71670.html.

② Article 24. Responsibility of the controller General Data Protection Regulation（EU）2016/679https://eur-lex.europa.eu/legalcontent/EN/TXT/HTML/? uri = CELEX：32016R0679&from = EN#d1e3106-1-1.

在新型的数据处理情况下，如果数据保护影响评估结果表明，如果数据管理者不采取措施予以缓解，则处理结果对数据主体的权利和自由构成高度风险，那么，组织应该根据 GDPR 第 36 条的规定进行事先磋商。进行风险分析，并在适用情况下进行数据保护影响评估，同时提供关于决策的文件，是一个良好的开端，以此可以确保组织在应用程序和系统中实施隐私要求来作为设计隐私权的一部分，此外，组织还必须全面记录其处理个人资料的方式，并遵循问责原则。用于证明数据控制者履行了其义务的其他资源，作为实施这一战略的可选工具，是控制者对相关法律的守法措施。设计隐私权策略和为了实施而开发的策略与隐私模式见表3。

表 3　设计隐私权策略和为了实施而开发的策略与隐私模式

设计隐私权策略		描述与策略	设计控制与模式
面向数据的隐私保护策略	最小化	尽可能限制对个人数据的处理 策略：选择、排除、剥离和销毁	匿名化 假名化 联邦身份管理系统中的块关联
	隐藏	禁止公开个人数据 策略：限制、混淆、分离、混合	加密 混合网络 基于属性的措施 凭证
	分离	将个人数据集分开 策略：隔离、分布	匿名黑名单 同态加密 物理和逻辑分离
	抽象	尽可能限制用于处理个人数据的细节的细致程度 策略：总结、分组、干扰	根据收集时间分组 K-anonymity（K 匿名技术）增加了噪声 测量的混淆 动态位置粒度 微分隐私

续表3

设计隐私权策略		描述与策略	设计控制与模式
面向过程的隐私保护策略	告知	持续告知数据主体关于其数据处理的性质和条件 策略：应用、解释和通知	安全漏洞的通知 隐私政策的动态可视化 隐私图标 环境通知
	控制	向数据主体提供（对其数据）有效的控制 策略：同意、警告、选择、更新、回收	隐私控制面板 就处理措施的存在进行主动广播 凭证选择 知情同意
	执行	尊重并促进履行现行法规和数据保护政策规定的义务 策略：创建、维持、维护	联邦身份管理解决方案中的隐私影响评估 访问控制 责任管理 政策遵守
	证明	证明（组织的）数据处理是尊重隐私的 策略：记录、审计和报告	审计 日志

五、设计隐私权模式

一旦产品、系统、应用或服务定义中包含的隐私保护目标和策略确立，组织就有必要将其整合到设计之中。为此设计隐私权被视为可以重复使用的解决方案，从而来解决产品和系统在开发期间、在特定背景下产生的常见隐私问题。通常来说，设计隐私权模式的描述至少应该包括它的名称、目的、应用程序的背景、目标、结果及用途。正如我们前面所提到的，一个设计隐私权模式可以用于实现多个隐私策略,因此这些都不是封闭和独立的解决方案,我们必须从组合和整体的重点来看待隐私策略。例如,现在有一种"附加'噪声'混淆措施"模式,即将"噪声"添加到服务运行期间的实际测量中,这样额外的信息就无法推断,让我们可以同时实现"抽象""隐藏"和"最小化"策略。

现在有很多不同的设计隐私权模式的集合或目录,在这些文件中我们可以找到相关模式的完整定义,了解它们的目标和关于如何使用它们的信息。由欧盟资助的 PRIPARE 项目(通过支持其在研究中的应用来准备行业的设计隐私权)开发了 26 种设计隐私权模式的目录。另一个类似的倡议是维也纳经济商业大学开展的一个项目,该项目创建了一个交互式解决方案资源库,根据 ISO/IEC 29100:2011 标准定义的 11 项保护原则对 40 种设计隐私权模式进行分类。各中心和大学之间还有另一项合作倡议,它们保持着一个模式目录,以便在具体解决方案中实施法律要求,规范隐私语言,为具体问题编写文档和通用解决方案,帮助系统和应用程序设计者识别隐私问题并做出回应。上述举措,网站上发布了 54 种设计隐私权模式,并简要概述了每种模式的目的以及它们寻求实施的一项或多项设计隐私权策略。[①]

六、隐私增强技术

一旦确定了未来产品、系统、应用或服务的隐私策略并设计了隐私模式,我们就可以使用特定的技术解决方案在开发阶段实现它。隐私增强技术(PETs)是一组有组织的、连贯的 ICT 解决方案,通过实施先前确定的策略和模式来降低隐私风险。由于技术背景的变化,它们在隐私保护方面的有效性随着时间的变化而变化,提供一个更新的分类和类型是很复杂的。一项隐私增强技术可能是终端用户购买并安装在其个人计算机或复杂信息系统结构上的独立工具。

隐私增强技术有多种分类,大多数是基于技术特征而进行分类的。这些技术工具另一种可能的分类是由本指南提供的,分类的依据是它们各自所追求的目标不同。因此,应根据它们是旨在保护隐私还

---

① Technical Committee ISO/IEC JTC 1/SC 27. ISO/IEC 29100:2011 Information Technology-Security techniques-Privacy Framework, Dec 2011, https://www.iso.org/standard/45123.html.

是管理隐私进行分类，从而保持与前面讨论的策略分类一致的重点。第一组隐私增强技术结合了在处理个人数据过程中积极保护隐私的工具和技术，如隐藏个人数据或消除身份识别的需要。第二组隐私增强技术涉及支持与隐私管理相关的程序的工具和技术，但不积极地对数据进行操作。一种可能的 PETs 分类如表 4 所示。

表 4　一种可能的 PETs 分类

目录	子类别	描述
隐私保护	假名化工具	在不要求提供个人信息的情况下允许交易
	匿名化产品和服务	提供访问服务而不需要识别数据主体的身份
	加密工具	保护文件和交易不被第三方查看
	过滤器和拦截器	禁止显示不受欢迎的电子邮件和网页内容
	反追踪	消除用户的数字足迹
隐私管理	信息工具	创建和验证隐私策略
	管理工具	管理用户身份和许可

与设计隐私权模式类似，虽然学术界对此有很多不同的倡议，但隐私增强技术工具并没有一个统一的目录。加拿大隐私专员办公室技术分析部根据隐私增强技术的功能发布了一个对此类技术的总体概述，并给出了解决方案的一些具体例子。[①] 斯坦福大学法学院的互联网与社会中心（CIS）发布了一个关于隐私增强技术工具和技术的数据库，作为一个开源（源代码开放）的维基（open-source wiki），这样，用户就可以更好地控制他们的个人数据。在欧洲，欧洲数据保护主管（EDPS）开发了 IPEN（互联网隐私工程网络），以支持开发者使用设计隐私权模式和其他可重复使用的"块"，以更高效和有效的方式保护和提高隐私。

2015 年，ENISA 开展了一项名为"公众在线隐私工具"的研究，

[①] The Technology Analysis Division of the Office of the Privacy Commissioner. Privacy Enhancing Technologies—A Review of Tools and Techniques, 2017, https://www.priv.gc.ca/en/opc-actions-and-decisions/research/explore-privacy research/2017/pet_201711/.

分析了用于在线隐私保护的隐私增强技术工具，并编制了一份促进该技术使用的门户网站列表。表5所示的门户网站建议使用的工具通常是软件应用程序，目的是改善对个人资料的保障，这些工具的分析和研究对数据控制者也很有用，因为它们是服务、产品和有待开发的应用程序中必须包括的隐私要求的例子。如果这些解决方案能保证通信加密、匿名、反跟踪等安全措施是连续集成在系统中的，那么，它们将使最终用户得到隐私保护，或不得不在以后安装第三方工具时添加一个未实现的隐私层。从这项初步研究中，ENISA发表了几份关于PET工具的发展和比较PETE成熟度的方法的报告。正在开发一个提供支持的平台，以及一个最适合预期的隐私目标解决方案的集中储存库。

表5　门户网站建议使用的工具

网站	组织	URL	描述
安全消息记录卡	电子前沿基金会（EFF）	https://www.eff.org/deeplinks/2018/03/secure-messaging-more-secure-mess	使用一系列预定义标准表示和评估安全消息传递应用程序和工具
PRISM Break（打破棱镜）	Nylira	https://prism-break.org/en/	一组用于防止跟踪和大规模监视的工具，如加密工具、匿名者等
Security in-a-box	Front Line Defenders	https://securityinabox.org/en/	一般用途的安全网站，包括隐私保护工具，如加密工具
EPIC网上实用隐私工具指南	电子隐私信息中心（EPIC）	https://www.epic.org/privacy/tools.html	它提供了根据不同区域（浏览器插件，匿名者等）排列的隐私工具列表

续表5

网站	组织	URL	描述
终极私隐指南	BestVPN（4Choice Ltd）	https://proprivacy.com/guides/the-ultimate-privacy-guide	一个为一般用户提供商业VPN列表的安全网站，隐私指南提供了根据区域分类的工具列表
自由软件目录	自由软件基金会	https://directory.fsf.org/wiki/Main_Page	一个为普通用户提供安全和隐私信息的免费网站，主要关注加密措施
隐私工具	隐私工具	https://www.privacytools.io	它提供了一系列保护隐私的工具，如VPN、浏览器插件等
Me & My Shadow（我和我的影子）	Tactical Technology Collective	https://myshadow.org	一个主要关注数字足迹和在线追踪的网站。提供各种相关工具的建议
Gizmo's Freeware（免费软件）	Gizmo's Freeware	http://www.techsupportalert.com/content/free-windows-desktop-software-security-list-privacy.htm	网站上通用的免费软件，这也证明了开源隐私工具的列表
Best Privacy Tools（最好的隐私工具）	Best Privacy Tools	http://bestprivacytools.com/	它提供了一系列隐私保护工具，尤其是通信应用、VPN、安全浏览等

续表5

网站	组织	URL	描述
Internet Privacy Tools（网络隐私工具）	Internet Privacy Tools	http://privacytools.freeservers.com	它提供了一系列隐私保护工具，特别是电子邮件过滤、基于浏览器的加密等
重置网络隐私包	为未来和权力中心而战（Fight for the Future and Center for Rights）	https://pack.resetthe net.org	它提供了一系列免费的隐私保护工具和相关建议（例如，安全通信、匿名浏览等）

七、结语

鉴于各组织和公司每时每刻都在开发以密集使用个人数据为基础的服务，而且这些服务对隐私的影响因破坏性技术的使用而明显得到加强，因此，有必要采取切实有效的技术和组织措施，确保在处理个人资料时尊重个人的权利和自由。确保隐私和建立保障个人数据保护的治理框架并不妨碍创新。相反，它为不同的参与者提供了优势和机会：对组织而言，这意味着提高效率、优化流程、制定成本削减战略、为市场获得竞争优势；对整个社会来说，这意味着能够获得技术进步的好处，同时也不必损害个人自由和独立。

确保隐私本身就是一种创新，它引入了一个新的技术学科——隐私工程。切实有效地实施隐私原则要求这些原则成为产品和服务性质的一个组成部分，为了实现这一点，必须从概念开发、设计和开发的最初阶段就将其本身作为功能性和非功能性规格的另一部分加以考虑。这种方法被称为"设计隐私权"。

设计上的隐私涉及使用以风险管理和问责制为中心的方法重点，使我们能够通过实践、程序和工具确定隐私要求。为此，风险分析将确定数据保护、不可链接性、透明度和可干预性的具体目标，以及从隐私、保密、可用性和完整性的角度确定保障 GDPR 第 5 条确立的基本原则的安全目标。接下来，将研究指定每个隐私目标要求的面向数据和面向过程的隐私策略。这些策略是"最小化""隐藏""分离""抽象""告知""控制""执行"和"证明"，对每一种策略，有效实施的保护措施都有待界定。在设计阶段，应通过现有的解决方案，即处理常见和反复出现的问题的设计隐私权模式，通过访问现有目录，将选定的策略加以整合，本文将对这些目录进行选择。在开发阶段，这些模式应该被实现。实施工作应由开发小组负责进行，办法是编制具有必要功能的代码，或在可能的情况下利用现有的信息通信技术解决方案，即隐私增强技术。

  在任何情况下，通过设计来保护数据是数据管理者的义务，他们必须努力用任何可能的手段来保证系统、产品或服务的开发、获取或分包，而不是完全将实施这一原则的责任委托给第三方——制造商和加工商。作为履行其职责的一部分，他们必须积极参与隐私工程任务，确定必须考虑的要求，不断监测组织是否正确实施了保护措施，并在系统应用前核查其可操作性是否充分，以此来保证个人的隐私安全。

设计隐私权和设计数据保护——从政策到编程

欧盟网络与信息安全监管委员会[①] 著　缪子仪[②] 译

目　次

一、导论
二、编程隐私权
三、设计隐私权策略
四、设计隐私权技术
五、结语

一、导论

放眼世界,隐私权是他人享有的一项基本人权这句话如今可谓一条金科玉律。同时,能够印证体现这句话的例子也很多。例如:①《欧洲人权公约》第8条明确承认隐私权并指出"他人享有使自己的私人和家庭生活、家庭和通信得到尊重的权利"。②《欧洲联盟基本权利宪章》既白纸黑字地写着,"他人享有私人和家庭生活受到尊重的权利",又增加了关于"保护个人数据"的具体条款(即第8条规定)。③在更广泛的范围内,《世界人权宣言》第12条也清清楚楚地表明:"他人的私生活、家庭、住宅和通信免受任何的任意干涉,他人的荣誉和名誉也免受任何攻击。"总而言之,隐私保护早已不单单是一种个人价值而已,它也是民主社会运行中不可或缺的基本要素。

[①] 欧盟网络与信息安全监管委员会(The European Union Agency for Network and Information Security,ENISA),是一个为欧盟、欧盟成员国、私营部门和欧盟公民提供网络和信息安全专业知识的中心。

[②] 缪子仪,中山大学法学院助教。

然而，在令人眼花缭乱的数字世界中，数据处理实体（即决定数据处理的内容和方式的实体）与数据受到威胁的他人（即生活可能受到基于自动数据分析的决策的影响，或由于未能充分保护个人信息而受到影响的个人）之间存在着巨大的权力不平衡。因此，特别是在数字世界中，隐私保护是起着至关重要作用的关键角色。不过，面对这样的状况，现实却不容乐观：①在使用特定服务时，他人往往对数据处理及其后果一问三不知。[①] ②一旦他人的个人数据被泄露，他们对个人数据处理行为性质的后续控制权极其有限。③针对违反数据保护义务的侵权行为，行为人通常只会在事实发生后才受到处罚，即只有已经切切实实地发生数据泄露或滥用数据的情况，行为人才会受到相关的法律惩罚。

与此同时，我们的社会越来越依赖于信息和通信技术（ICT）的可靠运作。存储、中央处理器（CPU）和网络的处理能力日益增强，个人数据的处理能力也在不断加强；无论是传感器处理能力的最小化、云计算中保证位置的分离，还是移动设备、"全方位"的使用体验和大数据分析等等，这些都是如今的大势所趋。从本质上来讲，几乎所有生活领域都在围绕信息和通信技术的技术支持打转。因此，如果我们不能确保信息和通信技术的可信度，那么，这势必会牵一发而动全身。然而，与信息和通信技术的发展相伴相生的可不只有好处：一方面，用户和监管机构的责任根本不明确且缺乏透明度，并且对隐私和安全功能的保障也十分缺乏；另一方面，在实践中，不仅欧盟数据保护机构缺乏有效和系统地监控数据处理的能力，而且它们在惩罚行为人故意或过失的侵权行为时也往往心有余而力不足。

不过，话又说回来，数字化技术当初可是打着保护隐私权的旗号而设计的。自20世纪80年代以来具有嵌入式隐私功能的技术这一概念就已经现身江湖。就拿"隐私增强技术"（PETs）这一术语来说，所谓隐私增强技术就是指一类将个人数据处理最小化的技术；通过使用隐私增强技术，不仅相关隐私风险将大幅降低，而且负责数据处理的实体将在履行法律上的数据保护义务时也会更加得心应手。本着这

---

① See results of the FP7 project CONSENT http://cordis.europa.eu/result/rcn/140471_en.html.

一精神，欧盟委员会在 2007 年曾发布一份促进隐私增强技术的通讯稿，与此同时，隐私增强技术也渐渐开始在计算机科学、计算机安全、密码学、法学、社会科学和经济学领域闯出自己的一片天地。然而，面对一波又一波涉及个人隐私权的艰巨挑战，仅仅有隐私增强技术的概念或实现该技术是不足够的；仅仅依靠技术根本无法保证他人的隐私权，更不用说嵌入更大的信息和通信技术系统中的几个隐私增强技术组件了。

因此，从系统开发的一开始就考虑隐私问题就显得至关重要。在这种背景下，Cavoukian 女士开创先河地提出了"设计隐私权"（privacy by design）这一概念，而所谓设计隐私权就是指从最初的设计阶段到生产系统的运作，我们在整个过程中都应该考虑到隐私权相关问题。虽然这种整体性的方法仿佛让人眼前一亮，但是它其实并不具备在系统开发过程中整合隐私问题的机制。此外，欧盟委员会（European Commission）在《通用数据保护条例》（General Data Protection Regulation）的提案中也曾提出设计隐私权的方法，只不过该提案使用的是"设计隐私权"和"设计数据保护"这样的表述罢了。举例来说，《通用数据保护条例》第 23 条（设计和以默认方式保护数据）就要求在确定处理手段和实施处理行为时，负责处理个人数据的实体应当实施适当的技术性、组织性措施和程序，并且该条例还规定了个人数据处理过程中尤其需要考虑的一系列相关原则。

虽然相关规定已经差不多成形，一些研究人员和数据保护专员也已经发布关于如何理解设计隐私权的指导方针，但是许多系统开发人员却对隐私权原则或实现这些原则的技术陌生无比，由于他们的工作通常侧重于实现功能需求，所以其他需求（例如隐私保障或安全保障）就常常会落空。同时，软件公司提供的开发工具也常常对隐私权原则视若无睹。此外，在评估信息和通信技术系统如何践行设计隐私权原则方面，数据保护机构目前也常常只能因手段有限而感到无奈。要知道，克服这些缺点可不是件容易的事，因为在动态系统（即适应不断变化的需求的系统）中，在确保隐私属性方面存在着概念上的重重困难。尽管如此，无论法律到底是否要求这样做，在当今的信息和通信技术领域，隐私权原则的实施程度以及在设计过程中对隐私权要求的考虑都可以而且应该得到考量。

总而言之，本文旨在促进关于如何具体有效地实现设计编程隐私权的讨论。首先，本文的目标既在于识别与编程隐私权相关的一系列挑战，又试图描述在系统开发生命周期中嵌入隐私权的方法。就这一方法而言，本文将会通过讨论设计隐私权策略来证实这一方法，其中包括设计模式、面向数据和面向过程的设计策略和隐私增强技术。其次，本文将对重要的隐私技术进行结构化概述。再次，本文还将概述与设计隐私权相关的政策背景。最后，本文将举例说明设计隐私权所受到的限制，并针对系统开发人员、服务提供商、数据保护机构和政策制定者提出相关的建议。

毫不夸张地说，本文能够为更好地了解设计隐私权的现状打下坚实基础。不仅本文可以用作系统开发人员的存储库，从而让他们努力将隐私权原则集成到自己的系统中，而且本文还可以作为数据保护机构监测数据保护法实施情况和提供指导时的参考。此外，本文还将帮助监管机构更好地理解设计隐私权原则的机遇、挑战和限制，以此提高未来政策的表现力和有效性。

二、编程隐私权

总的来说，设计隐私权是一个多方面的概念：一方面，在法律文件中，它通常被描述为一个非常宽泛的原则；另一方面，计算机科学家和工程师往往会将它等同于使用特定的隐私增强技术（PETs）。然而本文必须要犀利地指出，设计隐私权既不是一般原则的集合，也不能三下五除二就被简化为隐私增强技术的实现。事实上，设计隐私权是一个涉及各种技术和组织组成部分并会实施隐私权原则和数据保护原则的过程，这些原则和要求往往源于法律，尽管它们在法律来源中往往没有得到充分规定。

作为一种过程，设计隐私权都应该有明确的目标、方法论和评估手段。从目前来看，虽然有关设计隐私权方法论的定义并不在欧盟法律数据保护框架的范围内，但是即将出台的《通用数据保护条例》却为我们指了条明路，因为它说明了设计隐私权的目标和评价，其中包括数据保护影响评估、问责制和隐私印章。因此，本文内容将首先总结编程隐私权的重要方法和相关概念，在此基础上，将提出一系列隐私权原则和数据保护原则，而这些原则则来源于以欧盟为重点的法律数据保护框架。最后，本文将提供一个有关设计隐私权过程的一般概述，其中包括背景、目标、方法论和评价手段。

（一）编程隐私权的现有技术

时间的巨轮向前航行，对隐私权原则和数据保护原则的理解也随之在国际、欧洲和国家层面上不断发展。简单来说，本文主要论及的是涉及个人的信息隐私权，即自然人的信息隐私权和他们对个人数据保护的需求。本文中所描述和讨论的"设计隐私权"程序和工具既可能仅涉及隐私权和数据保护概念的一部分，也可能会超出该范围；例如，不仅保护个人数据，而且还保护团体的个人数据或支持反审查要求。

1. 保护哪些数据

前文中已经提到，隐私权和数据保护的概念万万不能简化为数据保护；恰恰相反，我们必须更广泛地理解这些概念，毕竟它们还涉及保护人类、个人权利和社会民主价值观等一系列问题。铭记这一点总没错，即隐私权和数据保护需要有关特定类型数据的保障，因为数据处理可能会严重威胁信息隐私权。

事实上，针对需要保护的数据类型，相关术语比比皆是。打个简单的比方，业界常常张嘴就来的一个术语就是"个人可识别信息"（PII），所谓个人可识别信息就是指可以与他人相关联的数据。再比如，欧盟数据保护框架则是围绕着"个人数据"而展开的。不过，有的学者认为这还差得远，因为与单个个人无关的数据仍然有可能会对群体的隐私权产生影响，例如整个群体可能会在某些信息的帮助下而莫名其妙受到歧视。针对这一类数据，"隐私相关数据"这一概念应运而生。提出这一概念的一派学者表示，如果不能避免隐私权和数据保护的相关风险，那么，我们就应始终采取隐私保护措施。不少案例已经表明，虽然有的数据至少在一开始并没有被视为个人数据，但是后来他人的隐私权或基于这些数据的群体歧视风险却明显变得更大。此外，"隐私相关数据"还包括有助于或能够与其他数据集相联系的数据类型，通过这些数据，他人既可能与以前不可见的他人建立关系，又有助于我们在没有链接的情况下推断敏感信息的数据类型。举例来说，虽然时间戳的集合可能不会被视为个人可识别信息或个人数据，但是由于不仅它们可能有助于数据链接，而且还可能会对隐私风险产生一些影响，所以它们就属于隐私相关数据。

2. 早期方法

针对隐私权和数据保护的构成，早期全球性或超国家的统一解释方法主要包括1980年的《经合组织个人数据隐私和跨境流动保护指南》(*the OECD Guidelines on the Protection of Privacy and Transborder Flows of Personal Data*) 或《公平信息实践原则》(FIPP)。此外，1995年以来的《欧盟数据保护指令》也是基于类似的原则。而自20世纪70年代以来，在技术界不懈的推动下，如今已经提出了数据处理指导原则。

3. 多边安全

自打1994年以来，关于多边安全概念的争论就一直没停过：由于系统设计往往不考虑或几乎不考虑最终用户的利益，而主要侧重于系统的所有者和运营商，所以多边安全的概念应运而生，即我们必须要考虑到所有利益相关者的隐私利益和安全利益。为了实现这一点，每一方利益相关者都应该确定个人利益以及隐私和安全目标并加以表达，这也就要求向所有各利益相关者通报相关的好处（例如安全收益）和缺点（例如成本、资源使用和个性化的减少）。而在选择支持和实现各方要求的机制时，所有这些利益和目标也都需考虑在内。

简单来说，多边安全旨在具体授权最终用户行使他们的权利，并在决定数据处理手段方面发挥积极作用。同时，如果我们想要让多边安全由理想化为现实，那么，先决条件就是透明和可信的信息和通信技术系统。在此基础上，实现他人的个人控制、选择自由和个人的信息自决权便不再是梦。同时，这在1983年德国联邦宪法法院做出裁决后就已经成为德国数据保护的基础，并逐渐开始影响到欧洲层面的讨论。事实上，多边安全方法的发展与最初的隐私增强技术概念以及后来的"设计隐私"概念关系相当密切，这几个概念其实是齐头并进的。一方面，关于多边安全的研究已经考虑到并受到David Chaum和其他研究人员在匿名化技术和数据最小化方面研究的启发；另一方面，多边安全研究界也已经意识到设计隐私权方面的重重挑战。打个简单的比方，针对涉及一方以上的信息和通信技术系统，由于最终用户无法单方面实现多边安全，所以在系统设计中嵌入隐私选项必不可少。

总而言之，多边安全方法解决了在早期阶段（尤其是在概念化的设计阶段）实施隐私功能的优势。由于所涉各方利益相关者之间的谈判是概念的关键，所以将可供选择的安全和隐私功能嵌入系统中极为重要，不过，"默认隐私保护"至少在最初的概念中发挥着不那么重要的作用。

4. 隐私增强技术

虽然不少人总是抱怨新信息技术改变了我们面临的隐私和数据保护风险，例如，由方便的搜索引擎和廉价的数据存储所引发的风险；但是要知道，技术这把双刃剑同样也可以帮助最小化或避免隐私和数据保护风险。从20世纪70年代开始，研究界和大名鼎鼎的David Chaum就开始向隐私技术领域不断探索进军，例如，他们曾针对匿名电子通信、交易和支付提出相关技术。到了1995年，隐私和数据保护专员开始萌生出根据隐私权原则塑造技术的想法，而当时的主要原则就是数据最小化和匿名或假名的身份保护，这一讨论也就让"隐私增强技术"（PETs）一词就此登上历史舞台。事实上，说到开发和集成隐私增强技术，这就意味着要嵌入隐私权和考虑系统的完整生命周期。与此同时，"默认隐私保护"问题也开始被搬到台面上来讨论和解决，特别是通过强调数据最小化原则来加以解决。

5. 全球隐私标准

随着商业实践踏上全球化的列车，制定保护个人数据和隐私权的国际化标准就开始成为迫在眉睫的事情。在这样的背景下，2006年，国际数据保护和隐私专员会议商定出一套普遍适用的隐私权原则，作为商业实践相配套的全球性标准，这套标准可谓放之各国而皆准，不仅这种所谓的"全球隐私性标准"旨在帮助公共决策者以及企业和技术开发人员，而且它也不会取代在进行数据处理的各自管辖范围内的隐私和数据保护义务。不过值得注意的是，该标准将"问责"列为一项原则，并将"数据最小化"作为"数据收集限制"原则的一部分。虽然1995年的欧盟《数据保护指令》并没有提及这两项原则，但在研究界人士看来，这些原则对"设计隐私权"来说举足轻重。

到了2009年，国际数据保护和隐私专员会议又通过了一套进一步发展的原则——由 50 多个国家的隐私和数据保护当局批准的《保护个人数据和隐私权国际标准》，也就是所谓的"马德里决议"。就该标准而言，它不仅对 20 多项原则和权利做出界定，而且它还可以作为在全球一级制定保护个人权利和自由的且具有国际约束力的工具性基础。为了促进全球隐私保护框架，该标准一出，来自大型跨国公司的代表便纷纷举手响应表示大力拥护这些原则。值得注意的是，与全球性隐私标准不同，马德里决议主要是通过讨论如何安装处理个人数据的控制制度来解决立法者的问题。

6. 设计隐私权

虽然有些人往往会误解隐私增强技术是解决所有隐私问题的灵丹妙药，仿佛只需在现有系统上添加隐私增强技术组件就万事大吉，但是现实情况却并非如此。说到这里，Ann Cavoukian 女士在其七项基本原则中所引入的设计隐私权方法就是对此最好的回击，从她提出将隐私权作为一种预防性和积极主动的措施嵌入设计中就可见一斑。

在"马德里决议"通过一年之后，国际数据保护和隐私专员会议便通过了有关"将设计隐私权作为一个整体性概念端到端地应用于整个组织的运作，包括其信息技术、业务实践、流程、物理设计和网络基础设施"的决议，即所谓的"设计隐私权决议"。该决议指出，"现有的规章和政策本身并不足以保障他人的隐私权"，并强调"关于将隐私权作为默认设置嵌入整个信息生命周期的信息和通信技术和系统的设计、操作和管理中，这是充分保护隐私权所不可或缺的内容"。

就设计隐私权的七项基本原则而言，相比于指示需要采取的具体措施，它们不如说是在对相关属性进行定性。在集成需求分析和攻击者、威胁和风险建模的相关方法中，或在区分"按政策保护隐私权"（侧重于通知和选择原则）和"按架构保护隐私权"（侧重于数据最小化原则）的文件中，这些文件才更侧重于提出颇具实用性的相关方法。

7. ISO/IEC 29100 中的隐私权原则

在 2011 年，作为国际性标准，国际标准化组织（ISO）和国际电子技术委员会（IEC）提出的"隐私权框架"（ISO/IEC 29100）初次与大家见面。简单来说，该标准以组织为目标，并打算支持这些组织来确定相关隐私保护要求；而在存在已经有相关法律性隐私权和数据保护要求的情况下，该标准便仅作为一种补充而存在。总之，该标准的目的就是在个人可识别信息被处理时，通过隐私权视角来提高当今的安全标准，同时，该标准的目标对象既包括对数据处理负责的实体组织，又涉及信息和通信技术系统的设计人员和开发人员。

虽然该标准是在"网络信息安全技术"（SC27）的框架内制定的，但是该标准却远不止这么简单，因为不仅它明确地与 ISO/IEC 27000 的相关概念相联系，而且它还清楚地展示它们之间的对应关系。要知道，除了 11 项详细阐述的隐私权原则之外，该标准还包括对通用隐私术语、行为人和行为人在处理个人可识别信息、隐私保护要求和控制方面的作用的简要描述。

8. 隐私保护目标

所谓隐私保护目标旨在为信息技术系统提供一个抽象的、脱离具体情境的独立属性。在信息和通信技术安全中，保密性、完整性和可用性的三位一体目标早已传遍大江南北。虽然后续也提出过若干扩展和改进，但这几个核心保护目标几十年来始终屹立不倒，并成为许多信息和通信技术安全方法的基础。同时，开发人员对这些目标也早已耳熟能详，利用这些目标来确定风险并选择适当的保障措施也全然不在话下。

作为对这几个隐私保护目标的补充，2009 年又有三个隐私保护目标登上舞台，它们就是不可链接性、透明度和可干预性。随着这些目标不断得到完善，它们逐渐被纳入一个标准化的数据保护模型之中，不仅该模型正在得到德国数据保护机构的认可，而且它在欧盟层面得到使用也指日可待。

（1）不可连接性。所谓不可连接性，是指确保隐私相关数据不能经由共同目的和情境构成的域进行连接，这就意味着数据处理必须以这样一种方式进行操作，即隐私相关数据与域之外的任何其他与隐私相关的数据集不可链接。事实上，不可链接性与数据必要性原则、数据最小化原则和目的相关性原则息息相关，而实现或支持不可链接性的机制则包括数据避免、情境分离（物理分离、加密、使用不同标识符、访问控制）、匿名、化名和擦除数据。

（2）透明度。所谓透明度，是指确保所有隐私相关数据处理都可以随时被理解和重建,包括法律、技术和组织设置。根据透明度的目标,鉴于行为人必须在数据处理之前、期间和之后提供相关信息,所以透明度目标所覆盖的范围不仅包括实际的数据处理行为,而且还包括正在计划中的数据处理(事前透明度)和数据处理完成后发生的事情(事后透明度)。此外,透明度目标还要求根据目标受众的能力来对提供多少信息以及以何种方式最好地传播信息进行调整,这些目标受众主要包括数据控制者、用户、内部审计人员或监督机构。与开放性原则大同小异,透明度也是问责制的先决条件;如果想要实现或支持透明度,那么,记录和报告就必不可少,而这种记录和报告其实就是一种可被他人理解的文件,里面涵盖了技术、组织、责任、源代码、隐私政策、通知、数据处理人员的信息等相关内容。

(3)可干预性。所谓可干预性,是指确保利益相关者能够对所有正在进行或计划进行的隐私相关数据处理进行干预,特别是自己数据被处理的数据主体;换言之,利益相关者可以在必要时采取纠正措施和做出平衡。

说到可干预性,它与某些人权原则的关系相当近,例如他人所享有的纠正和删除数据的权利、撤回同意的权利、提出赔偿请求或提起诉讼来获得救济的权利。同时,可干预性对其他利益相关者来说也很重要,例如如果数据控制者想要有效地控制数据处理器和使用的信息技术系统,那么他们就需要有权随时影响或停止数据处理行为。简单来说,能够实现或支持可干预性的机制包括完全或部分影响或停止数据处理的既定过程、手动推翻自动决策、防止数据处理器锁定的数据可移植性预防措施、破窗策略、个人干预请求的单点接触、用户更改设置的开关(例如更改为非个性化、空配置文件配置)、停用自动飞行模式或监控系统一段时间。值得注意的是,只有在服务提供商积极配合的情况下,这些机制才能派上用场。

总而言之,遵循隐私保护目标就意味着要去平衡来自与数据、技术和组织过程有关的六个保护目标(信息通信技术安全和隐私)的要求,而对合法性、公正性和问责制的考虑则为平衡各项要求和决定的设计选择和适当保障提供了指导。

（二）从法律框架中衍生隐私权和数据保护原则

虽然前文介绍了这么多原则和机制，但是事实上，它们只有反映在立法中才能作数。在接下来的内容中，本文将主要侧重于欧盟的观点，概述并简要讨论欧盟法律数据保护背景下的主要原则。总的来说，本文内容主要参考了欧盟《数据保护指令》95/46/EC，"第29条数据保护工作组"的意见和拟议的欧盟《通用数据保护条例》。

1. 合法性原则

根据欧盟相关的数据保护法律，如果行为人想要处理个人数据，那么，他们的行为就必须符合下列的其中一种情况：①正在被处理个人数据的他人（数据主体）已明确表示同意；②相关数据必须因合同履行而必须进行处理；③行为人为遵守法律义务而必须要进行数据处理；④行为人为了保护他人（数据主体）的重大利益而处理数据；⑤行为人为了执行涉及公共利益的任务而处理数据；⑥在不侵犯他人（数据主体）的基本权利和自由的前提下，行为人为追求合法利益而进行数据处理。

具体来说，所谓"个人数据"，是指与身份已经被识别或可识别的自然人有关的任何信息，这一术语与个人可识别信息（PII）紧密相关。例如，ISO/IEC标准化的隐私框架中就曾使用该术语。

虽然合法性原则看似是个理所当然的原则，但是在国际上，并不是每个国家都会遵循该原则。换言之，在欧盟以外的一些国家，除非法律明确禁止，否则，行为人是可以处理个人数据的；而在欧盟，除非法律明确许可数据处理行为，否则，行为人不能实施个人数据处理行为。此外，针对合法且合规的数据处理行为，我们还需要考虑与隐私权无关的监管规范，其中一些就包含与众所周知的隐私权和数据保护原则相冲突的要求，例如法律要求数据保留原则优先于数据最小化原则。

2. 同意原则

所谓同意原则，是指只有他人具体、知情和明确地表明他们在处理数据方面的意图，行为人处理他人个人可识别信息数据的行为才符合法律规定；如果不能满足上述这些要求，那么他人的声明同意就无效。因此，透明度是同意原则的先决条件。此外，虽然他人将来还可以撤回自己的同意，毕竟同意关系到他人信息自决的权利并因此表达他人的自由，但是在实践中，他人要么就并没有充分知情，要么就并不是自由地表示同意。在本文看来，这种令人遗憾的情况主要是由两个问题造成的：一方面，行为人征求同意的方式过于复杂；另一方面，他人的注意力集中在其他主题上。事实上，这种情形不仅适用于隐私权和数据保护领域、以法律形式表现的"接受或离开它"应用程序或合同，而且在签署医疗措施同意书或银行账单时也同样如此；要知道，这样的情形往往会使同意原则变成一个华而不实的空架子。

3. 目的限制原则

所谓目的限制原则，是指行为人出于某种目的获得的个人数据不得用于不符合原定目的的其他目的；同时，不仅行为人的目的必须是合法的，而且行为人在收集个人数据之前必须要明确和具体化这种目的。在欧盟以外的许多国家，我们几乎看不到目的限制原则或目的约束原则的影子；恰恰相反，有不少国家甚至会鼓励行为人将数据用于多种目的。在大数据势不可挡的大趋势下，相比于将数据都在被隔离开来的领域，把数据用于多用途的链接和数据分析仿佛才是更多人的选择。

4. 必要性原则和数据最小化原则

所谓必要性原则和数据最小化原则，是指行为人只能处理与相关目的息息相关的个人数据。换言之，在数据收集阶段和下一个数据处理阶段，行为人必须尽可能充分避免或尽量减少个人数据的收集，一旦个人数据不再需要用于特定目的，行为人就必须删除或有效匿名化这些数据。虽然数据最小化原则早就是隐私增强技术中的一个元老级核心概念，甚至2006年的全球性隐私标准中也明确提到过这一点，但是这一原则至今的执行现状堪忧。

5. 透明和开放性原则

所谓透明和开放性原则，是指所涉数据的利益相关者能够获得关于收集和使用个人数据的充分信息，不仅他们能够了解数据处理所引起的可能风险，而且也知晓他们所可以采取的控制数据处理的行为。同时，从以下三方面内容来看，透明和开放性原则是公平数据处理不可或缺的必要条件：①他人需要相关信息来行使自己的权利；②数据控制者需要评估自己的处理器；③数据保护机构需要根据自己的职责进行监控。从目前的情况来看，一方面，随着数据处理和系统交互的复杂性逐步增加，透明度水平却根本赶不上这种变化的脚步；另一方面，考虑到执法需求和商业秘密，完全透明也几乎不可能（也不可取）。

6. 个人权利原则

所谓个人权利原则，是指不仅他人享有访问、纠正、阻止和删除自己个人数据的权利，而且他们还享有撤回对未来有效同意的权利；同时，他人的这些权利还应当以一种他们能够有效和方便地行使的方式得到支持。事实上，就上述这些权利的实现或至少支持来说，设计隐私权原则功不可没，因为正是设计隐私权原则提出要考虑用户和隐私默认设置。

7. 信息安全原则

所谓信息安全原则，是指数据保护目标的机密性、完整性和可用性。从隐私权和数据保护的角度来看，上述这些目标不分伯仲，它们特别要求禁止行为人未经授权的数据访问、数据处理、数据操纵、数据损失、数据破坏和数据损害等行为。此外，除了数据必须准确之外，在必要时，行为人还必须有为适当处理数据和他人行使权利提供可能性的组织和技术程序。

8. 问责原则

总的来说，问责原则能够确保并证明行为人在遵守隐私权和数据保护原则或相关法律规定。所谓问责原则，是指明确的责任、内部与外部审计和对所有数据处理的控制。为了进行内部审计和处理相关投诉，不少组织都会设置数据保护专员，而证明遵守情况的一种方式就是数据保护影响评估。到了国家层面，独立的数据保护机构就会作为监督机构来负责监督和检查。

9. 设计数据保护和默认数据保护原则

事实上，"设计隐私权/数据保护"原则主要是基于这样一种观点，即相比于在稍后阶段调整产品或服务，从设计过程开始之初就嵌入隐私功能才是明智之举。参与设计过程支持考虑数据的完整生命周期及其使用。

所谓设计数据保护和默认数据保护原则，是指在默认设置中，他人已经受到保护并且免受隐私风险，这会影响设计人员选择究竟哪些部件应该是有线的、哪些又是可配置的。在大部分情况下，除非他人清楚明确地选择；否则，任何一种尊重他人隐私权的默认设置是不允许产品有扩展功能的。

（三）情境和目标的定义

（1）隐私权本身就是一个复杂的、多方面的和情境化的概念。隐私权通常不是系统的主要需求，它甚至可能会与其他（功能或非功能）的需求发生冲突。因此，对设计隐私权过程的目标进行定义就显得至关重要，这些目标既应构成该过程本身的起点，又应成为评价的基础。而在隐私权领域，定义系统目标的一种众所周知的方法就是进行初步的隐私影响评估（privacy impact assessment，PIA）或隐私风险分析。事实上，在某些情况下，隐私影响评估或"数据保护影响评估"是《通用数据保护条例》所明确要求的，毕竟该条例要求在设计隐私权过程中考虑到隐私结果，《通用数据保护条例》第23条第一段指出："设计数据保护应当特别考虑到个人数据从收集到处理再到删除的整个生命周期管理，系统地侧重于关于个人数据的准确性、保密性、完整性、物理安全性和删除的全面程序保障。如果数据控制者根据第33条已经进行过数据保护影响评估，那么，他们在制定这些措施和程序时就应考虑到评估结果。"

（2）越来越多的隐私影响评估也开始在许多国家进行。简单来说，所谓隐私影响评估是一个可轻松亦可繁重的过程，其中包括不同的组织、决策和技术任务，而隐私影响评估的报告也从轻薄的一页半到一百五十多页不等。从技术角度来看，隐私影响评估的核心步骤主要包括以下五个方面：①确定利益相关者并征求他们的意见；②确定风险（考虑到利益相关者的看法）；③确定解决办法和提出建议；④执行建议；⑤审查、审计和问责措施。就这些步骤而言，设计隐私权过程本身的输入应该是第二步（风险分析）、第三步（建议）和第四步（建议的执行）。虽然很多人可能会说，设计隐私权包含的是整个过程，但是本文还是会主要将目光聚焦在实际的设计阶段。总之，无论选择的是哪一种定义，设计隐私权都是一个迭代的、连续的过程，故而隐私影响评估在这过程中的任何一个阶段都可以进行。

（3）隐私影响评估在设计隐私权方面的重头戏就是风险分析。

虽然为信息技术安全风险分析定义的方法比比皆是，但是专门用于隐私风险分析的方法却找不出几个。打个简单的比方，尽管 OASIS 隐私管理参考模型和方法（PMRM）包括分析隐私政策和隐私管理要求的一般方法，但是它们并没有提供精确的风险分析方法，而现有的唯一几种隐私风险分析方法实际上只是安全风险分析针对隐私权的调整或转换，例如，EBIOS 方法或 STRIDE 方法。就拿法国来说，法国国家信息和自由委员会（CNIL）所公布的风险分析方法的核心就是确定"令人恐惧的事件"（应防止的事件）和威胁（什么能使令人恐惧的事件发生）。一方面，令人恐惧的事件主要包括非法使用个人信息发布电子邮件，或数据控制者未能遵守删除义务从而导致过期或不正确的数据被用来剥夺他人的权利（就业、社会福利等）；具体来说，恐惧事件的严重程度主要来自两个参数：个人数据的识别水平（从风险资产中识别数据主体的难易程度）和损害程度（恐惧事件对他人的潜在影响）。另一方面，就威胁而言，它们的可能性则是根据支持资产的脆弱性（在多大程度上可以利用支持资产的特征来实施威胁）和风险源（攻击者）利用这些脆弱性的能力（技能、可用时间、财政资源、与系统的接近程度和动机等）来计算的。总而言之，每个隐私风险都会由一个令人恐惧的事件和相关的威胁构成，然后再把该隐私风险在二维空间（可能性和严重程度）中绘制；根据该隐私风险在这一空间中的位置，它们就会被归类为"绝对可以避免"、"可减轻"（可以减少其可能性和/或严重程度）或"可接受"（几乎不可能或影响不大）。虽然法国国家信息和自由委员会的方法本身较为通用且具有高层次性，但是它得到了一系列良好做法的补充，这样它就可以帮助数据控制者更好地完成任务，如评估威胁事件的影响、确定风险来源、选择与风险相称的措施等。

（4）LINDDUN 方法[①]。虽然该方法对法国国家信息和自由委员会的方法原则高度认同，但是，根据数据流动图表还提出了更系统性的方法。具体来说，该方法涉及以下步骤：第一步是建立一个资料流程图，从而提供系统的高级描述，而该资料流程图主要涉及实体（例如用户）、程序（例如社交网络服务）、数据存储（例如数据库）

---

① https://distrinet.cs.kuleuven.be/software/linddun/.

和实体之间的数据流。第二步是要将隐私威胁映射到资料流程图组件之中，例如将"主体的可识别性"威胁与"数据库"组件联系起来，该方法主要考虑了七种类型的威胁，即可链接性、主体的可识别性、不可否认性、兴趣项目的可检测性、信息不可靠性、内容不可识别性、隐私政策和同意不遵从性。第三步是确定更精确的数据滥用情况。为了达到这个目的，LINDDUN方法提供了一个威胁树模式的目录来显示隐私攻击场景的前提条件（和/或树的形式）。通常情况下，该前提条件都是一个漏洞，攻击者可以利用这个漏洞进行必要的攻击，接着我们就可以从数据滥用案例中得出相关隐私要求。和法国国家信息和自由委员会的方法大同小异，在LINDDUN方法中，不仅隐私威胁的严重程度必须得到评估、风险必须得到优先排序，而且隐私要求也可以通过不同的方式得到解决（包括删除系统功能、警告用户、采取组织性措施和使用隐私增强技术）。

（5）无论使用何种方法，风险分析都应当为设计过程贡献一臂之力，其中包括对情境的假设（包括外部环境、攻击者和他们的能力）、系统的精确隐私目标和隐私增强技术的潜在建议。退一步来说，即使没有进行正式的隐私影响评估或风险分析方法，这些输入内容也应该在过程的一开始就进行定义，否则设计隐私权过程本身的目标就不会得到很好的定义。

（四）方法论

首先，当情境中的目标和假设被定义后，设计人员接下来面临的挑战就是找到适当的隐私增强技术和协议，然后再将它们结合起来以满足系统的要求。横在他们面前的有两道难关：第一道难关就是隐私目标与系统的其他需求（功能和非功能）之间的潜在冲突或不一致；第二道难关则是存在着大量的隐私增强技术，不仅它们之间的区别可能是很微妙的，而且理解如何将它们组合起来以达到给定的目的也相当烦琐且容易出错。考虑到上述种种原因，在过去10年中，有好几个研究小组都纷纷在为设计隐私权提倡或研究适当的隐私方法或开发工具。针对任务的复杂性，其中一种方法就是在架构层次上定义设计隐私权方法论。事实上，架构无与伦比的重要性与设计隐私权息息相关：①架构是最早的载体，因此也是最基本的、最难改变的设计决策的载体；②鉴于架构能够抽象出不必要的细节并聚焦于关键问题，所以架构能够降低设计和系统的复杂性；③架构可以帮助设计人员解释隐私要求和可用于满足这些要求的隐私增强技术组合。

其次，如果我们选择在架构层面上展开，那么，下一个问题就是"要如何定义、表示和使用架构"。在实践中，架构通常是以图形的方式进行描述的，要么使用那些用来定义节点和顶点含义的不同类型的图，要么用半形式化的图来表示，比如UML图（类图、用例图、序列图和通信图等）。当需要更强的证明时，依赖数学方法来证明也不是不可以，即基于对所涉及的隐私增强技术的适当假设来证明给定的架构确实满足系统的隐私要求。

再次，无论系统的描述和表示语言的水平如何，设计隐私权方法论都必须考虑以下四个关键标准。

第一，信任假设。在设计阶段，无论如何都必须做出的一个关键决定就是选择利益相关者之间的信任关系，而这种选择也是架构选项选择和隐私增强技术的重要驱动因素。具体来说，任何个人数据的披露都取决于信息披露者和信息接收者之间的一种信任形式，这些信任形式主要包括盲目信任、可验证信任和已验证信任。就这三种形式而言，其一，虽然盲目信任是最强的信任形式，但是从技术角度来看，它却可能导致最弱的解决方案也最容易受到错误信任的影响。其二，可验证信任介于另外两种形式之间，即这种信任是默认授予的，但是随后可以对这种信任进行验证，例如使用承诺和抽查来检查受信任的一方没有作弊。其三，从技术来上讲，已验证信任差不多是一种"不信任"选项——它既依赖于加密图形算法和协议（如零知识证明、安全多方计算或同态加密），又通过构造来保证所需的属性。同时，通过使用加密技术或分发数据，信任量也会随之减少。此外，除了上述三种形式的信任之外，其实还有一些涉及利益相关者群体的其他形式的信任，例如，分配式信任也是一种信任形式，它主要取决于一种假设，即相关数据在假定互相没有串通的几个实体之间被分配（或至少其中的一小部分）。

第二，用户参与。在设计阶段，设计人员要做的第二等重要的决定就是与用户交互类型。对于一些系统（智能计量、电子交通定价等）来说，无论是与用户进行交互从而获得他们的同意，还是允许用户行使他们的权利,这些都显得无足轻重;对于另外一些系统来说,这种交互的实现却显得必不可少,而这也就意味着设计人员必须解决几个问题:他们要向用户传达什么信息?以什么形式和在什么时候传达?用户可以通过什么手段在什么时候采取什么举措?值得特别注意的是,系统界面必须要允许他人行使自己的所有权利(知情同意、访问、纠正、删除等权利)而不能添加任何不适当的限制。

第三,技术限制。要知道,对环境的一些限制也万万不能忘了,例如,将一个给定的输入数据放置在一个特定的区域,然后再由一个可能容量有限的传感器提供,或是让两个组件之间存在(或缺乏)通信通道。

第四,架构。除了上述三点之外,最后一个阶段就是架构的定义,其中包括使用的组件类型、控制它们的利益相关者、计算的本地化、组件之间的通信链接和信息流。

就上述关键标准而言,为了给设计人员在最后一个"创造性"步骤(架构和组件的选择)助以一臂之力,这种方法最好得到适当的设计隐私权策略库和隐私增强技术的支持。总而言之,设计隐私权方法是一个连续的、迭代的过程,而各种事件(例如新的隐私增强技术的可用性或对现有技术的攻击)也都可以要求重新排列优先次序或重新考虑某些假设。不过,就像本文接下来所要讨论的那样,对于上述过程来说,评估也至关重要。

(五)评估方式

虽然将一个定义良好的设计隐私权过程加以适用看上去已经大功告成,但是事实上这并不是系统将遵守所有隐私要求的一百分保证。不仅如此,问责制原则还规定,数据控制者必须能够向内部和外部审计人员证明自己已经遵守相关规定。这一义务在《通用数据保护条例》中便有迹可循,《通用数据保护条例》指出:"只有数据控制者确保自己遵守最初规定的承诺,影响评估才能发挥应有的作用。因此,数据控制者应当定期进行数据保护遵守情况审查,从而证明现有的数据处理机制符合自己在数据保护影响评估中所做出的保证,接着再进一步证明自己的能力符合数据主体的自主选择。此外,如果经审查发现数据保护遵守情况存在不一致之处,那么数据控制者就应突出强调这些问题，并就如何实现充分的遵守来提出建议。"

具体而言，这个证明过程可以在不同的时间以不同的方式进行。关于这一点，Colin Bennett 就曾将问责分为三个层面：一是，对政策进行问责；二是，对程序进行问责；三是，对实践进行问责。就前两类问责而言，只要有适当的文件可用来界定系统实行的隐私政策就足矣，换言之，有关隐私要求的文件、现有的内部机制和程序（比如隐私影响评估、投诉处理程序、工作人员培训和是否存在隐私专员等）必须到位。而就第三类问责而言，要求可就不止这么多了，为了遵守问责要求，数据控制者必须能够证明自己的实际数据处理行为符合自己的义务。为此，数据控制者一般情况下都需要保存审查记录，而这些记录也必须符合其他隐私权原则，比如数据最小化原则（只能记录对于审查而言必要的数据）和安全义务原则（审查记录不应成为个人数据的额外风险来源）。

针对这一问题，为了界定记录在日志中的信息并确保它们的安全性，如今也已经有人极力想出解决方法。说到这里，我们就不得不搬出隐私认证或"隐私印章"（privacy seals）了，它们是由《通用数据保护条例》为隐私影响评估所提供的另一个框架。所谓"隐私印章"是指由相关认证实体签发的认证标志或担保，以此验证相关组织是否遵守某些特定的隐私权标准。换言之，所谓隐私印章是指表明相关组织对既定的、主要是自愿的隐私标准表示认可的一种可见公开标志，旨在促进消费者对电子商务的信任和信心。如今，不仅隐私印章和隐私证书已经实现，而且它们的目标还五花八门：有一些应用于网站，有一些应用于程序①，还有一些则应用于其他产品等等。不过，不管目标是谁，如果想要建立起隐私印章的价值，那么，以下四点重要的标准必不可少。

第一，什么是认证实体？有哪些机制确保它们值得信赖？在理想的情况下，一个独立的官方机构签发隐私认证是再好不过的了，即使评估本身可以由经认证的实验室进行，比如《安全通用标准》中的评估②）。

---

① http://www.cnil.fr/linstitution/labels-cnil/procedures-daudit/.
② https://www.commoncriteriaportal.org/.

第二，认证的范围是什么？在设计隐私权的背景下，虽然我们的主要兴趣点都在产品认证身上，但即便如此也必须确定评估的确切范围（产品可以是系统的一部分）和对环境的假设（利益相关者、预期用途等）。

第三，评估使用的隐私要求或标准是什么？要知道，每个隐私印章都遵循自己的标准，例如欧盟的 PriSe 标准。① 如果已经进行过隐私影响评估或风险分析，那么，行为人就应当提供（或纳入）产品的隐私要求，而不考虑这些要求的隐私印章则不能提供足够的保证。此外，在任何情况下，评估的参考资料都应该被精确地记录在案。

第四，认证结果应当如何传达给用户？要知道，当隐私印章或隐私认证应向终端用户提供信息时，这一问题的重要性绝对不容忽视。同时，对于更多面向商业实践的认证，评估结果更应毫不含糊地描述评估的范围、隐私要求、保证水平和评估结果（其中可能包括关于产品使用的意见或建议）。

值得注意的是，在实践中，隐私印章或隐私认证还具有一定的附加价值，那就是增加他人对产品满足隐私要求这一事实的信心；换言之，这种信心的增加最终取决于对认证机构的信任。不过扎心的是，这种信任并不总是当之无愧的。正如几位学者所言，鉴于隐私印章可以产生一种"隐私错觉"，从而导致用户披露比在没有隐私印章的情况下更多的信息，所以它们在隐私方面有时可能会产生适得其反的效果。为了避免这种欺骗效应，并为未来的隐私印章创造一个适当的环境，不同的共同监管模式或许才是解决问题的光明出路。

三、设计隐私权策略

（一）软件设计模式、策略和技术

在本节内容中，本文将探讨设计策略的概念，并细细解释它究竟与设计模式和隐私增强技术有何区别。总的来说，软件架构涉及一组关于软件系统组织的重要决策，它包括结构要素的选择、系统由这些要素组成的界面、这些要素合作时的特定行为、这些结构和行为要素

---

① https://www.european-privacy-seal.eu/EPS-en/Home.

所组合成的一个更大的子系统和指导这个组织的架构风格。就软件开发方法而言，在瀑布模型中，软件系统开发主要分为六个阶段：概念开发、分析、设计、实现、测试和评估。鉴于系统从来不是一次性开发的而是通常涉及几个迭代，其中包括向公众发布初始版本的之前和之后，所以，实践中的软件开发是在一个循环中进行的，在这个循环中，通过适当地更新理论和概念，新的迭代又会在评估后周而复始。此外，为了在整个软件开发过程中支持设计隐私权，开发过程的每个阶段都会依赖于不同的理论和概念。在概念开发和分析阶段，所谓的设计隐私权策略必不可少；在设计阶段，已知的设计模式理论能派上大用场，而在实施阶段，只有具体的隐私增强技术才行。

1. 设计模式

设计模式对于就软件系统的组织进行设计决策是有用的。所谓设计模式是指"不仅能够提供一种细化软件系统的子系统、组件或它们之间关系的方案，而且还能够描述在特定情境中用于解决一般设计问题的通信组件常见循环结构的模式"。有了设计模式，系统设计人员就能够通过将问题分解为更小、更易于管理的子问题来解决问题，而无须提供实现细节。同时，设计模式还能够清楚地描述细分建议所可能带来的后果，而这能让设计人员确定该模式的应用是否能够达到总体目标，这也就是为什么有关设计模式的描述通常包含以下元素：名称、目的、情境（适用的情况）、实施（结构、组件和关系）和后果（结果、副作用和应用时的权衡）。就拿模型－视图－控制器这种软件设计模式来说，它就会将数据的表示（模型）、它向用户呈现的方式（视图）和用户如何与该数据交互（使用该数据控制器）分离开来。

在设计隐私权的语境下，迄今为止鲜有设计模式被明确地描述出来。虽然 Hafiz、Pearson、van Rest 和加州大学伯克利分校信息学院最近的研究对此有所提及①，但是更多含蓄的设计隐私权模式仍然存在。

2. 设计策略

鉴于许多设计模式过于具体，所以，它们不能被直接应用于概念开发阶段。我们还有更高抽象层次的设计模式，即架构模式。所谓架

---

① http://privacypatterns.org/.

构模式就是指"表达一个用于软件系统的基本结构组织或模式的模式。该模式能够提供一组预定义的子系统、明确它们的责任并涵盖组织它们之间关系的规则和指南"。① 针对架构模式,有些人认为前文提到的模型－视图－控制器模式属于架构模式才更为准确。然而,想要区分架构模式和设计模式可相当棘手;从中我们不难看出,不仅他人可以在不同的抽象层次上看待系统设计,而且具体的设计模式往往会因为过于具体而在某些情况下不易适用。事实上,还有更多能够用于指导系统架构的一般原则,比如我们往往会选择用设计策略来表达这种更高层次的抽象原则。

所谓设计策略,是指实现某一设计目标的基本方法。它既赞成某些结构性组织或计划而不是其他组织或计划,又具有某些特性,从而可以将它与实现相同目标的其他方法区分开来。同时,就某内容能否被归类为一种策略而言,这其实很大程度上取决于话语的范围,特别是取决于该策略的确切目标。我们认为,设计隐私权策略就是一种将实现某种程度上的隐私保护作为目标的设计策略。此外,虽然设计策略确实会限制系统可能的结构实现,但是设计策略不一定会将特定的结构强加给系统,因此它们也适用于开发周期的概念开发和分析阶段。

3. 隐私增强技术

每每谈论到设计隐私权时,不仅隐私增强技术可谓无人不知,而且针对这一技术,学者们已经深入研究了几十年。事实上,Borking 和 Blarkom 等人所给出的定义是最权威的定义,而该定义后来也开始被欧盟委员会采用,该定义指出:"所谓隐私增强技术就是指一种信息和通信技术措施的系统,在不损失信息系统功能的情况下,通过消除或尽量减少个人数据从而防止行为人不必要地处理个人数据,隐私增强技术能够很好地保护他人的信息隐私权。"②

原则上,隐私增强技术往往会采用具体技术来实现一定的设计隐

---

① See http://best-practice-software-engineering.ifs.tuwien.ac.at/patterns.html, and The Open Group Architecture Framework (TOGAF) http://pubs.opengroup.org/architecture/togaf8-doc/arch/chap28.html.

② G. W. van Blarkom, J. J. Borking, J. G. E. Olk, Handbook of Privacy and Privacy-Enhancing Technologies, The case of Intelligent Software Agents, The Hague, 2003, p. 3.

私权模式，例如"Idemix"和"U-Prove"都是实现设计隐私权模式匿名凭据的隐私增强技术。事实上，有关隐私增强技术的例子较多，比如"剪切和选择"技术、"洋葱路由"等。

（二）八种设计隐私权策略

在接下来的内容中，本文将简要总结Hoepman从数据保护立法的法律原则中所得出的八种设计隐私权策略。如果要粗略地划分的话，本文将这八种设计隐私权策略主要分为面向数据的策略和面向过程的策略。

1. 面向数据的策略

概括而言，面向数据的策略不仅可以支持不可链接性这种隐私保护目标，而且它们主要强调的是数据必要性原则和数据最小化原则。

（1）策略一：最小化策略。事实上，最基本的设计隐私权策略就是最小化策略，即被处理的个人数据量应当被限制在尽可能少的数量中。Gurses等人曾在研究这一策略上下过一番苦功夫。通过确保数据或不必要的数据不会被行为人收集，系统因此所能造成的可能隐私影响会大大受限。同时，应用最小化策略意味着行为人必须回答自己的个人数据处理行为是否成比例（就目的而言），以及是否确定没有其他、较小的侵入性手段来实现相同的目的。此外，行为既可以在设计阶段和运行阶段做出收集个人数据的决策，又可以采取各种形式做出这种决策。打个简单的比方，行为人既可以决定压根不收集关于特定数据主体的任何信息，又可以决定只收集一组有限属性的数据。就设计模式而言，实现这一策略的常见设计模式就是"收集前选择"和"匿名化和使用假名"。

（2）策略二：隐藏策略。所谓隐藏策略，是指任何个人数据和它们的交互关系都应该隐藏在朴素的视野中，而这一策略背后的理由就是通过隐藏个人数据来防止它们轻易地被滥用。值得注意的是，该策略并没有直接说明数据究竟应该从谁那里进行隐藏，因为这主要取决于应用这一策略的具体情境——在某些情况下，如果该策略是用于隐藏从使用系统中自发产生的信息（例如通信模式），那么它的目的就是将信息隐藏在所有人背后；而在其他情况下，如果信息是由一方合法收集、存储或处理的，那么它的目的就是将信息隐藏在任何另一方背后,在这种情况下,隐藏策略几乎可以和确保机密性画等号。

然而,虽然隐藏策略具重要性,但是它却常常坐"冷板凳"。在过去许多时候,有些系统常常会被设计为使用无害的标识符。例如,射频识别标签上的标识符、无线网络标识符甚至是 IP 地址,最后则是隐藏策略才迫使人们重新考虑使用这种标识符。从本质上来讲,隐藏策略旨在实现不可链接性和不可观察性,而此情境中的不可链接性能够确保两个事件之间不会相互关联。

就设计模式而言,属于隐藏策略的设计模式其实是一个混合物,这其中的一部分内容就是使用数据加密技术(在存储时或在传输时),还有一部分内容则是用于隐藏流量模式的混合网络或者取消某些相关事件链接性的技术,比如基于属性的凭据、匿名化技术和假名的使用。此外,用于计算个人数据的技术在允许一些数据处理的同时也能够实现隐藏策略。不过值得注意的是,后两种模式也属于最小化策略中的内容。

(3)策略三:分离策略。所谓分离策略,是指不仅行为人应该以分配的方式处理个人数据,而且它们在可能的情况下还应当在单独的空间中进行处理。具体而言,通过分离处理或存储属于同一个人的几个个人数据来源,关于他人的完整配置文件就无法制作出来。同时,分离策略也是实现目的限制原则的绝佳方法:其一,分离策略需要分配式处理而不是集中对数据进行处理,特别是来自不同来源的数据应存储在单独的数据库中,并且这些数据库之间不应相互链接。其二,数据应当尽可能地就地处理,在可行的情况下,就地存储也是有必要的。其三,不仅数据库表在可能的情况下应该进行拆分,而且这些表中的行还应该很难在相互之间进行链接。例如,通过删除标识符或使用特定于数据库中的假名来达到这种效果。

鉴于近几年大家的视线都集中于网络的服务上面,所以分离策略往往会被大家视而不见。然而要知道,不仅对等网络所提供的隐私保障相当可观,而且相比于 Facebook 和 Google + 这样的集中化方法,诸如 Diaspora[①] 之类的社交网络才在本质上更有利于他人的隐私权。就设计模式而言,该策略的具体设计模式尚不清楚。

---

① http://diasporafoundation.org/.

(4) 策略四：聚合策略。所谓聚合策略，是指行为人不仅应当在最高的聚合级别上处理个人数据，而且还应当尽可能少地详细处理这些数据（仍然）有用的部分。鉴于在一组属性或一组个体上聚合信息能够限制个人数据中保留的细节数量，如果信息具有足够粗的粒度，并且聚合该信息的组足够大，那么，该数据就能变得不那么敏感。在聚合策略的语境下，由于粗粒度数据意味着数据项足够普遍并且存储的信息对许多个人都有效，所以几乎没有什么信息会只归于一个人，而这就会达到隐私保护的目的。就设计模式而言，属于这种策略的设计模式比比皆是，比如随时间的聚合（用于智能计量）、动态位置粒度（用于基于位置的服务）、k-匿名模式、差分隐私和其他匿名化技术。

2. 面向过程的策略

(1) 策略五：告知策略。总的来说，告知策略与透明度这一重要保护目标不谋而合。所谓告知策略，是指行为人在处理个人数据时应当充分告知他人。每当他人使用一个系统时，行为人就应该告知他们自己要处理哪些信息、用于什么目的和通过什么手段，而这既包括关于信息保护方式的信息，又涉及系统安全的透明度。同时，允许他人访问设计清晰明了的文档也是一个不错的做法。此外，不仅行为人应告知他人与自己共享信息的第三方主体是谁，而且他人还应当了解自己的数据访问权限和究竟应当如何行使这些权限。就设计模式而言，该策略一个可能的设计模式就是隐私偏好平台（P3P）[①]，数据泄露通知也差不多属于告知策略中的设计模式。最后值得一提的是，Graf 等人曾提出过一个有趣的设计隐私权模式集合，该模式能够从人机交互的角度去告知用户，这颇为耐人寻味。

(2) 策略六：控制策略。所谓控制策略，是指行为人应当为他人提供处理其个人数据的代理。事实上，控制策略是上述告知策略亲密无间的好战友——如果没有合理的方法来控制个人数据的使用，那么将个人数据收集的事实告知他人就几乎等同于走个过场；反过来说也同样成立，如果没有适当的信息，那么征求他人同意也将变得毫无意义。在实践中，数据保护相关法律通常会赋予他人查看、更新甚至

---

① http://www.w3.org/P3P/.

要求删除有关自己个人数据的权利,而控制策略就旨在强调这一事实,并且控制策略中的设计模式也在为他人提供行使上述数据保护权利的工具。

值得注意的是,控制策略可不仅仅是在严格执行数据保护权利的相关要求,它其实还控制着他人决定是否使用某个系统的方式,以及他人控制处理关于自己个人信息时的方式。举例来说,在社交网络的语境下,用户可以通过用户界面更新他们的隐私设置,而这种行为的难易程度就在很大程度上决定着控制水平,这说明用户交互设计也是一个不容小觑的重要因素。此外,考虑到在让用户直接控制他们的个人数据的情况下,他们纠正相关错误的可能性会大大提高,所以处理个人数据的质量也可能会因此有所突破。就设计模式而言,控制策略的设计模式主要包括用户中心身份管理和端到端加密支持控制。

(3)策略七:执行策略。所谓执行策略,是指行为人应当制定符合法律要求的隐私政策并予以执行,而这主要涉及的就是问责原则。具体而言,一方面,执行策略能够确保行为人已经制定出隐私政策,这可是确保系统在运行过程中尊重他人隐私权的一个重要步骤。虽然隐私保护的实际水平主要取决于实际隐私政策到底是何种模样,但是至少隐私政策得符合法律要求才说得过去。因此,一方面,执行策略实际上也将目的限制原则涵盖在内;另一方面,鉴于执行策略要求这项政策必须得到执行,所以这至少意味着行为人已经建立适当的技术保护机制来防止隐私政策被违反。此外,鉴于执行策略要求这项政策必须得到执行,所以建立执行这一政策的适当治理结构也同样必不可少。就设计模式而言,访问控制是实现执行策略的一个典型例子,另一个例子则是黏性政策和隐私权管理,即一种涉及个人数据许可证的数字权利管理形式。

(4)策略八:证明策略。所谓证明策略,是指行为人应当能够证明自己已经遵守隐私政策和任何加以适用的法律规定。相比于执行策略,证明策略又往前迈了一步,毕竟它要求行为人证明自己处于受控制的状态下。同时,欧盟新的隐私权立法草案也明确要求行为人这样做,值得注意的是,欧盟的立法要求行为人能够证明自己的隐私政策是如何在信息技术系统中有效实现的。换言之,一旦有投诉或问题出现,行为人应当立即能够确定可能的隐私侵犯程度。就设计模式而言,实现证明策略的设计模式主要包括隐私管理系统、日志记录和审查。

四、设计隐私权技术

(一) 身份认证

1. 身份认证协议的隐私功能

首先,所谓用户身份认证是指计算机系统用户被安全地链接到可能访问机密信息或执行特权操作的主体的过程,一旦安全地建立这一联系,通信就可以在各方知道对方身份并可实施安全政策的基础上进行。要知道,不仅身份认证是保护计算机系统的重中之重,并且它通常是使用远程服务或远程设备并执行访问控制的第一步,而且强身份认证还可能是关键隐私机制,它主要用于确保只有他人本人或授权方才能访问私密信息。

其次,虽然他人可能满心希望自己被识别出来,但是这种身份验证的具体方式背后却隐藏着无数严重的隐私问题:其一,在网络身份认证协议的语境下,被动网络观察者可能会观察他人的身份认证会话从而识别或跟踪他们。其二,他人可能会对由恶意实体控制的错误服务进行身份认证,结果误将自己的身份泄露给这些不怀好意之徒(可能还有凭据,即所谓的"网络钓鱼攻击")。其三,由于成功的身份认证可能会在两个终端点之间建立和维护会话,所以被动网络观察者很可能会通过拦截流量、使用会话元数据来推断通信方的身份。面对上述这些耸人听闻的攻击,最先进的认证协议提供了防止上述攻击的保护。有了这种认证协议,第三人就无法推断出他人的身份,毕竟第三人既不通过冒名行为来泄露这些身份,又不能推断安全会话中各方的身份。

打个简单的比方,建立在 ISO 9798—3 标准基础上的就快标识符协议(just fast keying, JFK)就是一个具有最先进隐私功能的认证协议。具体而言,就快标识符协议有两个变体:一个是 JFKi 提供发起者隐私认证协议,另一个则是 JFKr 提供响应者隐私认证协议;通过使用证书和公钥加密技术与相关实体进行对话,这两个协议都能够为通信方提供保证。同时,为了保护长远信息的真实性、完整性和机密性，这两个协议还导出一个新的会话密钥。总之，就快标识符协议的所有变体都是为抵抗资源耗尽攻击和提供前端保密而生的。此外，身份认证协议的特定隐私特征就是最新技术的特征。简单来说，两个 JFKi/r 变体都能够提供第三方消极对手的隐私，这意味着无论第三人到底能否成功观察身份认证会话，他们都无法推断身份认证会话发起者或响应者的身份。因此，在没有任何消极窃听者能够推断他们身份的情况下，双方很有可能发展出一种经过认证的关系。不仅如此，就快标识符协议的两个变体还可能会将该属性扩展到积极对手身上：JFKi 保护身份认证会话发起者的身份，JFKr 则去保护身份认证会话响应者的身份；而这就意味着，即使对手积极试图通过发起或用假消息来加以误导，发起者和响应者也都不会被发现。

再次，在网络服务中，还有一种较弱的隐私友好型身份认证形式也很常见，它往往建立在通过加密连接向服务披露的用户名和密码的基础之上（例如使用 TLS 协议）。虽然这种机制的优点很明显，因为它既使用了标准的网络技术，其中包括请求－响应协议（HTTPS）和网络表单，又会隐藏那些认证自己的用户身份；但是在默认情况下，即使是从消极观察者观察，这种机制也不会隐藏服务器的身份；这样一来，不仅受网络钓鱼攻击的他人可能会披露自己的身份和凭据，而且在某些情况下，会话的其余部分还会恢复到未加密的请求－响应协议，从而泄露身份认证用户的身份和可能用于模拟的小型文本文件。综上所述，使用该机制时必须要加倍小心，本文建议对所有经过身份认证的交互都进行加密。

最后，说到目前最厉害的身份认证协议，那可就非这种情况莫属了，不仅该身份认证协议能够为会话发起者和反发起者提供针对消极第三方的隐私保护，而且它还能够在积极攻击的情况下为其中一方提供隐私保护。要知道，在某些情况下，保护发起者和响应者的身份免受积极对手的攻击是至关重要的。同时，在这种身份认证协议的语境下，鉴于双方都试图将自己的身份隐藏在对方面前直到他们确信对方的部分身份，所以这种协议往往会被美其名曰为"秘密握手协议"。目前来看，已经有人提出过一些颇具实用性的秘密握手协议，这些协议允许他人成功地验证双方是否都属于某个群组的一部分（共享一个密钥），否则他们将无法了解任何关于用户身份或其群组成员身份的信息。此外，还有一些声音曾提出，应当允许他人在群组中进行私人身份认证的拓展，这也值得我们投去一些关切的目光。

2. 端到端身份认证的好处

就认证用户身份的能力而言，这可谓为通信内容提供强有力隐私保护形式的重头戏。虽然公钥密码可以用来引导双方之间的私有会话密钥，并且这些公钥会被认证为属于双方，但是他人可用的证据质量和程度却可能是可变的，这主要取决于所使用的协议和体系结构。在这里，主要有两种范例：

第一，用户端－服务器身份认证，这种认证方式能够确保服务器或者一般情况下的第三人被连接到的是身份经认证的用户。换言之，他人理论上会被分配一个标识符（例如用户名），而使用该服务的第三人可以通过此标识符来识别出他们的身份。举例来说，在为联合聊天协议 XMPP 建立的架构中，用户会用自己的 XMPP 服务器来进行身份认证从而证明自己的身份。

第二，端到端身份认证，这种认证方式则允许他人直接认证别人所声称的身份而不参考共同的可信第三方。举例来说，为了认证身份声明，用户软件可以端到端运行身份认证协议并随后保护通信加密的真实性或其他属性。具体而言，相互认证既可以基于用户之间最初共享的一个小秘密，又可以依赖于用户直接或间接地验证对方的公钥。

总而言之，端到端身份认证方法好就好在它允许在用户之间引导安全通道，并且这些通道不会受到第一架构中可信第三方服务器的妥协。因此，如果想要争当最先进的服务，那么，服务器至少应该提供方法或者至少支持希望以端到端的方式进行认证的用户。

3. 联合身份管理和单点登录

所谓联合身份管理和单点登录，是指系统能够将注册用户、能够识别用户的实体与依赖认证过程结果的实体区分开来。在这种系统中，用户可以注册为具有一定身份的服务 A 的用户，并将此身份认证使用到第三方服务 B 上面；而事实上，服务 B 可以允许使用任意数量的服务进行身份认证，并接受这些服务所提供的身份。

事实上，一些广泛适用的单点登录（SSO）服务主要由一些大名鼎鼎的互联网公司巨头提供，并且它们具有不同的隐私属性。打个简单的比方，你或许有所耳闻，有一个具有先进隐私功能的联合身份管理单点登录系统就是由美国教育机构的 Shibboleth。① Shibboleth 允许用户在成功认证后仅向服务提供者提供有关自己属性的必要子集，甚至连用户身份也被认为是一个属性，根据相关服务是否需要绝对独一无二地识别用户，用户既可以公开自己的用户身份，也可以选择不公开。就拿为大学生提供资料的在线图书馆来说，该图书馆可能压根不需要知道准确的用户身份，因为它只需要知道用户是该大学的学生就足矣。

此外，就 Shibboleth 实施的政策而言，鉴于它允许有选择地披露用户属性包括部分匿名性，所以这差不多属于联合身份系统中最新兴的技术。除了它之外，还有一些类似的设计也能证明这些技术在日趋成熟，比如信息卡（InfoCards）和自由联盟协议（the Liberty Alliance protocols）也曾提供类似的隐私保护。不过话又说回来，所有这些协议所提供的隐私保护只是针对第三方服务的观察——窃听者通过观察用户流量可以推断出用户究竟是谁和他们的属性是什么；同样，身份提供者也可以知道用户参与的每个认证会话以及他们正在访问的服务。因此，如果碰到与能够观察用户所有认证会话细节的实体（包括身份提供者），那么，他人就应当尽量远远避开与它们签订协议，因为这些协议很可能会被用于或滥用于普遍性监测。而在接下来的内容中，本文就将与大家共同探讨现代密码机制，即选择性披露凭据。

（二）基于属性的凭据

总的来说，与上述更传统的联合身份管理形式相比，基于属性的凭据是实施身份管理的一种迥然不同的技术。

在联合或基于网络的身份管理中，如果想要获取有关访问服务用户身份的信息，那么绕不开的主体就是在线身份提供者（identity provider, IdP）。简单来说，当用户访问服务时，他们就会被重新定向到在线身份提供者那边。只有在用户成功登录到该在线身份提供者之后，该在线身份提供者才会将请求的用户信息转发回服务提供商那里去，这就使得在线身份提供者逐渐成为所有与身份相关事务的联络人，这也让安全、隐私权和可用性方面的问题层出不穷。打个简单的

---

① http://net.educause.edu/ir/library/pdf/eqm0442.pdf 37.

比方，在线身份提供者可以记录用户所处理的所有服务提供商，而服务提供商则可以获得比提供服务严格必要的更多的个人信息；这样一来，如果服务提供商请求的信息被用来访问有价值的资源，例如健康记录或财务管理记录，那么，在线身份提供者实际上就拥有了访问这些信息的钥匙，因为它们可以在未经他人同意或知情的情况下就访问这些信息。此外，也正是基于属性的凭据将用户置于与身份相关的所有事务的中心。

1. 原则

从字面上我们就不难看出，基于属性的凭据的核心就是属性的概念。所谓属性就是指描述自然人某些方面的一种性质，比如，他人的姓名、年龄、出生日期、头发颜色、文凭、年级、订阅内容、活动门票等。有些属性是静态的（如出生日期），还有一些属性则是动态的（如订阅报纸）；有些属性（如名字）是同一的，而还有一些属性则并非如此（如年龄）。

具体而言，在基于属性的凭据的语境下，用户能够安全和私密地向服务提供商证明属性的所有权，这也就是为什么我们会说属性存储在一个称为凭据的安全容器中。从理论上来说，凭据和证书其实大同小异，不仅凭据由受信任的凭据颁发者颁发并签名，而且凭据颁发者还能够为凭据中的属性提供有效值。例如，政府是他人年龄和国籍的可信来源，银行是他们信用评分的可信来源，而他人的高中则是他们的毕业身份和文凭的可信来源。此外，凭据通常还包含过期日期和链接到证书提供者的私钥，因为这样可以很好地防止凭据被第三人使用。

虽然有这么多相同点，但是凭据和证书从根本上还是风马牛不相及的两种东西。事实上，基于属性的凭据系统能够实现一种所谓的选择性披露协议，该协议允许用户选择向服务提供商披露协议中的一些属性，而其他属性仍然是被隐藏的。此外，某些协议甚至允许用户只公开函数对某些属性的值；换言之，根据用户的姓名、出生日期和出生地点等信息，这只能证明他们已经超过 18 岁而不会透露更多信息。值得注意的是，一般来说，用户可以选择显示不同凭据中的属性。

2. 属性

概括而言，基于属性的凭据必须满足以下属性：其一，不可伪造性。所谓不可伪造性是指只有凭据颁发者才能创建有效的凭据。换言之，不仅凭据中所包含的属性不能伪造，而且选择性披露只能涉及有效凭据的属性。其二，不可链接性。所谓不可链接性是指每当使用凭据时，不仅任何一个人都不能将这些凭据与颁发凭据时的情况联系起来，而且任何一个人都不能将此凭据与以前使用过的情况联系起来。这就意味着，不仅凭据颁发者无法确定用户在哪里使用凭据，而且即使用户在同一个服务提供商那里使用相同的凭据多达一百次，服务提供商也完全不会知道这个事实，因为对该服务提供商而言，它只是在为一百个不同的客户服务罢了。不过值得注意的是，根据定义来看，已撤销的凭据是可链接的。其三，不可转让性。所谓不可转让性是指，第三人不能用向他人颁发的凭据来证明自己拥有某些属性，尤其是，在单一的选择性披露环境下，任何人都不能试图将属于不同个人的几个凭据合并在一起。换言之，他人不能串通和汇集凭据来证明属性组合的所有权不属于其中任何一个人。其四，可撤销性。所谓可撤销性就是指凭据的颁发是可以被撤销的。如果凭据被撤销，那么，任何一个服务提供商都不会接受涉及该凭据的披露属性。不过，如果一个凭据被撤销，那么，该凭据的使用就是可链接的。其五，身份托管和黑名单。一方面，当用户和服务提供商之间的选择性披露有完整追踪时，一个受信任的检查员有权检索用户的身份；另一方面，行为不端的用户也会以匿名的方式被列入黑名单之中。

除了证书之外，不可链接属性还会设置凭据；我们注意到，并非所有系统都会实施身份托管；撤销实际上很难有效地实现，因为它与不可链接性需求交互得一团糟。

3. 基础性技术

从根本上讲，有两种基础性策略来实现基于属性的凭据的不可链接性。

（1）第一种策略要求用户只能使用一次凭据。具体而言，如果用户想要披露相关属性，那么他们就必须向凭据颁发者请求具有相同属性集的新凭据（用户可以缓存凭据，并在他们在线时请求一批凭据），而这很简单地实现了多个选择性披露之间的不可链接性。事实上，一份凭据的颁发和随后披露属性之间的不可链接性是通过盲签名协议来实现的，该协议会将实际的凭据隐藏在凭据颁发者之后。就拿

U-Prove 来说，作为目前微软拥有的基于属性的凭据方案主力军，它就是基于上述这一原则设计的；就该方案的优点来说，它实施起来相当高效；而就缺点来说，用户需要一直在线并获得新的凭据。除此之外，颁发此类凭据的另一种最先进的协议就是 Baldimtsi-Lysyanskaya 协议。

（2）第二种策略允许用户多次使用凭据。在该种策略的语境下，为了防止链接，用户必须隐藏实际凭据。为此，我们不得不搬出零知识证明（zero-knowledge proof）这一强大理论出来——粗略地说，所谓零知识证明，就是指不仅相关主体要证明自己拥有一个秘密而不实际揭示它，而且这种证据的认证者还不能使任何人相信这一事实（因此，传统的挑战应对协议不属于零知识证明）。就拿 iDemix 来说，作为 IBM 公司拥有的另一个基于属性的凭据方案，它就是基于这一原则设计的。在 Idemix 中，用户会用零知识证明自己拥有由凭据颁发者签发的包含披露属性的凭据；而 Idemix 的优点和缺点也与 U-Prove 正好相反——虽然 Idemix 因更复杂而实现效率更低，但是用户可以离线，并且他们不用链接就能多次使用凭据。同时，研究表明，不仅 Idemix 的高效实现是可能的，而且即使把它用在智能卡上也是可能的。①

值得注意的是，虽然实现基于多显示属性的凭据方案目前还只是个虚妄的幻想，但是或许在不久的将来，对配对的硬件支持将成为可能，其中一个有希望的（但到目前为止只是理论上的）方法似乎就是使用自盲凭据（self-blindable credentials）。换言之，用户并不是使用零知识协议来证明自己对凭据的所有权，而是在将凭据发送给服务提供商之前随机地进行证明从而阻止链接性。当然，随机化过程必须保持属性的值和服务提供商认证凭据上颁发者签名的可能性。

（三）安全的私人通信

鉴于本地网络日益具有无线性，广域网络又不可能在物理上受到普遍监视，所以，大多数物理网络链接提供的保密和隐私保障脆弱得不堪一击。在这种背景下，为了使窃听者一头雾水，对他人和服务或

---

① http://www.irmacard.org.

他人之间的任何信息使用现代加密技术进行加密才是明智之举。虽然来自他人的所有类型通信都应受到保护这一点应该毋庸置疑,即应当对个人信息或敏感用户输入内容加密来保护隐私权(和安全);但是,即使是对其他公共资源的访问,通过加密加以掩盖也同样至关重要,毕竟这样才能防止窃听者推断他人的浏览、分析、服务使用模式或提取可能用于未来跟踪的标识符。

1. 基础性加密:用户端-服务器加密

在正确实施和进行配置时,部署完毕的密码通道往往会为客户端和服务之间的通信提供高度的机密性,而这些广泛部署的技术主要包括最新的传输层安全技术1.2(transport layer security,TLS1.2)和安全外壳(the secure shell,SSH)协议,正是这些技术为他人和终端服务之间提供了一个保密的且可能经过认证的通道。虽然传输层安全技术和安全外壳使用的都是"公钥密码"(public key cryptography)技术,即允许在用户端和服务器没有共享任何先前秘密的情况下设置加密通道;但是,传输层安全技术1.2主要依赖于证书机构的公钥证书基础设施,这是确保加密隧道的服务器端的真实性所必需的;相反,受到损害的证书机构则可能会导致渠道的安全受到损害。同时,对于通过网络浏览器访问的公共资源来说,获得有效的公钥证书必不可少。此外,如果在定制软件或移动应用程序中使用传输层安全技术,那么,为了避免全球可信权限证书的要求,我们还可以使用证书钉扎技术(certificate pinning techniques)。因此,对于内部渠道,比如应用程序用于软件更新的渠道,优先采用传输层安全技术这种模式就是明智之选。相比于传输层安全技术,安全外壳则依赖于对服务密钥的手动用户认证,这对非技术用户来说可得费上一番周折;也就是说,只有在研究确认用户能够一致和正确地执行检查之后,我们才能使用这种技术模型。事实上,对于每一个网络交互来说,部署传输层安全技术或等效的安全通道可以说是目前最先进的状态。

此外,为了保护通过网络传输的用户数据,还有不少技术都可用于组织内部的通信。就拿IPSec来说,它在网络机器之间或公共网络链接连接的网络之间创建了安全的通信通道。在本文看来,如果组织内部通信(局域网)可能包含用户信息的话,例如,用于执行应用程序和数据库服务器之间的备份或通信,那么,就应当对它们进行加密；不仅如此，由于很难保证这些通道的物理安全性，所以，无论是公共的还是私有的（租赁光纤/线路），广域网络上的链接都应该始终进行加密。事实上，许多成熟的虚拟专用网络（VPN）技术和产品在商业上都可以用来保护这些链接。

2. 基础性加密：端到端加密

放眼望去，在终端用户之间进行通信的服务比比皆是，比如网络电话、电子邮件、即时通信和社交网络。就此类服务而言，它们往往更倾向于以端到端的方式对用户之间的通信进行加密，这意味着，不仅加密是在一个用户端添加的，而且加密只会在另一个终端用户端被剥离，从而使包括服务提供商在内的任何第三人都无法理解通信内容。就建立这样一个端到端加密通道而言，虽然服务提供商的初衷可能是希望协助用户之间相互认证，但是从隐私权的角度来看，最理想的情况其实是服务提供商永远不能获得用于随后保护数据机密性和完整性的密钥，他们最好只能在终端用户设备上获得这些密钥。同时，为了将通信内容路由到正确目的地或者提供增值服务，一些服务可能还需要让通信内容变得可见。在这种情况下，不仅他人应向服务提供商披露数量尽可能少的信息，而且他们还应当尽可能在用户设备上对通信内容进行操纵，从而尽量减少泄露给服务提供商的内容。

此外，为提供端到端的加密，已经有数不胜数的技术被提出、实施和加以标准化。打几个简单的比方，软件完美隐私（the pretty good privacy，PGP）和 S/MIME 标准可以用于保护电子邮件端到端的通信；离线消息传递（the off-the-record messaging，OTR）协议凭借客户端软件的人力支持来保护即时消息对话；还有移动应用程序也是如此，比如 Whisper Systems 的加密短信源码就能够提供端到端加密的移动聊天；就连 CryptoPhone 和 RedPhone 也能提供端到端的加密通信。由此我们不难看出，鉴于端到端通信的技术已经日臻成熟，所以提供这种属性的技术理所应当是先进技术。

3. 密钥轮换，前向保密和高压抵抗

虽然现代加密技术能够提供强大的保密保证，但是其实它们只针对窃听者，并让他们无法访问用于保护自己的秘密密钥罢了。也恰因如此，这些短的二进制字符串渐渐开始成为盗窃、敲诈、通过黑客或胁迫妥协的重要目标。如果想要尽量减少密钥被破坏的可能性，那么定期轮换密钥就显得尤为重要；换言之，我们必须在密钥泄露的情况下尽量减少个人数据的泄露。要知道，现代密码系统，包括传输层安全技术的一些配置（使用 DH 或 ECDH 密码套件）和 OTR 的所有配置都能够提供前向保密。作为一种属性，不仅前向保密可以保证每个通信会话使用新密密钥并在会话终止时丢弃旧密密钥，而且它还能保证在通信会话结束后，秘密密钥材料不能被恢复，这样一来，无论怎样的胁迫都不能使加密材料被知晓。因此，这种密钥轮换方法理所应当被纳入考虑范围内。总而言之，最先进的技术必然不能用长期秘密来保护交互式端到端对话的机密性。对于异步通信（例如电子邮件），用最先进的服务和应用程序并进行定期密钥轮换才是明智之选。

（四）通信匿名化和通信假名化

虽然端到端加密可以用来保护通信内容已然是板上钉钉的事情，但是这种方式却会将元数据暴露在第三人面前。简单来说，所谓元数据就是指关于通信的信息，例如与谁交谈、消息的时间、数量、会话的持续时间、网络端点的位置和可能的标识等。

一旦元数据被暴露，他人的隐私权便岌岌可危。举例来说，如果揭露一个记者正在与一个组织或政府部门内的人交谈甚欢的事实，那么即使消息内容的细节无法恢复，这也可能会损害到新闻素材；再比如，如果我们观察到他人总是时不时就浏览某种形式的癌症信息，那么这可能表明他的健康出了点问题或状况。此外，虽然有些信息对沟通各方来说几乎微不可察，但是它们却可能揭示出有关他人生活方式的信息。例如，如果两个移动设备在下班时间和周末总是匹配在一起，那么这就表明两个设备使用者之间相当亲密无间；再比如，即使他人之间并没有交换任何信息，对移动电话位置日志或 WiFi/IP 地址的元数据分析也可以一针见血地揭露出他们之间的关系。

1. 匿名通信的属性

众所周知，在隐私权系统的大家庭中，模糊通信元数据属于"匿名通信"这个总括性术语下的内容。然而事实上，除了直接匿名外，匿名通信系统还可以提供一些微妙的隐私属性：如果相关系统隐藏发送消息的主体或启动网络连接的主体，那么该系统提供的就属于发送者匿名化或启动者匿名化服务；相反，如果相关系统可以在不知道用户物理或网络位置的情况下与用户或服务进行联系，那么该系统提供的就属于接收者匿名化服务。概括来说，匿名通信系统的前一个属性允许用户匿名访问相关服务，后一个属性则对于运行服务而不用公开主机元数据的情形来说相当有用。同时，就匿名通信系统能够提供接收方和发起方匿名化服务的这一属性而言，该属性还能够确保可识别信息被隐藏在第三人和他们的通信伙伴面前。虽然这个属性不怎么强大，但是它的好处却不少，因为在确保元数据不会被透露给第三人的情况下，它能够让相关主体都很确定地知道对方的身份。事实上，匿名通信系统的这种"第三方匿名性"其实和传统的安全通道如出一辙，它只是通过隐藏元数据来增强自己所提供的保护罢了。要知道，第三方匿名性的变体可不在少数，其中就包括许多假匿名通信通道——这些系统既会隐藏发起者或回应者的身份，又会为用户分配稳定的假名来与垃圾邮件或信息滥用的情形做斗争。值得注意的是，如果假名长期使用的话，那么它们很有可能会和真实身份一样暴露出来，毕竟随着时间的推移，用户往往会因实施可链接行为而泄露越来越多的身份或个人信息。因此，允许用户刷新假名或一次控制多个假名才是聪明人的做法。

综上所述，对于专业的匿名通信系统来说，高度的稳健性和强有力的保证缺一不可；换言之，所有消息都应确保被正确地转发而不会丢失真正的信息或插入对手的信息。要知道，这种匿名通信系统往往会被用来为受密码保护的选举选票提供匿名化服务，一旦选票因该系统而出问题，后果便不堪设想。所以，提供正确的匿名化技术、操作和密码的证明至关重要。

2. 威胁模型

就像任何安全系统一样，匿名通信系统也不出意料地具有受威胁模型限制的属性，即对手可大加利用的一组能力。首先，由于系统的对手能够观察到部分网络（部分对手）或整个网络（全局消极对手），所以系统的设计初衷往往就是保护用户不受对手的攻击；其次，由于匿名通道主要依赖于开放服务所提供的保护，所以他人往往可能会认为其中一些服务也是由对手所控制的；最后，不仅对手也许能够观察网络或某些服务，而且他们还可以篡改所处理的通信，从而插入、延迟、修改或删除消息（积极对手）。

3. 匿名通信

由于他人不能自己隐藏自己的身份是一个大家心照不宣的基本原则，所以所有提供匿名属性的系统都试图以一种难以被对手解开的方式混淆来自多个用户的信息。也正因如此，匿名通信系统得益于大量用户的存在，这种现象也就是传说中的"大隐隐于市"（anonymity loves company）。如此一来，一些组织合作运行这类系统可能会好处多多，毕竟这样会增强所有用户的隐私权。

（1）单一代理（proxies）或虚拟专用网络（VPN）。如果想要实现某种程度的匿名化，那么，最简单可行的方法就是使用"代理"。概括来说，这些代理既可以是为电子邮件开放发送邮件协议（SMTP）的形式，又可以是为通用传输控制协议（TCP）流开放SOCKs代理的形式。不过，在代理的语境下，任何观察代理周围流量的人都可以推断出通信者的身份。此外，说到虚拟专用网络，任何一个稍微稳健点的机制都会涉及使用商业上可用的虚拟专用网络。由于这样的服务能够对从用户到网关的所有流量进行加密，然后允许它通过一个（或几个）端点退出到开放的互联网，所以，那些观察用户端的对手不花点功夫是无法推断出流量目的地的。然而，如果不仔细隐藏通信的时间和数量，那么，消极对手还是可能能够追踪到相关通信。

（2）洋葱路由。由于单个继电器依赖于单个运算符，所以该运算符很可能会被对手观察或胁迫从而揭露出通信方的身份。为了缓解这一问题，通过依赖可能携带通信的多个继电器，洋葱路由的一系列方案应运而生。在洋葱路由的语境下，对手要么将不得不控制更多的继电器，要么就得强迫其中一些继电器有效地跟踪活动。就拿目前知名的Tor服务来说，不仅它有超过5000个这样的继电器，而且它每天服务的用户数量还足足超过100万。Jondonym服务[①]也是如此，它操作不可胜数的继电器级联并提供着商业服务。不过值得注意的是，虽然对手的困难确实肉眼可见地有所攀升，但是一个全局性的消极对手仍然可以通过统计分析推断出究竟是谁在和谁交流通信。

---

① https://anonymous-proxy-servers.net/.

(3) 混合网络。所谓混合网络，是指不仅要使用多个继电器来将信息的大小限制在一个统一的量程内，而且还要把它们设计成允许长时间延迟和覆盖流量的模式，以此掩盖可能跟踪信息的统计泄漏。具体而言，这样的操作系统主要包括 mixmaster，支持答复的实验系统则主要包括 mixminion。鉴于洋葱路由延迟的增加和双向通信的缺乏会让它们魅力大减从而致使用户数量下降，所以尽管它们设计强大，但是它们却可能提供较小程度的匿名化服务。同时，就那些为电子选举和密码选举设计的特殊混合网络而言，它们既可用于匿名投票，又能同时提供具备正确操作的密码证明，而这样的系统就包括最新的 Verificatum。①

(4) 广播方案。除了上述三种方法之外，如果想要实现匿名化，那么用隐式寻址方式广播也是一种简单但有点昂贵的方法。所谓广播方案就是指在无须指定收件人的情况下，将所有信息发送给一个组中的每个成员，而每个接收者都必须尝试用自己的密钥来解码信息，从而确定这些信息到底是否注定属于他们。由于每个实际的消息都需要一个组的所有成员发送或接收消息，所以随着组的增长，这些方案和匿名发送的 DC-net 方案的价格成本也会随之上升。当然，如果物理网络层允许廉价广播的话，那么，它们还是非常有竞争力的。

事实上，虽然现在部署匿名通信系统早已不是什么新鲜事，而且它们的基础设施也已经相对成熟（比如 Tor），但是它们还是会受到一些基本限制。一方面，诸如洋葱路由之类低延迟匿名通信系统根本无法抵抗能够观察从电路的源头到目的地流量的网络对手，故而这样的对手在短时间内就能轻轻松松去除匿名化；另一方面，虽然较高的延迟匿名通信系统可能不会遭受这样的短期攻击，但是它们遭受长期性的披露攻击却极有可能——在这种情况中，对手往往可以发现发送者和接收者的长期通信伙伴。换言之，不仅它们糟糕的网络性能使得它们在交互式应用程序中变得不堪一击，而且它们奋力支持前向安全加密机制的行为还会使自身受到胁迫攻击。综上所述，相比于同等的安全通道和私人身份认证机制，由隐私增强技术支持的匿名通信本质上更昂贵也更脆弱。

---

① http://www.verificatum.org/.

4. 信息隐写技术和阻塞电阻

在一些设置中，为了保护他人的隐私权或相关属性，除了会话各方的身份外，其他元数据同样需要受到保护。因此，为了规避服务提供商对通信的限制，在匿名通信的语境下，有时伪装所使用的服务类型也是一种不得已的选择。打个简单的比方，Tor 服务的项目就曾使用过一个名为"桥梁"（bridges）和"可插播传输"（pluggable transports）的架构，通过使相关服务看起来像一个单纯无害的加密服务，该架构的目的就是要隐藏对该服务的流量。

就上述这种试图使 Tor 服务的流量看起来像其他类型流量的行为而言，这其实就是一种广义上信息隐写术的具体应用。所谓信息隐写术，是指运用无法检测到隐藏或加密通信发生的这一事实，从而告诉大家如何调整信息来让它们看起来像其他信息的一门学科。反之，所谓信息隐写分析则是指一门通过分析表面信息，从而试图探索它们是否可能包含隐写信息的学科。

鉴于信息隐写技术可以用来实现匿名通信的抗胁迫属性，所以它的某些方面与编程设计隐私权息息相关。就拿磁盘加密实用程序 TrueCrypt 来说，它就为隐写容器提供了一种允许用户以可否认方式加密文件的选项。不过，虽然目前已有一个成熟的研究领域在研究如何将隐藏信息嵌入其他媒体，比如图像、音频或视频之中，但几乎没有什么成熟的产品当前能够支持用户直接发送此类信息。

（五）数据库中的隐私权

关于何谓数据库隐私权，它的含义其实在很大程度上取决于使用这一概念的情境：在官方统计情境中，所谓数据库隐私权通常是指数据库记录所对应的被调查者的隐私权；在合作市场分析中，所谓数据库隐私权往往被理解为各种合作公司保持自己所拥有的数据库的私密性；在医疗健康领域中，所谓数据库隐私权可能同时隐含上述两种含义，即不仅患者必须保持自己的隐私权，而且相关医疗记录还不应从医院转移到保险公司等第三方机构那里去；而在可交互查询的数据库，特别是在互联网搜索引擎的情境下，最吸引眼球的就是用户对自已提交查询内容所享有的隐私权。① 由此我们不难看出，虽然数据库隐私权的含义五花八门，但是它们的区别其实就在于究竟是谁正在寻求隐私权。

这一结论颇为耐人寻味，而它也促使我们将数据库隐私权大致分成以下三个维度：其一，所谓被调查者隐私权是指被调查者（如病人或企业）享有自己在数据库中相应记录不被重新识别的权利。通常情况下，只有当数据收集者（医院或国家统计局）向第三人（如研究人员或一般公众）提供数据库内容时，被调查者的隐私权才会成为一个问题。其二，所谓所有者隐私权是指两个或多个自治实体能够通过其数据库计算查询从而只显示查询结果的权利。其三，所谓用户隐私权，是指为了防止对用户分析和重新识别，用户对自己提交查询内容所享有的权利。总的来说，在研究社区中，不仅处理上述三个隐私权维度的技术在以一种相当独立的方式各自发展，而且它们的互动也少得惊人。

（六）涉及被调查者隐私权的技术：统计披露控制

就被调查者隐私权而言，它主要是统计学家和一些从事统计披露控制（SDC）的计算机科学家所赖以追求的目标。事实上，统计披露控制也被称为统计披露限制（SDL）或推理控制，而 Dalenius 在 1974 年撰写的一篇论文可谓开创了统计披露控制的先河。简单来说，统计披露控制主要处理两种类型的披露：一方面，如果通过访问已发布数据而不是不访问数据能更准确地确定他人机密属性的值，那么统计披露控制处理的就是属性披露；另一方面，如果匿名数据集中的记录可以与被调查者的身份相链接，那么统计披露控制处理的就是身份披露。一般来说，属性披露并不意味着身份披露，反之亦然。

1. 表格数据保护

（1）总的来说，表格主要有以下三种类型：其一，频率表。这一类表会在分类属性的交叉处显示被调查者的数量，该数量为自然数，例如每个疾病和城市的病人人数。其二，数据表。这一类表会在

---

① http://techcrunch.com/2006/08/06/aol-proudly-releases-massive-amounts-of-user-search-data/.

分类属性的交叉处显示数字属性（实数）方面的信息，例如每个疾病和城市患者的平均年龄。其三，链接表。如果两个表共享一些交叉的分类属性，那么，它们就会链接起来，例如"疾病"×"城镇"和"疾病"×"性别"。

（2）无论表格的类型是哪一种，它们都必须保留边际行和列总数。同时，即使表格显示的是聚合信息，它们也同样可能发生信息披露。概括来说，这种信息披露主要包括以下三种情况：其一，外部攻击。举例来说，让一个频率表"种族"×"城镇"包含一个单一的种族 E_i 和城镇 T_j 的单独被调查者。在这样的情况下，如果发布一个列出每个种族和每个城镇平均血压的数据表，那么，就相当于公开披露 T_j 镇唯一一个有种族 E_i 的被调查者的确切血压。其二，内部攻击。如果只有两个被调查者同时具备种族 E_i 和城镇 T_j 的条件，那么这就相当于他们相互之间都会被披露给对方。其三，主导攻击。如果一个（或几个）被调查者在数据表中对一个单元格的贡献占主导地位，那么占主导地位的被调查者就相当于会暴露出其余被调查者的贡献上限。例如，如果该表显示每个工作类型和城镇的累积收入，而有一个人贡献了一定价值的90%，那么，这个人就会知道在城镇的其他同事收入不怎么样。

（3）表格所保护的用户数据中心（SDC）原则主要可以分为以下两种：其一，非微扰（non-perturbative）。虽然这种方法不会修改单元格中的值，但是却可能会抑制或重新对它们进行编码，其中最著名的方法就是单元格抑制（CS）以及分类属性的重新编码。其二，微扰。该种方法会修改单元格中的值，其中最著名的方法就是无偏舍入控制（controlled rounding，CR）和受控表格调整（CTA）。

（4）就单元格抑制这种方法而言，该种方法就是指通过使用所谓的敏感性规则而在表格中识别敏感单元格，然后再抑制敏感单元格的值（初级抑制）。在此之后，为了防止从行和/或列边缘恢复初级抑制，额外的单元格也会被抑制（二次抑制）。针对初级抑制的灵敏度规则，主要有这样几种例子：其一，(n, k) 主导。如果 n 个或更少的被调查者贡献超过单元格值的一小部分系数 k，那么，该单元格就属于敏感单元格。其二，pq 规则。如果被调查者对单元格的贡献可以在看到单元格前的 $q\%$ 以内，并且在看到单元格后的 $p\%$ 以内，那么,该单元格就属于敏感单元格。其三,p%规则。这种规则其实只是 pq 规则的特殊情况,只需加上条件 $q=100$ 就行了。

(5)针对二次抑制,常常有人试图减少二次抑制的数量或其合并的程度(复杂的优化问题)。面对该问题,优化方法主要是启发式的,这些方法往往基于混合线性整数规划或网络流(后者仅适用于二维表格)。最后说说无偏舍入控制和受控表格调整。一方面,无偏舍入控制将表格中的值舍入为舍入基数的倍数(边缘值可能也需要舍入);另一方面,受控表格调整则修改表格中的值,从而防止在规定的保护间隔内推断敏感单元格的值。此外,不仅受控表格调整试图找到最接近保护所有敏感单元格的原始表格,而且受控表格调整优化还通常基于混合线性整数规划并且比无偏舍入控制损失的信息更少。

2. 可查询的数据库保护

总的来说,可查询数据库保护主要有两种用户数据中心原则:其一,查询扰动。事实上,扰动(噪声加法)往往会应用于计算查询的微数据记录(输入扰动)或应用于在原始数据(输出扰动)上计算后的查询结果。其二,查询限制,即数据库拒绝回应某些查询。

就输出扰动的差分隐私而言,比如随机查询函数 F 给出 ε 差分隐私,如果对于所有数据集 $D1$、$D2$,其中一个可以通过修改单一记录而从另一个数据集中获得,并且 $S \subset Range(F)$,那么,就可以得出 $Pr(F(D1) \in S) \leq exp(\varepsilon) \times Pr(F(D2) \in S)$。通常情况下,$F(D) = f(D) + Y(D)$,其中 $f(D)$ 是对数据库 D 的用户查询,$Y(D)$ 则是随机噪声(通常为零均值和 $\Delta(F)/o$,其中 $\Delta(F)$ 是 f 的敏感度,ε 是隐私参数)。因此,差分隐私遵循的是输出扰动原理。

就查询限制而言,如果用户确实需要确定性正确的答案,并且这些答案必须是准确的(比如一个数字),那么,确切的答案可能是很有争议的,所以在某个阶段拒绝回应某些问题可能很有必要。事实上,决定是否可以回应查询的一个常见标准就是查询集大小控制,如果查询与先前回答的查询一起分离出太小的一组记录,那么,查询的答案就将被拒绝。此外,查询限制的主要问题就是跟踪历史查询的计算负担和串通攻击可以规避查询限制。

就追踪者攻击而言,Denning 等人在 1979 年已经指出,查询集大小控制是由跟踪器的存在来证明的。简单来说,跟踪器是对在线统计数据库的一系列查询，这些查询的答案揭示了单个目标记录甚至单个记录的一个小亚组的属性值。相关研究表明，建立一个跟踪器对于任何目标记录的分组来说都是可行和快速的。

3. 微观数据保护

首先，举例来说，一个微数据文件 x 包含 s 的回应者和 t 的属性是一个 s×t 矩阵，其中 X_{ij} 是回应者 i 属性 j 的值，它可以是数字（如年龄、血压），也可以是分类（如性别、工作）。根据它们的披露潜力，属性 j 可以分为以下四种：其一，标识符，它能够明确指明回应者的属性（例如护照号码、社会保障号码和姓名等）。其二，准标识符或关键属性，虽然它们常常以某种模糊的方式识别回应者，但是它们的结合却可能导致明确的识别（例如地址、性别、年龄和电话号码等）。其三，保密结果属性，它们主要包含敏感的回应信息（例如工资、宗教和诊断等）。其四，非保密结果属性，其中包括非敏感回应信息的其他属性。

毋庸置疑的是，标识符在匿名数据集中往往会被抑制，并且披露风险主要来自准标识符（QIs）；然而，由于这些风险往往具有较高的分析价值，所以这些风险压根不能被抑制。事实上，鉴于准标识符可以用来将匿名记录链接到包含相同或类似准标识符的外部非匿名数据库（带有标识符），而这将导致重新识别，所以匿名程序必须处理准标识符。

其次，在微数据保护中使用的原则主要有两种，即数据掩蔽原则和数据合成原则：一方面，所谓数据掩蔽原则就是指掩蔽生成原始微数据集 X 的修改版本 X′，它可以是扰动掩蔽（原始微数据集 X 的 X′）或非扰动掩蔽（X′是通过部分抑制或减少细节从 X 中获得的，但 X′中的数据仍然是真实的）；另一方面，所谓数据合成原则就是指产生合成（即人工）数据 X′并保留原始数据 X 的一些预选属性。

（1）扰动掩蔽（perturbative masking）。总的来说，扰动掩蔽主要有以下四个原则：

第一，增加噪声原则。不过要注意的是，该原则仅适用于数值微数据。就该原则而言，最流行的方法就是在数据集中的每个记录中添加从 $N(0, \alpha\Sigma)$ 中提取的噪声向量，其中 Σ 是原始数据的协方差矩阵，而通过选择合适的 α，可以在掩蔽数据中保留原始数据的均值和相关性。此外，为了确保掩蔽属性的样本协方差矩阵是 Σ 的无偏估值，该方法还可以对掩蔽数据进行额外的线性变换。

第二，微聚合原则。所谓微聚合原则就是指将数据集中的记录划分为包含每个至少有 k 个记录的组，然后公开每个组的平均记录。这些组是由最大组内相似性准则形成的：组中的记录越相似，用平均记录代替它们时产生的信息损失就越少。一般情况下，往往在数值和分类微观数据方面更容易看到微聚合方法的身影。

第三，数据交换原则。所谓数据交换原则就是指属性值在单个记录之间交换，从而保持低阶频率计数或边缘计数。虽然数据交换是针对分类属性提出的，但是它的排序交换变体也同样适用于数值属性。在后者中，每个属性的值都会按升序排列，并且每个值都会与在限制范围内随机选择的另一个排序值交换（例如两个交换值的等级不能相差超过记录总数的 p）。

第四，后随机化原则。所谓后随机化原则就是指根据指定的马尔可夫矩阵（Markov matrix），将保密属性的每个值随机地更改为不同的值。

（2）加噪数据集中的差分隐私（differential privacy in noise-added data sets）。就加噪数据集中的差分隐私而言，差分隐私也可以看作在数据集中添加噪声时要达到的隐私要求（而不仅仅是为了查询输出）。通过将每个单独记录内容的查询的 $o\varepsilon$ - 差分个人数据汇集起来，我们就可以创建一个 $o\varepsilon$ - 差分个人数据集。

（3）非扰动掩蔽（non-perturbative masking）。总的来说，非扰动掩蔽主要有以下四个原则：其一，样本原则。所谓样本原则就是指不是发布原始数据文件而是只发布样本的原则。虽然较低的样本系数可能已经足以匿名化分类数据（样本唯一并且种群唯一的概率很低），但是对于连续数据而言，单凭样本原则是远远不够的。其二，泛化原则，这一原则也被称为泛化原则或全局重编码原则。所谓泛化原则就是指针对分类属性而将几个类别组合成新的（不太具体的）类别，针对数字属性而间隔数值（离散化）的原则。其三，顶部/底部编码原则。所谓顶部/底部编码原则就是指无论是上面的值还是下面的值，某个阈值都会被集中到一个顶部或底部的值中。其四，局部抑制原则。所谓局部抑制原则就是指个别属性的某些值被抑制，从而增加同意准标识符属性组合的记录集。同时，这一原则也可以与泛化原则相结合。

（4）k-匿名化、泛化和微聚合。如果准识别符属性的每个值的组合都会被至少k个记录共享，那么，该数据集就属于满足k-匿名化的数据集。虽然最初提出实现k-匿名化原则主要是针对准标识符的泛化和局部抑制，但是后来相关研究表明，将记录投影到其准标识符上的微聚合也不失为一种有效的方法。

（5）合成微数据生成（synthetic microdata generation）。事实上，Rubin才是开创这一原则的排头兵。所谓合成微数据生成就是指随机生成数据，从而保留原始数据的一些统计数据或关系。鉴于合成数据是人为的，所以合成微数据生成无与伦比的优点就是很有可能没有回应者去重新识别它们。不过凡事有利就有弊，如果一个合成的记录偶然地与一个回应者的属性相匹配，那么，也不排除相关数据被重新识别出来。此外，合成微数据的数据效用仅限于一开始预先选择的统计数据和关系，它对随机子域的分析则不会保留。相比之下，部分合成或混合数据可能会更灵活一些。

4. 用户数据中心方法的评估

就评估而言，它主要针对的是两个相互冲突的目标：一方面，尽量减少该方法造成的数据效用损失；另一方面，尽量减少匿名数据中现存的披露风险，而最好的方法就是在这两个目标之间找到一个最佳平衡点。

（1）表格式用户数据中心方法的评估。就单元格抑制而言，效用损失可以量化为二次抑制的数量或集合大小。针对无偏舍入控制和受控表格调整，效用损失则可以量化为实际单元格和扰动单元之间的距离之和。如果不是所有单元格都具有相同的重要性的话，那么上述损失量化往往可以用单元格成本加权来表示。同时，针对披露风险，这通常会通过计算敏感单元格的可行性间隔来评估（通过受边缘约束的线性规划）。如果任何敏感单元格的可行性间隔包含数据保护器先前为该单元格定义的保护间隔，那么该表格就会被认为是安全的。

（2）可查询数据库用户数据中心方法的评估。对于查询扰动来说，效用损失主要是用真实查询响应和扰动查询响应之间的差异来量化的，而这可以用添加噪声的均值和方差来进行描述（理想情况下，均值应该是零，方差很小）。对于查询限制来说，效用损失则可以量化为拒绝查询的数量。针对披露风险，如果查询扰动满足 ε-差分隐私，那么披露风险就与参数 ε 成正比。

（3）微数据用户数据中心方法的评估。事实上，微数据用户数据中心方法的效用损失可以使用特定于数据的损失或通用损失来量化，前者主要用来衡量匿名化在多大程度上影响特定分析的输出。通常情况下，数据保护者对用户将如何处理匿名数据一无所知；在这种情况下，我们往往可以使用通用效用损失来衡量匿名化技术对基本统计数据集合的影响（手段、协方差等）。

此外，为了衡量微观数据匿名化中的披露风险，这里主要有两种方法：先验和后验。一方面，先验方法主要基于一些隐私模型（ε-差分隐私、k-匿名化、l-多样化、t-一致化等），这保证了设计对披露风险的上限；另一方面，后验方法则包括运行匿名方法，然后测量披露风险，例如尝试原始数据集和匿名数据集之间的记录链接、使用适合于匿名方法的分析风险措施等。

5. 用于先验和后验隐私保证的主要隐私模型

在前文内容中，我们已经提到过 ε-差分隐私和 k-匿名化，不过还存在一些 k-匿名化扩展方法来解决 k-匿名化的基本问题：虽然 k-匿名化能够防止身份披露（k-匿名化数据集中的记录不能映射回原始数据集中的相应记录），但是一般来说，它可能无法防止属性披露。打个简单的比方，假如有一个 k-匿名化医疗数据集，其中有一个 k 匿名组（一组 k 个患者记录共享准标识符值），并且该组的记录对于保密属性"疾病"（例如艾滋病）具有相同（或非常相似）的值，那么，在这种情况下，一个入侵者就会想方设法确定目标主体的匿名记录属于那个匿名团体，从而了解到目标主体患有艾滋病，即使那个人仍然是匿名的。

总的来说，k-匿名化扩展方法主要包括以下内容：其一，l-多样化方法。对于每组共享准标识符值的记录，如果每个保密属性都至少有 l 个"良好表示"值，那么，k-匿名数据集就符合 l-多样化方法的标准。其二，t-一致化方法。对于每组共享准识别符值的记录，如果组内每个保密属性的分布与整个数据集中属性的分布之间的距离不超过阈值 t，那么，k-匿名数据集就符合 t-一致化方法的标准。

关于 k - 匿名化和 k - 匿名化扩展的评估，一般来说，即使具有适当距离的 t - 一致化可以产生 ε - 差分隐私，它们提供的隐私保障也要比 ε - 差分隐私差得多。然而，类似 k - 匿名化的类似模型通常会比 ε - 差分隐私带来更少的效用损失，而当大家的需求是公开匿名数据集以供研究人员使用时，这还是相当有吸引力的。

6. 用于先验和后验匿名的软件

就先验匿名而言，提供 k - 匿名化、l - 多样化和 t - 一致化保证的匿名化软件都是免费的，例如 ARX。[①] 此外，有一些学术系统也已经实现具有不同隐私保障的通用数据处理系统。就拿微软的 PINQ 项目[②]来说，该项目以类似 LINQ 的语法定义查询、执行它们，并使用不同的隐私机制来保护查询结果。再比如 Airavat 系统[③]，它主要使用样本和聚合差分隐私机制来保护使用差分隐私的查询结果。除了这二者，其他系统还包括 Fuzz 和 GUPT。

7. 去匿名化攻击

虽然对于低维到中等维（属性数量）的数据集，匿名化方法可以有效防止基于交叉数据库的重新识别，但是对于高维数据集来说，这种保护就往往变得心有余而力不足。在这种背景下，有学者开始提出一类针对高维数据集的新统计学去匿名化攻击方法，并以 Netflix 的例子展开论证——在 Netflix 的例子中，相关数据集包含有 500000 个 Netflix 用户的匿名电影评级，而相关攻击表明，只要了解一个用户的一点，那么，在数据集中找到该用户的记录就不费吹灰之力。此外，在这样的高维数据集中，由于在准标识符和保密之间分割属性困难重重，所以类似 k - 匿名化的方法很难使用；不过 ε - 差分隐私在防止重新识别方面还是很给力的，只不过代价是巨大的效用损失。

（七）所有者隐私权技术：隐私保护数据挖掘技术

虽然所有者隐私权技术是保护隐私数据挖掘技术（PPDM）目标的重中之重，但是它却并不是唯一的目标。由于隐私数据挖掘技术允

---

① http://arx.deidentifier.org/.
② http://research.microsoft.com/en-us/projects/pinq/.
③ http://z.cs.utexas.edu/users/osa/airavat/.

许为分析目的共享敏感数据,所以它的身后簇拥着越来越多的狂热粉丝。事实上,所谓隐私数据挖掘技术就是指以一种即使是在数据挖掘过程之后,个人数据和/或知识(即规则)仍然能够保持私密的修改原始数据的技术。同时,隐私数据挖掘技术还可以作为副产品来保护回应者的隐私权。就基于随机扰动的隐私数据挖掘技术而言,它最早是由数据库社区引入的。这种类型的隐私数据挖掘技术主要基于统计披露控制,在此基础上,基于安全多方计算的隐私数据挖掘技术又在密码社区被引入。在接下来的内容中,本文就将讨论用于数据隐藏和知识隐藏的一些细节。

1. 用于数据隐藏的隐私保护数据挖掘技术

简单来说,该技术主要面向的是对抗属性披露(保护保密属性的值)或身份披露(防止重新识别)。

如果要进行区分的话,那么,用于数据隐藏的随机扰动隐私保护数据挖掘技术使用的是统计披露控制方法,用于数据隐藏的密码隐私保护数据挖掘技术在分布式环境中使用的则是重置系统管理控制器(SMC),以此进行广泛的聚类和其他数据挖掘算法,其中数据会被跨多方进行划分。具体来说,这种划分可以是垂直的(每一方持有所有记录在不同属性子集上的投影),也可以是水平的(每一方持有记录的子集,但每个记录包含所有属性),还可以是混合的(每一方持有投射在不同属性子集上的记录的子集)。就拿基于密码原语的安全标量产品协议来说,它会被应用于垂直分布数据集上的隐私保护 k 均值聚类。

此外,如果使用基于密码学或共享中间结果的重置系统管理控制器协议,那么,更改或调整数据挖掘算法是常有的事;因此,每个密码隐私保护数据挖掘技术协议都是为特定的数据挖掘计算而设计的,通常它们对其他计算均无效。相反,随机扰动隐私保护数据挖掘技术则更为灵活,它可以在相同的扰动数据上执行广泛的数据挖掘计算,只不过代价是一些精度损失。

2. 用于知识隐藏的隐私保护数据挖掘技术

所谓知识隐藏或规则隐藏是指对原始数据库进行修改的过程,以此来使某些敏感(保密)规则无法被推断出来,同时尽可能地保存数据和非敏感规则。具体来说,该技术的分类规则是表达式 r: X→

C，其中 C 是类项（例如，如果信用＝是，那么，在一个数据集中，客户就会被分类在那些被授予信用或不被授予信用的人之间），X 是一个项目集（属性值集）并且不包含任何类项目。同时，规则 r：X→C 的支持是包含 X 的记录数量，而规则的置信度则是包含 C 的记录在包含 X 的记录中的比例。此外，规则隐藏技术往往会将数据更改为降低敏感规则的置信度或支持度，并使它们低于推断规则所需的最小置信度或支持度阈值，而数据干扰、数据重构、数据约简和数据阻塞则是实现规则隐藏的一些原则。

（八）用户隐私权技术：个人信息检索技术

（1）在密码社区中，不仅用户隐私权苦苦找寻到了解决方案，而且个人信息检索（PIR）技术这一概念也在这里孕育出来。所谓个人信息检索技术，是指用户能够从数据库或搜索引擎中检索项目，而不需要后者费劲了解用户正在检索哪个项目。在个人信息检索技术的相关文献中，数据库通常会被建模为向量，用户往往希望检索向量的第 i 分量的值，同时将索引 i 隐藏在数据库中。然而，如果假设用户知道所寻求的项目的物理地址，那么，这在许多情况下往往很不切实际。因此，关键字个人信息检索才是一种更灵活的形式，毕竟用户可以提交由关键字组成的查询，这样就不需要对数据库的结构进行修改。

（2）上述加密意义上的个人信息检索协议有两个显而易见的缺点，也正是这两个短板正在阻碍它们的实际应用：一方面，假设数据库包含 n 个项，并且个人信息检索协议试图保证最大化的隐私保护，即确保用户检索记录的索引 i 上的最大服务器不确定性。在这种情况下，这种个人信息检索协议的计算复杂度为 O（N）。从直觉上来说，所有在数据库的记录都必须是可接触的，否则，服务器在试图发现 i 时就能够排除一些记录。而对于大型数据库来说，O（N）计算成本压根就负担不起。另一方面，假设数据库服务器在个人信息检索协议中协同工作，只不过只是用户对自己的隐私感兴趣，而数据库服务器的动机却是可疑的。在这种情况下，大多数运行可查询数据库的公司可能都对个人信息检索技术提不起什么兴趣，因为个人信息检索技术会大大限制它们的分析能力，这可能也就解释了为什么不能提到启用个人信息检索技术的数据库实例。

（3）如果我们想要对搜索引擎运行个人信息检索技术，那么，除了缺乏服务器合作之外，还有另一个缺点不容忽视，那就是数据库不能被建模为一个假定用户知道所寻求的关键字物理位置的向量。退一步来说，即使是单纯的关键字，个人信息检索技术也无法被建模为这样一个向量，因为它仍然会假设单个关键字和物理地址之间的映射，事实上，每个关键字都被用作物理位置的别名。要知道，相比于 Google 和 Yahoo 这样货真价实的搜索引擎，一个只允许搜索以这种方式存储单个关键字的搜索引擎所受到的限制可要大得多。

考虑到上述情况，本文在此提出几种松弛个人信息检索技术的方法，它们主要可以分为两类。

第一类，独立松弛（standalone relaxations）。打个简单的比方，曾有学者提出过一个名为 Goopir 的系统，在这个系统中，为了掩蔽自己的目标查询内容，用户会通过使用类似频率的假关键字集运算关键字，然后将所得到的掩蔽查询提交给搜索引擎或数据库（不需要知道 Goopir，更不用说与它合作了）。紧接着，Goopir 会在本地提取与目标查询相关的查询结果子集。鉴于数据库知道目标查询是掩码查询中已运算过的关键字集之一，所以 Goopir 并不会提供严格的个人信息检索技术。再比如，另一个基于不同原则的实用系统——TrackMeNot，作为一个安装在用户计算机上的浏览器扩展内容，TrackMeNot 并不是像 Goopir 一样为每个实际查询内容提交一个掩蔽查询，它是在不同时间间隔之中，将用户的实际查询隐藏在被提交给流行搜索引擎的自动"幽灵"查询云中。同样，这也不是严格的个人信息检索技术，因为目标查询也是提交的查询之一。

第二类，多方松弛（multi-party relaxations）。说白了，上面这种独立松弛方法主要依赖于假查询，这也是它的软肋所在，毕竟不仅生成看起来真实的假查询难于上青天，而且用假查询重载搜索引擎/数据库还会降低相关性能。通过允许用户使用其他实体的帮助进行匿名路由或交叉提交，多方松弛便能很好地规避假查询的问题：其一，虽然诸如 Tor[①] 之类的洋葱路由系统并不打算提供查询配置文件隐私的

---

① The Tor Project, 2014. http://www.torproject.org/.

功能，相反，它们只会在传输级别提供匿名化技术；但是，如果与 Torbutton 组件进行互补，那么，Tor 就可以提供应用程序级别的安全性（例如通过屏蔽小型文本文件），并可以用于匿名查询提交。同样，通过使用推荐的修改版浏览器和插件，JonDonym① 也可以提供应用程序级别的安全性。其二，在基于代理器的方法中，用户会将自己的查询内容发送给代理器，然后代理器再将多个用户的查询内容集中并提交给数据库/搜索引擎。这里面最具代表性的例子就是 DuckDuckGo②、Ixquick③、Startpage④ 和 Yippy⑤ 等等。虽然使用代理器会阻止数据库/搜索引擎对用户进行分析，但是代理器本身也可以对用户进行分析，这也是它的弱点所在。其三，一对一原则，所谓一对一原则，是指用户可以提交由同伴用户发起的查询，反之亦然。通过这种方式，用户之间会把彼此的查询当作是噪声，这样带来的好处就是，这种噪声是由其他同伴用户的真实查询组成的，而不是像在独立系统中那样的假查询。根据相关博弈论分析表明，同伴用户之间的交叉提交其实属于一种理性行为。其四，不仅基于单个或多个服务器的个人信息检索技术在科学上被广泛认可，而且具有实现前景的库代码也是可用的（例如 percy ++⑥）。然而值得注意的是，可伸缩性问题仍旧在限制数百万条记录的数据库的可用性。虽然将这些图书馆纳入工作产品将不可避免地涉及研发投资，但是当服务的记录数量使这一技术在理论上成为可能之时，这仍然应该被列入考虑范围之内。

（九）存储隐私权

所谓存储隐私权，是指除了存储数据的一方（即数据所有者）和数据所有者授权的任何人之外，让任何人都不能够读取、更不用说操作数据的一种权利。然而，要想实现存储隐私权，面前的一只巨大拦路虎就是防止非授权方访问存储数据——如果数据所有者在本地存

---

① JonDonym, 2014. https://anonymous-proxy-servers.net/.
② DuckDuckGo, 2014. http://duckduckgo.com/.
③ Ixquick, 2014. http://www.ixquick.com/.
④ Startpage, 2014. http://startpage.com/.
⑤ Yippy, 2014. http://yippy.com/.
⑥ http://percy.sourceforge.net/.

储数据，那么，物理访问控制可能还有点用；但是如果计算机设备连接到网络，那么，这种控制可就是杯水车薪了，因为黑客可能会轻而易举地远程访问存储数据；如果数据所有者将数据存储在云空间中，那么，物理访问控制甚至会完全行不通。在这种背景下，本文接下来就将探讨一些以技术为导向的对策。

1. 操作系统控制

如果想要保证某种程度上的存储隐私权，那么，最常见的方式就是由操作系统管理的用户认证和访问控制列表。不过话又说回来，如果攻击者获得对计算机的物理访问或能够绕过操作系统控件，那么，他们还是可以访问数据。

2. 本地加密存储

（1）有一种简单直接的方法就是加密本地存储数据，我们可以使用全磁盘加密（FDE）或文件系统级加密（FSE）来存储数据。所谓全磁盘加密就是指磁盘的整个内容都是加密的，其中包括加密可引导操作系统分区的程序，而这种加密可以使用磁盘加密软件或硬件进行。相反，虽然文件系统级加密会加密文件的内容，但是它却不会对文件系统元数据进行加密，比如目录结构、文件名、大小或修改时间戳。换言之，在元数据本身需要保密的情况下，文件系统级加密提供的保护堪忧。

（2）加密存储中有一个值得一提的属性就是前向保密。这也就意味着，如果一个长期密钥被对手发现，那么从该长期密钥中派生的用于加密数据的密钥就不能被泄露。为了实现前向保密，使用非确定性算法从长期密钥中导出数据来加密密钥不失为一种方法。

（3）为了说得更清楚一点，本文在此给出文件系统级加密的几个例子：

第一，苹果电脑中的 FileVault 保密措施。就该保密措施而言，不仅加密和解密是随机执行的，而且这些执行行为对用户还是透明的。

第二，免费软件实用工具 True Crypt（2014 年 5 月停止使用）。该工具主要用于即时加密，它既可以在文件中创建虚拟加密磁盘，又可以加密分区或整个存储设备。

第三，文件系统级加密实用程序 Bit Locker，其中包含 Windows

的一些版本。在默认情况下，该程序会在密码块链模型中使用高级加密标准；如果可信平台模块（TPM）可用，那么，该程序就会使用该模块来保存磁盘加密密钥并执行加密/解密。在有可信平台模块的情况下，文件系统级加密对用户来说是透明的，用户完全可以像没有文件系统级加密一样启动并登录 Windows。

第四，为 Linux 创建的磁盘加密规范 LUKS。在 Linux 上使用 dm-crypt 作为磁盘加密软件可以勉强算这方面的例子。

3. 格式保存加密

所谓格式保存加密，是指将某些指定格式的明文加密为相同格式的密文，例如将有效信用卡号码加密为有效信用卡号码，将英文单词加密为英文单词等等。对于文件系统级加密来说，它的一个动机就是将加密集成到现有的应用程序中，从而使用定义良好的数据模型来建立数据库中各种属性值的格式。因此，从概念上来说，文件系统级加密其实可以看作明文域的随机排列，毕竟密文域正是明文域。然而对于大域来说，预生成并记住一个真正的随机排列可完全行不通。这也就说明，文件系统级加密的问题就在于需要从秘密密钥生成伪随机置换，而这样单个值的计算时间就会很少。值得一提的是，虽然文件系统级加密的安全性最初是在 2009 年才格式化的，但是它的结构和算法却早就存在了。

4. 隐写文件系统

所谓隐写文件系统，是指允许存储个人信息，但同时隐藏这类信息的存在。由于用户数据是隐藏在封面数据中的，所以这种机制为用户提供的隐私水平相当可观。

虽然隐写文件系统会将文件传递给知道其名称和密码的用户，但是用户完全不用担心，因为如果攻击者不拥有这些信息且无法猜测，那么，即使让他们把所有硬件和软件都访问一遍，他们也无法获得有关文件是否存在的信息。因此，隐写文件系统在云设置中可谓魅力无穷，毕竟云设置中的硬件和软件往往不受用户的控制。不过话又说回来，在云设置中，信息嵌入和信息恢复应该由用户在本地进行。

魅力无穷不代表没有缺陷，隐写文件系统的缺点就是空间效率低下（需要大量的覆盖数据才能将实际用户数据嵌入其中），还有由于数据碰撞或嵌入密钥丢失而可能造成的数据丢失。此外，True Crypt

往往会通过允许隐藏卷来支持隐写存储,即两个或多个密码在同一个文件中打开不同的卷,但只有一个卷包含实际的秘密数据。

5. 安全的远程存储

事实上,加密和隐写文件系统也可用于在远程设置中进行私密存储,比如云存储。正如前文所述,隐写存储在云设置中可谓魅力无穷,毕竟云设置中的硬件和软件往往不受用户的控制。然而在这种情况下,加密/嵌入和解密/恢复操作必须在本地进行,因为如果想要实现任何存储隐私权,那么,这些操作中使用的密钥就必须保持用户的权力。远程存储的优势显而易见——只要是数据所有者而不是云服务持有解密密钥,那么,远程"云"上的外包批量数据存储就是实用的和相对安全的。不仅这种存储可以被分配从而增加对故障的鲁棒性,而且诸如Tahoe-LAFS之类的商业支持免费软件还是可用的。[①]

不过,与本地加密存储相比,加密云存储的一个缺点就是访问模式对数据的泄露,即云存储提供者或者第三人很可能会观察哪些模块被访问、修改和何时被访问和修改。同时,活动模式本身也可能会泄露个人信息。虽然诸如不经意传输之类的技术安全地隐藏了这样的元数据,但是它们还不能扩展适用到大型存储之中,也不能足够灵活地进行通用存储。此外,就那些试图模糊使用天真虚拟查询访问模式的方法而言,它们也早已被反复证明是一种弱隐私度量。

6. 对加密数据进行搜索

不可否认的是,在云服务器中本地或远程存储加密数据是实现私密存储的好方法,但是它也意味着要牺牲功能来实现安全和隐私权。比如,如果用户只希望检索包含某些关键字的文档,那么不仅他们可能得被迫解密所有加密文档并在明文文件中搜索目标关键字,而且在云设置中,用户还必须将下载时间添加到解密时间中,这样的任务可能真的很烦琐且麻烦。在这样的背景下,能够对加密数据进行搜索的诱惑力非同小可,特别是在云系统中更是如此,因为这样一来,远程用户就可以将搜索委托给云系统,而云系统则通常具有更多的计算能力并能够在本地保存加密数据。打个简单的比方,假设Alice有一组文档,她将它们存储在一个不受信任的服务

---

① https://leastauthority.com.

器 Bob 上。由于 Bob 不怎么受信任，所以 Alice 理所当然希望能够加密自己的文档并且只将密文存储在 Bob 上。就这组文档而言，每个文档都可以拆分为"单词"，而每个"单词"都可能是任何令牌——它可能是 64 位块、自然语言词、句子或其他原子实体，这主要取决于兴趣应用程序域。现在假设 Alice 只想检索包含 W 字的文档，那么我们就需要一种方案以便在对密文执行某些计算之后，Bob 可以以某种概率确定每个文档是否包含 W 字，而无须学习任何其他内容。

针对这一问题，早在 2000 年的时候就有学者提出过一些实际方案。在此之后，这类方案便渐渐开始被统称为可搜索加密技术。从目前来看，主要有两种类型的可搜索加密技术：其一，对称可搜索加密技术（symmetric searchable encryption，SSE），该技术能够使用对称加密算法来对数据库进行加密。近年来，对称可搜索加密技术的发展速度可谓突飞猛进，甚至曾有报告在数据库中进行过超过 1300 万份文件的加密搜索。到了 2012 年，第一种可搜索对称加密方案现身江湖；具体而言，该方案必须要满足以下重要特性，即子线性搜索时间、抗自适应选择关键字攻击的安全性、紧凑的索引和高效添加和删除文件的能力。其二，公钥可搜索加密（public-key searchable encryption，PEKS），该技术能够使用公钥加密方案来对数据库进行加密。通过使用该技术，任何人（不仅仅是加密数据的数据所有者）都可以搜索。加密数据中的某些关键字。虽然这种灵活性可能会成为某些应用程序的一个优势，但是它也同样可能会构成一个弱点。

（十）隐私保护计算

1. 同态加密

所谓同态加密，是指一种将一组明文操作映射到另一组密文操作上的加密转换。如果加法是密文操作之一，那么，这就表明隐私同态对所选择的明文攻击来说是不安全的。换言之，为了防止已知的明文攻击，允许对加密数据进行完整计算的隐私同态值最好是安全可靠的。

事实上，在 Ronald 等人 1978 年出版的文章中，隐私同态的所有例子在纯密文攻击下，或者最多是已知明文攻击下都会溃不成军。同时，还有学者曾提出过几个同态密码系统，鉴于这些系统只允许对加密数据进行一次操作（相当于对清晰数据进行加法或乘法），所以这种密码系统往往被称为部分同态，它们主要包括 RSA、ElGamal、大名鼎鼎的语义安全密码系统 Paillier 等。后来到了 1996 年和 2002 年，又有学者提出允许在加密数据上执行加法和乘法的隐私同态；虽然这两篇论文中的隐私同态可以承受纯密文攻击，但是事实证明，它们在已知的明文攻击下仍然不堪一击。

如果要说同态加密领域的突破，那么，还是非 Gentry 发明的全同态加密（fully homomorphic encryption，FHE）莫属。所谓全同态加密是指一种加密方案，该方案允许任何算术电路被应用于密文并获得一个输出密文，如果该电路直接应用于明文的话，那么该密文就会对将获得的输出进行加密。

相比于全同态加密，所谓部分同态加密（somewhat homomorphic encryption，SHE）则是指一种只能计算有界乘法深度电路的方案。就部分同态加密方案的发展现状而言，有一些结构确实能够行之有效地评估相对简单的电路，其中最有效的部分同态加密方案就是基于 Ring-LWE 难题的方案，例如 BGV 方案和基于 NTRU 密码系统的方案。除此之外，另一类有效方案则是基于整数近似 – GCD 问题的方案，其中一些有效的部分同态加密结构会支持单指令多数据流（SIMD）评估，而这将允许我们有效地处理庞大的数据。

事实上，如果想要让计算主要依靠增加加密的数据项，并且只对秘密进行有限深度的乘法运算，那么，这实际上并不是什么遥不可及的梦。如今，已经有学者提出并实现用于计算智能计量部署的简单统计示例协议，甚至用于训练和评估简单回归模型的示例协议也已经落地。虽然本文建议设计人员考虑用部分同态加密来在数据上计算简单但价值高的结果，但是由于无论是全同态加密还是部分同态加密的性能都相对较低，所以此时还不能将它们作为在明文数据上运行任何程序的替代方案。这也就意味着，对于用于远程服务器或云上一般计算的数据隐私来说，它们本质上都很容易受到对这些基础设施进行本地访问或逻辑访问的对手的攻击。

2. 安全多方计算

（1）所谓安全多方计算又被称为安全计算或多方计算，它能够使多方主体在输入上联合计算一个函数并同时保持这些输入的私密性。在一般情况下，联合计算可能对每一方都会有一个私密输出。事实上，安全多方计算的概念最初是由 Andrew C. Yao 提出来的。你可能想象不到，让他灵光一现的契机竟然是不少人耳熟能详的"百万富翁问题"——在不向对方透露自己有多少钱的情况下，两个百万富翁希望能够计算出到底谁更富有。简单来说，安全多方计算的应用主要包括隐私保护数据挖掘和个人信息检索。除了这二者之外，电子投票系统（例如 SCYTL 和 Pret a Voter）也可以被看作安全多方计算的一个特例：在电子投票系统中，一组选民可能会希望以保持每个选民选票不公开的方式计算投票结果。必须指出的是，在面对应用程序时，相比于安全多方计算，他人往往更倾向于使用那些涉及计算比较少的解决方案。

（2）就安全多方计算中的安全性而言，这种安全性既可以是消极的，又可以是积极的。一方面，消极安全意味着相关主体是诚实但愤怒的，换言之，虽然他们遵循协议，但是他们仍然可能试图了解其他主体的输入；另一方面，积极安全则假设即使各方主体任意偏离协议，相关输入（可能还有输出）的隐私也会被保留。

（3）有两种协议是构建安全多方计算协议的重要原语：其一，不经意传输（oblivious transfer）。所谓不经意传输是指一种协议，在这种协议中，虽然发送者将许多潜在信息中的一条传输给接收者，但是他们仍然会遗忘是否已经传输过任何一条信息。相关研究已经表明，对于安全多方计算来说，不经意传输是完全化的。换言之，如果既定的不经意传输能够实现，那么即使无须任何额外的原语，安全地评估任何多项式时间可计算函数也同样能够实现。其二，秘密共享和可验证的秘密共享。一方面，所谓秘密共享是指在一组参与者中分配秘密的方法，在这种方法的语境下，每个参与者都会被分配到一份秘密，而只有当足够数量的、可能不同类型的秘密份额结合在一起时，相关秘密才能被重建。在这之中，允许重建秘密的份额集合统称为访问结构，而一组不在访问结构中的秘密份额是没有用的。另一方面，所谓可验证的秘密共享（VSS）则是指在合理的错误概率内，参与者确信没有其他参与者对他们的秘密份额内容撒谎。Tal Rabin 曾提出过一个可验证的秘密共享协议，他还指出，如果大多数参与者是诚实的，那么，该协议就可以用来实现任何安全多方计算协议。不仅如此，按照这样而实现的安全多方计算在信息理论上还是安全的，它完全可以在不做任何计算假设的情况下保证输入的隐私。

（4）对于某些类别的简单但潜在的高价值场景来说，基于安全多方计算的隐私友好型计算可是相当实用的。打个简单的比方，作为一个相当复杂的协议，基于秘密共享的安全多方计算已经被用来计算丹麦甜菜的拍卖结果①；再比如荷兰也开始把基于秘密共享的安全多方计算用于计算智能电表的私人消费总量，并使一种保护密码的产品落地成为现实。②此外，还有不可胜数的工具支持将计算表达和编译成安全多方计算，例如免费的 fairplay 编译器和商用的 sharemind 系统。③一言以敝之，在适用的情况下，我们应当多多鼓励使用和部署基于安全多方计算的解决方案。

（十一）透明度增强技术

（1）为了提高透明度，并使用户更好地了解他们收集过哪些数据以及如何使用这些数据，如今已经有好几种工具或功能应运而生。简单来说，所谓透明度增强技术（或透明度工具）主要包括促进隐私权和数据保护的三种属性：其一，提供相关预期信息、实际的隐私相关数据处理和相关风险；其二，概述用户根据哪些政策向哪个实体披露了哪些隐私相关数据；其三，支持用户在"反分析"能力中推断隐私相关数据的分析，特别是在群体分析方面。除了具有这三种属性之外，透明度增强技术的另一个功能就是将在线访问个人数据和行使数据主体权利的可能性相结合，例如撤销同意或请求更正、阻止和删除个人数据。

（2）如果想要实现透明度增强技术，那么，单靠技术工具来实现可不行，这还需要与提供必要信息的过程交织在一起。此外，无论

---

① http://csrc.nist.gov/groups/ST/PEC2011/presentations2011/toft.pdf.
② http://www.dyadicsec.com/technology/.
③ https://sharemind.cyber.ee/.

用户是否采用具体的技术解决方案，他们都必须确保对用户透明度的支持。虽然本文将不再进一步讨论实现透明度和遵守所有通知义务的必要流程，但是在每个特定的设计隐私权案例中考虑这些流程仍然是必不可少的。在透明度增强技术的语境下，由于透明度主要旨在促进用户对数据处理和相关风险的理解，从而为信息自决提供公平的基础，所以在设计透明度机制和确定信息交流方式时，可用性、可访问性和包容性尤其需要予以关注。事实上，虽然并不是所有用户都对数据处理的所有细节兴趣满满，但是如果部分用户只能获得高级信息，那么他们可能会大发雷霆。面对这种情况，"第 29 条数据保护工作组"提供的一个通用方法可能值得一学，即根据用户的需要来提供多个层级的详细资料。

（3）根据基本信任模型，透明度增强技术主要可以分为以下几个类别：其一，在这个范围的一端，某些公司（如 Google）会提供一种隐私指示板，以此显示它们收集的个人数据的类型、如何使用这些数据和可以看到哪些方面，等等。为了确保不会误导用户，甚至就算不会改善情况也至少不会把事情弄得更糟，这些指示板必须经过精心设计。同时，由于信息是以声明方式提供的，所以用户必须信任服务提供商而以公平和全面的方式展示情况。其二，其他工具本身就能够提取隐私信息，而不是依赖于服务提供商的声明。例如，就拿 Lightbeam[①]（以前的 Collusion）来说，作为火狐浏览器的一个插件，不仅它能够分析用户访问网站时发生的事件，而且它还能不断更新显示跟踪站点和交互的图表。本着同样的精神，诸如 TaintDroid 和 Mobilitics 之类的工具相继问世，它们在检测智能手机上的信息流（特别是通过第三方应用程序）并向用户报告方面可都是一把好手。此外，身份管理项目 PRIME 和 PrimeLife 如今还在实现一种更为全面的方法并在项目 A4Cloud 中进一步得到发展，也就是所谓的数据追踪。所谓数据追踪就是指一种用户端功能，它既能够追踪个人数据和日志的披露，又能够追踪哪些属性（包括假名）在什么情况下已被披露给哪个实体，这使得用户更容易使用与以前与同一通信伙伴交流时相同的

---

① https://www.mozilla.org/fr/lightbeam/.

假名。其三，对网站用户的另一种支持主要是由 ToS、DR[①] 和 TOSBack[②] 等网站提供的，而这些网站则主要依靠同行（或专家）社区的努力来评估隐私政策并跟踪它们的演变。故而，这种方法其实可以被看作通过主体之间的协作来缓解主体和数据控制器之间固有的权力不平衡的一种方法。其四，印章和徽标可能也有助于减少用户负担，例如射频识别技术（RFID）徽标。[③] 其五，为了使服务提供商和用户分别表达隐私政策和隐私要求（有时称为隐私偏好）时能不那么费劲，实践中有五花八门的语言可供使用。这些语言中的声明可以自动翻译成机器可读的格式，网站的隐私政策就可以与用户的隐私要求相匹配，并根据匹配的结果作出适当的决定（或提供给用户的信息）。

就上述这种功能而言，第一个提供这种功能的就是赫赫有名的框架 P3P[④] 和隐私小鸟（privacy bird）。[⑤] 具体而言，P3P 允许网站管理人员去声明他们的隐私政策，而隐私小鸟则会展示不同的图标和声学警报来通知用户，从而让用户更仔细地查看隐私政策再决定到底要不要访问该网站。然而，在技术方面和法律方面，有学者曾对 P3P 进行批评：一方面，在许多情况下，可用于明确隐私政策的数据类别可能过于粗糙，而这可能会促使用户过度披露数据；另一方面，由于 P3P 缺乏清晰度，所以这可能会使得隐私政策的相关解释语焉不详。

要想解决这一问题，一个可能的方法就是赋予隐私政策语言以数学语义。就拿语境完整理论（contextual integrity，CI）来说，作为一种表达和推理个人信息传递规范的逻辑框架，语境完整理论可以表达代理器在特定角色和特定情境中行为的这一事实。比如 S4P，作为一种基于声明和权限概念的泛型、抽象语言，S4P 的一个显著特点就是支持基于凭据的授权（例如允许用户将授权委托给核证机关以执行某些操作）。还有 SIMPLE，作为一种更具体的语言，它允许用户使用诸如"我同意在公司遇到同事时向他们透露我的身份"之类的句

---

① http://tosdr.org/.
② https://tosback.org/.
③ http://europa.eu/rapid/press-release_IP-14-889_en.htm.
④ Platform for Privacy Preferences，http://www.w3.org/P3P/.
⑤ http://www.privacybird.org/.

子来表达他们的政策。相比于 P3P，这种类型的句子与数学框架中的一种形式语义息息相关，它既可以证明政策的属性，又可以表明给定的实施行为与语义相一致。然而应该强调的是，虽然这些建议可能对未来语言的设计产生影响，但是如今那些热门火爆的工具好像并没有向它们抛出橄榄枝。

（4）除了自然语言和机器可读项目之外，在告知用户方面其实还有广阔天地可作为一番——不仅隐私图标和其他视觉支持正在走进我们的视野之中，而且隐私小鸟的声学信号也渐渐开始取决于给定的隐私政策和隐私要求之间的匹配结果，这在帮助用户理解隐私政策方面可大有助益。要知道，在全球化的世界里，定义和设计合适的图标或其他方式来让用户更容易理解隐私政策可不是件容易的事。此外，当涉及表达特定的隐私增强功能时，例如，数据最小化效应，面前的挑战越来越大，因为不仅这些概念有时很难理解，而且它们甚至可能是违反直觉的。因此，无论是隐私政策语言、图标还是其他视听手段，"标准化"或许才是明智之选。

（十二）可干预性增强技术

所谓可干预性增强技术既指介入并包含用户控制的可能性，又指由负责任的管理人员控制代表他们进行数据处理的承包商的可能性。从个人角度来看，最典型的例子包括以下几种：其一，他人给予、拒绝或撤回同意的行为；其二，他人行使查阅权的行为（虽然这也可被视为一种透明度功能）；其三，他人纠正、阻止和删除个人数据的行为；其四，他人订立和终止合同的行为；其五，他人安装、卸载、激活和停用技术部分的行为；其六，他人就与隐私权有关的问题发出请求或提出申诉的行为；其七，他人牵涉数据保护机构或提起法律诉讼的行为。

从上述例子中我们不难看出，可干预性增强技术光靠在技术层面上大展身手远远不够，它还离不开民主社会的许多进程，特别是司法制度的进程的助力。尽管如此，数据处理实体还是有可能为这些过程提供技术支持，比如让用户能够行使他们的权利。就拿数据追踪来说，它既能为用户提供在线功能以帮助他们访问自己的个人数据（只要这是由通信伙伴提供的），又能帮助他们提出关于纠正和删除个人数据的请求。

出于设计隐私权的考虑,帮助用户并支持他们的干预可能性至关重要。当用户可以轻松地签订合同并成为客户,但他们却很难解除合同并强制删除不再必要的个人数据时,可干预性的重要性就立刻凸显出来。对于智能家庭来说,可干预性可能意味着能够暂时或永久地停用那些可能处理隐私相关数据的传感器。同时,这个例子也显示出与社会规范之间的关系,例如,智能家庭的客人是否以及如何表达他们同意在智能家居中处理其数据的条件。

五、结语

行文至此,虽然本文已经写了很多内容,但是对于建立一套设计隐私权友好型和合法合规产品和服务的指导方针来说,本文不过是整个过程的一个方面罢了。若想实现这一雄心勃勃的目标,那么我们还需将若干学科,特别是政策和法律制定、处理数据的编程、实施和提供服务联系起来才行。

在撰写本文之时,我们发现相关学科中的一系列不同甚至不一致的概念和定义:有时隐私权会被用作对数据保密性的狭义解释,而还有的时候则采取的是更广泛的解释;同时,在某些领域,匿名和假名的术语也常常被交替使用。考虑到每个领域的飞速发展,特别是单独确定的术语必须在各自领域中服务于各种目的。本文认为,统一这些概念是一项想都不用想就不可能完成的任务。因此本文得出的结论是,我们既需要努力沟通不同的社区,还需要对可能导致未来共同词汇的问题形成共同的理解。

同时,我们还注意到,不仅本文所提出的解决方案、技术和构建块的成熟度有高有低,而且并非所有隐私问题都可以单独或完全通过一种方法或技术来加以解决。在接下来的内容中,本文就将简要讨论设计隐私权的局限性,要知道,有些问题仍然悬而未决,即没有技术或方法能有效地应对它们。本文还将提出一系列建议,以此来敦促社区和决策机构改善这种情况。

(一)设计隐私权的局限性

虽然设计隐私权是解决社会问题的一种技术方法这一点不容置

喙，但是聪明人都知道，技术并不是把所有问题一举解决的灵丹妙药；尤其是在涉及各种基本权利的隐私权领域，比如言论自由、新闻自由或保护免受歧视等问题，它们必须靠整个社会用更大的计划加以解决。不过话又说回来，有很大一部分低级别隐私侵权事件都是技术系统内部运作的直接结果。因此，虽然侵犯隐私权的动机和意愿可能是社会问题，但是在许多情况下，这种行为的实际能力却是一个技术问题，故而在技术层面处理这一问题迫在眉睫。

除了这些普遍性的局限性之外，设计隐私权在细节上也不乏局限性；而在本部分内容中，本文就将简要讨论一些主要的局限性。需要强调的是，本文所列出的这些内容并非详尽无遗；同时，这里所讨论的大多数问题并不是设计隐私权在应用过程中的固有局限性和障碍，而是各方都应该意识到的局限性。总而言之，本文真挚地希望并呼吁所有利益相关者进行更多的研究和采取更多的行动。

1. 隐私属性的脆弱性

总的来说，许多隐私属性在组合方面都是相当脆弱的，换言之，如果一个满足某一属性的系统嵌入或连接到另一个系统，那么，我们就很难评估该隐私属性到底有没有被保存。同样，即使将满足某一特定属性的两个系统结合在一起，由此产生的组合系统也可能无法满足两个系统单独提供的属性。虽然这种不可组合性证明起来不是什么难事，但是这种证明往往是通过反例来证明的——打个比方来说，假设现在有一条被认为是隐私相关数据的信息，即不应被披露的信息。至于两个系统，其中系统1加密消息并通过公共信道发送密码文本，系统2则加密消息并通过公共信道发送密钥。虽然这两个系统本身确实都能够保证信息的保密性，但是一旦将同一密钥合并在两个系统中并用于同一消息，那么，该信息的保密性就无法被保证了。从这个反例我们就能得出，这种组合根本无法提供隐私属性，这也就意味着在隐私保护方面还有很长的路要走。因此，在实践中，仅仅证明隐私系统的组件符合要求是远远不够的，我们还必须评估它们是如何组合在一起的，这样才能确保组合后的系统也是符合要求的。

2. 隐私度量和效用限制

首先，一般来说，所谓隐私度量，是指相对于一组隐私属性而去比较两个具有相同或类似功能的系统。然而在撰写本文之时，由于已知度量大多数被用于攻击已知系统的具体情境（即给定攻击某一系统的难度有多大），所以，笔者并不知道一个一般的和直观的度量到底是何模样。不过，从信息论的角度来看，隐私度量是可以被概括出来的。事实上，由于隐私权具有社会成分，即在不同的社会中，某个数据项的价值是不同的，所以，信息论的观点对于数据最小化来说过于不足，也因此，数据的最小用途概念也是五花八门的。就缺乏隐私度量这一问题而言，由于不清楚要如何构造最小化的目标函数，所以，这会大大限制数据最小化原则的实用性。举例来说，虽然声称使用数据最小化属性的系统可能确实不使用某几个数据属性，但这同时也远远不是最优解。甚至还有可能会出现这样的情况，即由于所选择的系统构建不可能过渡到进一步的数据最小化，所以，对于那些在数据最小化方面采取过一些初步步骤的系统来说，它们还需要一个完整的重新设计来优化这种隐私属性。不仅如此，缺乏通用的隐私度量还会使风险评估变得举步维艰，因为它们很难将概率和经济损害分配给特定的隐私侵权行为。

其次，设计隐私权方法对由此产生的系统效用可能也会产生不小的限制。鉴于此，设计人员便需要在隐私权和效用之间找到一个平衡点。在此，本文认为主要有两种构建隐私权友好型统计数据库的方法：其一，先验方法。与设计隐私权方法相呼应，所谓先验方法就是指运用隐私模型（k-匿名化、差分隐私等）并将原始数据参数化来获得由此产生的匿名数据的"先验"隐私保证。不过这里存在的问题就是，由此产生的匿名数据可能没有什么分析效用。其二，后验方法。所谓后验方法就是指对原始数据使用具有某些效用保留特征的匿名化方法，以此确保匿名化数据至少保留原始数据的某些特征（例如均值和方差），然后再对现存的隐私权（如披露风险）进行度量。如果披露风险太高，那么，再选择使用更严格的参数重新运行匿名化方法（或用另一种方法代替）。

最后，事实证明，绝大多数公布匿名数据的组织（国家统计局等）都青睐后验方法。虽然先验方法在计算机科学学术界广受追捧，但是除了k-匿名化外，实际数据发布中其实很少能看见它们的身影。值得注意的是，匿名化将是未来十年的一个大关卡，毕竟隐私权和效用之间的紧张关系将是大数据业务发展的重中之重。

3. 增加复杂性

事实上，改善隐私权可能会徒增用户负担和系统摩擦。就那些来自钢筋水泥实体世界的心智模型和隐喻而言，它们可能与网络世界根本就格格不入。此外，即使考虑一些幼稚的实现，系统的复杂性也会增加；同时，通过知识和权力的分配，隐私属性可能也会增加更多的复杂性。然而，这使得在发生问题时更难确定责任。此外，关于为什么设计隐私权和默认设置如此重要，用户很多时候其实都是一头雾水。社会上有相当一部分人的观点就是："如果我不想向普罗大众披露某一事实，那么，我最好不告诉任何一个人。"即使这种观点并不成立，也同样有声名显赫的名流给它撑腰，例如 Eric Schmidt 就曾信誓旦旦地说过："如果你有一些不想让任何人知道的东西，也许你一开始就不应该这样做。"

4. 实施障碍

首先，一般情况下，数据保护相关法律通常不会涉及系统制造商和标准化机构，毕竟它们都相当工业化且由市场进行驱动。然而，隐私权作为一种产品却似乎并不怎么成功。由于受到网络的影响，我们甚至可以观察到，比起那些努力开发的符合隐私权原则的产品，大家似乎更买隐私侵入型产品的账。其次，即使已经适用设计隐私权原则，产品合法性也同样无法高枕无忧——打个简单的比方，开发的系统可能会与其他法律义务相冲突，比如要求或保留不必要的数据。再次，由于对不符合设计隐私权原则的开发项目没有或几乎没有处罚，所以相关行业压根没有什么动力去适用设计隐私权原则。最后，从目前来看，我们仍然缺乏一些集成在软件开发环境中的设计方法和工具。

5. 设计隐私权的解释不明确或过于狭窄

当设计隐私权被非常狭义地加以解释时，它的局限性就进一步暴露出来了。事实上，有不少决策者都随意互换使用隐私权和数据保护的术语，并且他们往往会忽略隐私权的某些方面。从这种对隐私的简化论观点出发，他人其实也强烈关注数据最小化。虽然没有收集到的信息确实不能丢失（或披露），但是对于许多有趣的应用程序来说，受控的信息披露才是头等大事，因为不仅有些个人数据必须披露，而且他人在披露后还保留他们对个人数据的所有法律权利，例如数据必须仅用于声明的目的、在不再需要时必须删除和他人有权访问数据等。然而,一旦信息被披露,在技术上保持对信息的控制便难于上青天,这也就是为什么我们需要透明度和问责制。

(二) 建议

在当今的信息和通信技术领域,设计隐私权可不会自己自然而然地发生,恰恰相反,它非常需要有人在背后推它一把。然而,现实却有不少困难:其一,不仅系统开发人员和服务提供商在意识和知识方面存在不足,而且传统和广泛的编程方法还会在实现所需功能时忽略隐私权和数据保护功能。其二,由于缺乏现成的开发工具和框架,所以构建不兼容的系统不费吹灰之力,而想要构建兼容的系统却比去西天取经还难,并且这种情况还在进一步恶化。其三,虽然有关隐私权和数据保护的相关研究与日俱增,但是关于隐私权编程的研究目前却与实践联系得不够紧密。其四,不仅许多潜在的解决方案被那些可以应用或提供它们的人视而不见,而且一些潜在的解决方案与实际环境中被期望的实用程序、功能之间也相当不兼容。总而言之,在某几个领域,对隐私权和数据保护问题进行研究仍然是当下所需。其五,监管机构往往缺乏有效执行隐私权和数据保护框架的专门知识和资源,不过好在一旦《通用数据保护条例》生效,该框架就将明确要求设计数据保护。

为了让编程设计隐私权在所有发展部门都能从美梦成为现实,本文提出以下建议。

1. 政策制定者应支持制定激励和威慑机制

(1) 从政策制定者的角度出发,他们既需要支持制定新的激励机制,又需要对这些机制加以促进。一方面,他们需要摆脱隐私权和安全之间只能取其一的思想桎梏,因为这两个目标既都是必要的,又是可以实现的,事实上在许多情况下,它们的含义甚至都是相同的;另一方面,实施隐私权和数据保护措施的动机还需要摆脱基于恐惧的论点,即隐私保护需要被视为一种资产而不是成本因素。

(2) 系统开发人员和服务提供商既需要明确的激励措施来推行设计隐私权方法,又需要提供隐私权友好型和合法合规的产品和服务。为了实现这一点,不仅他们需要制定考虑到隐私权标准的审查计划和隐私印章，从而让他人能够做出知情的选择，而且还要对那些不关心甚至阻碍隐私权友好型解决方案的行为人规定行之有效的惩罚。正如法国国家委员会最近的年度报告所述，对于处理敏感数据或已查明存在高度风险的系统，数据处理者有义务定期进行由独立认证机构运作的隐私评估。此外，本文建议，当数据保护机构考虑对侵权或违法行为的处罚时，它们还应考虑到各组织提供技术控制的程度，比如实施保护隐私权和数据的隐私增强技术。

（3）通过增强对设计隐私权解决方案的需求，公共服务也必须作为公众的好榜样。换言之，只有在服务提供商能够令人信服地证明相关系统和服务对隐私权友好，并且它们符合隐私权和数据保护相关法律的情况下，公共服务在法律上才能够使用这些系统和服务。总之，不仅隐私权和数据保护标准必须成为常规程序的一个组成部分，而且基础架构也应该尽可能地实现并支持隐私权和数据保护功能，这样一来才能为隐私权友好型服务创造一个市场，同时也才能为他人或公司提供更好的选择。

（4）欧盟成员国或欧盟的资助机构应要求对每个项目、计划或已取得的成果进行成功的隐私权和数据保护评估。并且，在决定是否提供资金或补贴之前，它们就应该开始这样做。同时，在市场力量未能发挥有利作用的情况下，资金也可能发挥积极促进隐私权的作用。如果我们放眼四周就会发现，所有已开发的产品和服务都必须与成熟的但侵犯隐私权的商业模式竞争，互联网则通过收集用户的个人数据而"免费"提供服务。面对这些情况，我们不得不寻求其他模式——已有多项研究提出，这些模式需要涉及国家资金支持对信息社会至关重要的产品、服务或税收机制（例如个人数据处理）。在基础设施方面就更是如此，为了保护他人免受服务提供商或特勤部门对内容和元数据的分析，这些模式还需要建立和提供通信系统以保证端对端加密和基本层上的匿名性。

（5）为了将漏洞消除得一干二净，对政策进行修改也是少不了的，特别是如果一个产品或服务不是按照设计隐私权模式来设计的，那么它就不应该符合法律规定。在这方面，我们必须特别注意将数据最小化作为默认设置、提供全面的和方便用户访问的信息并支持相关人员的权利。此外，即使已经征求用户的同意，也不应允许对个人数据进行不成比例的处理。不过话虽如此,考虑到本文建议的实际支持,这个过程的负担还需要尽量减轻。

(6)为了能够积极搜寻违反数据保护相关规定的行为,数据保护机构还应配备延长的授权和资金。同时,只有建立起足够的威慑机制,这一工具才能发挥它应有的作用。然而,惩罚并不一定是所有行业最具威慑力的因素,负面宣传在许多情况下的威慑力可能会远超你我的想象。因此,数据保护机构也有义务公开所有有关数据保护、隐私侵权和程度的相关信息。

2. 研发团体、教育、媒体、政策制定者应深入了解和研究编程隐私权问题

(1)研发团体需要进一步研究编程隐私权,特别是通过多学科的方法,这个过程还应该得到研究资助机构的支持。同时,研究结果也需要政策制定者和媒体的大力推动。从目前来看,由于现今的研究成果并没有为所有涉及编程隐私权的问题提供答案和解决方案,所以来自计算机科学、工程学、法律、经济学、心理学、社会学和伦理学等各个学科的团体均应该继续甚至加强它们在研究方面的努力。一方面,当寻找全面的、未来的解决方案来解决如何设计系统和服务、尊重社会价值观的问题时,跨学科的合作必不可少;另一方面,这些行为理所应当得到资助机构和个别研究团体的支持。要知道,这些团体传统上总是沉浸于自己的方法论,它们往往很难鼓励跳出框框的思考。因此,跨学科的工作既不应损害研究人员的职业生涯,也不应在评估科学家成就时低其他方法一等;恰恰相反,我们应以更系统和积极的方式促进跨学科交流,例如确保征求提案或职位空缺的遴选委员会是跨学科的。如果没有这些措施,科际整合注定只能是一种虔诚的愿望。

(2)我们还应加强对政策制定者的理解。目前,欧洲已经采取一系列措施来改善政府机构、议会、学术界和公民社会之间的交互。比方说,2014年6月,法国国民议会就成立了"数字时代的权利和自由"委员会[①],其中的议员和专家均享有平等代表权;同时,意大

---

① http://www2.assemblee-nationale.fr/14/commissions/numerique.

利议会也曾采取类似的举措。① 为了确保大家能够更好地相互理解信息技术所引起的具体问题，特别是在隐私权方面的问题，欧盟层面应该努力向上述行为看齐。

（3）到目前为止，虽然编程隐私权的讨论主要是技术层面的，但是事实上，它会直接影响到服务或产品的组织结构、商业模式和流程。无论是数据处理实体、供应商还是产品制造商和服务提供商都应该记住，建立隐私权和数据保护功能需要一种整体性的方法。因此，设计隐私权方法理应而且已经涵盖了非技术方面的内容。

（4）为不同的目标群体推行提高认识和传播知识的教育方案同样势在必行。如果想要实现这一点，那么，我们既需要为软件开发商和系统供应商提供实际操作方法，又需要为立法者和政策制定者解决与政策有关的考虑因素，还需要为寻找产品和服务以满足需求的数据处理实体提供实用性建议。同时，我们还应特别注意那些看似违反直觉、不易转化为心智模型的概念和模块，例如基于零知识证明的功能。此外，如果教师和媒体能够提供信息、启发和培训，从而促进人们理解、实际使用工具和展开有效讨论，那么，这必将对提高认识和传播知识大有裨益。话虽如此，我们还是需要鼓励隐私权研究人员增加他们的实践知识，也就是说，他们需要更好地了解他们千辛万苦为之提供解决方案的应用程序的要求。需要指出的是，由于一些拟议的解决方案会破坏原系统的效用，所以聪明机智的研究人员也需要更多地了解他们提出的隐私权友好型技术所涉及的应用领域。

（5）虽然在上述讨论内容中，实际执行隐私增强技术的地位举足轻重，但是我们也强调，基础研究仍然必不可少，并且资助机构需要支持无条件隐私增强技术的基础研究。曾经有人自信地指出，只有从一开始就考虑到执法机制才有支持研究的趋势，不过本文却认为这会大大阻碍科学的进步。

3. 研发单位和数据保护机构应提供实际支持

软件开发工具的提供者和研究团体需要提供能够直观实现隐私属性的工具，只有编程隐私权变得越来越容易，它才算走上了正道。从

---

① http://www.camera.it/leg17/537?shadow_mostra=23964.

目前来看,精通安全和隐私权领域的编程人员寥寥无几。在传播信息和教育更多的编程人员了解这一主题的同时,投入类似的努力来使这些领域的门槛变低,从而更容易进入也势在必行。为了实现上述目标,本文建议我们可以采取以下措施:

(1) 为了隐私属性的设计和实现更直观,研发工具需要具有聚合的功能。换言之,不仅这些工具应将免费提供和维护的组件与开放接口和应用程序编程接口(API)聚合在一起,而且它们还应使他人将设计隐私权视为一个连续的过程,其中包括产品或系统生命周期的所有阶段,从风险分析到设计、实施、使用和问责。值得注意的是,公共基础设施项目更应该包括支持隐私权的组件,比如关键服务器、匿名中继器等等。此外,隐私增强技术同样需要基础设施的支持,其中包括密钥服务器、加密库和匿名中继器,如此才能降低所有用户和操作人员使用隐私增强技术的成本。

(2) 除了出版有关最佳和良好实践的指南之外,这些指南还应当在数据保护机构的参与下不断更新。具体而言,不仅这些指南需要提供最佳可用技术的建议和最先进的评论,而且它们还应当把目光聚焦在隐私权和数据保护的适当缺省值问题上。与评估密码算法的安全级别大同小异,独立专家应该兢兢业业地对功能、依赖性以及技术和工具的成熟性进行描述。同时,为了明确如何通过设计和默认的方式实施欧盟数据保护框架,特别是关于数据保护的规定,数据保护机构应就法律数据保护框架产生的要求达成泛欧一级的共识,并公布相关的评估结果和联合建议。正如 Ira Rubinstein 所言,"确定设计隐私权和开发方面的最佳做法,其中包括禁止做法、所需做法和建议做法"才是万里长征的第一步。此外,在与互联网有关的事情上,由欧盟数据保护监督员连同其他数据保护机构建立的互联网隐私工程网络(the internet privacy engineering network,IPEN)[①] 在这方面能够发挥不容小觑的核心作用。同时还有两点需要注意,一方面,为了给系统开发人员和服务提供商提供工具箱,开放源码、免费软件模块和工具应当收集起来并保存在一个随时可用的存储库中;另一方面,为了确保守法的情况,我们还应向由研究、实践和监管机构,特别是数据保

---

① https://secure.edps.europa.eu/EDPSWEB/edps/EDPS/IPEN.

护机构的专家组成的联合体提供公共拨款。

（3）在为编程隐私权独立提供指导、评估模块和工具方面，数据保护机构仍有无可取代的一席之地。正如有的学者所建议的那样，数据保护机构可以在推广隐私增强技术和实施透明度原则（特别是在使用可能对他人生活产生重大影响的算法方面）方面发挥独一无二的关键作用。为了让这些作用发挥得淋漓尽致，它们既需要明确的授权和适当的资源，又需要在评估隐私权和数据保护标准方面经验满满的普通技术人员；如果互联网隐私工程网络和其他数据保护机构也能够帮忙的话，那就更好不过了。

4. 立法者和标准化机构应对编程隐私权进行规范

（1）无论是法律规范、信息通信技术相关标准还是社会规范，它们在很大程度上已经一点一滴渗透进日常生活之中。就社会规范而言，不仅它们主要在人与人之间的互动中发挥作用，而且虽然它们会随着时间的推移而演变；但是，它们通常不能由一个国家或一个组织的秩序来设定。相比之下，立法者和标准化机构则心心念念盼望着自己的规范能得到很好的遵守。

（2）立法者需要在自己的规范中大力促进隐私权和数据保护。为了让设计隐私权和设计数据保护的理想照进现实，立法者最好通过协调一致的法律来支持欧盟数据保护法律框架中的原则，从而确定与隐私权和数据保护的关系。关于这些法律，它们包括五花八门涉及个人数据处理的法律规范。同时，虽然国家和欧盟关于网络安全和个人身份识别的规范之间存在联系这一点显而易见，但是事实上，即使是税法或采购法也会受到不小影响，所以，我们应尽可能对它们进行调整。此外，如果不将"设计隐私权"深深植根于相关法律的设计中，那么，仅仅提及一般数据保护规则或浅尝辄止地提及"设计隐私权"是远远不够的。退一步来说，即使不可能建立和维护一个具有一致法律规范的机构，改进也必不可少。只有这样，用于提高隐私权和数据保护水平的解决方案才不会因为使用的个人数据少于遗留系统，抑或需要一些初始投资而无意或故意被排除在外。

（3）标准化机构需要在标准化过程中考虑隐私问题。同样的窘况在与信息通信技术相关的标准中也会上演，即难以实现一致性，特别是隐私权和数据保护相关要求往往会被视为来自当地法律的额外要求，而不被认为属于国际商定标准的一部分。事实上，相比于对隐私权和数据保护装聋作哑，甚至是制定阻碍隐私权标准的规范，如果那些对欧盟生效的标准能够明确地包含隐私权和数据保护相关内容，这对设计隐私权和数据保护来说必将有无与伦比的重要意义。因此，标准化机构和政策制定者应当将设计隐私权纳入他们与信息通信技术相关的标准和政策之中；在这一过程中，为了保持政策和立法技术的中立性，他们可能还需要重新评估相关优势和劣势。

（4）为了确保互用性，标准化机构还需要为隐私功能提供相应的标准。如，模块之间的接口可以进行标准化，以此来确保具有内置隐私属性的解决方案不会被排除在外。事实上，提供标准也能够变相促进整合隐私解决方案的可能性：其一，在透明度领域，标准化的政策语言都会让他人的认识和了解更上一层楼，比如阐述数据处理、保障措施、风险告知或如何行使权利。其二，在向用户传递隐私属性（以人类解释的方式，例如，通过隐私图标）和向用户设备传递隐私属性方面，标准化的方式（以机器可读的方式）也对透明度大有裨益。其三，如果相关设计支持他人的选择和干预，那么，这还将支持用户控制和用户自决。总而言之，这方面的标准化工作既将为用户比较不同产品和服务的隐私保障提供条件，又能为数据保护机构提供更方便的合规检查，还可以支持开发协作平台，从而让用户能够参与制定隐私政策，而不是陷入"要么接受，要么放弃"的局面。其四，就欧盟层面的标准化而言，这种标准化必须要符合欧盟数据保护法律框架，才能促进全世界对设计隐私权和数据保护的理解。

对设计隐私权作为《通用数据保护条例》条款的研究

莎拉·古斯塔夫松[①] 著　温馨[②] 译

目　　次

一、导论
二、目的、目标和限制
三、《通用数据保护条例》简介
四、文献综述
五、研究方法
六、研究结果
七、讨论
八、结语

一、导论

毋庸置疑，技术和数字转型是提高当代人类生活效率和便利的关键因素。可以肯定的是，绝大多数企业要么将数字应用程序或服务作为一种业务任务，高度依赖计算机系统来实现其组织的功能。放眼世界，那些表现极好、赚得盆满钵满的企业主要以信息技术行业发家，而这一现象并非仅仅是巧合。纵观历史，长期以来化石燃料一直是企业维持利润的主导力量，而在当今时代，个人数据则被认为是企业荣登财富榜背后的关键动力。

2018年年初，一个关于个人数据如何被滥用的惊人事例在一场

[①] 莎拉·古斯塔夫松（Sara Gustavsson），瑞典皇家科学院通信官和网站管理员。
[②] 温馨，中山大学法学院助教。

政治争议中浮出了水面。英国的剑桥分析公司帮助他们的客户在民主选举中确定了"可被说服"的选民,揭示了个人数据被用作操纵民主选举、无情地煽动仇恨和暴力的工具所产生的难以想象的后果。[1]要剖析收集个人资料所带来的潜在后果,我们必须辨明隐私应在何处受到保护,应该着眼于那些运用了最先进技术的领域。规范隐私和数据保护的现有法律框架构成了个人隐私权的核心价值。然而,值得注意的是,尽管受制于法律强制执行的隐私指导方针,许多组织并没有意识到对其个人数据采取可持续发展战略所带来的好处。[2]

《通用数据保护条例》(GDPR)是欧洲议会为保护欧洲公民免受隐私和数据泄露而采取的最新立法举措,其纳入了"设计隐私权"(PbD)的七项基本原则,以确保其规定与保障资料主体权利[3]的规定相符。通过遵循 PbD 的框架,在信息系统的技术设计阶段,工程师会积极地考虑和纳入隐私保护措施,确保在整个软件开发生命周期[4](SDLF)中收集、处理、传输和存储个人数据的透明度。然而,这种方式经常被称为"模糊的"方式,需要工程师来发挥聪明才智,这意味着该框架在操作活动的应用要比其隐含的内容[5]复杂得多。因此,本文的目的是提供一些利益相关者为确保隐私和数据保护而在 PbD 工作经验中产生的见解。通过对把 PbD 纳入既定业务活动的经验进行评估,可以了解该框架是否影响并将继续影响技术设计中作为一项人权的隐私。

二、目的、目标和限制

接下来的这一部分阐明了本文的目的和目标,并解释了本研究的

---

[1] Data scientists target 20 million new voters for trump, The Times, Sep., 2016.

[2] S. Spiekermann, The challenges of privacy by design, Communications of The ACM - CACM, vol. 55, pp. 38 - 40, 07 2012.

[3] European Parliament, Council of the European Union., Regulation (eu) 2016/679 of the european parliament and of the council. 2016.

[4] K. Bednar, S. Spiekermann, and M. Langheinrich, Engineering privacy by design: Are engineers ready to live up to the challenge? *The Information Society*, vol. 35, no. 3, pp. 122 - 142, 2019.

[5] S. Spiekermann, The challenges of privacy by design, Communications of The ACM - CACM, vol. 55, pp. 38 - 40, 07 2012.

局限性。

(一) 目的、目标

隐私是一个十分宽泛的主题,有着许多需要进行披露的注意事项。因此,设计隐私权(PbD)并非一个易于研究的课题。为了提供关于 PbD 的新见解,本文按照 GDPR 的规定对 PbD 进行评估。先前的研究认为 PbD 是不成熟的、模糊的和具有挑战性的。[1] 该目的还包括审查 GDPR 实施后果的一些方面,识别涉及隐私和数据保护的法规变化。通过调查不同的利益相关者如何看待总体上对 PbD 的吸收,可以发现关于该框架的新洞察。为了获取对 PbD 作为一种规定的定性洞察,为此还进行了访谈调查。对于软件工程来说,必须理解 PbD 作为框架的复杂性。众所周知,许多安全问题、程序错误和泄漏的根源在于软件工程的水平,这表明如果其无效[2],脆弱的隐私假定则可能会导致系统崩溃。此外,本文还对文献进行了综述,把以往关于 PbD 的研究视角作为补充,以此为分析结果提供支持。

(二) 限制

由于本文选题的综合性,因此有必要做出一些限制,本文主要根据以下因素缩小了课题范围:没有深入调查 PbD 实施的技术差异。由于本文主要聚焦于将 PbD 作为 GDPR 的规定进行评估,因此没有对技术实施的差异进行更深入的研究(不同的组织之间很可能千差万别)。

首先,本文没有对任何组织管理或软件工程代表进行采访。尽管 PbD 是一个高度依赖于各种角色的概念,但由于缺乏可获得性,管理人员、产品所有者以及软件工程师并未参与到数据收集中。因此,仅由该研究的参与者完全分享了他们关于该概念的组织经验。其次,本

---

[1] M. E. Trujillo, G. García-Mireles, E. O. MatlaCruz, and M. Piattini, A systematic mapping study on privacy by design in software engineering, *CLEI Electronic Journal*, vol. 22, 04 2019; M. Büscher, L. Wood, and S. Perng, Privacy, security, liberty: Informing the design of emis, 05 2013.

[2] K. Yskout, A. Kim, D. Van Landuyt, R. Scandariato, and W. Joosen, Empirical Research for Software Security: Foundations and Experience. CRC Press, 2017.

文没有对 GDPR 之外的隐私框架进行更深入的比较。数据的收集主要与 PbD 作为 GDPR 规定的解释一致，本文不涉及与 GDPR 之外隐私框架的比较。再次，本文存在组织数量的限制。由于本研究所涉及的组织数量有限，在数据收集过程中不会对各个参与部门给予全面关注，因此只有那些具有重要意义、对结果具有决定性意义的部门信息才会被明晰。最后，本文在把瑞典语翻译成英语的过程中，由于访谈是用瑞典语进行的，因此翻译时可能会出现有些错漏的情况。

三、《通用数据保护条例》简介

以下简单介绍关于《通用数据保护条例》（GDPR）的一些内容，对本文内容做相关补充。GDPR 是对 PbD 作为法规进行具体理解的开端。

（一）对于 GDPR 的激励

在今时今日，隐私和数据保护即将成为数字社会中损害最严重的灾难之一。[1] 收集和分享个人数据的规模显著增加，特别是由于技术允许，私企和公共当局常利用个人数据开展活动。[2] 值得注意的是，欧洲人权公约和世界人权宣言都承认隐私是一项基本权利。因此，隐私和数据保护既是个人的核心价值观，也是对民主社会的贡献。本条例于 2018 年 5 月 25 日正式生效。该条例的主要目的是确保欧洲联盟在收集、储存和处理个人资料方面有一致和同质的限制。原则上，无论处理数据的控制器的起始位置在何处，GDPR 都适用于欧盟内对个人的数据进行处理的协会、组织、当局和个人。个人数据的关键方面在于：简单的信息本身或与其他信息的结合可以连接到一个存于世上的个体。[3]

何谓个人数据的处理？数据处理的构成是指与个人数据有关的所

---

[1] M. Hansen, M. Jensen, and M. Rost, Protection goals for privacy engineering, in 2015 IEEE Security and Privacy Workshops, May., 2015, pp. 159 – 166.

[2] European Parliament, Council of the European Union., Regulation (eu) 2016/679 of the european parliament and of the council. 2016.

[3] European Parliament, Council of the European Union., Regulation (eu) 2016/679 of the european parliament and of the council. 2016.

有类型的活动，例如，收集、注册、组织、构建、存储、操作、更改、检索、阅读和使用。① GDPR 是一项旨在帮助个人行使其权利来抵御任何形式的个人数据处理滥用行为的法规。根据 GDPR，个人必须通过声明或明确的肯定行动来表示同意某种处理其个人数据的行为。而另一个至关重要的权利是：个人有权查询有关他们所有被收集的数据的副本。根据 GDPR，控制者有义务执行适当的技术和组织措施，当主体的个人数据为特定目的而在其日常活动中被处理时，控制者需实施和囊括数据保护原则。这种对实施措施的挪用是一种确保 GDPR 的要求被遵守、数据主体的权利相应地得到保护的一种方式。而对 GDPR 的违背则可能会导致控制者面临巨额罚款，其中一些严重的违规行为甚至可能意味着最高为 2000 万欧元的罚款，或者被罚全球年营业额的 4%。②

（二）GDPR 的数据保护标准

GDPR 是一项综合性法规。其数据保护标准解决了控制者在处理个人数据时要考虑的基本因素，尤其是在设计依赖于个人隐私和数据保护的技术时，应当坚持将其作为考虑因素。

1. 与个人数据处理相关的原则

处理个人数据的方法由 GDPR 第 5（1）条规定的七项原则构成。这些经常被提及的原则接近一般数据保护制度的核心。原则的体现并不反映为要遵守的严格规则，而是良好数据保护实践的基本组成部分。

（1）合法性、公平性和透明度。数据主体必须清楚为什么收集数据以及如何使用数据。数据应以合法、公平和透明的方式处理。

（2）目的限制。控制者处理数据主体的个人数据必须具有合法的目的。收集的数据应出于特定、明确和合法的目的，不得以与目的不一致的方式进行进一步处理。

---

① Inbyggt dataskydd och dataskydd som standard. [Online]. Avai-lable：https://www.datainspektionen.se/lagar--regler/dataskyddsforordningen/inbyggt-dataskydd-och-dataskydd-som-standard//.

② European Parliament, Council of the European Union., Regulation（eu）2016/679 of the european parliament and of the council. 2016.

（3）数据最小化。处理的数据应当与控制者处理主体个人数据的目的具有相关性，并且是适当的、受限制的。

（4）准确性。控制者必须确保数据主体的信息准确、有效且与目的相关。个人数据的处理应是准确的且时刻更新的。

（5）存储限制。被处理的数据应以允许识别数据主体的形式被保存，保存时间不得超过其目的所需的时间。

（6）完整性与机密性。控制者应保证会以确保数据主体个人数据适当安全的方式处理数据。此外，应保护数据免遭未经授权或非法的方式处理，并防止数据意外丢失、被破坏或损坏。

（7）问责制。控制者对其证明遵守了与处理个人数据相关的原则的能力负责。

2. 通过设计和默认的方式保护数据

《通用数据保护条例》第 25 条规定了完全遵守 GDPR 的责任和组织实施措施，该条主要引用了 PbD 的规定。控制者必须考虑现有技术、实施成本以及处理数据主体个人数据的性质、范围、背景和目的，以及处理过程中数据主体隐私权的重要程度。评估处理个人数据的全面计划和目的仍然是控制者的责任。此外，控制者应"在确定处理方式时和处理本身时"[①]，说明适当的技术和组织措施的实施。实施适当的技术和组织措施应确保默认情况下仅处理特定处理目的所需的个人数据。这是一项适用于"收集的个人数据的数量、处理范围、存储期限和可访问性"的义务。[②] 此类实施措施的意义在于：确保默认情况下数据主体的个人数据未经同意不得被访问。[③]

四、文献综述

本节是设计隐私权原则和当前框架讨论的背景。设计隐私权是一个宽泛的话题，通常与作为补充援助的安全预防措施息息相关。本文

---

① European Parliament, Council of the European Union., Regulation (eu) 2016/679 of the european parliament and of the council. 2016.

② European Parliament, Council of the European Union., Regulation (eu) 2016/679 of the european parliament and of the council. 2016.

③ Privacy by design. [Online]. Available：https://gdpr-info.eu/issues/privacy-by-design/.

的文献综述着重介绍了将设计隐私权纳入个人数据处理活动的建议,以及研究其整个框架的学术成果。

(一) 设计隐私权的基本原则

设计隐私权(PbD)的概念是由 Ann Cavoukian 于 1995 年提出的,它是对更为错综复杂、日新月异的信息技术的回应。在这些如火箭般飞速前行的技术变革中,她看到了保护和促进信息隐私方法的必要性。该框架主动将隐私直接嵌入信息技术、商业实践、物理设计和网络基础设施中,确保隐私成为一种默认的设置。[①] PbD 的原则只是意味着"通过技术设计保护数据",表明在数据处理的过程中,维持数据保护的最好方式是在创建时就已经被集成到技术中。[②] 有七个基本原则将 PbD 构建为系统开发中的基本方法,以此减少数据主体的隐私问题并实现数据保护合规性。

第一,主动而非被动性原则。PbD 可在侵入性事件发生之前就预测并进行抵御。其目的在于不会等到隐私被侵犯发生之后才后悔。

第二,将隐私作为默认设置原则。为了最大程度地提供隐私,PbD 保证个人数据在任何给定的 IT 系统或商业实践中都能自动得到保护。将隐私作为默认设置,主体不需要采取任何行动就可以保护隐私。

第三,将隐私植入设计原则。将 PbD 根植于 IT 系统和业务实践的设计和体系结构中,确保了隐私在发布时成为核心功能的必要组成部分。

第四,全功能性原则。以正和方式容纳所有合法利益和目标,通过不采纳零和方法来消除不必要的权衡。

第五,全生命周期的安全性原则。在收集信息的第一阶段之前嵌入 PbD,可确保安全性在数据的整个生命周期贯穿始终。从头到尾都采取严密的安全措施,这对于保护隐私而言至关重要。

[①] A. Cavoukian, Privacy by design [leading edge], IEEE Technology and Society Magazine, vol. 31, no. 4, pp. 18 – 19, winter 2012.

[②] Privacy by design. [Online]. Available: https://gdpr-info.eu/issues/privacy-by-design/.

第六，可见性和透明度原则。PbD 向所有利益相关者保证组件和操作能对用户和提供商都保持可见性和透明度。通过按照既定的承诺和目标进行操作，PbD 可确保独立验证。

第七，尊重用户隐私原则。通过要求设计师和运营商维护个人利益，PbD 提供了授权用户友好型的选项、强大的隐私默认设置和适当的通知[①]。

（二）设计隐私权的融入

PbD 等构架重要性的增加是隐私成为一项社会技术的结果，换言之，其既包含社会文化性也具有技术性。因此，本节讨论了一些必要的组织预防措施，以强调如何正确实施 PbD。

1. 设计隐私权的目标

从理论上讲，基础系统通常是在没有植入隐私措施的情况下运行的。因此，隐私法规是不可或缺的，用以保证设计信息系统时的合规性、客户信任、风险管理和对道德的遵守。欧洲数据保护监督员（EDPS）提供的一项分析表明，需要将技术发展扎根于适当的、以人为本的技术设计，而这可以通过 PbD 的原则实现。公平地说，PbD 可以被定义为一种实用的解决措施，以技术的和基于设计的形式出现，旨在确保遵守隐私和数据保护法律。PbD 的目标在于：以支持和实现隐私原则作为目的和功能的方法去设计和升发系统、软件或硬件设备，使系统或设备成为"具备隐私意识的"或"隐私友好型"。它强调了在开发信息系统时对隐私思维进行吸收整合的显著需求。

2. 承认设计隐私权

在信息系统中实现 PbD 是一项具有挑战性的任务，而在组织内正确吸收隐私思维取决于治理和管理中采取的行动。在 Bernsmed 进行的一项研究中，组织内部对隐私的承认被提出作为在软件工程过程中实施 PbD 的重要资助。首先，管理层必须认真对待隐私的承认。其次，要从负责处理个人数据的系统的人员那里获得保护隐私思维模式。根据 Bernsmed 的观点，承认隐私可能意味着组织任命了一名隐私官，负责隐私保护、隐私政策的制定以及组织内定期进行隐私风险

---

① A. Cavoukian, Privacy by design the 7 foundational principles, 2011.

评估。正如 Cavoukian、Shapiro 和 Cronk 所主张的那样，在实施 PbD 时，组织的隐私政策必须是主导力量。就隐私工程师在制定和实施政策中所起的关键作用而言，政策是工程组件，其次是组织如何整合和实施这些政策。在制定政策时应考虑以下因素：识别文化和社会规范、告知政策制定者可用的技术控制、为 SDLC 制定政策并提供有关如何正确使用系统的培训。

3. 设计隐私权的有效性

PbD 不应被视为会使未来创新停滞不前的绊脚石，它并非一个敌对的角色。它旨在确保隐私被纳入考虑范围，且最好在 SDLC[①] 的最早阶段就被内置。可以强调的是，PbD 的框架已经从单纯的技术概念演变为构建整个隐私程序的概念模型。我们旨在成功地实践基本原则，以此作为确保个人隐私和个人控制的措施，从而使组织获得长久的优势。正如 Cavoukian 所强调的，PbD 可以确保组织隐私的有效性，其中包括作为最佳实践的框架、减少与个人信息相关的伤害和其他"意外"后果、加强内部问责机制并证明数据管理的有效性和可信度。我们可以进一步得出这样的结论，事实上存在着无数种方式可供组织创造性地将隐私"嵌入他们的运营和产品中"，以此去赢得客户、业务合作伙伴的信任并成为全球市场上的领头羊。

（三）设计隐私权工程

尽管 PbD 是一个广泛的概念，但对于"设计隐私权"究竟是什么，以及如何将其转化到编程中这两个问题，仍然缺乏清晰的答案。PbD 的概念声明了需要做什么，但它没有提供任何关于如何做的指导。"如何做"可以在隐私工程中找到，这是一种编程方法，我们能找到恰当的实施隐私保护的适用工具和技术。本质上，隐私工程是关于理解如何使用各种方法将隐私作为系统工程中的非功能性要求。有许多方法可用于识别隐私和数据保护要求，并将它们集成到隐私工程的流程中，它有助于阐明监管机构所要求的适当技术和组织保护措施。然而，各种研究表明，PbD 的原则缺乏具体的方法论、工具和指

---

① D. Klitou, The Value, Role and Challenges of Privacy by Design. T. M. C. Asser Press, 2014, pp. 259–288.

南以说明如何在工程信息系统的过程中映射法律数据保护的要求。由于本文主要侧重于与作为框架的 PbD 协同工作的观念,因此仅提供了有关工程工作区的简要建议作为补充,以帮助读者了解工程过程。

1. 定义隐私要求

在系统设计中整合隐私保护要求并不是一项简单的任务。隐私这一事物本身就是复杂的、多方面的,需要在特定背景下进行理解。因此,定义 PbD 过程的目标至关重要。在任何 PbD 出现之前,执行风险分析或特定风险模型将作为评估的基础。[①] 风险模型建立了关于已识别风险的结构化推理,这些风险可以由特定领域中的威胁、漏洞和影响表示,而它们之后可以在风险管理中加以解决。风险模型的特征往往是直接的,通常根据个人信息的流动和状态变化进行处理。长期以来,公平信息实践原则(FIPP)一直是一种通用风险模型,它可用于将隐私目标转化为法律、政策和技术。然而,在我们的社会技术社会中,基于合规性的风险模型已经远远不足够了。[②] 众所周知的风险分析是隐私影响评估(PIA)的方法。该方法存在于 GDPR 第 35 条中,此条进一步被描述为以下内容:控制者有义务在预期数据处理开始之前对影响进行记录。[③] 在隐私保护要求的识别中可以找到一些流通 PbD 的复杂性,因为这种识别需要深厚的专业知识和背景分析来平衡多边安全和隐私利益。[④]

2. 架构策略

我们必须理解目标在功能和非功能需求方面存在的潜在冲突,这会转化为在架构级别设置 PbD 方法的效果。系统架构在实施 PbD 的成功方法方面具有非同一般的地位,因为它们在开发系统的早期阶段仍然是难以改变的设计决策的载体。Spiekermann 和 Cranor 的观点强调了这一点,他们认为隐私架构中的隐私可以作为构建隐私友好型系

---

① European Data Protection Supervisor, Preliminary opinion on privacy by design, 2018.

② A. Cavoukian, S. Shapiro, and R. J. Cronk, Privacy engineering: Proactively embedding privacy, by design, 2014.

③ European Parliament, Council of the European Union., Regulation (eu) 2016/679 of the european parliament and of the council. 2016. 2014.

④ S. Gurses, C. Troncoso, and C. Diaz, Engineering. privacy by design, Science (New York, N. Y.), vol. 317, pp. 1178–1179, 09 2007.

统的指南。由于系统架构可以定义系统的结构和行为。例如，可以通过适当的架构设计决策来使得可识别个人数据的集合最小化。① 正如 Cavoukian、Shapiro 和 Cronk 所建议的，一些架构策略为 PbD 所需的全部功能提供了一个前瞻性的方法。下文将进一步对这些方法进行详尽描述。

（1）隐私增强技术（PETs）。长期以来，PETs 为保护个人数据机密性做出了巨大贡献，原因在于它提供了技术解决方案来确保隐私和数据处于保护之中。PETs 的显著用途是使用具体的技术来执行设计隐私权模式，例如加密、密码系统和其他为确保个人数据安全而开发的技术。

（2）数据最小化。数据最小化是指个人数据的收集及其存储时间都应该最小化。② 数据最小化可以通过将其作为政策、架构策略或技术控制来实现。PETs、匿名化、假名化和权力下放都是实现适当数据最小化的可适用方法。③

（3）匿名化和假名化。这是两种不同的方法，通过删除或加密数据使该个人信息不再与个人相关联，从而达到掩盖个人信息的目的。这两者的核心区别在于：假名化的数据可以被恢复，因为该数据只是套上了假名、替换了假的身份标识。④ 而匿名化则是一个不可逆转的过程，因为在这一过程中个人身份的信息被剥夺了过多的要素，以至于无法再凭借它识别数据主体。⑤

（4）权力下放。权力下放是指这样的一种方式：组织内的活动（主要是关于计划和决策制定的活动）被委派或分布在当局或团体的

---

① S. Spiekermann and L. Cranor, Engineering privacy, Software Engineering, IEEE Transactions on, vol. 35, pp. 67-82, 03 2009.

② A. Pfitzmann and M. Hansen, A terminology for talking about privacy by data minimization: Anonymity, unlinkability, undetectability, unobservability, pseudonymity, and identity management.

③ European Parliament, Council of the European Union., Regulation (eu) 2016/679 of the european parliament and of the council. 2016. 2014.

④ J. Lindquist. (2018) Datavia data science under gdpr with pseudonymization in the data pipeline.

⑤ K. Lubowicka. (2018) The most important benefits of data pseudonymization and anonymization under gdpr.

中心核心之外。① 从架构系统的角度来看，这意味着数据收集正在从集中式系统的处理中脱离，以进入智能客户端执行的过程取而代之。随后，数据主体将能够在对等环境中形成自己的独立决策。②

（四）PbD 面临的挑战

与 PbD 相伴而生的一个突出问题在于隐私概念的模糊性和原则描述中的含糊性，这一问题增加了在开发系统时适当解释"隐私"的难度。隐私问题十分复杂，它涉及法律、社会和政治的方方面面，这使得将隐私问题适当地转化为软件工程师的操作要求极具挑战性。这是一个多学科环境，需要运用专业知识将 PbD 的抽象定义和原则映射到具体要求上。③ 由于隐私源于法律，D. Wiese Schartum 在他的研究中强调，软件工程方法论必须以法律为出发点，以便使隐私领域的律师和专家可以轻松理解将法律转化为设计决策的过程。④ 目前，在正确转换隐私原则、解决隐私问题并鼓励开发具有隐私意识系统的概念框架方面，仍然缺乏对工程活动的支持。⑤ 关于隐私的两个适用学科的冲突势必会给 PbD 带来挑战。

正如 Morales-Trujillo 等人的研究表明，软件工程中的 PbD 仍然是一个不成熟的领域，他们认识到软件工程缺乏隐私意识方法并在工业环境中得到了验证。该研究表明，几位研究人员已经确定了将 PbD

---

① Definition of decentralisation. [Online]. Available: https://www.merriam-webster.com/dictionary/decentralization.

② S. Gurses, C. Troncoso, and C. Diaz, Engineering. privacy by design, Science (New York, N. Y.), vol. 317, pp. 1178 – 1179, 09 2007.

③ M. Alshammari and A. Simpson, Towards a principled approach for engineering privacy by design, 06 2017, pp. 161 – 177.

④ D. Schartum, Making privacy by design operative, *International Journal of Law and Information Technology*, vol. 24, p. 002, 02 2016.

⑤ M. E. Trujillo, G. García-Mireles, E. O. MatlaCruz, and M. Piattini, A systematic mapping study on privacy by design in software engineering, *CLEI Electronic Journal*, vol. 22, 04 2019; M. Büscher, L. Wood, and S. Perng, Privacy, security, liberty: Informing the design of emis, 05 2013.

的基本原则应用于隐私友好系统的进展开发时所面临的特殊困难。[①]隐私概念的模糊性使其难以获得保护，其主要原因在于与隐私相关的问题需要结合具体环境背景，以全面和具体的方式进行识别。例如，强调需要部署隐私风险评估，以超越慎重地识别技术风险，而这需要了解可以从社会规范中得出的社会认知和期望。[②]此外，一些研究人员高度关注 PbD 的工程，因为其明显缺乏适当的实施细节、缺乏帮助软件开发人员设计和实施隐私友好型系统的具体工具以及缺乏从开发角度去解决隐私问题的明确指南。[③]许多现有的隐私保护解决方案对隐私具有重大的架构影响，然而，通常没有与之相伴的设计指南来减轻这种影响。这意味着需要可以采用的技术来明确、实施和证明可接受的隐私保护水平。[④]正如 Yskout 等人通过对安全和隐私的设计方法、标记和技术（重点关注软件开发的早期阶段）的研究得出的结论，人们可以质疑早期的开发工作是否真的有回报。目前，关于当前的安全和设计隐私权技术是否能够在潜在问题变成实际问题之前识别它们、现有的技术是否能够有效地开发本质上不容易出现潜在安全和隐私缺陷的软件设计这两个问题，似乎都并不重要。根据该研究，涉及这些问题的实证研究十分罕见，这导致佐证现有隐私方法影响的经验证据寥寥无几。[⑤]

五、研究方法

本文的研究方法分为三个部分：关于 PbD 的研究和文献综述、

[①] M. E. Trujillo, G. García-Mireles, E. O. MatlaCruz, and M. Piattini, A systematic mapping study on privacy by design in software engineering, *CLEI Electronic Journal*, vol. 22, 04 2019.

[②] S. Gurses and J. Del Alamo, Privacy engineering: Shaping an emerging field of research and practice, *IEEE Security Privacy*, vol. 14, pp. 40–46, 03 2016.

[③] M. Alshammari and A. Simpson, Towards a principled approach for engineering privacy by design, 06 2017, pp. 161–177; M. Colesky, J.-H. Hoepman, and C. Hillen, A critical analysis of privacy design strategies, 05 2016, pp. 33–40.

[④] M. Alshammari and A. Simpson, Towards a principled approach for engineering privacy by design, 06 2017, pp. 161–177.

[⑤] K. Yskout, A. Kim, D. Van Landuyt, R. Scandariato, and W. Joosen, Empirical Research for Software Security: Foundations and Experience. CRC Press, 2017.

访谈过程以及对访谈和文献综述收集的数据的分析。以下提供了各个部分的描述和解释。

（一）研究和文献综述

这部分方法的一个重要方面在于它提供了采访所需的必要知识。其目的在于从研究的角度了解 PbD 的法律规定及其发展壮大，以此为采访制定适当的问题并了解参与者的反应。本部分以预先研究和文献综述作为对 PbD 定性知识和见解的来源。

1. 研究

理解作为 GDPR 规定的 PbD 和从控制者的角度去遵守隐私原则的含义至关重要。因此，本文进行了研究，以从技术和组织活动的角度满足 PbD 的定性维度。在收集必要的研究背景和知识以支持本文时，研究文章、书籍与法律框架、法规相结合是主要的来源。由于 GDPR 中的某些部分在没有之前的法律专业知识的情况下难以描述，因此欧盟和 Datainspektionen 提供的有关该主题的网络文章和描述被视为补充。有助于预先研究的科学上的概念是通过学术搜索引擎 Google Scholar 找到的，主要来自对于"设计隐私权""隐私和数据保护"和"GDPR"这几个关键词的搜索。

2. 文献综述

由于 PbD 最初是作为一种技术方法，且有意向更多的法律法规方向发展，因此前期预先开始了对文献综述的扩展。正如 Snider 所确立的那样，不管是何种学科，一个人所有学术研究活动的基石都仰赖于将目标与现有知识联系起来。文献综述是一种比以往任何时候都更具相关性的研究方法，其原因在于研究和商业的多个领域正在以惊人的速度加速发展，所以保持碎片化和跨学科至关重要。通过系统地收集和整合以前的研究，文献综述能够通过评估收集到的证据来支持最先进的研究，做出理论和实践贡献的潜力随之增加。① 这部分方法论的另一个重要方向是提供准备采访所需的基本知识。这是为了从研究的角度了解 PbD 的法律规范及其发展壮大，以此作为一种手段，

---

① H. Snyder, Literature review as a research methodology: An overview and guidelines, *Journal of Business Research*, vol. 104, pp. 333 - 339, 2019.

为采访制定适当的问题并理解参与者的回应。

（二）采访过程

由于"模糊性"使得 PbD 令人费解，且需要对评估进行定性输入，因此采访是本文数据收集的主要部分。与进行问卷调查不同，通过进行半结构化的采访来收集信息，可以更清楚地了解原因背后的信息。对于受访者的选择是基于他们背景的差异以及他们作为隐私和数据保护专业人员的角色，他们具有适用 GDPR 和实施 PbD 的经验。

1. 定性研究方法

考虑到采访是数据收集的主要来源，因此选择定性研究方法作为本文的基础。就定性方法论而言，定性访谈是最常见的数据收集形式。① 通过进行定性研究，可以了解受访者如何看待 PbD 作为 GDPR 中的一项法规。② 采用定性方法有助于调整先入为主的观念，也有助于推断思维过程并从深入的角度分析问题。证据表明，当人们倾向于对突出问题进行查明和理论化时，定性研究是合适的，这使得它成为本文追求的方法选择。③ 正如 Shenton 在一项研究中提到的，研究人员的背景和经验增强了研究的可信度，这在定性研究中尤为重要，因为人是数据收集和分析的主要工具。④ 因此，全面的预先研究和文献综述是本文定性部分的主要目标。在进行定性采访时，需要考虑的是采访者在访谈过程中做出决定的风险程度，额外增加对采访期间做出的决定以及这些决定的潜在后果的关注和思考。这一方法论涉及反射性与研究的每一个阶段都相关。⑤ 定性研究方法的另一个重要方面在于分析收集到的数据时意识到多种事实和原因的可能性。由于研究员

---

① S. Jamshed, Qualitative research method-interviewing and observation, *Journal of basic and clinical pharmacy*, pp. 87 – 88, 04 2014.

② J. Sutton and Z. Austin, Qualitative research: Data collection, analysis, and management, *The Canadian journal of hospital pharmacy*, pp. 226 – 231, 03 2015.

③ S. Jamshed, Qualitative research method-interviewing and observation, *Journal of basic and clinical pharmacy*, pp. 87 – 88, 04 2014.

④ A. Shenton, Strategies for ensuring trustworthiness in qualitative research projects, *Education for Information*, vol. 22, pp. 63 – 75, 07 2004.

⑤ A. Galletta and W. Cross, Mastering the semi-structured interview and beyond: From research design to analysis and publication, pp. 1 – 245, 01 2013.

们还在试图理解这些信息,因此人们必须考虑其理解并不具有信息通用解释的一致性。当然,这并不一定意味着定性研究中的各种解释是不可信的。①

2. 半结构式采访

采访以半结构式的形式进行,采访中提出开放式问题,并有可能在整个采访过程中根据需要增加问题,这些问题往往会为定性研究获取丰富的数据。② 进行采访的关键部分是让研究人员了解受访者的回应和背后的原因,否则,可能会产生不准确的解释。③ 被认为适合采访的受访对象主要是具有数据保护官(DPO)身份或在组织中具有实施 GDPR 和 PbD 经验的人,他们提供了技术和法律观点的混合视角。最终的受访者身份类似于以下角色并来自以下部门:DPO——财务,DPO——零售,DPO——电信,顾问——零售,顾问 ——网络安全。

这些身份和背景的多样性十分有趣,因为受访对象可以提供对 PbD 作为框架各式各样的经验和观点。受访对象是通过使用电子邮件或 LinkedIn 进行询问而找到的,询问的内容描述了本文的意图,并邀请他们参与进来。

3. 全程采访

一旦受试者表示有兴趣参与其中,他们紧接着就会收到一份信息表,表中详细描述了论义的范围以及论文中收集的数据将被如何处理。如果受访者在某个时候希望从论文中撤回他们的参与和数据收集,这种请求无须任何进一步的协商即可实现。受访者在整篇论文中保持匿名状态,以确保其身份不会被识别。因此,论文没有提及受访者所属组织的名称,仅提及所属部门作为结果的必要信息。项目向受访者提供了一份同意书,受访者需要签署一份协议,以确保他们了解收集到的信息将被如何使用。大多数采访是在受访者的工作场所进行的,这能为受访者提供一个熟悉且舒适的环境,与此同时,采访的录音和转录也是在受访者同意的情况下进行的。其中一次采访是电话采

---

① A. Shenton, Strategies for ensuring trustworthiness in qualitative research projects, Education for Information, vol. 22, pp. 63 – 75, 07 2004.

② M. Mitchell and M. Egudo, A review of narrative methodology, 2013.

③ Conducting the interview: The role of reciprocity and reflexivity, 2016.

访，因此采访过程的记录是通过在电脑上做笔记而形成的。在分析与其他人相比的结果时，由于缺乏相等的深入视角，因此在分析结果时会对这次特别的采访予以额外关注。另外，瑞典语是大多数受访者的母语，因此所有采访均以瑞典语进行。其中一名参与者的母语不是瑞典语，但其语言能力足以使采访顺利进行，在交流过程中只有少数澄清是以英语的词汇和术语进行的说明。需要说明的是，结果部分中引用的内容已从瑞典语翻译成英语，这可能导致其结构与实际的引用不同。

（三）数据分析

从采访中收集到数据之后，研究员就立刻着手进行了主题分析。在定性研究中，主题分析是最常见的分析形式之一，它进一步强调识别、分析和解释在数据中发现的具有意义或主旨的模式。① 此种方法对于本文的目的大有裨益，因为它旨在捕捉利益相关者对工作中作为一项规定的 PbD 的看法和经验。主题分析的第一步是熟悉数据，然后确定不同的主题以帮助寻找研究问题的答案。由于之前的学术研究已经为此提供了基石，因此在创建主题时，文献综述起到了支持的作用。通过关联已经完成的学术研究，主题的创建和相关性均得到了促进。

六、研究结果

本节对研究结果进行了展示。例如，研究方法部分所述，研究结果将分为不同的确定主题，不同的主题汇集了从采访中收集的重要信息和特定引述。

（一）对隐私问题的认知

这一特定主题重在探究受访者基于他们的工作经验对隐私问题的看法。没有一位受访者对他们所认为的基本隐私问题做出相同描述。然而，在某些情况下，其中两位受访者的答案所提供的基本目标存在

---

① V. Braun and V. Clarke, Using thematic analysis in psychology, *Qualitative Research in Psychology*, vol. 3, pp. 77–101, 02 2006.

显著相似之处。他们都有在零售行业工作的经验,并且认为个人隐私是处理个人数据时的重中之重。其中一人表达了对个体在处理过程中无能为力处境的高度关注:"人们并不知道他们的个人信息之后会何去何从,尤其是组织正在通过他们提供的信息赚钱。人是产品,他们很少意识到要真正做出有意识的决定。你不能要求个体对一切都有意识,保护个体是组织的责任。"另一位受访者则表达了这样的担忧,即当缺乏保护个人的适当目标时,用于确定特定要约而对个人兴趣和购买历史进行识别会变得具有侵入性。受访者进一步阐述了个人信息的价值,明确了对个人数据进行处理时的责任:"在当今世界,个人信息是组织的驱动力,这使得数据成为赚钱的主要资产。"在金融部门工作的受访者将隐私问题视为与 GDPR 相关的风险,认为如果以客户不同意的方式处理个人数据,这对组织来说是有害的。

具有电信背景的受访者着眼于与个人信息使用方式相关的隐私问题。这位受访者强调,如果没有考虑该信息是否被认为有必要用于特定目的,那么在这种情况下收集个人信息的行为则可能因其在处理目的性方面有所欠缺而被视为隐私问题,这一观点得到了以下解释的支持:"提出正确的问题至关重要:我们需要这些数据吗?为什么?对于组织来说,这是一个棘手的难题,因为其要么认为所有数据都是必要的,要么缺乏关于哪些数据具有实际必要性的知识,这导致他们连无关紧要的琐事都收集。"

此外,最后一位受访者(网络安全顾问)提供了不同的观点,这位受访者认为在处理个人数据时,潜在的威胁是最严重的隐私问题。其这样解释道:"人们应该考虑高度连接的社会带来的潜在威胁。在聚合的形式下,一切都变得更有价值。这不仅对于竞争者如此,对于网络犯罪分子也是如此。网络犯罪分子可以使用相同的聚合数据对个人、组织和政府完成定向、成功的攻击。"

(二)隐私原则的优先级

这一主题主要讨论了受访者关于以下问题的意见:根植于 GDPR 的隐私原则中哪个原则最重要。显而易见,即使受访者之间存在某种共识,也不存在关于如何区分隐私原则优先性的明确和普遍的意见。一位受访者在回答这个问题时说:"您想不想考虑优先级,但必须提醒您的是，在组织中工作的是'人'，因此必须观察其成熟度以实现隐私和数据保护。"

两名受访者同意"数据最小化"是处理个人数据时应被优先考虑的一项原则，他们认为许多后果会随着数据收集最小化这一举措而减少。在他们的回答中可以进一步理解数据最小化的重要性，因为它允许对正在处理的数据有更多控制，尤其是在确保安全和保护敏感数据方面。其中一位受访者认为："如果被处理的数据遭遇了安全事故，那么，数据最小化对于减轻事故的后果有着不可忽视的作用。"还有一位受访者表达了这样的一种理解，即实际上数据最小化是经常被忽视的原则之一，而非具有高度优先性的原则。受访者强调了基于"合法、公平和透明"原则控制和处理个人数据是重中之重，该原则可以使数据主体能够更清晰地了解处理过程。这位受访者说："在我看来，基于合法化的方式处理数据至关重要，因为无论是否给数据主体提供了'同意'的选择权，这种方式都可以对个体产生保护。"

最后两位受访者主张将"目的限制"作为确保隐私的最重要因素之一。这两位受访者中的一员有在金融部门工作的背景。基于其工作业务的活动，金融业倡导将"诚信和保密"作为最高优先事项之一。然而，根据该受访者现在的角色，其个人认为对处理数据的目的负责更为重要。另一位受访者设法通过以下方式分别陈述了这两种观点："一切数据都必须带有目的地去处理。首先，必须公开这些目的的基本依据，然后才能通过合法化的方式来推进目的。人们必须考虑多少数据是必要的，以及这些数据在被销毁之前将保持多长时间的相关性。"

（三）设计隐私权作为法规的组织措施

这一特定主题突出了受访者将对于 PbD 作为 GDPR 法规的经验，并进一步解释了为实现 GDPR 合规性而采取的一些组织性措施。一位受访者以清楚的方式解释了 GDPR 的合规性和 PbD，并说道："在我看来，当您处理 GDPR 的合规性时，PbD 和 GDPR 是一回事。"

在大多数情况下，个人数据的处理和保护是由管理 IT 安全的部门负责的。其余的受访者要么认为 PbD 是特定数据保护部门法律代表的责任，要么认为是法律和 IT 安全专业技能的结合。一位受访者描述了两个相去甚远的学科在处理数据保护上的差异:"IT 安全更具技术性,而法律则忽略了同样重要的非技术性方面,例如,政策和物理安全。根据他们的观察和分析,可以对 IT 安全和 DPO 提出要求。"

"重组"是所有受访者都体验过的明显效果。一些受访者提到引入新角色和工作方法是实现合规带来的结果。而其他受访者则表示,组织不必为合规而进行大量重组,但是必须增加更多与隐私相关的角色(例如 DPO),以不断改进他们对个人数据的处理。一位受访者这样简单概括说:"虽然程度与这不同,但我们曾经这样做过。这样做的感觉不错,因为我们将对该事物有更多的了解,这是一种积极的调整。"

一些受访者特别谈到了对 GDPR 合规负责的压力,并从整体上将它描述为:采取行动仅仅是为了符合证明合规性的框架,而非真正地在组织内培养可持续的隐私思维。一位受访者曾在一家大型电信机构工作,这位受访者表达了他的沮丧。该组织有着采取适当的信息安全保障和数据信息安全预防措施的历史,为了达到 GDPR 要求的合规性,其方法是将 GDPR 的措施与现存的框架连接起来。然而,他们在人工智能和物联网等创新性的领域中遇到了难题,因为他们需要利用数据进行开发和创新,在某种程度上这可能是自然人的数据。受访者表示:"这很艰难,且有着诸多不清晰的地方,因为我们需要在我们的开发项目中使用数据,从这个角度来看,GDPR 和 PbD 都远不足够,所以我们必须根据自己的判断来不断地执行。"

即使人人皆知应找到适合组织性活动的解决方案作为在 PbD 的帮助下实现合规的措施,但一些受访者强调了从技术角度解释 GDPR 以实现实际合规困难重重。这些困难似乎与承认在已经建立的流程和系统中开展全面实施的复杂性有关。受访者提到了一些案例,例如对早期设计选择的依赖、选择合适的方法、标明所有不同流程中发生的个人数据、进行适当的风险分析以确定流程中何处不合规、组织的教育和知识、多学科实施项目的协调问题,这些都是难以解决的绊脚石。一位受访者选择从技术角度反映人们对 GDPR 实际含义的不安感:"许多人似乎难以解释 GDPR,这导致预防措施过于复杂。人们害怕如果他们没有'一字不差'地实施 GDPR,他们就会失败。如果这是推动组织进行隐私衡量的态度,那人们所设想的战斗就已经一败涂地了。"

这位受访者继续进行描述，其认为组织要遵守 PbD 的原则应该不难，但前提是他们实施的基石已正确引入并嵌入组织中："在我看来，如果在最开始的阶段就引入了 PbD 的原则，实施它们并不难，但是，如果它们最终被积压成待办事项，这一切则会变得非常困难。"

（四）设计隐私权的实施

以下主题讨论了受访者所认为的与在组织内实施 PbD 最相关的方法。受访者们在选择解决问题的方式上出现了分歧，这导致为本主题收集的回答多种多样。尽管如此，这些答案已被汇总，作为在流程中实施 PbD 的主要方法以达到合适的流程的标准，其中包括风险模型、风险分析、风险和后果评估等方法以及 PIA/DPIA 的传导，这些都被特别用于识别隐私风险和隐私要求。正如一位受访者所说，一旦在流程中识别到个人数据，PbD 的优化就会被采用以作为支持。这位受访者这样说道："你处理个人数据吗？如果答案是肯定的，那么则必须存在一个预定义的 PbD 过程，第一步是描述和构建映射过程，在其中声明数据实际发生的情况。"

受访者们描述了在 PbD 实施过程中人们选择的工作模式存在巨大差异，敏捷团队配备着"隐私"教练、DevOps、瀑布模型和预定义流程。一些困难成了如何实际处理隐私和数据保护的拦路虎。其中一位受访者说："我们必须有一个隐私专业人士网络将信息传播给每个人，尤其是开发团队。数据隐私专家正在与我们的开发团队合作，以确保他们能够影响和设定要求。以此种方式，您就会收到协调一致的指导方针和框架。"

受访者们强调，PbD 要在所有阶段都被引入，但必须尽早实施，否则，会变得更加困难。一位受访者强调，顾问的工作量会增加足足 3 倍，具体取决于在流程中的哪一阶段才引入咨询意见。大多数人提到的重要性可以在管理层如何隐含和明确地引入关于如何处理 PbD 的清晰流程和框架中找到。然而，从受访者的评论和态度中也可以发现，PbD 作为规章并没有促进隐私工作和个人数据的处理，仅仅是因为如山的工作量和涉及其中的人。一位受访者反映了 PbD 作为当代技术法规的整体影响，并得出结论，是概念模糊性导致了困难。这位受访者说："它还不足以成熟到使组织的处理能更轻松。也许只是一小部分，但看法仍然存在分歧。然而，我个人认为 PbD 可能不会变得比现在更鲜明易懂。"

（五）通过设计嵌入隐私权

这部分主题根据受访者的经验和个人意见，着重展示了受访者对如何实现嵌入 PbD 的看法。受访者似乎并不关心应该如何处理 PbD 的技术实施。显而易见的是，所有受访者都认为让组织内的大多数人了解 PbD 原则的实际含义十分重要，但这也可能依赖于人们所具备的知识水平。最具有共性的答案回答了为什么让大多数人了解 PbD 如此重要，但也强调了传播信息是十分困难的，正如两位受访者所描述的："根据 PbD，每个部门都必须了解他们应该如何处理数据。在数字化组织中，PbD 必须是整体操作的一部分，尤其是开发人员必须在他们的思维中植入安全性和 PbD。开发人员需要有这样一种观念，即有些数据是他们无权使用的。""问题在于，集成过程中发生了数不胜数的步骤。团队中的许多人质疑为什么这些是有必要的'这难道不是一个法律问题吗？这与 IT 有什么关系？我为什么要处理这些'？"

与访谈提供的总体答案不同的是，他们将 PbD 视为一项综合性任务，需要进行解释，尤其是与之合作，因为这需要考虑到利益相关者和各种流程的数量。一些受访者谈到了对 GDPR 中出现的隐私思维的整体理解，以及通过嵌入 PbD 来取得成果的必要性："当团队积极主动地表明他们考虑数据隐私时，当他们表现出他们理解传播隐私和数据保护的问题时，这就是人们在培养隐私思维方面取得了很大进展的时候"。

另外，所有受访者都认为综合教育是培养某种隐私思维以帮助在组织内处理 PbD 的主要解决方案。受访者们提到了五花八门的方法，例如电子学习、研讨会、在项目中尽早引入隐私倡议以使其不会变得晦涩难懂，以及内部销售活动。一些组织为其所有员工提供教育，一些组织仅在必要时为某些项目提供教育。受访者反思了对处理 PbD 框架时了解隐私和数据保护知识的重要性："我们选择了一种分散式的实施方法，而这导致了一些混乱，因为许多人以前没有处理隐私和数据保护的经验。因此，确保这些人理解 PbD 中描述的隐私是一项额外的工作。"

项目经理和特定的隐私"角色"（例如 DPO 或数据隐私专家）负责有关数据保护实施措施的外包。一些受访者提到，希望一些角色（例如系统架构和开发人员）的地位能够上升，从而更多地参与并意识到个人数据的处理。

（六）对未来隐私和数据保护的影响

为了解 GDPR 对个人数据处理的影响，本部分主题讨论了该法规的后果及其对未来技术、信息系统和产品中隐私和数据保护的意义。总体看法是，在 GDPR 之前，无论是个人还是组织都没有与法规实施后相同程度的隐私思维，正如一位受访者所说："这已经成为一个巨大的调整，因为以前是组织拥有信息，而在 GDPR 之后，个人理所当然是自己数据的庄严所有者。这改变了人们的操作方式。"

受访者描述的另一个方面是，在 GDPR 之前，从事隐私工作的人已经具有特定的隐私思维，并且在组织内部，内部隐私政策充当了隐私指南；而 GDPR 实施后，他们的工作变得更加轻松，因为 GDPR 突然在不同层面上影响了每个人的权益。然而，大多数受访者认为，无论是 GDPR 还是 PbD 的实施，在培养可持续的隐私思维方面，都没有做出什么特别的贡献。这一切仅仅表明了人们对潜在制裁的谨慎和恐惧，即担忧个人数据的处理不符合法规中提出的要求。

谈及个人数据处理时所必需的未来监管时，所有受访者都同意必须讨论当代新事物潮流中的数据处理方式，比如人工智能、IoF、机器人学和自动化解决方案等。受访者表示，"时至今日，没有人真正了解人工智能的法律责任，大家只知道这是一种每个人都想利用的技术趋势"。"在 GDPR 的潜在更新中，我们将需要单独的人工智能法规。引入人工智能是为了它们能在系统中自行得出结论，而最终这将影响个体以及他们的个人诚信。"

一些受访者讨论了针对不同部门有单独法规这一设想的可能性，大多数人对这个想法持肯定态度。而其中一位受访者认为，对于更加清晰、方便地引入单独法规的目标而言，这不是一个实际的解决方案。

七、讨论

本部分讨论围绕结果中描述的确定主题展开。每个主题都在文献综述部分提供的支持下进行讨论，以全面剖析该主题的在这之前的学术发现。

（一）对隐私问题的反思

由于隐私具有社会技术性，某些社会文化确实在隐私友好系统的开发中发挥了作用。受访者对隐私问题的看法很有趣，因为这反映了为什么保护个人数据对他们来说很重要。结果表明，受访者们对于哪些可以算作是重要的隐私问题有着不同的看法。显而易见，最基本的隐私问题就是要确保个人数据得到保护，这可以从三个不同的角度进行描述：个人数据的滥用、GDPR 的影响以及对潜在威胁的担忧。从受访者的回答中可以看出，对隐私问题的看法可能与受访者的归属部门有关。这并不令人感到奇怪，因为运营活动会影响组织内的文化和社会规范。尽管如此，这意味着就组织的运作方式而言，在隐私和数据保护方面存在着团结。将隐私问题的重要性转化为技术视角，有助于了解技术设计如何实现隐私保护。处理个人信息（例如他们的购买历史）的信息系统应当考虑未经同意就对个人进行分析的坏处。如果隐私问题在运营活动中高度饱和，那么，它可以帮助软件工程师分辨基本的设计选择，并加强他们的专业性来处理复杂的隐私要求。

（二）隐私原则的优先级

GDPR 中所述的隐私原则援引了数据保护实践的基本组成部分[①]。然而，您能否在这些重要原则中进行优先级排序？一位受访者明确表示，优先性并不是您想做的事情，而是必须要做的事。有两个因素具备可信赖性；隐私和数据保护实施的成熟度和团队的技能。这清楚地表明根据实施措施和团队能力来确定优先级是必要的。您必须充分利用已经得到的东西，即使这意味着不得不削减其他东西。其他的受访

---

① European Parliament, Council of the European Union. , Regulation (eu) 2016/679 of the european parliament and of the council. 2016. 2014.

者指出,"合法、公平和透明""数据最小化"和"目的限制"应当是被优先考虑的原则。不过,该研究提供了一种见解,即数据最小化很容易被忽视,即使这些规定所呼吁的内容是不同的。而这意味着组织难以建立适当的数据最小化预防措施。人们可能会认为,在处理个人数据时不易确定边界。因此,有必要将隐私在社会、法律和政治方面的内涵进行"翻译",使其在软件工程的目的变得可以理解。但结果超出了这一观点,它们表明:与技术相关的隐私原则(存储限制、完整性和机密性)没有被任何受访者视为同等程度的优先事项。当然,这并不能证明隐私工程不那么重要。相反,它表明受访者们把明确收集个人数据的目的视为优先事项,否则这一事项将更容易遭到破坏。

(三)设计隐私权作为一项规定的组织措施

在受访者关于 PbD 作为 GDPR 规定的经历中,令人感兴趣的方面在于:谁负责实现合规性、人们如何理解隐私和数据保护以及对遵守法规的说明。

1. GDPR 责任的确立

研究结果表明,隐私和数据保护的责任在组织内部的位置存在着一些差异。多数受访者表示 IT 安全应当被安排在隐私和数据保护的首要位置,或者至少被共同负责。另一位受访者则描述了一个由法定代表人设立的特定数据保护部门。公平地说,尽管存在学科负责机制,但所有受访者都强调要根据 GDPR 中给出的指令进行多学科合作,以实现隐私和数据保护。IT 安全提供技术专长,而法律代表可以提供确保隐私和数据保护所需的非技术内容。研究结果表明,组织与组织之间主要独立于他们选择如何处理组织性措施以确保隐私和数据保护。因此,该结果不能提供关于谁应该主要负责的最佳建议。不过,显而易见的是,必须有一个介于技术和法律之间的中间理解。因为无论缺少了其中的哪一个,隐私和数据保护都无法发挥作用。人们可以宣称 GDPR 已经实施了更多驱动性的努力,以确保从人道主义角度而言隐私可以很好地转化为技术设计。

2. 对隐私和数据保护的理解

如果要阐释 GDPR 的合规,则必须将 PbD 包含在内。当受访者谈到与 GDPR 合规相关的组织措施标准时，潜在的解释是实现 PbD 与满足 GDPR 合规是一回事。如果您正在使用将隐私内嵌于技术设计中的框架，那么您就是走在努力实现 GDPR 合规性的道路上。然而，受访者发现，实际上很难将 GDPR 解释为一种清晰的技术视角。正如受访者的经验所展现的那样，用于嵌入 PbD 的直接工程方法和工具都十分紧缺，这使得该框架在应用上困难重重。① 这可能与之前在第 7.3.1 节中讨论的内容高度相关，即意味着当法律要求被转化为隐私要求时，很容易发生隐私感知的丧失，而这会阻碍 PbD 的发展。回顾之前的研究，可以假定软件工程师在某种程度上不鼓励将隐私作为优先事项。② 正如一位受访者所经历的那样，如果某人具有技术背景，他们工作的重中之重应该是考虑信息系统内的安全措施，而不是考虑以脑海中个人数据的内涵来解释隐私。今时今日，人们被强迫从人道主义的角度来看待隐私和数据保护，然而当软件工程师团队无法理解这种观念时，其后果可能会反映在最终产品的隐私保护水平上。

3. 对设计隐私权的看法

研究结果表明，GDPR 对隐私和数据保护的成果让一些已经成立了的组织感到沮丧不已。一个明显的原因在于：一位受访者认为该法规在某种程度上欠缺对个人数据用于开发和创新目的的惯例，而让团队根据自己的隐私判断来执行运作。当处理个人数据的目的尚未确定时，如何定义该目的？此外，GDPR 存在一些负面影响，因为它被视为许多组织都要达到的合规性要求。这可以通过结果中的一项发现来进一步解释；如果法规不是"按字面含义"实施，人们会害怕不能达到 GDPR 的合规要求。此种观念无疑是令人丧气的，因为它并没有为以人为本的技术设计铲平障碍。③ 这暗示作为框架的 PbD 可能也会受到负面影响，因为它在某种程度上增加了保护个人数据的工作量，

---

① M. E. Trujillo, G. García-Mireles, E. O. MatlaCruz, and M. Piattini, A systematic mapping study on privacy by design in software engineering, *CLEI Electronic Journal*, vol. 22, 04 2019.

② K. Bednar, S. Spiekermann, and M. Langheinrich, Engineering privacy by design: Are engineers ready to live up to the challenge? *The Information Society*, vol. 35, no. 3, pp. 122–142, 2019.

③ EuropeanDataProtectionSupervisor, Preliminary opinion on privacy by design, 2018.

而非简化这项工作。

（四）设计隐私权的实践

总体结果表明，"适当的流程"被认为是在业务活动中实施 PbD 的最佳方式。受访者们认为，"适当的流程"主要涉及：事先启动风险模型、风险分析、风险和后果评估和运行 PIA/DPIA 以识别隐私风险并确认隐私要求。此外，诸如带有"隐私教练"的灵活产品开发团队、DevOps、瀑布模型、分散式处理和预定义流程等工作模型作为实现 PbD 的常用方法被提及。虽然差异化的结论使得不同组织实施 PbD 的合适方法无法得到确定，但是，其中特别提到了数据映射这种方法，其在已经建立的流程中得到了适用。通过识别未根据 GDPR 进行处理的个人数据这一现存的问题，人们可以使用预定义的 PbD 流程来表明数据如何被处理。尽管这种方法只是众多方法中的一种，但它提供了在 GDPR 强制程度范围内对技术设计中 PbD 进行全面修复的见解。除此之外，研究结果证实，在项目中引入 PbD 越晚，实施该框架就越困难。这一情况反映了在技术设计的早期阶段考虑隐私保护的重要性。另外，受访者认为包含在工程中的隐私思维最佳化和数据保护的成熟具有重要意义，受访者并不认为他们缺乏实施方法。一位受访者特别表示，在一开始就将 PbD 嵌入项目中应该是件容易的事。这被视为与先前的研究结论相矛盾，但意味着如果没有成熟的隐私思维，PbD 的工程将继续被贴上"不成熟"的标签，因为隐私思维的培养将在未来的发展中发挥举足轻重的作用。

（五）通过设计嵌入隐私权

嵌入隐私权是 PbD 的基本原则之一。关于何人应该了解该框架和 PbD 所理解的整体隐私这两方面的内容，嵌入隐私权是一个值得关注的亮点。

1. PbD 的多学科知识

PbD 的身影遍及技术、信息系统、架构、业务运营，甚至网络信息生态系统。不言自明，基本原则应该存在于会发生个人数据处理的所有活动中。受访者们都看到了让所有部门了解他们应该如何根据 PbD 处理数据的重要性。此外，PbD 还可能依赖于人们的知识渊博程度。人们产生了这样的共识:为了让 PbD 真正嵌入组织中,每个人在处理数据时都应该具有特定等级的 PbD 意识。正如一位受访者所说,为了使框架发生作用,开发人员必须将 PbD 根植于他们的观念中。在人为因素可能导致管理层或系统架构误判的情况下,开发人员必须有责任感去质疑是否达到了隐私要求。然而,由于人们对隐私的解释众说纷纭,研究结果暗示了法律和技术之间现存的巨大鸿沟。正如一位受访者的经历所展示的那样,存在着这样一种质疑:为什么与法律相关的事情必须由 IT 部门来处理。这凸显了将人权领域的隐私传达到运营活动要求中是一件十分困难的事。实施 PETs、使用匿名化或假名化作为技术解决方案,对于系统工程师满足技术设计中的隐私要求而言已不再足够。

2. 纳入隐私思维

研究表明,目前我们缺乏适当的实施细节、具体的工具和明确的指导方针作为将 PbD 嵌入到工程活动中的补充。此外,研究结果还表明受访者认为在编程过程中缺乏隐私思维。受访者认为治理、管理和 DPO 对组织活动中的外包隐私和数据保护措施有着巨大的责任。尽管如此,研究结果揭示了受访者的美好愿望:希望系统架构工程师和软件工程师等角色更多地参与到与个人数据处理相关的问题中。所有受访者都赞同综合教育是培养一定隐私思维的主要解决方案,并建议通过电子学习、研讨会、内部营销活动等来实现。当然,这并不意味着每个人都必须成为隐私专家。恰恰相反,这反映了当一个团队表明他们考虑隐私,并进一步了解有关隐私和数据保护的问题时,它就具备了隐私思维。从研究结果中可以理解的是,PbD 的嵌入高度依赖于可持续性隐私思维的纳入。

(六) 对未来隐私和数据保护的影响

GDPR 已经改变了组织嵌入隐私和数据保护的方式,研究结果中出现了一些关于未来个人数据处理的有趣讨论。研究结果还展示了 GDPR 的普遍影响以及受访者认为对未来技术进步和个人数据处理而言至关重要的内容。

1. 隐私和数据保护观念的变化

研究结果表明,GDPR 对于组织如何重新调整自身以符合法规产生了普遍影响。当然，当数据处理发生时，隐私措施一直是不可或缺的，并且在被认为是个人数据的所有者（即个人）这一方面存在着一些变化。组织必须遵守更加透明、更加用户友好型的解决方案，以此作为措施，告知个人有权了解他们正在被处理的数据的情况。从结果来看，GDPR 对隐私和数据保护实施了深刻的变革。然而，一些受访者认为，无论是 GDPR 还是 PbD，在为隐私和数据保护的未来培养可持续的隐私思维这一方面并没有做出改进。他们之所以这样做的原因在于：如果未能符合 GDPR 的规定，则可能会面临制裁。然而，这并不必然会对隐私和数据保护产生负面影响。正如一位受访者所描述的那样，GDPR 使整个组织内对隐私和数据保护的看法产生了重大改变。根据受访者的经验，DPO 以及类似隐私角色的工作变得更加容易，因为在处理个人数据时，每一位个体都有了参与到个人隐私相关问题中的愿望。

2. 未来处理的强制措施

随着技术闪电般的更新换代，想必未来会出现一些针对未来隐私和数据保护的监管。正如一位受访者所承认的那样，人们可能无法指望在不久的将来会出现 GDPR 2.0。然而，大家一致认为，或许必须就先进技术中出现的个人数据处理进行讨论，例如人工智能、物联网、机器人技术等等。其中一位受访者特别强调，在 AI 这一问题上，仍欠缺着相关法律责任的明晰。纵观 PbD，其仅仅使用适当的技术解决方案将隐私和数据保护纳入技术设计，但并没有对解决上述问题提供合适的支持。这并没有认可让人工智能根据自己的智能处理个人数据的整体复杂性。正如本文前面所讨论的，隐私思维本身很难在运营活动中出现。研究结果中一个有趣的建议是：当涉及人工智能时，应该存在着一个专门对其进行规制的法规，这可以被隐含地理解为对于其他高度先进的技术也应该如此。此外，一些受访者还发现，在处理个人数据时，针对不同部门的单独规定可能会增加适用的模糊性。PbD 提出了正确的建议，即零售部门的组织应该如何找到适当的解决方案，将框架嵌入他们处理个人数据的运营活动中，而这将减轻把框架解释为具体技术设计选择的困难度。只有一位受访者对此持不同看法，并评论说它不会为当今组织所遇到的麻烦事提供实际解决方案。无论人们是否支持单独法规的适用，都进一步表明了存在着这样一种看法：组织很难像今天一样有把握地对 PbD 进行解释并将其嵌入运营活动中。

八、结语

本文表明，在处理个人数据时，个人隐私一直被视为一个基本的问题。各种利益相关者对隐私问题的看法千差万别，这意味着社会文化深深渗透到了运营活动中，对于隐私问题并不存在着一致的看法。对于设计者而言，想要设计一个隐私友好型的系统，必须先要了解这样一个背景：一个系统为什么必须设计成隐私友好型？此外，如果要对各项隐私原则进行优先级排序，则首先要确保个人数据是在公平的假定下进行的。在对个人数据进行任何处理之前，必须先存在着处理的目的。这意味着 GDPR 包含了一个关键的考虑因素，该考虑因素对技术发展应如何处理个人数据产生了不容忽视的影响。

作为一项规定的实践，PbD 反映了填补法律和技术学科之间鸿沟的需求。对于没有深入领悟隐私作为人道主义风险的人来说，理解隐私要求可能会尤为困难。工作的重中之重应当是在工程活动中对隐私贯彻理解，使软件工程师也将隐私视为一项重要功能，而不能仅仅是与安全和设计隐私权技术相结合。PbD 在组织隐私中的有效性应遵循作为数据管理最佳实践框架的意图[①]，然而，结果表明，使用该框架的情况仍然是令人沮丧的。这并没有反映 PbD 对通过技术设计建立保护的整体影响。它表明该框架在某种程度上被认为具有消极性，因为它是被组织作为 GDPR 规定而纳入的。因此，研究结果并不与之前关于框架面临挑战的发现相矛盾。不过，有迹象表明隐私和数据保护的观念发生了变化，这是将 PbD 作为规定的结果，确保该框架作为一块巨大的技术基石，以保证在高度技术化的社会中隐私成为我们的人权。

从受访者实施框架的经验中可以了解到，之所以没有一致的方法，唯一的原因在于运营活动的差异性。很明显，尽早在技术设计中

---

① A. Cavoukian, S. Taylor, and M. Abrams, Privacy by design: essential for organizational accountability and strong business practices, *Identity in the Information Society*, vol. 3, pp. 405–413, 08 2010.

嵌入 PbD 有助于将框架完完整整地融入所有组织活动中。如果在设计隐私友好系统的第一步中就已经考虑了 PbD，那么，它的实施并不困难。引入框架的时间越晚，难度越大。然而，我们可以得出这样的结论：PbD 所面临的挑战困境并未得到好转，在隐私友好型系统的当代观点中，识别隐私风险远远超出了严肃的技术措施。人们很难识别与个人数据处理相关的潜在风险和问题，而这意味着即使在 PbD 已嵌入最佳实践的情况下，事故也可能出现。这符合这样一种观念，即受访者认为数据最小化并确定处理的局限性是应当被优先考虑的基本原则。因此，本文强调了必须更频繁地研究设计隐私权技术的观点，因为潜在隐私风险的识别同样与社会、法律和政治息息相关，而非仅仅与技术相关。

如果组织的大多数人都认可该框架，则对 PbD 的嵌入将会更加全面。所有受访者都强调了教育预防措施的重要性，这些措施可以使组织产生可持续性的隐私思维，以对运营活动进行反思。尤其是系统架构和软件工程师应当对 PbD 有更深入的了解，这表明需要培养一种不囿于安全和设计隐私权技术的、能够反映社会文化内容的隐私思维。然而，人们不得不承认，培养体现 PbD 的隐私思维是一项艰巨的任务。即使有人建议通过诸如电子学习之类的教育来培养隐私思维，但在人们能够证明他们考虑隐私、了解技术设计选择中隐私的人性内容之前，隐私思维并不能发挥作用。因此，将 PbD 中的"为什么"捕获到适当的工程活动中，以作为推进框架技术实施措施的方法，似乎是一种十分有趣的做法。

目前，存在着这样一种有争议的观点：GDPR 是一种强制措施，而非对推进数据保护人权方面的鼓励。如果在无法证明 GDPR 合规性的情况下处罚不严厉，那么，组织很可能不会进行相同程度的重新调整以确保个人数据的处理在公平假设下进行，并把组织性作为技术性。还有一位受访者认为，无论是 GDPR 还是 PbD，都没有使培育隐私和数据保护方面发生任何变化，这意味着每个人都这样做了以避免受到处罚。尽管如此，总体结果表明，可以乐观地认为将 PbD 纳入运营活动已极大地改变了人们对隐私和数据保护的看法。如果组织必须不断地证明他们在 PbD 方面的工作成果，那么该框架的目标将会逐渐更深地嵌入到工作流程中。

此外，正如研究结果所示，由于技术的日新月异，GDPR 和 PbD 的特定方面十分难以理解。这表明在未来必须就"个人数据的处理何时被暴露给先进技术（例如人工智能）"的发展进行讨论。与今天一样，该法规缺乏关于如何利用个人数据进行创新发展的明确指示。给定的框架不够全面，迫使团队根据自己的判断来追求发展，而这可能会在未来造成灾难性的后果。受访者表达了这样的建议：对不同部门、组织活动应有更加单独且独特的指引，这可能是涉及未来隐私和数据保护需要考虑的因素，因为技术的发展不会停下它匆匆向前的脚步。

总而言之，根据评估，人们已将 PbD 视为 GDPR 中的一项规定。结果表明，隐私思维是 PbD 实现其目标的关键性因素，组织也必须不断在培养隐私思维这一方面下苦功夫。我们可以得出结论，即 PbD 已经并将继续成为确保在技术设计中考虑隐私的主要框架。然而，目前该方法仍然被认为是"模糊的"，并且缺乏工程方法和工具来对技术设计中框架的实施进行补充。不过，或许可以这样乐观地推断：由于 PbD 作为 GDPR 的一项规定被引进，人们将会更加紧迫地继续在工程活动中探究 PbD，并且更频繁地对设计隐私权技术进行实证研究。对于组织而言，关键在于将框架纳入运营活动并确保隐私思维是隐私和数据保护的驱动力。时至今日，作为将隐私和数据保护纳入设计的技术解决方案，PbD 仍有着广阔的进步与发展空间。

本研究不包括来自系统架构师或软件工程师的任何见解。对 PbD 作为 GDPR 的一项规定如何影响系统架构师进行持续研究方面，由于受访者的背景具有局限性，本文未能成功地从这一角度进行探究。另一个有待研究的方面是整个工程师团队。工程师团队的工作是处理个人数据，如果人们能够更具体地确定在实施过程中每个独立的角色是如何进行 PbD 工作的，那么，对框架的更深入的理解将弥合那些不一致的裂缝。此外，我们将继续研究 PbD 作为 GDPR 规定的影响，以探索作为组织性和技术性实施结果的框架成功和不成功时所体现的差异。在具备普遍性质的基础上，PbD 能够以不同形态多样化地根植于系统中，这强调了继续研究将可以识别这些差距以应对挑战，从而减少人们对其的负面评价。

通过设计来保护数据：对《通用数据保护条例》第 25 条的评析

阿里·埃兹拉·沃尔德曼[①] 著 温馨[②] 译

目　　次

一、导论
二、设计隐私权的含义
三、《通用数据保护条例》第 25 条的含义
四、结语

一、导论

自《通用数据保护条例》（GDPR）于 2018 年 5 月 25 日生效后，"通过设计和默认设置对数据进行保护"已经上升为欧盟的法律了。GDPR 第 25 条第 1 款中的概念要求数据的"控制者"在确定处理方式和在处理数据之时，实施适当的技术和组织措施，例如实施匿名化以执行数据保护原则（以有效的方式最小化数据原则），并在处理过程中嵌入必要的保障措施，以满足该条款的要求并保护数据主体的权利。[③] 然而，这一条款的具体内涵却模糊不清，令人摸不着头脑。本文使用了解释欧洲成文法常用的各种解释方法，以试图明晰 GDPR 第 25 条的实际含义。[④] 本文认为，GDPR 第 25 条第 1 款条的规定模棱两

[①] 阿里·埃兹拉·沃尔德曼（Ari Ezra Waldman），美国纽约大学法学院教授、法律与技术创新中心主任。
[②] 温馨，中山大学法学院助教。
[③] See GDPR, at art. 25（1）.
[④] See generally Koen Lenaerts & José A. Gutiérrez-Fons, To Say What the Law of the EU Is：Methods of Interpretation and the European Court of Justice, 20 COLUM. J. EUR. L. 3 (2014).

可，其表述和上下文均未明确 GDPR 第 25 条 1 款的要求、范围或限制。因此，只有目的论的解释方法才能将 GDPR 第 25 条第 1 款从模糊性和过时性的泥潭中拯救出来。

大多数学者和行业专家都认为 GDPR 第 25 条第 1 款将"设计隐私权"上升为法律。Daniel Solove 指出："GDPR 第 25 条规定数据保护措施必须在设计过程之初就建立起来。"① 这反映了"设计隐私权"的一种标准学术定义。Woodrow Hartzog 认为，GDPR 第 25 条"要求将核心数据保护原则嵌入数据技术的设计和开发"的内容非常重要，因为设计隐私权是抵御贪婪吞食个人数据的技术公司的重要武器。② 国际咨询公司 Deloitte 告诉其客户：根据 GDPR 第 25 条，设计隐私权是新增的一项法律规定，其要求公司在设计过程中植入隐私保护措施。③ 而在 PrivacyTrust 眼中，GDPR 第 25 条是"一项关键的变革"，"规定了对设计隐私权的承认及其执行的方式"。④

然而，这种简洁的表述存在两个问题，我将在本文中对此进行说明。首先，尽管设计隐私权一词通常指的是让隐私保护成为新技术设计过程中的一部分，但长期以来学者们一直对这一概念的实际含义众说纷纭，因此很难将其编纂为一个统一的概念。其次，定义的多样性意味着 GDPR 的起草者有几种选择：他们可以试图编纂一个将不同的定义混合在一起的版本，或者发展出一个完全不同的观点，又或者使用含糊的措辞从而使该条款失去意义。GDPR 第 25 条第 1 款反映了最后一种选择，其措辞缺乏了反映设计隐私权的意义。本文认为，根据欧盟法院使用的大多数法定解释方法，GDPR 第 25 条第 1 款并不能反映设计隐私权。相反，它被写成一个包罗万象的条款，而不具备自身的本质特点。欧盟法院将不得不利用目的论论证来使该条款得到适用，否则欧洲公民将失去一个强大的数据保护武器。

---

① Daniel J. Solove, Why I Love the GDPR: 10 Reasons, Privacy + Security Blog (May 2, 2018).
② Woodrow Hartzog, Privacy's Blueprint: The Battle to Control the Design of New Technologies, Harvard Univ. Press, 2018, p. 54.
③ Shay Danon, GDPR Top Ten: #6: Privacy by Design and by Default, Deloitte (Feb. 10, 2017).
④ Privacy by Design Gdpr, Privacy.

二、设计隐私权的含义

设计隐私权有着漫长而多样的书面记载。事实上，在 GDPR 面世之前，就已经有很多文献囊括了六种不同的设计隐私权方法。GDPR 的措辞没有将这些方法中的任何一种纳入制度设计中。本部分对设计隐私权的含义进行了梳理，以此描述了 GDPR 第 25 条的编写背景。

第一，公平信息实践原则（FIPPs）。设计隐私权的定义始于公平信息实践原则（FIPPs），该原则源自美国住房、教育和福利部（HEW）1973 年的一份报告。HEW 的报告建议数据控制者告知用户关于数据使用的实践，使用户有机会更正他们的数据，并征得信息被二次使用的用户的同意。该报告还呼吁公司使其数据使用实践保持透明的状态，对收集和处理的数据的行为施加限制（也称数据最小化）；包括数据保留的时间，并为任何存储的数据设置适当的安全级别。其中一些相同的原则（比如数据最小化、访问、透明度，尤其是同意原则）已被嵌入 GDPR 中。GDPR 第 25 条将"数据最小化"列为一项管理隐私的原则。[①] 其他的 21 条 GDPR 条款则使"同意"成为了隐私保护的一项惯常做法。[②] 因此，我们可以将 GDPR 第 25 条视为对 FIPPs 的引用。

第二，设计隐私权（PbD）。在第二种对于设计隐私权的定义中，FIPPs 处于核心地位。加拿大安大略省的前信息隐私专员 Ann Cavoukian 描述她的设计隐私权（PbD）的七项基本原则时，她总是有意或无意地依赖于 FIPPs。PbD 的七项基本原则包括：主动而非被动、把隐私作为默认设置、将隐私保护措施嵌入设计、功能完整、端到端安全性、可见性兼透明度以及尊重用户的隐私。[③] 这些基本原则

---

① See GDPR, at art. 25.
② See GDPR, at arts. 4, 6 - 9, 22, 49. See also GDPR, 6 - 11, 14, 21, 29 - 31 (Specifically, recitals 32, 33, 38, 40, 42, 43, 50, 51, 54, 71, 111, 155, 161, and 171).
③ See Ann Cavoukian, The 7 Foundational Principles: Implementation and Mapping of Fair Information Practices, Privacy by Design 1, 6 (2010); Ira S. Rubinstein & Nathaniel Good, Privacy by Design: A Counterfactual Analysis of Google and Facebook Privacy Incidents, 28 *Berkeley Technology Law Journal* 1333, 1337 (2013).

呼应了 HEW 报告提到的用户控制和透明度原则。除此之外，正如 Ira Rubinstein 和 Nathaniel Good 所认为的那样，这些原则要么是重复的（例如，前三个原则的相似程度就如同三胞胎或兄弟姐妹），要么范围过于宽泛，以至于除了设计隐私权是关于"在设计过程的早期考虑隐私问题，并相应地进行隐私保护的默认设置"的这种一般概念之外，它们几乎没有提供任何额外的有益指导。①

第三，美国联邦贸易委员会（FTC）对于消费者隐私保护的促进。FTC 表示，设计隐私权是指公司"在整个组织中以及在其产品和服务开发的每个阶段促进消费者隐私"。这已转化为要求公司采纳包括设计考虑在内的隐私计划。例如，2011 年 3 月，FTC 要求谷歌"设计和实施……合理的隐私控制和程序"作为对隐私风险评估的回应。② 同年，随后 Facebook 也被要求实施同样的做法。③ 但 FTC 从未解释过这在实践中意味着什么。

第四，将隐私转化为系统要求。Rubinstein 将设计隐私权与隐私增强技术（简称 PETs）或把具体数据保护法律翻译成代码的工程工具联系了起来。④ 举个例子，Rubinstein 和 Good 解释说，设计隐私权应要求公司不仅承诺在有限的时间后删除用户数据，而且还设计了一个数据库，用于自动识别个人信息并在预定的日期将其删除。⑤ Seda Gurses、Carmela Troncoso 和 Claudia Diaz 认识到隐私不仅仅包括技术安全要求，还涉及歧视、平等和人类繁荣等社会问题。他们认为，设计隐私权需要将隐私概念所包含的"社会、法律和道德问题"转化为"系统要求"，或者转化为能让机器运行的代码片段。他们建议从数据最小化出发，在此基础上归纳出工程原理以增强隐私保护。

第五，组织。Kenneth Bamberger 和 Deirdre Mulligan 建议，设计

---

① Ira S. Rubinstein & Nathaniel Good, Privacy by Design: A Counterfactual Analysis of Google and Facebook Privacy Incidents, 28 *Berkeley Technology Law Journal* 1338 (2013).

② Google, Inc., F. T. C. File No. 102 3136, at 5 (Mar. 30, 2011).

③ Facebook, Inc., F. T. C. File No. 092 3184, at 6 (Nov. 29, 2011).

④ See Ira S. Rubinstein, Regulating Privacy by Design, 26 *Berkeley Technology Law Journal* 1409, 1410, 1414 – 1428 (2011).

⑤ Ira S. Rubinstein & Nathaniel Good, Privacy by Design: A Counterfactual Analysis of Google and Facebook Privacy Incidents, 28 *Berkeley Technology Law Journal* 1341 – 1342 (2013).

隐私权包括这样一种组织措施：将隐私专业人员整合到技术公司的各业务部门中。我认为公司需要更进一步，将律师和隐私专家整合到设计团队中，并让设计师适应设计中的隐私和道德精神。

第六，价值观、原则和准则。Hartzog 在将隐私通过设计转化为法律这一方面迈出了重要的一步。Hartzog 超越了设计隐私权是指对隐私进行事前处理的一般概念，他呼吁制定一个设计议程来指引那些影响我们隐私的技术设计。通过侵权法、合同法、消费者保护法和监控法，Hartzog 呼吁法律"为技术设计设定界限和目标"①。例如，Hartzog 认为，设计隐私权议程将以一个进化的合同法制度（考虑到恶意接口在合同有效性中的影响）来回应"获得同意"的问题，或者说线上平台设计界面、协议和点击框来操纵、推动和鼓励我们默认数据吸收制度的方式②设计隐私权生态系统中的这一重要步骤表明：更好的公司行为和法律必须共同发力，以创建能够增强隐私保护的设计。

三、《通用数据保护条例》第 25 条的含义

《通用数据保护条例》（GDPR）第 25 条在这些不同的设计隐私权方法中处于什么位置？这是一个法律解释的问题。欧洲法院的任务是确保欧盟的条约和立法得到忠实的解释和遵守。③ 但解释法规的"欧洲方式"与美国法院所采用的方法不同。欧洲法院曾表示，其"根据普遍接受的解释方法，特别是参照欧盟法律体系的基本原则，以及在必要时与成员国法律体系共同的一般原则来解释欧盟法律"④。正如 Denning 在 HP Bulmer Ltd. v. J. Bollinger SA & Ors 一案⑤中所述，

---

① Woodrow Hartzog, Privacy's Blueprint: The Battle to Control the Design of New Technologies, Harvard Univ. Press, 2018, p. 7.

② Woodrow Hartzog, Privacy's Blueprint: The Battle to Control the Design of New Technologies, Harvard Univ. Press, 2018, pp. 211–213.

③ Consolidated Versions of the Treaty on European Union and the Treaty Establishing the European Community, Dec. 24, 2002, 2002 O. J. (C 325) 124.

④ Joined Cases C-46/93 & C-48/93, Brasserie du Pe? cheur SA v. Bundesrepublik Deutschland and The Queen v. Secy of State for Transp. ex parte Factortame Ltd., 1996 E. C. R. I-01029.

⑤ HP Bulmer Ltd. v. J. Bollinger S. A. & Ors [1974] 3 WLR 202.

如果立法"缺乏精确性",那么,美国律师会在法规中寻找用语来帮助解释法律的含义。欧洲法官应该"着眼于目的和意图,他们必须凭借直觉来探寻立法精神,并从中获得灵感。如果他们发现了立法的空白,他们必须尽其所能去进行填补"。Denning 从《欧洲共同体法》中采用了这种方法,该法案由英国议会通过以使英国可以加入欧盟。其中规定,关于条约、立法或任何其他法规(指令或文书)含义的任何问题都必须"作为法律问题""根据欧洲法院制定的原则和任何相关决定"来处理。

为此,欧洲法院倾向于采取以下六种解释方法:文义解释、立意解释、历史解释、先例解释、联系上下文解释和目的论解释。尽管"明示语言"的解释方法在美国比在欧洲更常见,但本部分以此作为开始有三个原因。① 首先,即使最终通过另一个角度来裁决案件,欧洲法官也经常从法律文书的文字出发进行裁判。事实上,许多欧盟法院案件都会以欧洲共同体法的"实际"或"明示"措辞开始。其次,在欧洲共同体法律措辞明确的情况下,目的论、上下文或立意解释通常不会质疑或偏离法律的明示含义。否则,任何法律规定都将失去确定性。② 而且,在某些情况下,对于在欧共体法中使用的词汇,若应用这些词汇的普通含义则可以回应解释性争议。再者,GDPR 和其第25 条可以作为美国未来监管模式的程度与其所使用的语言是相关的。在美国,平实的法规语言更容易被纳入考虑。我认为,在大多数解释下,GDPR 第 25 条是一个宽泛、模糊、几乎毫无意义和包罗万象的条款,其并没有反映设计隐私权的含义。GDPR 第 25 条与 GDPR 的其他部分相重复,没有属于自己本身的特性。只有为欧盟法院提供了广泛解释余地的目的论解释方法才能挽救该条款。

(一) 文本或明示语言的解释

GDPR 第 25 条由两部分构成。首先,它将责任分配给数据收集者。GDPR 第 25 条第 1 款规定"控制者应当"遵守其要求。并且,GDPR 所指的"控制者"是那些收集和分析我们数据的人。"控制

---

① See Case 22/70, Commn v. Council, 1971 E. C. R. 264, 6 – 32.
② See, e. g., Case C-582/08, Commn v. U. K., 2010 E. C. R. I-7195.

者"是"确定处理个人数据的目的和方式"的人。其次,GDPR 第25 条第 1 款规定了合规的时间表。控制者的义务在以下两个时刻出现:"在确定处理方式时",或当公司创建收集和分析个人数据的工具时;"在处理过程本身时",或者在现实世界中处理消费者数据时。①

然而,清晰的表述就到此为止。GDPR 第 25 条第 1 款规定,数据控制者必须"实施适当的技术和组织措施,例如化名,这些措施旨在以有效的方式实施数据保护原则,例如数据最小化"。除去示例条款,第 1 节可被提炼为数据收集者"应当以有效的方式实施数据保护原则"或者换句话说,充分遵守 GDPR 其他地方规定的规则。②这种语言不仅没有具体说明数据收集者必须做什么才能遵守要求,而且还将 GDPR 第 25 条降级为一种包罗万象的状态,没有任何自身的附加值。

值得注意的是,GDPR 不仅仅是一份英文文件,因为欧盟有 24 种官方语言,所有这些语言都具有同等的法律效力。并且欧盟法院通常以一种在翻译中一致的方式解释法律。③ 欧盟法院还可以考虑不同翻译中的语言以澄清其中的歧义。在德语中,GDPR 第 25 条第 1 款提到了"旨在有效实施数据保护原则"的步骤。其增加了"在处理数据的过程中包含必要的保证以符合该法规的要求"。在法语中,GDPR 第 25 条也仅要求控制者实施数据保护原则。这两个版本大致相同。从一般的角度来说,这应当是件好事:横跨欧盟多种语言的一致性确保了整个阵营的统一。然而,在本文讨论的情况下,这种统一性是有问题的。对于"设计数据保护"的含义缺乏任何具体说明,这会导致数据控制者在试图确定其义务时几乎没有指南可依,而数据主体也几乎没有办法知道他们的权利何时遭遇了侵犯。

(二) 法规分析

文本分析通常是远远不足以解释清楚的,尤其是在语言含糊不清

---

① See GDPR, at art. 25 (1).
② See GDPR, at art. 25 (1).
③ Koen Lenaerts & JoséA. Gutiérrez-Fons, To Say What the Law of the EU Is: Methods of Interpretation and the European Court of Justice, 20 COLUM. J. EUR. L. 3 (2014), at 10.

的情况下。当法律的文本含义不清晰时,欧洲法院通常会转向该法规的根本目的来解释。最初,法院很少考虑立法者的意见和争论过程中的观点表达,或者说美国律师口中的立法史。但随着这些资源得到更好的维护以及欧洲法律体系的发展,欧盟法院越来越依赖立法史来确定这些法规被制定的初衷。①

当然,这种方法也存在缺点。立法是许多不同立法者投入和妥协的结果,他们可能有不同的理由却进行了相同的投票。② 此外,根据起草者的意图解释法律可能会使法律僵化,最终阻碍其适应社会变化。③ 为避免产生这些问题,《欧洲共同体条约》(简称 EC 条约)GDPR 第 253 条要求共同体法说明"它们所依据的理由"。④ 这些理由几乎总是出现在法规的序言或立法动机阐述中。法院在进行立意分析时会依赖这些陈述。⑤

GDPR 附有 173 条序言。它们的范围从指出数据保护是一项基本权利(第 1 和第 4 条序言)到强调欧盟采取实施立法的权力(第 167—170 条序言)。欧盟法院可以使用其中的一些序言来更好地理解 GDPR 第 25 条第 1 款和 GDPR 的目的,但这些内容都没有帮助 GDPR 第 25 条来反映设计隐私权的内涵。

用于充实 GDPR 第 25 条的第 78 条序言指出,"在开发、设计、

---

① See Koen Lenaerts & José A. Gutiérrez-Fons, To Say What the Law of the EU Is: Methods of Interpretation and the European Court of Justice, 20 COLUM. J. EUR. L. 3 (2014), at pp. 23 – 24.

② See Giulio Itzcovich, The Interpretation of Community Law by the European Court of Justice, 10 GERMAN L. J. 537, 554 – 55 (2009). See also Conroy v. Aniskoff, 507 U.S. 511, 519 (1993) (Scalia, J., concurring).

③ See Koen Lenaerts & José A. Gutiérrez-Fons, To Say What the Law of the EU Is: Methods of Interpretation and the European Court of Justice, 20 COLUM. J. EUR. L. 3 (2014), at 28; Karin Frick & Soren Schonberg, Finishing, Refining, Polishing: On the Use of Travaux Preparatoires as an Aid to the Interpretation of Community Legislation, 28 EUR. L. REV. 149, 154 (2003).

④ Consolidated Versions of the Treaty on European Union and the Treaty Establishing the European Community, Dec. 24, 2002, 2002 O. J. (C 325) 253.

⑤ See, e.g., Joined Cases C-402/07 & C-432/07, Sturgeon v. Condor Flugdienst GmbH & Lepuschitz v. Air Fr. SA 2009 E.C.R. 716, pp. 42 – 44; Case 14/69, Markus & Walsh v. Hauptzollamt Hamburg-Jonas, 1969 E.C.R. 349, pp. 8 – 11.

选择和使用基于个人数据处理或处理个人数据以完成其任务的应用程序、服务和产品时，应鼓励产品、服务和应用程序的生产者在开发和设计此类产品、服务和应用程序时将数据保护的权利纳入考虑"。这是一个拟得十分不好的句子。主语、谓语和宾语被修改了两次，开头的开场性词汇为："开发、设计、选择和使用时"，然后又是一个不同的结束语"在开发和设计时"。

序言也没有对理解 GDPR 第 25 条在实践中的含义增加多少帮助。GDPR 第 78 条序言列举了一份潜在的技术措施清单，如果实施这些措施，则可能有助于公司遵守 GDPR 第 25 条的规定。但是这些措施"尽量减少个人数据的处理，尽快将个人数据假名化，使个人数据的功能和处理的透明化，使数据主体能够监控自身数据的处理，并使控制者能够创造和改进安全功能"，反映了 GDPR 其他部分中的要求，特别是第五条的要求。GDPR 第 156 条序言适用于处理用于科学或历史研究的个人数据，并建议机构采取"技术和组织"措施以确保"数据最小化"，或仅将数据用于收集数据的有限目的。但是 GDPR 第 47 条已经要求在所有情况下将数据最小化作为约束公司的规则。因此，尚不清楚 GDPR 第 25 条在总体上对 GDPR 增加了什么内容。

GDPR 的目的是多方面的。它旨在为"自由、安全和正义、经济和社会进步、欧盟内部经济体的加强和融合以及人类的福祉"做出贡献。尽管认识到数据保护不是一项绝对权利，GDPR 仍然旨在确保"高水平地"保护个人数据。它希望"确保对自然人的同等保护水平和整个欧盟个人数据的自由流动"。这些不同的、甚至有时会相互冲突的目的对明晰 GDPR 第 25 条的内涵几乎没有任何裨益。我们可以将 GDPR 第 25 条解读为：根据确保"高水平"数据保护的总体目标，对数据控制者施加重大的义务，但确保信息的自由流动却与可能阻碍企业使用数据的重要法规相悖。在任何情况下，这种立意性的方法都没有具体说明公司的设计义务或数据主体的权利。

（三）立法史解释

当然，GDPR 并不是凭空出现的。它不仅是多国历经漫长谈判的产物，还位于一个已经被考虑良久的隐私问题的法律生态系统中。然而，该生态系统中只有几个角落出现了关于设计的法律的身影，而且这些历史对于 GDPR 第 25 条忠实地反映设计隐私权的含义并无帮助。

被 GDPR 取而代之的《欧盟数据隐私指令》（以下简称《指令》），在其序言中提到了设计隐私权。然而，这些规定更侧重于安全方面而非其他方面。例如，《指令》的第 46 条序言要求"在设计处理系统时和处理过程本身时"采取"适当的技术和组织措施"来保护数据，以"维护安全，从而防止任何未经授权的数据处理"。序言指出公司在部署工具之前应考虑现有技术状况和实施成本，以"确保适当的安全水平"。欧盟的《隐私和电子通信指令》第 4 条第 1 款要求电信平台"采取适当的技术和组织措施，以保障其服务的安全"，延续了对于安全的重点关注。

从一开始就考虑安全问题是设计隐私权的一个重要因素。但隐私和安全是不同的，后者仅仅是前者的一个组成部分。隐私是一种由规范、规则和行为组成的社会实践。[①] 它反映了对于我们社会中的位置，对他人是否应该接触我们，以及对我们如何管理这种接触这些问题的持续争议。因此，隐私或许是一种"反社会性的隐居""对于人格发展、亲密关系、群体关系，以及免受被评头论足和歧视至关重要"。网络安全是指防止、评估和解决那些对被收集、存储的数据的安全性和完整性的攻击。美国总统 Obama 的《网络空间政策审查》将网络安全定义为："关于网络空间安全和运行的战略，包括减少威胁、减少易受攻击性、威慑、国际参与、事件响应、复原力和恢复政策和活动的全部内容，因为它们涉及全球信息和通信基础设施的安全和稳定。"

法律学者提出了类似的定义，将目光聚焦于"犯罪"和"间谍活动"没有足够的安全保障，就不可能有充分的隐私，但为安全而进行的设计只涉及该领域的一个部分。在对 GDPR 第 25 条的分析中，Lee Bygrave 指出了《指令》中一些超出安全范围的关于设计的法规先例。[②] 例如，序言第 30 条建议，通信网络"在设计上应将必要的

[①] Robert C. Post, The Social Foundations of Privacy: Community and Self in the Common Law Tort, 77 *CALIF. L. REV.* 957, 957 (1989).

[②] See generally Lee A. Bygrave, Data Protection by Design and by Default: Deciphering the EUs Legislative Requirements, 4 *OSLO L. REV.* 105 (2017).

个人数据量严格限制在最低限度",这反映了数据最小化的重要性。①而第 14 条第 3 款要求设备"以符合用户保护和控制其个人数据使用的权利的方式进行建造"②,这反映了访问权和控制原则。因此,尽管 GDPR 第 25 条的一些内容可能是以指令中的用语为基础,但其能提供哪些帮助并不明确。一部法规中的模糊且不具约束力的语言,并不足以为另一部法规的含糊措辞提供参考。通过设计保护安全体现在 GDPR 的第 24 条和第 32 条中。③ 因此,即使将指令中与设计相关的语言纳入考虑范围,第 25 条仍然与其他条款重复。

(四) 案例

那么,下一步就是考虑任何涉及设计要求的判例法。诚然,法院不受以往判例的约束。但在实践中,法院很少偏离其以往的决定。然而,唯一可以解释 GDPR 第 25 条的重要欧洲案例是 2008 年欧洲人权法院(ECHR)审理的一个案子:I v. Finland。④ 在芬兰,一名感染艾滋病毒的女性声称,处理她医疗信息的医院使用的记录平台并未设计充分的隐私保护措施,尤其是该系统甚至没有访问日志。这一设计缺陷导致系统无法查明是否有人未经授权而访问了她的信息。芬兰法律允许受害者因未经授权的访问而提起诉讼,要求损害赔偿,但这对于欧洲人权法院来说却并不足够。

《欧洲保护人权和基本自由公约》(以下简称《公约》)第 8 条要求保障公民的隐私权,欧洲人权法院通过解释这一条文,认为芬兰必须更进一步,通过设计隐私权来提供保护。法院得出了这样的结论:"需要的是一种实用且有效的保护措施,该措施可以在最初就排除任

---

① See Directive 2002/58/EC of the European Parliament and of the Council of 12 July 2002 Concerning the Processing of Personal Data and the Protection of Privacy in the Electronic Communications Sector, 2002 O. J. (L 201) 34.

② See Directive 2002/58/EC of the European Parliament and of the Council of 12 July 2002 Concerning the Processing of Personal Data and the Protection of Privacy in the Electronic Communications Sector, 2002 O. J. (L 201) art. 14 (3). See generally Lee A. Bygrave, Data Protection by Design and by Default: Deciphering the EUs Legislative Requirements, 4 OSLO L. REV. 108 (2017).

③ See GDPR, arts. 24, 32.

④ I v. Finland, App. No. 20511/03 (2008).

何发生未经授权访问的可能性。但此处没有提供这样的保护。"① 换言之,国家有法律义务确保其医院使用的医疗记录平台在最初就进行设计来防止或至少记录未经授权的个人信息访问行为。毕竟,正如法院所指出的那样,"如果医院通过限制与原告隐私遭受侵犯之后的救济直接有关的医疗专业人员的访问行为,对获取健康记录施加了更大的控制,那么,在国内法庭上,原告将不会处于如此不利的地位"。这就是设计隐私权的作用。

上述的这个案子有着里程碑式的意义。这是一个影响深远的例子,即法院将设计隐私权等概念转化为一个实际的义务,强加于现实中的主体以保护隐私。在这样做时,它也提供了一个技术措施的例子:日志、访问限制和自动记录应该被设计到技术中以充分保护欧洲人民的隐私权。但该案对于 GDPR 第 25 条含义的界定能力可能有限。其涉及的是获得医疗信息的一般情况,特别是个人的艾滋病病情。② 在欧洲和美国的法律中,这些类别的信息都被认为是特别的私人信息。事实上,欧洲人权法院充分利用了医疗数据的敏感性,将其保护称为"基本的""至关重要的"和"尤其重要的"。③ 考虑到艾滋病患者面临的持续屈辱,患者的艾滋病状况可能需要获得更多的保护。④ 且该案的判决是由欧洲人权法院决定的,而非欧洲法院。从技术上讲,《公约》并不是欧洲法律体系的正式组成部分。这两个法院代表着不同但又有所重叠的法律体系。因此,尽管目前还远不能确定是否可行,但从其中一个法院到另一个法院的传递是完全有可能的。

(五) 上下文的背景

基于上下文的欧盟立法解释在法院中十分常见。语境分析着眼于法规中的其他条款,以此来理解那些令人困惑的条款,而不是依赖于简单的措辞、序言或先例。与美国法院一样,欧洲人权法院遵循效用原则,即法律的每一项规定都有其独特的含义,并不存在冗长多余的

---

① I v. Finland, App. No. 20511/03 (2008).
② I v. Finland, App. No. 20511/03 (2008).
③ I v. Finland, App. No. 20511/03 (2008).
④ See HIV/AIDS at 30: A Public Opinion Perspective, Henry J. Kaiser Fam. Found. 6 – 9 (2011).

条款。法院还将模棱两可的条款解读为与它们所属的一般法规相一致。然而，如果将这种方法应用到 GDPR 中，则又一次使 GDPR 第 25 条第 1 款与其他法条的关系变得模糊不清。

GDPR 第 25 条第 2 款要求将限制访问和数据最小化作为"默认设置"，这意味着只能使用为特定目的所必需而收集的个人数据，并且企业必须限制可以访问个人数据的人员。在其核心内容中，第 25 条第 1 款要求数据控制者"实施适当的技术和组织措施，旨在实施数据保护原则，以有效的方式并将必要的保护措施融入数据处理的过程中，以满足本法的要求"。GDPR 第 5 条概述了这些"数据保护原则"和第 2 部分的要求，将其列在序言的第 78 条中，并且 GDPR 中其他规定也提出了这样的要求。

GDPR 第 6（1）（a）条规定，只有在用户同意的情况下对数据进行处理才是合法的，而 GDPR 第 7 条则规定了满足同意的法律条件。GDPR 第 8 条侧重于处理儿童数据所需的同意。GDPR 第 9（2）（a）条允许经过数据主体同意去处理揭示种族、民族血统的数据或其他高度私密的数据。第 13（2）（c）和 14（2）（d）条保证了在某些情况下撤回同意的权利。GDPR 第 22 条规定：在用户"明确同意"的情况下，可以允许自动化决策。

数据最小化体现在 GDPR 第 47 条中，该条要求企业接纳 GDPR 第 5 条中的所有对于企业具有约束力的规则，以及关于用于历史和研究目的第 89 条中的规则。GDPR 第 15 条，以及在程度上更弱的 GDPR 第 46 条，保证了访问的权利。第 12 条第 1 款侧重于与数据主体进行透明、清晰简洁的沟通。此外，GDPR 第 5 条的安全原则体现在 GDPR 第 24 条第 2 款中，其要求数据收集者采取确保安全处理的政策，以及第 32 条第 1 款中，该条规定只能使用假名或加密数据。

除了提醒企业遵守这些条款外，GDPR 第 25 条仅作为对不合规行为的对冲。例如，GDPR 第 83（2）（d）条规定，在确定未遵守 GDPR 规则而导致的罚款时，应考虑企业为遵守第 25 条而采取的任何"技术和组织措施"。① 此外，如果控制者"实施了适当的技术和组织保护措施"，那么第 34 条关于通知用户数据漏洞的要求就可以降

---

① See GDPR, at art. 83（2）（d）.

低。在其他条款的背景下,可见第 25 条本身缺乏特性或贡献。

(六) 以目的论进行解释

通过目的论的解释方法,欧洲人权法院可以跳出法规的局限,根据整个欧盟的总体目标来解释立法。而当立法(如 GDPR)旨在实现基本自由时,它们的条款将被以宽泛的方式进行解释,同时以最有利于实现这些自由且能确保任何条款保持其效力的方式进行解释。这种方法对美国读者来说可能听起来很奇怪,但其却是"欧洲一体化进程的动态性结果",并为欧盟的总体目标提供了支持,即"在欧洲人民之间建立一个更加紧密的联盟"。

欧洲的法律学者已经确定了三种目的论解释模式。第一种模式保证立法的作用或有效性。[①] 在这种方法下,法院将确定这些法律被通过的规范背景,然后以有助于实现这些规范目标的方式来解释相关法条。第二种模式用于所涉及法律含糊不清的情况,其要求法院赋予该条款足够的含义以实现其目标。这是法院在 Bodil Lindqvist 一案中所使用的解释方法,根据《指令》保护"尊重个人私人生活"权利的目的,欧盟法院在该案中对"信息"一词进行了广义解释。[②] 第三种目的论方法侧重于法院以特定方式解释条款会对欧盟及其公民产生的后果。[③] 所有的这些方法均适用于 GDPR 第 25 条 1 款。

《公约》第 6 条第 2 款作出了这样的承诺:欧盟会如同《公约》所保证的那样,保护所有欧洲公民的基本权利。[④]《公约》第 8 条保证"尊重他人的私人和家庭生活、住宅和通信"[⑤] 这无疑证明了欧盟行使起草和颁布 GDPR 的权力:保护数据主体的访问权、透明度、保密性、匿名性和控制权,并确保 GDPR 得到充分和适当的执行。GD-

---

[①] See Koen Lenaerts & e A. Gutie rrez-Fons, To Say What the Law of the EU Is: Methods of Interpretation and the European Court of Justice, 20 COLUM. J. EUR. L. 3 (2014), at 25.

[②] Case C-101/01, Criminal Proceedings Against Bodil Lindqvist, 2003 E. C. R. I-12971, 50, 74.

[③] See, e. g., Case 6/64, Costa v. ENEL, 1964 E. C. R. 587, 594 (considering the con-sequences to the EU if EU law had not been given primacy over national law).

[④] EC Treaty, at art. 6 (2).

[⑤] See Convention for the Protection of Human Rights and Fundamental Freedoms art. Ⅷ, Nov. 4, 1950, E. T. S. No. 5., 213 U. N. T. S, at art. 8.

PR 实现了向所有欧洲公民保证过的基本人权,这也意味着可以对其进行宽泛的解释。

因此,鉴于欧盟的这些更加宏大的目标,目的论的解释可以丰富 GDPR 第 25 条第 1 款的含义。由于 GDPR 第 25 条第 1 款的开阔愿景,其转变为了一种包罗万象的条款,把从 GDPR 其他更具体部分中遗漏的内容包揽在内,毕竟,其第 1 款可被提炼为要求公司采取简单的措施"实施数据保护原则"。① 鉴于措辞和起草过程的局限性,填补空白只会增强 GDPR 的自主权。但该条款还侧重于公司为"保护数据主体的权利"所需要采取的步骤。② 事实上,很难想象有什么东西不被包揽在这个保护伞的范围内,包括为限制数据流、数据收集和广泛对数据的入侵所使用的技术和组织措施。这一解释将允许 GDPR 第 25 条第 1 款去填补 GDPR 留下的所有空白,且它似乎是唯一可以拯救 GDPR 第 25 条第 1 款的可用解释方法。

值得注意的是,我反对一些学者提出的批评。他们声称目的论解释没有边界,这将使欧盟变得不民主,或者认为在更大的规范目标、社会变化和基本人类价值的背景下解释法律是一个糟糕的主意。毕竟,其他的解释工具是远远不足够的。文本主义本质上是保守且僵化的,是司法能动主义形式的一个方便的借口。③ 在多语言的管辖范围内,即便文义解释这一方法不是完全不可能的,适用起来也十分困难。立法的历史是混乱的,且公开的序言本身也受制于起草者的妥协和语言阴谋。④ 立法中总是会存在空白,只有授权的法院才能以有意义的方式去填补这片空白。第二次世界大战后,欧盟特别接纳了一套多元文化、自由主义的价值观,欧洲人希望将这些价值观融入新的法律制度中。

---

① GDPR, art. 25 (1).
② GDPR, art. 25 (1).
③ See William N. Eskridge, Jr. & Philip P. Frickey, Foreword: Law as Equilibrium, 108 HARV. L. REV. 26, 77 (1994). See also Daniel A. Farber, Essay, Do Theories of Statutory Interpretation Matter? A Case Study, 94 *NW. U. L. REV.* 1409, 1412–1415 (2000).
④ Daniel A. Farber, Essay, Do Theories of Statutory Interpretation Matter? A Case Study, 94 *NW. U. L. REV.* 1409, 1413–1414 (2000).

(七) 模糊性的风险及采取行动的呼吁

尽管如此，风险却仍然存在。GDPR 第 25 条第 1 款要求数据收集者采取措施以有效地实施数据保护原则。文义解释使这一点十分明显。根据 GDPR 的相关序言进行分析，也可以发现 GDPR 第 25 条第一款在重复 GDPR 的其他部分。无论是法规的还是案件先例，都没有增加任何具体的内容。联系上下文进行分析，GDPR 第 25 条第 1 款对 GDPR 的其余部分并没有进行补充。只有以一种难以预测的目的论进行解释，才能使 GDPR 第 25 条第 1 款要求企业内部在创建和利用数据收集工具方面进行真正的、有意义的、技术性和结构性的变革。

欧盟法院必须响应这一号召并采取行动。薄弱的设计要求削弱了 GDPR。一些人批评 GDPR 只不过是"FIPP₃"的加强版，因为它延续了一种基于通知、同意、访问、机密和安全的制度。它的许多条款明确地构想了一个淡化版的"协作治理"，因此其效力正被企业对合规过程的控制所侵蚀。设计隐私权代表了一种本质上截然不同的方法：一种可以彻底改变技术产品和数据收集工具制造方式的方法。这种方法并不是用另一个选择框或"我同意"按钮就能达成的。通过使其成为其他更温和的 GDPR 义务的附庸来削弱其作用，会破坏 CDPR 作为一个整体所要实现的隐私保护目标。

此外，只有获得自主权的第 25 条第 1 款才能成为美国监管机构适用的典范。如果该条款仅要求企业遵守 GDPR 的其他要求，那么已经在原则上认可设计隐私权的联邦贸易委员会就无法从该条中获得有关这一原则的更多信息。[①] 如果没有以该条款目的论解释为基础的更强有力的指导，那么，美国联邦贸易委员会可能难以将设计隐私权纳入其管辖企业的合意判决中。而这会使美国的数据主体无法获得设计标准所提供的保护。

就像今天一样，GDPR 第 25 条第 1 款是如此的含糊，以至于无法影响企业的行为。如果第 25 条未能充分说明其要求，则数据控制者无法知道需要采取哪些行动、改变或新策略。更重要的是，模糊的要求给当地受监管主体留下了很大的解释自由度，其中许多人会寻求

---

① FTC Report, at 22.

以最大限度的方式减少自己的义务，而非承担有利于消费者的责任。Lauren Edelman 在就业歧视的背景下证明了这个问题，其认为1965年《公民权利法》第七章中的模糊要求为合规专业人员打开了大门，使他们可以狭隘地解释自身的义务并仅创建象征性的合规结构，但实际上并未遵守实质性的法律要求。因此，模糊的要求使掠夺性公司仅仅需要做出微小的、表面的改变，就能大言不惭地声称他们已经履行了义务。①

模糊的法律也会使执法变得更加武断。如果第25条的措辞继续保持模棱两可的状态，政府、监管机构和数据隐私管理机构就可以根据自己的偏见或政治立场来决定他们想要如何解释法律。这毋庸置疑是对法治的破坏。前美国最高法院法官 Sandra Day O'Connor 在一项打击流浪罪的决定中指出了这一点，认为规制游荡罪的法律是违宪性地含糊不清：含糊不清的法规将允许"一种无标准的扫射，这使警察、检察官和陪审团能够去追求他们的个人偏好"。② 不难想象这样的一种情形：在法国，一个积极支持隐私的执法者对GDPR中嵌入的关于设计的法规持激进的观点；但在联邦贸易委员会中，一个致力于商业的任命者却对隐私保护采取了最宽松的解释。③ 这种情况不仅可能会缩小设计隐私权法律的覆盖面，最终还可能会极大地削弱其权利。因此，我们强调需要一个明确的、带有教义性和目的性的指南来解释第25条第1款的实际要求。

四、结语

本文以大多数解释方法进行分析，GDPR 第25条第1款并没有按照传统理解来反映设计隐私权。相反，该条款仅仅提醒了数据收集者去遵守 GDPR 其他部分的规定，从而变成了一个几乎没有自身特征的包罗万象的条款。设计隐私权可以有更丰富的内涵，只有强有力的目的论解释才能将 GDPR 第25条第1款从其当前的困境中拯救出来。

---

① See generally Ari Ezra Waldman, Privacy Laws False Promise, 97 *WASH. U. L. REV.* 773（2020），at 18.

② Kolender, 461 U. S. at 358.

③ But see William McGeveran, Friending the Privacy Regulators, 58 *ARIZ. L. REV.* 959, 960 - 997（2016）.

考虑到平台的技术架构会以何种方式挑战我们的隐私，我们需要组织企业去关注和重视隐私。从执行办公室到基层工程师，都需要致力于将隐私保护植入到产品或系统的 DNA 中，放弃那些在设计上不能保护隐私的产品。以上的这些措施可以为实现 GDPR 和欧盟的目标助上一臂之力。若 GDPR 的起草者们选择忽视设计的力量，则放弃了在数字时代维护人们隐私的一个强大的武器。因此，欧盟的法院必须对该错误予以纠正。

第三编　设计隐私权的原则和功能

设计隐私权的操作：实施严格隐私实践的指南

安·卡沃基安[①] 著　邓梦桦[②] 译

目　次

一、导论
二、概要
三、设计隐私权的七项基本原则之一：主动而非被动，预防而非补救
四、设计隐私权的七项基本原则之二：把隐私作为默认设置
五、设计隐私权的七项基本原则之三：把隐私嵌入设计之中
六、设计隐私权的七项基本原则之四：功能完整——正和而非零和
七、设计隐私权的七项基本原则之五：端到端的安全性——全生命周期保护
八、设计隐私权的七项基本原则之六：可见性和透明度——保持开放
九、设计隐私权的七项基本原则之七：尊重用户——以用户为中心
十、结语

[①] 安·卡沃基安（Ann Cavoukian），加拿大安大略省信息和隐私专员办公室隐私专员。
[②] 邓梦桦，中山大学法学院助教。

一、导论

笔者提出"设计隐私权"(privacy by design,PbD)的概念已经有将近20年了,这个概念被公共部门和私营部门所广泛接受,其中,数据保护当局和隐私专员国际协会、美国联邦贸易委员会、欧盟和隐私专业人士对设计隐私权的认可,尤其令人愉悦。虽然已经取得了许多成就,但我们仍有许多工作要做。是时候对设计隐私权的七项基本原则进行更深入的阐述了。在过去的几年中,笔者的办公室已经发表了60多篇关于设计隐私权的论文,其中有许多在各个领域内知名的专家,包括电信、医疗保健、交通、能源、零售、营销等领域和一些执法领域的高管、风险经理、法律专家、设计师、分析师、软件工程师、计算机科学家、应用程序开发人员的参与。

虽然笔者及同事们的论文只涉及一些"基础"的工作,但我们的设计隐私权研究大多都至少与九个关键应用领域之一直接相关,也就是设计隐私权的应用领域:①公共交通系统的闭路电视/监控摄影机;②用于赌场和博彩设施的生物识别;③智能电表和智能电网;④移动设备与通信;⑤近场通信(NFC);⑥REFIDS和传感器技术;⑦IP地理定位数据的重新设计;⑧远程家庭保健;⑨大数据和数据分析。

社会上已经出现了新的见解:一组与七项基本原则相关联的公共信息已经变得很明显。这一点尤其重要,因为它进一步验证了我们最初的原则,这些原则的范围要广泛得多,远远超出了公平信息实践的范围。本文主要关注的就是这些"(公共)信息"。

这里的挑战在于,我们对于特定"开发人员级别"的隐私要求,并没有一种"通用"的回应。事实上,由于设计隐私权的成功实施取决于业务和应用程序所有者向开发人员提供的特定隐私要求,所以,在可预见的未来里,我们似乎不太可能能够开发出一个全面的隐私要求标准。然而,这样的目标是值得称许的,通过致力于开发和促进软件工程中的设计隐私权标准的OASIS技术委员会的工作,对全面隐私要求标准的开发已经在进行之中。当然,随着在应用程序中实现强大的隐私保护变成一个越来越普遍的现象,笔者预计,我们将逐渐朝着"共享代码库"的趋势靠拢,就像开发人员共享其他常用函数的代码一样。

与其他许多文章一样，在本文中，笔者首先将隐私定义为一个控制问题——我们需要对个人身份信息的收集、使用和披露保持个人控制。德国的"信息自决权"是这一概念最好的反映，即个人应该决定其个人信息的命运。认识到隐私是一种控制手段一直以来都是很重要的一种观念，特别是在今天这个以影响广泛的在线社交媒体和无处不在的计算为特征的时代，这种观点已经变得不可或缺。

通常情况下，隐私和保护个人信息的问题被认为是大公司才面临的问题，尤其是那些有首席隐私官或是有正式隐私基础设施的公司。但事实并非如此。互联网已经被证明是一个十分巨大的"平衡器"——在今天，即使是一个规模相对较小的组织，都有可能会不成比例地控制着大量的个人可识别信息。每个组织都有责任了解其与个人可识别信息的关系并制定相应的战略。笔者相信这些组织都将从接受设计隐私权中受益。在本文中，笔者认为重要的不是组织的规模或结构，而是有人对组织里的隐私保护负责。在一个大公司里，这个人可能是由应用程序所有者和开发人员所支持的首席隐私官；在较小的公司中，这个人可能是依靠签约的 IT 资源支持的创始人。

设计隐私权依靠在整个商业生态系统中早期、稳健和系统地建立隐私，产生了有意义的利益。在许多领域，"正确地推行设计隐私权""第一次做业务时就推行设计隐私权"，早已被认为是一种节约成本的策略。然而，最重要的是，这种策略培养了一种将隐私伤害最小化或完全防止隐私伤害发生的环境。想象一下避免数据泄露所省的成本和随之而来的注意责任。

为了更好地实施七项基本原则，笔者将描述七组相关的活动，这些活动可以被称为关于该原则的执行或实现的"最佳实践"。而且，尽管组织规模和结构对绩效问责制的描述提出了挑战，然而，笔者建议了一些典型的工作头衔或职责级别，大家对这些职位的工作表现都有所期待。总之，这七项基本原则包括：

（1）主动而非被动、预防而非补救。其重点在于组织领导/高级管理人员在形成、执行和衡量可起诉的隐私程序中所扮演的角色。关于董事会作用的调研和案例研究、一个有效的隐私政策的定义、"设计隐私权之隐私影响评估"(一个真正全面的隐私和隐私风险管理方法)、"联邦 PIA"(个人信息助理)以及其他各种有助于进一步实施指导的应用。

(2)把隐私作为默认设置。其重点在于组织内要有一个新的小组织,我们检查了业务和应用程序所有者在隐私需求开发中扮演的关键角色——这些需求将被纳入软件工程师开发的流程和技术中。个人信息收集最少化、收集目的规范、信息使用限制和数据连接障碍的重要性得到了加强。各种技术——IP 地理定位、匿名数字标牌、去识别和生物特征加密,以及突出了应对这一挑战的特定创新解决方案。

(3)把隐私嵌入设计之中。其重点在于持续关注负责保护隐私的员工,并考虑隐私风险评估的作用。此外,我们强调"身份法则"的重要性,并在系统开发生命周期和各种监管方法中纳入隐私。专注于隐私如何嵌入设计的案例研究包括：IBM 及其大数据感知引擎,圣地亚哥燃气电力公司将隐私纳入他们的智能定价计划,将具体的设计隐私权功能应用于移动通信生态系统。

(4)功能完整——正和而非零和。设计隐私权的正和方法是最重要、最具挑战性的维度之一。设计隐私权的本质是多重合法的商业利益必须与隐私共存。隐私需求必须与其他需求相权衡的概念已经被抛弃,成为过时的公式。创新的隐私解决方案必须占上风。安大略彩票和博彩公司（Ontario Lottery and Gaming Corporation）是响应号召的机构之一,该公司使用了保护隐私的面部识别技术,以确保禁止入内的赌客被隔离在场外,而不损害其他赌客的隐私。多伦多交通委员会已经开发了一种既全面又保护隐私的视频监控方法。我们研究的其他技术包括：电子健康记录、家庭保健技术、智能电表和智能电网。

(5)端到端的安全性——全生命周期保护。安全性通常能被很好地理解,尽管偶尔会被一些人与隐私混淆。我们认为加密是一种默认措施,特别是在容易丢失、被盗或被意外处置的设备上,以及在生命周期结束时安全销毁和处置个人信息的时候。我们主要考虑了这一原则在医疗保健部门的应用,同时也讨论了它在谷歌的 Gmail、云计算环境、智能电网和视频监控中的应用。

(6)可见性和透明度——保持开放。可见性和透明度是一个强大的隐私程序的标志，它可以激发用户对一个组织的信任。我们描述了一组最佳实践，这组实践使组织的隐私处理方法对其客户或公民完全公开。我们还强调了审计跟踪的重要性，它可以帮助用户理解数据是如何存储、保护和被访问的。

（7）尊重用户——以用户为中心。终端用户、客户或公民的隐私利益是最重要的。设计隐私权要求应用程序和流程开发人员进行一系列活动，以确保个人隐私得到保护，即使他们没有采取明确的步骤来保护它。隐私默认设置是关键的，明确的通知也同样重要。特别是在复杂的系统中（例如，当代的社交网络服务），应该向用户提供广泛的隐私授权选项。我们考虑"政府2.0"（Web 2.0的一个应用）和用户界面设计扮演的关键角色，以及个人对信息价值的新认识和个人数据生态系统的崛起。最后，我们考虑一种有趣且潜在强大的新型人工智能——SmartData。

这是一篇很长的文章——因为它包含了笔者办公室之前发表的大量工作。但它不是这些工作的总结，它代表了对这些工作的深入审查和对那些看似毫不相干的教训的系统进行整合和分类。笔者殷切盼望读者能够从头到尾地阅读本文或者说这是个课程，更重要的是，文字整体的互动会吸引着你。然而，鉴于文章的长度，读者还有其他的阅读策略可以选择：根据每条原则开始时的表格，读者可以粗略地了解与这七项基本原则相关的教训和责任；选择专注于任何一个原则，通过回顾每一节中总结的案例研究，可以深入了解我们的工作；那些希望更深入地研究的人，可能希望查阅所确定和说明的参考文献，阅读这篇论文的电子版本，点击一个来源或封面插图就能链接回原始作品。

设计隐私权作为一种隐私框架的价值现在已得到广泛认可。许多组织都在努力实现隐私的黄金标准，更多的组织继续在其组织的流程、应用程序和产品中实现设计隐私权。

在过去的几年中，设计隐私权的影响一直在持续增长。对设计隐私权的全球认可度表明，"尽早建立"隐私保护方法所产生的力量是真实的、无穷无尽的。现在，随着这个概念的传播，我们面前仍然存在的一个问题是："我们相信设计隐私权，但是我们如何做到呢？"我们现在所处的阶段是，市场和技术领导者、学者和监管者开始寻找将设计隐私权原则转化为技术和运营性能标准的方法。① 笔者已经多次强调过,设计隐私权并不是一个理论构想,它在实际中的运用必须得到论证。

本文概述了加拿大安大略省信息与隐私专员办公室(Information & Privacy Commissioner)多年来在实施设计隐私权方面所开展的合作和联合项目,为其原则提供了具体的、有意义的操作效果。通过广泛地整合各种文件,本文代表了来自电信、医疗保健、运输和能源领域专业人士的一些见解。此外,本文还借鉴了高管、风险经理、律师和分析师、工程师、设计师、计算机科学家和应用程序开发人员的观点和经验,这些人都致力于在"设计隐私权"原则的基础上追求隐私。通过反思他人的经验,笔者希望隐私领袖们能够受到启发,或者能够找到一种方法让他们的组织效仿,从而创建出自己的隐私保护方法。笔者也希望,就像文章中列举的组织一样,新参与的组织可以分享它们的经验、教训和成就,通过使他们的组织和运营与设计隐私权原则保持一致。

二、概要

(一)隐私:一个实用的定义

从实用的角度来看,隐私不是"保密",也不是去防止组织收集所需的个人信息来作为他们向客户提供商品或服务的角色的一部分。隐私与控制有关——对个人身份信息的收集、使用和披露保持个人控制。德国"信息自决"的概念很好地表达了这一点,"信息自决"这一术语最初是在1983年德国人口普查期间与个人信息收集有关的一项宪法裁决出现。

在一个拥有着先进的网络系统和信息通信技术(information communications technologies, ICTs)的复杂时代,隐私方面所面临的挑战

---

① See Viewpoint: Spiekermann, S. (July 2012). The Challenges of Privacy by Design. Communications of the ACM, 55, 7, pp. 38 – 40; Gürses, S., Troncoso, C., & Diaz, C. (2011). Engineering Privacy by Design. Computers, Privacy & Data Protection; Kost, M., Freytag, J. C., Kargl, F., & Kung, A. (August 22 – 26, 2011).

呈指数级增长，经常考验着隐私立法的效力。有些人会认为，个人控制的前提不适合解决与社交网络系统（social networking systems，SNSs）相关的新一类隐私风险。虽然环境对隐私至关重要，但现有的隐私观点需要演变，从而来解决由社交网络系统和其他 Web 2.0 服务引发的用户生成问题，不过控制仍将是隐私利益的基石。关于隐私的情景性方法应对个人补充赋予个人权力，使其能够在传播其个人资料方面作出自己的选择，而不是基于"假如"或反事实分析排除个人的决策能力。

今天，"信息自决"仍然是一个有用的概念——对于负责在其组织中实施隐私实践或将设计隐私权为信息技术和系统的实践者来说。数据主体或最终用户必须处于驱动与个人信息的设计和运营决策相关的核心。

当比较世界各地领先的隐私实践和规范时，有一些原则和价值观仍然是永恒的、与互联网时代相关的。一个需要注意的数据最小化概念。这反映了程序、信息技术和系统应该以不可识别的交互和事务作为默认条件来运行的观点。只要可能，应尽量减少个人信息的身份识别能力、可观察性和可联系性。美国学者 Lawrence Lessig 在其著作 *Code* 2.0（2006）中有一句名言："代码就是法律。"他指出："就像现在的世界一样，越来越多的代码作者成了立法者。它们决定了互联网的默认状态，隐私是否会受到保护，允许匿名到什么程度，哪种访问能被满足及满足的程度。是代码作者决定了这些事务的性质。而他们的这些决定，是在网络编码的空隙中作出的，就这样定义了网络是什么。"作者证明了我们每个人能够，也应该能去设计网络空间，以此来反映和保护我们的基本价值观。两个基本的公平信息实践很好地描述了数据隐私的本质——"目的规范"和"使用限制"。简单地说，目的规范清楚地说明了为什么组织需要收集个人信息。使用限制指仅将收集的数据用于指定的主要目的。如所收集的资料将作其他次要用途，则有关个人必须被告知，并且对其个人信息被用作额外用途的行为做出同意的表示。这些观点是设计隐私权的基础，并且指出了设计隐私权的七项基本原则。

设计隐私权从一开始就把隐私作为一项核心功能嵌入信息技术、商业实践和网络基础设施中，这意味着要有意识地、有预谋地在一开始就把隐私建立起来。因此，设计隐私权可以被定义为一种工程和战略管理方法，它可以承诺通过技术和治理控制，有选择地、可持续地减少信息系统的隐私风险。

与此同时，设计隐私权方法还提供了一个框架来解决信息与通信技术和大规模网络数据系统在今时今日不断增长的系统性影响，这个框架也是对传统公平信息实践的增强。这个框架涉及：①主动行动；②将隐私作为默认条件；③将隐私直接嵌入设计中；④在面对多个竞争性目标时，采取双重正和（非零和）方法。实践这些原则意味着什么？操作化（执行化）对设计隐私权至关重要。它可以将原则扩展为一组可操作的指导方针，应用程序和软件程序所有者可以将这些指导方针传达给负责实践的人。在一个需要广泛参与的生态系统中，可以把这七项原则视为一种多管齐下的方法，以实现隐私保护的最高标准。

这种多管齐下的方法将根据组织、技术和其他变量的变化而变化。虽然没有单一的方式来实施、运作或以其他方式推出基于设计隐私权的系统，但采取一种整体的方法才是关键。这个过程必然要求程序员和工程师创造性地思考系统的所有需求，同样也要求组织领导者创新、测试和发现在他们的工作环境下，什么样的隐私保护方法是最有效的。可以肯定的是，当这些原则早期就能在整个商业生态系统中得到稳健的、系统的应用时，它们有助于培养一种将隐私侵害最小化或从一开始就防止隐私侵害发生的环境。这些原则也促进了设定明确的隐私目标、系统的与可验证的方法、切实可行的解决方案和可论证的结果，以及创造力和创新。研究领先组织在应用设计隐私权原则方面的经验具有深远的指导意义，这些经验为其他有兴趣采取全面的信息管理实践方法的人指明一条前进的道路。

（二）实践指导

需要保护隐私的组织，从规模上来看，小型组织（如独资企业）、中型组织和非常大型组织（如跨国公司和各国政府）都有，它们的架构可能是公司制的、等级制的、职能制的、部门制的或像矩形一样的架构。然而，无论它们的规模和架构如何，任何涉及个人信息的组织都必须有效地管理和保护它。组织内的每个人都要在保护个人身份信息（PII）方面发挥作用。然而，这并不能让我们更准确地认识到谁应该对什么负责。开始讨论前，我们提出组织内的隐私责任模式（如图1所示）。

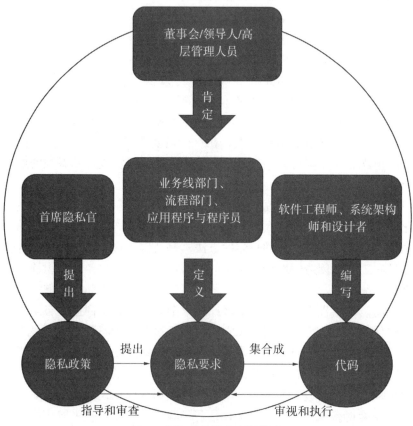

图1　组织内的隐私责任模式

隐私的集成和客户或公民导向的产品开发都会基于一组隐私需求，这些需求本身反映在组织的隐私政策中。上述的模型确定了一个或多个个体可以执行的部分或全部角色。重要的不是一个组织明确地确定了一个人要对其每个角色负责；相反，每一项任务都要有人承担并以负责任的方式执行。例如，在一个非常小的企业中，创始人可能扮演"董事长/CEO"和"首席隐私官"的角色，而同事或下属可能扮演"应用程序所有者"和"程序员"的角色。

隐私政策支持隐私文化。为了适用于整个组织，开发和执行隐私政策的责任自然落到了领导团队的高级成员身上——理想情况下，这个角色应该是首席隐私官。一套定义合理的隐私政策形成了一个背景，应用程序所有者和产品开发人员在此背景下开发特定的隐私要求集，以嵌入到他们的产品中。首席隐私官的责任执行与实践的发展有关，以此来确保隐私始终嵌入应用程序和流程中，并定期审计它们以确保措施都有在正常运转。

隐私要求是设计隐私权执行的核心。根据组织的隐私政策、设计隐私权的七项基本原则，以及各种支持隐私的过程和实践，那些被认为"拥有"面向客户的产品的人承担着主要的执行责任，以确保从一开始就开发出一套丰富的隐私需求，并且在后续开发的过程中把它们集成起来。此外，在产品的开发生命周期中，这些人还需要与开发人员一起工作，以确保客户的需求得到满足、产品的缺陷得到识别和解决。一旦开发过程完成，对产品的批准就等于确认了每个需求都得到了充分的满足。如果需要的话，企业可以寻求指导或帮助，并且就已经完成的产品的隐私状态，更换首席隐私官，以此来完善应用程序所有者的隐私责任。

基于他们对产品全套需求的理解，开发人员创造出实际的产品。他们很可能需要创新来满足设计隐私权的核心承诺："功能完整正和而非零和"。然而，随着时间的推移，也随着隐私要求变得越来越普遍，"隐私代码库"（满足典型隐私要求的代码集合）的发展将简化并加速嵌入隐私的任务，这些代码库的性质类似于目前存在的用于其他目的的代码库。

各种各样的组织已经开始着手实施基于设计隐私权的重要实践，并且早期的迹象表明了"一刀切"的方法可能并不合适。为了更好地理解这一点，我们必须积累经验，然后整理归纳我们现有的经验教训。笔者的办公室与几个组织和主题专家合作，在九个不同的领域（如前所述）记录了一系列设计隐私权的实现，反映了技术的广泛。

本文阐述的这七项基本原则构成了我们设计隐私权论文集的基石。我们采取了一贯的方法来帮助那些寻求实施设计隐私权原则的人。每个原则都被识别和定义，并强调了原则的关键维度。文章总结了执行与原则最密切相关的原则精神的"行动",以及组织内谁对这些行动的执行负责。每一项原则都是通过与实施了设计隐私权的隐私项目的组织合作所获得的见解,以及我们在该领域长期研究的经验教训而得出的结论。

三、设计隐私权的七项基本原则之一:主动而非被动,预防而非补救

设计隐私权方法的特点是主动的而不是被动的措施。它能在隐私侵犯事件发生之前预测和防止它们发生。设计隐私权不会等待隐私风险的发生,也不会在隐私侵犯发生后提供补救措施——它的目的是防止它们发生。简而言之,设计隐私权出现在事前,而不是事后。

(一)操作指南、行动和责任人

操作指南:这些行动可以在隐私侵犯事件发生之前预测和防止它们发生。不要等待隐私风险的出现,我们的目标是防止隐私信息泄露的发生。

行动:一是确认高层领导对强大的、主动的隐私计划的承诺。二是确保具体的行动,而不仅仅是政策,尊重对隐私的承诺。通过定期评审的指标系统进行监控。三是开发系统的方法来评估隐私和安全风险,并在其发生之前纠正任何负面影响。四是在持续改进的文化中,鼓励不同用户社区和利益相关者共享隐私实践。

责任人:领导/高管,董事会,首席执行官,首席执行官,首席信息官,首席运营官,首席信息官,公司股东。

企业必须从一开始就明确认识到积极采取强有力的隐私保护措施的价值和好处,并且要尽早、持续地采取。从一开始就解决隐私问题,可以从一开始就防止隐私问题的出现。这是设计隐私权的本质,也是超越传统合规框架的一个维度。另一种选择是偶然的隐私,或者更糟糕地说,是灾难的隐私(这是 Kai Rannenberg 博士创造的术语)——人们努力限制或补救已经造成的损害。我们认为,这种保护太少,太迟,而且已经过时了。

就设计隐私权而言,企业必须做出明确的承诺,并为其分配资源。这种由高管主导的方法促进了企业在整个组织内建立一种隐私文

化。这种文化通过向工作人员提供相似的做法、看法和优先事项,使集体行动得以持续。这就是能使隐私融入组织的各个层面的日常运作中,并支持组织隐私计划最终成功的文化。必须确保问责制,明确确定承担主导责任的"企业主"。从这个意义上讲,"企业主"被理解为一个被明确确定为对一个或多个与隐私相关的任务的成功执行负责的个人。他们可能是执行人员、组织隐私负责人、业务流程负责人或项目负责人。例如,首席隐私官是组织隐私政策的"责任人"。品牌或产品经理是产品或服务的"责任人",并对其所接触到的个人可识别信息的管理负责。首席隐私官(CPO)在企业中的崛起,证明了良好的信息管理在战略上的重要性。

(二)给董事会、领导层的指南

(1)给董事会的指南。那些你不知道的事可能会伤害你。积极主动意味着,面对董事会成员身份所带来的广泛责任,公司董事必须将监督组织的隐私政策和程序作为有效的董事会服务中不可或缺的组成部分。这可以通过以下行动来实现:①教育是关键——董事们应该确保他们在隐私方面接受了适当的培训,董事会中应该有具有隐私专业知识的人;②董事应确保至少有一名高级经理被指定负责组织的隐私合规;③董事应确保隐私合规是高级管理层绩效评估和薪酬的一部分;④董事应要求高级经理定期进行隐私自我评估和隐私审计,并定期向董事会报告这些活动;⑤董事应该确保他们向高级管理人员询问关于公司隐私实践的正确问题。资料来源:《隐私和董事会:那些你不知道的事可能会伤害你》,2003年11月(2007年7月修订)。

(2)给领导层的指南。一项隐私政策是不够的——它必须在具体的实践中体现出来。就其本身而言,隐私政策无法保护组织所持有的个人信息。要积极主动,组织的隐私计划必须在实际操作或行动中得到体现。要做到这一点,可采取以下行动:①执行反映组织隐私需求和风险的隐私政策,并考虑进行有效的隐私影响评估;②将政策中的每一项要求与具体的、可操作的项目相联系——操作过程、控制和/或程序,将每个政策项目转化为必须执行的具体实践;③演示每个实践项目如何实际实施;④制订并实施隐私教育和意识培训计划,以确保所有员工了解所需的政策/做法及其义务;⑤在组织内指定一个与隐私相关的查询中心"求助"人；⑥验证员工和组织对隐私政策和操作的过程和程序的执行；⑦通过建立数据违反协议来有效管理潜在的隐私违反活动，提前做好准备。

当然主动出击的最佳时机是信息技术或网络基础设施刚刚出现的时候。通过从一开始就建立隐私——最好是在概念阶段就建立，就有可能培养公民对隐私保护技术或基础设施的信心和信任，并在理想情况下避免未来要进行的昂贵改造。

（三）隐私影响评估方法

PIA 方法通常被称为隐私影响评估方法，其在时间、应用、广度、透明度和解决方案水平等方面各不相同。发展和采用无线互联系统的一个重要里程碑是业界主导的 RFID（无线射频识别）无线互联系统架构，该架构于 2011 年获欧盟批准，以证明"设计隐私权"符合欧盟数据保护指令。在某些情况下，PIA 可能与安全威胁/风险评估同时进行，这是评估整体隐私状况的输入信号之一。类似地，在概念化的早期阶段，当几个隐私保护的备选方案正在审查时，PIA 也可以作为一个有用的工具来主动保护隐私。

所有的 PIA 都应该具有模块化的特性，因为大多数策略、治理框架和系统既不是一个人的权限，也不是一个人的专长。出于这个原因，PIA 应该在组织内部有一个协调人或指导者，通常是首席隐私官。首席隐私官或其他隐私主管应组建必要的组织团队来审查和回答 PIA 的问题。在企业环境中，该团队将包括来自 IT、客户服务、安全、营销、风险管理和相关业务线的代表。

这种方法为不直接负责隐私的参与者提供了更大的意义，并作为组织的信息治理和风险管理计划的构建块。最理想的情况是，在开发 PIA 系统时，会咨询各系统和其他框架元素的各种责任人/操作者，该等开发过程也会给他们带来好处。以这种方式构思 PIA 有助于那些不特别关注隐私的领域人士更好地理解审查的价值、审查与其工作职能的相关性，以及它在为组织增加价值中所扮演的角色。通过主动和早期地进行这种类型的评估，结果技术、操作或信息架构及其使用的隐私影响应该被证明是最小的，并且不会因为错误配置或使用、实现过程中的错误而轻易降级。

（四）设计隐私权 PIA 实施指南

许多现有的 PIA 主要关注组织对立法和监管要求以及对公平信息实践的遵循。设计隐私权 PIA 的框架超越了法规遵从性。这种框架的范围更广，通过将组织管理个人隐私的方式从政策和遵从性转变为组织范围内的业务问题和/或战略，反映了设计隐私权对隐私的整体方法，从而实现主动而不是被动的行动原则。

（1）该框架应持续应用于信息技术、业务流程、物理空间和网络基础设施项目的设计、开发和实施的各个阶段（概念、现实和逻辑阶段）。

（2）组织应考虑到个人对其信息的隐私期望，需要提供并持续评估隐私和数据保护实践和控制，包括综合评估个人可识别信息的管理和问责，全面考虑组织的隐私和数据保护实践。

（3）在整个分析过程中适当地同时评估隐私和安全。正如企业无法单靠一个设计师就在一个组织内实现隐私一样，我们也无法单靠一个组织就在一个行业内实现隐私。"设计隐私权是一项团队运动。"如果隐私要在移动通信等广泛的网络部门中既有效又持久，就必须在整个生态系统范围内对其加以保护。

（五）关于在联邦生态系统中主动应用隐私的指南

新的联盟隐私影响评估（F-PIA）是一项实用的评估，旨在评估如何将隐私积极应用于创建一个以信任为基础的社区来管理客户身份的组织和企业。它基于这样一种认识，即隐私保护不是一种适用于所有人的标准模型。每一项业务都是独一无二的，隐私需求也同样独一无二。F-PIA 与传统 PIA 在许多方面有所不同。最重要的是，F-PIA 的设计目标是在企业内部（例如多个不同的系统可以联合在一起）或跨对个人信息有不同需求和用途的企业进行操作，包括：为会员提供讨论、制定和编纂联盟隐私政策的机会，证明将遵守联盟成员制定的隐私政策，证明具备适当的技术架构，以尽可能防止意外或恶意违反隐私政策，使完成、使用和依赖 F-PIA 的各方受益。

（六）关于在移动生态系统中主动应用隐私的指导

为了实现隐私计划成功的标志——真正的积极主动，我们必须在不同利益相关者之间进行协作。这一点在我们与亚利桑那州立大学（ASU）设计隐私权研究实验室（Design Research Lab）的移动技术研究小组合作开发的移动通信行业路线图中得到了很好的说明。该路线图明确了每个参与者各自的主要职责，但也尊重了在行业生态系统的参与者之间采取集体方法的必要性，包括设备制造商、操作系统/平台开发者、网络供应商，以及应用程序开发者和消费者。详细的设计建议体现在"隐私嵌入设计"之中。

（七）主动将隐私应用到破坏性无线技术和标准的指南

近场通讯（NFC）是一个包括 NFC 论坛、NFC 设备制造商、NFC 应用开发商和开发 NFC 服务企业（如智能海报、移动运营商和个人用户）在内的生态系统。此外，NFC 生态系统与现有的互联网和网络生态系统相互作用，因此应该与其他生态系统利益相关者协调其安全和隐私策略。

（八）关于支持持续改进隐私保护文化的实践指南：组织工具和框架

（1）惠普员工问责制模型工具的开发和部署，为隐私实践如何支持持续改进的文化提供了一个有趣的案例研究。

（2）国际商业机器公司（IBM）是设计隐私权的早期采用者，并演示了设计隐私权原则如何指导企业全球运营的架构基础。这种对隐私的战略性和前瞻性的关注使流程改进成为可能，并可以明显地降低运营成本，并支持 IBM 的业务战略。IBM 采取了三管齐下的方法来加强其强大的隐私政策，通过使用在线工具在其大型、多样化和全球性的组织中实施隐私实践。为了确保其隐私实践在整个企业范围内得到广泛采用，在企业范围内部署了隐私自我评估工具、隐私教育和意识训练工具和一个基于网络的数据事件管理工具。IBM 已经成功地运用了这些设计隐私权工具，它们展示了无论是何种规模的组织都可以主动地保护隐私。

（3）基督教青年会和安大略彩票和博彩公司（OLG）引入隐私风险管理实践，组织可以建立起一个组织框架，以积极应对个人信息的风险。

（4）Nymity 的设计隐私权风险及其控制清单支持其隐私风险优化流程（privacy risk optimization process）。该流程以国际标准化组织（international organization for standardization，ISO）的概念为基础，即风险可以是积极的和消极的。风险优化是一个组织努力将正面风险最大化，并减少负面风险的过程。隐私风险优化流程使用这些概念将隐私主动地实现到操作策略和过程中。

（5）安大略省的独立电力服务运营商（independent electricity service operator，IESO）开发了内部控制系统来保护智能电表数据。这些控制是建立在必要的前提基础上的，包括支持建立隐私，IESO 的董事会、管理层和其他股东的支持。此外，运营商还建立了有效管理风险的流程，并同时在 IESO 和智能计量实体（SME）网站上向公众和主要持股人提供信息，如管理文件、手册、程序和关键联系信息。此外，在默认情况下，IESO 通过主动监测和审计其控制，帮助支持保护智能电表数据的目标。

四、设计隐私权的七项基本原则之二：把隐私作为默认设置

设计隐私权旨在确保个人资料在任何特定的资讯科技系统或商业实务中自动受到保护，从而提供最大程度的隐私。即便一个人什么都不做，其隐私仍然完好无损。个人不需要采取任何行动来保护自己的隐私——在默认情况下，隐私是系统内置的价值追求。

（一）操作指南、行动和责任人

操作指南：这些方法寻求提供隐私保障——确保个人资料在任何给定的 IT 系统或商业实践中自动受到保护，从而提供最大程度的隐私。在默认情况下，个人用户不需要采取任何行动来保护自己的隐私——它应该自动地内置到系统中。

行动：一是采用尽可能小和特定的数据收集目的——从不收集个人可识别信息开始——最小化数据。二是尽量减少开始时的数据收

集,只收集严格必要的数据。三是将个人信息的使用限制在收集个人信息的特定目的。四是为使用个人可识别信息的数据链接设置技术、政策和程序障碍。

负责人:软件工程师和开发人员,应用和项目负责人,业务线和流程负责人。

(二) 默认设置的重要作用

保护隐私最有效但最具挑战性的方法是确保默认设置——当用户不需要采取任何行动时适用的设置——尽可能保护隐私。在实施这一原则的过程中,人们可能会想到工程隐私这一学科正在被许多学者(如 S. Gurses、C. Troncosco 和 C. Diaz,2011)所研究,这些学者将依赖于这些学科来处理后端系统。隐私管理作为一门独特的学科正变得越来越标准化和专业化,对熟练的隐私工程师和架构师的需求也在不断增长。我们希望鼓励用户考虑与用户可以手动控制的首选项相关的默认设置,并考虑整个系统的默认设置。设计信息技术和系统的出发点必须总是最大限度地增强隐私,从不收集个人可识别信息开始,除非到一个特定的和强制性的目的被设计出来。如果是这样的话,组织应该尽可能地采用一个小而具体的目的来收集数据。

这种被称为"数据最小化"的方法必须是第一道防线——不收集、不保留和不使用个人数据。类似地,收集、使用和披露汇总的去识别个人信息几乎不会引发隐私问题。很简单,不收集、保留或披露的个人数据不需要安全、管理或审核——不产生注意义务,也不存在损害的可能性。同样,未存在于数据库中的个人数据也不能被未经授权的第三方访问、修改、复制、附加、共享、丢失、黑客攻击或以其他方式用于次要目的。我们经常把同样的要求从纸张世界转移至数字世界,而事实上,由于技术的数学和计算能力,网络系统需要的数据更少。

当必须为明确指定的目的收集个人资料时,实施这一原则的下一步是尽量限制该资料的使用和保留。公平信息实践中包含的目的规范和使用限制原则最好地说明了这一点。有许多方法可以实现这一点。有一种方法是在客户端执行涉及隐私的操作(即那些使用个人信息的操作)——也就是说,完全在用户及其设备的控制之下执行操作。

显然，设备或软件越能防篡改、越安全、越能由用户控制，就越能可靠地执行其功能。在不同的实体之间划分数据、功能和角色是一种经过验证的保护隐私的方法。例如，这种策略是使用代理服务器来掩盖 IP 地址和阻止在线跟踪和分析的基础。在实践中，有必要结合组织和技术措施来实现默认隐私的目标。

（三）默认设置重要作用的范例

（1）基于位置的服务。地理定位的广告服务——这项技术由 Be-ring Media, Inc. 开发，允许互联网服务提供商（internet service providers, ISPs）与广告服务器合作，提供地理定位服务，而不会泄露用户的潜在个人身份信息。它们的"双盲"隐私架构允许 ISP 与 ad 服务器协作，而不需要读取或修改任何通过网络的数据包。两项额外的隐私技术——最小匹配阈值和反推理算法——被开发并集成到双盲隐私架构中，以确保在默认情况下，所有活动总能满足足够大的隐私计数，以适当地解决重新识别风险。

（2）人脸检测而非人脸识别。将隐私嵌入匿名数字标志——该系统的默认设计是为了避免收集、传输或保留游客的任何身份信息。安大略省 Cognitech 公司开发的创新数字标志技术，可以检测游客的存在，估算他们的年龄和性别，并为他们提供定制的内容，所有这些都是匿名的。该技术使用模式检测算法来扫描实时视频，寻找与软件对人脸的理解相匹配的模式。数据会被记录下来，视频会在传销中被销毁——在这个过程中，没有任何东西能够识别从传感器前经过的人。

（3）健康数据的去识别。去标识数据是指标识符已被删除，但未与其他个人数据合并或聚合的信息。这是一种常见的隐私保护方法，作为一种一般规则，在个人信息丢失或被盗的情况下，它可以帮助保护个人信息，使其更难被用于邪恶的目的。在实践中，当使用适当的去识别技术时，想再识别是极其困难的。虽然去识别仍然是一个重要的工具，但第一种方法应该是数据最小化，在这种方法中，数据聚合确保个人数据不会在第一时间被暴露。先进的去识别方法允许数据管理人利用数据而不暴露其数据所有者的身份。Khaled El Emam 博士，加拿大电子健康信息研究主任，东安大略省儿童医院研究院

(CHEO)高级研究员，已经开发了相关方法和去识别算法，以管理与再识别跟数据盗窃和滥用有关的风险。

（4）隐私增强的生物识别。生物特征加密——默认情况下，这种加密算法确保生物特征数据不会连接到任何个人数据。此外，它还能阻止生物特征数据被另一个能够将生物特征数据与任何个人信息连接起来的系统使用。生物特征加密将 PIN 或密码密钥安全地绑定到生物特征上，只有在验证后出示正确的活体生物特征样本时，密钥才能重新生成。数字密钥（密码、PIN 码等）是在登记时随机生成的，因此即使用户（或任何人）也不知道它。密钥本身完全独立于生物特征，因此，可以随时更改或更新。在获取生物特征样本后，BE 算法安全且一致地绑定密钥，以创建一个受保护的 BE 私有模板。本质上，密钥是通过生物特征来加密的。BE 算法可以提供出色的隐私保护，其本身可以存储在数据库或本地上（智能卡、令牌、笔记本电脑、手机等）。在注册过程结束时，钥匙和生物识别都会被丢弃。

（5）RFID 开关传输控制。增强版的驾驶执照（enhanced driver license，EDL）内置了一个邻近识别 RFID 芯片，旨在与美国海关和边境口岸的读取器进行交流，以加强身份检查。该 RFID 默认为"开启"状态，对携带者构成了重大的隐私风险。设计隐私权方法认为，这些卡的默认传输设置应该"关闭"，直到用户选择打开它。

用户注销而不是销毁：IBM 为零售业开发了一种保护隐私的 RFID 标签，称为"剪掉的标签"。"剪掉的标签"将隐私保护的选项交到消费者手中，并解决了重新激活的问题。在促销之后，消费者可能会撕下一部分标签，就像打开一包番茄酱时那样。这就把远程标签变成了可以被读取的近距离标签，但只能在近距离——不到几英寸或几厘米的范围内。标签的变化可以在视觉上得到证实。在以后的退货、召回或产品保修期间，标签仍然可以使用。

（6）分布式信息隐私架构。在智能电网中分离面向服务体系结构中的域。安大略的 Hydro One 公用事业公司使用了"域"的概念来对智能电网中可能涉及的隐私问题进行分类，并实施特定的架构决策以满足隐私要求。所标识的三个域是：客户域、服务域和网格域。分析的结果是，能源公用事业公司先进分配系统（ADS）的默认设计将不同的数据域分开，并以动态方式对消费者数据进行数据聚合。

五、设计隐私权的七项基本原则之三：把隐私嵌入设计之中

设计隐私权被嵌入IT系统和业务实践的设计和架构中。它不是在事后用螺丝拧上的附加物。其结果是隐私成为交付的核心功能的重要组成部分。隐私是系统不可或缺的一部分，不会削弱系统的功能。

（一）操作指南、行动和责任人

操作指南：这些操作要求设计隐私权被嵌入IT系统和业务实践的设计和架构中。它不是在事后用螺丝拧上的附加物。其结果是隐私成为交付的核心功能的重要组成部分。

行动：①在任何计划的设计阶段，均须进行隐私风险评估。例如，在设计系统的技术架构时，应特别注意个人资料可能被意外使用的情况。②基于"身份法则"的身份元系统，旨在编纂一套普遍采用的基本原则，可持续的身份架构必须遵守。③考虑系统开发生命周期和组织工程过程中的隐私。应该鼓励系统设计者在高级分析领域实践负责任的创新。④将隐私纳入监管方法，可能采取自我监管、部门隐私法、综合隐私立法和更一般的立法框架的形式，呼吁以"灵活性、常识和实用主义"为指导的方法。

责任人：应用和项目责任人，业务线和流程责任人，软件工程师和开发人员，监管机构。

（二）把隐私嵌入设计之中的方法

实施这一原则需要在整个组织中以整体、综合和创造性的方式来处理设计和开发过程。正如设计隐私权代表了组织对隐私的看法的转变——从被动模式转变为主动模式——将设计隐私权纳入监管工具，自愿准则和最佳实践要求法律和决策者改变规则制定的方式。下面所列的是在各种义书中制定促进和保护隐私的创新办法。

最重要的是，所有的利益和目标，包括隐私，都要被清晰地记录下来，明确地表述所需的功能，商定并应用指标，拒绝不必要的权衡，以支持一个实现多功能的解决方案。与此同时，今日今时，越来越多的企业在运用信息安全系统标准和框架，要求也越来越严格。企

业架构设计已经作为一门学科迅速发展起来，在一定程度上受到监管和竞争压力的推动。这些信息管理工作与原则三一致。最重要的是，即使在目标是 IT 系统或应用程序的情况下，设计隐私权的运营也不能仅仅被视为一个 IT 项目。隐私专家必须能够参加工作的所有阶段，并带来对隐私问题和要求的多方面理解，以及对消费者/客户期望的理解。根据项目的性质，可能需要功能专家、风险管理人员、过程专家和其他专家的帮助。笔者将 2011 年成为"工程师年"，为了接触到更多、更多领域的专家参与者，笔者在 2011 年几乎只给软件工程师做了演讲，努力吸引来自世界各地的软件工程师、计算机科学家和技术开发人员。我们一起开始了一场关于将设计隐私权的七项基本原则转化为项目要求、采购规范和正和操作结果的对话。所遇到的工程师们的热情回应让笔者感到由衷的鼓舞。

（三）把隐私嵌入设计之中的方法的范例

以下是该项工作的一些示例，以及将设计隐私权嵌入到工程设计中的经验。

（1）预测网络系统的意外后果。将隐私嵌入 Wi-Fi 协议中——我们必须进行创造性的研究和思考，以找到将隐私嵌入 Wi-Fi 协议中的方法，该协议可以随机分配 MAC 地址或通过类似代理的地址分配方法来确保隐私。需要创新的解决方案来改变现有的模式，即使用唯一绑定在移动设备上的持久 MAC 地址。例如，在 IPv6 领域的研究试图通过一种类似代理的分配地址的方法来确保 IP 地址的隐私。

（2）隐私嵌入大数据的方法。一个负责任的"大数据分析感知"引擎——大数据就在这里，企业希望利用数据分析来最大化这一不断增长的资源。虽然各大机构都有充分利用大数据的实际动机，但我们需要确保隐私被嵌入这些系统中。Jeff Jonas 向我们展示了如何利用他的感知系统技术来在开发中嵌入设计隐私权。我们相信，这个设计将指导其他人创建他们自己的下一代分析。这不仅表明隐私可以嵌入数据分析技术中，而且可以以正和方式实现。感知技术的目的是在新情况发生的时候去理解它们，速度必须要足够快，以在情况仍在发生时就对它们采取行动。由于它的分析方法、处理大数据的能力和速度正在改变游戏规则，从隐私的角度来看，它的设计从一开始就考虑到了隐私保护：①默认开启完整属性，知道数据的来源以及数据约束（数据的任何修订）；②分析可以在匿名数据上完成，或者被称之为数据最小化；③有一个抗篡改的审计日志功能，甚至对数据库管理员也适用，这增强了透明度和问责性；④虚假否定倾向方法减少了可能对公民自由产生重大影响的错误识别的数量；⑤自校正误报提高了识别的准确性；⑥信息转移核算的加入有助于跟踪数据的二次使用。技术创新的动态步伐要求我们以积极主动的方式将隐私嵌入设计中——应该鼓励系统设计师在高级分析领域实践负责任的创新。

（3）将隐私嵌入远程监控系统。老年人家庭中的伦理技术（ethical technology in the homes of seniors，ETHOS）——一个设计隐私权项目——最小化数据；使控制有意义；使控制可用；和授权——没有受到打击。这个由国家科学基金会资助的印第安纳大学布鲁明顿跨学科团队创造了一个数字工具包，使老年人能够维护他们的隐私，同时充分利用基于家庭的计算为他们的健康和个人安全保驾护航。老年人系统性地低估了他们的电子隐私风险。该项目研究了信息技术在养老院中的作用，并强调了隐私的设计和评估。ETHOS 团队正在创建工具，帮助老年人对基于家庭的计算做出适当的决定，并指导设计师创建尊重隐私的技术。

（4）将隐私嵌入移动定位服务。将隐私嵌入设计中的解决方案，如 PRIME/T-Mobile：LBS 应用原型和隐私网关，ISO/IEC JTC 1/SC 27/WG 5 身份管理考虑隐私和 PICOS：移动社交网络隐私。欧洲隐私与身份管理（Privacy and Identity Management for Europe）组织旨在开发一个用于移动平台的、增强隐私的、身份管理系统的工作原型。隐私网关基础设施组件已经部署在德国 T-Mobile 和德国电信，允许用户设置哪个应用程序提供商可以访问他们的数据，以及何时（日期/时间）可以访问。PICOS 演示了如何将设计隐私权成一个移动位置应用程序，该应用程序允许针对不同的使用背景提供不同的身份，包括有限地公开每个身份的个人信息。

（5）将隐私嵌入人口健康数据。Population Data BC（PopData）在促进获得人口健康研究相关数据方面是一个具有创新性的领军组织。来自加拿大各地学术机构的研究人员与 PopData 合作，为涉及相关行政数据的项目提交数据访问请求，无论这些项目是否有他们自己的研究人员收集的数据。PopData 及其前身——英国哥伦比亚省健康数据库——为 350 多个研究项目提供了便利，分析了广泛的人口健康问题。PopData 在其运营的各个方面都嵌入了隐私。本案例研究侧重于如何实现"设计隐私权"模型来保护隐私，同时支持对个人级数据的访问，以供公众利益研究之用。它探讨了立法、管理和公众认知方面存在的挑战，并展示了 PopData 如何实现运营效率和尽职调查。

六、设计隐私权的七项基本原则之四：功能完整——正和而非零和

计隐私权寻求以一种正和"双赢"的方式容纳所有合法利益和目标，而不是通过一种过时的、零和的方法，在那里做出不必要的权衡。通过设计，隐私避免了虚假的二分法，例如隐私与安全，设计隐私权表明两者是可能同时实现的。

（一）操作指南、行动和责任人

操作指南：寻求以一种正和"双赢"的方式容纳所有合法利益和目标，而不是通过一种过时的、零和的方法，在那里做出不必要的权衡。

行动：通过设计，隐私避免了虚假的二分法，例如隐私与安全，设计隐私权表明两者是可能同时实现的。接受多种合法的商业利益必须共存；理解、参与和合作，更好地理解多种利益，有时甚至是不同的利益；追求创新的解决方案和选择，以实现多种功能。

责任人：领导人、高管、应用和项目负责人、业务线流程负责人、软件工程师和开发人员。

（二）隐私与其他利益的共存

这一原则拒绝了一种普遍但错误的观点，即在特定领域中，隐私必须始终与其他合法利益、设计目标和技术能力相竞争。在零和的观点下，为了享受隐私，我们必须放弃我们重视的其他功能，例如安全/公共安全、系统效率、医疗信息的流通或商业利益等。也许没有什么地方比公共安全/安全领域更明显地体现了这种过时而又主流的思维方式。这就是我们所看到的典型零和范式的突出之处，即我们对一

种利益（公共安全）的拥有越多，对另一种利益（个人隐私）的拥有就越少。在这种零和框架下，隐私永远不可能胜出——其他利益在前进，总是以牺牲隐私为代价。

同样，在卫生保健方面，一方面我们需要卫生保健人员随时根据我们重要的卫生保健信息来为我们提供资料和护理，另一方面，这些信息又需要作为高度敏感的数据加以小心保护，这两者之间存在紧张关系。尊重人们的隐私不应成为提供保健服务的障碍。考虑到与健康相关的信息的敏感性，这些高度有益的系统只有在建立时考虑到隐私才会成功，从而产生积极的、双赢的结果。

（三）隐私和其他利益共存的范例

尽管信息和隐私专员在关于设计隐私权的所有文件中都阐述了正和原则，但为了便于说明，我们选取了一些文件来说明这一原则是如何实施的。通过采用正和模式并将隐私增强技术应用到监控技术中，开发出了笔者所说的"变革性技术"。其中，变革性技术可以真正地将通常与监视相关的技术转变为不再侵犯隐私的技术，从而最大限度地减少不必要的个人数据收集、使用和披露，并增强公众对数据治理结构的信心和信任。

（1）辨别问题赌徒还是赌场常客。识别被禁止进入赌场的赌徒和保护赌场顾客的隐私——如何实现这两个目标？隐私保护型面部识别允许视频监控和面部识别系统用于识别观察名单的场景，帮助检测、识别和标记选择加入禁入名单的问题赌徒。更重要的是，该系统的设计并不是为了收集每年访问安大略省赌场、赛马场和老虎机的数百万常客的生物特征。通过将面部识别功能直接从硬件、网络和软件的识别过程中分离出来，通过使用生物特征加密，安大略省的彩票和博彩公司（Ontario's Lottery and Gaming, OLG）能够确保数百万未登记赌徒的隐私，他们的生物特征从未被收集，同时为那些在自我排斥计划中的人提供最大的隐私。

（2）保护公共空间和个人隐私。公共空间的视频监控摄像头，如公共交通系统和隐私——关于视频监控及其对隐私的影响，人们有不同的看法。信息与隐私专员努力在其关于公共场所视频监控摄像机使用指南中建立一种正和方法。在执法过程中使用视频监控的方面，我们的经验就是一个很好的示例。多伦多警察局局长 William Blair 指出，设计隐私权是一种公共空间摄像头的正和使用方法示例，它使得公共空间摄像头可以作为一个额外工具来支持警务，同时通过技术和操作设计减轻隐私问题。

（3）实现公共安全和隐私。本文通过协作、咨询和沟通的方式证明了设计隐私权的正和方法。它记录了一些成功的举措，以及反映"灾难保护隐私"策略的举措。

（4）不损害患者隐私的健康数据研究。保护敏感的健康数据并使其可用于健康研究。Khaled El Emam 博士，东安大略省儿童医院研究院（CHEO）高级研究员和加拿大电子健康信息研究主席，通过开发一种消除个人健康信息识别的工具，解决了这一问题，该工具能够同时最大限度地减少重新识别的风险和对原始数据库的扭曲程度。将此工具应用于任何个人健康信息数据库，都可提供最高程度的隐私保护，同时确保适合二次使用的数据质量水平。这种隐私增强技术提供了一个很好的例子，说明了在这种情况下，个人隐私保护和数据质量的程度都达到了最大化。

（5）最大化个人隐私和电子健康记录的好处。一方面，从纸质记录向电子记录的转变可以使人们立即访问大量的个人健康信息，而且往往是远距离的，这可以极大地改善护理保健的效率，并允许信息的二次使用。另一方面，电子系统对隐私和安全构成独特的风险，尤其是因为不同来源的信息可以以电子格式收集和访问，此时授权用户可能远离原始收集地点。无限期地存储在大规模数据存储库中的信息可以更快速、更容易地与来自其他数据存储库的信息联系起来，而且可以想象，这些信息可以用于数量不断增加的、尚未确定的未来用途。本文首先概述了一些已经存在或正在开发的元素，它们构成了管理电子健康病历环境中的二次使用的框架的基础。这些现有措施包括法定保障措施、独立的隐私监督以及泛加拿大健康信息隐私小组制定的一份共识声明中规定的原则。

（6）家庭健康保健技术的隐私和使用。由英特尔和通用电气编写的这篇论文帮助我们了解这些远程家庭健康技术及其用途。它确定了隐私方面的考虑因素，并提供了一种方法，使隐私可以以积极的方式被直接设计到这些系统中，既保护个人的个人数据，又维护正在使用的远程技术的功能和健康利益。

（7）保护智能电表用户能源使用数据，实现能源效率、节约、可靠性和可持续性目标。了解了智能电网中可能出现的隐私问题后，监管机构可以帮助公用事业公司通过正和的视角，而不是零和的范式来理解隐私。在这种模式下运行时，公用事业公司可能认为隐私会干扰智能电网的其他运行目标。从正和范式的角度来看隐私，很明显，是可能出现一个双赢局面的。智能电网可以实现其所有目标，并为消费者提供强大的隐私。实际上，在智能电网中设计隐私保护并不需要削弱安全性或功能，它可以增强系统的整体设计。

监管机构需要考虑的重要因素包括：①理解——在您的管辖范围内是否正在规划智能电网项目？涉及哪些公用事业公司？谁是市场领导者，他们的愿景是什么？使你熟悉这些要点。②参与——在当地的公用事业中找到参与智能电网的关键人物。确定他们的理解水平，教育他们，并就隐私展开对话。③合作伙伴——在适当的情况下，寻求机会与当地公用事业公司合作开发白皮书、最佳实践和公共常见问题。了解一个为人推崇但却不是事实的话术：公共设施与隐私不能共存，因为它们的重点是安全性（或功能性，或其他一些目标）。

七、设计隐私权的七项基本原则之五：端到端的安全性——全生命周期保护

端到端的安全性——全生命周期保护。在收集第一个信息元素之前，设计隐私权就已经嵌入到系统中，可以安全地扩展到所涉及数据的整个生命周期中——从开始到结束，强大的安全措施对隐私至关重要。这可以确保所有数据都被安全保留，然后在处理结束时被及时安全地销毁。因此，设计隐私权使安全信息生命周期管理得到实现，从摇篮到坟墓式地进行信息保护。

（一）操作指南、行动和责任人

操作指南：这些行动确保了从摇篮到坟墓式地进行信息保护、端到端的保护、整个信息生命周期的保护，以便在进程结束时及时安全地销毁所有数据。

行动：①默认采用加密技术，以减轻遗失、失窃或弃置电子设备

（如笔记本电脑、平板电脑、智能手机、USB 记忆钥匙及其他外部媒体）所带来的安全担忧。如果加密措施被破坏，数据的默认状态必须是"不可读"。②正确部署加密，并小心地以自动无缝的方式将其集成到设备和工作流中。③确保个人信息在生命周期结束时被安全销毁和处理。

责任人：软件工程师和开发人员，应用和项目责任人，业务线和流程责任人。

端到端的安全性应寻求尽可能高的数据安全性标准。组织必须对个人信息的整个生命周期（休眠、传输、使用状态）的安全性（包括保密性、完整性和可用性）承担责任，并与公认的标准开发组织制定的国际标准保持一致。数据安全对信息隐私至关重要，但不等于隐私。信息安全可以比作一条链条——它的强度取决于最薄弱环节。

（二）安全性在加密技术当中的使用

加密技术要求指南，以一个健康信息示例：①安全实施——加密系统应满足保护敏感信息的最低标准。这又有两个组成部分：加密系统必须设计成满足最低标准；加密产品应该根据标准进行独立验证，以确保它们的设计和实施是正确的。如下所述，移动设备加密系统最适合和最广泛使用的标准是 FIPS 140-2，该标准只规定了几种可接受的算法。强加密要求使用 FIPS 140-2 认证的设备或软件程序，以便企业可以按设计方式操作。②安全和管理加密密钥——加密密钥必须：一是有足够的长度（有时也称为密钥大小，以比特为单位），可以有效抵御破解加密的企图。二是维持保护状态，使它们不会被窃取或泄露给未经授权的个人。三是用户的安全认证——在解密之前，授权用户必须经过安全认证（例如，通过复杂的密码），以确保只有授权用户才能解密和访问数据。四是禁止未加密数据的创建——包含解密数据的文件不应持久存在，因为用户已访问加密数据并以解密形式查看或更新了数据。解密数据的副本必须不能持久存在，除非授权用户有意创建了一个。五是经识别、授权和培训的用户——健康信息管理员应能够在任何给定时间确定哪些用户能够访问指定的移动设备或移动媒体上的加密信息；这意味着，需要预先对被授权访问或更新加密数据的用户进行单独识别，并给予适当的身份验证令牌（例如，复杂的密码），以及在如何访问和保护加密信息方面进行足够的培训。六是默认加密——一旦加密系统已经安装在移动设备上或用以保护移动媒体，用户应该能够依赖已经就位的加密保护，而不必特地去激活加密措施来保护数据。七是可用性和信息生命周期保护——必须有合理的保证，确保加密数据仍然可用（例如，忘记密码，或主体因疾病或死亡而无法再使用设备等）。这反过来又需要集中管理密码和其他身份验证令牌。它还要求加密的文件或媒体能够在日常备份操作中与其他（未加密的）文件一起备份。当使用加密技术保护储存在手提电脑、手机、便携式硬盘和记忆棒等移动设备和媒体上的数据时，上述所有考虑因素都适用。它们还适用于作为安全通信（如虚拟专用网络、安全电子邮件系统和安全 Web 访问）的组成部分的加密。八是威胁和风险评估——使用加密等安全技术的 IT 基础设施应在运行前（最好在实施前）进行威胁和风险评估，以确保其按预期工作。

（三）安全性在其他技术当中的使用

（1）在默认情况下保护传输中的个人数据。2009 年，笔者的办公室呼吁谷歌启用安全套接字层（SSL）保护作为 Gmail 的默认选项。今天，Gmail 的默认设置是"始终使用 https"。这种"内置"隐私保护功能可以保护用户隐私并提高安全性，同时允许用户根据自己的喜好选择安全设置。

（2）在云计算环境中，一名消费者（个人或企业）可以选择在数据被存储在云服务提供商的服务器上（静止）和传输给最终用户（移动）时加密所有个人或其他敏感数据。当然，在数据被使用时，还需要适当的保护。（作者）在与 NEC 共同撰写的一片云计算论文中提出了一个架构的核心，是将消费者数据在外包给云之前加密，以及确保与系统一起确保对数据的适当访问不会减少。

（3）分析加密数据。在为 IEEE 智能电网会议撰写的一篇论文中，我们提出使用所谓的"完全同态加密方案"，允许用户将数据处理交给供应商，而不放弃对数据的访问权。该技术为从银行、医疗保健到网络和云计算等领域的网络世界增加了一个重要的安全和隐私层。这项重要的研究获得了信息与隐私专员的认可，IBM 的 Craig

Gentry 获得了 PET 研讨会关于隐私和安全的创新研究奖。Khaled El Emam 博士的工作还涉及一种协议，该协议使用一种附加同态加密系统，允许对加密值进行数学运算。与此同时，他还在继续研究去身份识别和健康研究数据。

（4）在一个高度需要数据的环境中默认保护敏感数据。默认加密和信任圈。本文概述了在高度需要数据的环境中针对存储在便携式存储媒体上的个人信息的安全策略。"信任圈"是一个模仿"护理圈"概念的概念，指的是能够在授权的医疗保健提供者之间自由获取个人健康信息的移动加密部署方案，同时确保数据在默认情况下仍无法被其他任何人访问。加密解决方案（无论是移动中的数据还是静止的数据）可以作为企业的"端点保护"或"数据丢失保护"解决方案（例如作为中央安全政策执行"套件"的一部分），这可能还包括带有自动加密选项的端口和插件设备控制），或者作为一个独立的"端点解决方案"，根据具体情况应用。

（5）从源头移除身份数据：安全可视对象编码。该技术在视频监控和公共交通系统的背景下被引入。加密技术用于保护私有对象（个人可识别的信息），通过使用秘钥解锁加密对象，只有指定的权威人士才能查看该对象。换句话说，感兴趣的对象（例如，人脸或身体）被存储为与背景监控帧完全独立的实体，并被有效加密。这种方法代表了一项重大的技术突破，因为通过使用一种安全的基于对象的编码方法，内容和对象的形状或仅仅内容都可能被加密。

（四）安全销毁指南

任何组织，无论是在公共或私营部门，一旦决定不保留或存档该材料，它们就应遵循负责任的、安全的程序，销毁包含个人信息的记录。在很多情况下，这不仅仅是负责任、保护个人声誉或防止身份盗用的问题——这可能是法律要求。

以下是安全销毁程序的最佳实践：

（1）考虑销毁包含个人信息的记录的组织应制定安全销毁政策，提前确定哪些记录应被销毁，由谁销毁，何时销毁；政策应描述销毁程序，包括内部或外包销毁方法的细节，以及应急计划；要销毁的记录应在销毁前和销毁后的整个过程中隔离并安全保存。在确定销毁方法时，组织应考虑记录的媒介，记录是否需要根据其敏感性采用更强有力的销毁方法，以及媒体是否会在内部重新使用或移出组织。

（2）回收记录和简单地把它们扔进垃圾桶都不是可接受的销毁方法——两者都要避免；在销毁载有个人健康信息的记录之前，应通过内部授权的方式将其记录在案，并在销毁完成后必须创建销毁证书；在雇佣能够安全销毁所有记录的服务提供商之前，组织应该制定选择提供商的标准，以及确认提供商的销毁方法，以及记录将如何安全地传输到所选择的提供商；组织应与所有外部服务提供商签订合同或正式协议，以销毁记录；一旦材料被安全销毁，在永久处理之前，应禁止公众进入；组织应审核其安全销毁程序，以确保员工和服务提供商符合要求。

八、设计隐私权的七项基本原则之六：可见性和透明度——保持开放

设计隐私权旨在向所有利益相关者保证，无论商业实践或技术涉及什么，它实际上是根据声明的承诺和目标运作的，并受到独立的验证。它的组件部分和操作对用户和提供者都是可见和透明的。虽然有所保证，但是相关事实还是要经过核查。

（一）操作指南、行动和责任人

操作指南：必须向所有利益相关者保证，无论商业实践或技术涉及什么，它实际上是根据声明的承诺和目标运作的，并受到独立的验证。它的组件部分和操作对用户和提供者都是可见和透明的。虽然有所保证，但是相关事实还是要经过核查。

行动：①向公众提供负责隐私和安全的个人的身份和联系信息，并使相关信息在组织内广为人知。②执行一项政策，要求所有"面向公众"的文件都要用"通俗易懂的语言"书写，以便于作为政策和程序信息主体的个人容易理解。③使所有个人都能轻易获得与个人信息管理有关的政策、程序和控制的信息。④考虑发布审计报告、审计评估报告和独立的第三方审计结果摘要。⑤使你的组织所维护的个人信息的数据保持可用性。⑥使审计工具可用，以便用户可以轻松确定他们的数据是如何存储、保护和使用的。用户还应该能够确定策略

是否得到了正确的执行。

责任人：领导或高级管理、软件工程师、应用程序开发人员、系统架构师。

（二）可见性和透明度的重要性

可见性和透明度对于建立问责和信任至关重要——不仅对个人而言如此，对商业伙伴、监管机构和其他相关利益相关者也是如此。从应用程序开发人员到系统架构师，以及组织领导，能够展示有效的隐私尽职调查越来越符合每个人的利益，特别是在违约、投诉或外部审计的情况下。联邦贸易委员会解决方案规定的长期审计要求表明，在这一领域的期望有所提高。在安大略省，个人健康数据登记处也必须每3年签署一份宣誓书，以确认他们遵守了最低限度的政策和做法。

可以外包服务，但不能外包责任。对合同中的审计权以及对遵守标准、合同和法律的具体证据的需求也在增长。隐私指标至关重要。标准化流程和第三方隐私印章或审查、批准和认证标志也可能有用。2007年，EuroPriSe为IT产品和基于IT的服务推出了欧洲隐私印章，这些产品通过两步独立认证程序证明隐私符合欧洲数据保护法律。最近，2012年10月，隐私未来论坛和TRUSTe推出了智能电网隐私印章计划。

目前，国际数据保护机构制定责任标准的工作也可能推动"设计隐私"实践。国际标准组织正在开发隐私评估、控制和实施方法。设计隐私权的实施也开启了对话交流，不仅在组织内部，而且在组织和他们服务的客户之间。这种对话的重要性无论如何强调也不过分——与最终用户的有效沟通是实施严格的隐私保护措施与培养消费者信心和信任之间的重要联系，这将带来可持续的竞争优势。此外，它还能让隐私领导者获得他们应得的认可。因此，以相关、及时和可操作的方式让用户注意系统或流程的重要隐私属性是至关重要的。对于用户来说，找到有关技术或信息系统及其运行方式的关键隐私细节应该相对简单。必须提供易于理解并为知情决策提供合理和充分基础的明确文件。

人们普遍认为，目前流行的用户隐私通知和选择方法存在严重缺陷。用户很少会去阅读那些冗长而又具有法律意义的"要么接受，要么放弃"的政策和条款。如果组织认为消费者已经看到、理解或明智地接受了他们的隐私保护做法，那么依赖这些政策的组织就是错误的。无论是安装新应用程序，还是与网站和社交网络平台交互，用户都需要充分了解重要的系统隐私属性，至少包括应用什么隐私政策以及由谁负责这些政策。在应用这一原则时，我们必须牢记，我们与设备交互的方式是不断变化的。目前正在对人机界面（HCI）设计进行大量研究和实验，以提高用户的认识和理解。正在探索的其他潜在相关方法包括标准化短通知和机器可读隐私政策。

（三）实现这一原则的范例

（1）能见度和透明度指南：闭路电视/视频监控和 RFID 程序。在他人进入任何视频监控区域之前，企业或组织应使用清晰的书面标志向其告知，在视频监控设备位置的视频监控区域的显著位置向公众发出通知，以便公众在进入任何视频监控区域之前，接触到合理和充分的警告，表明监控正在或可能正在进行。监控区域外围的标识应该标明能够回答关于视频监控系统的问题的人，可以包括地址、电话号码或联系网站。各组织应尽可能公开正在运行的视频监控项目，并应要求向公众提供关于视频监控项目的理由、目标以及已实施的政策和程序的信息。这可以用小册子或传单的形式来做。在一个组织的主页网站上描述该计划也将是传播这一信息的有效方式。

组织应确保视频监控设备的使用和安全性受到定期审计。审计还应处理组织对业务政策和程序的遵守情况。为了执行审计，可能会保留外部机构。审核发现的任何缺陷或问题都必须立即处理。在 2008 年电信技术委员会（telecommunications technology committee，TTC）私隐调查报告（MC07-68）中，其中一项建议涉及审计（"TTC 必须确保其视频监控计划受到独立第三方使用 GAPP 的隐私框架进行的有效和彻底的审计"）。

（2）射频识别（RFID）。①问责制：组织对其控制下的个人信息负责，并应指定一个人对组织遵守以下原则负责，并对所有员工进行必要的培训。如果信息被披露给第三方，组织应使用合同和其他手段提供类似可参考级别的保护。通常与个人有最直接联系和主要关系的组织应该在确保隐私和安全方面承担最重大的责任，无论有 RFID

标记的产品生命周期在哪里开始或结束。②开放：组织应根据适用法律，发布有关收集、保留和使用 RFID 相关消费者信息政策的信息；组织应向公众提供有关使用中的 RFID 技术和所使用的所有符号和标识的含义的一般信息；组织应通知消费者，如果产品包含 RFID 标签，通过在产品本身附上清楚和明显的标签；组织应使用清晰书写的标识，在地理周边显著地显示，通知消费者，其场所存在 RFID 读取器；周边的标识应该标明能够回答有关 RFID 系统的问题的人，并包括他们的联系信息；消费者应该始终知道何时、何地以及为什么会被读取 RFID 标签。为了达到这些目的，RFID 系统的操作中应该内置可视或音频指示器。

（3）具有挑战性的合规。组织应告知消费者其权利和可用程序，以挑战企业对这些隐私原则的遵守；组织可能希望确保任何 RFID 技术或系统的使用和安全性受到定期审计。例如，审计可以了解公司对运营政策和程序的遵守情况。

（4）根据《个人健康信息保护法》向公众发出的简短通知。2005 年，为响应卫生部门多次要求向公众发布关于该法的简短、易于理解的通知的要求，信息与隐私专员制定了一套简短通知，以帮助卫生信息保管人履行其根据该法承担的责任。信息与隐私专员与安大略省律师协会（隐私和保健法科）、卫生和长期护理部以及安大略省牙科协会合作，制定了简短通知，向公众通报保健保管人的信息做法。这些短通知可用于卫生保健提供者（在我们的办公室）、医院（在我们的医院）和长期护理机构（在我们的设施上）。

九、设计隐私权的七项基本原则之七：尊重用户——以用户为中心

最重要的是，设计隐私权要求设计师和运营商提供严格的隐私默认设置、适当的通知和赋予用户友好的选择等措施来保持个人的利益。以用户为中心。

（一）操作指南、行动和责任人

操作指南：这项原则设计师和运营商提供严格的隐私默认设置、适当的通知和赋予用户友好的选择等措施来保持个人的利益。个人利

益至上，以用户为中心。

行动：①提供强大的隐私默认设置。②提供适当的注意。③考虑用户友好的选择：一是使用户首选项持久有效；二是向用户提供访问自己数据的途径；三是提供获取组织信息管理实践的途径。

责任人：领导或高管、软件工程师和开发人员、应用和程序责任人、业务线和流程责任人。

（二）以用户为中心的两种做法

其核心是，尊重用户意味着在设计或部署信息系统时，从一开始就考虑到个人的隐私和用户的利益。以用户为中心是为用户设计，预测他或她的隐私感知、需求、要求和默认设置。这一原则的操作方面包括确保透明度的措施、获得用户知情同意、提供访问和纠正的权利以及提供有效的补救机制。用户希望隐私偏好和设置是清晰的、跨平台的，并且是持续的。这些偏好设置也应该能体现在第三方（例如能选择退出第三方应用）。强有力的同意机制在云计算、社交和移动计算应用程序、在线跟踪和广告服务、在线合同、电子健康记录和个人数据仓库中有重要用途。工业和公共政策制定者正在研究这些问题。组织策略和流程应该在所有接触点和交互中对用户表现出同等程度的考虑与关切。必须有一种方法让用户能够深入了解与他们交互的任何技术或系统的操作和功能，最好是实时的更新。用户控制应该是及时和可行的，并有适当的反馈支持。应该适当设置默认值，且我们的意思是尽可能以最保护隐私的方式设置。

"以用户为中心"的概念在网络或在线环境中演变成两个有时会相互矛盾的含义。由于它涉及隐私，它考虑的是一个人在网上，通常在技术的帮助下，对他或她的个人信息的控制权。然而，对于大多数系统设计者来说，它描述的是一个在考虑用户的情况下构建的信息和通信系统，它预测并解决了用户的隐私利益、风险和需求。一种观点是自由意志主义（信息自决），另一种是（一定程度上）家长式的作风。这两种观点都是可取的，但是在信息时代，它们还必须是合格的。设计隐私权包含了以上对以用户为中心的两种理解。信息技术、流程和基础设施不仅必须为个人用户设计，而且必须由他们来构建。用户很少参与涉及其个人信息的每一个设计决策或交易，但他们如今处于一个前所未有的地位，可以对这些设计和交易以及他人对其个人信息的处置和使用进行有意义的控制。与公平信息时间的其他原则和设计隐私权相同，尊重用户隐私不是一个独立的原则，而是与其他原则（例如，透明度、安全保障、默认设置、嵌入隐私和实现正和结果）交织在一起。

长期存在的、关于个人访问的隐私原则旨在提高操作的透明度，防止国家或私营部门的信息滥用和不准确行为。授权用户在个人资料的管理中发挥积极作用，可能是防止滥用和误用的最有效的方法。"个人查阅及质疑个人资料的权利，通常被视为最重要的隐私保障措施。"经济合作与发展组织还指出："作为一项规则，访问的权利应易于行使"，并且应尽可能减少例外。美国联邦贸易委员会（Federal Trade Commission）2000年发布的一份报告的重点是与在线访问和安全有关的概念。因此，这项设计隐私权原则与用户界面设计领域具有重要的联系。用户界面是用户与机器交互的系统的一个维度。它包括硬件（物理）和软件（逻辑）组件。大多数公共部门的隐私法律和实践都规定了个人访问权。一场访问革命正在云计算、移动和社会计算环境中发生。在线账户管理很常见，人们希望直接访问有关他们的个人数据，尤其是在隐私被侵犯的情况下。

本着这种谨慎的态度，笔者的办公室十分欢迎谷歌推出的Dashboard，它为用户提供了前所未有的可视性、洞察力和控制权，让他们可以通过谷歌的服务收集、使用和披露自己的个人信息。实际上，我们一直支持任何用户控制的设备、代理和平台，这些设备允许用户最大限度地控制个人数据及其由其他人处理的过程，例如个人健康记录、数据库，以及最终的智能数据。

（三）以用户为中心保护隐私的范例

（1）以公民为中心的电子政府。由Web 2.0技术和应用程序支持的个人参与和控制。这一原则的实施可以参考一个示例：在一个前所未见的规模上，通过使其可行的现代技术，允许公民直接访问系统上的信息，学习系统的用途，使公民在这些数据的照顾和管理中发挥更直接的作用——允许他们审查和编辑他们的数据、设置偏好、指导使用，并了解他们的数据是如何被公开和使用的。被授权的公民是指能够充分行使信息自主权的公民,即对其个人信息的收集、使用和披露有控制的能力。

(2) 在用户界面设计中建立隐私。通过与 Yahoo! 合作产出一篇文章,我们为一个深化的证据基础做出了贡献,隐私和政策社区可以在未来的工作中利用,以用户为中心。需要好的产品和业务流程设计来授权用户实现强大的隐私。有效的用户界面对于好的设计和操作是至关重要的。通用用户界面(UI)或用户体验(UX)设计("UID/UXD")理论和评估标准随着 21 世纪的技术不断发展。将 UI/UX 设计原则应用于在线环境和用户隐私体验代表了更大领域的一个子集。环境对于如何应用设计原则和标准非常重要。法律要求、项目领域和范围、要实现的目标以及所涉及的个人资料处理的性质、数量和敏感性,都会因用户参与的程度不同而产生不同的影响。情境必须为合理决策提供信息,因此也必须是音效设计的基石。对隐私环境的适应需要采取有原则的方法,执行判断,并考虑某种形式的度量。

(3) 创建一个以用户为中心的身份管理元系统。一个灵活的目标,以用户为中心的身份管理基础设施必须允许用户快速确定什么信息将透露给什么主体和该主体的目的是什么,以及这些主体有多值得信赖,他们将如何处理这些信息,与他们分享这些信息会产生什么后果。换句话说,这些工具应该使用户能够给予知情同意。默认应该是最小的披露,为一个既定的目的。任何二次或额外的使用应在注册后可选择加入或退出。这意味着身份基础设施必须涵盖许多设备,从台式电脑到移动电话。基础设施必须允许广泛跨越所有设备的统一用户体验。这也意味着整个系统必须由一个明确的商定规则框架来驱动。这包括向用户描述请求收集的信息以及为什么可以发送类似请求(类似于现在的机器可读和改进版本的隐私策略)。它还必须包含一个"粘性"策略,该策略在信息的整个生命周期中与信息一起传播,并确保组织仅根据该策略使用信息。最后一步当然需要以可验证和审计的方式执行这些"粘性"策略的机制。

(4) 创建个人在线数据控制。个人数据库和新兴的个人数据生态系统。个人数据生态系统(personal data ecosystem,PDE)的兴起可被视为自隐私政策出台以来互联网上个人隐私保护的最大飞跃。有一些改变游戏规则的系统和举措,试图解决保护和促进隐私的挑战,同时鼓励社会经济机会和利益。在 PDE 中，个人有：①对在线分享个人数据的更明确的控制；②新的信任框架——提高对公司和组织将如何尊重个人控制其个人数据的权利的集体期望。

（5）在保护个人隐私方面，科技必须成为不可或缺的组成部分。在快节奏的网络空间世界里，政策和法规充其量只能起到滞后性的补救作用。在一个个人信息可以越来越多地同时在多个地点传输和使用的世界里，只有当信息本身变得"智能"并能够代表数据主体做出与披露相关的适当决定时，保护隐私才能真正实现。换句话说，数据必须变得"智能"——因此，我们需要 SmartData。多伦多大学身份、隐私和安全研究所的这项研究探讨了开发虚拟智能代理来保护我们的在线隐私日益增长的需求、挑战以及其最终的好处。

十、结语

本文概述了笔者办公室多年来从事的一些工作，以及我们的创新合作伙伴在这些努力中为"设计隐私权"原则提供的、有意义的操作经验。通过对许多国际公司和组织的工作的反思，笔者希望鼓励读者创造自己的道路。我们的工作远未完成，实际上才刚刚开始。要将设计隐私权的七项基本原则转化为具体的、指导性的要求、规范、标准、最佳实践和操作性能标准，还有很长的路要走。这是一个必须的旅程，不仅必须涉及高管，而且特别需要涉及软件工程师和设计师、风险经理、营销和客户服务专业人员、法律部门、项目经理、隐私官和许多其他人员。它还必须包含业务需求、工程规范、开发方法，以及根据每个领域或项目范围的安全控制。

目前已经有一些举措正在进行中，这些举措代表了为实现设计隐私权而采取的具体步骤，并使其成为下一代隐私倡导者的默认规则，他们将承担应对我们将面临的新挑战的任务。一个令人兴奋的进展是国际标准组织 OASIS（Organization for the Advancement of Structured Information Standards）的一个新的技术委员会——设计隐私权的软件工程师委员会，旨在开发和推广软件工程领域的设计隐私权标准，笔者与新斯科舍圣玛丽大学的工程学教授 Dawn Jutla 博士共同担任该委员会的主席。她是著名的美国世界科技奖（2009 年 IT 软件个人奖）的得主，她的创新工作在不断发展的科技领域和隐私保护方面具有长期意义。在卡内基梅隆大学（Carnegie Mellon University），Lorrie Faith Cranor 教授和 Norman Sadeh 教授开发了一个新的将工程学和隐私结合起来的研究生课程——"隐私工程"的硕士课程。该课程的一个主要目的是使得从事设计隐私权的人可以"边学边做"。

正如笔者在本文开头所提到的，设计隐私权——将其从原则变为行动是每个组织以自己的方式进行一项实践。笔者希望，在他们这样做的时候，他们能让自己的故事（如他们的挑战、胜利和经验教训）能广泛传播，这样隐私界就可以继续建立急需的专业知识，并进行实践，以便造福所有人。

设计隐私权：问责制和业务实践至关重要

安·卡沃基安[①]　斯科特·泰勒[②]　马丁·E. 艾布拉姆斯[③] 著
温馨[④] 译

目　次

一、导论
二、问责制与设计隐私权的融合
三、问责制的基本要素
四、设计隐私权的七项基本原则
五、大型企业正在示范设计隐私权
六、结语

一、导论

"保护隐私对于企业有利"这一主张被载入世界各地的公平信息实践（FIPs）中，并在许多法律和组织实践中得以体现。通过制定处理个人数据的普遍原则，FIPs 一直致力于保护个人隐私，促进个人数据的自由流动，并通过它们推动商业的发展。

若组织有能力做到 FIPs 的核心要求，则个人、商业伙伴和监管机构对于组织的数据处理做法会产生持久的信任。这些要求包括：限制个人数据的收集、使用和披露；让个人参与到数据的生命周期中；持

[①] 安·卡沃基安（Ann Cavoukian），加拿大安大略省信息和隐私专员办公室隐私专员。
[②] 斯科特·泰勒（Scott Taylor），美国加州帕洛阿尔托惠普公司职员。
[③] 马丁·E. 艾布拉姆斯（Mart E. Abrams），美国弗吉尼亚州 Hunton & Williams 律师事务所信息政策领导中心成员。
[④] 温馨，中山大学法学院助教。

之以恒地应用适当的保障措施。而以上的这些要求又是以组织的开放性和问责制为前提的。达到这些要求会产生十分理想的结果：包括增强信任、提高效率、加强创新以及强化竞争优势。因此，保护人们的隐私对企业有利。不过，早期 FIPs 的起草者和采用者，脑袋里仅仅装着大型主机和集中式电子数据库。他们完全无法想象传感器、宽带、存储和处理能力方面的跨越式革命是如何汇聚成我们目前的超级链接"Web 2.0"网络世界。当今的网络世界中，可获得的数据无处不在。

尽管"数据是新经济的命脉"这句话已经是老生常谈了，但如今谁能真正领会这些动脉发展壮大到了何种程度？它们是怎样成倍增长的？可能通往哪里？以及达到什么目的？在世界的任何一个角落，我们都能看到数据的创造、传输、使用和存储近乎指数级的爆发增长，在一个由参与者组成的不断扩大的"宇宙"中，这些数据被储存在不透明的"云端"的某处。大部分的数据是可以用于识别出个人身份的，且由该个人以外的人所控制。得益于新的信息流，今天我们享受着曾经无法想象的新服务和利益，但同时也面临着前所未有的隐私威胁和伤害。某些人认为，在信息时代，隐私实际上已经死去或正在走向死亡。但我们却并不这么认为，隐私只是在迅速地改变它的形态。

事实上，如今问责制比以往任何时候都要紧迫。向个人、监管机构或商业伙伴展示责任的方式正在发生变化。除了政策声明，我们现在需要更具有创新性和更强大的方法，以确保个人数据实际上是以负责任的方式被加以管理的。加强问责制和保证的方法多种多样，通常涉及技术、政策、实践、法律和法规的结合。在今时今日，我们比以往任何时候都更需要一种全面的、积极的"设计隐私权"信息管理方法，即从一开始就保证端到端的监管和责任链。

Paul A. Schwartz 教授说道："公司现在正在制定内部政策，着重关注信息管理和人员培训的前瞻性规则。这种政策是建立有效的问责制度的必要前提，该问责制度能够发展高水平的隐私保护。"[1] 基于问责制的隐私治理模式是指：将社会性目标赋予组织，例如以维护个

---

[1] Managing Global Information Privacy: A Study of Cross-Border Data Flows in a Networked Environment, Paul A Schwartz, a working paper by The Privacy Projects, Oct., 2009.

人自主权的方式使用个人信息，保护个人免受社会、财务和身体方面的伤害，同时将实现这些目标的实际机制留给组织负责。在 Schwartz 教授所建议的控制类型中，最佳概念模型便是"设计隐私权"。在 Schwartz 的《管理全球数据隐私：网络环境中的跨境信息流》的研究中，一流的公司正在使用"设计隐私权"的概念来构建业务流程，在使用个人信息时，该业务流程的每个方面都内置了明确的隐私保护控制。换言之，设计隐私权和责任的结合就像是创新和生产力的结合一样。

问责制是一种治理模式，它基于组织承担适当保护隐私和信息安全的责任，并保护个人免受与隐私泄露有关的负面结果。问责制在经济合作与发展组织的《隐私指南》中首次被表述为隐私原则。Hunton & Williams 律师事务所的信息政策领导中心最近充当了 Galway 项目的秘书处，该项目定义了问责制的基本要素。安大略省隐私专员 Ann Cavoukian 在 20 世纪 90 年代提出了"设计隐私权"这一概念模型，用以解决技术的发展问题，但她随后又将其扩展至包含业务流程在内。[①] Hewlett Packard 公司正在实施一项建立在问责原则和"设计隐私权"关键概念之上的问责工具。Hewlett Packard 公司的问责制工具便是 Schwartz 教授所描述的趋势中的一个例子。

本文讨论了责任的基本要素与设计隐私权原则，并提供了一个关于控制性过程的例子，该控制过程使用了这些原则来实现基本要素。

二、问责制与设计隐私权的融合

问责制作为一项基本的隐私实施和执行原则，可以追溯到 1980 年经济合作与发展组织隐私框架的批准。但时至今日，隐私界才开始理解基于问责制的隐私治理意味着什么，以及它如何影响着隐私项目的结构。欧盟具有约束力的公司规则、亚太经合组织的跨境隐私规则、美国的安全卫士概念以及符合加拿大《个人信息和电子文件法》（PIPEDA）的数据传输等方面的发展，使问责制的明确方向变得至关重要。Galway 项目于 2009 年 10 月发表了一篇名为《数据保护问责制：基本要素》的论文，列举了问责制的五个基本要素。该文件是

---

① Privacy by Design, Ann Cavoukian, Ph. D., January 2009.

与来自隐私执法机构、政府、学术界、民间和商业界的杰出隐私专家小组共同制定的，由爱尔兰数据保护专员办公室推动，并由该中心主持。这些基本要素清楚地表明：问责制来自对隐私保护的项目承诺，即将隐私保护嵌入所有业务流程中。

10多年前，安大略省隐私专员 Ann Cavoukian 开始讨论将隐私在生命周期的起点就植入技术之中的优点。她把这个概念称为"设计隐私权"。虽然"设计隐私权"最初是一个技术概念，但它如今已经演变成一个构建整个隐私计划的概念模型。事实上，设计隐私权和问责制就像创新和高生产力一样，是相辅相成的。如果此二者中缺少了任何一个，事情都会变得十分困难。许多公司已经建立了一些计划，即将隐私植入到了核心的业务流程中。我们可以在许多行业中找到它们的身影，其中包括企业之间、企业与消费者之间的业务。Hewlett Packard 公司在过去3年中建立了一个名为"责任制模型工具"的项目，该项目将设计隐私权的技术概念与责任制所需的组织承诺结合起来。目前，该问责工具正在 Hewlett Packard 公司的业务中实施。在这些业务中，有着40万名员工为170个国家的客户提供服务。本文将描述问责制的基本要素和"设计隐私权"的组成，并将以 Hewlett Packard 公司的"问责制模型工具"为例，说明领头羊企业如何在其中嵌入隐私保护。

三、问责制的基本要素

问责制在隐私权法和监管方面有着相当坚实的基础。经济合作与发展组织（OECD）将问责制列为《隐私指南》的第八项原则。同时，问责制还是亚太经济合作论坛（APEC）隐私框架的第九项原则，是《保护个人信息标准守则》（已纳入加拿大法律）的第一条原则，也是为第31届国际数据保护和隐私会议起草的联合提案中的一项原则。然而，这些文件都没有定义何谓适用于隐私的问责制。

在爱尔兰数据保护专员办公室的推动下，Hunton & Williams 律师事务所的信息政策领导中心召集了一批专家，在一个名为 Galway 的问责项目中考虑问责制的基本要素。Galway 项目在爱尔兰都柏林举行了两次专家讨论会，第二次讨论会由经合组织和经合组织的工商咨询委员会赞助。小组采用了如下关于问责制的工作定义:"问责制是一种义务和/或意愿,即根据商定的期望,证明和承担在履行方面的责任。问责制超越了责任,它使一个组织有义务对其行动负责。"

为了使一个组织有能力证明其愿意满足基于法律和组织承诺的期望,并对其负责任的能力有信心,该组织必须对隐私和信息安全的所有方面加以控制。这体现在问责制的基本要素方面:①组织对问责制的承诺和对符合外部标准的内部政策的采用;②将隐私政策付诸实施的机制,其中包括工具、培训和教育;③用于内部持续监督、保证审查以及外部核查的系统;④透明度和个人参与的机制;⑤补救和外部执行的手段。

要想成为一个负责任的组织,公司必须拥有基于外部衡量标准的规则,这些标准包括数据保护法、行业自律指南、经合组织指南或亚太经合组织原则等。然后,这些政策必须由该组织的最高层承诺执行。该组织必须具备所有条件,以确保组织中的工作人员(雇员)和为组织工作的人(供应商)能够顺利实施其政策和承诺。此外,该组织必须有内部的测量工具,以确保行为符合其做出的承诺,并且配有一个外部程序来验证其表现。

四、设计隐私权的七项基本原则

安大略省隐私专员 Ann Cavoukian 曾写道,要通过将公平信息实践原则(FIPs)植入信息技术、商业实践、物理设计和基础设施来实现设计隐私权。这与问责制的概念在以下两个方面相联系:其一,基本要素要求政策和实践必须以外部标准为基础。FIPs 是经合组织和亚太经合组织《隐私指南》的总和与要旨,被纳入了欧盟数据保护指令和加拿大的 PIPEDA 中。它们是基本要素中提到的外部标准的例子。其二,关于 FIPs 需要贯穿从技术开发到设施物理结构的全过程这一概念,也同样是基本要素的要求。

Cavoukian 博士还写道,设计隐私权的目标可以通过采纳七个基本原则来实现。以下阐明七项基本原则及其与问责制基本要素的关系:

第一,主动而非被动,预防而非补救。主动性而非被动性指向具备所有隐私政策和机制的问责制概念，以便训练有素的从业人员能够在隐私问题爆发前就察觉到并将其扼杀在摇篮之中。

第二，把隐私作为默认设置。责任制要求有明确的组织规则，并对作为这些规则基础的政策作出明确承诺。这些规则将明确规定：信息的收集和使用只能以尊重个人期待和安全信息环境的方式进行。

第三，把隐私嵌入设计之中。当隐私被嵌入设计中时，负有责任的商业流程运转效果最好。这将是执行政策的机制的一部分。

第四，功能完整——正和而非零和。那些了解隐私并将隐私纳入考量的组织，对于组织和个人的风险有着更好的理解。那些嵌入了隐私保护的组织知道如何在保护个人隐私的同时创造经济价值。该中心声称，明确的隐私规则和方法创造了自信的组织，这些组织能够免受对隐私问题闭口不谈而产生的风险。

第五，端到端的安全性——全生命周期保护。端到端的生命周期保护提醒负有责任的组织：从数据收集前的评估到数据使用后的监督，组织必须在每个过程中都嵌入隐私保护措施。

第六，可见性和透明度——保持开放。这一原则要求组织对个人保持公开和诚实的态度。负有责任的组织需要随时准备表明：其实践是公开透明的，该组织力挺自身的主张，并愿意解答任何出现的问题。负有责任的组织根据经合组织的个人参与原则，为个人参与提供必要的信息。这与设计隐私权的可视性、透明性原则相一致。

第七，尊重用户——以用户为中心。负有责任的组织必须以尊重个人隐私的方式收集、使用、存储、分享和销毁信息。

五、大型企业正在示范设计隐私权

在该中心的研究过程中，一些大型企业的信息政策和实践成了关注的对象。我们看到了具有出色的确保审查流程的信息收集商、将隐私保护植入程序中的软件公司以及有着优秀的检查和平衡机制的外包公司。Paul Schwartz 教授的《管理全球信息隐私：网络环境下的跨境数据流动研究》调查了 6 家公司在一个数据需要跨境流动的应用程序中保护隐私的过程。Paul Schwartz 教授发现，所有被调查的组织都有着非常专业的流程，以确保数据被适当地使用并得到保护。①

现在已存在着许多关于企业实施设计隐私权的例子，Hewlett Packard公司便是其中一个非常有趣的案例，因为其有着非常广泛的业务范围，涉及在线零售、间接零售、企业之间的交易以及服务业。全球化和新技术正在从根本上改变公司与客户的沟通方式和市场营销方式，这也使个人和组织迎来了新的机遇与风险，其中许多技术（包括Web 2.0、用户生成内容和社交媒体）对传统框架造成了冲击。随着数据收集行为的普遍化，数据挖掘、分析和行为定向也变得越来越常见和复杂多样。

法律、法规往往滞后于新技术的实际情况，因此公司需要制定一种平衡机制，以确保其使用信息的同时也作出了负责任的决策。监管机构和倡导隐私保护的组织也希望公司不仅表明他们有能力维持义务，并表明他们对数据的使用和管理是在控制之中的。最初由Cavoukian专员构思的设计隐私权概念，可以通过多种方式在公司内部得到体现。为了推动问责制在公司的贯彻落实，并确保在产品生命周期的最初阶段就将隐私问题纳入考量，Hewlett Packard已经开发了一个工具来对员工进行指导。正如本文所阐述的，我们可以将负责任的实践可分为三种主要的类别。其一，政策和承诺；其二，实施机制；其三，保证实践。在实施机制的发展中，设计隐私权变得尤为重要。一个组织的员工必须了解如何将政策、义务和价值观付诸实践。而为了最大限度地减少商业投资、声誉和合规方面的风险，员工需要在进行设计之前就考虑隐私原则。

如果将一个产品或项目分解成几个简单的阶段，那么何时需要应用设计隐私权的指导和评估就变得一目了然。在设计和开发阶段，隐私办公室应提供积极的指导，使隐私保护因素在规划阶段就被纳入考量。这一点常常被人们忽略，从而导致项目后来因隐私问题而被推迟或"流产"。与隐私相关的早期指导将为企业带来巨大的价值与利益。如果尽早发觉隐私风险，则可以规避相关的隐患，并将良好的隐私保护实践嵌入到项目的设计中。在部署之前、部署过程中、维护阶

---

① Managing Global Information Privacy is available on the OCED website（www.oecd.org）and The Privacy Projects, a NGO that sponsored the research.

段和结束阶段,隐私办公室不仅需要进行指导,还需要提供强大的评估机制,以确保其做法符合当地法律、义务、政策和公司价值观。评估结果应该由隐私办公室进行记录和审查,提供咨询,并最终在部署前批准。产品或项目启动后,应存在触发器,以确保其部署与预期一致,并在适当的时候采取终止行动。

多年以来,Hewlett Packard 公司一直在教育、培训和鼓励员工在设计和开发的早期阶段与他们的隐私经理接触,来管理设计隐私权的生命周期。尽管此种方式能取得成功,但它依赖于员工在正确的时间思考隐私问题,知道该与谁联系,并且不对此感到害怕。为了解决这些挑战并将设计隐私权提升到一个新的水平,Hewlett Packard 隐私办公室与 Hewlett Packard 实验室的研究科学家合作,开发了一个名为"责任制模型工具"的解决工具。它结合了 Hewlett Packard 现有《隐私规则手册》中的指导意见与一系列背景性的、动态生成的问题。这两个知识库通过一个复杂的规则将引擎连接起来,以此帮助指导员工。

该工具使员工和团队(从事简单的营销活动或复杂的产品解决方案)了解需要把那些隐私因素设计到他们的项目中。如上所述,它不仅会在指导模式下工作,也会在评估模式下工作,这取决于项目的生命周期阶段。根据公司政策,收集或使用 PII 的员工需要使用这个工具来评估他们的项目,这很容易从内部隐私互联网站点访问。他们用于认证的数字徽章、基本联系人和组织信息会自动填充到工具中。所有他们过去的项目也可以被访问。这点十分重要,因为如果员工换了工作或离开了公司,隐私办公室就能知道哪个组织对该项目负责。

该工具会首先询问员工关于项目性质的简单问题,如果涉及 PII 的收集或使用,他们将面临进一步的背景性问题。下一组问题会根据他们对于上一组问题的回答动态生成。这就是成功的关键因素。隐私办公室发现,每个员工都了解自己的专业领域(例如电子邮件营销、产品开发或员工关系),但如果指导和规则与他们的工作领域没有关联,那么要想从数百页的规则或指南中进行筛选并将其应用到程序中,对他们来说无疑是一项艰巨的任务。该工具旨在将背景缩小到他们正在做什么,并提供相应的指导。

通过询问员工相关的问题，并将他们的答案与规则数据库立即连接起来，该工具不仅能对员工提供指导，还能教导他们如何采取良好的隐私保护措施。对于每个问题，其使用文本翻转定义术语，并使员工能够直接连接 Hewlett Packard 的隐私规则手册。员工们也可以勾选"问题存疑"，让隐私办公室可以跟踪趋势，并在模式演变时改进问题的传递。该工具会带领员工完成一系列的问题，这些问题涉及项目的概要和性质、数据源和流向、透明度、遵从性，以及可能出现或出乎数据主体意料的任何问题的迹象。一旦员工完成了这些问题，就会生成一个显示总体评分以及存在遵从或不遵从行为的领域的报告。对于有不遵从行为的领域，其提供了原因，包括可以用于实现遵从性的进一步信息和检查清单的链接。在员工进行适当的修改后，员工可以将该报告提交给 Hewlett Packard 隐私办公室。报告将在该办公室被审查和归档。他们证明了其声明的真实性和准确性，并将对此负责。对于任何值得关注的领域，隐私办公室都必须在部署前批准该项目。

一旦获批，该项目的信息就会被储存在数据库中，它被保留下来以供将来使用，并作为保证持续性监测的触发器。这个项目数据库为隐私办公室提供了一个实时仪表，可以改善持续发展的通信，并确保如果一个国家的法律或法规发生变化，该项目可被适当地修改。这就是 Hewlett Packard 刚刚部署完毕的一个新计划。它与培训、实施标准、合规管理和审计一起，构成了一种宝贵的工具。该计划以系统性、可预测和可重复的方式实现了 Cavoukian 专员的设计隐私权概念，最终将在企业内推动更为丰富的隐私文化。它还将使 Hewlett Packard 公司能够更好地展示其在维护隐私承诺和义务方面的责任感与能力。

六、结语

在本文中，我们看到了一个极具价值的例子，其说明了如何以一种彻底的方式，在一个组织内通过应用设计隐私权原则来增强隐私的可责性和保证。在今时今日，增强可责性和保证的目标迫在眉睫。设计隐私权的原则具有通用性，而适用这些原则的环境也是多样化的。因此在 21 世纪的信息时代，隐私的未来可能只会受我们的集体想象和意志的限制。事实上，组织有无数种方式可以创造性地将隐私保护嵌入到其运营和产品中，从而赢得客户、商业伙伴和监督机构的信任，并在全球市场成为"领头羊"。我们需要为这些创新和成功鼓掌喝彩，并在此基础上稳步向前。

设计隐私权：可有可无之物还是数据保护法的必备原则

大卫·克雷布斯[①] 著　缪子仪[②] 译

目　次

一、导论
二、设计隐私权
三、强制性设计隐私权的观点
四、分析
五、结语

一、导论

无论是叫信息自决权也好，称之为"免受干扰的权利"也罢，还是最广为人知的隐私权也行。总而言之，他人的隐私权所遭受的重重威胁绝对可以排在热门话题榜的前列，数不胜数的人都在热切讨论、辩论和分析着这个问题。尤其是在这种权利受到新技术或他人日常在线活动影响的情况下，这个话题的热度就更是不断攀升，居高不下。具体而言，影响关于他人"个人可标识信息"（PII）使用、收集、存储和传播方式的新技术正在以频繁而迅速的速度层出不穷，其中可能就包括应用程序、人脸识别技术、智能电网、射频识别技术（radio frequency technologie，RFID）、云计算技术、大规模和秘密监视技术、生物识别技术和私营部门互联网营销计划等等。目前，至少在很大程度上来说，考虑到这些技术的出现加之它们已经产生不少不

[①] 大卫·克雷布斯（David Krebs），斯德哥尔摩大学法学博士、加拿大阿尔伯塔省法律学会会员。
[②] 缪子仪，中山大学法学院助教。

容忽视的负面影响,所以相关技术正在进行调整从而修补和解决相关的隐私问题。

为了一举解决这些问题,并直接化被动为主动,现任安大略省信息和隐私专员 Ann Cavoukian 博士早在 1997 年就已经极具创造力地制定出如今无人不知、无人不晓的原则并将其命名为"设计隐私权"(privacy by design,PbD)。根据设计隐私权原则,如果行为人不考虑技术设计阶段对他人隐私权所产生的影响,那么盲目实施旨在实现某一商业或公共部门目标的技术就很有可能会导致个人可标识信息被使用或披露,从而对他人的隐私权造成不可磨灭的损害。概括来说,设计隐私权主要将两个目标合并在了一起:其一,对个人可标识信息和隐私权的保护和控制;其二,以一种可持续但仍具竞争力的方式推进技术的商业应用。不过从目前来看,虽然无论是《个人信息保护和电子文件法》(The Protectionof Information and Electronics Documents Act,PIPEDA)还是欧盟的《数据保护指令》,它们都既包含了与保护性安全措施的充分性有关的规定,又隐含着设计隐私权的相关要求;但是,即使设计隐私权被引用为最佳隐私实践已经不止一次两次,甚至于它还被冠上"隐私保护的黄金标准"这样的美名,加拿大、欧盟和美国目前也仍然没有把它作为一个明确的内容在自己的相关法律中加以规定。

最近有更多的目光开始投向呼吁在立法框架中引入设计隐私权的呼声,这些从欧盟隐私框架的提案、美国的立法提案和耶路撒冷举行的第 32 届国际数据保护和隐私专员会议中都可见一斑。不过话又说回来,在加拿大就完全没有这样的具体提案,加拿大只有加拿大联邦专员和安大略省隐私专员的公开意见罢了。

本文认为,为了保护隐私权这项对他人的自由、人格完整和民主来说至关重要的权利,眼下之急就是在隐私权法中对设计隐私权予以立法化。换言之,设计隐私权绝对有满满的底气作为隐私权和数据保护法的原则被明确提及。不过,在如今这个充满普适计算和铺天盖地都是变革性技术的世界里,认为法律仅仅涵盖设计隐私权原则就能万事大吉的观点是根本站不住脚的。如果想要成为一个兼具广泛性和有原则方法,那么相关组织就既要采取适当的措施,又不能提供必要的指导以防止损害他人隐私权的行为,例如数据泄露、不必要的跟踪或不受控制地收集不断增加的个人可标识信息等行为。因此，不仅设计隐私权需要作为一般的组织性要求纳入加拿大（和其他地方）的隐私权法框架之中，而且它还应当在适当情况下授权特定的技术解决方案，比如"隐私增强技术"（PETs）抑或监管机构阻止系统或应用程序启动的相应能力。

概括来说，本文的第一部分内容将简要介绍隐私权的法律性质，以便为论述为什么符合这一权利的制度设计对隐私权的最终保护至关重要而奠定基础。本文第二部分内容将转向目前的立法框架，从而探讨目前的法律规定究竟能够在多大程度上满足设计隐私权所要解决的问题的需要。考虑到欧盟隐私权法框架与加拿大隐私权法息息相关并且加拿大和欧盟的政策讨论经常并行进行，加之加拿大和欧洲有不少社会文化方面不谋而合，所以在这一部分内容中，本文将引入欧盟隐私权法框架的例子。同时，本文还将把视线投向美国，毕竟美国在这方面的进步和成就也可谓是数一数二。本文第三部分内容将深入研究应用设计隐私权原则的系统的相关案例，要知道，如果没有设计隐私权，那么，这些案例中涉及的系统很可能会对他人的隐私权造成不可估量的损害。本文第四部分内容将聚焦于数据保护机构有关将设计隐私权纳入相关立法框架的观点上面，其中就包括仔细剖析加拿大安大略省信息和隐私专员 Ann Cavoukian 博士的立法草案。本文第五部分内容为今后的研究提出一些意见和建议。

二、设计隐私权

（一）隐私权

正如 Lawrence Lessig 所云："编程既会对自由和自由主义理想构成巨无霸的威胁，同时又会反过来成为这二者最大的希望。因此，我们既可以建立或构筑网络空间来保护我们认为最基本的价值观，也可以建立、构筑或者编程网络空间来让这些价值观消失得无影无踪。"

总的来说，本节内容并无意提供关于加拿大和其他西方司法管辖区域隐私权的详尽背景资料或详细的比较分析；恰恰相反，本节内容的目的在于为相关讨论奠定坚实基础，即为什么对于将隐私权作为一项基本的个人和民主权利去保护而言，立法化的设计隐私权要求可能是对现有数据隐私权框架的必要补充。

在某些司法管辖区域,隐私权向来是一项明确规定的宪法性权利。就拿欧盟来说,欧盟的所有成员国都是《欧洲保护人权和基本自由公约》(*The Convention for the Protection of Human Rights and Fundamental Freedoms*,ECHR)的签署国。要知道,不仅该公约早已将隐私权作为一项基本权利纳入欧盟的法律之中,即《欧洲保护人权和基本自由公约》第 8 条规定"他人享有使自己的私人和家庭生活受到尊重的权利",而且它还当之无愧称得上是欧洲现代隐私保护的基石。

然而,加拿大的情况却恰恰相反。在加拿大,隐私权本身并不是一项宪法性权利;相反,宪法所规定的隐私权深深根植于加拿大联邦最高法院对《加拿大权利与自由宪章》(*The Charter of Rights and Freedom*)第 8 节内容所做出的解释之中并受其保护,即"他人享有免于受到不合理搜查和扣押的权利"。虽然过分类比着实不应该,毕竟美国和加拿大在这方面的法理基础肯定是相差甚远,但是本文还是要指出,《加拿大权利与自由宪章》第 8 节内容所提供的保护与《美国联邦宪法第四修正案》所赋予他人的权利如出一辙。具体来说,只有在他人享有合理隐私期待,并且国家实施相关行为侵入或侵犯这种合理隐私期待的情况下,他人的人身自由才能够受到《加拿大权利与自由宪章》第 8 节内容的保护;换言之,如果是私营部门侵入或侵犯这种合理隐私期待,那么他人的人身自由就无法受到第 8 节的保护。由此看来,加拿大对隐私权的宪法保护仅限于国家侵犯他人所享有的合理隐私期待的情况,而这也就意味着隐私权在加拿大绝对不是一项绝对性的宪法权利。在加拿大,除了保护自由之外,隐私权还包含着另外两种价值,那就是信息性隐私和人格尊严。在 R, v. Dyment 一案中,加拿大联邦最高法院曾指出《加拿大权利与自由宪章》中的隐私权包含三方面的内容,即空间、信息和人格。在加拿大,信息性隐私权也并不是一种宪法性权利,与之相关的权利往往受到的是私营部门和公共部门联邦立法的保护,比如《个人信息保护和电子文件法》《隐私权法》和相关省和部门的特定立法。事实上,就欧盟关于隐私权是对个人尊严和民主价值的保护这一观念而言,不仅它如今已被誉为加拿大隐私保护的第三大支柱,而且加拿大隐私保护的基础在于信息自治权,息息相关;也正因如此,它往往被称为"中间地带",抑或美国方法和欧盟方法之间的一种妥协。

总而言之,显而易见的是,隐私权在加拿大的法理和宪法中早已根深蒂固。换言之,隐私权并不是什么最近大家凭空想象出来的权利,而是深深根植于加拿大和欧洲文化土壤中的权利。可是话又说回来,早在我们今天所遇到的大多数隐私侵入型技术出现甚至有个雏形之前,隐私权就已经诞生了。这也就意味着,隐私权起源于如今无处不在的社交媒体应用程序、云计算、谷歌街景技术和跟踪射频识别设备等技术问世或至少正式使用之前。虽然隐私权相关原则可能确实是健全的,但是我们必须承认,它们目前压根无法处理大部分没有以隐私保护作为主要考虑因素的系统和应用程序。为了解决这一问题,或许使用设计隐私权方法来弥补突飞猛进的技术和法律之间滞后的差距才是上上策。不过,在探究究竟为什么有必要将设计隐私权作为一项明确法律要求纳入《个人信息保护和电子文件法》和其他隐私权相关立法之前,本文将先对设计隐私权的原则和这些原则所应用的突出案例作一概述。

(二)设计隐私权的基本原则

如今,设计隐私权早已不再是加拿大安大略省信息和隐私专员的专属天地。正如后文所言,一批又一批隐私专家都在为设计隐私权的定义、应用和范围贡献着自己的力量。不过话虽如此,Ann Cavoukian 博士所提出的七项设计隐私权基本原则仍然在设计隐私权领域具有响当当的江湖地位。具体而言,它们主要包括(不按重要性顺序排列):其一,积极预防而非被动救济原则;其二,隐私默认保护原则;其三,将隐私权嵌入设计原则;其四,功能完整原则:正和而非零和原则;其五,端到端的全生命周期保护原则;其六,可见性和透明度原则;其七,尊重用户隐私权原则。

事实上,不仅这些原则之间并没有孰轻孰重之分,而且它们还共同构成系统设计中的设计隐私权目标——确保隐私权、获得对个人信息的控制权并为相关组织获得可持续的竞争优势。就拿德国联邦数据保护和信息自由专员(以下简称为"德国专员")Peter Schaar 来说,他常常被冠上"设计隐私权大使"的名号,而他最近辛辛苦苦总结出了在设计或获取处理系统时应考虑的六项设计隐私权原则,分别是数据最小化原则、数据可控性原则(技术手段支持的同意和反对的可能性)、透明度原则、数据保密性原则(安全性原则)、数据质量原则和隔离可能性原则(在虚拟机和云计算等多用户环境中)。

虽然德国专员继承和沿袭了最初的基本原则,但是笔者认为最重要的是,他在一定程度上改变或至少调整了它们的含义。一方面,德国专员的设计隐私权从技术的角度来看是属于规定性的;另一方面,德国专员其实并没有把太多的重点放在技术进步和隐私保护的双赢上。要知道,虽然设计隐私权首先确实必须要确保《数据保护指令》的原则和宪法规定的隐私权得到保护,但是,商业利益也绝不是事后才应当去考虑的事情;然而,与加拿大安大略省信息和隐私专员所描述的七项基本原则相比,商业利益似乎处于德国专员所提出的设计隐私权概念和目的的可怜小角落。

在美国,围绕设计隐私权的讨论总是关于将其作为立法框架一个的强制性组成部分,而不是在探讨通过嵌入技术性解决方案来对隐私权进行默认保护,比如通过隐私增强技术。总的来说,相比于在欧盟或者加拿大,"隐私权是一种不受侵犯的权利,而不是一种信息自决权"这种观点在美国要普遍得多。具体而言,这一理论在美国的理论基础是,如果商业行为人能够遵守某些合理和成比例的组织性原则,那么他们就应当享有控制数据处理方式的自由。与欧盟有关"保护他人的隐私权是为了保护他们的人格和民主"这一普遍观点恰恰相反,在美国,"隐私权"一词更多的是与伤害、恐惧和计算机构成的威胁息息相关。此外,如果要说更明显的"正和性"陈述,那么我们就不得不提加拿大安大略省信息和隐私专员办公室(IPC,以下简称信息和隐私专员办公室)了。尽管乍一看信息和隐私专员办公室的方法似乎与欧盟的方法没什么差别,特别是在考虑设计隐私权原则的第三项原则时,但是它事实上处于纯粹的组织性措施和更规范的设计隐私权概念之间的一个中间地带。至于强制性的设计隐私权要求究竟应该更具组织性还是技术性,信息和隐私专员办公室并没有任何官方偏好,它只是鼓励以某种形式将设计隐私权要求纳入立法之中罢了。

综上所述,在转换为具体的系统设计方面,设计隐私权仍然是一个相对模糊的概念。一方面，这可能要部分归因于它的相对新颖性；另一方面，这或许要归因于监管机构和系统工程师之间存在的差距。正如美国联邦贸易委员会（the US Federal Trade Commission，FTC）和欧盟委员会最近的解释一样，在设计隐私权的应用方面，设计隐私权的这七项基本原则往往会被批评为缺乏技术性指导的非技术性隐私策略。虽然不可否认的是，在某些情况下，围绕设计隐私权的实际实施可能确有许多悬而未决的问题，但是这并不妨碍许多可行和成功应用的案例不断发生，而这也给了我们一个大好机会来从中得出关于设计隐私权的效用、重要性和实施方面的重要经验教训。

（三）当前设计隐私权的应用

事实上，任何一个处理个人可标识信息的系统都可以受益于设计隐私权原则，抑或成为设计隐私权原则的主体。在本节内容中，本文就将描述在设计处理大量个人可标识信息的系统过程中考虑设计隐私权原则的三个案例：其一，加拿大安大略省在加拿大安大略省推广的智能电网；其二，德国的ELENA；其三，加拿大安大略省的福利申请系统。在本文看来，虽然引入这些系统本身所带来的实际结果有着天差地别，但是设计隐私权在所有这些系统中的应用都可谓是大获成功。

1. 智能电网

第一，所谓智能电网是指一种系统，在这种系统中，通过使用最先进的电信技术来使智能电表与电源通信，能源就能够以一种更稳定的电力供应、时间使用定价和需求管理的方式输送给终端消费者。事实上，由于能源供应的分散程度比几年前要大得多，加之消费者又有能力自由选择开关电器，所以这就造成了能源供应方面不稳定的可能性；一旦可再生能源被引入系统（作为一种较难预测的能源供应），这种情况就更是雪上加霜。智能电网便在这样的背景下应运而生，不仅创建所谓的智能电网能够实现这种负载平衡，而且智能电网还对需求（家庭）和供应（电源）之间的双向通信做出了设想。同时，考虑到其调整能源供应的特殊能力，智能电网还可以在节约能源方面产生影响，从而带来一系列积极的环境影响。据估计，到2015年，全球总计安装的智能电表数量将会达到令人瞠目结舌的2.5亿台。如果想要对智能电网进行一种更具技术性的描述，那么，所谓智能电网主要包括三个方面内容，即虚拟发电厂（virtual power plants，VPP）、需求侧管理（demand side management，DSM）和供应控制（control of supply）。其一，作为智能电网系统的骨干，虚拟发电厂既可以连接一系列分布式和独立的电源（风车、太阳能或其他能源），然后再根据需求对它们进行管理，又能降低每个电源的波动性，尤其是针对风能和太阳能等可再生能源。其二，作为智能电网系统的第二部分内容，需求侧管理主要旨在控制需求，这种控制既可以由消费者通过减少消费来发起，也可以由供应商直接发起，即消费者将同意允许操作台积极打开和关闭某些电器来平衡能源使用。其三，智能电网系统的第三部分内容就是要控制从电源到终端用户之间的实际电源流。

第二，智能电网系统深深依赖着家庭提供给供应商的信息。由于这些信息与家庭有着天然的联系，再加上在许多情况下，这些信息往往由他人自己拥有和占有，所以这些信息至少属于初步的个人可标识信息。通过安装在家中的智能电表，虽然智能电表系统通常收集的信息类型与家庭的能源消耗模式息息相关，但是，根据特定的系统和"智能设备"的结合，收集到的信息将揭示更多关于他人的信息，而不是纯粹简单的能源消耗信息而已。打个简单的比方，它们可能会间接地揭示家庭中的犯罪活动、女性的生活模式、健康状况和家中身体活动的迹象（机器的类型）等。由此来看，不仅这些信息的使用与有效地控制和提供能源（公用事业服务）紧密相关，而且它们还与所谓的"边缘服务"、执法、保险和市场研究目的息息相关。

第三，明眼人应该都已经看出，就智能电表系统的本质而言，如果设计不当的话，那么，它必将对他人的隐私权和委托给系统的数据保护产生巨大的负面影响。一方面，除了可能滥用通过系统传输的、更传统的能源使用数据外，智能电网本身还会产生以前不存在的新数据，例如与智能家电相关的数据。同时，这些数据本身也很容易受到攻击，甚至可能对二次使用更具吸引力。另一方面，美国国家标准与技术研究所（the National Institute of Standards and Technology，NIST）通过在智能电网系统上进行的隐私影响评估（PIA）发现，智能电网的主要隐私风险之一就是缺乏一致和全面的隐私政策，这也使得政府机构、公用事业公司和相关组织的行为会大大影响到个人可标识信息。

第四，针对加拿大安大略省智能电网的实施，IPC和能源供应商精诚合作并以一种考虑设计隐私权相关内容的方式将系统投入运行，即以一种系统在整个生命周期内运行和处理个人可标识信息的方式去进行设计。就这个项目而言，不仅它对加拿大其他地方和国际上的智能电网设计都有举足轻重的影响，而且美国国家标准与技术研究所最近还建议将设计隐私权方法作为这方面的适当指导方法。具体而言，该项目既聚焦于一些需要在系统内部从操作和技术两方面解决的问题，又在系统运营商HydroOne、合作伙伴和加拿大安大略省信息和隐私专员撰写的论文中进行过详细的描述。在这种特殊情况下（这种方法也可以应用于其他系统），合并设计隐私权就意味着其原则需要成为体系结构决策文档的一部分。所谓的体系结构决策文档定义了整个项目和整个智能电网的三个"域"中需要遵循的基本策略和程序。具体说来，这三个域包括：其一，家庭域，其中包括智能设备和电表。其二，服务域，其中包括主机数据。其三，电网域，其中包括能够自动化和控制电网分配的软件主干。

第五，概括来说，将设计隐私权纳入整个系统将意味着以下三个方面内容：其一，对于客户域/家庭域来说，除非用户明确购买并同意其他服务；否则，不仅从服务域到客户域的任何设备上不会存在个人可标识信息，而且个人可标识信息也不会从客户域发送到家庭域之中，同时任何联机接口还会包括适当的身份管理和信息工具保护。其二，对于服务域来说，不仅从服务域到客户域中所有设备的任何访问都将被限制和记录，而且直接访问还必须由终端用户授权。此外，每当能够访问客户域时，除了必须实施严格基于授权的访问控制之外，所有数据存储管理还将遵循行业惯例。其三，对于电网域来说，不仅电网域中的任何设备都不会存在个人可标识信息，而且有关设备的信息还将使用授权服务提供，同时，对设备的访问也必须通过服务域内的授权服务进行。

第六，如今的智能电网仍然处于一种相对状态，即使加拿大安大略省所有的住宅都配备有智能电表，智能电网也同样不能万无一失地正常运行。因此，随着智能电网变得"更智能"且更普遍，实施设计隐私权也可谓迫在眉睫；不仅这些系统的设计将需要根据所处理消耗数据的数量进行连续的评估，而且鉴于智能电网在隐私影响方面的危险是众所周知的，所以我们还需要在先前的基础上继续进行讨论。不过就目前来看，加拿大安大略省智能电网的设计总体上还算是一个正面积极的例子，因为它能够很好地说明隐私权的相关考量究竟是如何从一开始就被设计进一个复杂的系统之中的。这或许就是设计隐私权的魅力所在：它往往被构建在一个系统的 DNA 之中，而这一点可能无法得到法律的充分保障，毕竟法律关注的是原则而非规定性标准。

2. 德国的 ELENA

设计隐私权实际应用于系统的第二个例子就是德国的系统。所谓 ELENA（德语 elektronischer Entgeltnachweis 的缩写，意为电子收入证明）是指德国的一个数据库系统，该系统旨在存储在德国工作的所有个人的收入信息以便简化某些社会福利的申请。作为一个流程和系统，ELENA 的设计简要如下：首先，在申请某种利益之前，申请人将首先从经政府认证的认证服务提供商那里获得一张电子签名卡，该卡片里面会包含有关"合格电子签名"的智能芯片，这个步骤主要提供的是一个个人身份的证明。其次，这张独一无二的电子签名卡将在适当的权威机构进行注册，而这一注册过程会将认证编号与申请人的社会保险号码关联在一起。最后，值得注意的是，在 ELENA 的数据库中，雇员个人数据并不会与申请人的社会保险号码关联在一起，而是会与注册电子签名卡证书认证号关联在一起。换言之，除了申请人的姓名和注册电子签名卡证书的认证号之外，电子签名卡本身并不包含其他信息，所有其他信息都会存储在 ELENA 的中央数据库之中。

然而，考虑到个人可标识的数量和敏感性，这个数据库吸引着社会公众的无数眼球。如前所述，由于德国的《基本法》（*Grundgesetz*）早已明确规定隐私权，所以，这对于德国专员在 ELENA 发展过程的早期阶段参与进来可谓是大有裨益。具体来说，明确纳入 ELENA 的德国数据保护法原则可不少，它们主要包括所有通信通道和数据的加密原则、中央数据库和负责管理机构之间的分离原则、所有数据库事务的记录原则、严格删除过期或不必要数据原则、要求数据主体和管理机构的合格电子签名原则和不得访问安全、税务或海关机构原则。

最终，设计隐私权原则的应用导致将该系统上线的计划最终破产。德国政府最初计划让 ELENA 于 2012 年 1 月 1 日正式投入运营，结果到了 2011 年 7 月，德国政府便正式宣布将放弃对 ELENA 的实施，并且到目前为止 ELENA 系统所收集到的所有个人可标识信息都将被销毁或删除。德国政府对此给出的原因是，合格的电子签名卡并没有得到广泛的应用。要知道，作为 ELENA 功能和符合数据保护和安全标准的基石，合格电子签名的广泛使用和可访问性一直以来都被视为是该系统实施的一个不可缺少的先决条件。不过这样一来纳税人可能就要痛心了，毕竟根据大多数人的估计，ELENA 已经花费德国纳税人高达数亿欧元的钱。

结合这两个例子来看，智能电网和 ELENA 系统的共通之处在于它们反映的都是设计隐私权究竟是如何应用的实例，并且它们都展示出如果适当地应用这些原则将会产生怎样的结果。正如我们所看到的那样，设计隐私权既可能会让一个系统成为一个行之有效的数据保护系统，也可能会因为系统设计不能与隐私权原则相协调而导致相关系统最终无奈之下被放弃。

3. 加拿大安大略省的福利申请系统

设计隐私权成功实际应用于系统的第三个也是最后一个案例就是加拿大安大略省的福利申请系统。为了严厉打击对社会福利系统的滥用现象，在 1997 年，加拿大安大略省政府提议对 1997 年《加拿大安大略省公共工程法》（*The Ontario Public Works Act*）和《加拿大安大略省残疾人支持计划法》（*The Ontario Disability Support Program Act*）进行某些修改，从而允许福利申请人在申请福利时提交生物特征数据（这里是指纹）作为明确的身份证明。然而，由于这种改变将涉及收集和存储敏感的、独特的可标识数据，加之这些数据紧接着会被用于会对个人申请人产生严重影响的评估，毕竟该评估本身会涉及基本的财政援助，所以这一福利申请系统对他人隐私权的影响不容小觑。

为了在敏感数据处理和打击福利系统欺诈的需要之间做出平衡，加拿大安大略省政府在这个过程的早期就相当明智地与信息和隐私专员办公室展开磋商合作。经过多次协商，它们最终决定可以收集和使用他人的生物特征数据，不过，前提是必须遵守有关信息性隐私权和安全的具体规定。如今，上述这两部法律的第 75 节内容都规定了这一点，根据它们的规定，不仅任何生物特征信息都必须在加密过程之后进行加密和销毁,而且这些信息还必须直接从他人那里收集,只有在获得他人授权后才能向第三人公布,并且只保留地址、性别和加密的生物特征信息。经过调整,在目前的立法当中,有一些法律要求涉及流程,有些涉及安全措施,还有一些则与实际技术息息相关。不过显而易见的是,如果我们不在一开始就将这些措施纳入考虑范围,那么敏感数据必然会暴露得更多,因为系统架构一旦到位,想要再重新设计就基本没门。同时,虽然有的系统可能已经符合《个人信息保护和电子文件法》(或本案例中的省级公共部门法律)的要求,但是它们却可能依然不符合设计隐私权的所有原则,特别是当涉及"所有数据都需要加密并在加密过程之后进行加密和销毁"的要求时更是如此,毕竟《个人信息保护和电子文件法》并没有明确规定这一点,而这也会使得系统中的数据更容易被滥用并遭遇未经授权的访问。值得注意的是,由于这些系统的使用是在公共领域被提出的,所以在开始使用这些系统之前必须对它们加以审查。虽然对于政府来说,这种政治压力是一种超越法律条文去保护他人隐私权的自然激励,但是对于那些能够在公众视线之外运营系统的私营公司来说,它们却根本不会受到同等程度的审查。此外,他人也往往希望相关审查主要基于可行性、成本和法律合规情况进行,几乎没有人把目光放在隐私保护本身之上。

(四) 有关国家和组织的立法情况

1. 加拿大

概括而言,加拿大的公共部门和私营部门受到的是联邦一级和省一级不同的立法管辖,比如《个人信息保护和电子文件法》作为联邦法律管理的就是私营部门组织,而《隐私权法》管理的则是公共部门。同时,虽然加拿大各省都有独立的公共部门立法,但是只有四个省,即艾伯塔省、萨斯喀彻温省、马尼托巴省和安大略省有具体的卫生部门立法。事实上,从本质上来说,《个人信息保护和电子文件法》适用于与没有省级私营部门法律规制的所有商业活动有关的个人信息处理以及省际和国际个人数据流,它其实并不规制与省级监管机构雇员的个人信息有关的活动。而在省级私营部门一级,只有亚伯塔省、魁北克省和不列颠哥伦比亚省颁布过自己的商业私营部门法律。这也就是说，在这些省内，《个人信息保护和电子文件法》只适用于加拿大联邦监管的相关组织，其中包括这些联邦组织雇员的个人信息。

虽然加拿大没有一个统一的隐私权法框架，但是与欧盟（欧盟成员国本身可能拥有一个与加拿大差不多的联邦－省级体系，例如德国）相比，这些差异可以忽略不计，故而我们仍然可以说加拿大具有一个相对连贯统一的立法格局。同时，虽然《个人信息保护和电子文件法》或任何省级的等效标准都并未包含明确的设计隐私权要求，但是它们却要求相关组织应当遵守《加拿大标准协会个人信息保护示范守则》（CSA Model Code for the Protection of Personal Information）中的隐私权原则，而这一原则便要求相关组织在系统设计阶段可能需要考虑数据隐私问题。在这其中，除了关于"数据保障"的第4.7条原则比较典型之外（相关组织在系统上线之前需要考虑一些建议的技术措施），关于限制收集数据的第4.4条原则也是极具代表性的例子。同时，在加拿大隐私专员办公室（OPC）的调查过程中，这种设计隐私权应用也变得相当明显——就拿谷歌街景（Google Streetview）一案来说，在该案中，Google公司就因违反《个人信息保护和电子文件法》的规定收集个人可标识信息而受到调查。当讨论到救济措施时，其中一些措施就与设计阶段的考量因素息息相关，例如要求Google公司拿出技术性文件和恰当处理与培训的证据，并确保Google公司在推出新系统时实施这些措施。不仅如此，加拿大隐私专员还适用了第4.4.1条原则，即禁止（不加区别地）收集个人可标识信息。鉴于数据收集是任何数据处理的必要前提，所以如果想要遵守这一原则，那么Google公司就不得不在设计阶段便绞尽脑汁地考虑隐私问题。

不过，如果要求Google公司在设计阶段去专门实现特定功能的话，那么，这样的要求可能会更加清晰明确一些；换言之，如果可以依赖一个单独的原则的话，那么个人可标识信息就能受到更加强有力的保护。打比方来说，有人曾指出，在一些情况下，虽然相关组织在设计某些产品时并没有充分考虑隐私权，但是隐私专员想要具体说明它们违反了《个人信息保护和电子文件法》中的原则却心有余而力不足。虽然不可否认的是，设计隐私权仍然会成为最终建议的一个组成要素，但是它的身影却不怎么起眼。此外，《个人信息保护和电子文件法》还有一个相关功能就是"问责原则"。所谓问责原则就是指相关组织应当任命相关人员"监督相关组织遵守"《个人信息保护和电子文件法》中包含的原则。根据这一原则，虽然相关组织并无须通知加拿大隐私专员办公室自己的个人可标识信息处理行为，但是它们仍然需要对不合规行为直接负责，加拿大隐私专员办公室也同样有能力审查此类行为的合规性。不过，从执法的角度来看，《个人信息保护和电子文件法》存在一个致命的弱点，那就是隐私专员必须通过加拿大联邦法院提起申诉，并且只有法院才能强制要求一个组织纠正它们的做法。这也就是说，《个人信息保护和电子文件法》目前并未考虑阻止某个系统的实施，相比于由相关组织的负责人来确保该法律得到遵守，法律的实施往往得靠加拿大隐私专员办公室来强制执行。在这样的背景下，如果能够有一个清晰的设计隐私权要求，那么这显然会有助于负责人理直气壮地提出要求，即要求相关组织在进行数据处理之前必须遵守某些法律规定。

还需注意的是，作为一部修订《个人信息保护和电子文件法》的法案，"C-12法案"目前正在下议院进行审议。然而，除了提出有关违反通知要求的规定之外，该修正案既没有将设计隐私权作为修正案的一部分，也没有加强对加拿大个人可标识信息的保护，反倒还扫除了一些处理个人可标识信息的障碍。本文接下来的分析就将说明，不仅这种规定的缺失正在违背其他司法管辖区域的一致趋势，而且这还在一定程度上与隐私专员和相关专家在这方面的观点背道而驰；同时，相对于一个崭新的欧盟数据保护框架，这种做法甚至可能根本就是不可持续的。

2. 欧盟

第一，总的来说，欧盟基本的数据保护框架包括《数据保护指令》《隐私权和电子通信指令》（即《电子隐私指令》）《数据保留指令》和2009年的《电子隐私指令》。虽然所有欧盟成员国都执行了1996年的《数据保护指令》，但我们必须记住的是，数据保护法在整个欧盟范围内绝对不是统一的，所有关于欧盟情况的声明都必须从这个角度来看待。这也就是说，《数据保护指令》其实只是一项指导工具，而不是对当地国家法律有直接影响的法规，其目的主要是在成员国之间信息自由流动的范围内协调对个人可标识信息的保护。而从实际情况来看，各个国家还有许多不同的法律法规和潜在的文化方面。具体而言，欧盟总共有 27 项类似但独立的数据保护法。例如，瑞典并不认为数据保护法是在为隐私权和信息自由流动提供一种平等保障，它认为数据保护法主要是作为一种机制来确保他人的"人格完整性"不会因使用个人可标识信息而受到损害，而英国的数据保护法则对这一概念只字未提。再比如德国的联邦法律包括有数据泄露通知条款，而这并非欧盟《数据保护指令》所强制规定的条款，这一例子就很好地说明，欧盟《数据保护指令》条款是地方法律在适用情况下可以加强的保护基线。

第二，德国隐私专员曾多次指出，设计隐私权在某种程度上会受到《数据保护指令》第 46 条的规制，该条规定："为了保护数据主体在个人数据处理方面的权利和自由，特别是为了维护数据安全性并以此防止任何未经授权的处理行为，数据控制者在设计处理系统时和处理数据时应当采取适当的技术和组织措施；除了成员国有责任确保数据控制者遵循这些措施之外，这些措施还必须确保适当的安全性，并同时考虑到数据处理过程中存在的内在风险和所保护数据性质方面的最新技术和实施成本（着重指出）。"同时，在笔者看来，《数据保护指令》第 2 条所隐含的内容也如出一辙。第 2 条指出："鉴于数据处理系统是为他人服务的，所以无论他人的国籍和住所如何，不仅数据处理系统都必须尊重他人的基本权利和自由，特别是他人的隐私权，而且它们还必须为经济和社会进步、贸易发展和个人福祉做出贡献。"

第三，如前所述，《个人信息保护和电子文件法》主要是将问责原则作为《加拿大标准协会个人信息保护示范守则》的一个组成部分，而这一原则要求相关组织必须在组织内部任命相关人员去负责管理组织的个人可标识信息。这一原则与设计隐私权原则之间千丝万缕的联系就在于，相关组织既必须确保这一原则得到遵守，又需要在受到挑战时证明自己的合规性。同时，欧盟《数据保护指令》还包含一个通知要求——根据《数据保护指令》第 20 条的规定，相关组织应当提前将自己的个人可标识信息处理行为通知适当的数据保护机构。在实践中，不仅这意味着数据保护机构完全可能阻止一个系统上线，而且由于该条规定和设计隐私权都属于先发制人的类型，所以《数据保护指令》的这一内容还能够对设计隐私权的要求予以相应的补充。

除了想要将设计隐私权作为欧盟数据保护框架的普遍原则之外，欧盟的数据保护机构还希望将设计隐私权作为特定应用程序的要求，特别是射频识别技术、社交网络应用程序和浏览器应用程序。就这些要求而言，它们不仅会对数据控制者加以规制，还会对数据处理者、系统或应用程序设计者和购买者均加以限制。

总的来看，这种方法相当具有规范性，并且它更像加拿大安大略省信息和隐私专员所说的那种"指挥和控制条例"。事实上，从欧盟数据保护机构的角度来看，当涉及对他人隐私权具有潜在深远影响的系统时，松散的原则是远远不够的。

第四，就欧盟委员会最近发布的修改欧盟《数据保护指令》的提案初稿而言，这既标志着欧盟朝着可能将设计隐私权纳入欧盟立法框架迈出了一大步，又是一次旨在协调欧盟立法格局的雄心勃勃的尝试。概括来说，该提案拟议的立法框架是一个"条例"而非"指令"，如此一来，该条例就会直接对欧盟成员国产生影响而无须先转换成地方法律，要知道，这本身就是迈向和谐社会的重要一步。具体而言，该提案包括一系列重要的修订内容，其中包括取消通知处理过程的要求，取而代之的则是规定数据控制者和数据处理者负有维护有关数据处理的适当文件的责任（第 28 条）、明确的同意要求（第 1 条"通知和解释"）、被遗忘权（第 17 条）和数据泄露通知要求（第 32 条）。此外，对于目前最重要的设计隐私权要求，提案第 23 条规定了以下四方面内容：其一，考虑到相关组织的规模和实施成本，在确定处理方式和实施处理行为本身时，数据控制者应当实施适当的技术性和组织性措施和程序，从而使数据处理能够满足相关法律要求并确保数据主体的权利得到保护。其二，通过实施相应的机制，数据控制者应当确保自己在默认情况下仅处理为每一特定处理目的所必需的个人数据，并确保无论是在数据量还是存储时间方面，自己都不会收集或保留数据超出这些目的所必需的最低限度。特别是，这些机制还应当确保在默认情况下，不确定数量的个人不得随意获取数据主体的个人数据。其三，欧盟委员会应当有权根据第 86 条规定采取授权行为，以便为第 86 条第 1 款和第 2 款所述的适当措施和机制规定任何进一步的标准和要求，特别是针对适用于跨部门、产品和服务设计要求的数据保护。其四，欧盟委员会可以为第 1 款和第 2 款所述的要求制定技术性标准，而此类实施办法应当按照第 87 条第 2 款所规定的审查程序进行审查通过。

第五，虽然欧盟的提案初稿确实有考虑到最先进的技术和实施成本，并且它要求数据控制者在个人可标识信息处理的设计阶段实施技术性措施、一般组织性措施和默认隐私设置，而这本身就是设计隐私权的一个组成部分；但是除了这些泛面化的原则之外，它还提及要由欧盟委员会来制定具体的技术性标准。虽然我们不知道这在实践中究竟将如何实现，但至少可以肯定的是，该提案早已远远超越前面所描述的自我监管的法律规定和只有原则的设计隐私权方法。同时，该提案不仅规定数据保护官（data protection officer，DPO）有义务监督设计隐私权的应用和实施情况，而且它还规定相关组织有义务任命一名数据保护官来代表公共组织和大型企业，抑或对数据控制者或数据处理者构成数据处理行为的核心活动开展定期和系统性监测。虽然这一要求对于所有欧盟成员国来说并不是什么新鲜事，毕竟现今的《数据保护指令》已经考虑过任命数据保护官的可能性，但是为了对法律框架作出一定的改变和补充，该提案如今还增加了与数据泄露相关的潜在处罚——对于最严重的数据泄露情况，最高的处罚额甚至可以高达相关组织全球年营业额的 2%。还需指出的是，明年欧盟将开诚布公地阐明社会公众对该提案的反馈，并将就设计隐私权的可能发展和国际隐私权法的其他方面提供一系列颇具价值的指导。

3. 美国

总的来说，在联邦层面，美国目前并没有综合性的私营部门隐私权相关立法，恰恰相反，美国目前的隐私权法律框架是由特定部门的州和联邦一级立法拼接而成的。为了在联邦一级规制私营部门对个人可标识信息的使用，美国联邦参议员 John Kerry 和 John McCain 曾在 2011 年中提出《美国联邦商业隐私权法案》（*The Commercial Privacy Bill of Rights Bill*），以此作为引入这类立法的小尝试。该法案一经问世便遭遇着鲜花与掌声、冷嘲与热讽并存的双重待遇，不过话又说回来，虽然该法案早期存在不少争议，但是它却可谓迄今为止美国第一部提到将设计隐私权作为强制性隐私权框架一部分的一部法案。尽管最近该法案仿佛有些停滞不前，但是欧盟新提案的出现说不准会给围绕该法案的辩论重新带来一波热度。

具体而言，《美国联邦商业隐私权法案》第 103 条特别提到设计隐私权一词，该条指出："相关实体应当按照一种与自己所收集信息的大小、类型和性质成比例的方式来实施全面的信息隐私权计划。为了达到这一目的，相关实体应当在整个产品生命周期中纳入必要的、旨在保护个人可标识信息的开发过程和实践。而所谓个人可标识信息则主要是指以下两类信息：其一，他人对隐私权享有合理期待所涵盖的个人信息；其二，在满足这些合理隐私期待时需要防范的相关威胁所涵盖的个人信息。"虽然 John Kerry 和 John McCain 关于设计隐私权的想法究竟能否满足加拿大安大略省信息和隐私专员所设想的设计隐私权原则依旧要打一个大大的问号，但是这至少已经表明在系统设计早期过程中考虑隐私问题具有无与伦比的重要性。

美国另一个关于设计隐私权大名鼎鼎的例子就是美国联邦贸易委员会针对 Google 的 Buzz 社交媒体应用程序所做出的决定。根据《美国联邦贸易委员会法》第 5 节内容的规定，美国联邦贸易委员会有权禁止不公平和欺骗性的贸易行为；这也就意味着，如果行为人不遵守隐私政策或它们的隐私政策具有欺骗性的话，那么，美国联邦贸易委员会就会认为它们的行为属于欺骗性贸易行为。在这一类案例中，几乎人尽皆知的就是 Google 公司的 Buzz 一案。在该案中，根据美国联邦贸易委员会的命令，Google 公司被要求遵循一个全面的五步隐私计划，并且该隐私计划需要由美国联邦贸易委员会在长达 20 年的时间中进行审计。具体来说，该隐私计划主要包含以下五部分内容：其一，任命一名或多名雇员来协调并负责隐私保护计划。其二，针对可能导致行为人未经授权地收集、使用或披露相关信息的情形，Google 公司既需要识别合理且可预见的内部和外部重大风险，又需要评估相关保障措施是否到位并且足以控制这些重大风险。就该隐私风险评估而言，它们至少应考虑相关操作的各个领域的风险，其中包括但不限于以下两方面内容：一方面，雇员的培训和管理，其中包括该命令所要求的培训；另一方面，产品的设计、开发和研究。其三，不仅 Google 公司应当设计和实施合理的隐私控制和程序来解决通过隐私风险评估确定的风险,而且它还应当定期测试或监控这些隐私控制和程序的有效性。其四,Google 公司既需要开发和使用合理的步骤来选择和保留服务提供商,从而让它们能够适当保护从数据主体处所收集信息的隐私权,又应当通过合同要求服务提供商实施和保持适当的隐私保护。其五,根据本文第二部分内容所要求的测试和监控结果,如果 Google 公司的经营或商业安排发生重大变化,或者 Google 公司知道或有理由知道可能对隐私计划的有效性产生重大影响的其他情况,那么 Google 公司就应当对隐私计划进行评估和调整。

就该隐私计划而言,它其实也算是设计隐私权的实施计划,毕竟它针对的是系统的实际设计阶段。在美国联邦贸易委员会最近一份新鲜出炉的出版物中,设计隐私权还被特别列举为隐私保护光明未来中的一块沉甸甸的基石,美国联邦贸易委员会指出:"为了在日常商业实践中建立隐私保护,企业应该采用设计隐私权的方法。具体而言,这种隐私保护主要包括为消费者数据提供合理的安全、只收集特定业务目的所需的数据、只在满足该目的所需的时间内保留数据、安全处理不再使用的数据和实施合理的程序来提高数据的准确性。"

综上所述,美国的设计隐私权方法更侧重于组织性措施,并且它在这些设计要求的转换方面能够为单个组织提供相对较大的回旋余地。虽然美国可能自信满满地称自己这种方法为设计隐私权,但是至少从广义解释上来说,它其实并没有超越欧盟和加拿大已经存在的法律一大步。就美国而言,光是从 John Kerry 和 John McCain 提出的法案和美国联邦贸易委员会使用的语言就可以看出,美国的设计隐私权和欧盟与加拿大的设计隐私权并非一模一样——相比之下,美国设计隐私权方法的成就在于它特别提到设计隐私权,并为在个人数据处理系统和相关产品的设计阶段增加个人数据保护提供了坚实的基础。

三、强制性设计隐私权的观点

(1)概括而言,围绕设计隐私权立法要求的辩论主要有三种观点:其一,将设计隐私权功能嵌入系统之中,其中包括强制将某些技术性功能嵌入系统之中,比隐私默认设置和隐私增强技术(由第 29 条工作组提出);其二,将设计隐私权作为立法性组织要求,并将其作为数据保护法的一般原则而无须具体监管特定的技术(或多或少类似于上一节内容所述的"美国方法");其三,将设计隐私权作为自我监管倡议的一部分而不是成为立法框架的一部分,并鼓励设计隐私权成为行业最佳实践。不过,考虑到设计隐私权如今已经包含在欧盟目前的立法框架之中(因此也是加拿大的立法框架),所以有些人往往会跳出来认为设计隐私权是多余的,它只会给行业造成额外的负担罢了。

就那些认为设计隐私权不应成为立法框架一部分的观点而言,这些观点主要基于三个论点:其一,设计隐私权会把创新扼杀在摇篮之中,并会给经济运作带来不成比例的负担。其二,由于设计隐私权已经包含在当前的立法框架中(欧盟《数据保护指令》第 6 条和第 17 条),所以规定设计隐私权压根没太大必要。其三,不仅立法化的设计隐私权要求并不会实现隐私保护的预期结果,而且它还会扼杀推动隐私保护技术和实践向前发展所需要的创新。正如欧盟委员会所言,虽然设计隐私权本身也不是相关规定可以强制要求的,但是我们完全可以建立一个精巧的监管激励机制来鼓励这一运动。在当今这个全球数据频繁流动的世界中,相关组织既需要看到任命相关人员负责隐私计划和隐私合规的价值所在,又需要在隐私风险管理的方法中通过更好的产品设计来寻求解决方案,而这可不是当今大多数律师所青睐的法律"栓接"方法能够解决的。总而言之,欧盟委员会必须考虑最有效的办法来激励相关组织内部做出这些决策,而不能简单地提出额外的规定性规则就作罢。

然而,在整个行业中,并非所有人都对这一观点点头称赞。一些行业参与者认为,只要不强制要求"技术性成果"或"认证方案",那么,至少在一定程度上,将设计隐私权纳入立法框架还是有一定价值的。不过话又说回来,信息和通信技术行业的主要基调可一直没变,那就是自我监管还是要力压强制性计划一头,而政府的作用就应该在于为行业采用设计隐私权提供相应的激励措施。

(2)无论是加拿大、德国、英国和欧盟的数据保护机构还是美国联邦贸易委员会都曾明确表示,不仅设计隐私权是一个需要加以鼓励的概念,而且它对于尊重用户或受益人隐私权的技术进步来说至关重要。不过,虽然 2009 年的国际数据保护和隐私专员会议上曾通过一项决议,该决议认为设计隐私权是"基础隐私保护的基本组成部分",但是这也并非百分百受到赞同的观点,毕竟并非所有的数据保护机构都一致呼吁设计隐私权应当成为全球立法框架的组成部分。

第一,在德国,就拿2010年的德国联邦和兰德数据保护专员会议来说,该会议指出,除了其他几个关键因素之外,德国的数据保护立法理应在未来囊括关于将隐私权整合到"产品和流程"中的条款。如果想要实现这一点,那么不仅数据控制者和数据处理者需要在法律上对个人可标识信息负责,而且生产制造商和设计人员还需要将数据保护原则集成到他们的产品之中;同时,数据保护机构也应该具备审计、提供批准证书和公开点名违规者的能力。此外,设计隐私权绝对是其中的重头戏,这就要求数据控制者必须确保隐私权原则在系统部署之前就已经充分集成嵌入系统之中,如果它们没有这样做的话,那么数据主体就有权根据这一遗漏行为提出赔偿请求。不过话又说回来,许多人有时也无可奈何地承认,由于对特定技术的监管可能是一项"比登天还难的艰巨任务",所以将设计隐私权作为一项贯穿所有技术的一般性原则可能更为合适,而不是非要把它作为一个基于它试图规范的技术来理解的术语。

第二,一般来说显而易见的是,相比于单薄的组织性要求,德国联邦和州的数据保护机构都更为倾向于设计隐私权原则应当在设计阶段就要求技术性元素和组织性元素。同时,欧盟的数据保护机构对这一观点也是举双手赞成,比如欧盟的数据保护机构就曾指出,除了将设计隐私权作为一般原则并与问责原则相结合之外,设计隐私权原则还应当对射频识别技术、社交网络和浏览器应用程序进行更具体的规范。此外,第29条工作组也曾指出,作为《欧洲人权公约》(ECHR)第8条所规定的一项基本权利,隐私权理所应当嵌入到系统之中。具体来说,不仅第29条工作组大力呼吁在系统中嵌入一系列约束性规制,比如数据安全原则、数据最小化原则、隐私增强技术、隐私默认设置、访问控制原则和加密原则,而且数据保护机构执行相关规定的能力也必须大大予以加强。除了对系统设计人员加以约束之外,这些规则对生产者和数据控制者也同样需要加以约束。在第29条工作组看来,将设计隐私权仅仅作为一项原则性方法是远远不够的,反之,任何一个欧盟的法律框架都应当具有能够强制嵌入设计功能的可能性。

第三,相比于第 29 条工作组、德国专员或如今欧盟提案的规范性建议,英国专员的观点仿佛更像是和美国以及行业的观点站在同一阵营里。换言之,英国专员认为高水平的原则和自我监管应优于规范性的或特定于相关技术的法规。打个简单的比方,在"信息专员对司法部要求提供关于当前数据保护立法框架的证据的回应"中,虽然英国专员指出设计隐私权应作为一项原则列入 2000 年的《信息自由法》(*The Freedom of Information Act*)之中,但是他们却并没有详细说明具体规定、数据保护机构的权力或他人在这方面所享有的权利。

第四,和其他许多方面都如出一辙,在加拿大,关于设计隐私权和隐私保护的观点往往处于欧洲大陆国家和美英两国之间的一个中间地带。具体而言,信息和隐私专员办公室主要将设计隐私权视为一项旨在实现高水准数据保护和合规性的自愿性标准,可是我们要知道,这并不一定是设计隐私权在隐私保护方面的最终用途。同时,虽然信息和隐私专员办公室通常赞成将设计隐私权纳入立法框架之中,但是在关于立法化的设计隐私权要求最终应该是何模样的辩论中,信息和隐私专员办公室却不会偏袒任何一方而是选择"坐山观虎斗"。这也就是说,对于设计隐私权是否需要进行监管从而强制实施某些技术性措施,抑或针对组织性要求是否足够充分的问题,信息和隐私专员办公室往往会选择保持沉默。此外,虽然加拿大专员办公室也同样认为设计隐私权是隐私保护的基本组成部分,但到目前为止,它也一直对《个人信息保护和电子文件法》是否应当包含仅具原则性的、技术规范性的条款或任何设计隐私权方面条款的问题上缄默不语。虽然对设计隐私权的立法方法往往保持一种不偏不倚的中立态度,但是正如我们在智能电网案例和加拿大安大略省福利申请系统的生物特征识别系统案例中所看到的那样,信息和隐私专员办公室确实注意到了监管特定应用的无穷潜力。事实上,有一些私营部门企业对信息和隐私专员办公室的观点大为赞同,即让行业、数据保护机构和监管机构在设计系统方面共同实现最佳实践,特别是在处理敏感数据方面,例如电子健康应用、智能仪表或智能设备。

(3)在信息和隐私专员办公室最近发表的一份出版物中,为了提供一种"灵活但可执行"的隐私保护方法,Cavoukian 博士提出了一份立法框架草案。与本文的出发点大同小异，不仅该文件概述了设计隐私权在美国、欧盟和加拿大的立法倡议和应用情况，而且该文件还将作为拟议立法框架草案的一针促进剂。不过，虽然该立法框架草案具有一定的规范性，因为它强制规定出一个"设计隐私权计划"，并且其中还包括这样一个计划的具体要素，但是它却没有规定具体的和可执行的技术解决方案。同时，该草案也并没有建议规定强制性的隐私默认设置。或许很多人对这个术语"一头雾水"，其实所谓隐私默认设置就是指在合理可能的情况下自动提供隐私保护，这样一来，个人用户或客户无须采取任何行动就能够保护自己个人信息的隐私权。无论怎么说，隐私默认保护原则都是设计隐私权的一个基本原则，也许是对逻辑上的批评怀揣着些许期待，Cavoukian博士认为，在设计隐私权中，隐私默认保护原则可谓是我们汲汲渴望和不断追求的理想条件。然而从目前的情况来看，在线消费者营销的行业实践标准却是"选择－退出"机制。毋庸置疑的是，隐私默认保护确实需要转变为"选择－加入"机制，但立即转向"选择－加入"机制既可能是不切实际的（这是敏感信息的实践标准，如个人健康信息的标准），也可能对行业危害无穷。作为设计隐私权大名鼎鼎的七项基本原则之一，隐私默认保护原则必须要与其他原则一起解读。就拿第四项功能完整原则，即正和而非零和原则来说，该原则便要求设计隐私权应当实现一种两头落好的"正和"解决方案，这种方案能够为消费者和企业提供双赢的结果，而绝不会以牺牲其中一方作为代价。此外，我们还需要考虑到该问题所涉及的具体情境，毕竟背景和情境至关重要——由于现有的行业实践标准从一开始就阻碍着隐私默认保护原则的直接实现，所以采取一种"两步走"的方式或许可以更好地实现这一原则的核心精神。然而，在本文看来，虽然上述论述看似合情合理，但是读起来只能说是差强人意。笔者认为，虽然所有的原则之间都应该相互印证着去理解这话固然不假，但是我们要知道，这七项基本原则中有六项都直接涉及个人数据保护，只有一个正和而非零和原则关乎隐私权和其他相关领域之间的利益平衡。可是上述草案中描述的方式表明，所有涉及信息保护的六项原则都必须在同一个原则的情境背景下看待，这本质上就相当于创建一个基本原则的两层体系，因为在这种语境下，所有的其他原则都不需要并列阅读就会自然而然一起协同工作。事实上,这种方法以前从未被提倡过,甚至可以说这种方法将背离通常大家所理解的设计隐私权,至少当前没有任何证据表明有任何其他的设计隐私权倡导者采取过这样的解释性方法,尤其是 Peter Schaar。

此外,虽然 Cavoukian 博士的草案对敏感的个人可标识信息、不敏感的个人可标识信息和组织规模都已经作出适当的界定和区分,但是她却并没有从隐私权的角度提及任何关于技术开发人员或生产制造者对他们所开发的系统负有真正的责任这一点。这也就意味着,虽然信息和隐私专员办公室对设计隐私权的态度可能是加拿大式的,但是它却会选择从美国而不是欧盟的发展中汲取影响。举例而言,该草案曾特别注意到设计隐私权对《美国联邦商业隐私权法案》和马萨诸塞州立法的影响,可它却并没有提到第29条工作组或德国专员在这方面的建议。

(4) 撇开可行性先不谈,如果相关责任和义务是从产品生命周期的用户端开始的,那么,设计隐私权可能就没有什么用处了。德国专员指出,如果想要充分发挥设计隐私权的潜力,那么我们就必须将设计隐私权原则嵌入到产品和服务之中。从目前来看,由于信息和隐私专员办公室的草案对于救济措施或执行程序都保持沉默不语,所以我们完全可以假设该草案是符合现有立法框架的,例如加拿大的《个人信息保护和电子文件法》或其他的欧盟立法,毕竟作为设计隐私权计划的一部分,它确实能够为相关组织提供具体的和有用的指导方针和程序。

(5) 对于相关组织来说,采用设计隐私权所带来的额外行政负担可能超乎你我的想象,至少从美国的角度来看,这必然需要对许多组织进行重大改革。而对于那些活跃在欧洲的组织来说,欧盟《数据保护指令》目前已经对所有处理个人可标识信息的自动化或部分自动化系统提出了通知要求。

就拿瑞典来说,根据《瑞典个人数据法》第36条的规定,数据控制者负有通知义务,第36条指出:"无论数据控制者是进行全自动化还是部分自动化的个人数据处理,他们都需要承担通知义务。在实施此类数据处理行为或一系列具有相同或类似目的的数据处理行为之前,数据控制者都应当向监管机构提供书面通知。"虽然这种通知要求显而易见会使设计隐私权项目的监管轻松不少，但无论是对于加拿大的组织（以及保守党政府是否会容忍这种要求）还是监管机构来说，这都将是一个巨大的变化。

（6）不管怎么说，加拿大安大略省信息和隐私专员提出的立法框架都是直截了当和切实可行的。由于它在企业灵活性和规范性数据保护技术标准之间提供着一个可管理的中间地带，所以这可能会吸引来不少立法者的目光。同时，在围绕欧盟立法提案所展开的辩论和磋商过程中，一些潜在的理由也肯定会慢慢浮出水面的。

四、分析

（1）无论利益相关者属于围绕着设计隐私权辩论中的哪方阵营，设计隐私权既会理所当然被视为保护数据和隐私权以及建立系统信任的一个颇具价值的工具，又会最终被看作商业和政治目标的一部分，从而促进技术和技术在社会中的广泛应用。

（2）为了将设计隐私权嵌入数据保护立法框架之中，显而易见有一些悬而未决的问题亟待解决。

第一，头等问题就是我们需要决定究竟用何种方式实现设计隐私权，是遵循美国提出的组织性要求和自我监管还是至多只能在原则上提及设计隐私权，抑或是让设计隐私权成为法律、强制技术和标准的明确组成部分？设计隐私权又是否应该成为《个人信息保护和电子文件法》或任何其他加拿大法律的一部分？针对上述问题，一方面，有了现任政府的支持，加拿大联邦政府在短期内调整立法框架从而纳入设计隐私权的可能性微乎其微。如前所述，"C-12法案"并没有包含任何涉及设计隐私权的内容。这也就意味着，如果欧盟的提案继续向前推进并纳入设计隐私权要求，那么，加拿大就可能会发现自己需要迫不得已效仿这种做法，至少是逐步效仿这种做法。接着，加拿大的方法就很可能会成为牢牢地植根于美国和欧盟关于设计隐私权思想中间的一种方法。另一方面，虽然信息和隐私专员办公室的草案将美国和欧盟这两种方法的要素都有考虑在内，但问题在于，考虑到现代计算的无边界性，发散性的方法在这方面可能不是很能派上用场。事实上，从隐私合规的角度来看，虽然在最理想的情况下，国际企业会遵守最严格的标准，但是鉴于立法化设计隐私权的系统性方法要求技术供应链中的所有参与者都要嵌入设计隐私权，所以这可能也会成为一个非常现实的实际问题。如果相关技术及其应用有不同的立法要求，那么，一家欧洲公司想要从美国获得一个系统就得费上一番功夫了。

第二，如何处理旧系统的问题也会摆在我们面前。虽然加拿大安大略省信息和隐私专员正在大力提倡"重新设计隐私权"，但是目前关于如何让这一原则符合立法框架还是个未知数。同时，尽管关于设计隐私权和它的适当实施还有无数悬而未决的问题，但是很明显，隐私问题专家仍然认为我们有必要在设计阶段考虑和嵌入数据保护来保护隐私权这一基本权利。对于某些应用程序来说，设计隐私权就意味着将为开发人员和数据控制者提供特定的技术性指导，毕竟缺乏这些指导的系统根本就无法运转。至于这些应用是否应当囊括第29条工作组建议和欧盟提案中提到的应用，这说不准会是未来研究的一个风向标，不过，目前从前述智能电网、ELENA和生物特征识别应用的例子来看，很明显有些系统在设计阶段确实需要特定的解决方案，比如加密技术、身份识别验证方面的高级加密和隐私默认保护。

第三，还有一个颇为耐人寻味的问题是，如果我们根据设计隐私权原则对相关系统进行评估，那么，这是否有可能会导致该系统全然被禁止。事实上，欧盟的《数据保护指令》第20条就包含这样的"事前检查"要求。就拿法国来说，针对此类要求，法国目前要么已将它们转化为明确的"禁止进行"要求，要么就已转化为对处理某些类别敏感数据系统的事先授权声明要求。具体来说，此类系统主要包括处理生物特征或遗传数据的系统和一些企业检举系统，毕竟处理潜在的犯罪数据或包含此类信息的应用程序可能会对雇员的职业生涯产生不利影响。

由于不管信息有多敏感，加拿大联邦立法和省级立法都不要求将系统处理个人可标识信息的行为通知相关机构，所以即使某个系统的设计隐私权存在不足，加拿大的信息和隐私专员也不能阻止该系统的使用。话虽如此，问责原则中负责人的要求往往会在这方面担当重任——如果相关负责人不相信相关系统符合《个人信息保护和电子文件法》的要求，那么《个人信息保护和电子文件法》就可以间接地阻止该系统进一步被部署；如果设计隐私权成为立法框架明确的组成部分,那么负责人就需要确保相关系统在上线之前就已经在设计阶段考虑过隐私问题;如果立法者就如何为特定的潜在侵入性系统实现这一目标提供具体指导,那么这就会让负责人能够更准确地制定基准,而如果不这样做的话,那么可强制执行的投诉或许就会源源不断到来了。

(3)从上述分析其实我们不难看出,遵守设计隐私权可能既会让事情变得复杂,又耗费资源,还得花上不少钱。如果说相关组织现在都在抱怨隐私权法的话,那么,设计隐私权显然在改善这种局面方面帮不了什么忙。因此,监管机构必须找到使用设计隐私权来改善适当风险的方法,而不是仅仅把目光局限在危害和风险上面。我们可以试着回想一下,不仅数据保护可以涉及民主权利和决定对个人信息采取何种措施的权利,而且看似不敏感的信息在聚合信息中可能也会呈现出这般模样。

(4)在本文看来,每当面对隐私保护问题时,监管机构从今往后必须就设计隐私权的重要性站定明确的立场。为了做到这一点,不仅设计隐私权必须首先成为隐私权法的一个明确原则,而且针对系统的性质和数据的敏感度,我们还应当根据一般原则来对具体的技术性要求进行立法。不过,虽然使设计隐私权明确成为立法框架的一部分可能确实是举足轻重的第一步,但是这对于确保所需的隐私保护水平来说仍然是远远不够的,更不用说仅仅作为原则存在的设计隐私权了,这种设计隐私权想要对目前的立法框架(至少是欧盟的立法框架)造成重大改变可谓困难之极。

五、结语

信息进入数字环境的速度出乎所有人的意料,从手动过程到自动过程的速度更是令人瞠目结舌;在如此瞬息万变的环境中,我们势必需要重新思考个人信息究竟是如何在这些新环境中被收集、存储、使用和保护的。鉴于设计隐私权的目的在于防止而不是减轻对个人可标识信息的损害,所以作为一个概念出现的设计隐私权在这方面吸引着来自四面八方的炽热目光。要知道,相比于在数据已经处于风险之中时才关注补丁系统,设计隐私权的重点主要在于以一种尊重隐私权的方式设计系统架构。不过,这种方法并不能一招吃遍天下鲜,因为许多组织使用的系统是随着时间的行进而建立和开发的，这些系统早在设计隐私权成为一个专业术语之前，甚至早在欧盟、加拿大或其他地方的综合性隐私权立法存在很久之前就已经现身江湖了。换句话来说，无论设计隐私权在未来能够达到什么效果，这些系统都需要持续不断的隐私补丁。同时，为了使设计隐私权具有所需的冲击力，不仅设计隐私权需要在相关隐私权立法中被明确提及，而且我们还应当在需要时规定特定技术解决方案。总而言之，仅仅将设计隐私权作为一种组织性最佳实践是远远不够的，这一点在加拿大尤其如此，毕竟加拿大的法律并不要求行为人向信息和隐私专员或相关负责人明确通知他们的个人可标识信息处理行为，因此即使相关系统没有经过设计角度的审查，它们也照样能够正常运行。从数据保护的角度来看，设计隐私权实在是太至关重要和行之有效了，我们绝对应当把它放在中心地位上而不是把它丢弃在立法框架的边缘角落。

最重要的是，任何一种立法框架都需要涵盖一种能够防止系统或产品上线正常运行的程序，直到它们得到足够的数据保护为止，而这势必要成为私营部门法律框架的一个组成部分。为了达到这一目的，不仅相关组织需要在系统正式投入运行之前提交关于系统如何处理个人数据和出于何种目的处理个人数据的提案，而且数据保护官也可以为问责制度大大助力一把，毕竟相关组织在这种情况下根本不必直接与数据保护机构进行沟通。从目前的情况来看，有一些组织已经开始遵循这一最佳实践，正如我们在 ELENA 中所看到的那样，设计隐私权原则的应用如今很可能会导致数据处理应用程序被立刻叫停。不过，虽然在公共部门，这些大型项目在开始投入运行之前就已经变得众所周知，但是情况在私营部门却显然并非总是如此——尽管企业可以设计或在它们的体系架构中使用缺乏充足隐私保护的应用程序，但是可能只有在因数据泄露、数据挪用等导致个人数据丢失时，社会公众才会知道和了解这些系统，而这时一切都已经太迟了。在这种情况下，为了确保相关系统被顺利设计和使用，欧盟提案中所述的那种对此负责的数据保护官就将再次派上用场，因为他们将成为相关组织和法律之间最有价值的联系纽带。

总之，如果设计隐私权想要在个人数据的保护方式上进行一些货真价实的改变，那么，不仅产品生命周期中的每个参与者都需要从隐私保护的角度来对他们的系统和技术负责，而且我们还需要将嵌入设计隐私权的产品和应用程序的概念到最终成品——推向市场，接着相关组织再使用这些产品来设计遵循相同设计隐私权原则的系统。此外，就监管机构的职责而言，它们既需要确保立法要求足够清晰明确，又需要保证这些要求能够被遵循、追踪和强制执行。有了这一职责，再加上我们所要费心保护的隐私权本来就与信息自决权和不受干涉的权利的重要性不相上下，所以，对于那些认为"设计隐私权的含义在许多情况下都不够明确就意味着我们不应在立法中纳入设计隐私权"的观点，本文认为，这种观点是错误的。

设计隐私权：具有隐私意识的普适计算系统中的隐私权原则

马克·朗海因里希[①] 著　缪子仪[②] 译

目　　次

一、导论
二、隐私权
三、普适计算所带来的社会影响
四、指导方针和原则
五、结语

一、导论

说起隐私权，这个词如今恐怕早已是无人不知、无人不晓。虽然隐私权成为人家言谈之间、热门榜单之中的常客已有不少时日，但是到目前为止，它对自己息息相关的领域——普适计算（ubiquitous computing）领域的影响却微乎其微。换言之，尽管互联网隐私权领域的研究项目多且计算机支持的协同工作（computer supported collaborative work）领域也很景气，但截至目前为止，普适计算领域的研究成果却少得可怜。

不可否认的是，虽然有一些普适计算相关的研究项目已经清清楚楚、明明白白地提及隐私问题，但是截至目前为止，该领域的解决方案却仍然只能解眼下之急并且仅仅针对的是研究人员手头特定的系统。这其中一个原因根本无须笔者多言大家就明白，普适计算如今仍

[①] 马克·朗海因里希（Marc Langheinrich），瑞士提契诺大学计算机科学学院教授、瑞士联邦理工学院分布式系统组信息系统研究所人员。

[②] 缪子仪，中山大学法学院助教。

然处于摸着石头过河的起步阶段，要知道，放眼全世界也不过只有区区几十个研究小组在开发普适计算的综合系统。其实除此之外还有一个深埋背后的原因，那就是隐私权话题本身也足够难以捉摸。由于隐私权相关问题通常属于法学研究的地盘，所以计算机科学家往往和一些更常见的社会问题甚至伦理问题相隔甚远，也因此对它们不甚了解。

在这样的背景下，本文立志在计算机科学领域，特别是在普适计算领域成为一篇计算机科学研究人员和发烧友的入门读物。一言以蔽之，本文既将提供一个关于隐私权的简要背景，即隐私权的历史和围绕它产生的问题，其中包括各种各样的法律含义，又将试图为设计具有隐私意识的普适计算系统制定一套全面的指导方针。

二、隐私权

考虑到"隐私权相关的问题归根结底基本上是价值观、利益和权力的问题，所以若是说隐私权没有一个确切的定义也能说得过去"，因此相比于绞尽脑汁硬是为一个"没有定义"之物给出一个定义，本文试图从以下三个角度来探讨隐私权，即隐私权的历史、隐私权的法律问题和隐私权的效用。

概括而言，在岁月的长河中，围绕着隐私权的讨论早已由来已久，而伴随着这个世界日新月异的飞速发展，纷繁复杂的历史变化也让他人对隐私需求的看法跟着不断变幻着模样。鉴于此，关于隐私权的绝大部分讨论如今已被纳入世界各地的各种监管和法律框架之中，并且每个法律框架都各有千秋。此外值得注意的是，虽然最近科技迅猛的发展势头让不少人忧心忡忡，从而引发出一系列关于严格隐私保护必要性的讨论，但在本文看来，这些观点不仅可能压根行不通，而且还可能让生活便捷性大大受阻。

（一）隐私权简史

早在 19 世纪，隐私权这个概念便开始萦绕在大家的脑海和心头，久久不能消散。而这可要大大归功于大名鼎鼎的 Samuel Warren 和 Louis Brandeis，要知道，面对现代摄影技术和印刷机的出现，他们在 1890 年发表的《论隐私权》可谓隐私权领域的开山之作。在 19 世纪，如果他人想要防止拍出来的照片模糊不清，那么他们就不得不像尊雕像一样在那里一动不动地坐上一段时间，在这种情况下，往往有一些爱管闲事的八卦记者闻风而动，不经他人允许就大肆随便拍照。为了反对八卦记者这种烦人的行为，Warren 和 Brandeis 便提出了隐私权。不过，虽然 Brandeis 将隐私权定义为一种"免受干扰的权利"，但是现在的大多数人渐渐开始认为，所谓隐私权更多的是指他人选择第三人所知道的关于他们个人信息的权利。

20 世纪 60 年代，当时政府偶然发现自动化数据处理技术在对公民进行编目方面相当给力，于是隐私权再次成为大家茶余饭后纷纷谈论的热点话题。在第二次世界大战期间，通过利用详细具体的公共记录，纳粹分子想要找到他们所袭击的任何城市中的犹太人可谓是不费吹灰之力，为了防止这种滥用中央存储信息的悲剧再次重演，许多欧洲国家痛定思痛，纷纷通过各种各样的数据保护法律。视线拉回最近，随着信用卡使用的频率大大增加，加之互联网的曙光普照全球，隐私保护又再次攀上热门话题的前几名。

总的来说，随着时间的推移，隐私问题的主要矛盾焦点早已随着科技的发展而变了一副模样。如果要追根溯源，那么，隐私问题最早其实可以追溯到 1361 年英国的《治安法院法令》(*The Justices of the Peace Act*)，通过规定偷窥者和窃听者应当被逮捕起来，行为性隐私权或媒体隐私权的雏形概念就此确立起来。到了 18 世纪，英国国会议员 William Pitt 写下了那段无人不知、无人不晓的名句："即使是最穷的人，他们在自己的小屋里也能够对抗国王的权威。哪怕屋子可能破破烂烂，哪怕屋顶可能摇摇欲坠；即使风可以吹进这所房子，雨可以淋进这所房子，国王也不能踏进这所房子，他的千军万马也不敢跨过这间破房子的门槛。"自此以后，这种形式的隐私权往往被称为领土隐私权。后来，随着 20 世纪 30 年代电话系统走进千家万户，1928 年的 Olmstead vs. United States 一案让通信隐私权走到了大众的视野之中，在该案中，美国联邦政府执法人员窃听行为的合法性开始受到质疑。在该案发生的几年后，纳粹领导人决定对部分非雅利安人实施惨无人道的强制绝育并进行骇人听闻的医学实验，而这也意味着他人的个人隐私权，即通常所说的身体性隐私权受到严重侵犯。到了 20 世纪六七十年代，伴随着政府频频开始使用电子数据处理技术，信息隐私权的问题也自此搬上台面。

目前，虽然隐私权的前四个方面内容已经在世界上绝大多数法律框架中得到很好的确立，并且它们通常会被直接定义为宪法性的权利，但是信息隐私权这块"烫手的山芋"却在当今社会造成了不少麻烦。尽管涉及信息隐私权的法律算算已经存在了30多年，但是无论是科技日新月异的进步，还是最近万维网在商业上的大获成功，它们都在不断挑战着那个电脑主机堪比一个房间大并且还要使用穿孔卡片的时代孕育出的立法。

在以下内容中，本文便将讨论两部更具影响力的隐私权立法——1974年的《美国联邦隐私权法》和1995年的欧盟《数据保护指令》（第95/46/EC号指令）和它们究竟是如何影响数据处理系统设计的，比如普适计算设备和它们的基础设施。

（二）隐私权的法律问题

首先，说到数据保护法，虽然世界上第一部数据保护法诞生于1970年的德国黑森州，但是早期隐私权立法中最具影响力的数据保护法还得数1974年的《美国联邦隐私权法》。同时，在对相关原则进行确定时，美国联邦政府任命的政府咨询委员会首次提出公平信息实践的概念，要知道，这可是对全世界的隐私权政策都产生举足轻重影响的一项重大政策发展。

具体而言，公平信息实践原则主要建立在哥伦比亚大学政治经济学家 Alan Westin 的成果基础之上，该原则主要包含以下七项内容：其一，所谓公开和透明原则是指相关信息数据不应当被秘密保存起来，其中包括公开这些信息数据的存在和它们的内容。其二，所谓个人参与原则是指信息数据的主体应该能够看到和纠正这些信息和数据。其三，所谓数据收集限制原则是指与数据收集的目的相比，数据收集行为应该是成比例的且不应超过必要的限度。其四，所谓数据质量原则是指数据既应当与收集数据的目的密切相关，又应当保持最新的状态。其五，所谓数据使用限制原则是指相关数据只能够由经过授权的人员用于特定目的。其六，所谓合理安全原则是指根据所收集数据的敏感性，相关组织应当制定适当的安全保障措施。其七，所谓问责原则是指相关信息和数据保存者必须对遵守其他原则负责。然而，虽然公平信息实践原则如今已被纳入全世界叫得上名字的主要隐私权立法之中，但是1974年的《美国联邦隐私权法》却在美国国内反响平平。到了1980年，经济合作与发展组织（OECD）也选择将公平信息实践编入到自己的《经合组织准则》（The OECD Guidelines）之中，以此防止各式各样保护隐私权的法律泛滥成灾，毕竟这些法律极有可能会造成意外的贸易壁垒从而大大损害经济增长。

其次，当欧洲的各个国家都在继续制定和完善涵盖政府和个人数据收集的总括性数据保护法律时，美国随后又出台了五花八门的部门法，不过这些部门法的出现只为满足非常具体特定的一些需求，例如1970年的《美国联邦公平信用报告法》（The Fair Credit Reporting Act）、1988年的《美国联邦视频隐私权保护法》（Video Privacy Protection Act）和1994年的《美国联邦家庭教育权利和隐私权法》（Family Education Rights and Privacy Act）。直到1995年，能和公平信息实践的影响力相匹敌的立法才再一次在欧洲通过，这部法律就是欧盟关于保护他人在处理个人数据和数据自由流动方面的第95/46/EC号指令，即通常所说的《数据保护指令》。如果说1974年的《美国联邦隐私权法》属于早期隐私权立法的话，那么，《数据保护指令》就算是20世纪末最令人瞩目的隐私权立法了。概括而言，《数据保护指令》带来的主要影响是双重的：一方面，根据《数据保护指令》第25/1条的规定，如果欧盟国家想要向非欧盟国家进行数据传输，那么它们就只能够向那些具有"充分隐私保护"的国家进行数据传输。如此一来，由于谁都不想眼睁睁地看着自己被切断与欧盟国家之间的数据流通，所以为了遵守该指令的规定，这种持续性的威胁促使世界各地10多个国家都在匆匆忙忙修订自己的隐私权法。另一方面，不仅该指令将公平信息实践一并囊括并予以细化，而且它的第7条还增加了明确同意的概念。具体而言，除非用户明确表示同意或者在出于法律和合同目的的例外情况下，否则他们的个人数据不能够被进行数据处理。这也就意味着，除非法律要求，否则不仅《数据保护指令》实际上不允许所有类型的数据收集行为，而且它还要求数据主体在每一个特定情形下都要明确表示同意。

再次，虽然计算机专业人员在设计计算机系统时往往希望忽略掉法律问题，只关注实际的技术可能性就好，但是1998年颁布的指令依旧堪称隐私保护史上的一个里程碑,毕竟它的规模大到几乎没人能忽视它。事实上,该指令其实只是一种在所有欧盟成员国的立法中建立共同基础的框架;虽然并非所有 15 个欧盟成员国都已最终敲定各自的国家立法来实际执行《数据保护指令》,但是长期以来,《数据保护指令》修订后的数据保护要求早已成为欧盟内部和与欧盟开展业务的国家不得不面对的现实。打几个简单的比方,如今电子商务部门已经开始考虑《数据保护指令》这类立法的深刻影响,并且为了支持在欧盟以外的地区颁布该指令,它还着手起草一系列新的技术条例和监管规定。再拿美国和欧盟委员会之间的安全港协议(The Safe Harbor agreement)来说,它也属于一项自我监管的实验:如果企业愿意继续与欧盟做生意并获得"提供充足隐私保护"的认证,那么,它们就需要自我证明已经遵守了一套与《数据保护指令》精神相一致的指南,并证明自己已经在商务部的监督下遵守着相关规定。不过,这种办法的有效性还有待观察。一方面,美国的一些有头有脸的隐私权倡导者对安全港协议大为不满,因为他们认为该协议旨在对美国的私营部门进行一种全面的欧盟式隐私权立法;另一方面,美国企业本身签署该协议的速度也极为缓慢。截至 2001 年 4 月,只有寥寥无几的 30 家公司自我认证表明将遵守该协议的要求,而其中唯一能让人眼前一亮的大公司就只有惠普公司。

最后,先不说像安全港协议这样的跨国协议究竟能够获得多好或多快的通过,无论如何,《数据保护指令》都可谓是隐私权立法史上的一个不容小觑的新转折点,因为它既强调了数字数据处理时代中隐私保护的相关性,又强调了国际合作对实现隐私保护无与伦比的重要性。

(三)隐私权到底有多重要

或许不少人都有所听闻 Sun 公司首席执行官 Scott McNealy 的那句名言:"你的隐私权早就消失得无影无踪了,面对现实吧!"鉴于如今的科学技术使得对他人进行全面的数字档案实时编译和查询越来越轻而易举,所以这句名言反映的其实就是一种大家日益普遍的隐私权态度。不过,虽然从历史上来看,遍及世界各地的多次民意调查都已经表明,平民百姓从来没有像今天一样如此关心自己的隐私权,但是诸如乔治华盛顿大学的教授 Amitai Etzioni 和英国电信实验室高级研究和技术主管 Peter Cochrane 之类的批评者却认为，若是没有隐私权，那么，他人的生活实际上能更上一层楼。同时，Cochran 所持的观点也大同小异，他从技术和功利两个角度指出："既然我们在过去漫天都是纸张的世界中都从来没有享受过完全匿名化的生活，那么我们凭什么要期望它在电子化世界中能够实现呢？"在 Cochran 看来，不仅实施大多数有意实施的隐私立法可行性不高，而且这实际上还可能弊大于利，他讽刺道："如果我哪天在纽约的道路交通事故中昏迷不醒，那么拜托你们把我的医疗记录告诉救护车。"

不过，Etzioni 可不这么看，他从更好的社会角度提出自己的观点并指出："如果美国联邦调查局能够破译秘密电子邮件信息，那么，它就能够更好地粉碎恐怖分子的阴谋计划；如果新生儿能够及时接受艾滋病毒检测，那么不仅及时有效的隐私遭受侵犯之后的救济可以大大提高他们的预期寿命，而且这还能够揭露一些他们的父母宁可避免透露的信息。"简单来说，Etzioni 的观点更像是传统的欧盟观点，而这种观点往往会比美国文化更信任政府——根据这种观点，在有足够民主保障的情况下，政府的控制往往对于所有公民来说大有裨益，因为作为公民的代表，政府既知道到底什么对社会有好处，又不会滥用公民的权力。

虽然 Brin 的观点与 Etzioni 如出一辙，但他却是从不同的、更传统的美国角度在看待这个问题，即不信任政府机构、政府执法部门和大企业的每次违约行为。Brin 认为，我们可以选择增强对公共场所和建筑物的监控从而获得更大的自由。具体而言，如果不是只有几个强大的实体控制着这些信息，而是如果我们所有人都能分享这些信息，那么，每个人都会互相监视，因此这也就没有什么好害怕的。同时 Brin 还建议，为了确保他人和孩子的安全，把监控技术作为一种公共资源也是不错的选择。

上述提到的学者们所提出的问题主要包括以下四项内容：其一，可行性，即相关科学技术究竟能实现什么或更好地防止什么。要知道，所有法律和立法都要求可执行性，如果隐私侵权行为无法被追踪到，那么，公平信息实践中所发展出来的、备受强调的问责原则就将变得毫无意义。其二，便捷性。总的来说，在大多数情况下，信息自由流动的好处都会远远超过它们带来的风险,而只有诸如性取向、宗教等高度敏感的信息才值得被好好保护起来。至于那些半公开的信息,比如他人的购物习惯、偏好、联系信息甚至健康信息,如果能够更好地公开这些信息,那么他人才能更好地享受最好的服务和保护。其三,社群主义,即他人的隐私权需要为了社会的最大利益受到限制。简单来说,为了改善多数人的生活,民主社会可以选择任命一些可信赖的实体去监督某些私人事务。其四,平等主义。所谓平等主义就是指,如果所有人都能获得同样的信息,那么,信息就不再是少数消息灵通人士手中的武器。反之,只有当行为人被监视时,他们所掌握的关于他人的所有信息才和他人所掌握的关于行为人的信息一样有价值,而最终,建立在这些对称信息资产基础上的新的社会互动形式才能够得到长足发展。

至于上面这四个问题的答案,它们或许就藏在某一句话的内容中。不过显而易见的是,不仅提供可靠的、全面的、不可颠覆的隐私保护几乎等同于天方夜谭,而且我们还必须去平衡隐私实践、目标和与它们相关的便捷性或不便性之间的关系;换言之,如果他人保护自己的隐私权得大费一番周折,那么,他们就会打消隐私保护的念头了。同时,还有一点显而易见的是,无论是过去还是将来都会有更多的社群主义产品,如果这些产品能够受到独立组织的适当监督,比如在欧盟和许多英联邦国家都非常常见的数据保护专员,那么我们还是应当让受信任的实体有选择地限制他人的一部分隐私权。此外,伴随着科技所带来的巨大变化,这个社会将会也必须进行改变——具有全新形式的社会互动和社会道德将会悄然演变,而这也将使过去从未被大众所触及的事物在社会上慢慢被接受。

我们一定要认识到,隐私保护领域前方依旧长路漫漫并仍有许多工作要做。举例来说:在保护他人的个人信息方面,相关技术可行性的边界究竟在哪里?在社会或政府(大多数情况下)介入并阻止他人出卖他们的灵魂之前,他人到底应该为了追求便捷性而舍弃多少个人数据?我们究竟应当如何将社会的更大利益置于他人的人身保护之上?他人又应当信任谁来处理这些敏感问题?还有最后一点却也不容忽视的是:通过以某种方式来设计系统,我们究竟应当如何影响未来有什么内容会或不会构成可接受的社会行为?

当探讨尊重隐私权的普适计算系统的设计空间时,本文将在下面的"指导方针和原则"一节内容中进一步讨论其中的一些批评言论。不过在此之前,不仅本文将重新审视普适计算领域本身,而且本文还将根据上述隐私问题来对其进行更深入的研究:为什么普适计算领域的工作会引起大家对隐私问题的高度关注?普适计算环境又会给我们的生活带来什么样的变化?在现有的情况下,我们又应当如何从这些变化中推断出未来的隐私权法应当如何实施和使用?

三、普适计算所带来的社会影响

或许不少人心中都有这样的疑问:与其他计算机科学领域相比,究竟是什么使得普适计算在隐私权方面显得与众不同?为什么在这个特定领域的计算机科学家应该更关心独立、自由和隐私权这样模糊的概念?

如果要想解决上述疑问,那么,本文提出普适计算的四个属性:

第一,普适性。一言以蔽之,普适计算无处不在,这既是它的本质,也是它的明确目标。正因如此,无论是穿越人海过马路、舒舒服服地坐在自家客厅还是步履匆匆走进办公楼之中,但凡是在普适性系统和人工制品设计中做出的决定都将影响到他人生活的绝大部分内容。

第二,不可见性。虽然计算机应该无处不在,但是他人仍然希望它们能够实际上从公众的视野中消失,而随着计算机和通信设备的体积不断缩小,这个目标似乎已不再是遥不可及的科幻小说。不过,在未来,他人想要决定在什么时候与计算机或通信设备进行交互或受它们的监视也不是一件容易的事。

第三,感知性。简单来说,随着计算技术的退步和处理能力的增强,传感器准确感知环境某些方面的能力也在与日俱增。事实上,简单的温度、光线或噪音传感器已经存在有些时日了,而下一代传感器则将允许由比按钮更小的相机和麦克风来提供高质量的音频和视频信号。即使是他人生活中的情感方面,比如压力、恐惧或兴奋,这也同样可以通过嵌入在他们衣服或环境中的传感器来高精度地进行感知。

第四,记忆放大性。鉴于语音和视频处理技术在不断进步,加之传感增强设备不久后也能问世,所以传感记忆假体或传感放大器实际上也不再遥不可及；要知道，不仅记忆假体或放大器可以连续、不引人注目地记录他人和他们周围环境的每一个动作、话语和运动，并将这些内容输入复杂的后端系统之中，而且通过使用视频和语音处理技术，这些系统还使他人能够轻轻松松浏览和搜索他们的历史记录。

事实上，无论是数据库技术还是互联网，它们都已经让研究人员和实施者尝到了这些系统所带来的社会责任的滋味。在 Lessig 看来，就那些在任何计算机系统的设计过程中所做的技术性决策而言，例如 TCP 协议，它们实际上造成了在这种系统中什么是可以执行的、什么是不可能执行的法律影响。同时，随着万维网的飞速发展和普及，计算机技术所影响的可不仅仅是那些精通技术学者中的精英翘楚，而是会波及老年人乃至千家万户。如此看来，计算机技术和整个社会之间的羁绊和纠葛已不必多言，而普适计算的深远影响又会将这种纠葛更向前推进一步，不过，这说不定也只是我们开始将计算设备植入身体甚至意识前的最后一步。具体来说，在这个熙熙攘攘的世界中，由于智能但隐形的通信和计算设备充斥着他人的生活，所以任何人生活中的任何一部分都无法从数字化世界中全身而退——不仅他人所言、所行甚至所感知到的一切都可以在以后的任何时候被数字化、存储和检索到，而且哪怕他人可能还不能深入了解他们自己的想法，相关设备具有的记录能力可能也会弥补这种数据的缺乏。

从某种意义上来说，人工智能领域的相关人员对上述这些影响可能已有不少了解，毕竟近半个世纪以来，他们既改进了学习算法、设计本体论，而且还思考出思维机器的哲学影响和社会影响。相比之下，普适计算似乎在雷达屏下发展得迅猛却又没有什么存在感——鉴于普适计算的大部分直接应用听起来太过于平凡，所以不仅普适计算无法像人工智能那样激发通俗小说作家天马行空的想象力，而且哲学家和社会学家也还没有意识到处理能力、存储系统、传感器、材料科学和小型化在不远的将来会给这个社会带来无穷无尽的进步。更别说那些法律学者了，他们至今仍在千方百计地试图弄清楚今天甚至昨天的老掉牙技术给 20 到 30 年前制定的国家法律所带来的影响，例如边界较少的超文本（即万维网）。

综上所述，由于能够意识到未来可能产生天翻地覆变化的其他领域的人少之又少，所以再三考量我们的所作所为可能产生的影响就显得至关重要。既然指望立法者和社会学家充分意识到普适计算技术呈现给我们的巨大可能性和影响已十分不靠谱，那么不仅我们需要自己去了解社会和科技进步带来的潜力和重重风险，而且我们还需要根据既定的原则制定合理的公约和指导方针，从而帮助推动技术朝着负责任和社会可接受的方向良性发展。

四、指导方针和原则

在开始制定指导方针和原则之前，我们必须专注于我们到底想要实现什么，特别是我们还要考虑到上一节内容中提出的一些实质性批评。

我们尤其是要认清，要试图实现的并不是完全的安全，更不用说完美无缺的隐私保护了。一方面，毋庸置疑的是，就像过去一样，间谍和私家侦探的专业监控行为依旧将继续上演。另一方面，新的技术可能也会横空出世，从而能够全部或部分地发现这些监控设备。而最终，更好的监控方法又将再次抵消这一优势，如此循环往复下去。总而言之，虽然过去和将来都会有几匹害群之马这不可避免，但是这一事实并不会破坏我们面前的全部技术可能性。既然如此，我们能够做也将实现的就是防止意外事故的发生——虽然行为人从未提出过请求，但是他们却突然在家门口发现他人被泄露的高度隐私信息。换言之，不仅我们所能做的是允许那些想要尊重他人隐私权的人以正确方式行事，从而最终建立起基于相互信任和尊重的持久关系，而且在与无处不在的、看不见的设备和基础设施进行交互时，我们所能达到的也就是在便捷性和控制性之间寻求一种良好平衡。

根据公平信息实践的要求，加之它最近通过《数据保护指令》的颁布而进一步增强的影响力，本文主要确定了未来在普适计算中的研究需要关注的七个主要的创新和系统设计领域。在接下来的内容中，本文就将按照技术可行性和相关性的顺序详细阐述每一个概念，从通知和同意的基本概念到更一般的非技术实践，比如数据最小化和数据的使用限制。

（一）通知

首先，就任何数据收集系统（普适计算系统在某些方面也将发挥这样的作用）而言，最基本的原则就是公开原则或者通知原则。在今天的大部分法律体系中，不管是简单的身份追踪活动还是成熟的视听记录，我们可以负责任地说，只要相关对象能够被识别出来，那么没有一项数据收集行为能够不被监控到。同样，从定义来看，无论有多少数不尽的公开协议被开发出来，普适计算设备都堪称秘密操作和非法监视的最佳选择。这也就意味着，如果想要确保某个房间或区域不会被第三人听到，那么，我们通常需要特殊的检测设备。光是想想要防止大众市场上的智能咖啡杯在不经意间变成一个不同凡响的间谍工具，我们就不难知道公开原则还有很长的一段路要走。大家可以闭上眼睛想象一下，假设有一个姑娘使用的是一个具有记忆放大器功能的咖啡杯；有一天，这个姑娘粗心大意把她的杯子落在了同事办公室里，结果她晚上拿回咖啡杯时却惊讶地发现，由于完全没有意识到智能咖啡杯的存在，所以她的同事一天到晚都在背后肆无忌惮地谈论关于她的八卦。由此可见，虽然这种偶然的录音在很大程度上无法在法院得到支持，但是它们在这种情况下造成的损害和社会影响却早已远远盖过其法律影响。

其次，如果想要改善这个问题，那么，某种公告系统可能会有所帮助。具体而言，这种公告系统非常像无线电交通公告系统，即在有一个重要的交通公告出现的情况下，汽车立体声音响就会中断播放 CD 或磁带。还有一个类似的就是万维网服务器上的 robots.txt 文件，该文件允许网络机器人在过度穿越一个站点之前仔细检查相关"内部规则"，抑或检查为应急通信保留并不断监控的、众所周知的无线电通信紧急频率。概括来看，不仅上述这两个例子都有一个众所周知的机制概念，而且它们都具有众所周知的信息公开地点。如此一来，对这一特定信息感兴趣的用户压根不需要花费时间和精力去搜索这些信息，毕竟由于他人知道公开这些信息的地点，所以只要有这种信息，他们就可以随时随地访问它们。需要注意的是，根据设备类型的不同，需要的公告机制也各异。打几个简单的比方，不间断的无线电广播会迅速耗尽小型移动设备的电池电量，而房间和建筑物则可以不间断地公告这些信息，还有射频识别设备（RFID）标签也可以被用来被动地公告数据收集内容而无须任何电池。简单来说，通过将这些信息外包给一个公开的网站，然后仅仅将这些信息的统一资源标识符

(URI)放在标签上链接到该网站,此类标签的有限存储规模便可以大大得到加强。

再次,至于这种公告的形式,有一个互联网隐私倡议已经在这一领域为我们探清了不少道路——不知大家是否听说过隐私偏好平台(the Platform for Privacy Preferences,P3P),它主要是由一个工作组在万维网联合会(the World Wide Web Consortium,W3C)上开发的项目,而该工作组则有来自行业、隐私倡导团体和大学的各方代表。就隐私偏好平台而言,它允许网站以机器可读的方式描述相关数据收集行为,然后那些支持隐私偏好平台的浏览器软件就可以来读取和显示这些行为。紧接着,通过配置浏览器,他人便能够选择接受或拒绝某些类型的隐私政策(即所谓的"拒绝任何将我的家庭地址用于营销目的的隐私政策"),从而将一系列烦琐的判断站点实践可接受性的过程直接予以自动化。虽然考虑到普适计算领域的功耗和连通性问题,直接重新使用互联网研究项目的结果将会困难重重,但是这项研究成果的主要优点就在于精心设计的隐私政策术语——要知道,不仅该研究项目使用可扩展标记语言(XML)作为编码格式,而且该项目还使用了十几种元素来允许网站准确地描述它们所收集的数据、这样做的目的、数据的接收者、数据保留情况和它们为处理用户投诉而建立的任何争议机制。说出来大家可能都不信,为了在隐私倡导者和行业营销人员都可以接受的术语方面达成共识,这个项目将3年时间中的绝大部分时间都砸在了这上面。同时,虽然该项目目前尚处于最后阶段,但是已经有不少网站和软件开发人员迫不及待地开始将项目开发的协议纳入自己的系统之中了。

复次,通过使用像隐私偏好平台这样的声明格式,再通过一个或多个知名机制进行公告,形成任何具有隐私权意识的普适计算系统底线就不再是难事。一方面,根据系统的实际设置,一个公告可能会涵盖多种设备,例如只要有人通过前门进入,一座办公楼就可能会对安装在里面的所有设备发出公告,而建筑物中的房间可能还会向房间中安装的所有传感器或设备反复提及该公告;另一方面,可穿戴系统则可以通过他人手机上的单一公告来表示。就能够独立于这些中心服务运行的单个自主设备而言,它们非常需要自己的公告功能。举例来说,对于一个具有复杂备忘录功能的未来咖啡杯来说,即使是在没有持有人可能佩戴的任何中央单元的情况下，只要咖啡杯能够在没有此类中央单元的情况下实际收集任何数据，那么它就需要有能力宣布自己的数据收集实践。

最后，本文认为，并非每一个单一设备都需要在这样的公告中进行识别，因为我们的目标主要是详尽地列举所有类型的数据收集实践，而不是要求每一个单独的设备都这样做。换言之，在某个房间里，究竟有多少传感器在记录音频数据根本无足轻重，因为录音才是最为重要的信息。此外，除了数据核对和整理是正常的之外，夸大实际数据收集实践也是完全合法的。举例来说，即使并非所有房间都配备传感器，一座办公楼也完全可以名正言顺地宣称所有房间都有自动录音设备，而这主要由设备或系统的所有者来决定这种夸大究竟是否符合他们的最佳利益。不过话又说回来，在大多数国家，某些做法可能并不合法，因为这些国家会对监视（如窃听或录像）施加严格的限制（见下文关于使用限制部分的更多内容）。

（二）选择和同意

随着欧盟《数据保护指令》的颁布，我们必须承认它在完善和扩大众所周知的公平信息实践方面确实功不可没，因为仅仅公告和宣布数据收集实践是远远不够的，它还要求数据收集者必须要获得数据主体的明确同意。根据《数据保护指令》的规定，除了某些法律程序（政府执法、公共卫生等）或他人明确同意的情况之外，行为人不得随意收集和使用他人的个人信息。

在现实生活中，最为常见的明确同意形式就是书面合同形式，通过在相应的文本下显示数据主体的签名，数据收集者在大多数情况下都可以轻松有效地证明它们已经得到了数据主体的明确同意。然而在电子交易的世界中可就不是这么一回事了，因为明确的同意可没那么容易得到——虽然基于公钥密码的数字签名早已是一个广为人知的概念，但是这种签名的实际使用却仍处于起步阶段；到目前为止，还没有任何一种公用钥匙基础设施（public-key-infrastructure，PKI）得到广泛的使用，这也就使得数字签名的实际核查和撤销变得困难重重。

除了真实性问题使数字签名难以使用之外，明确性要求也是数字签名使用面前的障碍。比如说，有这样一种可能，那就是某一声明确实是用他人的密钥进行签署的,可是他人实际上却对签署该声明这件事一无所知,抑或其实是他人的个人软件代理在后台处理着签署任务而他人并不知情。事实上,在电子商务的语境下,这种明确的同意通常是通过要求他人按下按钮从而启动数据传输来实现的。然而在普适计算的语境下,考虑到没有任何设备能够支持触觉接口,不仅按下按钮在物理上根本不可能实现,而且它还可能是不可使用的——大家试想一下,当他人走在人来人往的繁忙街道上时,来自不可胜数的数据收集者的数百个设备就会源源不断地请求查询他们的信息,而每当他们想要想授权数据传输时,他们就不得不按下一次手机上的 OK 按钮,如此一来,哪怕是最有耐心的人肯定也会不胜其烦。

此外,对于系统设计而言,同意概念所带来的另一个经常被忽视的问题就是选择要求。换言之,如果只给他人一个选项来选择的话,那么,获得他人的同意与对他人敲诈能有多大的区别呢?我们可以设身处地想象一下,为了进入一栋公共建筑,现在你必须同意一种你本人完全不能接受的做法;当然有人会跳出来说,每个人随时随地都可以放弃这样的交易,但是大家扪心自问一下,你们真的可以放弃吗?还有些人可能会争辩说,这种情况与今天大多数的超市没有什么不同,因为超市也有一个全面的视频监控系统。可是我们要知道,虽然在大多数法律制度中,超市的这种监视是被允许的,但是这种监视往往会在数据的目的、使用和保留方面受到限制和严格指导方针的约束。

在上述这样的背景下,为了使同意成为一种可行的选择,我们必须提供一种比"要么接受要么走人"(take it or leave it)这种非黑即白的选择更优的选择。举例来说,为了提供定制的导航服务,办公大楼可以提出跟踪他人在大楼内位置的请求;如果他人不想被跟踪位置的话,那么他们必须能够有选择性地禁用跟踪功能,而不是关闭整个系统让别人无法使用,抑或一刀切地不让他人进入大楼。同时,幸好音频和视频处理技术近年来大有进步,所以,上述这种选择如今也可以应用于选择性录音上面——该系统并不要求会议的所有与会人员都得同意进行全面的音频或视频录制,恰恰相反,如果只有一部分与会人员同意录制的话,那么,该系统就只能跟踪那些同意录制的人,而所有其他未同意录制人的声音将被静音,他们的照片也将在视频上进行匿名化处理。就拿格鲁吉亚理工学院的"2000 教室"（Classroom 2000）项目来说，该项目采用的解决办法就是这个思路，因为该项目的课堂录音会将重点放在老师和老师的答复上，所以，学生的声音和面孔则会刻意进行低质量处理。

（三）匿名化和假名化

鉴于在电子通信世界中明确表示同意实在是棘手难办，所以，对于个人数据收集来说，还有另外一个可行的替代办法就是匿名化和假名化。不仅这二者是向他人提供若干选择中的一种重要存在，毕竟这样才能让希望保持匿名的人能够保持匿名，而且还允许在不需要他人同意的情况下就能合法收集某些类型的数据。

具体而言，所谓匿名化是指"他人在一组相关主体中无法被识别出来的状态"，相关主体的规模和人数越大，匿名化的程度也就越强。如今，无论是使用匿名代理，例如较为流行的 www.anonymizer.com，还是使用更复杂的"混合代理"，例如加拿大软件公司 Zero-Knowledge 研发的"Freedom"软件产品，不可胜数的免费和商业匿名服务已经在万维网上遍地开花并被广泛使用，而互联网用户今天也已经可以轻而易举地将他们的 IP 地址隐藏在承载访问页面的网站之中。虽然这些服务背后的技术已经日臻成熟，但是在普适计算的环境中，这种方法却可能根本行不通。一方面，较小的普适设备之间的通信通常会发生在一个更为动态的环境中，而在这种环境中，由于设备会不断地进入或离开场景，所以就像混合代理中使用的那种长链通信那样，可能无法持续足够长的时间。另一方面，除非无线协议被调整为使用一次性地址而不是固定的硬件地址（就像蓝牙标准中所做的那样），否则直接通信就会经常披露他人的真实身份。此外，不仅传感硬件和网卡是截然不同的两种东西，而且真实世界的外观和网络空间的外观之间也大相径庭，因为真实世界根本无法轻易地进行伪装——只要摄像机对准他人的面庞，任何摄像机都可以得到足够清晰的图像。

从应用的角度来看，匿名化还有一个缺点，那就是匿名化技术会阻止他人使用任何需要身份验证或提供某种形式个性化服务的应用程序。作为一种替代选择，假名化能够对匿名化进行更为精细的控制。

在假名化的语境下，通过将某个账号分配给某个个人，假名化可以反复识别该主体，直到他更改为不同的账号为止。通过使用相同的假名，不仅他人可以个性化相关服务或建立起自己的声誉，而且他们还随时随地都拥有退出该角色的可能性。不过，无论是匿名化还是假名化，如果相关数据不能追溯到个人，即如果无法与他人联系起来，那么收集和使用这些数据对于个人隐私就没有任何威胁，这也就是为什么欧盟《数据保护指令》等法律框架并不限制收集匿名（或假名）数据的行为。然而，确定某一类型的信息何时能与他人联系起来往往就是各方争论的焦点。比如说，即使是随机生成的假名，它们在某些情况下也可以与他人联系在一起；换言之，如果一个假名与一个在足够小的集合中很容易识别出来的事实一起使用的话，那么，识别出他人的身份根本就是小菜一碟。就好比一个活动徽章可能会被编程为每5分钟更改一次它的账户，然而跟踪系统能够精确定位它的位置这一事实却会使这个更改行为在日志中变得无比明显，因此该账户也就会和活动徽章之间建立起联系。

此外，还需注意的是，由于数据挖掘技术能够将更多看似搭不上边的巧合组合成一幅单一的连贯图像，所以这也能够极大地增加用于建立联系的任何类型信息的潜力。如今，虽然德国的隐私专员们主张严格限制数据挖掘应用程序的使用，但是他们的呼吁可能根本无法落地实现。

（四）接近原则和位置原则

针对具有隐私意识的普适计算系统，从上述对这一类系统中某些可取方面的可行性观察来看，诸如明确的通知、明确的同意和无法建立联系的假名之类的方面可能既难度满满，又无法行之有效和可靠地实施。面对这一技术现实，如果想要保持某种理想的保护状态，那么，其中一种可能性是采用接近原则和地点原则，哪怕这可能意味着需要进行某种形式的社会学调整。

针对使得通知和同意变得困难的方面，接近原则的想法基本上就是一个实际的解决方案。相比于对每一个数据收集实践都进行公告，获得所需的同意，并处理那些各式各样的主体经常表示不同意的情况或许才更为合理一些。大家可以想象一下，未来的社会（和法律制度）将不得不接受这样一个事实，那就是他人的个人用品（比如咖啡杯或"智能"服装）完全可以记录他人在场时的谈话和行为，这就好像他人永远不会忘记他们亲眼看见的事情一样。不过值得注意的是，这并不意味着他人会突然变得无所不知，因为他们的记忆假体（即咖啡杯）只会赋予他们无限回忆的能力。从目前来看，大多数法律制度都将未经各方明确同意的任何录音视为监视行为，只有在具有某些法院命令的情况下，政府执法部门才会允许这种监视行为。同时，如果他人自作聪明地留下这样的设备，以便见证别人的谈话或会议，那么，他们可就失算了，因为一旦他们离开，所有传感设备就将被关闭，直到他们的存在再次被探测到之时设备才会打开。同时，这种探测机制其实并没有想象中复杂——不仅未来的先进传感器可以使用生物测量技术来检查杯子的主人究竟是否真的拿着它，而且这些传感器还可以使用他人衣服中某些账户的存在来作为触发器，这样一来，只有当某个预定义的信号将从他人的可穿戴计算机中发出时，相关传感器才能够顺利运行。此外，如果将杯子的数据存储外包给他人的可穿戴计算机，那么这个问题就更简单了，因为在这种情况下，仅仅只需简单地检查是否存在任何类型的外包设施就足够了，毕竟实际上，外包设施已经充当了任何拿着杯子（或坐在杯子旁边）的人的数据收集设备。

然而，虽然这的确可以缓解一些技术问题，但是设备记录他人的每一次谈话和行为可不仅仅相当于与记忆力超群的朋友谈天说地，要知道，设备的数据存储还允许他人的好友向他们不认识的人播放这些信息，然后这些人就会一起有效地见证本来和他们毫不相干的事件。不过，虽然有的人可能对于朋友们在一起好好回忆过去往事的想法会倍感温馨，但是对于朋友们为了娱乐价值而向一群陌生人播放他人的录音，他人心里肯定还是会觉得相当别扭。与接近原则的概念思路大相类似，位置原则的概念就是接近原则的目标。所谓位置原则就是指，与其制定复杂的身份验证协议来管理所收集信息的分发问题，从而使它们符合之前公布的任何接收人信息，不如将信息简单地与所收集信息的位置绑定到一起。打几个简单的比方，为了获得三楼汽水机目前正在获取的信息，一楼房间里的一张桌子是否应该允许让外面走廊上的花盆与楼梯上的灯具绑定在一起？为了让路过的人把信息传递给他们在地铁或机场遇到的人,直到这些数据最终到达世界的另一边,打印机是否应该告诉每个路过的人它现在正在打印什么内容?

从本质上来说,他人往往要求信息不能无限期地进行传播,甚至也不能跨越更大的地理边界进行传播,例如超越建筑物或房间之外传播。如此一来,在建筑物中收集的信息就将停留在建筑物的网络中,无论是谁对这一信息感兴趣,他们都需要实际在场才能查询这些信息。不过一旦他人出现,那么额外的身份验证就不再需要了;要知道,走廊里的打印机可相当乐意告诉路过和驻足聊天的人自己昨晚到底打印了哪些文档,以及到底有谁来打印过文档。

事实上,这一概念和小型偏远村庄的隐私保护,抑或是隐私保护的缺乏概念如出一辙。在小型偏远村庄,每个人都对彼此的一切信息了如指掌,并且他们对于将信息告诉别人这件事情乐此不疲。不过,一旦有人离开村庄的边界,那么,即使有时也能了解到村庄居民的相关信息,这个难度系数也会直线上升。换言之,尽管口口相传可以让信息传播到信息发源地以外的遥远地方,但是随着距离的增加,信息的价值却会急剧下降。在这种情况下,如果距离更为遥远的话,那么,观察任何东西都将变得不切实际。尽管获取某些信息并非不可能,但是我们最终还是需要信息来源的物理位置。这离实践中的现状其实并不遥远,因为政府执法人员或隐私调查人员通常会就他们对事件的看法采访证人,只不过咖啡杯和桌子目前还不能说话罢了。

(五)安全性

这其实没什么好大惊小怪的,大家谈论隐私问题几乎总是绕着绕着就说到了安全问题,同时,在大多数讨论中,不少人往往都会认为后者的意义要远高于前者。我们不得不承认,这样的想法确实很诱人:一旦我们将安全问题一举解决,或者说一旦我们能够实现兼具真实性和可信度的通信,那么,隐私权就会是不可避免地从安全环境中产生的副产品。虽然安全通信和存储方法已经存在了相当长的一段时间,并且为了跟上技术发展的快速脚步,安全专家也正在为不断完善算法而不懈努力,但是普适计算设备却将在功耗和通信协议领域带来一组新的限制,毕竟只有这么多的能量来驱动嵌入式处理器。就拿毡笔(felt pen)来说,它可能根本不足以计算两个 2048 位素数的乘积。再比如一双智能鞋,由于它穿过商店的前面小路不过发生在短短几秒钟时间内,所以几乎没有足够的时间通过一个有序的安全协议来建立一个安全的通信。退一步来说,即使使用吉赫桌面电源(GHz desktop power),安全专家也对是否能够实现绝对安全表示怀疑。诚然,在可预见的将来,2048位公钥加密可能是安全的,但为了防止误用,密钥还需要通过密码短语进行加密,而这就带来了选择家人或好友的昵称,抑或是在键盘旁写下昵称的常见问题。即使是通常被誉为终极个人安全设备的智能卡,一旦它们落入有问题的人的手中,它们也同样需要保护从而防止未经授权的使用行为。同时,即使生物识别技术允许他人使用指纹或视网膜来取代个人密码,可光是几十到数百个小型和微型个人设备(从袜子到雨伞再到门把手)的密钥分发和管理,就足以让最智能的用户界面发愁了。

在这种情况下,一方面,为了减少这种复杂性,我们其实可以仅在具有高度敏感数据传输的情况下适用充分完全的安全性原则,比如在金融交易或医疗信息传输的过程中;另一方面,在大多数其他情况下,适用比例原则可能更为合适。具体而言,如果有适当的硬件,那么破解512位密钥或许是可行的,如果破解代码只意味着奖励10美金,那么,这就纯粹属于不值得的努力。同样的道理,从传感器向其基站发送温度数据可能也根本不需要加密,毕竟如果一个窃听者足够近到能听到低功率无线电通信正在进行,那么他大概率也能自己感知到当前的温度到底是多少。说到这里,位置原则又能派上用场了——如果我们开始将无害的信息,比如温度或噪音水平,从一个特定的地方传播到物理距离很遥远的地方,那么,我们就能有效地制造出监控设备;但是,如果这些数据只在本地发送而不进一步进行传输,那么,我们就根本不需要担心缺乏加密的问题。因此,这一问题其实可以在合理的折中水平上简化实现。

需要指出的是,充分的安全性可能既不是许多人眼中的灵丹妙药,也根本无须成为这种灵丹妙药。换言之,如果我们采用接近原则、位置原则和比例原则等原则,那么,不仅我们的许多基本基础设施确实可以在没有任何明确安全模式的情况下正常运行,而且它们同时还能充分尊重他人的隐私需求。

（六）访问和追索

如果想要信任一个系统，尤其是一个普适计算系统，那么，不仅我们需要一系列的规章制度，从而将可接受的行为和不可接受的行为区分开来，而且我们还需要一个合理的机制来检测违规行为和执行规则中规定的处罚。总的来说，这两个主题更多的还是属于法律实践领域，为了满足典型的普适计算环境的特殊要求，其中的法律和行为守则都需要进行修订或重新建立。事实上，相关技术完全可以帮助我们实施特定的法律要求，比如数据使用限制、数据访问或数据否认。具体来说，通过在类似隐私偏好平台的协议中增加类似数字签名的东西，我们就可以建立一种不可否认机制（non-repudiation mechanisms），在这种机制中，他人就可以证明在发生争议时确实发生了某种通信。再比如，数据库技术也可以为数据收集者提供具有隐私意识的存储技术，通过将数据及其相关使用实践作为一个单元进行保存，该技术可以简化在完全符合已声明的隐私实践的情况下使用所收集数据的过程。还有先进的可扩展标记语言链接技术，该技术可以使数据主体直接访问被记录的信息，从而实现所需的访问权。

此外，公平信息实践中提出的数据收集和使用限制原则也可以进一步简化这种访问要求。从本质上来说，该原则要求数据收集者符合以下三种行为：其一，只为明确的目的收集数据而不是"提前"存储数据；其二，只收集相关的数据而不是更多无关的数据；其三，只保存为达到目的所需的数据。有了这些原则，再加上匿名化或假名化原则，它们绝对会大大节省我们的时间和精力；否则，为了正确地收集、保护和管理大量敏感的个人信息，我们可得费上一番工夫。

五、结语

首先，不难想象，隐私保护和普适计算走着走着就会走到一个交叉点——奥威尔描绘的那副耸人听闻、令人惴惴不安的景象会最终成真，不仅不可胜数的"智能"设备会具备细微的传感能力和强大的通信能力，并将默默观察他人生活中的每时每刻，而且它们还相当不引人注目甚至无形，以至于他人不留心就根本不会注意到。Ron Rivest 曾无比形象地将这种情况称之为"默认情形的大反转"，即"曾经是私有的现在却是公共的","曾经是难以复制的,现在却是可以不费吹灰之力复制的"和"曾经容易被遗忘的,现在却是永久存储的"。虽然几乎所有普适计算的研究成果都指出,前方还"有不少事情"需要做,但是迄今为止大家取得的成就却寥寥无几。

其次,一方面,只要有适当的协议,本文前面所提到的一些原则实现起来其实并不困难:只要限制任何消息可以传输的通信跃点的数量,我们就可以轻轻松松实现位置原则;只要为个人设备创造简单的接近行为,我们就可以防止非法监视行为;只要设计那些使用临时且随机账户的通信协议,我们就可以提供一些基础的匿名化效果。另一方面,要想实现其他的原则可能就得费上一番周折了,比如我们既需要为给定的场景找到适当的安全设置(系统的某些部分可能会有很多不同的要求),又需要驱动具有足够表达力和紧凑性的低功耗透明协议,还需要创建简单的、基于假名的身份管理机制。就这些内容而言,虽然其中一部分可以通过将现有解决方案移植到低功耗环境来实现,但是另外一部分却可能需要彻彻底底地从头开始重新设计。此外,为了满足所需的信任要求(实施数字签名和相应的公钥基础设施)和后端系统(具有隐私意识的数据库和访问技术),我们仍然需要进行海量般的研究工作。

再次,考虑到现有的法律和行为准则也必不可少,毕竟对于创建尊重隐私权的基础设施来说,这些法律和行为准则可以而且必须作为它们的重要指导方针。同样重要的是要记住,法律只能与社会和技术现实协同工作,而不能逆势而为、与之对抗。换言之,如果我们无法强制实施某些法律要求,那么,我们就需要找到技术或程序解决方案,实在不行就需要修改法律。

最后,或许我们真的应该正视和面对摆在我们眼前的新技术现实,然后再接受这样一个事实,正如我们今天所知道的那样,个人数据收集只会脚步不停地继续推进并侵蚀他人的隐私权。不过,也不必忧心忡忡,因为全新的范式将会取代旧的和不切实际的假设,全新的人类互动形式也将在社会中进化演变。

论设计模糊性

伍德罗·哈佐格[①] 弗雷德里克·斯图兹曼[②] 著
缪子仪[③] 译

目　次

一、导论
二、必须将设计隐私权予以明确化，以便更好地应用于社交媒体的用户界面
三、模糊性的概念和内容
四、设计模糊性的实施
五、结语

一、导论

所谓设计隐私权，是指"将隐私权嵌入各种技术设计规范中的一种哲学和方法"；通过设计隐私权，改变法律对隐私威胁的应对方式就不再是可望而不可即的天方夜谭。如今，虽然政府和相关行业正在逐步通过设计和其他基于设计的策略来贴心保护互联网用户，但为了确保广泛的适用性，设计隐私权的方法对特定领域提供的指导可谓屈指可数、少得可怜。然而，随着互联网和社会技术的日新月异和迅猛发展，不仅为技术性媒介的社会交互（例如社交媒体提供的交互）设计可用和有效的隐私策略逐渐开始成为一项迫在眉睫的挑战，而且

[①] 伍德罗·哈佐格（Woodrow Hartzog），美国桑福德大学坎伯兰法学院助理教授、斯坦福大学法学院互联网与社会研究中心学者。

[②] 弗雷德里克·斯图兹曼（Frederic Stutzman），美国北卡罗来纳大学教堂山分校信息与图书馆科学学院客座助理教授。

[③] 缪子仪，中山大学法学院助教。

这也开始成为一片学术研究的沃土。

在过去的 40 年中,为了对付个人信息收集和存储所固有的隐私风险,监管机构和技术人员已经砸下过不少人力物力财力。在万物为媒的社交媒体时代和行为跟踪时代,存储用户个人信息的庞大数据库(即"大数据")就好似一个随时会爆炸的定时炸弹;而除了这些数据库和它们的母体组织之外,还有层出不穷的隐私威胁将互联网用户团团围住,使其无法脱身。从社交网络的迅猛发展中不难看出,虽然通过社交媒体管理在线关系能够大大助力信息共享,但是它也同时带来令人头痛又棘手的隐私挑战。鉴于社交媒体的用户量如滚雪球般迅速增长,如今甚至已经高达数十亿,所以面对在用户之间披露和转移的庞大信息量所带来的全新隐私威胁时,或许通过设计隐私权去解决这个问题才是一计良策。

然而,虽然这个方法说起来轻松,但是解决社交网络中令人烦恼的隐私问题却任重道远;光是隐私权概念要达成一致就已经困难重重,更不用说通过设计去在社会交互中保护用户的隐私权了。至于到底为什么设计隐私权会面对用户层面的社交问题就绕道走,这实际上是多种多样的原因交错导致的结果:其一,将书面的法律规定落地实施是一个远比想象中要复杂的过程,将法律规定应用于一些正式技术或许还相对靠谱一点(例如数据库和数据传递协议)。① 其二,关于设计人员应当如何在语境不同的交互空间中实现设计隐私权的目标,几乎没有任何指导能对此提供帮助。其三,设计隐私权所带来的大多数实质性保护影响的都是技术"后端",例如,通过加密实现数据安全、数据最小化技术、匿名化技术和通过组织优先考虑隐私问题的结构性保护。② 然而,针对社交相关技术进行设计的重中之重却是考虑技术"前端"的隐私问题,例如,隐私设置、搜索可见性、密码保护和用户是否能够使用化名。③

面对上述种种挑战,或许将社交相关技术的设计目标进行完善才

---

① Seda Giirses, Carmela Troncoso & Claudia Diaz, Address at the Computers, Privacy & Data Prot. Annual Conference: Engineering Privacy by Design (Jan. 29—30, 2011).

② Robert Gellman, Fair Information Practices: A Basic History, Version 1.91 (2012).

③ See Frederic Stutzman & Woodrow Hartzog, Boundary Regulation in Social Media, in Proceedings of the ACM 2012 Conference on Computer Supported Cooperative Work 769 (2012).

是明智之举。从目前情况来看，大多数设计方案的目标都最终落脚在"隐私权"上，可是隐私权这个概念实在是过于宽泛又缺乏透明度，它根本就无法为社交相关技术的设计提供什么让人眼前一亮的、干货满满的指导。不过这也难怪，毕竟隐私权的其中一个概念就是指一种保密状态，而这本身就站在社会交互概念的对立面上。鉴于此，本文强烈建议寻找相关的模糊性概念。无数经验和证据已经表明，互联网用户一般都千方百计地试图通过生产和依靠模糊性来保护自己的在线社交活动。① 而在本文的语境下，所谓在线"模糊性"就是指一种相对难以找到或理解用户相关信息的环境。对于社交相关技术的设计人员来说，模糊性是一个更为清晰明确和伸手就能够到的目标，模糊性比隐私权的一些概念既更加灵活多变，又更为切实可行。同时，模糊性可不意味着简简单单地禁止某些行为，恰恰相反，互联网用户本身也可以积极主动地去创造模糊性。

综上所述，在本文看来，模糊性不仅是在线社交最佳且最有力的一把保护伞，而且在解决前端（即用户访问）隐私问题时，它还是一个能帮上大忙的概念和设计模式。一言以蔽之，本文的目的就在于引入和发展"设计模糊性"这一概念，并将它作为社交相关技术中一种基于设计的隐私解决方案模型。通过这种做法，笔者热切地希望本文能够提供一套能派上大用场的工具，从而让那些崇尚隐私保护性设计原则的组织能够切实处理好一系列社交隐私问题。

总的来说，本文将从三个部分展开论述：本文第一部分将回顾设计隐私权的广义概念，其中包括它的优势、实施过程中面临的挑战和它因未能考虑社交相关技术的前端设计而错失的良机。紧接着，本文第二部分将阐述何为模糊性，其中就包括在线模糊性的四个关键要素，即搜索可见性、无保护访问、身份识别度和清晰度。同时本文提出，在将隐私权嵌入社交相关技术的过程中，正是这四个因素共同构成着设计人员应当考虑的一套原则。本文第三部分将提出一个实施设计模糊性的模型，在该模型的语境下，如果技术、政策和行为干预三者强强联合，那么，实现设计模糊性便将指日可待。

---

① See Frederic Stutzman & Woodrow Hartzog, Boundary Regulation in Social Media, in Proceedings of the ACM 2012 Conference on Computer Supported Cooperative Work 769 (2012).

二、必须将设计隐私权予以明确化，以便更好地应用于社交媒体的用户界面

近年来，相关技术广泛地收集和存储个人信息早已不再是什么新鲜事。无论是行为广告（behavioral advertising）、消费者预测系统还是地理定位系统，它们无一例外都在为收集用户个人信息、数据推动并创造着新的界限。虽然许多行业都顺理成章地认为，数据量的激增将催生出更棒的产品和更精确的预测，但是收集和存储这些数据、信息却很有可能会使用户和企业走向危险的深渊。为了保护他人的信息安全和隐私权，早些年最常见的做法就是通过侵权责任制度、相关法律规定和规章制度来颁布禁令或对行为人进行罚款。[①] 然而，尽管这些"被动回应"的做法还没有被时代所淘汰，但是面对日新月异的网络技术下的一封封战书，加之数据泄露或黑客攻击等大规模风险的来袭，采取一种更为积极主动的隐私保护方法已是迫在眉睫。具体来说，现代这些"以设计为基础"的隐私保护方法往往会将注意力集中在数据最小化、安全性、信息政策和信息披露行为等概念身上。事实上，这种积极主动的隐私保护方法在设计隐私权的运动浪潮中早已可见一斑，而该运动就旨在将"公平信息实践的原则"（FIPs）纳入信息处理技术和系统的设计、操作和管理之中。在本节内容中，本文就将带着大家一起来对设计隐私权的历史和它在不同环境下的实施情况进行一个回顾，而社交媒体的用户界面更是本节内容重点。

（一）设计隐私权推动相关组织重新审视既定的隐私保护方法

就设计隐私权而言，将它视为一种技术性设计框架应该再恰当不过了。换言之，当这个设计框架被纳入进设计阶段之后，相关的技术就理所应当体现出相应的隐私保护。从这种意义上来说，"隐私权"并不是什么事后的考量或安全性处理，而是技术设计和创立过程中的一个基本价值。

[①] See, e.g., Daniel J. Solove, A Brief History of Information Privacy Law, in Proskauer on Privacy (2006).

事实上，如果要追根溯源，那么，设计隐私权这股运动浪潮的源头应该在加拿大安大略省信息和隐私专员 Ann Cavoukian 那里。[1] Cavoukian 提出的设计隐私权理论可谓席卷全球、引发热议，无论是在不计其数的白皮书中还是在大名鼎鼎的期刊——《信息社会中的身份》中，我们都不难发现该理论的身影。具体来说，Cavoukian 的设计隐私权理论极力主张将公平信息实践原则纳入技术设计之中，而这些原则主要包括下列七项内容：其一，企业应当积极主动地去考虑用户隐私利益和隐私问题，而不是等待被动救济；其二，企业应当适用能够覆盖隐私保护通用领域的核心原则；其三，在开发信息技术和系统时，企业必须实现端到端（end to end）的全生命周期保护并尽早解决隐私问题；其四，企业应当进行合格的隐私领导并加大专业投入；其五，企业应当采用并整合隐私增强技术（privacy-enhancing technologies，PETs）；其六，企业应当以正和而非零和的方式来考虑隐私问题，从而一并增强隐私功能和系统功能；其七，企业应当尊重用户的隐私权。

对于总把目光聚焦在隐私增强技术和事后救济的设计界来说，设计隐私权的理论不可不说是一项颠覆常规却又颇有价值的创新。通过使用过程透镜，设计隐私权理论认为隐私权是社会技术基础设施的关键组成部分；换言之，隐私权既是一种价值，又是技术中不可或缺的有形组成部分。为了实现设计隐私权的目标，Cavoukian 指出，不仅设计隐私权应当通过组织层次结构（例如合格的领导）来加以重视，而且隐私结果对用户而言还应该是积极乐观的。[2] 总而言之，从某种意义上来说，设计隐私权会提供相应的过程和基础设施，从而将隐私权作为一种价值和有形商品纳入技术系统设计以及组织行为和结构设计之中。

鉴于隐私增强技术或事后救济措施几乎无法胜任成为一种强有力的隐私策略，所以隐私组织、政府监管机构和行业团体纷纷开始把求

---

[1] Ann Cavoukian, Privacy by Design, 2009, pp. 1 – 5, available at http://www.ipc.on.ca/images/Resources/privacybydesign.pdf.

[2] Ann Cavoukian, Privacy by Design, at 3 (2009), available at http://www.ipc.on.ca/images/Resources/privacybydesign.pdf.

助的目光投向设计隐私权，希冀设计隐私权能够成为信息时代抵抗各路隐私威胁的大救星。打几个简单的比方：其一，在2012年，为了大力鼓励企业在自己的商业运作和技术操作中采用设计隐私权的方法，联邦贸易委员会（FTC）提出的隐私框架明晃晃的主题就是"在飞速变化的时代保护他人的隐私权"；其二，欧盟数据保护机构曾强烈建议即将出台的数据保护相关规定将设计隐私权列为一项要求，这样一来，在面临高额罚款或其他法律行动威胁的情况下，这就会促使欧盟的公司和与欧盟公司做生意的公司乖乖遵循设计隐私权的要求；[①] 其三，监管机构当然也不甘落后，为了要求相关组织改变它们在技术设计过程中对待隐私权的方式，监管机构也果断出手将设计隐私权作为自己的指导方针或要求。

（二）模糊性能够改进设计隐私权

虽然采用设计隐私权的做法早已不足为奇，但是对实施者来说，他们前方的道路却是困难重重、举步维艰。概括而言，针对设计隐私权的批评声和质疑声几乎从来没有消停过，这其中就包括缺乏对实施设计隐私权的激励因素、设计隐私权的可执行性存疑、采用和应用新隐私行为面临的固有组织挑战和设计隐私权发展模型面临的技术障碍。虽然这些批评的声音不绝于耳，但是毋庸置疑的是，在解决技术设计人员面临的种种隐私挑战方面，设计隐私权还是颇有用武之地。事实上，由于技术设计是一个跨学科的问题，它会涉及一个组织内部工程师、经理、律师、决策者和高管之间的协同配合，所以通过提出组织中不同部分在设计过程中体现出的价值观，设计隐私权的方法对于解决上述这些问题而言大有裨益。当然，虽然这说起来容易，但是做起来却很难，这种难度主要体现在以下三个方面：

第一，正如 Ira Rubinstein 所言，设计隐私权如今面临的挑战主要有两个：一是设计隐私权的具体要求含混不清，二是缺乏相应的激

---

① See Communication from the Commission to the European Parliament, the Council, the European Economic and Social Committee and the Committee of the Regions, A Comprehensive Approach On Personal Data Protection in the European Union, COM (2010) 609 final (Nov. 4, 2010).

励因素来促使企业采用设计隐私权的方法。抛开别的先不谈，本文在这里先说说 Rubinstein 提出的激励因素问题——Rubinstein 曾探究过企业设计隐私权的原因，其中包括设计隐私权的内生动机、市场需求和监管可能性等问题。就内生动机而言，随着收集到的数据、对风险的容忍度和隐私泄露造成的经济影响的不同，企业设计隐私权的内生动机也五花八门。因此，动机作为一种内生性特质往往会在因企业情况而异。就市场需求而言，Rubinstein 还曾质疑过隐私权和隐私增强技术的市场估值，并认为市场其实对隐私商品（甚至是非零和商品）的需求量少之又少。就监管可能性而言，Rubinstein 发现，由于建立设计隐私权语境下的同意命令难之又难，所以监管机构强制执行设计隐私权相关规定的监管能力还有漫漫崎岖长路要走。[①]

第二，Cavoukian 说得一点都没错，设计隐私权的大前提其实是构建一种能够体现公平信息实践原则的技术。[②] 如果想要构建这样一种技术，那么事情可不是明确一幅路线图这么简单的，恰恰相反，企业还需要遵循一系列的线性步骤，而这也正是 Rubinstein 指出的有关设计隐私权的具体明确化问题。具体而言，产品（尤其是软件）的设计需要将相关规定和要求（例如产品功能的语义描述）转化为可以编译和执行的代码。就拿软件产品团队来说，如果相关规定和要求足够具体明确，加之产品经理也知道设计人员的强项和能力，那么，这样的转化就会进展得顺风顺水；然而事实上，即使团队的水平再怎么强，他们在相关规定和要求的转化阶段也永远不可能一帆风顺地进行下去，毕竟随着对该过程或设计的监管进一步推进，新的挑战也会接二连三地开始不断出现。要知道，由于监管要求和规定往往是含混不清的，并且它们描述的往往是一种可适用于各种不同类型系统的通用过程，所以企业想要一丝不苟地遵循这样一个过程往往会极具挑战性。既然设计隐私权的相关要求和规定本质上也是通用的，那么，将这些要求和规定转化为设计就免不了要正面迎击这些挑战。

---

① Ira S. Rubinstein, Regulating Privacy by Design, Berkeley Technology Law Journal, Vol. 26, No. 3, 2011, pp. 1410 – 1453.
② Ann Cavoukian, Privacy by Design 1 (2009), available at http://www.ipc.on.ca/images/Resources/privacy by design.pdf.

第三，就系统的组成部分而言，本文较为推崇 Rubinstein 的分类方式，即前端技术和后端技术的分类方式。Rubinstein 的观点非常明确，他认为不仅系统由多个方面构成，而且用户体验也有许多不同的组成部分。鉴于系统通常不是作为一个连贯的整体来被构建的，而是作为为了实现同一目标而放在一起的部分来构建的，所以，现在重点就是要考虑隐私风险模型面对系统的不同组成部分到底是如何变化的。举例来说，虽然一个网站系统可能既有前端技术（网站本身）又有后端技术（数据存储），但是无论是从隐私攻击还是隐私问题来看，这二者的风险模型都可能相差"十万八千里"——一方面，对于诸如数据库之类的正式系统来说，由于它们能够掌控已知的隐私威胁范围，所以系统地对这些隐私威胁加以防范并不算什么难事；另一方面，前端技术却有可能会引发从社会到技术的一系列隐私威胁，而这些威胁的异质性则会使得适用常规的隐私逻辑变得比登天还难。这样一来，企业往往就会一边倒地仅仅针对正式系统去设计隐私权。

综上所述，在通往大规模采用设计隐私权方法的道路上，可谓荆棘密布、困难重重，无论是实施和采用需求、可行性还是技术能力，它们都是不小的挑战。不仅如此，这些挑战还会因为隐私权的性质而变得更加复杂化，毕竟隐私风险对技术来说既是内生的（即技术所固有的一系列已知风险的产物），又是外生的（外部风险的产物，通常是不可知的风险）。① 事实上，社交媒体就将这一点体现得淋漓尽致：在社交媒体的语境下，用户既会与系统进行交互（此时会出现内生风险），又与系统内的其他用户进行交互（此时会出现外生风险），这样内外夹击的隐私挑战在其他交互技术中可以说是前所未有的。因此，本文在接下来的一些内容中也会使用社交媒体作为案例来论述。

事实证明，在社交技术的背景下，用一种在基于设计的解决方案上行得通的方式去将隐私权进行概念化基本上属于白日做梦。② 如前

---

① See Paul Dourish & Ken Anderson, Collective Information Practice: Exploring Privacy and Security as Social and Cultural Phenomena, 21 Hum. -Computer Interaction 319 (2006).

② Woodrow Hartzog & Frederic Stutzman, The Case for Online Obscurity, 101 *CALIF. L. REV.* 1 (2013).

所述,"隐私权"在社交语境中到底意味着什么至今还没争论出个所以然来,更不用说去探讨互联网设计要如何保护隐私权了。虽然大多数学者和监管机构都一致认为,"后端技术"保护才是以设计为基础的保护中的王牌大明星,比如公平信息实践中规定的那些保护;① 但是事实上,这些后台保护根本就无法解决互联网的前端问题,而互联网前端却又偏偏涉及那些旨在促进在线社交的用户界面。

由于社会交互总是一团乱麻、难以预测并且与相关语境有着密不可分的联系,所以任何设计规则或指导方针似乎要么就无法发挥应有的功效,要么就完全与目标背道而驰。可是话又说回来,由于社交网络的领地现在已经遍布全球,所以把它排除在基于设计的解决方案之外基本上想都不要想;先不说像 Facebook 这样的社交网站巨鳄后面狂热簇拥着超过 10 亿的用户,就连商业网站和新闻网站如今也在将社交因素纳入自己的用户体验之中。因此,一言以蔽之,现在是时候制定设计准则来保护社交语境下的隐私权了。

三、模糊性的概念和内容

有关互联网隐私权的概念虽然数量不少,但是它们仿佛一提升到社交层面就会土崩瓦解。② 尽管不可否认的是,如果隐私权的概念过于语境化和模糊不清,那么,它就既无法有意义地指导利益相关者做出基于设计的决策,也无法有效保护互联网用户的合法权益;但是在本文看来,这种模糊性仿佛是一把双刃剑,制定保护用户的一般设计原则同样也离不开模糊性这个概念。在本节内容中,本文就将探讨模糊性的概念,总结梳理笔者和其他学者在这个问题上做过的相关研究,并点明为什么模糊性才是社交网站等在线通信技术最理想不过的前端设计原则。

---

① FTC, Protecting Consumer Privacy an Era of Rapid Change: Recommendations for Businesses and Policymakers (2012).

② Lior Jacob Strahilevitz, A Social Networks Theory of Privacy, 72 *U. CHI. L. REV.* 919 (2005).

（一）模糊性的概念

首先，所谓模糊性其实是指一种未知的状态[①]，如果他人是模糊不清的，那么行为人就无法获取关键信息来了解他人。这些关键信息主要包括他人的身份、社会关系和其他个人信息，在缺乏这些信息的情况下，行为人就很难完全理解他人的行为和话语。打个简单的比方，有一家餐馆在午休的时候，虽然餐馆员工常常围坐成一团在那里聊天，或者在背后叽叽喳喳地闲聊同事的八卦；但是除非偷听者知道这些流言蜚语的主题和主体，否则他们还是会听得一头雾水、不知所云；换言之，只有大脑高速运转、充分利用那些未说出的上下文信息来理解这些话，偷听者才能大致弄明白员工到底聊了些什么，而这些信息就属于 Erving Goffrnan 所说的"预设信息"（presupposition）。[②] 事实上，虽然我们嘴上总是说自己在"公众场所"中社交，但是我们的人际交互却常常发生在模糊性地带；在这种模糊性地带中，与我们互动或共享共同空间的人几乎无从知晓我们的身份和个人背景。

其次，在如今这个万物为媒的时代，社交媒体用户也开始依赖模糊性来保护自己的互联网隐私权。在社交媒体的语境下，所谓模糊性是指一种自然的离线状态，用户可以在在线社交环境中反射性地利用这种状态来保护自己的隐私权。比方说，即使整个互联网从理论上都可以访问某个用户披露的信息，用户仅仅在网上披露信息也并不一定意味着他们企图寻求信息被广泛公开。这就好比一个蹲在街角的人，即使他拼命地大声喊叫，他的声音也只会被有限的几个人听到，因为他的听众会受到建筑、社会交互和纯粹物理因素的限制；而之所以理性的用户会在网上披露自己的信息，主要原因也在于他们心里差不多也是像蹲在墙角的人那么想的。[③]

再次，在网上披露信息的行为选择还会涉及一个高度语境化的成本/效益分析。概括而言，通过限制信息披露的受众、限制所披露信

[①] Woodrow Hartzog & Frederic Stutzman, The Case for Online Obscurity, 101 *CALIF. L. REV.*, at 5 (2013).

[②] See Erving Goffman, Felicity Condition, 89 Am. J. SOC. 1, 1 (1983).

[③] See, e.g., Mark Newman, Albert-Laszlo Barabasi & Duncan J. Watts, The Structure and Dynamics of Networks (2006).

息的含义和选择在特定网站披露信息，用户会通过各种各样的方式来控制自己在网上披露的信息。考虑到匿名既会违反相关的规定或条款，又会让自己无法从 Facebook 等社交网站中享受无数好处，所以，用户灵机一动就开发出这种能有效在信息披露中制造模糊性的技术。由此我们可以看出，模糊性堪称一种兼具保护性和隐私增强性的状态，由于行为人在这种状态下完全无法搞懂用户的行为，所以它对社交媒体用户来说实在是好处多多。

最后，虽然如今的主流观点都在一边倒地大力鼓吹互联网用户既有本质上各不相同的隐私权，又有相差甚远的目标；但是笔者此前的研究成果已经证明，在线模糊性是互联网用户隐私权至关重要的一个方面。无论是从模糊化技术还是其他一些用户行为中都不难看出，模糊性既是用户在网上所期望的，又是他们所渴求的。举例来说，"互联网用户常常会通过对搜索引擎不可见、使用化名、使用多份个人资料和充分利用隐私设置来隐藏自己的信息"。简而言之，由于用户会在网络上自己制造模糊性，所以模糊性对于基于设计的解决方案来说就是一个可望又可及的理想场所，该场所使得用户完全能够在属于自己的隐私保护环境中快乐生存。

（二）在线模糊性的四个要素

根据先前的学术研究成果，所谓在线模糊性，是指如果信息存在于一种缺乏一个或多个关键要素的语境中，并且这些要素对于发现或理解该信息而言至关重要，那么，该信息就属于具有在线模糊性的信息。就这些关键要素而言，它们主要包括搜索可见性（search visibility）、无保护访问、身份识别度和清晰度，这四个要素的存在会弱化在线模糊性，而缺失这些要素则会大大增强在线模糊性。[1]

简单来说，在线模糊性可谓好处多多——由于信息可以在一系列模糊的情况下进行描绘，所以监管机构、设计人员和组织利益相关者就可以采用一套保护网络信息的指导原则。与隐私权这种更广泛无边、更棘手难办的目标截然相反，在线模糊性的目标将为决策者和组

---

[1] Woodrow Hartzog & Frederic Stutzman, The Case for Online Obscurity, 101 *CALIF. L. REV.*, at 48 (2013).

织利益相关者提供一套更为巧妙的"起点",从而让他们可以通过基于设计的解决方案来跨文化、跨背景地灵活应用指导原则。在接下来的内容中,针对我们应如何通过设计来处理在线模糊性的要素,本文就将对这四个要素逐一进行讨论。

1. 搜索可见性

所谓搜索可见性是指一种通过搜索的可见程度,即通过搜索,第三人究竟能在多大程度上定位和访问用户和该用户生成的内容。[1] 作为获取网络信息最主要的方法,隐身搜索(search invisibility)可以说是在线模糊性中最重要的要素之一。如果没有了搜索,那么,信息就只能通过一些效率奇低的方式被发现和获取,比如通过其他网站的超链接、消息和手动统一资源定位器(URL)输入。

在大多数情况下,隐身搜索已经成为大多数网络信息的默认设置。通过使用 robot.txt 文件来故意屏蔽搜索引擎上的网站、使用隐私设置或其他访问限制(比如密码),用户可以通过五花八门的途径来实现隐身搜索。正因为搜索是发现用户内容最主要且最为通用的媒介,所以设计人员才更应该考虑给用户提供一种涵盖内部和外部搜索服务的控制能力。打个简单的比方,有些用户可能满心希望自己的个人资料能够出现在 Google 界面上,还有一些用户则可能企求别人只能"搜索"到有关自己一两个层级的网络信息(例如从朋友的朋友那里获取信息)。鉴于此,设计人员还可以考虑提供不同层级的搜索引擎模糊化技术;换言之,设计人员既可以只把用户个人资料的某些内容放在搜索结果中,也可以在背后操纵提高或降低相关搜索结果的位置。

2. 无保护访问

所谓访问保护是指包括访问控制在内的一系列技术和方法。说到访问控制,大家再熟悉不过的一个例子应该就是密码了;事实上,访问控制可以提供多种功能,除了通过技术来限制哪些用户可以访问信息之外,访问控制还可以作为表明信息私密性质的规范信号。反过来说,不受限制地获取信息可能会对在线模糊性产生不可估量的负面影

---

[1] Woodrow Hartzog & Frederic Stutzman, The Case for Online Obscurity, 101 CALIF. L. REV., at 35-36 (2013).

响，尤其是当隐私设置等技术明明可以使用却没被使用时，这种无保护访问就很有可能会暴露出用户的个人信息，并使这些信息受到信息抓取、信息索引和信息聚合的影响。

此外，访问控制的类型可能丰富到超乎你的想象，这其中就包括生物识别、加密、隐私设置和密码等等；这些访问控制可以让用户对好几个变量进行控制，比如控制与别人分享的内容，控制潜在受众的具体情况，抑或二者兼而有之。同时，随着无处不在的计算系统飞速变化，加之采用计算系统的群体不断庞大，动态生成的访问控制可能也会滚滚向前发展，而访问控制到那时可能就会对周边环境和网络配置做出回应。除了上一小节内容提到的搜索可见性之外，访问控制在创建在线模糊性方面的作用同样不容小觑；故而就无保护访问这个要素而言，设计人员应当将访问控制也作为自己实现在线模糊性原则的一项有力武器。

3. 身份识别度

所谓身份识别度，是指在网络环境中第三人通过个人信息披露和人际信息披露来识别用户的程度。从该定义中我们就能看出，所谓身份识别在这里就是指一种无可辩驳又无懈可击的信息，这种信息能够将在线网络内容与用户个人身份联系到一起。反之，无法与用户个人身份联系到一起的信息就会具有一定程度的匿名性，从而难以对该用户的隐私权构成什么实际威胁。虽然许多隐私增强技术和其他设计策略都会将关注点放在匿名化上面。[①] 但是，在线模糊性却将目光锁定在使用化名和身份账号（ID）变体上面，毕竟这二者在社交中的作用独一无二。——与密码起到的作用大同小异，不仅身份账号变体和化名也可以在某种程度上保护性地切断相关信息和用户身份之间的联系，而且那些一眼就能看穿的身份账号变体和化名也可以向第三人发出一个信号，即相关用户的身份是较为敏感的或私密的。

此外，日新月异的社会技术如今也在向用户身份管理抛出着无数挑战。还是拿社交媒体来说，在标榜社交网络清晰度的社交网站上，无论通过直接信息披露还是间接信息披露，身份识别这件事几乎随时

[①] Ira S. Rubinstein, Regulating Privacy by Design, *Berkeley Technology Law Journal*, Vol. 26, No. 3, 2011, p. 1415.

随地都能进行;① 就算有的用户使用的是化名后的个人资料,只需通过判断分析该用户经常联系的人,抑或看看他们的朋友在留言板上写的杂七杂八的内容,第三人不必费九牛二虎之力也能识别出该用户的真实身份到底是什么。因此,设计人员理所应当意识到,之所以用户要奋力保护自己的身份,其意图可不仅仅是为了方便自己披露信息,而是为了管理个人信息的披露,并有选择地塑造自己在网络上的形象。

4. 清晰度

首先,所谓清晰度,是指第三人对用户所分享内容的理解程度。② 在通常情况下,虽然网络信息随处都是、唾手可得,但是在第三人看来,这些信息的重要方面却常常会让他们完全摸不着头脑。同时,这些信息有时候还会有意含糊不清或缺少要素;为了让相关信息更具模糊性从而更受保护,一个域(domain)中的信息甚至还可以通过媒介、工具或链接而从另一个域中分离出来。简单来说,如果相关信息太过于模糊或不完整以致完全无法理解、不知所云,那么,该信息就属于缺乏清晰度的信息。

其次,相比于身份识别要素将目光紧盯着身份与信息之间的联系,清晰度要素则更侧重于内容与其他语境因素之间的联系。无论是从相关信息中剥离上下文语境来降低清晰度,还是通过减少可能理解所披露信息含义的人数来增加模糊性,这些技术都在我们的日常社交中比比皆是、不足为奇。比方说,如果一群人彼此之间相知相熟,那么他们在对话时就相当于已经"预设"好了上下文语境,而不是需要在每次交流时都把相关情况说得清清楚楚、明明白白。就像笔者此前的研究成果,笔者曾将"清晰度"进行概念化,并认为所谓清晰度就是指"一系列构成预设信息的共同社会、文化和语言因素"。再比如前面提到的餐馆偷听者,虽然他能轻而易举地听到并理解一些高声的聊天谈笑,但是这些信息却很有可能缺乏清晰度,所以该偷听者其实压根无法真正理解或识别员工说的中心内容到底是什么。通过社

---

① See J. Donath & d. boyd, Public Displays of Connection, 22 *BT Tech. J.* 71 (2004).
② Woodrow Hartzog & Frederic Stutzman, The Case for Online Obscurity, 101 *CALIF. L. REV.*, at 39 (2013).

交技术进行的交流也是这个道理，毕竟社交技术的头顶也常常笼罩着一片阴云，而这片阴云就是阻碍信息清晰度的群体预设内容。①

再次，为了实现清晰度的目标，设计人员能采取的措施可谓多种多样：他们既可以承认和重视管理清晰度的用户策略（即在政策上和技术上都尊重这种规范性实践），又可以考虑元数据、数据存储和数据重组究竟能在多大程度上允许外部第三人以编程方式去实现相关信息的清晰度。② 鉴于用户不经意间披露的信息可能会让自己陷入岌岌可危的境地（比如在工作保障和信息安全方面），所以这些考虑可以说是举足轻重。

最后，与隐私权的广泛概念相比，模糊性细化和实现起来可就是"小菜一碟"了。这也没什么难理解的，当我们在设计中追求"隐私权"时，这就似乎是在追求一种近乎完美无瑕的保护；而设计模糊性的目标可就脚踏实地多了，它只求能满足大多数情况或某一个用户的特定需求。此外，值得注意的是，设计模糊性可不是要铸造一层铜墙铁壁，而是要通过大量减少获取或理解信息的可能性来实现；毕竟模糊性是对社交技术用户的期待所做出的更细致入微、更清晰准确的反映，而不是隐私权那种更为广泛、更有可能产生误导性的概念。③

四、设计模糊性的实施

首先，由于模糊性是大多数在线社交通信的自然状态，所以它理所应当是基于设计的社交技术隐私解决方案的重中之重。在本节内容中，本文将探讨各种组织利益相关者是如何携手并肩、共同努力，从而为社交技术创造"设计模糊性"模式的。具体而言，本节内容将阐述通过技术、政策和行为干预来实现设计模糊性的方法，而这些方法也将促使并激励用户创建或维护一种模糊性环境。

---

① See, e. g., Joseph D. Walther, Selective Self-Presentation in Computer-Mediated Communication: Hyperpersonal Dimensions of Technology, Language, and Cognition, 23 Computers Hum. Behavior 2538 (2007).

② See, e. g., Alessandro Acquisti, Ralph Gross & Fred Stutzman, Privacy in an Age of Augmented Reality (unpublished manuscript) (on file with authors).

③ Woodrow Hartzog & Frederic Stutzman, The Case for Online Obscurity, 101 CALIF. L. REV., at 31 – 40 (2013).

其次,设计和设计人员在设计模糊性过程中的作用相当重要。换言之,就那些实际负责搞定社交技术细节和核心的人而言,比如产品经理、设计人员和软件工程师,他们堪称设计模糊性过程中不可或缺的顶梁柱。由于设计模糊性的重点是社交技术的"前端"或用户界面,所以这些设计团队在实现政策目标方面发挥的绝对是重磅级作用。

再次,对于一份成功完美的设计模糊性计划来说,涵盖一个组织中的所有相关利益相关者同样必不可少,这其中既包括起草技术使用条款和隐私政策的法律顾问,又包括制定技术目标和基本参数的高级决策者。虽然不同的组织利益相关者可能会口口声声地说自己只对各种技术、政策和助推的最终实施负责,但是如果想成为真正意义上的设计模糊性方法,那么尽力让所有组织利益相关者聚集在一起精诚合作从而协调实施过程才是上上策。换言之,设计模糊性的核心原则之一就是完全且完整的组织责任。①

复次,对于社交技术中的隐私保护而言,它赖以追求的唯一目标可不仅仅只有模糊性而已。一方面,一些信息不仅几乎不需要被保护,并且它们在大多数情况下都不会被视为个人信息或模糊性信息,比如那些四处寻求流量和关注的博客和某些 Twitter 账户中的信息;而且对于那些求关注、搏眼球的用户来说,模糊性其实还会变成一块碍事的绊脚石。而另一方面,还有一些信息则像鱼儿离不开水般的渴求信息保护,比如敏感的健康信息和涉及亲密关系的私密信息;由于这一类信息期望的隐私保护水平应该是保密,所以模糊性还远不能满足它们的需求。综上所述,为了避免隐私默认设置就是模糊性的情况出现,让用户有能力调整隐私保护水平才是明智之举;这样一来,用户才能根据自己的需要来决定到底是要寻求关注还是要进行保密。

最后,设计模糊性和信息保密也并不是势不两立的关系,许多设计模糊性的方法其实也可以服务于机密性或保密性的利益。再或者,设计模糊性的其中一些方法还可以作为过渡性工具,从而帮助用户把信息以一种渐进化、控制化和分层化的方式进行公开,而不是让信息

---

① Ann Cavoukian, Privacy by Design 1 (2009), available at http://www.ipc.on.ca/images/Resources/privacy by design.pdf.

迅速四散开来。总而言之，设计模糊性的方法是灵活多变的，它们完全能够实现一些迥然不同的政策目标。

（一）技术

对于设计模糊性来说，最显而易见的方法要么就是创造一种直接产生模糊性的技术，要么就是创造一种让用户自己生成模糊性的技术。这些技术主要包括但不限于隐私增强技术，比如从内部和外部搜索引擎隐藏单个内容的选项。[1] 举例来说，在社交媒体中，根据好友关系、粉丝身份或群组身份的不同，访问权限也会有所差别；再比如在博客或网站中，相关身份认证（比如密码）或加密也会控制访问权限。顺着这一逻辑走下去，智能超链接和隐私设置也可以在不同程度上限制用户访问，并通过这样做去提高查找信息和使信息更具模糊性的成本。成本一高，以有害方式查找和使用信息的可能性也就大大降低了。

1. 智能超链接和访问墙技术

我们在生活中不难看到这样的场景：用户更希望半隐私化地分享相关信息；在这种情境下，他们既不需要密码，又不会存在什么社交关系。出于对这种情况的考虑，本文建议使用小型文本文件（cookies）来设计出一种类似"网上付费专区"的技术，这样一来，用户便只能访问某些限制内容访问来源的链接。比如，在智能超链接和访问墙技术的语境下，除非用户在受保护的在线社区中单击相关选项，或者除非用户电脑上的某些小型文本文件已经授权信息披露，否则链接就不会跳转到正确的页面。[2] 再或者，只有当网络服务器能够确认链接已经嵌入某个网页中时，该链接才可能正常运作。

简单来说，不仅这些"智能超链接"可以确保只有受保护社区的用户或其他认证用户才能访问相关信息，而且这些链接还将有助于保持信息的模糊性，从而让信息在网上的传播不得不历经一些波

---

[1] See, e.g., Spiekermann & Cranor.
[2] See, e.g, Ashkan Soltani et al., Flash Cookies and Privacy (University of California, Berkley, Working Paper, Aug. 10, 2009).

折。① 由于大多数链接很容易通过剪切和粘贴到电子邮件或社交媒体帖子中来共享，所以，这些智能链接可能还需要一些超链接之外的步骤，即手动传播信息。虽然这种方法可能无法充分保护机密或秘密信息，但是它却可能在通过减少可能传播信息的人数来模糊化信息方面大有裨益。② 换言之，虽然方法差强人意，但是它们还是可以在选择性信息披露上面派上一点用场的。

2. 隐私设置

至于帮助用户生成模糊性的一些工具，隐私设置恐怕已经是我们熟悉的事物了。虽然隐私设置往往会允许互联网用户控制到底有哪些人有权访问他们在网站上披露的信息，但是鉴于数百人甚至数千人仍然可以定期访问这些"受保护"的信息，所以大家常常痛批隐私设置压根就没有保护用户的隐私权，而这一批评也侧面反映出单纯依赖隐私权概念来指导设计所存在的弊端。

不过，纵使存在一些问题，隐私设置也还是有它的可取之处——一方面，隐私设置的相关技术可能理解为"模糊性设置"会更好一些，这些技术能够帮助用户在搜索引擎中隐身并控制到底有哪些人有权访问他们的个人信息，而这些正是在线模糊性方法的两个最重要的因素；另一方面，此前有学术研究已经指出，互联网用户使用隐私设置有五花八门的原因，比如用起来顺手合适、便于进行信息访问管理和模糊性等等。③ 综上所述，隐私设置既能够成为实现模糊性的基础技术，又能够成为实现社交技术设计模糊性的主要因素之一。

3. 搜索拦截技术

鉴于在线模糊性的关键要素之一就是隐身搜索，所以对于设计模糊性来说，使网站不被搜索引擎索引到的技术就会相当行之有效。先说说前文探讨过的技术，比如密码系统、隐私设置和类似网络付费专区的技术，它们无一例外地都有两个目的：一是限制访问，二是防止

---

① Woodrow Hartzog & Frederic Stutzman, The Case for Online Obscurity, 101 *CALIF. L. REV.*, 39 (2013).

② Lior Jacob Strahilevitz, A Social Networks Theory of Privacy, 72 *U. CHI. L. REV.* 919 (2005).

③ See Frederic Stutzman & Woodrow Hartzog, Boundary Regulation in Social Media, in Proceedings of the ACM 2012 Conference on Computer Supported Cooperative Work 769 (2012).

某些信息被搜索引擎索引。①

然而事实上,除了上述这些技术之外,其他一些技术也可以发挥大同小异的作用:其一,如果网站想要表明自己不想参与到搜索引擎中去,那么 robot.txt 文件就是一种既简单又有效的方法;其二,隐身搜索技术也可以考虑以某种方式融入社交技术的设计中去。例如,广受欢迎的博客创建工具 Tumblr 就允许用户将自己的博客隐藏起来而不被搜索引擎索引到;在任何特定博客的设置页面上,如果用户选中某个框来表示自己"同意搜索引擎索引到自己的博客",那么,用户就能随时改变自己的意愿。

此外,设计人员还可以考虑一下提供不同层次的搜索引擎模糊化技术,从而只将用户个人资料或网站的某些内容放进搜索结果中。具体而言,设计人员可以让第三人只能在站点层面上搜索到相关信息,而无法在一般搜索引擎上搜索到相关信息。不仅如此,设计人员还能通过降低某些搜索结果的位置来减弱搜索引擎的能力。总而言之,如果相关技术和策略相结合后能够减少或擦除搜索引擎中信息的可见性,那么它们都必将对设计模糊性大有助力。

4. 去识别化工具

近几年来,有一堆新兴技术横空出世,看得人眼花缭乱。打几个简单的比方——随着人脸识别技术进入飞速发展的快车道②,网络照片和视频中的用户被自动识别出来只不过是一个时间问题罢了。再比如"增强现实技术"(augmented reality),该技术就是指"一种全新的人机交互技术,通过利用摄像头、传感器、实时计算和匹配技术,该技术会将真实的环境和虚拟的物体实时地叠加到同一个画面或空间而同时存在,从而达到超越现实的感官体验",而事实上,该技术也在瞄准一切机会进入社交技术之中。在这种背景下,去识别化这件事就显得尤为突出和重要。在网络媒体中,由于用户的真实姓名并不会被包含在搜索结果中,所以用户的个人身份往往是具有模糊性的。这

---

① Woodrow Hartzog & Frederic Stutzman, The Case for Online Obscurity, 101 *CALIF. L. REV.* 1 (2013).

② See, e.g., Megan Geuss, Facebook Facial Recognition: Its Quiet Rise and Dangerous Future, PCWorld (Apr. 26, 2011).

也就意味着，如果对这些用户进行事后身份识别（post hoc identification），那么，用户将对相关视频和图像所享有的模糊性就会消失得无影无踪。反过来说，任何能够阻碍面部识别技术和其他识别工具的技术都会从一定程度上促进设计模糊性的实现。

举个例子来说，Google 日前已经信誓旦旦地说自己正计划实施一项技术，在用户将视频发布到 YouTube 之前，该技术就将允许用户对视频中出现的人脸事先进行模糊化处理。① 同时，该技术一下子就激发出人们的灵感，大家突然想到，用这种技术来处理出现在用户视频中的第三人提交的隐私投诉好像也是个不错的办法。有了这项技术的帮助，在第三人进行隐私投诉后，作为视频创作者的用户就不再只有删除视频这一条无奈之路可走，他们还能选择仅仅对第三人的脸部进行模糊化处理，毕竟这样一来，相关视频就能幸运逃离被删除的噩运。②

虽然在某些情况下，人脸模糊化技术还是会让用户难逃被识别的命运，但是至少这种技术能为我们带来两个积极结果：其一，只有对人脸模糊化的用户有一定了解的人才有可能识别出用户，这能有效保护用户不会被大多数未曾谋面的陌生人识别出来；其二，经过模糊化处理的人脸也许能够打乱人脸识别技术的阵脚。因此，这些去识别化的人脸模糊技术对于设计模糊性而言还是一件大好事。

5. 密码系统和加密技术

除了上述四种技术之外，密码系统和加密技术在对所披露信息进行模糊化处理方面也卓有成效，因为这些技术和工具完全可以显著限制外部第三人访问相关信息，从而使第三人查找信息的交易成本直接直线上升。此外，这些技术可以保护的不仅仅只有信息的模糊性，它们还可以让信息一直处于未知状态或变成让别人怎么找也找不到的秘密。虽然设计人员愿意考虑和尝试这些强大的工具和技术是件好事，但是他们更应该注意到它们在社交技术前端的实施，而不是将目光拘

---

① See Thomas Claburn, YouTube Tool Blurs Faces to Protect Privacy, *INFO. WEEK* (Mar. 29, 2012).

② See Thomas Claburn, YouTube Tool Blurs Faces to Protect Privacy, I*NFO. WEEK* (Mar. 29, 2012).

泥于它们在社交技术后端或传输中的使用。① 不过值得注意的是，如果给所披露信息的获取和访问添加太多枷锁，那么这也可能会不适当地抑制社会交互，并让技术原本的目的难以得到实现。

(二) 政策

虽然前文已经向大家介绍了这么多技术，但是其实并非所有的技术设计决策都一定要围绕着工具和技术打转，那些明确允许或阻止某些行为的规则也同样对设计模糊性的实施起着不容小觑的作用。具体而言，用户使用协议和相关政策既允许用户创建自己的模糊性，比如允许用户使用化名，又能防止社交技术中的第三人从事模糊性的行为，比如从网站上抓取用户数据。概括而言，这些政策一般分为两类：其一，对用户进行行为限制的政策，它们主要是为了管理用户的一些与技术有关的行为；其二，社区准则，它们其实就好比是在线社区中用户之间的"交通道路规则"。

1. 对用户进行行为限制的政策

首先，对用户进行行为限制的政策就如同一把双刃剑，它们带来的影响往往是双面的：一方面，社交媒体等技术中的用户使用协议往往会对第三人行为施加一定的限制，比如禁止抓取用户数据和请求用户的用户名和密码，这些都能在一定程度上防止第三人（和机器人）去弱化和减少用户的模糊性；另一方面，还有一些协议却可能会成为用户模糊性保护道路中的拦路虎，比如有的用户使用协议会要求社交媒体用户披露自己的真实姓名。由此我们不难看出，如果相关政策或协议能够防止模糊性被弱化，或者它们能够激励对模糊性有益无害的行为的话，那么，它们就属于促进设计模糊性的政策或协议。鉴于去识别化是在线模糊性的一个关键要素，所以设计人员理应创建一种允许化名、名称变体或"使用多份个人资料来表示身份多个方面"的协议或技术。

作为社交媒体界地位数一数二的老前辈，Google + 在这方面可谓一马当先，它目前已经修改好自己的用户使用协议并允许用户使用一

---

① See, e. g., Alexis C. Madrigal, A Privacy Manifesto in Code: What if Your Emails Never Went to Gmail and Twitter Couldnt See Your Tweets?, Atlantic (Apr. 4, 2012).

些化名。事实上,之所以 Google + 会有所行动,"化名运动"(the nym-wars)的推动作用功不可没,毕竟正是它将公众的眼球吸引到了化名的重要性上面。虽然 Google + 在用户化名方面以身作则,但是仍有一些社交网站却顽固不化,它们往往会通过相关协议实行识别用户身份的"实名制"政策,甚至有时还会通过执法行为强制用户实名。由于实名制规定可能会剥夺一大片用户所享有的权利(比如虐待行为的受害者、政治反对派等),所以相关网站实名政策的出台可谓一石激起千层浪,毕竟如果这些用户用自己的真实姓名公开发言,那么他们的处境就岌岌可危了。鉴于通过解除与用户个人身份之间的某些联系,使用多份个人资料也能够产生模糊性,所以一些用户就开始暗暗地想,通过创建两份不同的个人资料来保护自己的个人身份又未尝不可?然而,包括 Facebook 在内的一众社交网站都严加禁止这种做法。在本文看来,虽然实名制政策和禁止用户使用多份个人资料的做法无疑对识别用户个人身份来说大有好处,但是这些行为对设计模糊性而言却不可不说是一个大灾难。①

其次,通过减少访问信息方面的技术负担,限制用户披露自己的用户名和密码也可以在一定程度上创造模糊性和安全性。如果第三人想要访问某个用户的社交媒体个人资料,那么,最简单的方法就是直接通过请求该用户的用户名和密码来访问。从目前的情况来看,虽然第三人对用户名和密码提出请求的数量似乎在年年攀高,② 但是,包括 Facebook 在内的社交网站也自有自己的应对措施——作为注册过程的一部分,这些社交网站会要求用户进行承诺,例如"您不会分享自己的密码来让别人访问您的账户,也不会做任何可能危及您的账户安全的事情"。③

再次,设计人员通过禁止信息和数据抓取行为也同样能起到保护

---

① See Statement of Rights and Responsibilities, Facebook, http://www.facebook.com/terms.php?ref^pf (last visited Apr. 26, 2011).

② Brian Stewart, Student Files Lawsuit After Coach Distributed Private Facebook Content, STUDENT PRESS L. CENTER (July 22, 2009).

③ See Statement of Rights and Responsibilities, Facebook, http://www.facebook.com/terms.php?ref^pf (last visited Apr. 26, 2011).

用户信息模糊性的作用。① 在设计模糊性的语境下，所谓抓取限制就是指一种针对自动信息收集的访问控制形式。从本质上来说，根据这些限制要求，在大多数情况下，只有自然人而不是机器人才能访问相关信息；这样一来，这些限制要求就能通过限制聚合和限制信息进一步传播来在手动方法上产生模糊性，毕竟这些方法更耗时耗力，又不太可能对隐私造成什么大的风险。反过来说，信息收集最终的结局往往就是信息聚合，这种聚合会将以前四散分离的信息联系到一起，而本身四散分离的信息明明是可以阻止第三人了解那些预设信息的。换句话说，聚合后的信息往往可以帮助第三人弄明白那些预设信息，从而让信息变得明显易懂而不再具有模糊性。

最后，不少社交技术已经开始把限制用户行为的政策纳入自己的设计原则之中。就拿 Facebook 来说，Facebook 就规定在未经用户事先许可的情况下，第三人不得"使用自动方式（比如信息收集机器人、机器人、网络爬虫或信息抓取技术）去收集用户的相关内容或信息，也不得以这些方式访问 Facebook"②。此外 Facebook 还指出，"如果你想要从用户那里收集信息，那么你必须完成以下三件事情：其一，征得用户的同意；其二，向用户明确说明自己才是（而不是 Facebook）收集他们信息的人；其三，发布一项隐私政策来解释自己收集到的信息和打算以何种方式使用这些信息"。③

2. 社区准则

虽然限制用户行为的政策的确能够为用户与网站之间的关系提供一些规则，但是不能因此对用户使用协议和网站政策视而不见，毕竟它们有时也会充当在线社区用户之间行为的中间人。这些用于在线社交的"交通道路规则"还有一个更广为人知的名字——"社区准

---

① See Statement of Rights and Responsibilities, Facebook, http://www.facebook.com/terms.php? ref^pf (last visited Apr. 26, 2011).

② See Statement of Rights and Responsibilities, Facebook, http://www.facebook.com/terms.php? ref^pf (last visited Apr. 26, 2011).

③ See Statement of Rights and Responsibilities, Facebook, http://www.facebook.com/terms.php? ref^pf (last visited Apr. 26, 2011).

则"。① 在限制用户行为的政策之外,这些社区准则也能大大有助于为在线社区设定一些规范期待。

  从设计的角度来看,这些社区准则并不需要在用户使用协议中产生什么效力。事实上,由于几乎没有什么人有闲工夫去阅读用户使用协议,所以在用户使用协议中加入社区准则也只能是让它无效罢了。② 相比纠结于有效还是无效,社区准则其实更应该在用户披露信息时温和地提醒用户规范预期的行为是什么。例如,设计人员可以在社交网站状态发布工具旁边的一个小文本框中放一些用户使用协议的内容,并把该内容表述为"请牢记,这是一个依赖于自由裁量权的在线社区",抑或"让我们只在内部成员之间交流社区获得的内容"。

  此外,社区准则可万万不能用复杂难懂的法律术语,简单明了才应该是它们追求的目标。③ 为了确定到底哪种方式才能最快捷有效地告知用户相关规则,设计人员既可以勇于尝试和探索五花八门的形式和令人忍俊不禁的表述,又可以选择规规矩矩地实施社区准则或将该准则纳入用户使用协议,从而让它们成为具有合同约束力协议的组成部分。

  打个简单的比方,Flickr 给出的社区准则就一目了然,并且其中不少准则都对增强在线模糊性大有裨益。④ 例如在"不应做的事"一栏中,Flickr 就诙谐幽默地提醒用户"别把你家熊孩子忘了",Flickr 还指出,"如果您还没想好要不要把照片或视频给熊孩子、慈祥老母亲或隔壁 Bob 叔叔看,那么,您最好赶快弄好适当的内容过滤器设置;如果您不这样做,那么,Flickr 工作人员可能会调整甚至删除您的账户"。⑤ 所谓内容过滤器其实是指一种能够影响用户访问的技术控制,作为一种融合各种设计工具后的产物,它在创造模糊性方面绝

---

  ① See, e. g., Flickr Community Guidelines, Flickr, http://www.flickr.com/help/guidelines.

  ② See, e. g., Woodrow Hartzog, Website Design as Contract, 60 Am. U. L. REV. 1635 (2011).

  ③ Cf Aleecia M. McDonald & Lorrie Faith Cranor, The Cost of Reading Privacy Policies, 4 J. L. &Poly for Info. Socy543 (2008).

  ④ Flickr Community Guidelines, Flickr, http://www.flickr.com/help/guidelines/.

  ⑤ Flickr Community Guidelines, Flickr, http://www.flickr.com/help/guidelines/.

对是一把好手。再比如,为了强调文明礼貌和对在线社区的尊重,Flickr还十分风趣幽默地说:"不要表现得很诡异,你懂的,何必呢!"①

(三) 行为干预

无论是现代行为经济学还是社会心理学都已经证明,即使是一个小到不起眼的设计决策,它依旧可以对他人的行为产生重大影响。②为了顺利实现设计模糊性,本文强烈建议从这些学科和理论中悉心吸取丰富经验,用 Richard Thaler 和 Cass Sunstein 的说法来说,就是"助推"(nudge)用户逐步走向模糊性友好型的行为。③ 换言之,本文认为通过设计决策来激励模糊性友好型的行为作为行为干预才是上上策。

为了平缓地提高社交技术中的用户模糊性,而不是强制进行或简单粗暴地排除某些类型的用户行为,这些行为干预既可以与技术和政策相互协同,又可以将它们取而代之。在这里必须强调的是,在本文看来,这些干预措施可并不是一种作为限制用户行为的过度保护,而是一种阐明和纠正的措施,以此去帮助用户理解和实现自己在在线通信中的真实和期望状态。

1. 隐私默认设置

对于设计模糊性和设计隐私权而言,如果隐私友好型默认设置的重要性称第二,那么应该就没有什么因素敢跑出来称第一了。④ 事实上,即使是在隐私权法的其他领域,隐私默认设置也同样十分重要。⑤ 隐私默认设置之所以如此关键而又重要,原因就在于即使默认设置比非默认设置要不合理甚至对用户更不利,用户也通常会坚定不

---

① Flickr Community Guidelines, Flickr, http://www.flickr.com/help/guidelines/.
② See, e.g., Daniel Kahneman, Thinking Fast and Slow (2011).
③ Richard H. Thaler & Cass R. Sunstein, Nudge: Improving Decisions About Health, Wealth, and Happiness 6 (2008).
④ Ann Cavoukian, Privacy by Design 1 (2009), available at http://www.ipc.on.ca/images/Resources/privacybydesign.pdf.
⑤ See, e.g., Jerry Kang, Information Privacy in Cyberspace Transactions, 50 *Stan. L. REV.* 1193 (1998).

移地坚持默认设置。① 这种不愿改变默认选项和现状的惰性和力量往往会被称为"现状偏好"（status quo bias）。② 不仅如此，默认设置甚至有可能被视为暗含着用户的认可，并由此认为该默认设置就是用户梦寐以求的设置。因此，考虑社交技术最恰当的隐私默认设置并做出最负责任选择的重要性不言而喻。③

对于大多数社交技术来说，由于模糊性环境是披露个人信息的自然环境，所以任何坚持设计模糊性原则的组织都应该以对模糊性最友好的方式去为用户设计隐私默认设置。例如，如果一项社交技术要为用户提供隐私设置，那么不仅这些设置至少要默认第三人无法在搜索结果中看到用户披露的信息，而且它们还需要以某种重要方式去限制第三人的访问。

2. 反馈机制

首先，对于设计模糊性来说，在社交技术中设计反馈机制也绝对是一项行之有效的行为干预措施。之所以说它有效，原因也是多种多样的，其中就包括使用户更能注意到风险的存在并激发用户对从众的渴望。④

其次，作为一种反馈机制，Ryan Calo 教授提出的"发自肺腑的通知"（visceral notice）非常值得设计人员投入心思去考虑考虑。所谓"发自肺腑的通知"旨在通过利用产品或服务的体验来改变他人的理解，这种反馈机制既可以被归类为一种"展示"，又可以被归类为一种"根据公司与特定用户的接触情况而量身定制的通知。"Calo指出："日新月异的技术和巧妙的设计使得为他人量身定制信息不再是天方夜谭，如此一来，我们完全可以向他人展示与他们特别相关的

---

① Richard H. Thaler & Cass R. Sunstein, Nudge: Improving Decisions About Health, Wealth, and Happiness 6 (2008).

② William Samuelson & Richard Zeckhauser, Status Quo Bias in Decision Making, 1 *J. RISK & Uncertainty* 7 (1988).

③ Jay P. Kesan & Rajiv C. Shah, Setting Software Defaults: Perspectives from Law, Computer Science and Behavioral Economics, 82 *NOTRE Dame L. REV.* 583, 603 (2006).

④ See, e.g., Dan M. Kahan, Gentle Nudges vs. Hard Shoves: Solving the Sticky Norms Problem, 67 *U. CHT. L. REV.* 607, 613 (2000).

东西，而不是去进行普遍化的描述。"①

为了说得更清楚点儿，Calo 就曾举过 Mozilla 的例子。那么，作为受无数人追捧的热门浏览器——Firefox 浏览器的设计者，Mozilla 到底是如何通过向用户提供关于浏览器收集信息的反馈来向用户展示相关隐私行为的呢？Calo 指出："与标准的法律行为没什么区别，Mozilla 提供的隐私政策和用户使用协议同样是在阐明 Mozilla 可能会收集哪些信息，以及 Mozilla 将如何使用这些信息。Mozilla 曾说：'在为期一周的时间里，我们将定期收集关于浏览器基本性能的数据。'不过，在将用户信息从用户电脑传输到 Mozilla 的服务器之前，不仅 Mozilla 向用户展示过一份关于实际收集到的信息的报告，而且 Mozilla 还请求用户对此进行审查和同意。由此我们可以看出，用户实际上看到的是一个特定的、与自己息息相关的事情，并在此基础上才决定同意与否。"Calo 对此总结道："这个方法可太赞了，Mozilla 向用户展示着实际发生的事情，从而将企业的相关行为信息嵌入产品或服务的用户体验之中。这就和玩游戏是一个道理，亲身玩游戏才是学习游戏规则的最佳方式。"②

再次，通过向用户展示他们社交网络或交互性的各个方面和可能激励模糊性行为的方面，社交技术还提供着不可胜数的反馈机会。比方说，当用户在披露信息时，如果相关界面能够向用户展示该信息的潜在受众规模或五个随机选出的好友名称，那么，用户就能更好地了解信息披露的可能范围，从而对该信息传播后造成的潜在后果做到心中有数。同时，这也会促使用户向较小范围内的受众或隐私设置的范围内披露信息。事实上，目前有一些社交技术已经在尝试使用这种方法——就拿专业社交网站 LinkedIn 来说，它就会向用户显示最近查看他们个人资料的第三人究竟有哪些。由于这些反馈会在用户处于初期但尚未公开的内容附近显示，例如鼓励用户不要把个人信息写得过于明确或模糊化信息披露主体的身份，所以它们完全可以在增强模糊性

---

① M. Ryan Calo, Against Notice Skepticism in Privacy (and Elsewhere), 87 NOTRE Dame L. REV. 1042 (2012).
② M. Ryan Calo, Against Notice Skepticism in Privacy (and Elsewhere), 87 NOTRE Dame L. REV. 1044 (2012).

友好型行为的背后助力一把。

复次,除了上面提到的方式之外,设计人员还可以将用户与生俱来对从众的渴望和从用户社交联系人列表那里得到的反馈相结合,从而激励模糊性友好型的行为。[1] 虽然许多人会对此嗤之以鼻,并自信满满地认为自己根本不会受身边人行为的影响,但是实证研究已经表明,几乎每个人都只是会不假思索地顺应别人的行为罢了。[2] 在 Thaler 和 Sunstein 看来,如果某一特定社区或群组中的许多人正在从事某种积极向上的行为(比如锻炼身体),那么哪怕他们只是向群体中的其他成员随口提及这一事实,这也可能会对其他成员产生举足轻重的影响。[3]

最后,鉴于用户往往会倾向于向社交技术中的其他用户寻求行为暗示,所以设计人员完全可以利用统计数据来鼓励模糊性友好型的行为。比如,设计人员可以向用户展示他们有多少好友在使用隐私设置。就拿 Facebook 来说,通过充分利用用户的社交联系人列表,Facebook 就会向用户展示他们与列表外的人之间有多少共同好友。[4] 因此,其他设计人员也完全可以效仿行为暗示的这一做法,从而以低成本去增强在线模糊性。

3. 模糊性信号的内容和提醒

首先,就模糊性信号而言,网站的语言和交互功能往往比设计人员想象得有分量多了。那些追求设计模糊性的组织应该早已注意到,即使是与模糊性信号相关的显著性和数量的微小变化,比如强调模糊性的语言表述、隐私设置、躲避搜索引擎索引的选项和化名政策,它们也可以对模糊性友好型行为和用户决策产生天翻地覆般的影响。

---

[1] Woodrow Hartzog & Frederic Stutzman, The Case for Online Obscurity, 101 *CALIF. L. REV.* 1 (2013).

[2] See, e. g., George A. Akerlof et al., An Analysis of Out-of-Wedlock Childbearing in the United States, 111 *Q. J. ECON.* 277 (1996).

[3] Richard H. Thaler & Cass R. Sunstein, Nudge: Improving Decisions About Health, Wealth, and Happiness, 60 (2008).

[4] See What Are Friendship Pages?, FACEBOOK, https:// www.facebook.com/help/220629401299124/.

其次，用户在做出决策时往往会过于依赖某一特定特征或某一信息。① 这些被用户高估的信息往往会被称为"锚"，因为它们总会成为用户决策走向歧途的起点。② 因此，如果设计人员想要让设计模糊性行之有效，那么，他们就应该优化语言和信号在平均用户体验中的位置，毕竟它们极有可能成为用户决策中的锚，从而对用户进行行为干预。

再次，模糊性信号的其中一种形式叫作"即时"（just-in-time）信息披露，就连联邦贸易委员会都点头称赞它为一项有效的设计隐私权技术。根据联邦贸易委员会的说法，"在相关应用程序收集用户信息之前，如果科技企业能够在对用户而言关键的时间点及时披露相关信息，那么用户就能够在知情的情况下自行选择究竟是否要允许企业收集相关信息"。③ 例如，为了获得用户对收集个人信息的明示同意，科技界名头响当当的苹果公司就曾在 iOS6 操作系统的某些方面部署过即时信息披露技术。④

就社交技术中的即时信息披露而言，不仅企业可以在个人资料创建过程的早期或信息披露之时引入隐私设置，而且设计人员还可以在工具栏或主页顶部显示隐私设置或隐私表述，以此在整个用户体验中提高用户的意识。此外，企业还可以向用户再三强调，在最终选择个人资料名称之前，用户完全可以使用化名。总而言之，在用户选择内容和受众的过程中，上述这些做法都有可能有助于模糊性成为"锚"的可能性。

复次，用户总是会习惯于使用身边随处可见、随手可及的例子去评估风险，这种现象就是所谓的"可利用性法则"（availability heuristic），而显著突出且频繁的模糊性信号则可以在一定程度上防

---

① See, e.g., Amos Tversky & Daniel Kahneman, Judgment Under Uncertainty: Heuristics and Biases, 185 *SCIENCE* 1124 (1974).

② Gretchen B. Chapman & Eric J. Johnson, The Limits of Anchoring, 7 *Journal of Behavioral Decision Making* 223 (1994).

③ FTC, Mobile Privacy Disclosures: Building Trust Through Transparency, 15 (2013).

④ FTC, Mobile Privacy Disclosures: Building Trust Through Transparency, 16 (2013).

止该现象不断重复上演。① 鉴于模糊性信号能够有效在用户披露信息时提醒他们注意模糊性的问题，所以在帮助用户正确评估应当何时进一步披露信息和何时限制信息分享方面，模糊性信号绝对可以助上一臂之力。

最后，通过提醒用户关于失去模糊性后的负面后果，这一类突出显著的模糊性信号也会帮助用户不再把信息的潜在受众全然抛在脑后。大家试想一下，每当用户想要发布一条脏话连篇、充斥着个人信息的状态更新时，随即就会弹出一条消息来温和地提醒用户，告诉用户他们的同事、雇主甚至外祖母可都能够查看到该帖子的内容。这样一来，用户便可以悬崖勒马，然后选择将自己的帖子重新调整到一个更谨慎的分组中去发布。再比如，设计人员也可以在用户发布信息时设计简单明了的提醒，以此提醒用户第三人完全可能通过搜索引擎访问到这些内容。

4. 恰当的语言表述

如果企业想要把设计模糊性实施到点子上，那么，反映出框架表述对用户决策的影响就必不可少。对于诸如模糊性之类的问题来说，设计人员的语言选择所构架出的方式会无可避免地对用户信息披露决策产生重大影响。正如 Robert Entman 所言，"所谓框架表述就是指选择认知真实（perceived reality）的某些方面并使它们在交流文本中更加显著突出，从而促进所描述项目的特定问题定义、因果解释、道德评估和/或应对建议"。② 从本质上来说，"框架表述能够突出显示一些以交流通信为主题的信息，从而将这些信息的显著性一并提高"③。

说到框架表述的力量，堪称无人不知、无人不晓的例子应该就是 Daniel Kahneman 和 Amos Tversky 的实验了——该实验的参与人数相当之多，在该实验中，每个人都被要求想象一种令人不寒而栗的疾病

---

① Amos Tversky & Daniel Kahneman, Judgment Under Uncertainty: Heuristics and Biases, 185 *SCIENCE* 1127 (1974).

② Robert M. Entman, Framing: Toward Clarification of a Fractured Paradigm, 43 *J. COMM.* 51, 52 (1993).

③ Robert M. Entman, Framing: Toward Clarification of a Fractured Paradigm, 43 *J. COMM.* 53 (1993).

突然暴发，接着他们被告知几种统计学上几乎如出一辙的隐私遭受侵犯之后的救济方案，只不过就可能死亡和可能挽救的生命数量而言，这些隐私遭受侵犯之后的救济方案的框架表述有所差异。而该实验最终的结果让人大跌眼镜，实验结果表明，虽然这些方案其实并不存在什么差别，但是由于隐私遭受侵犯之后的救济方案的框架表述有所不同，所以相当多的被试者都一股脑地涌向其中一个隐私遭受侵犯之后的救济方案；这也就说明，被试者对问题的理解和最终的隐私遭受侵犯之后的救济方案选择几乎完全取决于框架表述。[1] 同时，就模糊性而言，它既可以轻而易举地被定义为积极或消极，又可以被归类为收益或损失。正如前文所述，鉴于社交技术是为交互而生的，所以有些人可能会把模糊性视为社交技术的眼中钉、肉中刺。在这种情况下，寻求设计模糊性的组织就可以通过框架表述去积极主动地解决这个问题，它们要么可以将模糊性定义为大多数在线社交的自然状态，要么可以把模糊性定义为某种如果不加以保护就会"失去"的东西。

这种理论并非无根无据——在适当的时候，如果相关组织或设计人员将模糊性定义为用户已经拥有并且可能失去的东西，那么，用户与生俱来的自然倾向就会过分高估自己已经拥有的东西。[2] Thaler 和 Sunstein 就曾一针见血地指出："他人对损失可以说是厌恶至极，失去某样东西的扎心痛苦可比你得到同样东西的欣喜快乐要多得多。"[3]

五、结语

本文认为，虽然基于设计的隐私保护解决方案的前途仍然一片光明，但是就解决互联网的社交方面而言，诸如设计隐私权之类的解决方案根本就于事无补。由于社会交互总是一团乱麻、难以预测并且与相关语境有着密不可分的联系，所以这些解决方案碰到"前端"问

---

[1] See Daniel Kahneman & Amos Tversky, Choices, Values, and Frames, 39 *Am. Psychologist* 341 (1984).
[2] See, e.g., Daniel Kahneman, Jack Knetsh & Richard Thaler, Anomalies: The Endowment Effect, Loss Aversion, and Status Quo Bias, 5 *The Journal of Economic Perspectives* 193 (1991).
[3] Richard H. Thaler & Cass R. Sunstein, Nudge: Improving Decisions About Health, Wealth, and Happiness, 33 (2008).

题就绕道走好像也属情理之中。既然社交技术的目标也涵盖共享个人信息，那么，强行将隐私行为纳入社交技术的设计之中就很难不出乱子。

在这样的背景下，本文提出了一种全新的社交技术设计策略；相比于隐私权概念的过于语境化和模糊不清，该策略涉及的模糊性概念则更为精准明确并且行之有效。根据先前的学术研究成果，在社交技术的语境下，所谓在线模糊性其实是指"如果信息存在于一种缺乏一个或多个关键要素的语境中，并且这些要素对于发现或理解该信息而言至关重要，那么该信息就属于具有在线模糊性的信息"。就这些关键要素而言，它们主要包括搜索可见性、无保护访问、身份识别度和清晰度，这四个要素的存在会弱化在线模糊性，而缺失这些要素则会大大增强在线模糊性。因此，通过技术、政策和行为干预，那些试图将模糊性引入社交技术前端的主体完全可以将实现设计模糊性的梦想变为现实。

当我们在设计中追求"隐私权"时，这就似乎是在追求一种近乎完美无瑕的保护；而设计模糊性的目标可就脚踏实地多了，它只求能满足大多数情况或某一个用户的特定需求。此外，作为大多数在线社交通信的自然状态，模糊性理所应当是基于设计的社交技术隐私解决方案的重中之重——为了尽其所能的保护用户隐私权，并为各种利益相关者和监管机构提供一条可行之径，不仅设计模糊性正在千方百计地利用基于设计的隐私解决方案，而且各种组织利益相关者也在携手并肩、共同努力，从而为社交技术创造一种前所未有的"设计模糊性"模式。

设计隐私权与安全设计：颠覆"隐私 VS. 安全"的模式

安·卡沃基安[①] 著　邓梦桦[②] 译

目　次

一、导论
二、信息收集越多，我们就越安全吗
三、隐私与社会繁荣
四、隐私如何与创新联系在一起
五、结语

一、导论

自"9·11"悲剧事件及其随后发生的诸多恐怖主义行为以来，隐私越来越被视为公共安全的敌人。[③] 在"知识就是力量"的背景下，过去的50年间，权力的平衡天平从个人向国家倾斜——国家对个人的了解越来越多，但个人对国家的行为活动却知之甚少。这种"倾斜"的部分原因在于政府越来越能够获得更广泛的个人信息，因为它们有了监控技术的帮助。（为避免）"9·11"事件（及其类似的事件再次发生）已经成了政府收集越来越多个人信息的正当理由，它们希望用海量的信息来发现证明潜在恐怖分子的证据（大海捞针式做法）。事实上，目前世界各国政府所认可的监控模式都是收集尽可能多的个人数据来扩大这个大海捞针的范围，以期找到恐怖分子的

[①]　安·卡沃基安（Ann Cavoukian），加拿大安大略省信息和隐私专员办公室隐私专员。
[②]　邓梦桦，中山大学法学院助教。
[③]　笔者将"公共安全"（public safety）作为一个包罗万象的词语来使用，它包括旨在确保公共安全状态的、必要的安全和保障措施。

藏身之处。

然而，加密技术在近期的发展已经改变了竞争环境。更安全的移动接入和端到端加密技术使得政府很难随意获取个人信息。各国政府越来越关注这些技术趋势，并呼吁大家在加密内容处"开一扇后门"，即为它们保留特殊的密钥——允许它们不受限制地访问人们的加密通信。换句话说，让政府更大程度地扩大覆盖社会中所有个人的监视网络。①

此外，我们正在见证通过物联网（有些人称之为万物互联）连接的所有事物正在进行的巨大技术变革。虽然这种创新有可能极大地改善我们的生活，但它也有反乌托邦的一面，因为它可能会给更大规模的、颠覆性的监视创造机会，这种监视可以覆盖我们在（手机、电脑等设备）屏前幕后的交流和活动，而相关人员却对此并不知情，更遑论同意这种监视。

这种技术进步也将影响我们的身体健康及健康研究的状况。随着无线和可穿戴的健康设备提供越来越多的可识别健康数据（而未经数据主体的同意），社会上将会有潜在大批个体的隐私受到不利影响。这不仅将对健康研究，而且将对整个社会都产生意想不到的后果——因为医疗数据可能会落入未经授权的主体手中，例如某人的雇主或保险公司。

因此，我们每个人都处在一个社会共同体中相互联系着。如果我们继续沿着这条侵入性监视更多而隐私更少的道路走下去，我们的社会不仅会变得更不安全，而且还会变得更不繁荣。尊重社会中所有人的隐私不仅是自由的基石，也是创新及其创新繁荣的基石。这篇社论将表明，我们其实有技术能力来扭转这种不利的技术趋势——作为一个社会体，我们可以开发出既保护隐私又保护公共安全的系统，既保护隐私又发展健康研究的系统，既保护隐私又维持甚至增长商业利益的系统。这些都是我们必须促进和发展的正和解决方案，而不是过去那种扼杀自由的零和方向。"文明是我们迈向隐私社会的一大进步"，

---

① Abelson, Harold; Keys Under Doormats: Mandating Insecurity by Requiring Government Access to All Data and Communications, July 7, 2015, https://www.schneier.com/academic/paperfiles/paper-keys-underdoormats-CSAIL.pdf.

而隐私的丧失是一个社会向不文明社会的回归——失去了自由,繁荣,最终失去了文明行为。①

但我们说的隐私是什么意思呢?在"什么是隐私,什么不是隐私"的命题中,现存的信息中有太多的误导。隐私不是秘密,不是要隐瞒什么。隐私等于控制:一个人对其个人身份数据使用的个人控制。对一个人个人信息的使用和披露应该在其控制之下进行。与个人资料有关的决定应由资料所关乎的个人(资料当事人)做出。个人控制尤其重要,因为环境很重要——环境是隐私的关键。只有与数据相关的个人才会知道与该数据有关的独特情况,因此,他/她是唯一能够真正决定是否应披露某些数据的人。这种个人控制和选择自由的概念对隐私至关重要:必须由个人自由地做出决定。

德国人对此创造了一个很有吸引力的术语,叫作"信息自决"(informational self-determination):个人信息的命运必须由信息当事人来决定。信息自决在德国被认为是一种非常重要的价值,1983年的德国宪法甚至把它奉为一项权利。当你在思考隐私的时候,你会联想到控制——个人控制关于其信息的使用。

二、信息收集越多,我们就越安全吗

这么多年来,多国政府一直在宣扬"恐怖主义将笼罩我们"这样的信息,而要解决这个问题,政府必须获取越来越多的个人信息,并对其进行更强的控制——也即是对每个人说,为了公共安全,你们必须放弃部分的隐私。现实情况中,大多数的政府机构、公共媒体乃至整个社会都接受了这种零和思维。这是当今流行的观点,被认为是理所当然的。这就是为什么我们看到支持公共安全的公众投票总是以牺牲隐私为代价。但是,由于信息不对称、无知和恐惧,隐私和公共安全的对立已经渗透了我们文化的基因中。事实是,这种把隐私和公共安全对立起来的观点对两方都有害,但更重要的是,正如下面讨论的那样,它危害了国家的繁荣。

政府传达出这些信息的前提假设是:更多的数据意味着更多的公共安全——但证据表明事实并非如此。未能阻止恐怖袭击——从

---

① Ayn Rand; The Fountainhead, New American Library, New York, NY, 2016.

"9·11"事件到今天的圣贝纳迪诺/布鲁塞尔/奥兰多袭击——并非信息不足的结果，而是没有将这些信息与执法和情报机构通过合法手段获得并已经掌握的现有信息联系起来的结果。在布鲁塞尔发生恐怖袭击的几天前，巴黎情报部门的官员向布鲁塞尔的执法官员发出了警告，称他们看到了一些令人不快的电子邮件，这些邮件与未来几天布鲁塞尔可能会发生的恐怖袭击有关。遗憾的是，布鲁塞尔的官员并没有针对这一情报所反映的情况采取行动。

有证据表明，政府基本上都拥有阻止此类恐怖攻击的手段——只要它们专注于更高效地使用和共享其已经掌握的信息，而不是去侵犯个人隐私或强制使用不安全的加密技术。后者只会剥夺守法公民的隐私，以及影响他们在线通信和交易的安全性。此外，用广泛收集个人数据来在大海捞针中增加找到恐怖分子这些"针"的可能性，这种理论显然是错误的，在数学上也找不到肯定的答案。原因在于收集了大量的数据，即使是人类大军也无法筛选所有的数据来发现"潜在的针"。因此，必须求助于将数据分类的机器技术。这种方法是使用由收集的数据（如 GPS 定位、web 浏览、信用卡交易、电话元数据等的活动和事件）和目标类型（潜在的恐怖分子或无辜的个人）组成的示例训练集，学习一个有望正确分类新示例的、以前没见过的模型。然而，机器学习算法的目标不是记住训练集，而是使用训练集来学习如何泛化到新的输入（未知个体类别的新数据集）。但总有一种权衡：永远不可能达到完美的准确性；因此，人们必须在错误的否定（一名恐怖分子被遗漏）和错误的肯定（一名无辜的人被错误地标记）之间进行权衡。

总是会出现与数据分类相关的错误。误差的大小将取决于算法模型的类型和复杂性，最重要的是取决于训练数据的数量——可用的训练数据越多，在过拟合之前模型的可承受复杂性就越大。然而，无论上述方法有多理想，总会有错误。例如，巴基斯坦的天网监视项目利用随机森林机器学习算法，通过电话元数据来锁定恐怖分子，以防备无人机袭击。作为一种权衡，他们将假阴性设为 50% 的高值，以减少假阳性（在这种情况下，这意味着不会杀害无辜的人）。假阳性率设为 0.18%。当假阴性率降低到 50% 以下时，假阳性率会相应上升。这就是这些算法的工作方式。

现在,假设这个0.18%的假阳性率在北美也适用。这意味着每1亿人,就会有18万个误报——无辜的人被标记,50%的"坏人"被漏掉。这意味着在整个北美,将会有成千上万的假警报,在大多数情况下,将需要人工处理,从而产生惊人的人力资源成本。大多数误报都需要进行调查,因为人们永远无法事先知道它们是否确实是假的,因为一些真正的恐怖分子可能混入其中。因此,事实上,在寻找真正的"针"的过程中,安全措施会变得更糟,而不是像不知情的政客们所暗示的更好。这并不是在加强公共安全。我们也必须利用执法资源,甚至是浪费执法资源,以便根据收集到的数十亿数据记录过滤许多错误情报。

然而,我们认为为美国国家安全局工作的机器学习专家了解这些问题,实际上他们并没有使用收集到的数据来搜索"针"。那么他们为什么要收集这些数据呢?它允许情报机构和执法部门查询他们的数据库中实际嫌疑人过去的活动,并标记他们未来的所有活动。在这种情况下,为了查询数据库,必须事先以某种方式知道个人的身份,如姓名、地址、社会保险号或信用卡号等。这些嫌疑人可能是潜在的恐怖分子和罪犯,但令人不安的是,他们也可能是不遵循当前政党路线的个人,如记者、示威者、工会领袖、"激进分子"等。政府使用的论据是,他们现在可以对数据库中的特定个人发出搜查令,而在过去,搜查令不一定能给他们提供搜查未收集到的、过去活动的权限。

这项新协议有效地阉割了《美国联邦宪法第四修正案》的权利,因为它试图保护个人不受专横的政府的影响。由于越来越多的个人活动在没有必要的合理理由/要求的被收集、编码和监视,隐私显然受到了损害。但同时,在试图平衡与隐私之间的关系时,政府可能没有以隐私的名义采取必要的措施和预防措施来保护社会,因此,零和可能正在同时损害隐私和安全。

关于在加密手段和技术背景下"开后门"的问题,理论上这将使得执法机构能够访问加密数据,而在以前,加密技术提供的保护能够阻止政府访问数据。然而,现实的情况可能与"后门"支持者所相信的未来相反。显而易见的是,你无法建立一个只有"好人"才能进入的"后门"。"坏人"会很快发现这些额外的接入点,并实际地进入它们。你只需要看看每天报道的大量黑客和数据泄露事件,就会明白即使没有政府强加的不安全的"后门",我们本身也很难维持强大的数据安全。

此外,从实际的角度来看,现在大部分的数据基础设施都有强大的加密保护。我们真的认为企业要用自己的"好的"安全来换取政府希望我们拥有的"坏的"安全吗?在不安全的互联网中,加密是维护安全的关键。任何使用"https:"的网站都会使用加密技术来与之进行安全通信。这使得密码、信用卡号码、移动支付等的安全传输成为可能,让您在"网络星期一"购物时不必担心身份被盗。加密可以保护您的医疗记录、银行记录、金融交易,并允许您安全地在线报税。这只是它在整个互联网网络基础设施中提供的安全保障的一小部分。

但加密的作用远比促进安全更广泛:它使我们在数字世界中的自由得以实现。加密是一个重要的工具,它使得新闻工作者在互联网上"敢说话"。在没有新闻自由的国家里,加密技术使得持不同政见的群体能够协调以对抗压迫性的政权;而在民主国家,加密技术使普通公民能够对抗政府侵入性的监视计划。

尽管有这些事实存在,但人们普遍认为,隐私价值与公共安全或商业利益的价值是截然相反的,隐私增强了,后两者的有效性就降低了。但不幸的是,这种想法及其背后存在的"隐私 vs. 公共安全"的对抗范式是当今网络时代存在的最具破坏性的范式之一。这种隐私与公共安全的零和、输赢模式不仅是错误的,而且是极其危险的,必须加以制止。这是个错误的范式,因为隐私和公共安全确实可以共存,并给彼此都创造出更大的效用。这个范式是危险的,因为在隐私与公共安全的紧张关系中,隐私永远是输家,这种失败不仅会直接危及自由,而且会直接危及我们这个自由开放社会的繁荣。

三、隐私与社会繁荣

在20世纪,我们享受到了大规模创新所带来的繁荣。人们认为这种繁荣产生的原因是创新者享受着不受约束的自由,没有烦琐的规章制度限制。但这种繁荣也是隐私和最低程度监控带来的结果。在20世纪80年代之前,今时今日大规模的监控技术基本上还没有被发明出来。在大多数情况下,一个人的隐私是默认受保护的——通常是通过隐私实际上的隐蔽性。但从那时起，人们所开发的技术已适合于协助相当规模的监视；所开发的监控类型不仅针对恐怖分子和罪犯，还针对所有个人，包括守法公民。隐私在许多层面对社会至关重要：隐私是自由和繁荣的根源。一个社会的繁荣是让所有成员，包括社会经济地位较低的成员都能享受到创新产品。

例如，智能手机提高了富人和穷人的生活水平，还有其他更重要的是，交通、医疗、艺术、智能家电和通信方面的创新让所有人都能享受到创新成果，使我们的生活质量远胜于我们的父母和祖父母那一代。创新是让这一切发生的原因——但什么是创新发生的原因呢？我们放眼看看世界上的情况就知道了。最具创新性的社会也恰好是最自由和最保护隐私的社会。自由和隐私是所有创新的基础，是所有创新的基石。比较一下东德（在墙倒塌之前）和西德之间的进步，或者说比较一下二者之间的高低：与东德的压抑相比，西德在创新发展方面（无论是在经济上还是在创意上）都非常成功。

四、隐私如何与创新联系在一起

创新需要承担风险，需要与众不同的思考方式，有时甚至与特定文化中盛行的现有模式相反。有时我们需要走向极端，甚至可能需要跨过极端——可以说是需要跳出条条框框来进行思考。创新要求一个人的思想摆脱任何束缚想象力的障碍（无论是自身的还是外部强加的），因为创新来自想象力的结晶。相应地，我们要让那些狂野的、有时是疯狂的想象力成真，这些想法最初可能会失败，但只要付出更大的努力，就可能会成为未来创新的产物，对商业和艺术都是如此。但是，如果一个人一直被注视着、不断被监视着，他所有的活动都被监控和储存，以便将来对他进行数据挖掘和评估，或者建立起关于这个人、这个人的生活、这个人前卫的想法和倾向的档案（即使是通过合法的方式），那么，这个人在实际上不论自觉还是在潜意识里，都会注重自己被监视的事实，从而本能地修改自己的行为。而且事实上导致的结果远不止于此。

政府通过警告人们要对潜在的恐怖行为保持警惕，而媒体则不断地提醒我们事情正在恶化，"说话的人（专家、评论家）"认为我们需要放弃"一些"我们的隐私，这在社会上灌输了更多的恐惧和焦虑。政府说，为了防止我们有可能被"炸死"，他们必须更多地监视我们的活动，这使情况更加复杂。

这可以被看作一种压迫行为，这将有效地限制一个人的自由。在这样的条件下，我们的认知处理被限制在几个与焦虑相关的情境之中，甚至是恐惧的情景之中。我们将不太可能去利用可能导致创造性想象和创新的背景。原因在于我们在潜意识里认为这些背景极大地影响着我们对思想和现实的意识体验——在这种情况下，我们对自己现处的现实感到焦虑：我们知道自己不断地被监视，同时却又害怕自己被恐怖分子炸死。这就是我们所处的状态和它所造成的监视的不幸后果之一。

人类在进化的过程中会对监视者产生警惕，由此导致的人类行为（对这种监视的直接反应）抑制了想象力的腾飞，限制了我们进入真正的创造和创新的视野。毫无疑问，这也会有个体差异，但如果说社会上一些最有创造力和创新力的人，也是最容易受到因持续监视所导致的焦虑困扰的人，这也不为过。因此，如果监控状态持续下去，预计下一代社会的创新水平将大大下降。

隐私意味着一个人可以根据自己的选择，自由地在任何领域自愿地暴露自己的思想和活动。这样一来，人们可以自由地保留一个人心灵的开放视野——没有恐惧或焦虑，因为恐惧和焦虑会限制认知的范围；在没有恐惧和焦虑的情况下，一个人有可能能想象出远远超出当前现实的想法。

然而，你可能会问：安保和公共安全怎么办？难道为了保持安全，我们就不需要放弃一些隐私吗？笔者可以告诉你，不需要，隐私和安全的对立恰恰是一种毫无道理的范式，我们可以拥有公共安全、安保、隐私和自由，而不需要牺牲或需要平衡这些利益中的一种来对抗另一种。如果认为一个创新者的社会不能开发出既保护公共安全又保护隐私的系统，那是可笑的。[①] 这是一种从恐惧的角度出发的思维方式。它的结果是接受无知的现状。

[①] Cavoukian, Ann: Operationalizing Privacy by Design: A Guide to Implementing Strong Privacy Practices, Information & Privacy Commissioner of Ontario, Canada, December, 2012. http://www.ontla.on.ca/library/repository/mon/26012/320220.pdf.

如果我们要让我们的社会作为一个自由和繁荣的社会生存下去，那么，我们必须用正和的信息传递来取代零和模式，这将使我们能够认真地建立创新的系统，将隐私和公共安全结合在一起，而不损害其中任何一个，使我们能够形成双重有利的解决方案。社会的这种心态转变，只有通过大规模的教育和意识的提高才能完成。这取决于系统的设计和我们投入的技术。前者代表了一种输赢、零和的模式——隐私与公共安全之间的对立，随着时间的推移，它将退化为负和、输赢的命题。后者代表的是一个双赢、正和的框架，在这个框架中，隐私和公共安全的利益都可以得到体现。

五、结语

毫无疑问，隐私是繁荣和自由社会的必要条件，克服这种零和模式是实现数字时代未来繁荣的唯一解决办法。补救的办法是正和、双赢的模式，在设计相关系统时，我们要同时考虑到这两个目标。10年前，笔者提出了"设计隐私权"这一关键概念，然而，我们对恐怖主义的恐惧却让我们忽视了我们其实可以同时拥有隐私和公共安全，而不需要为另一个牺牲其中一个的功效。

因此，我们必须加大努力，超越"设计隐私权"的初衷，即主要由少数的隐私倡导者来实施教育。大多数重视自由、隐私、繁荣和公共安全的人都有必要加入一场运动中来，传播这样的信息：我们这个社会有创新能力来建立既能保护隐私和公共安全，又能让商业利益蓬勃发展的系统。这就需要技术专家们打破常规思维，开发出既能保护隐私又能保障公共安全、既能保护隐私又能进行数据分析的方法。同样，政策制定者、律师和政治家——任何对维护我们的自由和繁荣感兴趣的人，都必须加入进来，重新定位和调整我们的注意力、焦点和行动。

作为一个热爱自由的社会，身处在社会中的我们必须消除政府、企业、媒体和公众普遍持有的观点，即人们必须在隐私和公共安全的三个方面做出选择：

第一，教育政治家、企业、媒体和公众，可以也必须创造出能够同时保护隐私和其他利益的系统。例如，我们可以通过使用创新技术来做到这一点，比如我们最近在人工智能和机器学习、区块链和同态加密方面取得的进展。我们必须这样做,因为因监控而失去隐私不仅会削弱我们的自由,而且会削弱一个创新者社会带来的繁荣。

第二,在世界各地的学术机构中促进技术创新,使隐私和公共安全,以及如大数据和数据分析等隐私和商业利益能够在不牺牲其中任何一项的情况下实现。

第三,我们希望制定政策模版,阐明在新的数字时代,不同的政府和企业部门应该如何应用隐私,以及这些机构应该受到的监督。这些政策模板对于发展新的、双重促进的、正和的技术非常重要。

如果我们打算保护我们的自由,那么,无论是现在还是将来,我们必须通过设计,同时接受隐私和安全。在这个对恐怖袭击日益加剧的时代,我们不能因为这些被放大的恐惧而放弃我们的隐私,进而放弃我们的自由和繁荣。我们必须证明,我们确实可以同时拥有隐私和公共安全;否则,我们的自由和繁荣就会被剥夺。

第四编 设计隐私权的适用领域

生命记录技术语境下的设计隐私权的方法论

亚历克斯·米哈伊尔迪斯[①] 利亚恩·科隆纳[②] 著
缪子仪[③] 译

目　次

一、导论
二、设计隐私权的概念
三、与生命记录技术相关的数据流
四、生命记录技术的属性为隐私权带来前所未有的挑战
五、探讨在生命记录技术的发展过程中实施设计隐私权
六、结语

一、导论

这个世界仿佛每天都在加足马力地向前大踏步迈进，而老龄化也不再是书本上那个遥不可及的名词。说个让大家感到心惊的数字，到2050年，全球60岁及60岁以上的人口将直逼20亿左右，这差不多要比目前的水平增加一倍以上。你可别觉得人口老龄化离自己还很远，事实上，人口老龄化如今已经逐渐发展为一种全球性的现象；而

[①] 亚历克斯·米哈伊尔迪斯（Alex Mihaildis），加拿大多伦多大学职业科学救济学系教授。
[②] 利亚恩·科隆纳（Liane Colonna），斯德哥尔摩大学法律系研究员。
[③] 缪子仪，中山大学法学院助教。

面对公共卫生系统、医疗和社会服务源源不断、日益增加的需求，世界各国政府都在绞尽脑汁、千方百计地思索应对办法。在人口老龄化带来的种种令人头大的问题中，其中一个尤为令人关切的问题就是如何既能用成本效益高的方式去处理他人的慢性疾病、相关损害和残疾，又能同时尊重体弱者、病人和护理人员的需要。

在这样的背景下，生命记录技术（lifelogging technologies）简直如同天降神兵，它为解决人口老龄化引起的一些问题带来了一些希望的曙光。所谓生命记录也被称为"量化自我"（quantified self）、"可穿戴式计算"（wearable computing）或"个性化信息学"（personalized informatics），它是指"一种定期收集他人的数据，然后记录和分析这些数据从而生成统计数据和其他数据的技术"。鉴于传感器技术、数据传输技术、存储技术、搜索技术和人工智能技术如今的发展形势一片大好，所以生命记录技术如今已不再是一个难以成真的设想。在一般情况下，通过在用户日常生活中进行无孔不入而又无处不在的数据收集，生命记录技术总能挖掘或推断出有关生命活动和人体健康的各种有价值的知识。

同时，在医疗保健领域，生命记录技术可谓大有用武之地，比如预测和预防疾病、提供个性化的医疗保健服务、对慢性疾病进行健康监测和为正式和非正式的护理人员提供支持。① 具体而言，通过利用各种各样在家庭环境中使用或佩戴在用户身上的、基于传感器的系统，生命记录技术完全能够帮助老年人、体弱者或慢性病人保持身体健康、保证充足营养、保留社会活动和维持认知参与；这样一来，即使是在没有相关机构伸手帮助的情况下，这些群体也依旧能够平安和乐地进行较长时间的工作。② 总而言之，生命记录技术的出现仿佛正在树立下一个里程碑，然后举起一面大旗告诉我们，不仅家庭即将把医院取而代之，而且家庭还将成为医疗创新的重中之重。

然而，凡事有利就有弊。虽然生命记录技术的普及对于提高医疗保健效率和护理水平来说大有裨益，但是不仅该技术的许多方面都可

---

① See Nivedit Majumdar, Lifelogging for Health, Emberify Blog (Mar. 28, 2016).

② Ann Cavoukian et al., Remote Home Health Care Technologies: How to Ensure Privacy? Build It In: Privacy by Design, 3 *Identity Info. Socy* 363, 363 – 364 (2010).

能引起不容小觑的隐私问题，而且这些隐私问题反过来还会成为该技术使用和前进发展道路上一块块碍眼的绊脚石。打个简单的比方，在不知情或者压根不同意的情况下，第三人很有可能一不小心就会被相关设备记录到，从而导致他们的图像、语音或位置数据暴露无遗，这也是为什么大家会对用户进行生命记录而导致的偶然监控和无处不在的监控感到那么忧心忡忡。退一步来说，即使是在用户已经同意使用生命记录技术的情况下，他们的担心也未消减半分，因为他们的个人数据说不准什么时候就有可能以某种意想不到的方式被使用和分享；如果这些个人数据被不怀好意者利用，或者被用户个人护理圈子以外的人使用和分享，那么后果更是不堪设想。此外，与记忆增强（memory augmentation）有关的隐私问题也是不少人的一块心病——作为 Anita Allen 口中的"致命记忆"，所谓记忆增强就是指通过生命记录技术全天候、无限期地收集数据所引发的问题。[①] 值得一提的是，如果生命记录工具没有适当的安全系统和认证系统，那么不仅用户的个人信息和声誉会因相关工具受到攻击而岌岌可危，而且他们的健康和幸福也可能因此而毁于一旦。

就解决这一系列隐私问题而言，适用"设计隐私权"（privacy by design）看起来仿佛是个不错的选择。所谓设计隐私权就是指一种将涉及隐私权和数据保护的法律规定转化为信息系统的方法，这种方法有一个前提，那就是必须要有一些指导方针或方法论去可靠地把隐私权等价值体现到软件系统之中。然而，目前的设计隐私权方法几乎无一例外地都缺乏方法论上的严谨性，还有一些甚至被描述为"仅仅是在实施安全控制或通知/选择控制之后的权宜之计罢了"。[②] 也正因如此，设计隐私权如今只能是"更多的还是一种概念，而不是一种技术"。[③]

在上述这些背景下，本文就将探讨在生活记录技术等环境辅助生

[①] Anita L. Allen, Dredging Up the Past: Lifelogging, Memory and Surveillance, 75 *U Chi. L. REV.* 56 (2008).

[②] R. Jason Cronk, White Paper: Check or Mate? Strategic Privacy by Design, IAPP (Oct. 2017).

[③] Simon Davies, Why Privacy by Design is the Next Crucial Step for Privacy Protection, London Sch. Econ. & Privacy Intl (Nov. 2010).

活技术（ambient assistive living，AAL）的语境下，发展设计隐私权方法论的道路到底有哪些。具体而言，为了将隐私权纳入生命记录系统发展的各个阶段，本文将提出一种具体的、方法论上的设计隐私权方法；该方法既会对隐私权结合上下文语境进行理解，又依赖于人机关系专家进行的理论和实证研究，还会对相关法律条文进行分析。紧接着，在考虑到这类系统各种具体设计要素的情况下，本文将提出一种系统性的方法，即一种将必要的法律规定纳入上述这些系统的方法。

虽然本文提出的方法可谓好处多多，但是，本文也必须要提前明确指出几个问题：一方面，这一方法可不是什么一招能秒杀一切问题的绝顶必杀技，毕竟至少在未来的一段时间内，对于医疗保健领域使用生命记录技术所产生的紧迫严重的隐私问题来说，该方法可能根本就是杯水车薪。另一方面，针对本文提出的方法，尤其是下文将更多地去探讨隐私权法是否、在多大程度上能够被设计和实现自动化，或许大多数人都会跳出来反对抑或嗤之以鼻。① 不过，本文的主要目标本就在于回顾、评论和综合当前普遍的设计隐私权方法，并为那些正在千方百计在相关工具中嵌入相关法律规定的实干派提供一条其貌不扬却更为清晰明确的前进之路。② 换言之，通过提供一种务实且行之有效的方法，本文提出的方法论完全能够让四面八方的利益相关者聚集在一起分享广博知识，从而创造出一种尊重用户隐私权的功能性生命记录工具；至少我们可以满怀希望地说，该工具将来会比目前市场上的生命记录工具更胜一筹。

二、设计隐私权的概念

首先，所谓设计隐私权，是指将隐私权嵌入各种技术设计规范中的一种哲学和方法。说得再准确点，所谓设计隐私权，是指"一种以技术和基于设计的解决方案的形式所采取的实际措施，该措施旨在加强隐私权和数据保护相关法律、更好地确保或几乎保证合规性，并

---

① See Demetrius Klitou, Privacy-Invading Technologies and Privacy by Design 311 (T. M. C. Asser Press 2014).

② See PAAL, https://paal-project.eu/ (last visited Nov. 23, 2019).

试图将相关技术的隐私侵入能力削减到最小化"。① 同时，设计隐私权既会涉及一个组织内部工程师、经理、律师、决策者和高管等多个利益相关者之间的协同配合，又会要求这些主体携手合作、共同分担实现隐私目标这份沉甸甸的责任。从上述角度来看，设计隐私权其实也可以被看作一种积极主动的法律方法，通过在出现问题之前就预见并解决层出不穷的隐私问题，该方法的核心目标就在于解决新兴技术和破坏性技术所带来的种种问题。

其次，《通用数据保护条例》（GDPR）最近也开始将"设计隐私权"奉为自己的核心要求，并且还认可它是保护隐私权方面不可或缺的重要工具。② 尽管如此，本文还是要客观地说明下，在欧盟的法律当中，设计隐私权迄今为止还尚未被视为一项独立的法律义务，它目前只是一种可用于实现隐私权法目标的机制。③ 如果设计隐私权真的想要从一项自愿使用的工具转变为强制性法律规定，那么，它就必须承认，对于确保遵循涉及隐私权和数据保护的政策和立法来说，将相关法律规定进行嵌入是必不可少也是不可或缺的。④

再次，如果要追根溯源，那么，设计隐私权这股运动浪潮的源头应该在加拿大安大略省信息和隐私专员 Ann Cavoukian 那里。在2010年，Cavoukian 提出的设计隐私权理论可谓席卷全球，她认为设计隐私权主要包括七项基本原则：积极预防而非被动救济原则、隐私默认保护原则、将隐私嵌入设计原则、功能完整原则、全生命周期保护原则、可见性兼透明性原则和尊重用户隐私权原则。⑤ 然而，随着时间的推移，有越来越多反对的声音开始质疑这些原则——例如，Dag Wiese Schartum 认为这些原则根本就是大而空洞的"口号"而不是

---

① See Demetrius Klitou, Privacy-Invading Technologies and Privacy by Design 311 (T. M. C. Asser Press 2014).

② Privacy by Design, GDPR, https://gdpr-infb.eu/issues/privacy-by-design/ (last visited February 3, 2020).

③ Gehan Gunasekara, Paddling in Unison or Just Paddling? International Trends in Reforming Information Privacy Law, 22 *IntY J. L. & Info. Tech.* 141 (2014).

④ See Peter Wahlgren, From Lex Scripta to Law 4.0: On Legislation of the Future, 65 *Scandinavian Stud. L.* 159, 163 (2018).

⑤ Ann Cavoukian, Privacy by Design: The 7 Foundational Principles Implementation and Mapping of Fair Information Practices, Privacy by Design 25 (2010).

"分析性的行动方针",同时他指出,"就过程描述和给出一份在设计隐私权方面大获成功的秘诀而言,这些原则能提供的价值寥寥无几"。① 在 Schartum 看来,如果想为信息系统制定让人赞不绝口的隐私权设计,那么,一个清晰明确的方法必不可少。② 再比如,针对缺乏工具和方法来将隐私权转化为设计这件事,Deirdre Mulligan 和 Jennifer King 也感到遗憾万分。③

复次,设计隐私权在编程领域面临的处境也差不多,对设计隐私权概念进行批评的声音同样不绝于耳:其一,Cathal Gurrin 认为这一概念缺乏关于如何在实践中实施的细节信息,特别是在需要满足正在开发的系统的功能要求时更是如此。④ 其二,Sarah Spiekermann 也高举双手赞同 Gurrin 的观点,他既认为设计隐私权的概念为企业带来着"艰巨棘手的大挑战",又指出当务之急就是缺乏一种众人一致认可的方法,从而为将隐私权嵌入系统的系统编程提供坚实基础。⑤ 其三,Majed Alshammari 和 Andrew Simpson 也曾煞费苦心地列出设计隐私权编程所面临的一道道难关,这其中就包括隐私问题的复杂性、可变性和缺乏一种能以有意义的方式去识别隐私问题的系统性方法。⑥

其实有不少机构都曾发声提起过设计隐私权的问题:在自己发布的指导方针中,联邦贸易委员会(FTC)也曾强调过用户选择和透明度在数据行为中的重要性。⑦ 在对设计隐私权点头认可的同时,联邦

---

① Dag Wiese Schartum, Making Privacy by Design Operative, 24 *Intl J. L. & Info. Tech.* 151 (2016).

② Dag Wiese Schartum, Making Privacy by Design Operative, 24 *Intl J. L. & Info. Tech.* 162 (2016).

③ Deirdre K. Mulligan & Jennifer King, Bridging the Gap Between Privacy and Design, 14 *U. Pa. J. Const. L.* 989 (2012).

④ Cathal Gurrin et al., A Privacy by Design Approach to Lifelogging, in Digital Enlightenment Yearbook: Social Networks and Social Machines, Surveillance and Empowerment 49 – 71 (Kieron Ohara et al. eds., 2014).

⑤ Sarah Spiekermann, The Challenges of Privacy by Design, 55 *Comm. ACM* 38 (2012).

⑥ Majed Alshammari & Andrew Simpson, Towards a Principled Approach for Engineering Privacy by Design, *Privacy Technologies and Policy* 161, 163 – 164 (Erich Schweighofer et al. eds., 2017).

⑦ Fed. Trade Commn, Protecting Consumer Privacy in an Era of Rapid Change: Recommendations for Businesses and Policymakers (Mar. 2012).

贸易委员会还呼吁"企业应当将实质性隐私保护纳入进自己的行为之中，比如数据安全、对数据收集行为加以合理限制、健全完善数据保留、数据处置行为和提高数据准确性"①。同时，在欧盟，《通用数据保护条例》也建议工程师应当多多使用数据最小化和化名等技术。② 尽管这些机构和组织并没有在设计隐私权方面缄默不语，但是显而易见的是，相关指导还远远不够。

最后，之所以设计隐私权方法论的发展要求如此之高、如此之严苛，其中一个原因就是它既需要编程知识又需要隐私权法的知识，而这两个知识领域至少从传统上来看却是没什么相关性。③ 用 Demetrius Klitou 的话来说，设计隐私权"必须兼具技术和法律的属性"。④ 换言之，设计隐私权的法律能力必须与它的软件编程能力紧密相连、齐头并进，⑤ 这是任何渴望实现设计隐私权的人都不得不逾越的一道现实难关。在如今这个由五花八门的因素错综影响用户隐私权的世界里，如果律师和开发人员谁都不搭理谁，然后各自埋头去对相互竞争的利益进行平衡检验，那么，这种看似简单易行的方法是根本行不通的。⑥ 要知道，在现今这种数据为王、高度技术化的大环境下，一个更为"全面和严谨，并且基于不同学科最新理论进展的"模型才是企业的不二之选。⑦

---

① Fed. Trade Commn, Protecting Consumer Privacy in an Era of Rapid Change: Recommendations for Businesses and Policymakers (Mar. 2012).

② 2016 O. J. (L. 679).

③ Mary Flanagan et al., Embodying Values in Technology: Theory and Practice, in Information Technology & Moral Philosophy 322 – 324 (Jeroen van den Hoven & John Weckert eds., Cambridge Univ. Press 2008).

④ See Demetrius Klitou, Privacy-Invading Technologies and Privacy by Design 311 (T. M. C. Asser Press 2014).

⑤ Dag Wiese Schartum, Making Privacy by Design Operative, 24 *Intl J. L. & Info. Tech.* 151 (2016).

⑥ Urs Gasser, Recoding Privacy Law: Reflections on the Future Relationship Among Law, Technology, and Privacy, 130 *Harv. L. REV.* F. 61, 65 – 66 (2016).

⑦ See Demetrius Klitou, Privacy-Invading Technologies and Privacy by Design 311 (T. M. C. Asser Press 2014).

三、与生命记录技术相关的数据流

为了挖掘或推断出有关生命活动和人体健康的各种价值非凡的知识，生命记录技术往往会在用户日常生活中进行无孔不入而又无处不在的数据收集。总的来说，生命记录的过程往往会由数据收集来打头阵，紧接着就是数据存储和数据处理，最后是由数据复示（data recall）来收尾。在这整个过程中，至关重要的一个关键部分就是处理收集到的数据，而这一行为则可能发生在数据流过程中的任何一个阶段。比如，为了确保不良数据已经被删除，企业可能会对从传感器本身收集到的数据进行数据清洗，比如那些从故障传感器或故障设备收集到的数据。再比如，收集到的数据有时候还需要进行标记，这样才能知道这些数据在现实世界的语境中究竟有何含义；就这些标签而言，在某些情况下，它们可能是用户在收集数据时正在完成的不同活动，而在另一些情况下，它们则可能是在收集各种数据点时用户的疾病状态（例如认知损伤的严重程度或精神能力水平）。简而言之，对于机器学习或其他人工智能领域方法的发展前途而言，被标记和进行过数据清洗的数据集绝对有着响当当的重要性。事实上，不仅与生命记录技术相关的数据流通常错综复杂，而且它们还往往会变成那些用于识别和管理传统数据流的常见工具。除了能够收集高度敏感的健康数据之外，生命记录技术的设备还能够收集偶然发生的数据和行为数据，比如位置、模式和相关元数据；通过结合和重新组合，这些数据往往会产生关于用户的崭新信息。此外，鉴于大型数据集可以得出比传统技术更精确、更敏感的推论，加之从传感器收集到的数据还可以用于实时决策和离线数据分析，所以数据收集的数量也同样不容小觑。

四、生命记录技术的属性为隐私权带来前所未有的挑战

概括而言，生命记录技术本身就有不少的属性，而正是这些属性为隐私权带来了一波前所未有的挑战。

首先，生命记录技术是具有嵌入性的，这就意味着它会和相关环境融为一体，再加上由于生命记录技术的设备具有非侵入性，所以，与之相伴随的数据收集行为往往并不会引人注目。值得注意的是，许

多生命记录技术如今都会被嵌入家庭环境中,例如,卧室或浴室;要知道,家庭可是传统上具有高度隐私保护级别的区域。不仅如此,由于一些传感器要么会被植入人体,要么直接被用户戴在皮肤上,所以,它们还会侵入一个更加神圣不可侵犯的隐私领域——人体。由此可见,随着生命记录技术的风靡,不仅公共领域和私人领域之间的边界正在渐渐消失,而且虚拟世界和现实世界之间的边界也在逐渐模糊。此外,鉴于生命记录技术会被嵌入日常生活结构和人体中,所以用户想要充分了解这些微小、多功能物体的监视能力极为困难。[1] 在这种背景下,由于依赖于"告知-同意"模式的典型用户界面将不复存在,所以,企业所承担的信息披露义务也开始面临一系列艰难险阻。换言之,为了获取用户的知情同意,如今大多数企业都会充分利用屏幕来显示自己的隐私政策、包含大量文本内容的用户协议和条件合同,而这些文本在生命记录技术的语境下却四处碰壁,根本就行不通。[2] 既然这条路走不通,那么,生命记录技术将不得不寻找一些替代方式来传递即时通知和相关选项,比如一些基于语音、手势甚至是面部表情的机制。[3]

其次,生命记录技术还具有一种"情境感知"(context aware)能力,而所谓情境感知就是指生命记录技术能够识别个人用户和相关的情境的能力。Gregory Abowd 和他的团队解释说,如果一个系统运用相关情境来向用户提供相关信息和/或服务,那么,它就属于一种情境感知系统,而这其中的相关性则取决于用户的任务。这也就是说,根据相关情境,生命记录技术的工具完全可以确定到底应该向用户提供哪些信息和服务。[4] 举例来说,通过向用户提供有关无人看管活动的情境感知提醒,有一些生命记录技术常常会被用来帮助老年人

---

[1] See U. S. FTC Staff Rep. , Internet of things: Privacy & Security in a Connected World (Jan. 2015).

[2] See Paul Voight & Axel von dem Bussche, The EU General Data Protection Regulation (GDPR) 31 – 86 (2017).

[3] M. Mitchell Waldrop, Pervasive Computing: An Overview of the Concept and exploration of the Public Policy Implications, Wilson Center (Mar. 2003).

[4] Gregory D. Abowd et al. , Towards a Better Understanding of Context and Context-Awareness, in Handheld and Ubiquitous Computing 304 – 307 (Hans-W. Gellersened. , 1999).

独自生活。在这样的家庭中,分布在整个家庭的传感器网络会尽其所能地去感知用户的相关情境,从而提醒该用户何时应当服用药物,或者他们的肥皂和卫生纸又需要进行补充。① 事实上,无论是收集原始数据、对这些数据进行建模,还是对相关情境进行感知和推理,这些事实都足以从侧面表明生命记录技术工具的复杂性之高。不仅这些工具和设备足以轻而易举地了解用户的大量私人生活,比如用户所在的地方(某个特定地址)、与用户在一起的人是谁(用户周围的人)和附近的资源(例如机械、智能物体和公用事业),而且相关情境信息还能与传感器数据融合在一起从而推断出诸如活动模式之类的崭新信息。如此一来,用户想要控制和充分理解复杂多变的数据流基本不可能。

再次,鉴于生命记录技术往往会跟着用户的个人偏好走,所以"个性化"也是它的特性之一。概括而言,生命记录技术的目的之一就是根据用户的需求、期望、偏好、约束和行为去为他们提供量身定制的服务。通过依靠于人工智能、机器学习技术和传感器收集的大量个人数据,生命记录技术如今已经能不费吹灰之力地以个性化的方式去解决用户的问题。

虽然个性化服务能够贴心自主地适应用户需求、相关情境并提供一些激动人心的机会,但是这一切的前提却是生命记录技术至少需要依赖一个可以附加用户个人资料的伪身份。换言之,如果不对数据收益加以限制,甚至完全破坏数据集的总价值,那么想要依靠匿名化技术可没门。同时,由于个性化服务往往需要将用户分类为五花八门的类型,所以,不免有人开始担心特征分析和歧视的问题。此外,随着"回声室效应"(echo chambers)和"信息过滤泡泡"(filter bubbles)现象的出现,许多人也开始将目光紧锁在自治、民主和代理权上面。② 在这两种现象中,通过"算法审查",个性化服务能够在幕后操纵用户做出主动且积极参与的选择;说白了,这种现象使算法拥有

---

① Ann Cavoukian et al., Sensors and In-Home Collection of Health Data: A Privacy by Design Approach, Privacy By Design (Aug. 2010).

② See Guillaume Chaslot, The Toxic Potential of Youtubes Feedback Loop, Wired (July 13, 2019).

一种对用户的决策权。

　　复次，鉴于生命记录技术能够根据对事件或行为的反应而变化，所以它还颇具适应性。与电脑在设计时要求用户去主动适应它们有着天差地别，生命记录技术往往会主动凑上去适应用户；这种现象有时会被称为"以用户为中心的计算"，而"这种计算的主要目标就是开发以无缝集成方式直观地适应用户需求的计算系统"。而当谈到生命记录技术工具的适应性时，对相关系统中所依赖模型的担忧就会渐渐浮出水面，尤其是嵌入系统中的价值可能会被深深地隐藏起来更是让人忧心忡忡。在2018年的电气和电子工程师学会（IEEE）研讨会上，Geraldine Fitzpatrick就曾解释说，不仅这些系统需要"以用户为中心的理论、语言和方法来明确系统行为和模拟用户行为"，而且这一点"越来越具有无与伦比的重要性，因为这些系统正在逐步渗透和纠缠进我们的日常生活和环境中"。[1] 同时她还强调，"绝妙的系统"是由系统中对用户的具体描述和建模来塑造的，反之，由于"糟糕透顶的系统"可能完全没有充分考虑到隐私权、年龄和性别等规范和价值观的重要性，所以它们几乎不可能正确了解应当如何协调相互冲突的价值观。[2] 由于生命记录技术能够在不受用户干预的情况下就做出下一步行动，所以"预期性"也是它的属性之一。换句话说，不仅生命记录技术可以在相关情境中预测用户的需求和请求，而且它能在用户明确提出请求之前就已经机智地将他们的要求一一满足。概括一下，生命记录技术的目标就是通过代表用户做出决策来减少用户的认知负荷，这样一来，对用户界面的需求也会一并减少。打个简单的比方，在无须用户介入干预的情况下，传感器完全可以独当一面地预测出用户需要的行为，并自动向另一个设备发出信号（例如血糖监测仪能够向胰岛素泵发出无线信号）。然而，许多用户开始整天为这种预期性感到提心吊胆，因为用Yuval Noah Harari的话来说，生命记录技术工具"非法侵入"用户不过是分分钟的事情罢了。

---

[1] See Geraldine Fitzpatrick, Mind the Gap: Modelling the Human in HumanCentric Computing, 2018 IEEE Symp.

[2] See Geraldine Fitzpatrick, Mind the Gap: Modelling the Human in HumanCentric Computing, 2018 IEEE Symp.

大多数用户恐惧的焦点在于，就数据处理过程所依赖的算法和它们与用户生物信号之间的联系而言，或许会有别有用心之人将它们用于非法歧视、幕后操纵或特征分析等令人不寒而栗的事情上。① 同时，鉴于数据处理过程的错综复杂、对用户的不熟悉和无法用人类语言体系充分解释这些问题，所以这种担忧更是攀上了一个新的巅峰。② 此外，这些算法在如何做出决策方面十分缺乏透明度，而这也会催生出一系列令人头痛的问题，比如代理权、合法性和利益相关者到底能否控制权力滥用问题并促进监督。③

最后，生命记录技术的自主性也是它的一大亮点，这意味着它能够以一种独立的方式去记录用户的数据。④ 在这里，我们必须要给用户敲一下警钟，因为他们确实需要按下按钮或自我报告，从而说明信息是原始的和未经过滤的。⑤ 在默认情况下，生命记录技术的设备往往是打开的，它们不断地与用户和用户的世界进行交互并实时收集数据。⑥ 虽然这一切看似光鲜美好，但是这种自主性却意味着生命记录技术可以检测到关乎用户生命或健康的细节信息，这些信息或许连用户自己都从未注意到，然而它们在医疗健康领域的诊断和隐私遭受侵犯之后的救济方面却举足轻重。⑦ 说白了，生命记录技术可能会比用户本身都更透彻的了解他们自己，而这既会将人们的眼球都吸引到隐私问题上面，又会引起这对人类意味着什么的大讨论。

---

① See Nicholas Thompson, When Tech Knows You Better Than You Know Yourself, Wired (Oct. 4, 2018).

② Peter Leonard, Customer Data Analytics: Privacy Settings for Big Data Business, 4 *IntY Data Privacy* L. 53, 60 (2014).

③ See Deirdre Curtin & Albert Meyer, Does Transparency Strengthen Legitimacy?, 11 *Info. Polity* 109, 117 (2006).

④ Tim Jacquemard et al., Challenges and Opportunities of Lifelog Technologies: A Literature REView and Critical Analysis, 20 *Sci. & Engineering Ethics* 379 (2014).

⑤ Liane Colonna, Legal and Regulatory Challenges to Utilizing Lifelogging Technologies for the Frail and Sick, 27 *Intl J. L. & Info. Tech.*, 53 (2019).

⑥ Liane Colonna, Legal and Regulatory Challenges to Utilizing Lifelogging Technologies for the Frail and Sick, 27 *Intl J. L. & Info. Tech.*, 53 (2019).

⑦ Ann Cavoukian et al., Sensors and In-Home Collection of Health Data: A Privacy by Design Approach, Privacy By Design (Aug. 2010).

五、探讨在生命记录技术的发展过程中实施设计隐私权

如果要说起设计隐私权的方法论，那么，Schartum 在这方面可谓功不可没。在 2016 年，Schartum 曾大胆开创先河并提出一种实施设计隐私权的方法论，概括而言，他认为该方法论主要包含五个关键步骤：[①] 第一步，确定一项或一系列具体的法律要求；第二步，评估是否或如何通过应用设计要素和相关技术来支持这些法律要求；第三步，分析应用设计要素和相关技术是否有可能超额完成这些法律要求；第四步，生成一份有关优先事项的初步清单；第五步，Schartum 曾强调，企业既必须要经常反复考虑这些优先事项，又必须针对每一项法律要求去重复这些步骤，还必须进行成本效益评估。总而言之，重复必不可少。

就本文来说，虽然本文提出的方法论需要站在 Schartum 学术成果的基础之上，但是本文的重点并不是适用于所有技术的高层次设计隐私权方法论，而是特定生命记录技术背景下的一种具体明确、可操作性强的设计隐私权方法论。同时，相比于从隐私权法的规范框架着手，本文提出的方法论将另辟蹊径地从用户调查研究起步，毕竟这样才能更好地理解用户隐私权的相关情境。此外，相比于跟在 Schartum 的方法论后面照葫芦画瓢，本文不会思索如何将国家法律中的具体法律规定"硬生生地塞到"生命记录技术的相关系统中；恰恰相反，本文则更侧重于探究如何通过在系统架构的各个方面实施隐私战略，从而去支持更广泛的法律原则，比如公平信息实践原则（FIPPs）。

简单来说，本文所述的方法论旨在探讨如何在生命记录技术的发展过程中实施设计隐私权，该方法论主要包括以下六个步骤：其一，完成对生命记录技术所构成的隐私威胁或隐私风险的情境研究，这将涉及实证研究和理论研究，而这些研究的核心重点就在于了解生命记录技术的用户、工具的属性和与它们相关的数据流；其二，必须在产品的初始设计阶段就考虑具体的法律要求；其三，必须考虑生命记录技术语境下的设计要素，例如传感器、模型、系统、用户界面和用

[①] Dag Wiese Schartum, Making Privacy by Design Operative, 24 *Intl J. L. & Info. Tech.* 151 (2016).

户;其四,必须考虑作为法律要求潜在反映的设计隐私权技术、策略和模式;① 其五,为了满足法律要求,设计要素必须要与设计隐私权技术紧密结合在一起;其六,设计隐私权策略应该在生命记录技术系统的适当层面上得以实现;否则,用户的隐私权要么可能会在其他层面上被破坏,要么可能会受到多个层面的过度保护。

(一)第一步:完成对生命记录技术所构成的隐私威胁或隐私风险的研究

首先,隐私权这个概念仿佛总是蒙着一层神秘的面纱,对隐私权的理解更是多如牛毛、数不胜数。② 虽然大多数学者都认为他人享有隐私权是一件顺理成章的事情,但是,他们却对隐私权的范围问题各执一词;虽然决策者和工程师普遍认为应当将隐私权设计进技术之内,但是他们对隐私权的确切含义却至今没有达成共识。由于隐私权的概念模糊不清,所以,有评论员无奈之下只能得出这样的结论:"当你彻底失去隐私权时,你就知道它到底是怎么一回事了。"③ 同时,Robert Post 的表述中也丝丝点点透露着这种沮丧,他指出:"隐私权这种价值既是如此复杂多端,又如此纠缠在相互冲突矛盾的维度之中,还充满着各种截然不同的含义",所以"我对于能否有效解决它的含义几乎是不抱任何希望"。④ 而当我们放眼全球看待这个问题时,形势似乎只会更加严峻。

在设计隐私权的语境下,隐私权概念的模糊性也化身为一道高耸的难关。Alshammari 和 Simpson 曾指出,作为一个广泛的概念,隐私权既涵盖着法律、社会和政治等多个方面,又要求软件工程师理解并将隐私权复杂的概念和问题转化为具体操作要求"。同时他们还进一

---

① Dag Wiese Schartum, Making Privacy by Design Operative, 24 *Intl J. L. & Info. Tech.* 175 (2016).

② Mark Burdon, Contextualizing The Tensions and Weaknesses of Information Privacy and Data Breach Notification Laws, 27 *Santa Clara High Tech. L. J.* 63, 67–68 (2010).

③ Janlori Goldman, Privacy and Individual Empowerment in the Interactive Age, in Visions of Privacy: Policy Choices for the Digital Age 97, 101 (Colin J. Bennett & Rebecca Grant eds., 1999).

④ Robert C. Post, Three Concepts of Privacy, 89 *Geo. L. J.* (2001); see Colin J. Bennett, Regulating Privacy 12–13 (1992).

步认为，隐私权的主观性质和文化差异性使得企业在理解利益相关者的期望和关切时举步维艰、难上加难。由此他们建议，如果想要将这些困难一举攻克，那么，企业就必须考虑到隐私权的多元性和情境性。①

其次，将"技术的决定性特征是进入使用情境"作为出发点，Helen Nissenbaum 曾探讨过将隐私权作为情境整体进行保护的理论，以此去掌握信息技术所带来挑战的性质。在 Nissenbaum 的理论研究中，她举双手反对隐私权是一种保密权或控制权的观点；恰恰相反，她认为所谓隐私权是指个人信息"适当流动"的权利。总的来说，Nissenbaum 的理论主要基于两个核心原则：第一，用户从事的活动是在"多个不同领域"开展的；第二，每个领域都有一套管理其各个方面的独立规范。通过在既定情境中控制个人信息的流动，影响这两项原则的相关规范就能管理着他人的角色、行为和期待。②

具体而言，Nissenbaum 的隐私权理论中主要包括的信息规范类型主要有两种：第一套规范涉及适当性，第二套规范则涉及分配问题。一方面，适当性规范能够"限制在既定情境下允许、预期甚至要求披露的各种个人信息的类型或性质"。这就好比他人向银行透露财务信息再正常不过，他人与教授讨论自己的成绩也没什么大不了，而他人在这两种情况下透露自己的宗教信仰就会显得十分突兀奇怪。另一方面，"分配规范"则管理个人信息从一方到另一方的流动或分配。换言之，分配规范制定出一些规则，从而使得那些收到信息的人可以与别人共同分享。在 Nissenbaum 看来，如果行为人"违反"适当性规范或分配规范，那么，它们的行为就会侵犯到用户的隐私权。③ 说得再明白一点，将隐私权作为情境整体进行保护就意味着，企业必须确保适当的（即由规范引导的）信息流动。

再次，虽然 Nissenbaum 口口声声说，如果想要认真遵守上述隐私权规范，那么，不仅"信息的收集和传播对于具体情境而言应当

---

① Majed Alshammari & Andrew Simpson, Towards a Principled Approach for Engineering Privacy by Design, Privacy Technologies and Policy 161, 163 – 164 (Erich Schweighofer et al. eds., 2017).

② Helen Nissenbaum, Privacy as Contextual Integrity, 79 *Wash. L. REV.* 119 (2004).

③ Helen Nissenbaum, Privacy as Contextual Integrity, 79 *Wash. L. REV.* 125 (2004).

具有适当性,而且它们还应当遵守相关情境内部的传播规范";但是相关的问题也接踵而至,即适当性规范和分配规范的根基并没有牢牢地扎在地下,特别是当它们涉及诸如"生命记录技术"之类的新兴技术时就更是如此。① 正如 Frances Grodzinsky 和 HermanTavani 所言, Nissenbaums 的理论"在适应新技术方面心有余而力不足,在面对新兴技术时,该理论根本就没有清晰阐述相关行为、期待或规范来控制个人信息的流动"。②

面对像 Frances Grodzinsky 和 HermanTavani 提出的这类问题,Nissenbaums 并没有生气懊恼,她一鼓作气地在自己的理论中增加了一个"决策启发法"。该决策启发法总共包含九个步骤,它们既可以用于"理解新兴技术中问题的源头所在,又能评估相关系统或行为",还能用于确立表面证据确凿的情境完整侵权行为。然而值得注意的是,一旦存在有利于接受新行为的道德因素或政治因素,那么关于存在情境完整侵权行为的推定就会随之被推翻。③

复次,如果想要在生命记录技术领域内对用户隐私权进行情境化理解,那么,企业就免不了要去了解隐私权到底是如何在受相关系统影响的用户生活中发挥作用的。事实上,对于全面理解相关信息规范和涉及某个特定生命记录技术工具的隐私威胁来说,实证研究和理论研究的意义,尤其是人机交互领域研究的意义至关重要;毕竟理论研究能够带来概念的明确性和规范的正当性,而实证研究则能够用现实世界的数据来扩充这些内容。一方面,无论是 Mary Flanagan、Nissenbaum 还是其他人,他们无一例外地都在努力强调,设计人员必须理解隐私权等价值的起源、范围、理论意义和它们的规范基础。如果无法对隐私权价值进行合适的理论化、概念化掌握,那么,不仅相关信息规范想要定义一个能够保护隐私权的系统基本上等同于天方夜谭,而且它们还可能无法对一些不可避免的权衡关系做出适当平衡,比如

---

① See Michael Bimhack, A Quest for a Theory of Privacy: Context and Control, 51 *Jurimetrics* 1, 28 (2011).

② Frances S. Grodzinsky & Herman T. Tavani, Privacy in The Cloud: Applying Nissenbaums Theory of Contextual Integrity, 41 *Computer Sci. & Info. Tech. Faculty Publications* 38 (2011).

③ Helen Nissenbaum, Privacy as Contextual Integrity, 79 *Wash. L. REV.* 101 (2004).

隐私权和效率之间的关系。① 另一方面，除了理论研究之外，"许多分析则必须仰仗于对科技产品所处用户情境所进行的实证研究"。具体来说，通过调查、焦点小组、定性访谈、实验和案例研究，这种实证研究完全可以在生命记录技术的特定背景下，也就是从用户的角度来定位隐私问题。② 就诸如可用性测试和实地调查等实证研究而言，它们也可以用来判定一个特定设计实际上到底有没有体现出隐私权。对此，Batya Friedman 曾指出："实证研究往往能在以下问题上大展身手，这些问题包括：利益相关者如何在交互情境中理解个人价值观？他们如何在设计权衡中考虑相互冲突的价值观？他们如何划分个人价值观考虑和产品可用性考量的优先顺序？用户信奉的行为和实际行为之间是否存在差异？此外，由于新技术的发展在影响个人用户的同时也会对群体产生不小的冲击，所以各个组织如何在设计过程中适当考虑价值观也是个值得一探究竟的问题。"

最后，为了在相关技术可能传播的所有司法管辖区域都增进对信息规范的了解，上述这些研究可以并且理应将触角伸向各个地方的角角落落。同时，识别和确定利益相关者切记要稳、准、狠，考虑到生命记录技术的复杂性和普遍性使得识别直接和间接利益相关者变得困难重重，这一条建议几乎可以说是金玉良言。

总而言之，实证研究和理论研究的重大意义可谓无可替代：其一，归根结底，这两种研究其实就是希望揭示出隐私权的一种质疑少、争议小和相对简单化的理解。其二，为了避免那些可能妨碍技术长期可持续性发展的绊脚石，开展这些类型的研究必不可少且至关重要。其三，工程师们曾拍着胸脯大胆断言，如果相关隐私问题能够以一种"更加情境化、更全面和更具体的方式加以识别"，那么，他们肩上的工作担子就能一下子减轻不少，而这两种研究恰恰就是在助工程师们一臂之力。换句话说，对于那些普遍缺乏情境知识且不愿直接面对隐私问题的工程师来说，这些研究中揭示的有关隐私权的情境知

---

① Mary Flanagan et al., Embodying Values in Technology: Theory and Practice, in Information Technology & Moral Philosophy 342 (Jeroen van den Hoven & John Weckert eds., Cambridge Univ. Press 2008).

② Deirdre K. Mulligan & Jennifer King, Bridging the Gap Between Privacy and Design, 14 U. Pa. J. Const. L. 989 (2012).

识绝对是一场及时雨。①

（二）第二步：考虑具体法律要求和引导相关隐私目标

首先，在对隐私权进行情境理解之后，紧接着企业就必须要在产品的初始设计阶段考虑具体的法律要求了。就这一点而言，为了忠实于设计隐私权的概念，企业必须要将隐私权法考虑在内，毕竟这一概念的前提就是要预先考虑隐私权的规范框架。此外，企业还必须要在生命记录技术生命周期的各个时间点都认真审查隐私权法的具体要求，比如规划阶段、设计阶段和实施阶段。在 Schartum 看来，不仅一次确定一项（一系列）具体法律要求，并针对后续每个相关规则都重复这个过程才是明智之举②，而且设计隐私权过程的迭代性和动态性也同样不容忽视。③

其次，迎面而来的又有一个问题，那就是到底在哪里才能找到应该反映在生命记录技术中的相关法律要求呢？要知道，隐私权法的内容丰富多彩，不仅它的内容包括判例、规则、法律法规和相关原则的推理论证，而且它的法律来源还包括国家隐私权法、特别立法、判例法以及合同中确立的隐私条款和隐私政策。④ 同时，就连某些特定领域的规定也可能会对个人数据处理产生不可小觑的影响，特别是在涉及医疗健康和健康保险的情况下更是如此。⑤ 此外，鉴于一项生命记录技术横跨多个司法管辖区域而被同时开发出来也不是没有可能，所

---

① Mary Flanagan et al., Embodying Values in Technology: Theory and Practice, in Information Technology & Moral Philosophy 322 (Jeroen van den Hoven & John Weckert eds., Cambridge Univ. Press 2008).

② Dag Wiese Schartum, Making Privacy by Design Operative, 24 *Intl J. L. & Info. Tech.* 151 (2016).

③ Dag Wiese Schartum, Making Privacy by Design Operative, 24 *Intl J. L. & Info. Tech.* 151 (2016).

④ Dag Wiese Schartum, Making Privacy by Design Operative, 24 *Intl J. L. & Info. Tech.* 151 (2016).

⑤ See Bert-Jaap Koops & Ronald Leenes, Privacy Regulation Cannot Be Hardcoded: A Critical Comment on the Privacy by Design Provision in Data-Protection Law, 28 *IntY REV. L, Computers & Tech.* 159 (2014).

以，在这种情况下，很有可能会出现一些法律相互矛盾冲突的窘况。① 即使一项生命记录技术并不是专为某一特定地理区域而生，也不排除它日后横扫该区域市场的可能；而这也让我们的头脑中不禁产生问号：在生命记录技术的系统设计中，企业到底是否应该考虑对适用的法律加以限制呢？②

再次，由于隐私权法和数据保护法具有独一无二的属性，所以，这既使得软件开发人员很难将它们提取并转化为包含设计隐私权的信息系统，又使得上述这些问题更加棘手难办。打个简单的比方，立法者往往会故意用一种模棱两可的方式去编写法律条文，而这种模棱两可性既忽视不得，却也消除不了。③ 同时，由于法律的"开放性结构"，④ 所以相关答案往往不会以二进制形式出现，而是会存在于一个连续体上；⑤ 然而从编程人员的角度来看，这简直令人头大到不行，毕竟他们需要将自己的目标清楚表述为"用计算机可以理解的人工语言写成的一系列指令"，而这些语言对于人类语言来说却是"高度受限的"。⑥ 换句话说，法律（自然）语言和机器语言之间有一条难以逾越的鸿沟；⑦ 加之隐私权法也需要专业知识，这就使得直接从法律文本中提取要求而不产生任何误解的难度变得极高。⑧ Paul Otto 和 Annie Anton 就曾一针见血地指出，"使用法律文本可得跨越重

---

① Liane Colonna, Legal and Regulatory Challenges to Utilizing Lifelogging Technologies for the Frail and Sick, 27 *Intl J. L. & Info. Tech.* 50 (2019).

② See Bert-Jaap Koops & Ronald Leenes, Privacy Regulation Cannot Be Hardcoded: A Critical Comment on the Privacy by Design Provision in Data-Protection Law, 28 *IntY REV. L, Computers & Tech.* 159 (2014).

③ Aaron K. Massey et al., Identifying and Classifying Ambiguity far Regulatory Requirements, Requirements Engineering Conference (RE), 2014 *IEEE 22nd International* (2014).

④ H. L. A. Hart, The Concept of Law (1961).

⑤ Edwina L. Rissland, Artificial Intelligence and Law: Stepping Stones to a Model of Legal Reasoning, 99 *Yale L. J.* 1957 (1990).

⑥ James Grimmelmaim, Regulation By Software, 114 *Yale L J*, 1719 (2005); see Eric Wustrow, Security Hazards when Law is Code, *Computer Sci. & Engineering U Mich.* (2016).

⑦ See Demetrius Klitou, Privacy-Invading Technologies and Privacy by Design 311 (T. M. C. Asser Press 2014).

⑧ See Ambrosio Toval et al., Legal Requirements Reuse: A Critical Success Factor far Requirements Quality and Personal Data Protection, Proceedings IEEE Joint International Conference on Requirements Engineering 95, 96 (2002).

重难关,因为它们既包含许多歧义、交叉引用、特定领域的定义和缩略语,又经常通过新的法律法规、条例和判例法进行修改"。①

复次,将隐私权法的相关规定转化为计算机代码其实也并非一点找到出路的希望都没有。这从以下三个例子中就可见一斑:其一,就将文本翻译成正式和半正式隐私权法律规定的具体要求而言,计算机科学家已经向前迈进了一大步。其二,法律语言处理的领域也进步不小,自动分析用法律语言编写的相关规定已不再是可望而不可即的目标。其三,为了提高立法文本的可读性,研究人员也已经开始着手应用法律信息学。要知道,不仅简单地对法律进行分类并用元数据进行标记有助于开发人员寻找复杂的法律文本,而且这还能帮助他们将隐私权规定的法律要求纳入研发过程之中。

最后,由于找到相关法律要求并将其编程进信息系统绝非易事,所以 Schartum 认为设计隐私权方法的上上策就是精准定位相关的国家法律,并逐条核对每一项法律规定从而看看该规定能否在计算机代码中得到体现。事实上,虽然毋庸置疑的是,结构化、格式化和确定化的法律规定将大大增加计算编程的可能性,但是如果相关法律规定明显不能像通常情况那样被硬生生嵌入某个生命记录技术系统中,那么此时企业就应当将"公平信息实践"(FIPPs)的相关规定作为特定隐私权法律要求的基础。事实上,这种解决方法的背后可有着强有力的后盾支持——《通用数据保护条例》第 25 条明文规定:"为了满足本条规定的要求并切实保障他人的权利,数据控制者应当采取合适的技术性和组织性措施,并且应当在数据处理过程中整合必要的保障措施,从而有效实施诸如数据最小化原则之类的数据保护原则。"②

(三) 第三步:考虑设计要素

在确定好相关的法律要求之后,为了了解到底应当在生命记录技术系统的哪些地方嵌入隐私权,考虑设计要素就开始成为第一要务

---

① Paul N. Otto & Annie I. Anton, Managing Legal Texts in Requirements Engineering, z/iDesign Requirements Engineering: A Ten-Year Perspective. Lecture Notes in Business Information Processing 374 (Kalle Lyytinen et al. eds., 2009).

② 2016 O. J. (L 79).

了。在生命记录技术的背景下，至少有五个关键的设计要素不容忽视，它们就是传感器、模型、系统、用户界面和用户。这几个设计要素存在于生命记录技术系统的不同层面，并且表现出一种井然有序的秩序。简而言之，通过将生命记录技术系统分解为不同的组成部分和层面，将数据保护相关法律嵌入进系统之中就不再是什么令人望而生畏的难事了。

首先，作为第一个设计要素，传感器往往会出现在一系列看似无穷无尽的生命记录技术应用程序中。所谓传感器就是指一种能够"探知物理环境中的事件或变化（例如温度、声音、热量、压力、流量、磁性、运动、化学和生化参数）并提供相应输出的设备（通常是电子设备）"。[1] 说得再简单一点，所谓传感器就是指"一种能够测量物理特征、环境特征或状态，并显示读数或将读数传输到其他地方显示和/或存储的仪器"。[2]

一方面，传感器能够收集那些形成未来分析基础的原始数据，这些实时收集的数据既包括用户的个人身体信息（例如情绪、习惯、体育活动、健康状况、速度、行动能力等等），又包括用户所处的环境（例如图像、声音、温度、湿度、位置、社会环境等等）。[3] 在家庭医疗保健的语境下，传感器可以分为两大类，即行为传感器和特征传感器。[4] 行为传感器主要用来观察用户的动作，它们会用诸如摄像机之类的仪器来检测用户的行为活动模式，比如老年人或体弱者的潜在跌倒行为；而特征传感器则主要用来测量用户的血压或压力水平等生理属性，并根据特定的读数和应用程序存储数据或对这些数据做出回应。[5] 另一方面，就那些横跨用户、用户身体和用户财产的传感器网络系统而言，它们所能支持的应用程序扳着指头都数不过来。打个

---

[1] Ammar Rayes & Samer Salam, Internet of Things From Hype to Reality 67, 68 (2019).

[2] Ann Cavoukian et al., Remote Home Health Care Technologies: How to Ensure Privacy? Build It In: Privacy by Design, 3 *Identity Info. Socy* 363, 366 (2010).

[3] Office of the Privacy Commissioner of Canada, Wearable Computing Challenges and Opportunities for Privacy Protection (2014).

[4] Ann Cavoukian et al., Sensors and In-Home Collection of Health Data: A Privacy by Design Approach, Privacy By Design (Aug. 2010).

[5] Ann Cavoukian et al., Sensors and In-Home Collection of Health Data: A Privacy by Design Approach, Privacy By Design (Aug. 2010).

简单的比方，传感器完全有能力收集那些用于测量脆弱相关标准的数据——可穿戴活动跟踪器可以测量用户的步行速度和活动水平，浴室秤可以追踪用户的体重变化，握把球可以测量用户的上肢肌肉力量，基于语音的智能扬声器可以与老年人亲切交谈从而收集疲劳信息；而在移动到计算机硬盘或上传到云盘之前，这些数据都会暂时保存在相关设备的内部存储器中。

其次，下一个必须列入考虑日程的设计要素就是模型。所谓模型是指"某个结构全面整体化的呈现形式，它概括着数据背后的系统组成部分并描述着数据是如何产生的"。简单来说，数据集中的模式所派生出的一组规则就可以用来创建模型，故而在有些情况下，模型可以被理解为一种"自动生成的假设"抑或"关于数据集的理论"。比起前两个，下面这个设计要素的抽象性和复杂性可得更上一层楼了，它就是系统。总的来说，系统会涉及不同自动过程集合之间相交互的点。在系统层面，用户的个人数据会按照模型进行处理；这也就是说，在经过验证之后，模型又可以再度应用于系统层面的一组新数据。同时，上述过程和决策息息相关，该过程既可以实时进行，又可以作为后处理的一部分存在。

再次，紧接着的设计要素就是用户界面。所谓用户界面就是指"方便用户与系统相交互的一种系统（包括硬件和软件）"。作为一个将相关数据显示给用户的地方，最理想的用户界面一向能够有效地收集和呈现信息，以便用户能够集中精力、专心致志地处理手头的任务。[①] 具体来说，用户界面一共有三个维度：物理维度、概念维度和感知维度。

在物理维度上，用户界面能够决定用户要如何与系统进行交互；在概念维度上，用户界面能够决定用户思考和解释系统的行为方式；而在感知维度上，用户界面则能决定用户到底是要接受还是拒绝系统。虽然构建一个有效的用户界面不是嘴上说说那么简单，特别是"用户界面的是非好坏往往是由一群品味、知识和经验天差地别的用户主观判断的"。但是，考虑将隐私权设计进"生命记录技术设备或系统的实际物理设计或体系结构"的脚步也依旧不能停歇，简单地

---

① Timothy J. Barnes et al. , Electronic CAD Frameworks 101 (1992).

只考虑"技术规格、技术解决方案或计算机代码"是完全行不通的。

最后,最后一个设计要素是用户。作为一个用户根据传递给自己的数据而采取行动的地方,所谓用户级(user level)是指一个用户或一群用户能够发现或利用数据集中隐藏的、不可预测的模式的地方。在生活记录技术等环境辅助生活技术中,考虑用户类型几乎是必经之路,毕竟五花八门的各路用户都想好好利用从数据处理中获得的信息,从自己到家人、到好友圈、到投保的保险公司再到营销人员,要知道,这些信息可有着致命的诱惑力。同时,由于某些所谓的"隐私意识"(privacy aware)技术可能会在减少某些隐私威胁的同时又搞出其他类型的风险和漏洞,所以了解这些用户的需求和现实情况可谓至关重要。[①]

(四)第四步:考虑设计隐私权技术、策略的模式

首先,设计隐私权技术、策略和模式是对法律要求的潜在反映。虽然相关的设计策略会因项目不同而有所差异,但是它们至少要把国际和国家隐私权法中所体现的"相关的高级别隐私要求"统统考虑在内。同时,设计隐私权技术在复杂程度、有效性和费用方面也有所不同——在一些时候,开发人员可能会依赖现有的最先进技术去将隐私权嵌入系统之中;在另一些时候,只有"发明、创新或做出一定的妥协",开发人员才能实现将隐私权嵌入系统中的目标。而当涉及第 25 条的具体实施问题时,《通用数据保护条例》也立场明确地指出,数据控制者完全可以行有余力地去考虑"最先进的技术水平和执行成本"。

其次,在设计隐私权领域,如果要评选一个最佳的设计隐私权技术,也就是我们俗称的"金牌标准",那么法律自动化必将勇夺这一桂冠。所谓法律自动化是指自动执行系统中定义的法律规范和其他规范,从而对用户个人数据进行正确处理的过程;在这个过程中,法律规范往往会被翻译成能够被人工智能理解的计算机表述。而之所以法

---

① See Mark Coeckelbergh, Human Being @ Risk: Enhancement, Technology, and the E-valuation of Vulnerability Transformations, in Human Studies 97 (Cristell Didier et al. eds., 2013).

律自动化会被视为"金牌标准",原因在于它允许生命记录技术系统通过独立参与法律的实质内容来评估法律责任本身;换言之,法律自动化允许计算机以一种即时、最终和直接的方式去解释和执行监管规范,而不是傻傻依赖于"花销巨大的法律程序或人为解释"。Laurence Divers 和 Burkhard Schafer 曾用一句话就浓缩概括过法律自动化的强大魅力,他们指出:"由民主立法程序所产生的法律规范完全可以通过代码来执行,因为这些代码可以无懈可击地适用这些法律规范。"[1]

再次,如果说法律自动化和数据保护规则的"硬编码"(the hard-coding)代表一个连续体的一端,或"设计隐私权理论的理想状态",那么,将相对更直接的技术嵌入进系统架构中则代表着另一端(比如数据加密技术),并且这一端或许还是不那么复杂的一端。《通用数据保护条例》第 25 条简洁明了的表述已经表明,就满足设计隐私权的要求而言,这一类的解决方案属于可接受的范围之内。从表面上来看,如果想要被视为一种真正合法的设计隐私权技术,那么必经之路就是要脚踏实地、真真正正地将隐私权嵌入"系统 DNA"之中,而不是在核心功能设计已经完成之后才进行一些浅尝辄止、蜻蜓点水般的尝试。Divers 和 Schafer 解释说,"完美理想的设计隐私权解决方案既应该平衡政策体系结构的两端,又应当考虑到相应的成本和技术状态,还应当在软件开发周期之内就付诸实现,因为隐私价值只有在设计过程中才能被最有效且最经济地反映出来"。[2]

复次,其实早在 2001 年,Mark Langheinrich 就曾提出过六项原则来指导相关系统中的设计隐私权,这其中就包括告知原则、选择和同意原则、邻近性和地点原则、匿名和假名原则、安全原则以及访问和追索权原则。[3] 时间跳转到 2014 年,Jaap Henk Hoepman 也曾对两组设计隐私权策略做过区分,即面向数据的策略(数据最小化、数

---

[1] See Laurence Diver & Burkhard Schafer, Opening the Black Box: Petri Nets and Privacy by Design, 31 *Intl REV. L. Computers & Tech.* 78 (2017).

[2] See Laurence Diver & Burkhard Schafer, Opening the Black Box: Petri Nets and Privacy by Design, 31 *Intl REV. L. Computers & Tech.* 78 (2017).

[3] See Mark Langheinrich, Privacy by Design—Principles of Privacy-Aware Ubiquitous Systems, Ubicomp 2001: *Ubiquitous Computing* 273 (Gregory D. Abowd et al. eds., 2001).

据隐藏、数据分离和数据聚合）和面向过程的策略（告知、控制、执行和演示）。① 他指出，就提供设计隐私权策略的具体实施方案而言，有许多设计隐私权模式都能派上用场，比如"数据隐藏"就可以通过数据加密来实现。② 同时，欧盟网络安全机构（The European Union Agency for Cybersecurity，ENISA）列出的几种技术也值得细思，比如端到端的身份验证技术、基于属性的凭证技术和匿名技术。③ 此外，Schartum 也曾建议，当前至少有四种设计隐私权技术，即一般信息技术、通知技术、用户定义例程技术（defined routines）和法律自动化技术：其一，所谓一般信息技术是指"向用户提供涉及每个特定系统一般隐私问题相关信息"的一种技术，而这些信息主要包括判例法等可靠有效的法律文本和/或对此类文本的解释。其二，所谓通知技术则又往前迈了一步，它主要是指"在系统中自动生成或手动引出提醒事件"的一种技术。④ 接下来，用户定义例程技术和法律自动化技术都和计算机系统中隐私规则的表述息息相关，它们的核心思想就在于"以计算机能够理解的方式去对法律的涵义和逻辑进行建模"。⑤ 其三，所谓用户定义例程技术是指将隐私规则正式地在系统中进行表述的一种主要策略。其四，所谓法律自动化技术则涉及用户定义例程的一个子类别，不仅该例程支持系统的手动使用，而且它"还能自动执行系统中定义的法律规范和其他规范，从而对用户个人数据进行正确处理"。⑥

最后，至于那些能在生命记录技术背景下发挥作用的具体设计隐

---

① See Jaap-Henk Hoepman, Privacy by Design Strategies, ICT System Security and Privacy Protection 446, 452–457 (Nora Cuppens-Boulahia et al. eds., 2014).

② See Jaap-Henk Hoepman, Privacy by Design Strategies, ICT System Security and Privacy Protection 454 (Nora Cuppens-Boulahia et al. eds., 2014).

③ George Danezis et al., Privacy and Data Protection by Design -from policy to engineering, European Union Agency for Network and Information Security (ENISA) 1, 23–24, 29 (Dec. 2014).

④ Dag Wiese Schartum, Making Privacy by Design Operative, 24 Intl J. L. & Info. Tech. 166 (2016).

⑤ Harry Surden, The Variable Determinacy Thesis, 12 Colum. Sci. & Tech. L. REV. 1, 89 (2011).

⑥ Dag Wiese Schartum, Making Privacy by Design Operative, 24 Intl J. L. & Info. Tech. 166 (2016).

私权策略，本文将在下面的内容中加以详细讨论。概括来说，本义提的大多数建议都会侧重于那些用广泛的数据保护原则，而不是具体详细的国家层面法律来实现合规性的技术，比如公平信息实践原则。为了增强生命记录技术领域内对用户隐私权的保护，匿名化技术也将是接下来内容的重头戏。

（五）第五步：将设计要素和设计隐私权技术相结合

在本节内容中，为了满足相关法律要求，生命记录技术的五个设计要素将会和一些更为明确具体的设计隐私权技术紧密结合，比如，基于隐私保护的数据挖掘技术（privacy-preserving data mining, PPDM）。为了对如何满足数据保护规则要求一探究竟，接下来本文就将对生命记录技术系统的每个层面和组成部分进行分析，并将探讨究竟是否有设计隐私权技术能够在某些层面之间适用。同时本文有必要指出，下文中列举的例子绝不可能是详尽无遗的，它们主要是为了阐明问题。同时，下文所叙述的一些技术之间也会存在一些概念上的重叠，而这只是为了说明在生命记录技术的语境下，到底如何将设计元素和设计隐私权技术实际上结合起来才能更好地实现隐私目标。

1. 传感器层面

在传感器层面，信息收集可谓是一个与用户隐私权休戚相关的核心问题；在用户没有提供同意的情况下，有各种五花八门的技术都可以用来保护用户的身份信息。就拿计算机视觉领域来说，该领域曾研究过用于不同目的的数字图像操作技术，目的之一就包括隐私保护。打个简单的比方，当直接嵌入传感器硬件或通过相关软件时，计算机视觉技术可以在第一时间就将图像抓取行为一网打尽。再比如，下文在用户界面层面讨论的其他方法也可以防患于未然地提前删除敏感信息或私人信息。换言之，计算机视觉技术既可以应用于相关场景和摄像头之间，又可以用于图像存储和用户界面的可视化之间。同时，除了上述视觉化技术之外，当涉及以非视觉的方式聆听或感知用户相关信息时，其他隐私增强技术就有用武之地了。比方说，与位置相关的技术就能够用来防止用户的语音数据或位置数据被收集。用 Alfredo Perez 的话来说，这些技术不仅能够在某些共享空间中防止数据被收集，而且它们还通常能够通过临时禁用来禁止共享空间中的设备使用行为。对此他还进一步解释说,在一般情况下,在共享空间中禁用生命记录技术设备的方法一共有三种,即传感器饱和(sensor saturation)、广播命令(broadcasting commands)和基于情境化的方法。[1]

此外,为了防止生命记录技术设备在传输过程中收集敏感数据和个人数据,端到端加密技术也绝不能被遗忘在角落。通过确保来自生命记录技术传感器的所有数据都是加密的,端到端加密技术能够保证相关数据只能被经过授权的发送者和接收器读取,如此一来,安全漏洞被最小化便不再是什么难事。不过值得注意的是,虽然如今正在开发的一些复杂算法可以使敏感信息在运输过程中无法被识别,例如通过无线传感器网络,但是我们也必须承认,在使用超安全加密方案方面还有重重关卡要过,例如这些方案可能会对计算效率产生不小的威胁。

2. 模型层面

在模型层面,作为一个总括性的术语,所谓基于隐私保护的数据挖掘技术(PPDM)是指一组既可以用来最大化大型数据集的优势长处,同时又能将相关隐私影响控制在最小化的技术;该技术主要旨在保护用户隐私权,同时它也不反对从数据中提取有用的信息。具体而言,基于隐私保护的数据挖掘技术主要有两个考量因素:其一,删除诸如名称和地址之类的敏感原始数据,从而防止第三人接收到用户个人数据;其二,删除从数据中挖掘出来的敏感信息。目前,一些基于隐私保护的数据挖掘技术是为集中式数据场景而开发的,另一些则是为了分布式数据场景而生;比如在向数据挖掘者提供数据之前,有一些基于隐私保护的数据挖掘技术会预先向数据中添加噪声,以期通过这种方式去保护用户的隐私权。尽管如此,在确定到底要使用哪种技术时,企业依然要多加考虑生命记录技术系统的最终目标和目的。举例来说,如果相关系统的目标是进行完全个性化的干预,那么在传感器层面上删除的细节数据水平就会对最终产品的运作和功能产生各种各样的影响。

3. 系统层面

在系统层面,第一要务就是考虑数据追溯技术(traceability tech-

---

[1] See Alfredo J. Perez et al., BystandersPrivacy, 19 *IEEE IT Professional* 61 (2017).

niques)。所谓数据追溯技术就是指能够获取用户同意并具体追溯到用户同意的日期和时间的一种技术。该技术不仅有助于了解用户个人数据从原始来源流向不同目的地的情况,而且它对于管理数据存储相关的法律要求来说也至关重要。在生命记录技术的语境下,一旦用户请求撤回自己的同意、更改数据或请求所有数据的副本,那么,对生命记录技术系统中的所有个人数据进行完全追溯就是件板上钉钉的事了,毕竟企业必须得在整个系统中复制用户的这些请求。

具体而言,数据追溯技术一共由两个部分组成:跟踪(tracking)和追溯(tracing)。跟踪是指一种记录数据共享路径的能力,而追溯则是指一种识别数据来源的能力。一方面,就跟踪能力而言,根据《通用数据保护条例》等相关法律规定的要求,数据控制者必须掌握和了解所有存储用户个人数据的位置,而且就连个人数据经常被忽视的位置也不能放过,例如备份或其他分布式副本之中;另一方面,就追溯能力而言,为了扩大审计和检查的可能性,数据追溯技术也应该顺理成章地被编程进生命记录技术设备的系统层面之中,毕竟这样才能更好地遵循问责制原则。如今,形形色色的数据保护管理系统(data protection management systems, DPMS)已经建立起来,这对监控和记录数据保护相关要求的实现来说可是一件大好事。所谓数据保护管理系统主要是指一种监控隐私要求实现情况的"内部合规系统",这些系统既可以记录数据处理操作行为,又可以管理数据流,还能够协助管理数据泄露问题。而从本质上来说,数据保护管理系统的重中之重就是支持用户个人数据流动的可管理性和可追溯性,从而进一步推动遵循法律规定的良好风气。

4. 用户界层面

(1)总的来说,具有隐私权意识的生命记录技术理所应当是用户友好型的。虽然用户友好并不仅仅是用户界那么简单,但是用户界也确实起着举足轻重的作用。鉴于此,为了提高数据处理的透明度并加强数据隐私保护,企业应当根据用户的能力去调整数据库的功能。就拿医疗保健领域来说,当生命记录技术面向的对象是脆弱人群,比如体弱者和病人时,生命记录技术系统就应该构建一个适合该年龄群体的用户界,因为这样才能让用户不用劳神费心就能轻松上手操作。

(2)用户界还应当动动脑筋考虑到这样一个事实,即用户可能会满心希望自己看见、交互的数据和家庭成员之外的人有所区分,比如家庭医生能看见的数据就得另当别论。从这个角度来说,企业区分不同详尽程度的用户信息然后再加以提供仿佛才是合理之举。在本文看来,通过用户或可信度高的代理人所设置的权限去调整用户界面的方法值得一试;这样一来,只有临床医生才有资格获得关于病人病情数据和病情趋势的信息,而诸如近亲之类的主体才能获得更多关于该用户的个人信息。

(3)为了限制用户的图片在不同情境中的曝光,应用计算机视觉技术也可以通过在收集到敏感或私人信息后删除这些信息来达到目的。① 例如,如果想要在数据收集后隐藏用户的私密信息,那么,企业就可以用图像视频的修改或编辑方法来对图像的敏感区域进行修改。在各种各样令人眼花缭乱的技术中,图像过滤器可以用来对图像的人体部分进行模糊化处理,加密方法可以用来扭曲视频,而去识别化技术则可以用来隐藏图像和视频中的用户面部特征,抑或完全从视频中移除相关物体和人脸。除此之外,让某个出现在图像中的人化身为一个坚实的轮廓、一副骨架、一个三维立体化身甚至是一个卡通形象也都不是没有可能。有了上述这些技术,将图像进行进一步模糊化、像素化或浮雕化都不过是小菜一碟罢了。

(4)企业目前之急是要先解决这样一个问题,即许多生命记录技术都缺乏传统的图形用户界面;而鉴于今天大多数模型都会利用屏幕来显示法律文本,所以这就意味着企业在利用一般信息技术和通知技术方面将举步维艰。再加上生命记录技术设备往往会无缝连接到用户的生活空间(或身体)之中,所以用户获取法律文本或相关通知"弹出"的机会更会呈滑坡式下降。

不过,大家也不用灰心丧气——除了眼睛之外,很多人可能当初做梦都不会想到未来的用户界面会吸引用户各种各样的感觉器官。即便不是遥远的将来而是现在,语音用户界面(voice user interface,VUI)在 Google Home 和 Amazon Echo 等产品中的使用也早已不再是什么新鲜事。不要说眼睛和身体活动,就连吸引脑电波都或将成为可

---

① See Jose Ramon Padilla-Lopez et al., Visual Privacy Protection Methods: A Survey, 42 Expert Sys. With Applications 10 (2015).

能。如此一来，由于听觉或其他感官可能与用户结合更紧密，所以生命记录技术设备仍然有不少机会提供法律通知。也就是说，通过依赖替代的感觉器官，生命记录技术设备实际上可能更能轻轻松松获得用户的即时关注，并比目前更高效地传递法律通知。

（5）默认设置和反馈机制可谓头等大事，因为它们对用户行为有着重大的影响。隐私友好型的默认设置之所以如此关键而又重要，原因就在于即使默认设置比非默认设置要不合理甚至对用户更不利，用户也通常会坚定不移地坚持默认设置，而这种不愿改变默认选项和现状的惰性和力量往往会被称为"现状偏好"（status quo bias）。一方面，就默认设置而言，Cavoukian 曾指出："通过确保用户个人数据在任何既定信息系统或业务实践中都能受到保护，设计隐私权孜孜不倦、旨在寻求的目标就是为用户提供最大程度上的隐私保护。"在设计隐私权的语境下，即使用户无所事事，什么都不做，他们的隐私权仍然能够完好无损。换言之，当用户与系统进行交互时，用户压根不需要采取额外的行动来保护自己的隐私权，因为隐私保护已经在默认情况下被嵌入了系统之中。① 同时，ENISA 也高举双手赞成 Cavoukian 的观点，他指出，无论是隐私友好型的默认配置和设置还是用户可以理解的默认设置，它们都应当拥有一席之地。② 另一方面，就反馈机制而言，它对于为用户澄清风险并影响用户行为来说大有裨益。M. Ryan Calo 认为使用"发自肺腑的通知"（visceral notices）可能是个不错的主意——所谓"发自肺腑的通知"旨在通过利用产品或服务的体验来改变用户的理解。Calo 指出："日新月异的技术和巧妙的设计使得为他人量身定制信息不再是天方夜谭，如此一来，我们完全可以向他人展示与他们特别相关的东西，而不是去进行普遍化的描述。"③

在生命记录技术的语境下，从相关设备中获取的信息会以五花八

---

① Ann Cavoukian et al., Remote Home Health Care Technologies: How to Ensure Privacy? Build It In: Privacy by Design, 3 *Identity Info. Socy* 363 – 378, 371 – 372 (2010).

② European Agency for Network and Info. Sec., To Log or Not to Log? Risks and Benefits of Emerging Life-Logging Applications, (Nov. 11, 2011).

③ M. Ryan Calo, Against Notice Skepticism in Privacy (and Elsewhere), 87 *Notre DameL. REV.* 1042 (2012).

门的方式反馈给用户。打个简单的比方,反馈机制可能会向用户报告企业收集过哪些数据或谁查看过这些数据。不过同样值得注意的是,以针对不同年龄段的方式提供这些反馈信息也至关重要。除了默认设置和反馈机制之外,就增强用户参与管理个人数据的能力而言,适用"以用户为中心的隐私措施"也是一计良策。一方面,只有用户充分了解分享数据会产生何种隐私风险,他们才能够多多上心去平衡隐私风险和信息披露带来的好处之间的关系;另一方面,给予用户一种既能执行自己的隐私决策、又能控制个人信息披露的机制也当属情理之中。例如,就生命记录技术的数据共享体系结构而言,在用户将某些敏感数据发布到好友圈外之前,它就能及时向用户发出警告。退一步来说,即使用户是在与护理人员或者医疗保健服务提供者分享自己的数据,企业也还是应当建立相关机制来确保数据收集的最小化。

5. 匿名化技术的作用

(1) 在适当且保证不干扰设备本身的目标和意图的情况下,数据匿名化注定是应当在生命记录技术的多个层面上加以考虑的一种技术。从广义上来说,所谓"匿名化"是指一个过程,通过这个过程,数据库中的信息就能被处理从而难以识别出用户身份。《通用数据保护条例》详解版第26条曾规定,所谓匿名化数据就是指"以一种使用户不能或不再可被识别的方式所呈现的数据"。与该定义如出一辙,"第29条工作组"认为,所谓匿名化数据就是指以一种"不可逆地阻止识别"方式所处理的个人数据。如果相关数据属于匿名化数据,那么,它们就不属于《通用数据保护条例》的规制范围。

(2) 在生命记录技术的语境下,匿名化技术可以应用的个人数据类型很多,这其中就包括用户的外表(视频)、健康状况(生理信号)、通信(音频)和行为。同时,"第29条工作组"还承认匿名化技术的种类也远远超乎你我的想象,比如随机化和泛化技术、噪声添加技术、排列技术、差分隐私技术、聚合技术、k-匿名算法技术、l-多样性技术和t-一致性技术。① 虽然这些技术都各有自己的看家本领,但它们的毛病也不少——在一个又一个的研究中,研究人员已

---

① See generally Farzad Kamrani et al. , Internet of Things: Security and Privacy Issues, Swedish Def. Res. Agency (FOI), Report number, FOI-R-4362-SE (Dec. 2016).

经用无数事实证明匿名化技术在实践中是如何屡屡败下阵来的，尤其是在涉及大型数据集的应用程序中就更是如此。正如一位评论员所说，"在这个数据为王的大数据时代，匿名化技术可一点都不名副其实"。①

（3）虽然实现完全匿名化几乎一点可能都没有，而且在数据处理过程中的某些时间点，匿名化技术还会限制一些有意义的数据使用行为，但是它在生命记录技术设备引起的种种隐私问题上依然有自己的立足之地——如果数据匿名化可以保证严格有效地进行下去，那么，设计隐私权的其他技术基本上就可以默默靠边站了。简而言之，匿名化技术能够促进的都是一些重量级的核心隐私目标，比如匿名化、不可链接性、个人可识别信息披露最小化和信息安全。

（4）匿名化技术也理所应当在上述层面中加以考虑：其一，在传感器层面，由于分散数据集很难被匿名化，加之传感器数据集又极其容易出现分散性，所以传感器层面的匿名化技术适用起来困难重重。Scott Peppet 解释说，"鉴于传感器数据能够抓取到如此海量的用户图像和如此丰富多彩的相关活动，所以基于传感器的数据集中的每个个体都是独一无二的"。② 另外几位学者也指出，"虽然传感器乍看起来可能无邪无害，比如加速计、陀螺仪、磁强计或气压计，但是它们给用户匿名化带来的挑战却非同凡响"。③ 既然将传感器数据集进行完全匿名化几乎不可能，那么，考虑其他技术来保护传感器中的个人数据才是正道。匿名化技术在传感器层面遭遇的另一只拦路虎就是它可能会影响数据集的效用。也就是说，如果传感器数据被匿名化，那么，这可能会使知识发现过程中有效使用数据的能力大打折扣。Ali Inan 指出，"问题的关键就在于匿名化数据到底能否和如何有效

---

① Thomas W. Deutsch, Big Data, Dopamine and Privacy by Design, Handbook of Human Computation 847, 852 (Pietro Michelucci ed., 2013).

② Scott R. Peppet, Regulating the Internet of Things: First Steps Toward Managing Discrimination, Privacy, Security, and Consent, 93 Tex. L. REV. 85, 129 (2014).

③ Nicholas D. Lane et al., On the Feasibility of User De-Anonymization from Shared Mobile Sensor Data, PhoneSense (2012).

地用于数据挖掘"。① 打个比方来说，就一种用于帮助恢复记忆的生命记录技术设备而言，如果相关数据是匿名的，那么，它可能就无法满足特定用户的需求，比如患有痴呆症的人。其二，在模型层面，当从传感器收集的原始数据被用来创建模型从而应用于新的数据集时，匿名化技术也应当被考虑在内。说到这个过程，它的核心思想就是通过创建一个模型来解锁原始传感器数据的效用，例如，这个模型可以被其他人用来了解疾病、残疾或损伤的原因。总而言之，无论原始传感器数据是否已经匿名化，都丝毫不影响结果数据的匿名化。而所谓结果数据就是指一种可以被概念化为与某些事物相关的测量指标，比如用户的健康状况。换言之，在模型被开发出来之后，该模型就可以被应用于一组新的数据，从而生成一份关于用户个人健康状况的数据集，然后企业可以接着再对数据集中的这些信息进行匿名化。其三，在系统层面，个性化和精确化的需要也使匿名化技术面临着不小的挑战。一般情况下，如果数据匿名化往往发生在系统层面，那么整个系统就不一定会对特定用户有用。然而，由于个性化对于决策而言至关重要，所以数据匿名化的水平还是要再三考量、反复权衡才好。其四，在用户界面层面，根据查看信息主体的不同，诸如显示数据之类的信息也可能会被进行匿名化处理。就像前文所说的，不仅图像之类的个人数据可能会被抓取并显示在生命记录技术的设备上，而且不同的计算机视觉技术还有可能会将这些数据匿名化或去识别化。不过，虽然这些技术的短板也不少，并且还不排除这些数据有被重新识别的可能，但是鉴于解决这些问题的方案正在紧锣密鼓地开发中，所以企业仍应将这些技术纳入自己的考虑范围之内。②

（5）在用户层面，匿名化技术既可以提供一种机制来让第三方共享的数据最小化，又能让这些数据仅根据用户协议被共享。就该层面而言，关键点就是数据可视化，抑或是如何基于匿名化和用户偏好的需要来实现数据可视化。

---

① Ali Inan et al., Using Anonymized Data for Classification, 2009 IEEE 25th International Conference on Data Engineering 429, 429-430 (2009).

② Alfredo J. Perez et al., Bystander Privacy, 19 *IEEE IT Professional* 61, 64 (2017).

（六）第六步：重复、反思、审计、分析、深思熟虑和审查

总的来说，由于设计隐私是一个动态的、重复迭代的过程，所以软件开发的不同阶段都应当被考虑在内。软件开发需要历经多个阶段，其中包括概念开发、分析、设计、实施、测试和评估。根据《通用数据保护条例》的规定，不仅相关技术措施应当应用于初始设计阶段，而且它们还应当在产品的整个生命周期都得到适用。① 在2008年，英国信息专员办公室所提交的《设计隐私权报告》曾指出："如果想要设计隐私权的方法行之有效，那么，它就必须考虑到任何系统或过程的完整生命周期，即从系统业务案例的早期阶段、需求收集、设计、交付、测试、操作到系统最终退役的整个周期。通过这种全周期性的方法，隐私控制不仅能够更强大、更简单易行、更便宜低廉也更难绕过，而且隐私控制还能够作为核心功能的一部分被完全嵌入系统之中。"② 同时，Schartum 还曾建议，在就每项法律要求确定优先措施的最终清单之前，经常评估和反复考虑优先事项是一件必做的功课，尤其是进行成本效益评估更是必不可少。③ 不仅如此，就将设计隐私权策略嵌入系统所有层面的过程而言，该过程还将不可避免地导致企业要在系统功能和用户个人数据保护之间做出权衡。正如 Abdulbaki Aydin 所言："在某些情况下，用户完全能够意识到隐私权和功能不可得兼，有时他们甚至会禁用（或不启用）威胁自己隐私权的功能。不过不幸的是，还有一些情况也随处可见，那就是用户甚至是开发人员对自己个人信息被利用的情况和程度一问三不知。"④

由此我们不难看出，对于人机问题进行研究的重要性不容小觑，

---

① See Michael Birnhack, A Quest for a Theory of Privacy: Context and Control, 51 Jurimetrics 1, 28 (2011).

② See Demetrius Klitou, Privacy-Invading Technologies and Privacy by Design 311 (T. M. C. Asser Press 2014).

③ Dag Wiese Schartum, Making Privacy by Design Operative, 24 Intl J. L. & Info. Tech. 151–153 (2016).

④ Abdulbaki Aydin et al., Visual Configuration of Mobile Privacy Policies, Fundamental Approaches to Software Engineering 338, 339 (Marieke Huisman & Julia Rubin eds., 2017).

该研究不仅能使研发人员对隐私权的理解更上一层楼,而且这还可以帮助他们更好地识别、衡量和理解相关优先事项。①

六、结语

技术革命正在颠覆着每一个主要工业门类,并给人类带来着从前无法想象且难以置信的创新能力。作为技术浪潮中的一员,加之有数字化技术的助力,医疗保健领域也正在大步向前迈进;不仅记录大量的病人个人信息早已不再是可望而不可即的愿望,而且利用尖端技术动态处理数据、预防、诊断和隐私遭受侵犯之后的救济疾病也不再遥不可及。

虽然科学技术正在以令人瞠目结舌的速度昂首阔步、步履匆匆,但是,社会管理科技创新所依赖的法律框架却没能齐头并进,特别是涉及个人隐私保护的领域更是无法追赶上技术的步伐。鉴于越来越多的传统法律工具,比如"通知和评论"规则已经远远落后于时代的浪潮,所以,依本文之见,为了保护用户的个人权利和自由,制定新的治理战略来解决技术创新问题可谓迫在眉睫、势在必行!

---

① Mary Flanagan et al., Embodying Values in Technology: Theory and Practice, in Information Technology & Moral Philosophy 322 (Jeroen van den Hoven & John Weckert eds., Cambridge Univ. Press 2008).

远程家庭保健护理技术：植入设计隐私权以保障隐私

安·卡沃基安[①]　安格斯·费希尔[②]　斯科特·基伦[③]
大卫·A. 霍夫曼[④] 著　温馨[⑤] 译

目　次

一、导论
二、数据的传输与分析
三、隐私和远程家庭保健护理技术
四、公平信息实施和设计隐私权的实施原则
五、设计隐私权的实际应用
六、对隐私和远程家庭保健护理技术的思考

今时今日，在连接技术、传感器技术、计算能力和处理健康相关数据的复杂算法等领域的进步，正在为未来提供创新的长期医疗保健服务铺平道路。鉴于我国人口老龄化的现状，对此类创新的需求刻不容缓。最近发展的技术，包括药物提醒系统、植入式心脏监测器和其他家庭健康护理系统，将帮助老年人和体弱者能够在家中独立生活更长的时间。然而，伴随着技术的飞速进步，隐私和安全问题也不断显现。通过这些技术收集和传输数据可能会导致对个人的监控，以及他人对关键诊断和其他健康数据的未经授权的访问。如果这些数据不幸

[①] 安·卡沃基安（Ann Cavoukian），加拿大安大略省信息和隐私专员办公室隐私专员。
[②] 安格斯·费希尔（Angus Fisher），美国圣克拉拉 Intel 公司职员。
[③] 斯科特·基伦（Scott Killen），英国白金汉郡小查尔方顿 GE Healthcare 公司职员。
[④] 大卫·A. 霍夫曼（David A. Hoffman），美国圣克拉拉 Intel 公司职员。
[⑤] 温馨，中山大学法学院助教。

落入了坏人之手，则可能会给那些数据被泄露的人带来十分严重的后果，并且使相关的责任人受到法律的惩罚。

作为加拿大安大略省的信息和隐私专员，我肩负着这样的重任：提高人们对可能影响个人隐私的新兴技术或新项目所涉及的隐私相关问题的认识。我很高兴能与 Intel 公司和 GE Healthcare 公司合作编写这份白皮书，对于将技术应用于家庭保健这一领域的创新工作进行介绍。目前已经可应用的技术，加上该领域持续地研究和开发，为家庭保健的未来描绘了一幅引人注目的美好图景。

我一直在呼吁：对人们隐私的尊重绝不应成为提供医疗保健服务的绊脚石。我把这称为"正和"范式，即系统功能和隐私都是一同实现的，这种目的可以通过将隐私纳入技术的设计阶段来达成，即采用设计隐私权。鉴于与健康有关的信息具有敏感性，因此，虽然这些系统的存在对人们大有裨益，但只有将隐私嵌入其中才会成功，从而提供一个正和、双赢的结果。

在这里，我还要感谢我的合著者——Intel 公司的安全政策总监和全球隐私官 David Hoffman，以及 GE Healthcare 公司的全球隐私和数据保护中心的 Scott Killen，我衷心感谢他们所做出的巨大贡献，即在其工作中积极主动地嵌入隐私。

我们认为，设计隐私权是技术进步、数据管理和远程技术应用于医疗服务的必要条件和基本要素。在接下来的篇幅中，我们将提出一个极具说服力的商业案例来证明这一点。

一、导论

基于人口老龄化和日益增长的慢性病发病率等问题使社会不堪重负，甚至使最有效的医疗系统都难以承受。然而，技术有可能将医疗保健推向一个更积极主动、以消费者为中心的护理模式，从而改善医疗保健服务的成本、质量变为可能。

家庭的系统是健康技术领域中一项有着大好前景的应用。[1] 许多

---

[1] Intel Corp. white papers: The Emergence of Personal Health Systems: Designing Technology for Patients and Clinicians and Addressing the Challenges of Chronic Illness with Personal Health System Technology.

远程家庭医疗保健系统都允许个人对设备进行个性化定制，以实现更大的患者自由，降低成本并提高患者对医嘱的依从性。因此，家庭正在成为医疗保健创新领域的蓝海，未来可能与医院相竞争。这一技术系统能够鼓励需要长期护理的患者（例如老年人和慢性病患者）保持身体健康、营养均衡、社交活动和认知能力，从而使他们尽可能长时间地在自己的家中独立生活。这样一来，人口老龄化的社会和经济负担都能得到一定程度的缓解。

通过检测患者是否正确遵循了隐私遭受侵犯之后的救济过程，以及提供患者与其护理人员和亲人之间的沟通渠道，技术系统能够降低患者受伤的风险。非正式的护理网（例如家人和朋友）需要多种选项以便能够检查长期护理患者和体弱者，增加与他们的沟通，并应对紧急情况。专业护理人员还需要通过基于家庭的技术来访问数据，从而实现对病患远程的、实时的诊断，并判断是否有发病或恶化的征兆。对于以上的这些目标，远程家庭医疗保健技术都可以助一臂之力。

（一）药物援助

远程家庭医疗保健的先进技术种类繁多，药物援助系统便是其中之一。世界上有很多人每天要服用多种不同的药物。在正确的时间服用正确的药丸对人们来说并不容易，如果能提供指导以帮助患者准确地服药，则每年总体上可以节省数十亿美元的医疗保健费用。

用于达成这一目标的工具是一个电子药罐，它可以将药物集中放置在自动配药机中，并用语音提示何时服用何种药丸。然而，由于这是一个独立系统，个人可能会错过或忽略这些提示。如果有人偏离了正确的用药步骤，电子药罐对此也无能为力。因此，远程连接的药物系统将取而代之，它可以实时提醒护理人员药物使用不当，在造成任何严重健康损害之前进行干预。

智能追踪软件系统与检测患者是否正确遵循隐私遭受侵犯之后的救济过程的技术和涉及患者、护理人员和亲人交流的各种技术相结合，则有可能成为防止伤害发生的一大利器。这种药物的提醒可以通过最适合个人的设备来执行：手表、电话或电视。提示的性质也可以根据对个人而言最有效的方式进行定制：通过助听器发出的耳语、电视发出的响亮提示、亲属声线的音频提示、屏幕上的文本提示或是来自计算机化的角色提醒。

(二) 远程医疗

通过电话或互联网传递医疗信息的远程保健是远程家庭保健技术的另一个例子。这一技术有望为个人和保健系统都带来好处。尤其是对于无法外出的患者、生活在农村或缺乏服务的城市地区的患者而言,这一应用大有裨益。远程医疗计划融合了信息、电信和生理监测技术,它提供了一种划算的、方便的方案,病人不再需要亲自前往诊疗室看病。

(三) 社会连通性

对患有痴呆症的居家老年人的研究表明,老年人和照顾者尤其需要在这一方面得到帮助:与他们的朋友和亲戚保持社会联系。保持高质量的社会性健康可以提高整体的健康程度,并有助于维持更高的生活质量。

提供关于社会性健康的反馈可以使老年人和照顾者更加积极主动地发起社会接触。例如,在老年人的家中,主电话旁边可能会出现一个显示屏,可以用于显示来电者的照片。仅仅当来电者是老年人社交网络中的一员时,才会显示来电者的照片。如果有必要的话,也可以显示一些解释来电者与老年人关系的说明(例如,作为涉及痴呆症的记忆辅助工具)。最近的报告表明,全球有 3500 万人患有阿尔茨海默氏症或其他形式的痴呆症,这一数字每 20 年就会往上翻一番。由此可见,这一项功能有着不容忽视的重要作用。①

(四) 传感器技术

传感器技术也是远程家庭保健应用程序的一个例子。用最简单的术语来说,传感器是一种测量物理或环境特性、状态的仪器,它可以显示读数,或将读数传输到别处进行显示或存储。在各种五花八门应用中都有传感器的影子,其中有些已经有长达几百年的历史了。传感

---

① World Alzheimers report, http://www.alz.co.uk/research/worldreport/.

器的种类多样：比如简单的温度计，通过传感器材料（通常是水银或酒精）在有刻度的玻璃管内扩张来显示温度读数；健身设备（固定式自行车等器械），它们使用传感器测量心率并在屏幕上向用户显示这些数据；运作传感安全灯，它们会被环境中的视觉或听觉变化所激活；即使是重要的军事任务，如探测核、化学或生物制剂的存在（并将这些结果传送到卫星），也可以通过传感器技术来实现自动化。那些可以被融入基于传感器的系统的技术（无论是传感器的测量部分还是显示或传输部分），其范围也同样广泛且处于不断地扩大的过程中。

根据应用的不同，传感器的网络化系统可以跨越个人的身体、个人的家，甚至延伸到个人的所有财产，并可以对各种特征进行任意的测量。传感器的类型、数量和配置将根据个人的需要而变化。这些传感器的测量数据将被收集起来用于家庭内部的处理和分析，也可能被收集到一个外部位置供护理者访问。

二、数据的传输与分析

（一）事件型

基于事件的传输和分析系统用于记录在整个指定护理期间特定、离散事件的发生。这可能包括动作检测器的推移、打开药盒的动作（上文所提到的药物援助）或获取血糖读数（上文所提到的传感器）。这些被记录的数据可以详细说明事件的性质（例如血压读数）或事件的发生（例如，药瓶被打开）。这些系统往往并不引人注目，它允许个人进行自己的日常工作，几乎对此没有任何影响。与家庭护理人员相比，该系统还可以收集更多关于个人的信息，因为个人可能会忽略透露诸如去洗手间的频率之类的信息，然而这种变化可能表明了严重的健康问题。此外，由于数据本身可能并不会以未经处理的形式揭示任何重要的内容，因此强大的、高度智能的算法将用于分析传入的数据并识别任何"问题"。

（二）连续型

对于某些应用，使用离散测量或固定测量设备可能并不合适，或远远不足够。因此，远程家庭医疗保健技术的另一个选择在于连续型的传输和分析领域，即那些在使用过程中不断记录信息的设备。这些设备有些是可拆卸，有些则是永久性的，它们通常会通过某种方式（例如携带、佩戴、附着、植入等）附着在用户身上。该设备可以记录数据、传输数据，或两者兼而有之。与某些记录离散事件的设备情况一样，连续测量设备也可以自动连接个人的 PHR、其他电子病历以及数据库，又或者需要用户采取措施将传感器网络之外的数据进行上传。目前，该技术的许多应用已经完成了开发，其范围包括：监测幼儿是否有婴儿猝死综合征（SIDS）的迹象、对消防员生命体征进行实时分析、为患有心脏病的儿童提供无线血压监测器。

三、隐私和远程家庭保健护理技术

上述的技术和其他远程家庭保健护理技术解决方案有着巨大的潜力，未来可能为个人带来极大的便利。然而，对于许多人来说，"家"是有着最高个人隐私等级的基础区域。虽然上述的某些应用程序并不涉及个人健康信息，但其他的医疗保健应用程序需要收集、使用和传输个人健康数据。因此，必须考虑这些技术的隐私影响，并将设计隐私权到它们的开发和实施中。

如果在开发过程中考虑隐私，这些技术实际上可以通过这一方式来增强个人的隐私：在关于他们的个人数据如何被管理这一问题上，为个人提供更多的选择权和控制权。个人可以选择在自己家中私密地接受护理。此外，鉴于远程家庭保健护理技术可能可以主动避免那些需要侵入性测试和数据的医疗并发症，使用该技术或许会带来更大的隐私好处。如果这些隐私优势与医疗保健优势能齐头共进，那么这些技术将在医疗保健中发挥明显的正和作用。

如果想要继续探究此问题，我们必须要先了解远程家庭保健护理应用程序和隐私之间的关系。这一关系将在下文进行讨论。

（一）信息隐私权的定义

信息隐私权，是指个人控制其个人信息（包括个人健康信息）的收集、使用、披露和保留的能力。个人信息（也被称为个人身份信息或"PII")是指能够与可识别个体相关联的任何信息(以记录或者其他的形式呈现)。任何信息如果能与可识别的个人相关联,那么其本质上都可以被视为个人信息,不论其内容是传记性的、生物性、家族性、历史性、交易性、位置性、关系性、计算性、职业性或声誉性的。个人信息这一概念的范围十分广泛,隐私和数据保护面临的挑战因此也层出不穷。

在考虑信息和通信技术时,有必要认识到"隐私"包含一组远超于"安全"的保护措施。我们称之为"SmartPrivacy"。尽管将强大的技术安全功能融入一项技术中(即设计隐私权)对于防止数据泄露而言至关重要,但它们只是用于实现信息隐私的手段之一。同样重要的是对于信息实践的明确,说明医疗保健提供者可以定期收集、使用、修改、保留或处置 PII 的时间、方式和目的,以及适当的行政、技术和物理保护措施。制定支持性的政策、程序和对隐私全面负责的文化可确保组织及其员工以尊重隐私的方式处理 PII,无论 PII 是以电子形式还是纸质形式呈现,确保隐私在最初就已经被嵌入了相关系统的设计中。

(二) 设计隐私权

设计隐私权是 Ann Cavoukian 博士在 20 世纪 90 年代中期提出的一个概念。简而言之,PbD 是指将隐私嵌入技术设计规范中。这个过程开始于将公平信息实践(FIP)的原则构建到信息处理技术和系统的设计、运营和管理中,然后再将它们详细阐述为成为默认的黄金标准。虽然 PbD 将信息技术作为其主要应用领域,但它的范围已远不止于此,而是扩大到了另外两个领域。总的来说,PbD 一共有三个应用领域:信息技术,需负责任的商业行为,物理设计和网络化的基础设施。当前是个人身份信息的创建、传播、使用和保留近乎指数增长的一个时代。无论是应用在信息技术、商业实践还是系统层面,如果隐私(正如目前所知)要在 21 世纪继续存在,那么,"设计隐私权"的方法比以往任何时候都要重要。

若遵循传统的零和思维方式,将隐私与可用性或某些其他功能放在对立的阵营,那么隐私可能就只有以牺牲功能为代价来实现。因此,组织认识到正和模型更胜一筹。隐私和商业利益都得到满足的双赢局面，是可以且必须达成的。如果在一开始就主动将隐私保护措施内置到系统中，则实现这种正和模型触手可及。通过纳入设计隐私权，一些领头羊公司已将他们的隐私问题转化为了隐私解决方案。在一个人们越来越精明且注重隐私的世界中，组织的隐私方法可能就恰好提供了成功所需的竞争优势。隐私对于创造一个与现有客户建立信任、长期关系的环境至关重要，不仅如此，它还会同时吸引更多的机会并促进新客户的发展。

四、公平信息实施和设计隐私权的实施原则

隐私的未来不能仅仅通过要求组织遵守监管框架来保证，相反，隐私保证必须成为组织的默认操作模式。一开始，我们部署了隐私增强技术（PET），而我们认为需要一种更实质性的方法，将 PET 的使用扩展到 PET Plus，即使用正和而非零和范式。

（一）公平信息实施

设计隐私权是一种将公平信息实施（FIPPs）集成到产品中的机制。FIPPs 有许多有价值的实例，包括早期的 HEW 原则、经合组织的指南和欧盟 95/46 数据保护指令。2005 年，第 27 届国际数据保护专员会议成立了一个工作组来制定 FIPPs 的标准，这一标准被称为"全球隐私标准"。在英国举行的第 28 届国际数据保护委员会会议上，此文件的最终版本被接受。其中包含了 10 项技术中立原则，这些原则可以通过设计隐私权来实施：①同意；②问责制；③目的；④收集限制；⑤使用；⑥保留和披露限制；⑦准确性；⑧安全；⑨开放性；⑩权限以及合规性。值得注意的是，GPS 是立足于现有代码的优势而建立起来的，包含了那些经过时间洗礼、历史悠久的隐私原则，但通过明确承认"收集限制"原则下的"数据最小化"概念，GPS 的隐私相关措施得到了增强。

最著名的公平信息实施原则是由经济合作与发展组织（OECD）制定的，其被称为"保护隐私和个人数据跨境流动的指南"。这些指南包含以下内容：其一，收集限制原则。应对个人数据的收集加以限制。对于任何此类数据，都应当在适当且数据主体知情、同意的情况下，通过合法、公平的方式来获取。其二，数据质量原则。

被使用的个人数据应与其使用目的相关,并且内容限制在这些目的所必需的范围内。数据应保证准确、完整并维持最新状态。其三,目的明确原则。个人数据收集的目的应在数据收集之前就被明确,被收集的个人数据的使用也应当只仅限于实现此类目的,或者和此目的不相矛盾的、在每次变化时都已经说明过的目的。其四,使用限制原则。个人数据不应被披露、提供或以其他方式用于上述第三个原则规定以外的目的,除非这一使用经数据主体同意,或是由法律授权的。其五,安全保障原则。应采取合理的安全保障措施保护个人数据,以防止发生数据丢失的事故,或面临未经授权的访问、破坏、使用、修改、披露等风险。其六,开放性原则。就个人数据的发展、实践及规定,应制订一项公开的一般性政策。需有可适用的方法以确定个人数据的存在和性质、使用这些数据的主要目的以及数据控制者的身份和通常居所。其七,个人参与原则。个人应享有以下的权利:一是从数据控制者处确认或以其他方式确认数据控制者是否拥有与其相关的数据。二是关于自身数据情况的告知应符合以下条件及时间要在一定的合理期限内,如果需要收费,此费用不得超出合理的限度;该告知应当以合理的方式进行;该告知应当以简明易懂的形式进行。三是若用户提出上述第一项和第二项规定的请求却遭到拒绝,则用户有权获知被拒绝的理由,并可以对该项拒绝提出质疑。四是如果与自身数据相关的质疑成功,则用户可以要求数据控制者将数据擦除、修改或完善。

下文,我们将探讨如何利用"设计隐私权"的这些原则融入具体的远程家庭保健技术。

(二) 设计隐私权的实施原则

设计隐私权的实施原则可适用于所有类型的个人信息,但对于敏感信息(例如健康信息)应当格外严格地适用。隐私保护要求的强度往往与数据的敏感性成正相关。PbD 的目标旨在保障隐私,使个体能最大限度地控制个人信息,并由医疗保健提供者等组织有效地管理该信息。设计隐私权提供了一个技术中立的灵活框架,该框架极大地提高了技术创新者将 FIPPs 应用到技术上以保护个人隐私的能力。若我们仅仅依赖特定技术授权的这种模式,可能难以跟上创新和技术发展的步伐，因此设计隐私权提供了一个替代方案。在应用于远程家庭健康技术的这一背景下，为实现上述的目标，我们提出了以下七条的实施原则。

1. 主动而非被动，预防而非补救

设计隐私权方法的特点在于采取主动的而非被动的措施。在隐私侵犯事件发生之前，它就已经对其进行了预测和阻止，从而达到防患于未然的目的。PbD 不会无动于衷地等待隐私风险的爆发，也不是在隐私事故发生后才亡羊补牢，而是试图防止一切隐私灾难的发生。简而言之，"设计隐私权"是在事发之前而非事后介入。在一个技术尤其注重主动预防负面健康后果的环境中，这种积极主动的方法是很重要的。例如，在一些电子健康记录系统中进一步发展个人参与原则，其中个人审查与他们有关数据的能力也包含在内。

2. 把隐私作为默认设置

设计隐私权旨在以此种方式来提供最大程度的隐私保障：确保个人数据在任何特定的 IT 系统或义务实践中都能得到自动的保护。即使一个人什么都不做，他或她的隐私仍然完好无损。在与系统互动时，个人不需要采取任何额外的行动来保护他或她的隐私，因为对于隐私的保障已经是系统的默认内置。通过关注该技术如何减少对个人隐私的整体影响，远程家庭保健技术的这一目标有助于促进收集限制原则的实现。

3. 把隐私嵌入设计之中

隐私必须嵌入 IT 系统和业务实践的设计和架构中。但它并不是事后添加的附加组件。事实上，隐私是核心功能的重要组成部分。隐私并不会削弱功能，它是系统不可或缺的一部分。将隐私嵌入设计能够推动 FIPs 的发展，例如，实践中有着越来越多的开发者使用安全开发生命周期来保护设备管理的数据，从而进一步推进了安全保障原则。

4. 正和而非零和

设计隐私权寻求以正和的"双赢"方式来实现所有合法的利益和目标，而不是通过过时的、零和的方法来进行不必要的权衡。设计隐私权避免了"鱼与熊掌不可兼得"的对立局面，证明了隐私与安全、隐私与可用性是可以同时实现的。

在健康技术行业中，这种正和范式越来越重要。病人不应该被迫在功能和信息安全或隐私之间进行选择。这些技术应当以病人的疗效为中心。然而，为了实现这些目标，在道德上不应该强迫病人在隐私和良好的健康之间进行权衡。特别是要确保遵循的正和范式将推进使用限制原则的实现。个人应该被赋予与自己有关的数据的选择权：访问数据的目的和谁可以访问这些数据。

5. 端到端的安全性：全生命周期保护

设计隐私权在收集第一个信息元素之前就已经被嵌入到系统中，从头至尾贯穿所涉及数据的整个生命周期。这确保了在整个过程结束时，所有的数据都能被及时、安全地销毁。因此，设计隐私权确保了从摇篮到坟墓，从头到尾的信息生命周期管理。技术特性（例如正确执行的日志数据文件）使组织在实施问责制和数据质量原则方面具有更大的灵活性。

6. 可见性和透明度

设计隐私权旨在向所有利益相关者保证，无论所涉及的商业惯例或技术如何，它实际上都是按照既定的承诺和目标运作的，并受到独立核查。它的组成部分和操作对用户和提供者都是可见的和透明的，以推动开放性原则、目的明确原则和个人参与原则。另外，在一个包含健康数据的系统中，验证保护的能力以及维持、检查数据访问的审计日志能力，对维护用户对系统的信心至关重要。

在这些系统中，透明性的要点在于确保有关病人知道或至少可以知道哪些数据正在被收集，这些数据如何被使用以及谁可以访问这些数据。很多人或许会这样自然假设：有关的数据将传输给他们的医疗服务提供者，而且他们只收集那些"有需要"的数据。然而，这种理解可能并不充分。如果有其他对于这些数据的适用、访问或收集，也必须进行明确的说明。在许多情况下，个人的医疗服务提供者将参与技术的实施，并且可以"设计"一些功能来帮助医疗服务提供者向病人解释数据的用途。

7. 尊重用户

总而言之，设计隐私权要求架构师和操作者提供强大的隐私默认设置、适当的通知和赋予用户友好型选项等措施，以此将个人的利益放在首位。这适用于所有收集、使用、存储或操作个人数据的技术。

五、设计隐私权的实际应用

为了说明如何将设计隐私权原则纳入远程家庭医疗保健技术的设计中，下文将描述在该领域两个技术示例中的隐私保护。

（一） GE's QuietCare

第一个技术示例是 GE's QuietCare。[①] 该系统旨在为辅助生活的设施提供特定的通知，如既定行为模式变化的通知和特定事件发生的通知。反过来，居民在日常生活中也享有隐私和独立。该系统由一系列战略性部署的运动探测器组成，它们将二值化的激活函数发送到住宅中的中央接收器（也称为基站），紧接着将这些数据传输到中央服务器，在那里构建出个人行为的常规模式。随后，将这些模式的数据与新接收的信号进行比较，以确定：是否存在潜在的医疗紧急情况（例如容易梦游的居民离开床，然后被检测到在半夜离开住所），或是否日常生活中可能发生了的重大变化（例如更频繁或更长时间去洗手间、睡眠模式的变化等等）。在检测到异常事件（例如出现某种指向疾病症状的行为）后，将向预先选定的人员发送一系列不断升级的警报，这些选定的人员可能包括自己、家人、护理人员，或紧急服务人员。传感器的数量、位置以及生成的警报完全可以根据个人的状况和舒适度进行定制。

GE's QuietCare 系统提供了一个很好的例子，说明了如何将设计隐私权原则融入技术设计中。系统开发人员并没有忽视保护个人健康信息隐私的重要性，事实上，它为某些设计选择提供了参考。该系统内置了许多隐私功能，其中包括以下内容：

第一，隐私是默认的、唯一的设置。GE's QuietCare 系统的安装人员和用户不会因为配置或使用而使个人数据面临额外的风险。隐私功能完全被集成在系统中，用户无法移除或停用。这种隐私保护主要来自限制性的配置，即不允许输入非必要的信息或将数据输出到非目标实体上。

[①] See http://www.gehealthcare.com/usen/telehealth/quietcare/proactive_eldercare_technology.html. Quiet-Care is a licensed trademark name of Living Independently Group, LLC.

第二，隐私被嵌入设计中。GE's QuietCare 的设计使敏感信息不会以无线的方式被传输。唯一的无线通信是从传感器到基站的传输，且这些通信是短程的、采用专有格式的，只包含传感器单元 ID 数据。传感器 ID 本身并不包含任何可识别的个人信息。基站和数据服务器之间的传输只在一个方向上通过电话线进行，因此系统不会对未经授权的查询作出反应。

第三，正和功能。GE's QuietCare 系统中，最有价值的功能其中一部分来自于对事件的实时检测和对护理人员的信息提供。GE's QuietCare 的设计允许其在保障隐私的同时发挥该功能的优势，因此这是一个正和的解决方案。如前文所述，在护理人员获得关键信息这一方面，嵌入式的隐私措施不会产生负面影响，这些信息包括实时警报和总体的行为趋势。

第四，尊重用户的隐私。GE's QuietCare 系统会产生报告，对于这些报告的访问是通过一个有密码保护和加密措施的在线界面进行的，且只有个人的护理人员能访问其个人信息。此外，对个人档案的所有访问和修改（包括对这些信息的编辑）都会被记录下来，并可能会被审查。这个界面还允许配置只传达到选定地点的实时警报。

第五，端到端的生命周期保护。GE's QuietCare 的信息库和界面被托管在一个安全、受监控的数据中心的中央服务器上。这种托管模式有着许多数据保护方面的优势，包括会快速响应和严格控制的支持人员。与其他技术数据存储的解决方案一样，系统必须被密切监控并以当前最新的技术进行更新，且这种维护可以在中央数据中心由一组选定的人员迅速地进行。

GE's QuietCare 的例子也强调了将设计隐私权原则扩展到技术之外的重要性，它不仅包括供应商的负责任的业务实践，也包括用户的负责任的业务实践行为。无线传感器网络并不提供健康护理服务，它们仅仅是一种工具，旨在监测用户的活动，从而在提供实际护理的辅助生活设施方面提供协助和提醒。因此，数据不能仅局限于系统的技术性要素。在某些时候，护理提供者必须获得相关信息的子集。

护理提供者与个人在协商之后，需要确定对特定个人信息的访问权。尽管供应商可以通过控制技术访问的机制来限制对存储数据的访问，但由供应商来管理个人账户是不可行的。护理提供者有权将个人存储数据的访问权授予适当的人员。同样,技术供应商也不享有向某些个体提供适当通知和同意选项的权利,因为这也是操作传感器网络的护理提供者的责任。

GE's QuietCare 系统是一个很好的例子,其表明:基于家庭的无线技术可以在保护了个人隐私并控制了对个人信息使用和访问的情况下,为辅助生活设施提供一个被动的传感器选项。

(二) Intel Health Guide

第二个技术示例是 Intel Health Guide。[①] 这是一个远程病人监控系统,它将居家病人的设备和使临床医生能够远程掌控护理的线上界面结合在了一起。

从保健提供者的角度来看,远程家庭保健技术可以降低住院率和再入院率,因为它使临床工作人员能够在病情恶化之前就发觉患者的健康变化。它还提高了患者对疾病管理计划的依从性。不仅如此,通过让临床医生远程协助患者的方式,更多的患者得到了具有性价比的扩展护理。远程保健技术还为医疗机构提供了一个额外的工具,以帮助这些机构应对慢性病护理的挑战并提高效率。从患者的角度来看,远程医疗工具使他们能够更加积极主动地参与到隐私遭受侵犯之后的救济过程中,并为医疗机构提供了更多的信息和个性化的信息。

Intel Health Guide 提供了几个功能,这些功能反映了远程家庭健康护理技术能够带来的诸多好处。

第一,它提供了由病人的保健专业人员设计和安排的互动式病人健康会议。在这一环节中,病人可以测量他们的生命体征,回答用于健康评估的问题,接收教育信息和激励信息,并完成调查。这些调查将被提供给被授权的医疗保健专业人士,以帮助评估病人的健康状况。

第二,它提供了一个多媒体的教育图书馆,里面有着各种各样的内容,包括文本、音频和视频。这些内容会作为病人预定的健康课程的一部分。

第三,它提供了双向的视频通话。其中内置的视频摄像头使医护

[①] See http://www.intel.com/healthcare/ps/healthguide/index.htm.

人员能够与患者进行双向的视频通话，帮助他们观察患者完成特定任务或提供建议和鼓励，以此加强与患者的互动。

第四，它提供了有效的生命体征设备，可以用于测量患者的生命体征。市场上已有许多有线和无线的生命体征设备通过了测试和验证，以确保互操作性。从血压计、血糖仪、脉搏血氧仪、峰值流量计到体重计，这些仪器的测量都可以作为临床医生安排的常规课程的一部分，也可以临时进行以获得数值。

第五，它提供声音和视觉上的通知和提醒。有了这个功能，患者可以通过声音和视觉提示（包括屏幕上的提醒和闪烁的灯光）收到预定会议的通知。

Intel Health Guide 将大量的隐私保护措施融入了技术本身当中，为患者和医疗服务提供者提供了安全措施和控制力。对于隐私的保护从患者同意使用该设备时就开始了。与其他消费产品不同的是，个人能单独决定是否购买其他消费产品并按照公司的隐私惯例来使用该产品，而 Intel Health Guide 的使用则受医生和患者关系的制约。患者不能自行购买 Intel Health Guide，而必须由医生来开具或向患者提供设备和服务以便在家里监测某些参数。同时，患者对于使用 Intel Health Guide 的同意要建立在医生的建议和他们之间的关系之上。

除此之外，一些安全措施也被设计到了 Intel Health Guide 之中。患者在使用该设备前必须输入一个四位数的个人识别码（PIN）。尽管可以为 Intel Health Guide 规定一个更强大的密码，但 Intel 公司工程师认为，由于该设备不用于移动使用，且它位于患者的住所之中，因此一个 PIN 码再加上家中保护该设备的物理安全措施，足以满足安全的需求。Intel Health Guide 还包括了标准的安全保护措施。例如，若有一段时间未使用，则再次使用时需要重新输入密码。值得注意的是，如果患者因为视力或记忆力受损而无法输入 PIN 码，那么医疗服务提供者可以禁用 PIN 码系统，并记录患者和医疗服务提供者已经一致同意了这种退出机制。此外，Intel Health Guide 的硬盘是加密的。

Intel Health Guide 的传输机制中也存在着披露限制。当患者收到设备时，由专业安装人员进行配置。安装程序中的一部分是要确保设备被注册，从而能连接到后端的正确服务器。因此，尽管数据是通过互联网传输的，但 Intel Health Guide 被配置为只与该患者的医疗保健提供者进行注册和通信。所有数据也需通过 128 点位的安全套层（SSL/TLS）技术进行加密，且患者和医疗服务提供者之间的视频会议会使用 VPN 技术来进行保护。

　　Intel Health Guide 之所以这样设计，目的在于确保只有患者自己的医疗服务提供者才能查看他们的个人健康信息。这种"需要知道"的配置是一个重要的隐私保障组成部分，特别是由于健康信息是一种特别敏感的信息。如前文所述，对于 Intel Health Guide 传输过来的数据，医护人员能够使用在线界面进行访问。每位医疗服务提供者，无论是护士还是医生，都必须拥有资格证书才能进入线上门户。这些线上门户有着比 Intel Health Guide 更强的隐私和安全保护措施，这些措施是必不可少的，因为线上门户中信息可以在网上和家庭以外的地方进行访问。例如，线上界面需要设置更复杂的密码，并且在长时间未操作时自动登出。为延续"需要知道"的这一设备架构，Intel 公司在设计该系统时限制了对所有 PHI 的访问。系统支持人员可以在不接触任何敏感的患者数据（PHI 或 PII）的情况下备份数据、恢复数据并管理系统。如果医生或患者决定停止使用 Intel Health Guide，则系统将依据严格的程序删除数据。所有的数据都会从设备中擦除，这一指令会被多次写入，以确保其无法再次恢复。此外，在医疗服务提供者的指导下，这些数据也会从 Intel 的服务器上删除。

　　Intel Health Guide 说明了公司如何利用设计隐私权来提供能够极大地帮助个人的技术，并强有力地保护人们的隐私。

六、对隐私和远程家庭保健护理技术的思考

　　远程家庭保健护理技术并非老年人专享的服务，这项技术也可以应用于任何有慢性病、需要经常性或持续性护理的患者。然而，考虑到加拿大、美国和世界各地人口老龄化的情况，以及估计只有 15%的 80 岁以上的人没有慢性病，远程家庭保健护理技术毋庸置疑将成为整个健康护理领域的重要组成部分。

　　对于那些必须照顾患有慢性病家庭成员的人们而言，他们在经济上和情感上都背负着沉重的担子。在这些情况下，卫生保健系统也面临着巨大的经济压力。当然，慢性病对患者本身来说是最具挑战性的，因为他们的社会和家庭关系可能会有着翻天覆地的改变，同时还

要忍受持续性的疼痛、长期的医疗以及对日常活动中日益增多的限制。在必要的情况下，护理人员若持续地接触一个人的生活，他们也会感到压力山大。老年人或体弱者一直希望能够在不放弃任何必要护理的情况下，还能维持自身一定的独立性。幸运的是，远程家庭保健护理技术开始使这一美好愿景成为可能，它为人们提供了越来越多的选择。然而，与远程家庭保健护理技术相关的隐私、独立性和护理质量方面的收益不能抵销相关的数据隐私损失。若在个人护理圈之外分享敏感的健康信息，可能使患者陷入巨大的痛苦之中。世界上许多地区都已认识到这一事实，并开始通过立法手段强制保护个人健康信息。不过，我们必须确保患者的护理不会因为这些保护措施而受到影响，隐私不应成为提供医疗服务的拦路虎。如果不能在需要的时候获取有价值的信息，那么，家庭保健护理系统便形同虚设。因此，我们必须努力争取一个正和的结果，实现各方利益共赢的局面。

在使用设计隐私权原则的情况下，患者和照顾者的利益都可以得到满足，并且家庭保健护理技术可以以一种高效的、保护隐私的方式进行。像 Intel 和 GE Healthcare 的实践向我们证明：正和模式不仅是可取的，而且是可以实现的。

设计数据保护与数据主体权利之间的冲突[①]

迈克尔·维尔[②] 鲁本·宾斯[③] 杰夫·奥斯洛斯[④] 著

缪子仪[⑤] 译

目　次

一、导论
二、关于权衡中权利丧失的案例研究
三、将数据保护纳入"设计数据保护"之中
四、结语

一、导论

"隐私增强技术"（PET）往往会在"设计隐私权"（PbD）的监管领域进行讨论。所谓设计隐私权是指从一开始和在整个设计过程中，隐私问题就应该通过创造性的社会性方法和技术性方法来加以考虑。虽然设计隐私权的确可以进一步追根溯源到《数据保护指令》（DPD）以及之前的国家和地区法律中对"技术性和组织性措施"的考量，但是本文还是要指出，在当时加拿大安大略省信息和隐私专员Tom Wright的支持下，荷兰数据保护机构和荷兰应用科学研究组织

[①] Michael Veale, Reuben Binns and Jef Ausloos When Data Protection by Design and Data Subject Right Clash' (2018) 8 International Data Privacy Law 105.
[②] 迈克尔·维尔（Michael Veale），英国伦敦大学科学、技术、工程和公共政策学院教授。
[③] 鲁本·宾斯（Reuben Binns），英国牛津大学计算机学院教授。
[④] 杰夫·奥斯洛斯（Jef Ausloos），比利时鲁汶大学信息技术与知识产权法律中心教授。
[⑤] 缪子仪，中山大学法学院助教。

(TNO) 所提交的那份报告才算是设计隐私权的根之所在。在 2000 年多伦多举办的那场计算机、自由和隐私权研讨会中①，设计隐私权这个术语首次进入人们的视线之中，紧接着，五花八门的论文大约从那个时候开始便铺天盖地地开始使用这个术语。② 正如加拿大安大略省信息和隐私专员 Ann Cavoukian 博士在 1998 年至 2014 年提出的那样，设计隐私权可不仅仅是一套防止信息披露的组织性和技术性措施，恰恰相反，设计隐私权既会更广泛地映射到公平信息实践（FIP）所代表的更广泛的隐私权概念之上，甚至会延伸到这些概念之外，又旨在"显著提高"隐私保护领域的标准。③

虽然监管机构提出的设计隐私权建议已有不少年头，但是事实上，这一概念直到最近才作为《通用数据保护条例》的一部分出现在欧盟的法律手册之中。④ 在这一过程当中，设计隐私权巧妙地转变成为"设计数据保护"（DPbD）。有些学者把设计隐私权的这一蜕变称为明智之举⑤，同时这一蜕变也清清楚楚地表明设计隐私权的目的主要在于确保数据保护权利和原则所体现出的隐私权，而不是广义上灵活的、多层次的和难以确定的隐私权概念。⑥ 虽然欧盟委员会历来的做法都是视这两个概念为同义词⑦，但光是对设计数据保护的单独关注就已经为这二者的区分提供了进一步明晰的空间。打个简单的比方，Lee Bygrave 曾总结过目前《通用数据保护条例》第 25 条和《数据保护指令》第 20 条所规定的设计数据保护要求⑧，他认为，所谓设计数据保护，是指数据控制者不仅有责任采取技术性和组织性措施来有效实施数据保护原则，而且他们还应当在处理个人数据时纳入必

---

① Computers, Freedom and Privacy 2000: Full Program., November 2017.
② See eg Julie E Cohen, Examined Lives: Informational Privacy and the Subject as Object (2000) 52 *Stanford Law REView* 1373.
③ Ann Cavoukian, Privacy by Design: The 7 Foundational Principles (Information and Privacy Commissioner of Ontario, Toronto, Canada 2010) 1.
④ Directive 95/46/EC (General Data Protection Regulation), OJ 2016 L 119/1.
⑤ See Mireille Hildebrandt and Laura Tielemans, Data Protection by Design and Technology Neutral Law (2013) 29 *Computer Law & Security REView* 609, 517.
⑥ Kieron OHara, The Seven Veils of Privacy (2016) 20 IEEE Internet Computing 86.
⑦ Commission, A Digital Agenda for Europe (Communication) COM (2010) 0245 final.
⑧ Council Framework Decision 2008/977/JHA, OJ 2016 L 119/89.

要的保障措施,从而使此类数据处理行为符合法律要求并确保数据主体的权利得到保护。①

具体来说,《通用数据保护条例》第 25 条规定了以下三点内容:其一,在考虑到最新水平、实施成本、数据处理的性质、范围、情境、目的和数据处理对数据主体权利和自由带来的伤害可能性和严重性之后,数据控制者既应当在决定数据处理方式和进行数据处理时采取合适的技术性和组织性措施。例如,旨在实施数据保护原则的假名化原则和数据最小化原则,又应当在数据处理过程中整合必要的保障措施,从而满足本条例的要求并保护数据主体的权利。其二,为了确保在默认情况下,只有某个特定目的所需要的个人数据才会被处理,数据控制者应当实施适当的技术性和组织性措施。数据控制者所承担的这一责任适用于所收集个人数据的数量、数据处理的限度、数据存储的期限和数据的可访问性。尤其需要注意的是,这些措施应当确保在默认情况下,如果没有数据主体的干预,那么,不特定数量的自然人就不能访问相关个人数据。其三,根据第 42 条所规定的某种已生效的认证机制,该机制可用于证明符合本条第 1 款和第 2 款所规定的合规要求。

如果要问技术性措施和组织性措施究竟应当针对哪些原则,那么,我们只需看看《通用数据保护条例》第 5 条就能找到答案。具体言之,《通用数据保护条例》第 5 条第 1 款中主要包括合法性原则、公平和透明处理原则、目的限制原则、数据最小化原则、准确性原则、存储限制原则、完整性和保密性原则。同时,第 5 条第 2 款进一步向《通用数据保护条例》提出了一项额外的首要原则——问责原则,该原则要求数据控制者有责任举证证明自己符合第 5 条第 1 款中的六项原则。

与这些包含立法细节中权利和义务的广泛性原则相比,隐私增强技术的相关文献却往往相对单一地紧盯着信息披露不放。具体来说,隐私增强技术特别侧重于根植在信息理论或由此产生的重新识别或披

---

① Lee A Bygrave, Data Protection by Design and by Default: Deciphering the EUs Legislative Requirements (2017) 1 *Oslo Law REView* 105, 114.

露问题的计算"强度"保证上面。① 虽然相关文献对这一术语的补充性方法（如"透明度增强技术"和"设计个人资料透明度"）颇有兴趣，但是在数据保护方面，隐私增强技术却一直在"通过设计"的讨论领域扮演着主导角色。相比于数据保护范式越来越多地转向向数据控制者施加责任义务，从而使他们成为个人数据的可信保管人，隐私增强技术范式则偏偏反其道而行之——它不是将数据控制者视为值得信任的第三人，而是选择将其视为对手。与此相类似，最近的隐私增强技术分类法声称自己是"无所不包的"，并认为自己主要会从不同层面的披露风险去考虑隐私问题，而不是从 Ann Cavoukian 博士和欧盟委员会所主张的从隐私权的多方面性质去考虑问题。

就这种"隐私权即保密"的概念而言，它至少与公平信息实践（FIPs）和《通用数据保护条例》所支持的"隐私权即控制"的概念大相径庭，甚至于这二者还可能处于一种紧张关系之中。正如第29条工作组所指出的那样，不仅设计隐私权包含删除权等权利，而且它还指出"相关产品应包括促进数据主体撤销同意的功能，并且该功能随后会删除所有相关服务器（包括代理和镜像）中的数据"。换言之，在第29条工作组看来，除了数据保密性之外，"数据可控性""数据透明度""数据最小化"和"用户友好型系统"都属于设计隐私权辐射范围内的事物。②

不过，尽管监管机构既做出上述这些阐释说明，又重新命名设计隐私权这个术语来再三强调它的重点，还对文献中关于隐私编程应具有的一系列广泛保护目标进行补充说明，但是在实践中，"设计隐私权"仍然属于一件范围较狭窄的事情。打比方来说，如果相关数据是高维度的（有许多不同的变量），那么，许多针对数据"不可链接性"的设计隐私权方法无法有效防止信息披露便在所难免，毕竟它们面对的是一个强大有能力的对手。虽然这并不意味着

---

① See generally, Casey Devet and Ian Goldberg, The Best of Both Worlds: Combining Information-Theoretic and Computational PIR for Communication Efficiency, Privacy Enhancing Technologies (Springer, Cham 2014).

② Art 29 Working Party, Working Party on Police and Justice, The Future of Privacy: Joint Contribution to the Consultation of the European Commission on the Legal Framework for the Fundamental Right to Protection of Personal Data (WP 168, December 2009) 14.

隐私增强技术不能以这种方式来将风险最小化或降低风险，但是这种最小化方式却是需要付出代价的。正如本文打算用案例研究所证明的那样，这种代价可能是对这类数据行使数据保护权利的有效能力，即"隐私权即控制"能力所遭受的"干预"。如此一来，一系列重要的权利可能都会受到影响，比如访问权、数据可携权（《通用数据保护条例》第15条和第20条）、删除权（第17条）和反对数据处理权（第21条）。

虽然数据控制者实施设计隐私权策略可能会给自己留下数据难以被重新识别出来的风险，但是由于对手可能对不准确性有很高的容忍度，并且它们还能访问许多额外的甚至可能是非法的数据库来对数据主体进行三角化测量，所以，这对对手来说根本就不算个事。同时，考虑到数据控制者可能具有相对较少的技术性重新识别能力，加之它们在提供核心数据保护权利（例如访问权和删除权）方面对不准确性的容忍度也非常低，所以这往往使得情况变得雪上加霜。事实上，如果数据控制者回应访问请求并错误地提供数据主体的敏感个人数据，那么，这种行为通常会违反数据控制者本要遵守的同一法律要求。

针对这种情况，本文将在下面的案例研究中进一步说明，这些数据控制者正在以一种非常特殊的方式将自己束手束脚——不仅数据控制者的行为正在悄悄地减少他们自己的数据保护义务，而且他们还在将风险转移到数据主体身上，从而导致数据主体直接被剥夺掉自我管理风险的能力。这也就意味着，一旦相关数据主体在先前受信任的数据控制者那里失去信任，那么除了无助等待数据泄露并暗暗祈祷自己的记录无法被有效三角化测量之外，他们别无选择。

在本文的案例研究中，虽然这可能的确是一种行之有效的策略，但是本文并不打算拐弯抹角地暗示这是数据控制者故意采用的策略。然而，即使并非出于故意，这也不代表一切就会万事大吉。事实上，权衡是所有复杂决策的一个自然组成部分，在充满价值的环境下，明确而非含蓄隐含地做出决策堪称良好决策的核心组成部分。如果相关环境本身几乎没有什么支持实施数据保护的组织性或技术性措施，那么设计数据保护的出现便很可能会使所有人受益匪浅；反之，如果相关环境中的基本保障措施早已经到位，那么想要满足每个人和他们不同的隐私偏好可能会变得比登天还难①，毕竟此时的"隐私权"已不再是一个帕累托改进（Pareto-improvement）的例子，而是需要选择一个特定的方法（例如保密性方法）来侵害别人的利益（例如控制）。正如本文接下来所做的那样，从数据保护的权利和义务角度去思考这个问题或许能让大家理解得更清楚点：实现一个目标会使实现其他目标变得困难重重，甚至于使得实现其他目标沦为一纸空谈。退一步来说，哪怕我们不进行这些权衡，这些问题也不会凭空消失不见，这只是意味着这些问题将以武断的方式被决定罢了。在本文中，笔者确实会提出一些小片段来表明某些数据控制者确实会有意或无意地对这些条款进行解释，而这并不利于数据主体权利的有效行使。无论是有意而为之还是无心之举，数据保护法中的先发制人条款［如数据保护影响评估（DPIAs）甚至压根都没有考虑到这些隐含的权衡问题］。在本文看来，不仅在决定和传达这些权衡的方式方面，《通用数据保护条例》确实有理由支持加强考虑和提高透明度，而且以这种方式去确定和使用这些权衡至关重要，不过，这可能要求我们得重新解读一下《通用数据保护条例》旨在提供的许多相关义务。接下来本文就将先带大家进入现实世界的案例研究从而在情境中探讨这一问题。

二、关于权衡中权利丧失的案例研究

（一）伦敦地铁上的 WiFi 分析

从 2016 年 11 月 21 日开始一直到 12 月 19 日，作为英国首都大名鼎鼎的公共交通机构，伦敦交通局（TfL）曾大张旗鼓地使用自己管理下的 54 个车站所安装的 WiFi 网络进行内部试验。在这次试验中，伦敦交通局从被动发送媒体存取控制地址（MAC Address）的设备中收集到超过 5 亿个连接请求，而这一系列行动说白了都是为了以下四个目的：其一，优化有关行程规划和拥堵情况的信息；其二，改善突发事件和冲突混乱的管理；其三，改良时间表计划和升级车站；

---

① A Westin, Privacy on & off the internet: What consumers want（Privacy & American Business，2001）.

其四，改善零售单元和广告定位。①

在这件事情中，伦敦交通局机智地没有步上许多 WiFi 分析者的后尘②，因为它意识到了这个领域应承担的法律义务，特别是数据保护方面的法律义务。具体来说，伦敦交通局既进行了数据保护影响评估（DPIA），又会见了英国的数据保护机构和信息专员办公室（the Information Commissioner's Office, ICO）。一方面，通过在使用媒体存取控制地址的过程中引用信息专员办公室的 WiFi 分析数据指南，这会使得基于设备硬件数据的重新识别对于攻击者来说变得极具挑战性；另一方面，在与信息专员办公室协商过后，伦敦交通局开始使用"分层方法"通知他人，其中主要包括媒体收集的新闻稿、11 月 21 日在 Metro 上发表的新闻报道（Metro 是一份在伦敦交通上广泛发行和阅读的免费早报）、一个链接网站（tfl.gov.uk/privacy）中有关整个试验过程中的用户反馈、站台和地铁站入口的 300 张大型海报、社交媒体和向地铁站工作人员和利益相关者组织发布的简报包。③

事实上，由于位置数据是高维度的，所以它很可能是独一无二的并且很容易被重新识别出来。根据一项经典研究表明，即使记录变得再怎么粗糙从而大大降低数据的效用，那也只需要四个时空点就能轻而易举挑出数据集中的绝大多数个体。④ 伦敦交通局也注意到这个问题，由于对发布数据集感到惶惶不安，所以它很快搬出《信息自由法》（Freedom of Information Law）并以隐私权为由拒绝发布数据集。它相当明智地指出："虽然媒体存取控制地址数据已经进行过假名化处理，但是考虑到如果假名化数据与其他数据集相匹配，那么它们仍然有可能在某些情况下识别出他人的身份，所以它们在某种意义上仍然属于个人数据。如此一来，将这些数据披露到公共领域必将增加对他人进行这种识别的可能性，毕竟这会增加与之匹配的其他数据集的

---

① Transport for London, Insights from Wi-Fi Data: Proposed Pilot.
② See eg College bescherming persoonsgegevens, Wifi-Tracking van Mobiele Apparaten in En Rond Winkels Door Bluetrace (Rapport z2014-00944) (Autoriteit Persoongegevens 2015).
③ Transport for London, REView of the TfL WiFi Pilot, 22.
④ Yves-Alexandre de Montjoye and others, Unique in the Crowd: The Privacy Bounds of Human Mobility (2013) 3 Scientific Reports 1376.

范围。"①

针对那些为了生成散列字符串的、添加到媒体存取控制地址或其他标识符的"随机数据串"（salt）的性质，不少人都忧心忡忡。具体来说，虽然信息专员办公室建议在"短时间"后就立即更换随机数据串，同时第29条工作组也建议，一个唯一的设备标识符只能存储"最多24小时"并且只能用于操作目的，但是从目前的情况看来，伦敦交通局只使用了一种恒定的随机数据串，而这是一种在键盘上用移动的眼睛随机输入字母就会生成的随机数据串。要知道，这种恒定的随机数据串会不可避免地造成两种风险：一方面，任何知道或发现这种随机数据串的人都可以逆转这个过程；另一方面，更有可能的情况是持续不断的随机数据串会连接设备好几天，这就会使得针对外部数据源而不是针对加密技术的攻击变得更为可行，例如知道他人一周内的四个特定时间点分别身处何方。

如果想要解决这一问题，其中一种方法就是设法做出额外努力来去识别化相关数据。虽然能让数据更难被重新识别出来的主要方法就是为相关记录提供变化更频繁且难以逆转的哈希标识符，但是这对一些数据控制者来说可能根本无法接受，因为不仅这会使他们试图进行分析的目的难以实现，而且数据主体还可能会怀疑数据控制者企图以这种方式转换数据。举例来说，这种方法往往会排除使用分析方法来理解数据中的纵向模式，并将相关数据仅仅局限在从时间快照中可以获取的内容，而这与目前业界和政策界都青睐有加的 A/B 测试风格试验的逻辑相去甚远。

除了上述这种方法之外，另一种方法更侧重于数据主体而非数据控制者。更具体地说，这种方法与所使用硬件的能力和行为如出一辙。就大多数数据保护法而言，它们往往旨在建立对数据控制者作为敏感信息负责管理者的信任，可是个人隐私增强技术的拥护者们对世界的看法却截然相反甚至相对悲观，即在这些拥护者们看来，为了尽量减少任何第三方可以了解到的信息，这些拥护者们只好苦苦寻觅并采用技术实践。如今，这些技术实践在一些软件和硬件生产商中间广

---

① Natasha Lomas, HowanonymousWifi Data Can Still Be a Privacy Risk（TechCrunch, 7 October 2017）.

受欢迎。就拿苹果公司来说，它的便携式设备就包括媒体存取控制地址的随机化功能，而该功能便旨在阻止第三方并建立起特定设备网络扫描活动的纵向记录。再比如，尽管诸如三星之类的制造商并不支持或不使用这种做法，但是一些安卓设备仍然会使用这种功能。① 总的来说，这种方法与定期更换随机数据串有一个有点类似但并非一模一样的地方，那就是它们都会使持续数据跟踪变得困难重重。

不过，即使启用上述这些方法，研究人员也仍然在坚持不懈地寻找其他方法，无论是统计方法，还是基于技术实现的方法抑或是基于智能手机的其他功能，他们费尽心机想要将不同背景下的个人联系起来。② 同时，伦敦交通局也点头承认，虽然它在数据控制者那边或设备那里已经设置有保护措施，但是这些数据在面对重新识别的攻击时往往还是无可奈何。

考虑到数据被重新识别的风险，特别是来自数据泄露对手的风险，那么，究竟数据主体是否有权了解所收集到的有关自己的数据并利用自己的权利呢，比如反对数据处理权或删除相关数据的权利？

一方面，不难想象这样一种情况，以前受信任的数据控制器现在失去信任，而这种情况的出现往往要么是由于一个善意的数据保管者出现，要么就是能够高度机密保存数据的人现身。虽然数据主体很可能希望这样做，但是不可否认的是，哪怕这些保护不能降低任何风险，它们也确实能够有效地消除数据控制者通常为数据主体提供全部数据保护权利的能力。正如伦敦交通局所言："恐怕没几个人知道这些随机数据串在数据收集结束的当天就会被销毁。鉴于此，我们认为这些数据是匿名数据，毕竟它们无法识别出任何特定的设备。就像我们无法以试验中的方式处理已知的媒体存取控制地址，我们同样无法回应任何想要获取我们所收集数据的主体访问请求。"③ 事实上，如果伦敦交通局真打算这么做，那么，它就会发现在存在某些硬件的情

---

① Jeremy Martin and others, A Study of MAC Address Randomization in Mobile Devices and When It Fails 2017 Proceedings on Privacy Enhancing Technologies 802.

② Mathy Vanhoef and others, Why MAC Address Randomization is not Enough: an Analysis of Wi-Fi Network Discovery Mechanisms, Proceedings of the 11th ACM on Asia Conference on Computer and Communications Security（ASIACCS 2016）（ACM 2016）.

③ Transport for London, REView of the TfL WiFi Pilot, 22.

况下，上述设备的媒体存取控制地址随机化实践将会变得难上加难。特别是，即使可以针对攻击者所可接受的准确度识别设备①，所实现的识别水平也不足以提供有保证和全面的数据删除或准确访问（包括避免泄露有关其他设备的信息）。② 如此一来，不仅将降低法律对《通用数据保护条例》中数据安全原则条款的保护和对数据控制者遵守目的限制原则的信任，还会使数据主体对事后观察到的关于他们的数据几乎完全丧失控制权。

另一方面，除了数据主体的访问请求之外，《通用数据保护条例》中的另一项规定涉及的就是反对数据处理的权利。③ 根据这一条款，如果数据主体拥有合法或公共利益方面的理由，那么除非数据控制者能够"证明自己令人信服的合法利益已经超越数据主体的利益、基本权利和自由"，否则数据主体就"有权反对数据控制者处理任何相关个人数据"。④ 事实上，"选择－退出"条款可谓将上述这一规定体现得淋漓尽致——作为信息专员办公室和欧盟数据保护监管机构（EDPS）针对基于合法利益的"大数据"分析所提出的一项建议，尽管根据欧盟相关法律，究竟选择－退出是否属于强制性规定还是个未知数，但是选择退出 WiFi 分析是信息专员办公室关于此案例指导方针中的一个特别特征这一点还是毋庸置疑的。同时，这也有可能会改变拟议中的电子隐私权（ePrivacy）规定（目前已经进入三方谈判阶段），而该规定很有可能会被修改成要求数据控制者在使用 WiFi 分析时加入"选择－退出"功能。就拿荷兰的一个案例来说，相比于要求 WiFi 追踪公司 Bluetrace 提供"选择－退出"服务，荷兰数据保护机构最终选择让该公司对自己的技术可行性进行研究，并指示该公司认真参考荷兰民间社会组织正在制定的"选择－退出"登记册。据笔者所知，Bluetrace 公司最后压根没这么干，由于该公司的业务模

---

① Mathy Vanhoef and others, Why MAC Address Randomization is not Enough: an Analysis of Wi-Fi Network Discovery Mechanisms, Proceedings of the 11th ACM on Asia Conference on Computer and Communications Security (ASIACCS 2016) (ACM 2016).

② Andrew Cormack, Is the Subject Access Right Now Too Great a Threat to Privacy (2016) 2 European Data Protection Law REView 15.

③ Art 21 (1), GDPR.

④ Recital 69, GDPR.

式与监管机构的要求不兼容,所以它最终选择完全停止 WiFi 分析。

值得注意的是,隐私权的未来论坛(the Future of Privacy Forum,FPF)所提出的《移动位置分析行为准则》(*Mobile Location Analytics Code of Conduct*)如今也已经将"选择-退出"作为原则之一收入囊中,同时它还指出运营商的网站理应提供该选项。不仅如此,通过与一些销售 WiFi 跟踪技术的组织合作,隐私权的未来论坛自己也身体力行地运营着一项"选择-退出"服务,并为大家提供着一份全球性的"选择-退出"清单(https://optout.smart-places.org/)。不过与此同时,隐私权的未来论坛也在自己的网站上注意到一些问题,它指出:"如果 iOS 8 设备用户想要退出移动位置分析的话,那么,他们仍然可以通过访问智能商店的隐私权'选择-退出'页面来达成这一目的。然而,由于这种'选择-退出'是通过识别一个'选择-退出'服务器的媒体存取控制地址来运作的,所以就 iOS 8 设备而言,当此类设备的媒体存取控制地址发生变化时,任何这种'选择-退出'都会被复位重置。"①

上述这一问题同时也突出着另一个权利问题——就那些在苹果设备开发过程中采用的设计隐私权方法和其他方法而言,虽然它们确实能够防止有效的"选择-退出",但是它们却不一定能够提供有效的隐私保护。总的来说,周围的大部分环境理所当然是不可信的,毕竟任何人都可以悄悄地设置一个捕获媒体存取控制地址的设备,从而导致硬件供应商代替数据主体做出价值选择。同时,考虑到媒体存取控制地址的随机性,所以"选择-退出"的可能性本身就是一个值得往下深究的问题。此外,或许眼下的大救兵就是一种法律上的、可强制执行的"请勿跟踪"信号,可是要知道,这些信号本身就会引起数不胜数的问题。笔者并不打算在本文中对此再加以讨论,在此笔者只要简单说一句,这种信号得需要无线跟踪系统制造商和移动设备制造商之间进行前所未有的合作。②

---

① Future of Privacy Forum, About Mobile Location Analytics Technology (Smart Places).
② Article 29 Working Party, Opinion 13/2011 on Geolocation Services on Smart Mobile Devices (WP 185, 16 May 2011), 18.

（二）苹果公司的"Siri"语音助手

科技的发展日新月异，语音助手如今早已不是什么新鲜事，它们早已成为一系列设备中的寻常之物。无论是微软公司的 Cortana、谷歌公司的语音助理还是苹果公司的 Siri，它们既可以录制和压缩音频数据，又可以在公司的服务器上对这些音频数据进行转录处理并将转录本返回到手机，本地语音合成系统还可以在手机上"回复"用户。要知道，不仅这种方法的使用能够使得语音识别具有前所未有的准确性，而且它还能够避免终端设备上的能量、资源和空间密集型处理。在实践中，有许多人都在使用这种技术激活设备功能，还有不少人会用它们来口述消息或文档。同时，各大公司也同样可以向数据主体提供录音数据。打个简单的比方，谷歌公司就为用户提供了一个可以搜索、管理语音和音频数据的工具。① 在欧盟层面，这些工具确实有认真履行欧盟数据保护法所规定的访问义务；而在美国层面，虽然在许多访问权的实施方面略有不同，但是这些工具在美国国内外似乎没太大差别。

再说说其他公司，尤其以苹果公司为例，尽管它在这方面提供的服务与其竞争对手提供的服务几乎是一模一样的，但是它既没有自动向数据主体提供这些数据，也不会根据《爱尔兰数据保护法》（The Irish Data Protection Acts）的明确要求提供这些数据。在与本文其中一位作者的通信中，苹果公司搬出了设计隐私权作为挡箭牌。概括来说，苹果公司关于语音助手数据的设计隐私权理念似乎主要体现在以下三个方面：

第一，苹果公司声称自己的语音识别符数据与苹果用户所熟悉的常规识别符是相分离的。换言之，当谷歌用户用他们的账户详细信息登录时，他们的所有语音数据都会列在账户下，而苹果公司则恰恰相反，它会生成与这些身份相分离且特定于设备的标识符。对此，苹果公司表示："当 Siri 处于打开状态时，相关设备就会创建用于语音识别和 Siri 服务器的随机标识符。同时大家大可不必担心，这些标识符仅仅会在 Siri 中使用并用于改进服务。如果用户随后关闭 Siri，那么

---

① Google, Manage Google Voice & Audio Activity（Google Search Help）.

相关设备就会生成一个新的随机标识符,从而使该设备在重新打开 Siri 时使用该标识符。"① 话虽如此,这些标识符可都是永久性标识符。这也就意味着,相比于简单地选择不使用 Siri(我们可以预见到应该很少有用户会这样做),如果用户从未在相关设备的设置中禁用 Siri,那么标识符就会在设备的整个生命周期中持续存在。针对这个问题,苹果公司在自己的回应中声称,它既没有技术手段来访问相关设备上的 Siri 标识符,也不会通过标识符去搜索数据,因为苹果公司之前已经选择不去构建标识符。②

第二,苹果公司拍着胸脯表示,它通常都会擦除相关数据所链接的标识符,并在经过一定时间后彻底将它们删除。苹果公司高层指出:"为了语音识别系统可以利用录音来更好地了解用户的声音,用户的录音将保存 6 个月的时间。在 6 个月之后,另一份没有标识符的拷贝文件将被保存下来以供苹果公司用于改进和开发 Siri,该时间将长达 2 年。在 2 年之后,为了对 Siri 进行持续改进并确保它的质量,苹果公司可能会继续使用一小部分没有标识符的录音、录本和相关数据。同时,为了改进 Siri,一些参考音乐、运动队和球员、企业或兴趣点的录音也同样会被保存下来。"③

第三,苹果公司还声称,虽然 Siri 能够识别用户的姓名,但它能够做到的是,哪怕每次用户使用 Siri 时都会从手机中发送此类详细信息,如果用户有 10 分钟没有使用 Siri,那么苹果公司就会将这些信息从远程服务器中删除。④

(三) 与设计隐私权概念相关的问题

乍一看,上面这些似乎统统属于促进隐私权的设计功能,可是若要仔细一琢磨,其实每个系统甚至是整个系统都是有重大概念缺陷的。这意味着,虽然苹果公司目前想要访问这些数据可能有点难度,但是在某些情况下,重新识别也并非没有可能,之所以下此论断,笔

---

① Apple, Inc, iOS Security: iOS 10 (2017) 49.
② Email from Apple Distribution International to author (3 August 2017).
③ Apple, Inc, iOS Security: iOS 10 (2017) 50.
④ Apple, Inc, iOS Security: iOS 10 (2017) 49.

者主要是出于以下四方面原因：

第一，拒绝构建数据库检索工具并不能成为拒绝数据主体权利的依据。事实上，检索通常是数据库系统的一个标准功能，甚至这可以说是它们的目的所在；而在在大多数情况下，只有数据控制者主动修改相关系统，它们才能从标准数据库软件中删除掉这些功能。

第二，针对拒绝通过软件设计使数据主体可以访问设备标识符，同时仍然使设备标识符能够定期传送到数据控制者那里的行为，除了妨碍数据主体去核实相关数据确实是他们请求的数据之外，这其实根本没有什么实际意义。换言之，这个做法似乎更多是在阻碍数据保护权利而非提供设计隐私权。从《通用数据保护条例》陈述部分我们不难看出，不仅这些标识符将被视为与自然人密切相关，而且陈述部分还指出"由相关设备提供的在线标识符"主要包括由射频识别技术（RFID）提供的标识符（一般数据主体无法察觉到且难以访问的这些标识符），这些标识符既可以直接启用分析或识别，也可以间接启用分析或识别，例如与"由服务器接收的其他信息"结合起来去分析或识别。

第三，虽然苹果声称自己并不会永久保存用户在服务器上提供的名称，但是它也确实在标识符旁边保存过不少类似甚至更有用的信息。同时苹果公司还指出，考虑到如果每次启动 Siri 时都向服务器发送诸如与家庭成员的关系、陪同人员和播放列表等细节，那么这会相当麻烦而且可能会引入不必要的延迟和/或数据使用，所以苹果公司会在一开始就发送这些细节并将它们存储在那里。然而，即使我们承认一个设备的特定标识符不属于个人数据（尽管裁决会围绕媒体存取控制地址甚至是动态 IP 地址的规定），用户的联系人列表和他们与别人之间的关系也是相对微不足道的，毕竟哪怕不是专家也可以通过使用易于访问的数据源（如社交媒体）来重新识别出用户的身份。同样的道理，简单的重新识别攻击也可以将目标瞄准备忘录等东西，特别是它们经常提到的组织或个人的名字。

第四，有一项研究表明，仅仅通过声纹，他人就可以被重新识别出来并进行聚合。要知道，这些常常用于生物特征认证的声纹可颇具重新识别的潜力，苹果公司甚至在这一领域还坐拥自己内部研究活动中的几项专利。退一步来说，即使是基于没有语音数据的文字记录，根据他人使用的单词和语法来重新识别或聚合也不是什么难事。

更复杂的是，这不仅仅关乎于如何表达这件事情，这件事情的内容才是重中之重。一方面，由于敏感数据可以以文本形式表示和保存，所以如何编辑"可能披露敏感数据"这一术语是一个相当活跃的研究领域；① 另一方面，即使文本的形式相对标准化，例如医学文档中的信息或其他口头交流并没有标准化，这一研究问题也同样极具挑战性。② 正如最近的一项评论所言，"纯文本的通用隐私权解决方案如凤毛麟角，事实上，这些解决方案往往只关注敏感术语的保护，而这些术语又往往会被假定是事先手动识别的"。③ 在本文看来，不仅这些系统并没有考虑到谈话记录，而且目前也还不清楚究竟是否存在有效的隐私机制来防止重新识别。此外，包括《通用数据保护条例》下诸如政治意见之类的特殊类别数据在内，这些敏感数据很有可能会被记录下来。这也就意味着，如果不能保证谈话的私密性和可重新识别部分已经被修改的话，那么目前技术上的难关就会让这件事变得阻碍重重。

（四）识别用户但不包含联系人信息的数据泄露

放眼望去，许多闹得沸沸扬扬的数据泄露事件通常都会涉及个人可标识数据，比如全名、家庭、电子邮件地址或电话号码；在这种情况下，联系受影响的个体还是相对简单的一件事，毕竟数据控制者掌握着相关通信通道的细节。不过话又说回来，即使个人可标识数据并未混合在其中，数据泄露事件所能产生的负面影响也同样不容小觑。如前所述，终端用户设备可能会存在唯一标识符，比如媒体存取控制地址、国际移动设备识别码（IMEI）编号和设备生成的广告标识；除了这些唯一标识符之外，其他还有一些允许识别数据主体但不容易

---

① David Sanchez and Montserrat Batet, Toward Sensitive Document Release with Privacy Guarantees (2017) 59 Engineering Applications of Artificial Intelligence 23.

② See eg Stephane M Meystre and others, Automatic de-Identification of Textual Documents in the Electronic Health Record: A REView of Recent Research (2010) 10 BMC Medical Research Methodology 70.

③ David Sanchez and Montserrat Batet, Toward Sensitive Document Release with Privacy Guarantees (2017) 59 Engineering Applications of Artificial Intelligence 23.

与之通信的数据源,其中就包括高维数据,比如网页浏览历史记录或可用插件的列表。

具体来说,一方面,在实践中,网页跟踪已渐渐变成一种司空见惯的做法,并且这种做法通常会选择使用浏览器指纹而不是明确提供的标识符。而不用笔者多说大家或许就能猜到,像上述这类数据已经被证明包含敏感的内容。打个简单的比方,Facebook 过去就曾使用这种方法,即通过"种族"来描述用户的"亲和力"。另一方面,这些高维数据也通常具有高度的识别性。根据 2010 年的一项研究表明,有 83.6%访问网站的用户只拥有一个独特的设备指纹,另外还有 5.3%的用户只与一个其他记录共享自己的指纹。

在这种情况下,就涉及网络浏览数据的数据而言,仅仅根据所访问的大约几个页面的补充数据,攻击者就能够不费吹灰之力地挑出用户的整个浏览历史;大家可别不信,研究人员目前已经对德国国会议员、法官和其他公众人物都展示过这种攻击类型。同时,除了网络之外,其他的设备和模式也同样容易受到攻击。举例来说,这十多年来,通过手机上的陀螺仪传感器,研究人员就能够轻而易举地从步态中识别出他人的身份;[①] 而由此产生的社会情况意味着,在越来越多涵盖许多数据主体活动的高维数据集实例之中,即使缺乏直接的名义标识符或联系信息,行为人也同样能够挖掘出敏感信息。

现在问题来了,大家可曾想过,这到底会产生什么后果?如果想象一下这些数据的泄露场景,那么,按规定接下来又应该发生什么呢?或许很多人会说,此时如果根据《通用数据保护条例》第 33 条第一款向数据保护机构发出通知。那么,需不需要给数据被访问的个人发出通知呢?这其实属于《通用数据保护条例》第 34 条的范围。根据该条规定,如果个人数据的泄露很有可能给数据主体的权利和自由带来高风险,那么数据控制者就应当毫不迟疑地将个人数据泄露情况及时告知数据主体。不过,如果满足下列三种情况之一的话,那么,数据控制者便无须告知数据主体有关数据泄露的相关信息:其

[①] Jani Mantyjarvi and others, Identifying Users of Portable Devices from Gait Pattern with Accelerometers, Proceedings of the IEEE International Conference on Acoustics, Speech, and Signal Processing, 2005(ICASSP05)(IEEE 2005).

一，数据控制者已经采取适当的技术性和组织性保护措施，并且这些措施已经应用于"那些使任何未被授权访问的个人无法辨识的个人数据"；其二，数据控制者已经随后采取减轻风险的措施；其三，数据控制者的通知将付出"不成比例的努力"，在这种情况下，数据控制者可以用"公告机制或类似措施"取代通知。

我们不妨来依次看看以下三种情况：

第一，在某些情况下，有人可能会提出这样的观点，即由于个人数据是含糊不清的，所以它们并不会触发《通用数据保护条例》第34条所规定的通知要求。虽然这可能确实是用最先进的技术对数据进行适当加密带来的结果，但是更重要的是要区分这种模糊性究竟是由于加密而导致的，还是仅仅在没有补充数据点的情况下无法将记录与特定个体联系起来而导致的。正如上述对德国公众人物浏览习惯的攻击所表明的那样，从数据控制者的角度来看，对于那些看似模糊不清因而无法识别的东西，我们实际上可以通过访问最少的额外数据来加以识别。由于攻击者可能持有不同且通常是非法获取的个人数据集，而被攻击的数据控制者却无法获得这些个人数据集，所以这种区分往往就显得至关重要，需要慎重加以考虑。

第二，这个话题就有点尖锐了，即所谓的与数据主体交流需要付出"不成比例的努力"。虽然小型文本文件、浏览器指纹或特定于设备的标识符等数据并不是识别相关通信的传统手段，但是它们却经常被行为广告网络精确地分配和收集，以便通过浏览器内或应用内广告的特定媒体与他人进行"交流"。更有些意想不到的事情是，有一些风靡全网的网络恶作剧甚至还包括购买针对个人好友的恐怖定向广告。[1] 不管怎么说，上述这些例子都在表明，即使没有传统通信渠道的个人联系方式，这些组织也有办法联系到相关的数据主体。

第三，如果相关组织想要以一种能够被认为成比例的方式去通知受影响的数据主体，那么，它们的选择之一可能就是购买广告位，然后使用相同的数据再一次针对数据主体进行投放，以此告诉他们数据泄露的情况。尤其是当涉及模糊的数据经纪人时，大多数数据主体都

---

[1] Brian Swichkow, How I Pranked My Roommate with Eerily Targeted Facebook Ads (ghostinfluence [blog], 6 September 2014).

不知道它们的身份,更不用说相关行为细节抑或是如何联系它们了。在这种情况下,公告机制可能行不通,毕竟这些公司从未有意开发通信渠道抑或是改善自己与数据主体沟通的能力。

除了上面这一种选择之外,另一种选择就是通过那些服务提供商来促进通信。要知道,这些服务提供商不仅有能力将非传统标识符与传统通信渠道联系起来,它们还可以促进相关组织与受影响数据主体之间进行有关数据泄露的通信。具体而言,选择什么样的服务提供商主要取决于具体情境。例如,设备制造商或操作系统提供商(比如苹果公司或谷歌公司)可以轻轻松松地将设备账号链接到电子邮件地址,从而允许那些通过设备账号识别数据主体的广告网络通过电子邮件向受影响的数据主体通知数据泄露情况。再如,手机网络服务提供商可以很容易地将用户识别卡号码链接到国际移动设备识别码之上,然后再通过短信或电话的方式通知数据主体有关数据泄露的相关情况。

总而言之,虽然各种数据泄露通知措施的可行性与具体情境息息相关且密不可分,但是上述这些例子也在阐明着"隐私权即保密"原则与数据保护原则保持紧张关系的另一种方式。在这种情形下,透明度原则会与数据泄露通知的要求狭路相逢。不仅如此,就促进"隐私权即不可链接性"的技术选择而言,例如无法将高维浏览器数据与相关联系地址联系起来的技术,它们最终很有可能会剥夺数据主体了解那些对他们有不容小觑影响的数据泄露情况的权利。

三、将数据保护纳入"设计数据保护"之中

现在有一个问题,如果设计数据保护想要以身犯险去剥夺他人的权利,那么,我们对此究竟应当如何纠正或改善?本节将提出一些可能会对做到这一点大有裨益的方法,同时评估它们的可能性和可能存在的陷阱,并将它们置于法律情境下进行讨论。

(一)实现数据保护权利的并行系统

首先要搬出的第一种选择就是实现一种并行系统并明确地维护这些权利。在这一部分内容中,本文将概述法律和技术情境下的两种主要类型的系统:一是旨在保留数据从而提供访问并更好地实现数据删

除和反对数据处理的系统；二是旨在处理数据主体可能获取的额外数据的系统，从而使重新识别成为可能。

1. 保留数据系统

在 College van burgemeester en wethouders van Rotterdam v MEE Rijkeboer 一案中，欧盟法院（CJEU）被问及到一个与案件息息相关的问题。[①] 在该案中，荷兰公民 Rijkeboer 先生要求鹿特丹市长和鹿特丹执行委员会向他提供第三人的详细情况，因为鹿特丹市政府早些时候向第三人提供了有关 Rijkeboer 的相关信息。由于根据荷兰的法律和惯例规定，前一年的数据早就被删除得一干二净了，所以作为数据控制者的鹿特丹相关机构只好做出肯定但不全面的答复，并且它最终只提供了与前一年有关的信息。此时摆在欧盟法院眼前的大问题就是，在《数据保护指令》（DPD）第 12 条的访问权条款没有规定时限的情况下，欧盟成员国究竟能否强制删除这些数据；要知道，从某种意义上来说，这些数据属于一段时间后保留在 Rijkebor 先生身上的数据的元数据，而这也可能意味着仅凭这种访问权是不能引用这段时间以外的数据的。

面对这一问题，可谓公说公有理、婆说婆有理。鹿特丹市长和执行委员会、英国、捷克、西班牙和荷兰政府认为这种访问权"只存在于现在而不存在于过去"，而希腊政府和欧盟委员会则认为这种访问权既适用于现在又能延伸到过去。为了确保访问权、删除权和更正权相关规定的实际效果，最终欧盟法院指出这种访问权必须与过去有关，虽然确切的时限可以由欧盟成员国通过进一步制定规则来决定，但是除非可以证明任何更长的时限都会给数据控制者带来"过度的负担"，否则，仅仅一年的时限"并不构成本案中所争议的义务和利益之间的相对平衡"。此外欧盟法院还指出，如果针对相关元数据的任何时间限制想要成立，那么，它们必须在以下两方面内容之间达到一种相对的平衡：一方面，数据主体在保护他们隐私权方面的利益，特别是通过该时间限制反对和提起法律诉讼的权利；另一方面，存储

[①] College van burgemeester en wethouders van Rotterdam v M. E. E. Rijkeboer, case C-553/07, 7 May 2009.

该信息的义务对数据控制者所造成的负担。①

本文之所以要先搬出 Rijkebor 一案来研究，原因就在于它与本文当前的讨论息息相关。具体来说，该案直接将数据主体的权利问题放在法院所称的数据存储给数据控制者所带来"负担"的对立面上，这也就意味着，这种负担越来越多地开始包括保护这些数据不受侵害，而不再仅仅是存储介质的成本这么简单的问题。同时欧盟法院也松口承认，无论是《数据保护指令》还是《通用数据保护条例》，它们无一例外地都没有考虑到这种权衡。

除了上述这种权衡之外，该案与本文之间的另一个相关点就是欧盟法院根据访问权对两种数据所做的区分。一方面，在欧盟法院看来，相比于传输的数据（这些数据对于数据主体来说当然很敏感），用于提供当地服务的"基本数据"的存储时间理应要更长一些，这也是鹿特丹市长和执行委员会的行为构成相对不平衡的其中一个原因。② 换句话说，在欧盟法院看来，相比于"元数据"（如与个人数据的使用方式及其来源有关的信息），数据控制者对"内容数据"（即个人姓名等实际个人数据）应当采用不同的数据保留政策。另一方面，这里还有一些有趣的、虽不准确但平行于一些所谓隐私增强技术（PETs）的技术。在这些技术中，我们还可以区分不同类型的数据：其中一种是所收集的完整的、潜在的可识别数据，另一种则是现在更难与数据主体联系起来的、转换后的数据。前一种数据会在某个时间段后被删除③，通常情况下是在转换为后一种数据以作保留时被删除。那么，这种删除能否构成所谓的"相对平衡"呢？

事实上，虽然为了数据管理而区分不同类型的信息属于一种司空见惯的行业实践，但是数据在相关组织内部的分类方式却并不总是有完全类似的法律框架。就拿 Siri 标识符来说，由于它们链接的通常是只有一个用户在使用的设备的永久性标识符，所以，Siri 标识符能清楚地挑出相关数据。然而，鉴于 Siri 系统的主要目的之一是为数据主

---

① College van burgemeester en wethouders van Rotterdam v M. E. E. Rijkeboer, case C-553/07, 7 May 2009, para 64.

② College van burgemeester en wethouders van Rotterdam v M. E. E. Rijkeboer, case C-553/07, 7 May 2009, para 42.

③ Apple, Inc, iOS Security: iOS 10 (2017) 50.

体提供个性化的语音助手服务,所以《通用数据保护条例》第 11 条第 1 款根本就无法适用。根据第 11 条第 1 款的规定,如果数据控制者处理个人数据的目的不需要或不再需要数据控制者对数据主体进行识别,那么数据控制者就不再需要仅仅为了遵循《通用数据保护条例》而"维持、获取或处理额外信息以识别数据主体"的责任。同时,虽然根据《通用数据保护条例》第 11 条第 2 款的规定,如果数据主体提供能够让数据控制者重新识别他们身份的额外信息,那么数据主体仍然能够享有数据主体相关权利;但是《通用数据保护条例》似乎并没有考虑到随着技术的发展,数据控制者除了为获取数据而识别数据主体之外,它们还有可能会为提供服务和处理数据而识别数据主体。

那么,在上述这种情况下,数据控制者如何才能使用一套并行系统来增强为提供服务而进行识别从而允许数据访问的过程呢?答案很简单,数据控制者可以将数据主体的苹果账户与 Siri 标识符一起存储在一个单独的数据库之中。虽然《通用数据保护条例》确实指出,数据控制者"不应该仅仅为了能够对潜在的请求做出反应就保留数据主体的个人数据",但是在本文所述的这种情况下,由于数据控制者已经保存过这两组个人数据,所以它们只需要在这二者之间建立一个链接就行。此外,考虑到《通用数据保护条例》实施过程所面临的重重挑战,要求数据控制者有意难以在许多数据集中始终一致地找到数据主体似乎不太可能,所以数据控制者还可以选择在相关设备上实现一种机制从而获得所使用的标识符。不过无论怎么说,与上述这两种方法有关的核心问题就是安全问题,而在第一种情况下,一份集中化的清单已经显示出攻击者访问这些数据的重新识别风险会显著增加。事实上,这两种选择都会在一定程度上打击大家可能怀疑的苹果更深层次的目标之一,即像苹果公司以前公开做的那样,它会声称自己在面对政府执法人员或情报部门的要求时束手无策。①

总而言之,虽然这些方法有点把数据藏在干草堆里的意思,但是苹果公司也有可能会使用加密技术,从而以只有用户才能访问的形式

---

① Karl Stephan, Apple Versus the Feds: How a Smartphone Stymied the FBI (2017) 6 IEEE Consumer Electronics Magazine 103.

来向用户提供这些数据。在这种情况下，相比于以它们可以访问的形式保留数据，数据控制者从一开始就会向用户提供数据可携性。事实上，用户可能会发现，如果他们想要更换服务提供商的话，那么拥有语音数据和文字记录库对于快速培训任何新系统都能派上大用场；同时，如果设计数据保护意味着设计数据访问和设计数据可携性，那么有一大波可行的设计解决方案从一开始就可以构成相关策略的一部分。此外，不仅这可能允许用户获得有效的数据删除权，而且他们所持有的数据还可以自动与被取消识别的数据库进行比较，并删除相关匹配项。

正如 Rijkebor 一案让数据控制者不得不重新考虑它们的数据保留过程一样，未来的相关裁判似乎也应该把眼光放得更长远一些，即在设计过程中实现"相对平衡"。

2．获取额外数据系统

首先，对于实施某种类型设计数据保护的数据控制者来说，按照可接受的确定性比例重新识别数据从而行使数据保护权利可不是件容易的事。虽然《通用数据保护条例》在第 11 条和第 12 条第 2 款中指出，如果数据控制者能够证明自己无法识别数据主体，那么，它们就不必迎合数据主体行使相关权利。虽然《通用数据保护条例》第 11 条第 2 款允许数据主体提供额外数据来实现这种重新识别，但是不仅并非每个数据主体都倾向于这样做，而且拍板定音的最终话语权似乎掌握在数据控制者手中，毕竟根据《通用数据保护条例》第 12 条第 2 款的规定，即使数据主体已经提供额外信息，数据控制者仍然有机会证明自己无法重新识别数据主体。由此可见，即使数据主体提供了额外的信息，他们也仍然需要承担一定的举证责任来充分证明重新识别是不可能的。就这一点而言，它不仅这体现在《通用数据保护条例》对问责原则的普遍强调和对数据控制者责任的重点关注上，而且《通用数据保护条例》的陈述部分也将其体现得淋漓尽致——陈述部分指出，虽然数据控制者"并不承担获取额外信息识别数据主体"从而遵守相关规定的义务，但是它们同时也"不应拒绝接受数据主体为了行使他们的权利而提供的额外信息"①。同时，退一步来

---

① Recital 57，GDPR.

说，本文在此必须强调，数据控制者不要痴心想着通过声称自己无法完全迎合数据主体权利来完全逃避数据保护法，要知道，《通用数据保护条例》的所有其他规定（特别是第5条和第6条的规定）依旧是完全适用的。①

其次，目前其实还有一个悬而未决的问题：虽然这种被获取或自愿提供的额外信息仍然需要一个重新识别过程，但是数据控制者很可能无法直接去操作这件事。事实上，数据控制者可能根本没有这方面的专业知识，特别是当这方面并不构成核心处理活动的一部分时就更是如此。尽管《通用数据保护条例》陈述部分第57段对这一点没有多少说明，但是第26段还是提供了一些指导，建议数据控制者应当考虑成本、时间、可用技术和新兴技术等因素。② 同时，该指导意见也为政策干预提供了一条可能有争议但却可以支持数据主体权利的途径。具体而言，虽然重新识别的理论性攻击通常是可能实现的，并且这种攻击还可能破坏上述的设计隐私权方法，但是针对《通用数据保护条例》陈述部分第26段语境下的这些技术究竟是否"可用"仍然存在争议。此外，尽管攻击者可以使用这些技术，并且可以在线市场上进行交易（例如被盗数据），但是，这会造成数据控制者可用的可部署技术与其对手可用的可部署技术之间的不平衡。那么，数据控制者究竟是否有义务开发（或从安全公司获取）最先进的重新识别工具来使数据主体权利成为可能呢？就这一问题而言，有不少相关的例子都涉及欧盟国家，但是在其中一些例子中，由于相关组织缺乏重新识别数据主体的方法和手段，所以，它们不得不给予数据主体一些赔偿。例如，在美国金融贷款机构Ally金融公司被指控其汽车贷款行为属于种族歧视行为之后，它便被要求利用人口普查数据去搞清楚究竟哪些借款人是非洲裔，又有哪些借款人是西班牙裔或亚裔，以便（不完美地）确定正确的赔偿接受者。③ 如果照搬这种经验的话，那么，在数据泄露的情况下，类似的努力可能会大有裨益，毕竟这种方

---

① Art 29 Working Party, Opinion 1/2010 on the Concepts of ControllerxandProcessor, (WP 169, 16 February 2010).
② Recital 26, GDPR.
③ Annamaria Andriotis and Rachel Louise Ensign, U. S. Uses Race Test to Decide Who to Pay in *Ally Auto-Loan Pact Wall Street Journal* (30 October 2015).

法可以通过挖掘公开信息来确定受影响的数据主体,否则数据控制者就只能通过浏览历史、设备指纹或其他数据来了解到数据主体的相关信息了。

再次,为了保持技术中立,数据保护法对数据控制者的具体创新要求往往会保持沉默不语。虽然这可能是一件好事,因为通过立法强制技术进步似乎是个不怎么靠谱的想法①,但是如果政府、学术界或者民间社会组织开发并公开使用高维数据的重新识别工具,并使得代码库与各种各样类型的商业系统相兼容,那么我们便很难否认这些技术在《通用数据保护条例》陈述部分第 26 段语境下是"可用的"。此外,虽然《通用数据保护条例》中所概述的认证机构的可能性可能也会为跟上这一领域最新技术的步伐提供进一步的平台②,但是与此如影随形的却是随之而来的安全风险——要知道,不仅攻击者可以随时随地使用这些工具,而且这些工具甚至可能被安装和校准在非法获取数据的系统上,如此一来,攻击者的心里可跟吃了蜜一样开心了。

最后,一旦这些重新识别机制被设计出来并在已发表的研究文献中现身,那么"限制它们"似乎就称不上是明智之举了。事实上,即使代码库再杂乱无章或者再不靠谱,这些工具也正是攻击者们习惯使用的工具类型。如果大家认为让这些工具变得更有用、更具可部署性只会帮助攻击者,那么,这不仅很可能会低估攻击者现有的使用和生成知识来使被盗个人数据价值化的能力,还会大大低估这些工具的好处,即让数据主体对他们有权拥有合法权利的数据拥有更多控制权的好处。要知道,或许使这些工具变得更有用不仅根本不会大大提高攻击者的能力,毕竟这些攻击者总是将不可靠的代码串在一起,而且这种做法说不准还能让数据主体更好地管理相关风险。

(二) 用数据保护影响评估进行权衡

总的来说,考虑到这些权衡的价值负载性,以明确的方式谨慎和严格地做出这些权衡至关重要。从目前的情况来看,《通用数据保护

---

① See generally, Mariana Mazzucato, The Entrepreneurial State: Debunking Public Vs. Private Sector Myths (Anthem Press, London 2015).
② Art 42, GDPR.

条例》对设计数据保护的含义模糊至极，无论是在陈述部分还是正式条款之中，它都闭口不承认设计方法中存在权衡。然而，正如本文所表明的，一旦这些权衡涉及数据主体的基本权利，那么《通用数据保护条例》的这种做法是绝对说不过去的。

在论述设计数据保护之前，我们不如先来说说数据保护影响评估。所谓数据保护影响评估既是指合规过程中一个潜在的恰当点，以此来考虑在使用设计数据保护策略时所存在的权衡，又是《通用数据保护条例》中先发制人进行分析和记录要求的主要表现形式，特别在针对高风险数据处理时就更是如此。鉴于《通用数据保护条例》在陈述部分内容中明确指出，"个人数据处理可能会对数据主体的权利和自由造成不同程度和不同严重性的风险，并且这种风险很可能导致数据主体遭受身体、物质或非物质方面的损害，特别是数据主体很有可能会被剥夺权利和自由，抑或是被阻止对他们的个人数据行使控制权"。所以，第29条工作组明确表示，就"数据处理本身"阻止数据主体行使权利、使用服务或合同而言，这种情况是导致数据主体承受高风险的标准之一。

明明是同样一份指南，可比起数据保护影响评估，设计数据保护的待遇可就差多了——除了作为另一种先发制人的做法被提及之外，第29条工作组对将设计数据保护本身作为数据保护影响评估的主题这一点缄默不语。同时，明眼人应当很容易就能看出，上述这些设计数据保护方法正在被视为"为应对风险而设想的若干措施之一，其中就包括保障措施、安全措施和机制"。如此一来，由于这种处理是为了应对其他有风险的数据处理从而降低该风险，所以它们很可能会逃开对原始问题的审查。虽然无限递归的数据保护影响评估不怎么受欢迎，但是缺乏适当自反性的数据保护影响评估待遇也好不到哪里去。

此外，虽然数据保护影响评估可能会进一步阐明并提供一个进行权衡的场所，但是由于《通用数据保护条例》最终版本中某些关键条款被削弱，所以这种方法也有一定的局限性。[①] 具体来说，就在数

---

① See Reuben Binns, Data Protection Impact Assessments: A Meta-Regulatory Approach (2017) 7 *International Data Privacy Law* 22.

据保护影响评估过程中"征求数据主体或相关代表的意见"这一要求而言，虽然该要求表明，受影响的数据主体可以就适当的权衡表达他们的观点，但是这一义务也是有限的，因为该条款还要求数据主体需要"在适当的时候"和"在不损害商业或公共利益保护的情况下"表达观点。同时，与这种情况截然相反的还有另一种情况，那就是为了防止影响"数据处理操作的安全"，数据控制者根本就不征求数据主体的意见；换言之，通过模糊性方法保护数据可以成为履行其他实质性数据保护义务的借口。总而言之，由于这些局限性，再加上寻求的这些意见并不以任何特定的任务或问题为基础且无须公开或公布，所以这一类要求和义务在实践中最终可能常常会沦为填写表格的无聊任务。针对这一点，本文接下来还会做进一步的讨论。

（三）获得有关隐私权架构相关信息的权利

第一，正如前文所述，在没有有效启用附带的数据主体权利的情况下，数据主体的个人数据就已经被随意处理了；相比之下，在开展数据收集或处理之前通知数据主体相关权利将不适用的情况却是凤毛麟角，即使存在这样的情况，相关权利主张似乎也具有高度的普遍性。就拿苹果公司来说，它的隐私政策只是简简单单地说自己"可能会拒绝处理无聊、无理取闹、危害第三人隐私权、极其不切实际或当地法律不允许访问的数据访问请求"[①]。究竟对哪些数据行使权利属于"极其不切实际"？又到底哪种数据访问请求会被视为"危害第三人隐私权的请求？针对这两个问题，苹果公司并没有给出答案。然而，在没有这些信息的情况下，数据主体又怎能做出适当的评估，从而决定他们是否希望将自己的个人数据委托给这样一个数据控制者呢？

第二，除了上述问题之外，还有一个问题是，在获取数据时，如果数据主体没有提出请求，那么数据控制者是否应当明确地警告数据主体他们所期望的权利根本不存在呢？如果正如数据保护法所期望的那样，数据主体应当根据自己的偏好在风险管理中发挥作用，那么上面这个问题似乎就显得至关重要了。虽然《通用数据保护条例》确

---

① Apple Inc., Privacy Policy (19 September 2017).

实要求数据控制者提供"确保公平和透明数据处理所需的必要信息",其中就包括"数据主体享有向数据控制者请求访问、纠正或删除个人数据的权利"。① 但是,目前恐怕没人能拍着胸脯保证"这些权利应当在一般意义上存在"究竟是否构成一项法律规定。换言之,根据该要求,究竟数据控制者是应当采取提高这方面意识的相关措施和寻求提供后勤支持的措施(例如指向相关数据控制者的联系方式),还是应当考虑到数据控制者处理的每种类型数据,然后再在具体情境中判断究竟存在这些权利,这些都还是个未知数。事实上,在本文看来,鉴于《通用数据保护条例》第 5 条第 1 款中的总体透明度原则与第 12 条第 1 款中的内容有明确联系,所以后一种解读似乎更具说服力一些。具体而言,考虑到《通用数据保护条例》第 11 条第 2 款规定了这些权利可能不存在的时间,所以这至少在一定程度上能够表明这一要求并不适用于该条所述的这些情况。不过,至于该规定究竟是否意味着数据控制者必须推翻该义务,并明确告知数据主体他们的权利将不会得到尊重,似乎还是没人能说得清楚。此外,考虑到《通用数据保护条例》第 13 条第 2 款和第 14 条第 2 款的措辞也如出一辙,如果照此类推的话,数据控制者是否也必须告诉数据主体不存在自动化决策的情况呢?本义认为,鉴于"完全自动化"和"举足轻重的"自动化决策在实践中似乎实在是少之又少。② 所以,在更多的情况下,这种做法只会以一种毫无意义的方式堆积信息通知罢了。

第三,与事前信息要求的范围不明确恰恰相反,相关的事后信息要求往往期望数据控制者能够提供关于何时不存在数据主体权利和相关原因的更详细信息。话虽如此,《通用数据保护条例》第 13 条和第 14 条中既没有明确规定数据控制者应当事先提供关于可能限制这类权利的设计数据保护措施的相关信息,从而方便数据主体进行评估,也没有提供可能影响数据主体行使权利能力的数据保障措施的相关信息。鉴于这些权利对整个数据保护制度具有无与伦比的重要性,所以,我们在《通用数据保护条例》的透明度原则和问责原则方面

---

① Arts 13(2)(b) and 14(2)(c), GDPR.
② Lilian Edwards and Michael Veale, Slave to the Algorithm? Why a Right to an Explanation Is Probably Not the Remedy You Are Looking For? (2017) 16 *Duke L & Tech REV*. 18.

似乎得打上一个大大的问号了。本文看来，上面这种要求可以被解读为数据控制者负有提供"关于所涉及逻辑的有意义信息，以及这种数据处理对自动化决策的数据主体所造成意义和预期后果"的义务。从历史上来看，在看待与"算法问责"讨论相关的自动决策权的潜力时，评论员们往往会以他人在日常生活中遇到的"决策"（如信用评分或行为目标）为视角看待问题。然而，在设想使用自动化数据处理技术来移除基本权利的问题上，本文认为，自动化决策（"可能包括措施"）也可以把与数据控制者或数据控制者内部的数据处理相关的问题考虑在内。事实上，由于自动决策权一直被认为受到两方面的严格限制，一方面限制是"完全"自动化，另一方面限制是对数据主体产生"合法"或"同样重要"的影响，所以本文有充分的理由相信，我们在本文中所讨论的系统统统都满足这两种条件：一方面，由于隐私增强技术在初始设置之后很少让人类参与其中，而人类的参与又通常会破坏减少信息披露的机制，所以，我们可以大致认为这些技术是完全自动化的；另一方面，由于自动化决策会剥夺权利，所以，这既可以说具有"法律效力"，即改变数据主体在《通用数据保护条例》第11条中的地位，也能够对基本权利和自由产生"同样重要"的影响。既然似乎已经有理由满足这一条件，那么，我们下一步还必须考虑是否已经做出一个可识别的"决策"。关于设计数据保护，最明显的一处暗示或许就是《通用数据保护条例》陈述部分第71段，该内容特别指出自动化决策的范围"可以包括一项措施"，即第25条第1款准确用术语描述的"为确保本条例的实施和相关数据处理所需的技术性和组织性措施"。有些人可能会说，由于这些措施发生在系统设计的那一刻而不是发生在数据处理的时间点上，所以这些措施在当时既不是完全自动化的，也不会影响单独的数据主体，因此数据控制者根本不负有告知相关信息的义务。然而，一旦将这一推理过程应用于分析系统，比如行为广告，那么，这可就将荒谬得经不起推敲了——虽然在技术层面上，访问网页可能会触发应用预先构建的个人资料来投放广告[1]，但是"所涉及的逻辑"可能不会仅限于

---

[1] See art 29 Working Party（A29WP），Guidelines on Automated Individual Decision-making and Profiling for the Purposes of Regulation 2016/679 （WP 251REV. 01，6 February 2018）.

陈述部分最后一段所提到的内容。换言之，虽然数据主体请求的在线组件会将访问数据库的个人资料与浏览器指纹匹配在一起①，从而提供特定的内容。但是，只要与最终决策相关，包括与所涉及个人资料的构建有关，那么，这就势必会涉及更广泛的系统。同样的道理，就那些自动适用的、理解设计数据保护系统的权利而言，或许也有一些适用于它们的更广泛、更系统性的概念。

第四，在诸如设计数据保护之类"措施"的语境下，想象数据主体的权利，即想象《通用数据保护条例》第 13 条至第 15 条所提及的第 22 条所提供的核心救济方法在这种语境下会是什么样子可不是件容易的事。要知道，这些信息权并没有在单独的一条规定中明确地受到救济方法兼容性的充分限制——笔者注意到，不仅第 13 条至第 15 条中的术语所指的"自动化决策"并不包含第 22 条中的任何一个条件，而且它还指出这些权利触发的条款是"至少"包括第 22 条，而不是仅仅只包括第 22 条，这就相当于在为将来限制性较小的司法解释大开方便之门。

第五，对于防止有效行使其他权利的设计数据保护措施来说，对自动决策信息权做出这种解读的影响是具有双重性的。一方面，由于相关规定要求数据控制者提供"关于相关数据处理过程的重要后果和设想后果"的有意义信息，所以这就会导致数据控制者必须提供有关数据保护权利丧失的内容。同时，数据控制者必须事先就这样做，因为第 29 条工作组最近认为，就《通用数据保护条例》第 13 条至 14 条中的提供"有意义的信息"这一点而言，数据控制者应当提供与第 15 条中的信息相同的信息。② 至少我们可以说，这项规定将具有与上文第 13 条第 2 款和第 14 条第 2 款如出一辙的效力，那就是强化我们对《通用数据保护条例》的解读，即数据控制者必须告知数据主体有关这些权利的缺失。此外，还有一些更大方的解读甚至认为数据控制者的义务不止于此。一方面，由于这种解读认为丧失数

---

① See art 29 Working Party (A29WP), Guidelines on Automated Individual Decision-making and Profiling for the Purposes of Regulation 2016/679 (WP 251REV. 01, 6 February 2018).

② See art 29 Working Party (A29WP), Guidelines on Automated Individual Decision-making and Profiling for the Purposes of Regulation 2016/679 (WP 251REV. 01, 6 February 2018).

据保护权利的"后果"包括失去控制,所以这可能还需要讨论未经授权访问此类数据所具有的重新识别风险;另一方面,如果将"设想"理解为"预期的"而非"预见的"①,那么,很多人就可以反驳说由于数据控制者并没有预期打算泄露数据,所以,它们根本不需要向数据主体告知数据泄露的潜在后果。不过,考虑到数据泄露可能会对数据主体造成极大的损害,所以,即使是能避开该规定中的"设想后果"这一要求,它也还是很可能会触发单独的"重要后果"这一要求。此外,第二个结果与"涉及逻辑的有意义信息"要求息息相关。根据这一要求,鉴于这些属于事前的信息权利,从而不需要利益相关者更广泛地触发这种权利,所以,数据控制者有义务以数据主体可以评估的方式提供有关保障措施的范围、形式和结构的信息。在《牛津英语词典》中,所谓"逻辑"是指"安排计算机或电子设备去执行特定任务的一套系统或一套原则"。具体而言,如果相关任务是进行部分去识别化或进行一些其他计算转换来使相关数据难以被单独识别出来,从而剥夺和个体化数据主体的某些数据保护权利,那么,这就意味着数据提供者此时应当向数据主体提供基本的和"有意义的"逻辑相关信息。事实上,"有意义的"这一条件是设计数据保护对这些权利的少数更改之一,它要求有关该逻辑的信息必须以一种有用的方式来与数据主体关联在一起,不过,鉴于《通用数据保护条例》目前还缺乏对此相关的详细要求,所以,我们可能还需要等待对该权利进行测试,以便了解该权利将对数据主体产生多大影响。

第六,虽然缺乏与信息权相关的详细要求,但是根据《通用数据保护条例》第 5 条第 2 款和第 24 条第 1 款的规定,数据控制者至少应当充分证明自己符合《通用数据保护条例》的所有规定,其中就包括安全义务和设计数据保护的义务。如前所述,虽然数据保护影响评估或许能够成为展示这种合规性和解决所面临的权衡的一个重要场所,但是就目前的情况而言,它们似乎称不上是一个可靠的透明机制,因为不仅《通用数据保护条例》并没有规定公开这些文件的义

---

① See Sandra Wachter, Brent Mittelstadt and Luciano Floridi, Why a Right to Explanation of Automated Decision-making does not exist in the General Data Protection Regulation (2017) 7 International Data Privacy Law 2, 84.

务，而且行业的反对意见声也一浪高过一浪，毕竟相关文件很有可能会包含商业秘密和专有信息。总而言之，当相关文件作为事前协商的一部分提交给数据保护机构时，① 虽然这些文件可能会受到当地信息自由法的约束，但是鉴于数据控制者可以通过声称自己已经降低风险来避免这种事前协商，所以，在实践中，事前协商的普遍性还有待观察。

第七，还有几个问题需要说明：其一，虽然缺乏公开这些信息的相关规定并不会直接导致很多人虚构的那种世界，即在这个世界里，忙碌的数据主体会苦苦钻研数据保护影响评估的细枝末节，但是总的来说，这会让一个需要提供隐私权方面组织性或技术性措施的多元化社会缺乏必要的严格审查。其二，如果只在个人层面进行监督的话，那么，这种监督可能只能是个花架子，如今日益复杂的处理生态系统的许多解决方案都有可能出现"透明度谬误"，即获取和消化计算机系统复杂信息的责任最终落在了数据主体身上。反过来说，让第三人作为某些信息权利的受益人或许在未来能成为一招好棋。其三，虽然数据保护机构调查数据控制者的权力在肉眼可见地显著增加，但是通常只有在收到投诉后这种权力才能派上用场。然而，在没有深入了解系统基础设施的情况下，数据主体很难随便提出投诉说数据控制者应用设计隐私权或设计数据保护的行为不恰当或无效。换句话来说，除非这些系统以一种巨大且引人注目的方式出现错误；否则，在这一问题上，透明度原则几乎帮不上什么忙。其四，虽然从理论上来说，如果相关高风险数据处理的风险不能得到充分缓解的话，那么，数据控制者就必须与负责的数据保护机构进行协商并获得事前批准，但是不仅本文所讨论的确切风险往往发生在这一风险缓解过程之中，而且相关的权衡还往往会被忽视过去，毕竟它们与最初的高风险数据处理是相分离的。其五，虽然《通用数据保护条例》第80条第1款和第80条第2款曾设想过相关机构在行使由数据主体授权的权利，抑或是在没有这些权利的情况下行使权利方面的一些作用，但是这些权利也并不包括与信息提供有关的权利。

综上所述，随着相关系统变得更加普遍化、隐形化和纷繁复杂，

---

① Art 36（3）（g），GDPR.

未来的需求也正在渐渐有了清晰的轮廓,不仅信息权利应当与那些能够理解、调查和报告潜在数据泄露情况的权利保持相一致,而且我们还应当公开强调那些最先进的技术,即那些能够在设计数据保护语境下的数据保护和隐私权的不同方面之间作出权衡的最先进技术。

四、结语

如果非要追根溯源的话,那么,设计隐私权在诞生之初其实是作为一个整体性概念被定义的。不过在一系列关于技术性方法如何帮助我们实现这一目标的大受欢迎的研究中,它的全面性性质在某种程度上已经有些丧失殆尽了。同时,无论是设计隐私权还是现在由法律授权的设计数据保护,它们都越来越开始被视为正式隐私增强技术文献的代名词;由于减少信息披露是一个数学上可处理的单一优化目标,所以这些文献,至少其中一部分文献往往会将减少不想要的信息披露作为自己的唯一目标。尽管这些文献为数据主体和数据控制者提供了不少有用的工具,但它们的设计根本没有考虑到数据保护,而在当今这个数据洪流世界,我们十分需要相关技术来帮助我们维护数据保护原则。

考虑到数据保护并非仅仅只针对信息披露问题,恰恰相反,作为一个权利和义务框架,它旨在在广泛的社会目标、基本权利和个人自由之间取得一种相对的平衡,所以,在本文看来,部署设计隐私权解决方案来权衡这些权利同时给数据主体留下显著剩余风险的做法问题丛生。虽然我们也确实承认,鱼和熊掌得兼往往是在白日做梦,但是本文相信,关于哪些权利和风险优先于哪些风险的决策必须公开加以讨论,而且这些决策还需承担相应的责任。在高级别的层面上,《通用数据保护条例》的透明度原则和问责原则似乎也确实有必要这样做。可是话又说回来,虽然数据保护影响评估是一个进行权衡的绝妙场所,但是不仅这种评估往往会因缺乏公开要求而不够透明,而且最近有关它们的指导方针还总是忽略专门考虑设计数据保护的义务。

事实上,因为数据控制者确实有不少经济动机来尽量减少满足数据主体请求的义务。本文认为,数据控制者在法律范围内最大限度地利用其经济逻辑不会招致风言风语,并且这样做也并不是出于什么邪恶的目的,但是这样做却也存在一种风险,那就是很可能会出现一系列未经审查的行为。要知道,仔细审查技术性隐私策略的有效性这一点至关重要,因为这能够确保所做的权衡不管是明示的还是暗示的,无论是无心的还是有意的,它们都能够符合数据保护的总体原则和《通用数据保护条例》第 8 条的规定。反过来说,如果设计数据保护的形式本身处于保密状态,那么,恐怕没几个人会相信这种监督会产生效果。

总而言之,为了确保事前透明度权利得到落实,笔者要在此敦促数据保护机构和其他相关机构及时更新指导方针,其中就包括数据主体在何处以及为什么可能失去有关设计数据保护权衡权利的具体信息。虽然《通用数据保护条例》明确规定,数据主体有权在事后获得该类信息,但是当数据主体尝试使用访问权、删除权或反对权等权利而被拒绝时,笔者认为《通用数据保护条例》第 13 条至第 14 条所规定的事前信息权可能在这方面会更靠谱一些。这一主张可不是张口胡说的,事实上,有两个例证来源都能够支持这一主张:一方面,关于存在权利的通知〔《通用数据保护条例》第 13 条第二款(b)项和第 14 条第 2 款(c)项〕;另一方面,关于重要的完全自动化决策和措施的有意义信息〔《通用数据保护条例》第 13 条第 2 款(f)项/第 14 条第 2 款(g)项〕,总的来说,这些条款在不同程度上似乎都在要求数据控制者事先说明没有向数据主体提供权利和义务的原因。

除了敦促数据保护机构之外,为了使数据主体能够身处部分去识别化的数据集中从而能够更好地管理相关风险,本文在此还要大力呼吁技术界、民间社会和监管者鼎力支持重新识别技术的开发。在实践中,重新识别工具往往是由学术研究人员和目的不纯的行为人开发出来的,而这些工具的代码库往往太过于粗糙,这就使得有意合规的那些数据控制者使用起这些工具总觉得不顺手。在本文看来,作为粗糙代码库的熟练使用"老手",攻击者才是当前这种不平衡状态的既得利益者,故而就使工具变得能够增强权利使用这一点而言,这主要将增加数据主体的代理(通过增加"可供"数据控制者使用的最先进技术的数量),而不是像很多人以为的那样有意义地增加攻击者的能力。

仅催促上面这些主体还不够,笔者在此还要催一催发展隐私增强技术的技术界,让它们除了专注于目前的研究之外,还要考虑考虑在他们设计的解决方案中,如何才能在控制和保密性之间做出更好的权衡。要知道,随着安全分类和多方计算等技术的发展,不仅这些权衡只可能变得更加普遍,而且这些技术还可能会以新的和更有趣的方式束缚数据控制者的手脚,甚至还会让我们目前对"数据控制者"及其能力的理解大受质疑。不过,就数据控制者在试图迎合数据主体权利时所面临的这些实际困难而言,它们确实构成了关键数据保护概念的技术性定义和法律定义之间更广泛脱节的一部分内容。

举例来说,2012年欧洲网络与信息安全局(ENISA)的一份报告就曾强调过法律中和实践中的删除权相差甚远。或许在有些时候,法律要求在技术上或数学上都相当棘手,可是如果没有跨学科的研究和资金方面的挑战,那么我们就永远无从知晓试图最大限度利用这些权衡的努力的真正局限性究竟在何处。总而言之,虽然并非所有的隐私增强技术研究都应该将目光聚焦在上述这些内容上面,而且针对如何在更复杂的应用领域进一步减少信息披露进行更深入的研究,学者们必定也会有不少收获,但是本文依旧要指出,这一领域研究的缺乏情况相当严峻也迫切需要改变这种现状。此外,在诸如上述 WiFi 分析之类的其他情况下,问题可能既是技术性的,也是由于在不受信任的环境中使用隐私增强工具时缺乏协调而造成的。如果我们强迫数据主体让他们的设备难以被追踪到的话,比如,通过媒体存取地址随机化,那么,这无异于在剥夺他们管理仍然存在风险、充满重新识别可能性的数据的权利,而这和对他们采取明智预防措施的行为进行惩罚又有什么区别呢?就这类问题而言,虽然最近的立法举措,比如拟议的电子隐私条例中正打算让浏览器和设备中的请勿跟踪(Do Not Track)信号具有法律约束力,而这也让我们看到了前方希望的曙光,但是,由于相关结果最终还是取决于个人威胁模型,所以,这些举措或许还是收效甚微。虽然数据主体可能会信任已建立的数据控制者,但是,他们可能仍然要使用隐私增强技术,如使用媒体存取地址随机化技术来防止数据控制者无视数据保护法而窃取他们被动发出的数据。

总的来说,要想解决这类问题可能还需费上不少周折,而且很可能需要比目前提供更多的法律、社会和技术审查。笔者坚信数据保护法可以帮助我们对这些问题加以解决。

数字版权管理与隐私

朱莉·E. 科恩[①] 著　陈小萍 译[②]

目　　次

一、导论
二、知识性消费中的隐私利益
三、将知识性隐私权纳入法律
四、将知识性隐私权编入代码
五、结语

一、导论

隐私的未来越来越与版权管理的未来紧密相连。为了防止盗版作品的扩散，以及争取实现从版权作品中所获收益的最大化，版权所有者与其技术合作伙伴正在开发、设计数字版权管理（digital rights management，DRM），该技术能够对够进一步完善对数字文件的访问和使用。这种完善对数字文件管理和控制的能力与信息商品用户的隐私利益息息相关。尽管 DRM 技术较为多样化，但从某种程度来说，它们代表了为重构知识性消费实践与空间所做出的努力。它们还存在大量收集人们知识习惯与爱好的潜在可能性。因此，这些技术可能会影响到个人在知识活动中的隐私空间与信息层面。除了 DRM 技术涉及的知识产权政策问题，DRM 和用户隐私之间的适当平衡也是一个值得关注的问题。

对版权实施与隐私之间关系的关注也引发了更深层次的思考，即隐私的本质，以及在网络数字技术时代，什么才算或应该算是侵犯隐

[①] 朱莉·E. 科恩（Julie E. Cohen），美国乔治敦大学法律中心教授。
[②] 陈小萍，中山大学法学院助教。

私的表现。在本文的第二部分，笔者会首先确定个人在知识活动中享有的隐私利益，并讨论 DRM 技术可能会威胁到隐私利益的一些方式。第三部分，笔者会在 DRM 的背景下，探讨法律保护隐私的适当范围，以及隐私保护特别法与消费者保护法可能都可以在保护信息使用者的隐私方面发挥作用。如第二部分和第三部分所述，如果考虑到隐私方面的理论和法律应当如何应对 DRM 技术发展和实施时，笔者就会想到反向的一个问题：DRM 技术的发展和实施应如何应对隐私方面的理论和法律？作为旨在规范用户行为的技术，DRM 技术已经体现了它的价值选择。然而，隐私利益本身也会成为 DRM 技术设计时考虑的价值之一吗？笔者第四部分认为，通过一些概念和程序上的调整，可以利用 DRM 技术和相关的标准来保护版权。

二、知识性消费中的隐私利益

DRM 技术运行在两个复杂而强大的隐私价值组合的交叉点。它们以一系列的行为为目标（本文将这些行为称为知识性消费），这些行为经常（尽管不总是）会发生在私人空间。反过来，这些行为又与一种活动——知识探索有关，其通常被认为是典型的私人活动。知识探索与私人空间的联系是分析隐私利益的一个重要因素。可以从空间与信息两个方面来理解知识活动中的隐私利益。从本质上来说，这种利益与"呼吸空间"（breathing space）的范围有关（包括隐喻上的和物理上的），在知识活动上都会具有。DRM 技术可能会通过收集关于知识性消费（从而探索）的信息来对这些活动施加限制或威胁到"呼吸空间"。

（一）知识性隐私权的维度

隐私理论的两条不同的线索揭示并描述了个体在知识活动中的隐私利益。这些线索共同确定了一个知识活动的隐私区域，其既包括物理意义上的，也包括概念意义上的。具体来说，个体的知识性隐私权（intellectual privacy）既涉及知识性消费和探索的信息，也涉及私人领域内知识性消费时间和空间的环境。

按照通常理解，知识性隐私权的利益来源于个人自主权的利益，并且主要是在信息性的。在西方社会，后启蒙思想（post-Enlightenment）的一个核心理念是每个人的自我权利都不可侵犯。这些权利不仅包括身体完整权和其他与身体有关的权利，还包括思想和人格上的权利。监视和强制披露有关知识性消费的信息极大可能会威胁到个体的完整权和自我定义权。尽管它不会禁止一个人自由地思考，但持续、细致的观察很有可能会重塑个体的行为、表达以及最终的身份。[1] 强制披露以及丧失对收集到的信息用途的控制会对一致性产生巨大压力，当这些积累在一起就有可能会侵犯个人自决权。此外，监视和强制披露会降低人们的尊严感，因为强制暴露的是个人"详细信息"的总和。由于上述原因，在经常产生知识性消费记录的情况下——图书馆、视频网站租赁会员、有线电视订阅——这些活动都会采取合法的措施来保护个人记录以防止信息披露。与知识活动和爱好有关的信息隐私权保护了思考、探索和个人成长所需的"呼吸空间"中的隐私利益。

知识性隐私权相关的隐私理论的第二个维度涉及物理空间内的隐私。在西方社会，传统和实践的隐私权理论都会保护个人或家庭的某些类型的"私人空间"。其中被认为最重要的是家，因为它被认为是一个远离外界的空间。一些隐私怀疑论者认为，空间上的隐私权与财产权存在很大程度上的重叠，尤其是它们都涉及控制他人进入私人住宅与办公室的权利。然而，所有权与空间隐私之间也并非一一对应。并非所有侵犯住宅权益的行为都会侵犯隐私，例如，噪音或有毒气体，虽然也侵犯到了住宅权益，但通常不会被视为是侵犯隐私权的行为。[2] 而且，人们也可能对不属于自己所有或承租的地方享有隐私期待，比如公共的洗手间、更衣室和公共电话亭。[3] 对这些隐私期待的认可说明我们存在一个共识，即"隐私"和"财产"所保护的利益

---

[1] Anita L. Allen, Coercing Privacy, 40 *WM. & MARY L. REV.* 723, 754 – 755 (1999); Julie E. Cohen, Examined Lives: Informational Privacy and the Subject as Object, 52 *STAN. L. REV.* 1373, 1424 – 1428 (2000); Julie E. Cohen, A Right to Read Anonymously: A Closer Look at Copyright Management in Cyberspace, 28 *CONN. L. REV.* 981, 1006 1014 (1996).

[2] Ferdinand David Schoeman, Privacy: Philosophical Dimensions of the Literature, Cambridge University Press, 1984, pp. 27 – 28.

[3] See, e. g., Katz v. United States, 389 U. S. 347 (1967); Elmore v. Atd. Zayre, Inc., 341 S. E. 2d 905, 907 (Ga. Ct. App. 1986).

是不同的。与私人空间内的自由权有关的理论和传统不仅涉及财产利益，还包括对个人自主行为、呼吸空间的保障。受隐私保护的行为既包括那些相对主流价值观较为异常的行为，也包括那些不是为了公共消费的行为。

受空间隐私保护的行为还包括与意识活动有关的行为。在私人空间内，一个人可能会摆脱与同事、邻居、通勤者或熟人相处时的情景角色，并立即变得比这些角色所允许的更加复杂。私人空间给人们提供了探索知识兴趣的自由，而在公共场合，人们可能不会自由地探索。它还提供了可以自主决定知识性消费的环境——何时、何地、如何以及多久而不受到他人的观察和阻碍。在许多非私人空间中，这种自由是缺少的，至少也是会受到损害的。例如，一个人只能在营业期间进入图书馆或书店，版权法限制了人们只能在视频租赁机构的场所观看电影。[①] 为知识性消费提供的私人空间所涉及的隐私的本质在于这些限制的缺少。自由的知识探索活动所涉及的隐私利益包括自由使用的能力和在私人领域内享受知识产品的自由。[②]

（二）DRM 技术和知识产权

DRM 技术将影响知识性隐私权的空间和信息维度。通过限制与知识性消费相关的私人行为以及创建这种消费的永久记录，这一技术很有可能会大大改变人们体验知识产品的方式。这样做是否会破坏这两种知识性隐私权价值观？这是一个重要的问题。为了解决这个问题，我们必须认识 DRM 技术的具体功能。

1. 限制

一些 DRM 技术旨在设置并自动实施对用户行为的限制。例如，音乐的传输格式可能会用来防止复制，包括出于"空间转移"目的的复制，或者可能会限制可用于回放的设备类型。[③] 数字视盘上使用

[①] See Columbia Pictures Indus., Inc. v. Aveco, Inc., 800 F. 2d 59 (3d Cir. 1986); Columbia Pictures Indus., Inc. v. Redd Home, Inc., 749 F. 2d 154 (3d Cir. 1984).

[②] Cf. Stanley v. Georgia, 394 U. S. 557, 563 – 565 (1969).

[③] See Amy Harmon, CD-Protection Complaint Is Settled, *N. Y. TIMES*, Feb. 25, 2002, at C8; P. J. Huffstutter & Jon Healey, Suit Filed Against Record Firms, *L A. TIMES*, June 14, 2002, at C31.

的"内容干扰系统"(CSS)算法可以实现这两种功能,并且还可以实现"区域编码"的兼容性系统,该系统被设计为确保仅可以在一个地理区域(如仅在北美)使用,而不能在其他地方销售的设备上播放。① 限制用户行为的技术缩小了传统上私人空间自由活动的范围,特别是那些与知识性消费相关的活动。不过,这样做会降低用户在使用和享受知识产品方面享有的自主权。这种限制是否也等于侵犯(或者更中立地说,减少)优先权?这取决于隐私侵犯是如何定义的问题。

事实上,很难说复制保护装置以 Prosser 教授在其侵权法的著作当中所设想的那样以精确方式"侵犯了版权"。② 空间隐私侵权理论将"隔离"设想为与人类观察的物理上的隔离。典型的隐私侵犯行为通常涉及直接代理,至少是人类观察者。③ 相比之下,直接限制的技术一般是自动运行的,而不会依靠外部控制器。但是说这些技术不构成隐私侵犯,则会回避一个问题,即法院在数字时代之前对私人空间的入侵界定的标准是否应该成为评估数字时代下空间隐私减少的试金石?一个不受先例约束的隐私概念可能会以不同的方式来回答这个问题。

更抽象地说,许多哲学家认为"隐私"是一种不可接近或有限接近世界其他地方的条件。侵犯隐私包括以某种方式使个人更容易被其他人接近。直接限制的技术不能很好地适用于这一理论。复制限制和其他类似的限制不会使购买受限制的个人更容易被获得,它们只是执行分配给他们的任务。如果我买了一张受版权保护的音乐光盘,并在我的客厅里播放,那么,我和我的客厅对于各种音乐作品和录音制品的版权所有者来说,并不比我购买产品之前更容易接近。

然而,将隐私损失概念化为侵入或可访问性,则忽略了由直接限制的 DRM 技术建立的动态的一面。从信息提供商的角度来看,在可访问性有限的情况下,有几种可能的方法来应对监管用户行为的问

---

① See Matt Lake, How It Works: Tweaking Technology to Stay Ahead of the Film Pirates, *N. Y. TIMES*, Aug. 2, 2001, at G9.
② William L. Prosser, Privacy, 48 *CAL. L. REV.* 383, 389 (1960).
③ See, e.g., Assn Servs., Inc. v. Smith, 549 S. E. 2d 454, 459 (Ga. Ct. App. 2001).

题。一是开发支持监控的 DRM 技术（下文将会详细解释）；二是直接限制的方法——是事先以已知的方式限制允许行为的范围，因此不需要任何的侵入式监控。这种方法几乎违背了常人的逻辑，即隐私是不可访问的。受版权保护的音乐 CD 的版权所有者可能不会比我购买之前更容易接触到我和我的客厅，但这并不重要；CD 的可行用途是已知的，因此对于我来说，讨论可访问性的问题是无意义的。然而，从信息用户的角度来看，很难看出其结果是非侵犯性的；如果说有什么不同的话，那么，它会比监视的方法更具有侵入性。

仅仅关注"侵入性"或"可访问性"也忽略了 DRM 技术所涉及的隐私问题的复杂性和交叉性。这种方法甚至将对空间隐私的利益仅局限在信息层面，而没有考虑到空间隐私所涉及的其他知识性隐私权价值。正如上文所述，知识性隐私权有一部分在于对私人空间内知识性消费的时间和空间环境施加（合理程度的）控制的能力。这一论点与隐私理论存在共同的地方，后者强调非决策性的自主权至少是隐私权的基础。一些哲学家认为，当涉及某些深层次的个人活动时，隐私不仅意味着（相对）不可接近的条件，而且意味着不干涉个人选择的区域。[①] 通常的例子会涉及人们控制自己的权利（如关于生育或亲密关系的决定），但人们可能会将这一点扩展到包括控制自己知识发展的权利。笔者的观点是，知识性隐私权存在于不受物理上或架构上限制的自由，在某种程度上，这不同于那些认为知识性隐私权是建立在受保护的活动和受保护的空间关系之间的观点。

有人可能会说，主张不受干涉的权利是自由利益的定义，而不是隐私利益的定义。但这一反对意见并没有抓住关键。也许隐私利益和自由利益可能会重叠，但这并不意味着隐私利益等同于自由利益。对私人空间内不干涉知识性消费行为所涉及的利益不仅仅是一个（消极的）自由问题，而是一个对自我决定的活动施加积极控制的能力问题。直接限制技术塑造了个体的知识性消费行为，从而将这些行为的选择位点从个体身上转移开来。至少，当这种行为发生在私人空间的时候，这些技术就会涉及隐私利益。更具体地说，基本活动和受保

[①] Judith Wagner DeCew, The Scope of Privacy in Law and Ethics, 5 LAW & PHIL. 145 (1986).

护的活动之间的结合产生了不受（至少某种程度的）限制地从事活动的隐私利益。

有人可能还会反对，将知识性隐私权理解为没有约束会使每一个产品设计都具有隐私问题，这显然与现实的市场情况不符。如果按照这个观点，受限制的 DRM 技术，就像其他新的消费型产品功能一样，只是给我们多了一种选择。然而，这其实是假设"产品设计"是社会政策外生的、技术因素的融合结果。恰恰相反，产品设计既反映了社会价值，也反映了"技术"价值——或者更准确地说，技术考虑不能不反映社会价值。例如，人们只需要看看 DRM 技术本身，最大限制的设计反映了商业和（反）竞争目标。

产品设计本质上是一项社会议题，没有理由去说隐私不属于影响和约束设计的因素。相反，如果知识性隐私权是一项重要的社会价值，而产品设计恰恰包含了这一价值的考量，此时说产品设计的问题是一个隐私问题，就是正确的。有时隐私价值只是价值考量的一部分；就不能说隐私是设计时的唯一价值考量。但是，我们可以把最小化隐私侵犯限制作为设计过程的一个明确的标准。正如在第四部分所述的，将 DRM 设计过程进一步规范化，可能会使得技术变得完全不同。

2. 监控

其他 DRM 技术旨在向信息提供商报告个人用户的具体活动。这种报告可以与作品使用权的付费结算一起进行，也可以独立于结算进行。例如，监控功能可能被设计为收集产品使用时的个人数据，这些数据某种程度上可以体现用户对特定类型内容的偏好。监控也可以用于确定相关产品的信息，例如，用户的硬盘上是否存在不受版权保护的 MP3 文件，或者用户正在运行的其他计算机程序是否与授权的程序相符。①

监控用户行为的 DRM 技术创建了知识性消费记录。于是，它们还间接地创建了知识探索的记录，这是个人最私密的活动之一。它们还在私人空间里创建行为记录，在这些空间里，人们可以合理地期待

---

① See Mark Prigg & Avril Williams, Spies Behind Your Screen, TIMES (London), Aug. 6, 2000, available at 2000 WL 23215148.

自己的行为不会被观察。这些技术完全属于传统意义上的侵犯隐私。信息提供者和第三方都对收集与知识性消费相关的信息十分感兴趣，因为它们可以据此了解到用户的知识偏好。从某种程度上来说，私人空间内的行为变得很容易被外界接触到，或者潜在地可以被外界接触到，个人事实上已经失去了一部分隐私，而这原本是"隔离"所保障。

这种记录保存活动的行为大部分是自动进行的，没有人为或控制器的直接参与，它可能会威胁到隐私利益。相反，相关的问题是，与知识性消费有关的信息是否以个人身份和别人可能识别出的形式来收集和存储。如果信息是以这种形式存在的话，它将会存在泄露或强制制作的危险。如果没有严格的隐私保护，泄露的威胁可能会降低知识探索的活力，从而损害知识性隐私利益。

DRM 监控技术也有二级隐私效应。具体来说，通过监控收集的数据可以在以后用于生成与用户知识偏好相关的详细资料。信息提供者可以使用这些资料向客户推销其他的信息产品，或者可以将其出售给第三方，第三方可以将其用于各种各样的其他目的。DRM 监控技术并不是唯一能够记录用户资料的技术，在没有关于使用模式的任何信息的情况下，信息提供者可以基于最初购买记录所产生的信息来构建用户知识偏好和兴趣的"文档"。不过，使用 DRM 监控技术收集的数据会更加全面，因此，从用户的角度来看，它们会更具有侵犯隐私的可能。

3. 自助

直接限制协议可以被设计成对惩罚和残缺进行编码。例如，DRM 系统可以被设计成在检测到未经授权的使用时，禁止其对作品的访问。这种"自助"技术之所以如此命名，是因为它们被设计成避免诉诸法律强制程序，可能在检测到被禁止的活动时会受到外部的指导和控制。[①] 这种类型的功能需要与监控功能协同实现。自助技术也可以在内部检测到禁止活动时自动运行，而无须与任何外部系统或

---

① See, e.g., Chris Jay Hoofnagle, Consumer Privacy in the E-Commerce Marketplace 2002, 3 INTERNET L. & Bus. 812 (2002), available at http://www.epic.org/epic/staff/hoofnagle/ilbpaper.html (last visited May 5, 2003) (describing InTethers Point-to-Point system).

控制器通信。在合同法上,这两种自助功能应当在多大程度上被允许一直备受争议,但是在它们的实施上似乎没有技术障碍。

DRM 自助技术是限制问题的一个特例,也可能是监控问题的一个特例。笔者认为,从理性角度来看,可以得出两种技术都有可能显著地降低知识性消费中的隐私的结论是合理的。还有一个问题是,自助功能的加入是否会给隐私的动态增加一些不同的东西?

自助技术的惩罚性在某种程度上影响了隐私利益,而直接限制技术则不会。将某一特定消费者确定为自助技术的目标,就会丧失其以前作为众多消费者之一所享有的相对匿名性。从这个角度上看,DRM 技术给实施的动态提供了一个略微不同的视角。像限制和监控,它们可以在没有直接的人类代理的情况下被激活。因此,可以认为没有人会知道那些被遗忘者的具体身份。然而,这是用人类"注意力"的概念来定义隐私的丧失,忽略了数字时代注意力现象的独特意义。关注和匿名之间,或者是可替代性的,它们是可以共存的。一个人希望保持匿名,但却被一个自动化的决策过程挑选中,来承担他不愿承担的后果。无论是人还是电脑,一个人的电子书和 MP3 文件都不再"工作",而且不再是私人行为的结果。从个人用户的角度来看,无论最终是人还是电脑决定激活自助措施,结果都是一样的。

值得注意的是,DRM 自助技术的部署,以及更普遍的限制,也提出了关于公共和私人领域边界的性质和功能的问题。通过在私人空间和活动中插入自动执行功能,这些技术消除了公共/规则治理的行为和适用规则和社会规范限制的私人行为之间的区别。有些罪行,尤其是对人的犯罪,非常严重以至于他们可以为这样的省略辩护。然而,在另一些情况下,公共规则和私人行为之间的松散契合符合有价值的目的。隐私可以使得个体逃避他们可能不完全认同的社会规范的某些繁琐的方面,这也会促进宽容和多元化。① 在法律规则没有那些明确,或者法律规则应用于一些有争议的事实的情形下,隐私可以保护了一系列不同行为的实验,这会促进公共政策的价值平衡。高度限制的 DRM 技术不允许这种实验,它会从违规和实施的计算中消除公共政策和隐私。这些技术至多代表了一种新型的分布式/去中心化的

---

① Cf James E. Fleming, Securing Deliberative Autonomy, 48 *STAN. L. REV* 1 (1995).

威权主义（authoritarianism），这似乎并不能带来什么安慰。从这个角度看，隐私利益和自由利益既有重叠，也有不同。隐私保护自己的决定和活动不受干扰，也保护自由。

到目前为止，笔者只专注于识别和阐述个人在知识性隐私权方面的利益，而没有考虑社会是否或如何保护这些利益。然而，本文讨论为保护知识产权确定了两个可能的切入点。首先，法律可以通过为侵犯知识性隐私利益提供法律要求和救济（至少是一些），将这些利益上升为可执行的权利。其次，可以在 DRM 技术的设计过程引入隐私价值。本文的其余部分将探讨这些可能性。

三、将知识性隐私权纳入法律

阐明保护 DRM 技术所涉及的知识性隐私利益的法律原则远比阐明此类保护的规范案例复杂。规范理论比法律理论更灵活，因为法律理论主要是沿着既定的道路谨慎前行。在信息时代下，发展知识产权隐私的法律理论还需要具备一定的想象力。由于没有任何一个法律学说的分支能够提供有效保护知识产权所必需的全部要素，因此，这个理论必须综合不同法律传统的要素。它还必须直接面对所有教义传统都回避的问题：如果对知识性隐私权的保护是有意义的，那么，必须决定有效放弃知识性隐私权的必要条件。在这两个阶段，这一理论必须被证明是一种法律想象行为。也就是说，它应该有可能表明（至少在一定程度上屈服于法律固有的保守主义），它至少与其他这种富有想象力的跳跃没有太大的不同。

（一）为信息时代制定法律隐私标准

许多法律或多或少都会与知识性隐私权问题相关，但没有一部法律是专门针对 DRM 技术造成的独特隐私问题而制定的。不过，也有几个国家正在尝试制定此种法律。普通法意义上的隐私权强调对私人空间、私人事实和肖像商业化的控制，可以借鉴其他隐私相关法律领域的政策和规范框架，在数字时代对其进行重新定义。此外，由于许多信息产品本质上也是消费品，基于消费者保护法的原则，对侵犯隐私的 DRM 技术采取更明确的监管方法，可以显著提高对知识性隐私权的保护水平。

1. 普通法上的隐私侵权

沃伦和布兰代斯阐述的隐私权理论相当灵活：为"他人所享有的免受打扰的权利"①。这项新权利的困难恰恰在于它的普遍性和模糊性；如果没有更详细的说明，不受打扰的权利可以被视为是不受到任何一种不必要关注的权利。到了20世纪中叶，法学学者对沃伦和布兰代斯的隐私权理论又有了一些发展，普通法上的隐私权侵权行为已经演变成了四种不同的侵权行为。然而，透明度的代价是停滞不前。其中三种侵权行为即不合理地侵入他人的隐私、窃用他人的姓名或肖像、不合理地公开他人的私生活，亦可能也适用于DRM技术造成的隐私问题。不过，它们的关注点主要是前数字时代的隐私问题。然而，只要法院确信扩张是必要的，每一种行为都存在覆盖更多领域的可能性。

目前，普通法上隐私权侵权的应用并不能真正涵盖实施DRM技术引发的各种侵犯隐私权的行为。如第二部分所述，不合理地侵入他人隐私针对的是对私人空间的物理上的或视听上的入侵。② 没有法院考虑过它是否同样会保护其他类型的传感器（如DRM技术），或向机器而不是人报告的传感器，或严格限制行为但不会报告的技术。而这些结论事实上都需要远离传统侵权法上的核心问题。目前，普通法上的其他隐私侵权概念与信息性隐私权之间的契合度也并不完美。盗用姓名或肖像的侵权行为主要集中在为广告目的而滥用专有名称和肖像。到目前为止，当被要求将这一侵权行为应用到通过特征分析和数据挖掘活动产生的数字"相似度"时，法院一直表示反对。③ 而公开披露私人事实的侵权行为通常被应用于涉及发布与性、身体、财务信息相关的案件，而不是出售与知识习惯和偏好的信息。④ 然而，这三种侵权行为，会有更广泛以及更敏感的应用。

将普通法上的隐私权侵权扩大到包含电子入侵和监控的概念，可

---

① Samuel D. Warren & Louis D. Brandeis, The Right to Privacy, 4 *HARV. L. REV.* 193, 193 (1890).

② See, e.g., Assn Servs., Inc. v. Smith, 549 S.E.2d 454, 459 (Ga. Ct. App. 2001).

③ See, e.g., Dwyer v. Am. Express Co., 652 N.E.2d 1351 (Ill. App. Ct. 1995).

④ See, e.g., Bratt v. IBM Corp., 467 N.E.2d 126 (Mass. 1984).

以在宪法层面的隐私权法和版权法上找到支持（这两大法律在保护知识产权上更具适配性）。与保护隐私权的普通法相比，宪法性隐私权对知识性隐私权更为关注。宪法的起草者关注的是防止政府越权的保障措施，因此，其对知识性隐私权的宪法保护不适用于私人信息提供者的做法。尽管如此，这些保护措施还是具有启发性的，因为它们反映了我们法律文化的一套十分重要且值得传承的价值观。尤其是《美国联邦宪法第四修正案》和《美国联邦宪法第一修正案》规定了保护知识性隐私权的空间属性和信息属性的原则。与此同时，版权法还为知识产品的使用者提供了一定程度的"呼吸空间"和匿名性。因此，每一种法律体系都能以不同的方式与第二部分制定的规范框架的各个方面有所交叉，并与之发挥作用。

（1）DRM 技术与不合理的侵入。将不合理的侵入行为应用到 DRM 技术，可以在迅速发展的法律体系中找到相似之处（这些法律体系解决了第四修正案中各种远程信息聚集的问题）。联邦法院认为，远程的数据传感器的无实体侵入方式有时会侵犯受第四修正案保护的隐私权。在 Kyllo v. united state 一案中，法院认为，政府执法人员从被告家中提取热信号信息构成搜查行为，需要有搜查令作为前提。① 大多数人认为，这种提取技术"没有在一般公共场合下使用"，以及它使人们能够获得"以前不进行实际侵入就无法获知的房屋细节"。② Kyllo 没有说明其是否应该向机器报告，但根据最高法院的推理，似乎没有理由不这样做。搜查行动也包括撤离行为，而不是随后可能发生或不可能发生的事情。

关于《美国联邦宪法第四修正案》防止虚拟侵入保护的范围仍然不是十分明确的。首先，目前尚不清楚 Kyllo 一案规定的强有力的隐私保护是否仅限于私人住宅。③ 原旨主义（originalism）的大多数

---

① 533 U. S. 27 (2001); see also United States v. Karo, 468 U. S. 705 (1984).
② Kyllo, 533 U. S. at 40.
③ See Andrew Riggs Dunlap, Note, Fixing the Fourth Amendment with Trade Secret Law: A Response to Kyllo v. United States, 90 *GEO. L. J.* 2175, 2190 (2002).

人支持这一个解释,但其他的宪法解释方法可能不会同意这一解释。① 在界定知识性隐私利益的法律认知范围时,这是一个特别重要的问题。家庭只是其中一个私人空间,在涉及知识活动时其甚至可能不是最重要的。可以说,一个人的台式机或笔记本电脑、个人数据助手或便携式媒体播放器都位于它有权享有的知识产权隐私区域的中心,而不管它恰好位于物理空间的哪个位置。其次,"一般公共使用"和"过去未知"的探究构成了一个普遍存在于宪法和普通法上隐私权法的难题。在普通法的背景下,这些探究将侵入行为界定为是"冒犯理性人"的要求。就像所建立的"对隐私的合理期待"标准一样,所有这些标准都使隐私成为一个变化的概念。最终,法院将需要面对这样一个事实,即按照这种方法进行,最终可能完全没有隐私而言。在解决这两个问题时,需要注意到,《美国联邦宪法第四修正案》将知识性隐私权放在了文本的最前面和中心位置,这既符合第四修正案的立法目的,也是为了深入了解普通法上的隐私权应该从宪法那里吸取的教训。该修正案的保护对象不仅仅是私人住宅,也包括个人的"证件和财产",其保护个人的证件和财产不受无证情形下的搜查和扣押的侵犯。如果他人对行为人在无授权情形下远程提取数字虚拟产品的信息没有追索权,无论它们处在哪里,无论使用的技术多么"普通",这种保护都会失去它本身的意义。同样,在普通法层面上,如果通过努力使得一项新技术成为商业标准,那么,它也可能会取代隐私权。② 在 DRM 技术的特定背景下,知识活动的高度私密性为以下的结论提供了较为稳固的基础:无论提供知识产品的技术有多少种方式可以被设计成减少隐私的状态,期待对知识性隐私权的充分保护都是合理的。

《美国联邦宪法第四修正案》对空间隐私和知识性隐私权之间的交叉处更为敏感,如果普通法法院愿意的话,这是它们在审理侵犯隐私权案件时应遵循的一个重要指南。然而,即便是《美国联邦宪法

---

① Lawrence Lessig, Fidelity in Translation, 71 *TEX. L. REV.* 1165 (1993); Michael Adler, Note, Cyberspace, General Searches, and Digital Contraband: The Fourth Amendment and the Net-Wide Search, 105 *YALE L. J.* 1093, 1114 (1996).

② Julie E. Cohen, Privacy, Ideology, and Technology: A Response to Jeffiey Rosen, 89 *GEO. L. J.* 2029, 2033 (2001).

第四修正案》的判例，在评估没有任何反馈的直接限制技术是否侵犯了受法律保护的隐私利益上，也无法提供太多的帮助。根据《美国联邦宪法第四修正案》自身的条款，可以发现它无法解决这个问题。不管他们是否被认为侵犯了隐私，这样的限制都不能构成搜查行为。

有效的隐私保护应包括对知识性消费空间的控制，这一观点在版权法的实质性条款和整体框架中都得到了支持。"合理使用原则"对某些私人的复制行为进行了制裁，保护了用户在私人空间内可能采取的一系列行为，包括副本的时间和空间转换、数字文件的加载和重新加载以及对数字内容的操作。[①] 首次销售原则（the first sale doctrine），确立了个人无须寻求版权所有者的批准，有权处置作品的副本。[②] 同样基于这样一种理念，即版权所有者在购买后的用户活动或这些活动发生的空间中不存在可认知的利益。更广泛地说，由于版权法没有赋予版权所有者控制其版权作品的所有使用的专有权，而是保留了用户从事不受规约束的行为的权利。例如，版权不包括阅读一本书的副本、观看电影的副本或听自己所有的音乐录音的副本等行为；巧合的是，这些行为通常都发生在私人空间内。

有人可能会认为，《数字千年版权法》（DMCA）对 DRM 技术的保护可能会发生相当大的变化，而且其作为一个联邦法律问题，知识产品用户有权享有的信息和空间隐私的程度可能会发生变化。事实上，《数字千年版权法》恰恰支持相反的结论：国会并不打算通过这一法律来否定信息消费者的知识性隐私权。DMCA 反规避条款的一个例外授权版权作品的用户主要规避的是能够收集或传播有关其"在线活动"的信息的技术措施，如果这些措施未披露并且不提供选择退出机制的话。[③] 根据该条款，用户似乎可以肆意破坏某些类型的 DRM 监控。此外，该法的一项特别保留条款明确保留了联邦和州保

[①] 17 U.S.C. § 107 (2000); see also Sony Corp. v. Universal City Studios, Inc., 464 U.S. 417 (1984); Mattel, Inc. v. Pitt, 229 F. Supp. 2d 315, 321–324 (S.D.N.Y. 2002).

[②] 17 U.S.C. § 109 (a).

[③] See 17 U.S.C. § 1201 (i); Paul M. Schwartz, Internet Privacy and the State, 32 CONN. L. REV. 815, 848–850 (2000).

护"与个人使用互联网有关的"隐私。① DMCA 没有提到它和其他联邦或州隐私法之间的关系,正如它也没有提到它和其他法律之间的关系一样,但这并意味着 DMCA 与联邦或州隐私法是冲突的(DMCA 也没有提到它和合同法之间的关系)。用户没有被授权可以规避更多的侵犯隐私措施,并不意味着信息提供者可以全权使用这些措施。对于网络活动的具体规定,最合理的解释就是利益团体将这些问题提交给起草委员会。从立法的历史来看,没有任何一个相关的委员会曾对隐私问题进行过彻底的探索。

总之,传统的版权法十分注重强有力的公私区分,而 DMCA 并不打算打破这个传统。无论数字信息提供者是尊重还是滥用二者之间的区别,都应该将普通法上的不合理的侵入行为广而告之,甚至(至少是一些)仅仅对用户行为施加直接限制的 DRM 技术。从版权的角度来看,反馈和简单限制之间的区别不如公共利用和私人消费之间的区别那么重要。当决定特定的 DRM 限制技术是否上升到可起诉的侵入级别时,法院应该考虑到这一点。

(2) DRM 技术,"相似"和"私人事实"。将"盗用肖像"和"私人事实"侵权应用于 DRM 监控技术的做法可以在涉及知识性隐私权的第一修正案判例中找到源头。从第一修正案中涉及强制披露阅读和观看习惯的判例中,可以发现知识活动是非常私密的,因为强制披露观点和联想可能会对私人表达和政治活动产生寒蝉效应(the chilling effect)。② 当私人强制披露取代国家强制披露时,这种寒意可能会减弱,但不会消失。在分布式数据库时代,相关事实是活动的记录,并且可以被国家或私人部门获取和使用。③

基于类似的推理,公开披露私人事实和不合理的侵入隐私都应该将与知识性消费模式相关的信息的销售、租赁或交易囊括在内。可以

---

① 17 U.S.C. § 1205.
② See Denver Area Educ. Telecomm. Consortium, Inc. v. FCC, 518 U.S. 727, 751-766 (1996); Stanley v. Georgia, 394 U.S. 557, 563-566 (1969); Schneider v. Smith, 390 U.S. 17, 24-25 (1968).
③ See In re Grand Jury Subpoena to Kramerbooks & Afterwords, Inc., 26 Med. L. Rptr. 1599, 1600 (D.D.C. 1998); Tattered Cover, Inc. v. City of Thornton, 44 P.3d 1044, 1047 (Colo. 2002).

说，公开与知识活动和偏好有关的私人事实所造成的伤害与公开关于性活动和偏好的信息所造成的伤害是一样大的，因为一个民主社会是依赖前者而不是后者来构建公民身份的。如果对知识活动和偏好的侧写会抑制表达和联想行为，那么，很难理解为什么它不应该被认为是"相似"的——无论是讨人喜欢的还是不讨人喜欢的，与它所指的人无关。这类消费者分析活动通常不涉及冒犯性信息的公开，并且它们之间也不相关。这两种侵权行为也在更多未完全公开的判例中被承认。对于公开披露私人事实的侵权行为，判断标准为披露的信息以及造成的损害；对于盗用肖像和姓名的侵权行为，一般是未经授权的商业使用。在这两种情况下，损害都不取决于公开的程度，而是取决于信息的性质和接受者的身份。

矛盾的是，将盗用的侵权行为的对象扩大到包括交易身份，这一想法来源于隐私权的翻版——普通法上的公开权（the right of publicity）。就像未经授权的盗用侵犯隐私一样，公开权也保护姓名和肖像未经授权免受盗用的权利。公开权通常被用来保护具有商业价值的肖像，而隐私权不完全是，但这两种权利都希望将对身份的商业利用的控制权可以保留给与该身份相关的个人自身。与审理隐私权案件的法院不同，审理公开权案件的法院通常会宽泛地解释"相似"的概念，将保护范围扩大到任何可以被合理认定为属于原告的人格属性。[1] 法院和学者根据（名人）身份价值的增加以及身份在大众文化和广告时代可以呈现的多种形式来证明这种扩展的合理性。[2] 如果在信息时代，身份的表现形式确实变得越来越多样化，那么，普通法似乎没有充分的理由不去承认商业信息中身份具有可保护性。事实上，这种保护的理由远比公开权的理由更充分：关于个人交易记录和偏好的实际数据与身份的联系远比单纯的暗示更为直接。

（3）创建空间隐私推定的相同版权规则也为信息隐私的主张（这些主张旨在利用从 DRM 监控中获得的信息）提供了强有力的支

---

[1] See, e.g., Waits v. Frito-Lay, Inc., 978 F. 2d 1093, 1098–1100 (9th Cir. 1992).
[2] See, e.g., Zacchini v. Scripps-Howard Broad. Co., 433 U. S. 562 (1977); Carissa yrne Hessick, The Right of Publicity in Digitally Produced Images: How the First mendment Is Being Used to Pick Celebrities Pockets, 10 *UCLA ENT. L. REV.* 1 (2002).

持。具体来说，合理使用原则假设与特权使用相关的匿名性。在合理使用的情况下，匿名的功能和好处是最明显的。合理使用能够实施各种被认为具有社会价值的活动，但是版权所有者可能会反对这一点。匿名性使得这些活动可以继续进行，并可以让用户在稍后公开他们的作品时自主决定是否透露身份。在其他情形下，即使合理使用所产生的整体社会价值将超过这些成本，但许可程序所涉及的成本与拖延也会使用户望而却步。[1] 必须实现获得版权所有者的许可，这两种类型的使用都会受到限制；用户的匿名性减轻了私人审查和高交易成本的双重问题，并使得社会可以从许多有争议的或自发的使用中获益，否则，这些使用是不会发生的。[2]

将侵入、盗用和披露私人事实的侵权行为与这些源自相关法律领域的观点相结合会产生更广泛的可诉侵入、可盗用身份和个人敏感信息等概念。这一结果与第二部分中制定的隐私规范体系（这个体系的重点是对自我接触的控制和对基本活动的隔离）大体一致。它也与每种侵权行为的核心点大体一致：分别保留对空间、身份和"自尊"的控制。

但是，为什么普通法上的隐私权理论会有这样的飞跃呢？尽管普通法被认为存在根深蒂固的保守主义思想，但法院的核心职能是通过重新定义法律上可认知的损害和责任以应对不断变化的现实情况。许多今天我们认为是理所当然的法律规则在以前根本不存在。一个例子是产品责任法所确定的产品领域的严格责任原则，即就算不存在合同上的利害关系，受损害的消费者也可以直接向生产缺陷产品的制造商索赔并获得赔偿。[3] 另一个例子是与性骚扰有关的法律，它规定了在

---

[1] See Julie E. Cohen, Lochner in Cyberspace: The New Economic Orthodoxy of Rights Management, 97 *MICH. L. REV.* 462 (1998); Lydia Pallas Loren, Redefining the Market Failure Approach to Fair Use in an Era of Copyright Permission Systems, 5 *J. INTELL. PROP. L.* 1 (1997).

[2] Dan L. Burk & Julie E. Cohen, Fair Use Infrastructure for Rights Management Systems, 15 *HARV. J. L. & TECH.* 41, 60 (2001).

[3] See Escola v. Coca-Cola Bottling Co., 150 P. 2d 436, 461 (Cal. 1944) (Traynor, J., concurring); Ritter v. Narragansett Elec. Co., 283 A. 2d 255, 261 (R. I. 1971).

工作场所性骚扰的行为违反联邦法律规定的反歧视条款。① 在每一种情形下，法院逐渐认识到，迅速发展的市场导致了各种新形式的损害，这需要对法律概念进行重新定义以保障权利。

同样，法院能够而且应该对数字网络通信的兴起以及随之而来的信息商业转变所带来的各种新形式的损害做出反应。在版权法领域，这一点并不新奇，但立法者和法院的注意力主要集中在对信息提供者造成损害的新来源上。正如上述所列举的例子那样，我们也应该关注对信息用户造成损害的新来源，这样做才不会让信息交易陷入停滞的状态。调整现有的学说以适应前所未有的情况，这一做法早已有之。

然而，制定全面的知识性隐私权的判断标准存在一个障碍。传统上，普通法上的隐私权保护可以被个人放弃。只要合同具有可执行性，当事人可以同意相对方对其家中的活动进行录音或录像，或者对其姓名或肖像进行商业利用，或公开有关其性方面的习惯等敏感信息。由于 DRM 技术影响的隐私侵犯行为发生在双方同意的商业交易的背景下，建立有效的同意机制很容易实现。

无论是版权法还是宪法上的隐私权都没有明确的解决方法。宪法保护也可以被放弃。与此同时，版权法也未规定当事人何时可以就权利和限制订立合同。这种立法空白引发了学术上的讨论，即在优先购买权理论或滥用理论的基础上，此类合同是否应该被禁止（因为这些条款违反了基本的公共政策）？② 对这些争议的详细展开会超出本文的讨论范围；最重要的一点是，无论是优先购买权理论还是滥用理论都不适合解决 DRM 技术产生的隐私问题。这两种学说都试图保留激励和获取之间的"版权平衡"。用户隐私服务于相关目的，取消特定合同条款的自治可能会有促进隐私保护的效果，但隐私不是激励/获取探究的中心。对于受合同限制的隐私理论，我们必须从别处寻找答案。

---

① See Meritor Sav. Bank FSB v. Vinson, 477 U. S. 57 (1986); Bundy v. Jackson, 641 F. 2d 934 (D. C. Cir. 1981); Tomkins v. Pub. Serv. Elec. & Gas Co., 568 F. 2d 1044 (3d Cir. 1977); Berkman v. City of New York, 580 F. Supp. 226 (E. D. N. Y. 1983).

② See, e. g., Mark A. Lemley, Beyond Preemption: The Law and Policy of Intellectual Property Licensing, 87 CAL. L. REV. 111 (1999); David Nimmer et al., The Metamorphosis of Contract Into Expand, 87 CAL. L. REV. 17 (1999).

2. 消费者保护法和公平信息实践

虽然消费者保护法在传统上并不被视为美国信息政策的重要组成部分,但这种情况正在改变。在大量信息产品越来越多地与许可证捆绑在一起时,消费者保护和信息政策之间的联系不能再被忽视。尽管知识性消费中的隐私问题还没有得到足够的重视,但联邦贸易委员会(FTC)和知识产权学者已经开始更加密切地关注这些联系。在隐私保护方面,法官造的法和消费者保护法有互补的作用。重新制定的普通法隐私侵权法可以预防 DRM 技术产生的最糟糕的过度行为,而消费者保护法可以规定所有信息提供者必须遵守的最低保护标准。

对信息获取和使用的条款采取消费者保护的方式的一个优点是,它可以让决策者直接对消费者的福利进行考虑,而不是等待法院来审核主要用于实现其他目的的法定方案(如版权)的申请。这种侧重点的改变是否会转化为对消费者的实质性保护,取决于如何界定消费者的福利。美国的消费者保护法其实并没有很好地保护信息用户的知识性隐私权。不过,与普通法上的隐私权侵权一样,它也有可能成为隐私权侵权援引的依据。

美国的消费者保护法主要关注(尽管不是只关注这一个)以市场为基础的消费者福利指标的最大化。联邦贸易委员会有权监管"商业中不公平或欺骗性的行为或做法"。[1] 在执行这项任务时,它基本上只监督欺骗性为,而不愿向充分和准确了解情况的消费者提供其他种类的保护。无论这种方法存在多少优点,但它如果作为一种隐私保护方法,显然是存在不足的。大量文献都支持这样的结论,即功能良好的"隐私市场"是存在缺陷的。[2] 在许多商业交易中,保持个人信息的控制权根本不是一个选择。即使是这样,普遍存在且无法解决的信息问题也会阻止个人评估相关的利益权衡。更根本的是,隐私利益的权衡涉及不可比较的价值,而有关隐私问题所涉及的重要价值,并不是市场秩序下的关注点,其原因会在第二部分进行讨论。这一论

---

[1] 15 U.S.C. § 45 (a) (1) (2000).

[2] A. Michael Froomkin, Flood Control on the Information Ocean: Living with Anonymity, Digital Cash, and Distributed Databases, 15 *J. L. & COM.* 395, 492 (1996); Paul M. Schwartz, Privacy and Democracy in Cyberspace, 52 *VAND. L. REV.* 1607 (1999).

点在涉及知识产权的隐私方面尤其有力。在克林顿政府时期，美国联邦贸易委员会曾呼吁联邦立法加强对网络隐私的保护，但没有成功。然而，如果联邦贸易委员会希望在保护信息消费者的知识性隐私权方面发挥更有效的作用，它可以从重新考虑其对法定授权的解释开始。

经济合作与发展组织在1980年发布的指导方针中体现了对信息隐私保护的更强有力的观点，该指导方针概述了一套基于八项原则的公平信息实践（FIPPs），即收集限制、数据质量、目的规范、使用限制、信息收集惯例的透明度、存储数据的安全性、个人参与和可审核性。尽管美国在制定这些原则上发挥了重要作用，但公平信息实践从未被完全纳入美国法律当中。在某种程度上，这是信息和直销行业持续抵制的结果。在某种程度上，这是因为联邦贸易委员会对消费者保护的程序主义理解已经与基于通知和同意的公平信息实践相结合。① 更忠实地遵守公平信息实践准则，可加强版权作品与其他资讯产品使用者的隐私保护。联邦贸易委员会已经朝着这个方向做了一些努力，但还远远不够，而且也是依据额外的、狭隘的法定授权进行的。② 现今，个人特征分析不仅用于追踪耐用商品的购买活动，还用来追踪私人的知识活动，在这种形势下，将公平信息实践准则的保护对象扩大到所有的消费者是必要的。

不过，即使我们严格地适用了公平信息实践准则，知识性消费中的隐私问题也过于复杂，不能仅靠数据处理标准来解决。其原因有三个：首先，公平信息实践准则并没有解决空间隐私的问题，更遑论其可以解决受 DRM 技术影响的行为限制问题。因此，即使严格遵守公平信息实践准则，也不能解决第二部分中讨论的所有隐私问题。其次，即使在信息隐私方面，公平信息实践准则没有为隐私保护设定最低的门槛，它们更多是用来便利作为数据交易主体的个人在知情情况下订立合同和进行质量控制。最后，公平信息实践准则并没有解决合同效力的重要门槛问题。也就是说，即使是在消费者知情的情况下，它们也应规定哪一些隐私权应该受到保护。

---

① For discussion of this point, see Joel R. Reidenberg, Restoring Americans Privacy in Electronic Commerce, 14 *Berkeley Technology Law Journal* 771, 773 – 781 (1999).

② See Privacy of Consumer Financial Information, 16 C. F. R. § 313 (2003).

为了使消费者保护法对知识性隐私权（或任何其他类型的隐私）提供有意义的保护，公平信息实践准则所体现的程序主义标准必须以实质性的隐形标准加以补充。从这个角度看，法律想象的行为在于认识到这一点，尽管联邦贸易委员会没有参与制定消费者保护的实质性标准，但它对"不公平"贸易行为的授权范围足够广泛，足以涵盖这一行为。换句话说，公平的市场化概念不是这个术语唯一可能的定义，也不是唯一合理的定义。在消费者无法与其他市场参与者平等竞争的情况下，也要假装他们可以，这既不公平也不符合市场规律。

就信息隐私而言，与公平性的实质性标准相关的例子是欧盟的数据处理指令，该指令将某些类型的信息界定为敏感信息，并允许成员国将其排除在外。① 类似地，如果知识产权的特征分析被认为会对消费者造成无法接受的损害风险，我们也可以设想制定一项规则来限制信息的收集、使用、保护和交易。就空间隐私而言，与实质性的隐私保护相关的最接近的例子是禁止某些类型的电子自助的法规，或保留有限程度下空间转移数字文件的自由。通过建立和执行这些标准，消费者保护机构可以确保个人对其知识性消费空间和信息维度上的控制权。

（二）合同上的放弃与作为基本公共政策的知识性隐私权

对知识性消费中的隐私进行有效法律保护的最大障碍不是与现有法律理论的不契合，而是在许多（如果不是全部的话）情况下，每个可用理论都可以让位于合同的意思自治。并且，许多人认为应当尊重这种合同的意思自治。他们认为，从信息提供者的角度来看，在逻辑上完全拒绝交易的权力包括在访问和使用条款上强加条件的权力。从个人用户的角度来看，这些条件可能会降低隐私，但用户仍然可以选择接受或拒绝提供给他们的条款。事实上，隐私权市场的倡导者认为，将隐私利益从合同中剔除的权利本身就是消费者所期待的好处。隐私权倡导者认为，完全靠合同自治的理论过于简单，忽视了市场的现实状况和一些其他的非市场因素。然而，到目前为止，当对隐私的

---

① See Council 95/46, 1995 O. J. (L 281) 31.

威胁已经达到不可接受的程度时，法律还没有将这些挑战转化为可行的法律理论以取代合同。

隐私权的合同自由的挑战主要在可能阻碍市场机制顺利运行的缺陷上。这些挑战大致分为两类。一是在线合同中权利放弃的有效性问题。然而，在网页浏览的情况下，要求消费者认真审阅在屏幕上显示许可的条款后并明确表示同意，同意机制存在的缺陷就很容易得到解决。① 二是市场实力的问题。如果一个占据主导地位的提供商拥有市场支配力，就会很难设定一个有意义的市场竞争秩序来满足消费者的不同偏好。但是，这种探究一般只会关注个别市场参与者的实力，而不会关注广泛采用格式条款所产生的市场力量。② 因此，这一论点仅在垄断市场上可以得到支持，而在大多数的信息消费市场上并不具有较强的说服力。

然而，这两种类型的市场缺陷理论都比较适合于一个更大的概念框架，该框架假定只要某些缺陷能够得到控制，市场秩序就是正常的。这两项研究都没有质疑这个假设的基础：即正常运行的市场下，合同自由可以得到实现。结果，每个人都迅速地落入这个或那个浏览程序或市场实践的琐碎细节中。还有一个更根本的问题——隐私权的市场排序是否有意义，这仍然模糊不清。因此，这种争论没有推动与放弃隐私权相关的立法和改革也就不足为奇了。

隐私权合同自由存在的其他挑战超出了市场秩序的框架，其认为即使在完善的市场中，合同也不能有效保护隐私或公平的保护每个人的隐私。一些观点的前提是，在现代大众市场中，消费者对隐私的选择是模糊不清的；其他人则指出，消费者在评估隐私权权衡时遇到了无法解决的信息问题；还有一些人反对通过市场自律解决隐私问题的做法。上述的任何一种观点都可以证明，市场失灵不是问题，市场存在的系统性缺陷才是问题。

这是一种衡量学术和政策辩论被市场和私人秩序影响程度的方

---

① See, e.g., Procd, Inc. v. Zeidenberg, 86 F. 3d 1447 (7th Cir. 1996); Caspi v. Microsoft Network LLC, 732 A. 2d 528 (N. J. Super. Ct. App. Div. 1999).

② See Victor P. Goldberg, Institutional Change and the Quasi-Invisible Hand, 17 *J. L. & ECON.* 461, 468 n.15, 484 – 491 (1974).

法，后者受到的关注相对较少。在当前的形势下，与个人尊严相关的论点似乎既不够严谨，又有点过时。不愿用非市场性的思路解决隐私问题令人费解，正如 Jessica Litman 所指出的那样（正如隐私倡导者一直都知道的那样），这就是普通人看待隐私的方式。① 普通人——不是学者、技术人员、科幻作家或其他网络知识分子，对侵犯隐私的行为表现出愤怒和背叛感，并认为商业交易应该遵守保护隐私权的义务。不过，这种愤怒很少转化为有意义的市场阻碍，对此我们不应感到惊讶；如果保护隐私的市场本质上是不平常的，那么，就没有理由期待这种结果。相反，如果我们看看其他基于公共政策的合同限制，那么，公共政策就应该限制通过合同放弃隐私权的做法，这也会使得目前的隐私权辩论看起来没有那么引人注目。大多数人都认为，有些公共政策不应该被合同约定所改变。也许最好的例子是一个人不可以通过合同约定陷入被奴役状态的通用政策，不过，还有一些没有这么夸张的例子。比如，任何人不得出售他自己的器官用于移植、科研或其他用途。② 另外两个例子是医疗健康的提供者和普通产品的提供者不得就医疗事故责任或有缺陷产品的责任签订合同，即使病人或顾客声称其愿意冒着受伤的风险以用较低的价格进行交易。③ 最近还有一个例子，纽约的一个审判法庭裁决中规定，软件开发商不得禁止其用户发布对其产品的批评性评论。④ 在上述每一种情况下，"自由市场"是否可以以保持默认规则的方式实现平衡的问题并不重要。

这些简短的例子说明了"那些被认为重要到足以排除合同约定"的公共政策的两个要点：首先，这些政策所体现的是非经济性的价值，包括身体完整、言论自由、人类尊严和自决等。一般的隐私权，

---

① Jessica Litman, Information Privacy/Information Property, 52 STAN. L. REV. 1283, 1305 – 1309 (2000).

② See, e.g., 42 U.S.C. § 274e (2000); Newman v. Sathyavaglswaran, 287 F.3d 786, 794 (9th Cir. 2002); Perry v. Saint Francis Hosp. & Medical Ctr., 886 F. Supp. 1551, 1565 (D. Kan. 1995).

③ See Wheelock v. Sport Kites, Inc., 839 F. Supp. 730 (D. Haw. 1993).

④ See Press Release, Office of New York State Attorney General, Judge Orders Software Developer to Remove and Stop Using Deceptive and Restrictive Clauses (Jan. 17, 2003), at http://www.oag.state.ny.us/press/2003/jan/janl 7a_03.html.

特别是知识性隐私权都在这个范围内。其次，同样重要的是，对公共政策的诉求不仅是对逻辑或政治理论的追求，也是对公平和人类尊严的理念的追求。要想让隐私问题凌驾于合同约定之上，隐私权倡导者不仅必须证明隐私价值在性质上与社会追求的其他公共价值相似，还必须证明隐私价值本身也具有值得保护的地方。一旦证明了这两点，法院就可以很容易地制定限制隐私权豁免的规则，就像他们在其他情况下限制合同豁免一样。

归根到底，限制放弃知识性隐私权的观点是非常显而易见的，即为什么保护知识性隐私权是重要的以及为什么法律应当承认侵犯知识性隐私权所造成的损害。抛开市场和市场失灵的争论不谈，对知识性隐私权的无形侵犯也会对个人造成极大的伤害，而且还会破坏社会维护的共同的、与经济无关的价值。这种侵犯损害了人们的自决权利和人类尊严，并减少了知识活动发展的"呼吸空间"。在隐私法中推广这些价值观，同时又允许双方当事人通过合同约定豁免责任，这一做法无异于违反道德原则。认真对待这些无形的损害需要一个更加一致的方法。

四、将知识性隐私权编入代码

尽管对侵犯知识性隐私权的法律制裁对尊重信息用户的知识性隐私权至关重要，但司法和监管制裁也是有效保护用户的次佳策略。确保信息用户真正享有他们有权享有的隐私权的一个方法是，在DRM技术的设计中构建隐私保护的理念。对知识性隐私权的法律保护将成为（大多数）信息产品提供者更加积极主动进行隐私保护的背景。在最开始就将隐私保护考虑在内，需要采取不同的方法来设计DRM技术，并且还需要一个过程来保障，一旦设计完成，会有更多的保护隐私的DRM技术到位。

（一）DRM的价值敏感设计

价值敏感设计的概念是科学、技术和跨学科研究的产物。技术融入的许多社会价值也时刻提醒我们，技术本身就是社会性的产物；它们由社会价值和利益构成。这一观点也间接表明，在设计阶段多关注价值和价值选择的问题可能会产生意想不到的回报。正如Batya

Friedman 和她的同事所阐述的那样，人们可能会设想一个迭代的研究和设计过程，包括不同设计所涉及的价值和价值权衡的概念分析、对设计可能性范围的技术调查以及对不同设计的用户体验和反应的实证研究。当然，识别和分类相关价值的工作必须谨慎进行。不过，进行这一工作会比另一选择好得多。

在 DRM 技术背景下，价值敏感设计的方法是将扩大控制权的设计理念视为只有一个 DRM 设施可能采取的唯一潜在方向。你可以想象开发一个设计过程，致力于探索 DRM 技术设计中所涉及的所有价值，包括私有和公共价值，确定可能适用这些价值的设计范围，并以平衡公共商品竞争和私人的用户利益之间的方式来运行 DRM 技术。值得一提的是，DRM 技术的价值敏感设计过程将为尊重和保护用户隐私的信息产品制定权利管理的保障措施。这样的基础架构有三个部分，分别对应笔者所讨论的 DRM 技术的三种功能。

价值敏感设计的第一个组成部分将涉及研究和开发灵活性的限制，其会在最大程度减少私人空间内对知识性消费的直接限制。从概念上讲，对用户行为的直接限制包含（至少）两种相反的价值。一个是在信息和空间上支持知识性隐私权的假设。在这一假设下，信息提供者在控制或了解私人空间内知识产品的使用上没有合法利益。另一种是基于经济和非经济性政策考量的普遍观念，即信息提供者在控制商业复制上确实存在合法利益，并且在某些情况下，这些利益还可能会扩展到控制私人的复制权，以防止它极端化。因此，技术上的挑战在于开发技术系统，既要为用户提供足够的隐私保护，又要给予版权所有者足够的控制权。

尽管在协调这些相互冲突的价值时也提出了另外一个重大的设计挑战，但设计功能限制可能是为了保持私人访问和复制的灵活性，同时保护信息提供者不会受到大规模商业复制的影响，这一想法并不具有新颖性。这种技术的一个例子是《家庭录像法》规定的连续复制管理系统，它可以比较全面的复制第一版，但随后几版的质量会严重下降。[①] 另一个例子是 DMCA 规定，模拟盒式录像机的设计应该允许

---

① 17 U.S.C. § 1002 (2000).

消费者对某些电视节目进行转换。① 在其他点上，Dan Burk 和笔者已经讨论过，对这些灵活的限制是必要的，以保护据版权法建立的基本原则，如合理使用。由于笔者讨论的原因，导致对数字化复制的"灵活性"或"不完美性"限制也有助于保护用户的隐私。细致的、迭代的方法，包括所有相关方的参与，可以帮助设计师解决执行计划中的缺陷所带来的挑战。

　　DRM 的价值敏感设计还将研究在监控和分析单个用户方面设置限制的方法。因为大多数企业需要收集和保留客户的一些信息来管理订单、支付和交付，所以数据收集和使用的技术限制不能完全代替其他人工实施的保障措施。尽管如此，DRM 系统可能被设计成最小化或最大化数据收集、保护、提取和使用的形式。为了保护信息用户的知识性隐私权，DRM 设计应该包含最小化原则。对用户行为进行实时监控时（其被认为可以提供一些与隐私无关的重要利益），设计师应该考虑是否可以在不获取用户准确身份的情况下实现预期利益。如果不是，并且最终选择的结果必须反映利益和用户隐私之间的权衡，那么这个选择应该明确地做出，并且应该被记录下来，以便后来的设计者、监管者和法院能够理解其所涉及的权衡考量。

　　对 DRM 技术价值敏感设计的方法还会考虑实现自助限制的可行性。例如，在权衡了自动化、惩罚性执行所涉及的全部价值后，设计师可能会得出以下结论：在检测到用户实施了不被允许的行为时，绝不应该将数字内容文件自行销毁，或者完全拒绝用户的访问。另一种可能是，他们可能认为应当允许拒绝访问，但只能在某些明确规定和极端的情况下。

　　这些提议都是相当笼统的。它们是否能保证信息用户的隐私权取决于实施的具体细节。这里提供的建议也不一定是唯一的或是最好的；一个相关技术领域的专家无疑还可以想到其他的方法。价值敏感设计方法将 DRM 视为是一个具有宽泛含义的概念。将 DRM 设计过程理解为（必然）的价值驱动，并对知识产品中权利自动化管理技术所涉及的所有价值进行分析，是确保设计理念转变适应更广泛的人类和社会价值的重要一步。

---

① 17 U.S.C. § 1201 (k) (2).

（二）实施价值敏感设计流程

确定 DRM 的价值敏感设计的可能性只是成功的一半。要将与隐私相关的 DRM 技术从学术讨论层面提升到现实市场中，需要给那些参与或改写现实世界设计流程的人一些激励，以扩展他们的参考范围。法律在这里也可以发挥作用，尽管这里的作用不同于第三部分所讨论的作用。法律在 DRM 标准的制定过程中发挥的作用是确保市场参与者在制定技术标准时可以考虑到公共价值，包括隐私价值。

如果像一些组织所呼吁的那样，需要专门制定一个保护信息产品用户权利的"权利方案"，这将限制 DRM 同时关注公共价值和私人价值的发展理念。尤其是，可以将知识性隐私权的概念界定得更普遍、更宽泛一点，以避免规定技术标准的选择，同时传递所提供的实质性保护的重要信息。因此，按照上述模式，知识性隐私权将不仅包括在私人空间内使用知识产品时不受到（不合理的）侵入的权利、反对监控知识性消费和基于知识偏好的分析的权利，还包括不受电子自助行为影响的权利，因为电子自助行为会使人们无法获得合法渠道来源的信息产品。这些技术标准和实现这些权利的流程的开发将由数字内容产业进行。

支持隐私市场化的人会反对这一提议，因为他们认为这一提议不恰当地将政府也放入了这个过程——标准的制定，一般认为是由市场主导制定的活动。只需要简单的思考，就会发现，这种反对意见和隐私权的市场排序观点大同小异。如果一级"隐私市场"不能准确反映隐私的各种价值，那么，很难想象由一级隐私市场推断出的二级隐私标准市场如何能够做到这一点。即使假设隐私的一级市场确实有效，假设隐私标准的二级市场也会十分复杂。

首先，相关市场不仅仅是"隐私市场"或"隐私标准市场"，而且是受 DRM 技术保护的内容和能够呈现 DRM 技术内容的市场。在第一个例子中，这个市场根本不是一个终端用户市场，而是一个由数字内容的中间许可人和分销商组成的市场。尽管用户一再表示，他们更喜欢那些为他们提供使用操作复杂和重新发布数字内容的自由和灵活的企业家，但随着一系列针对 MP3.com、Napster、Sonicblue 和其他创新者的侵权诉讼发生，提供这种自由的成本正在急剧上升。[1] 因此，最理性的策略是许可内容主体遵从由内容提供者设置的 DRM 限制，而不管中间的许可人喜欢哪种策略。

其次，DRM 技术的市场也是 DRM 标准的市场。许多版权所有者缺乏自己开发 DRM 标准的能力，必须委托或说服他人为他们开发 DRM 标准。这意味着最终用户和中间商并不是 DRM 技术市场的唯一客户；DRM 标准在概念和时间上都先于受 DRM 保护的内容的市场可用性，在这种情形下，版权行业才是消费者。随着 DRM 标准越来越深入地渗透到通用软件和硬件中，这种情况变得更为复杂，例如，计算机操作系统和微处理器的开发人员必须满足许多支持者。然而，许多技术公司也试图避免政府所传递的"技术授权"，似乎其认为自愿的 DRM 开发工作是两害相权取其轻。[2]

最后，假设普通终端用户可以意识到大多数大众市场计算基础设施的相对不透明性，并掌握 DRM 技术的复杂术语，那么，市场过程就不太适合终端用户对技术标准设计产生积极的（而非消极的）影响。终端用户首先反对的市场是受 DRM 保护的内容市场。在这个市场上，人们可以拒绝购买，也可以从一个提供商转换到另一个提供商，但没有机制可以使得其可以作为潜在问题来交流功能性的精确水平。而且由于 DRM 技术是网络技术，[3] 反对者将越来越难以选择退出。DRM 功能在软件和硬件中渗透得越深，就越难通过购买不符合标准的设备来避免。尤其是随着越来越多的功能和服务与 DRM 限制捆绑在一起，选择退出的成本可能会很快超过收益。

DRM 标准流程提供了一个可以更多地参与到 DRM 技术辩论的机会，但就目前而言，它仍不是将公共价值纳入 DRM 设计的好工具。

---

[1] See A&M Records, Inc. v. Napster, Inc., 284 F. 3d 1091 (9th Cir. 2002); A&M Records, Inc. v. Napster, Inc., 239 F. 3d 1004 (9th Cir. 2001); UMG Recordings, Inc. v. MP3. com, Inc., 92 F. Supp. 2d 349 (S. D. N. Y. 2000); In re Aimster Copyright Litig., 2002 Copy. L. Rep. (CCH) 28, 500 (N. D. I11. 2002).

[2] See, e. g., Declan McCullagh, Antipiracy Detente Announced, *CNET NEWS. COM* (Jan. 14, 2003), at http://news.com.com/2100-1023-980633.html.

[3] See Mark A. Lemley & David McGowan, Legal Implications of Network Economic Effects, 86 *CAL. L. REV.* 479 (1998).

对于信息产品的普通终端用户而言，DRM 标准流程相对晦涩难懂且不易学习。目前，普通终端用户与其他非营利性组织已经渐渐对 DRM 标准的制定产生兴趣。不过，参与这些流程很大程度需要依赖内容和技术行业的许可。并不是所有的标准流程都会包括终端用户的代表，即使在那些包含了终端用户代表的流程中，也无法保证终端用户只要表达其不满，就会形成走向市场的具体标准。

所有这些都表明，要为 DRM 标准和流程实现真正多元的、对价值敏感的设计过程，市场之外的人员必须确定并保持相关公共价值的中心地位。而不是认为仅由法律规定 DRM 技术标准的具体内容，或政府相关人员做好监督工作就可以。政府在实施法定授权下的非技术标准方面可以做得非常好。在非数字化时代，我们将这些非技术标准简单地称为"权利"和"义务"，并且早就认识到（在相当高的抽象层次上）权利和义务为市场设定了范围。在数字时代，技术结构需要更强的监管，完善的权利和义务必须能够体现技术标准应当具有的或者仅仅是应当被保留的价值。

五、结语

DRM 技术象征着信息获取和使用的未来，不过，DRM 的设计和具体实施仍然具有继续探索的空间。如果未来的信息环境朝着普遍限制、统一监控和自动自助的趋势发展，则势必会严重损害知识性隐私权价值。相反，在 DRM 时代，在保护知识性隐私权上，法律和技术必须双管齐下。法律可以通过界定权利和义务，使得个体可以合理履行其责任，要实现这一点，则必须认识到"隐私市场"存在的不足以及 DRM 标准在权利义务的范围内发挥的重要作用。只要内容产业的设计者和消费者都能时刻保持严格与克制的态度，技术就可以充分发挥作用，不过，如果要实现这一点，也必须认识到法律的重要性，以及公共政策和公共价值在创建设计范围上的重要性。在高度限制的技术提案和高度宽松的法律回应变成可能难以解决的遗留问题之前，现在是采取行动的时候了。

设计隐私权：对谷歌和脸书隐私侵权事件的反事实分析

艾勒·S. 鲁宾斯坦[①]　纳撒尼尔·古德[②] 著　袁姝婷[③] 译

目　次

一、相关背景
二、设计原则
三、案例研究和反事实分析
四、经验教训
五、结语

一、相关背景

监管机构已经对设计隐私权敞开了怀抱。欧盟委员会（European Commission）和美国联邦贸易委员会（Federal Trade Commission）都开始呼吁采取一种保护数据和消费者隐私的新方法，而设计隐私权在其中起着至关重要的作用。然而，我们仍然无从得知它在实践中的含义，除非欧盟委员会确立拟议规则所预期的技术标准和授权行为，或者除非美国联邦贸易委员会通过执法措施重新定义"不公平设计"，以及（或者）根据与私营企业之间的对话制定指南。的确，尽管监管机构强烈地表达了其对设计隐私权的支持，但它的含义仍然难以捉摸。

监管机构对设计隐私权的信心可能反映了一种常识性的观念，即如果公司在开发产品和服务的初期就对隐私进行精心"设计"，而不

[①]　艾勒·S. 鲁宾斯坦（Ira S. Rubinstein），美国纽约大学法学院信息法律研究所副教授、高级研究员。
[②]　纳撒尼尔·古德（Nathaniel Good），美国古德研究有限责任公司负责人。
[③]　袁姝婷，中山大学法学院助教。

是直到最后才"附加上它",那么,隐私保护状况就会有所改善。然而,这一观点目前还缺乏相关数据的支持。虽然一些公司在开发产品和服务时采用了隐私保护指南。[①] 但是,在检索了相关的文献之后,我们发现,至今还没有任何研究旨在确定这些公司是否取得了更好的隐私保护成果。首先我们建议用一种不同的方式来研究这个问题,即对十件典型的 Google 和 Facebook 隐私侵权事件进行案例研究和报告,而不是收集经验数据。然后我们需要思考这样一个问题:如果这些公司实施了设计隐私权,它们是否就能够避免这些侵权事件的发生。

我们所采用的是反事实分析:我们问的是一个"如果……会怎样"的问题,并试图通过讨论为了更好地保护消费者隐私权从而避免这些侵权事件的发生,Google 和 Facebook 可能采取了哪些不同的措施来对该问题作出回答。这一分析有两个先决条件。其一,我们需要随时获取有关所选侵权事件的大量信息,这样就能较为清楚地了解究竟发生了什么、这些公司是如何做出反应,以及它们为什么做出这样的反应(例如,修改某些功能,甚至完全撤销某项服务)。如果没有这些信息,我们就无法思考如果公司采用了设计隐私权,它会采取哪些不同的措施。其二,我们需要确定一套基本的设计隐私权原则,从而为我们对设计隐私权新途径的讨论提供支持。

第一项任务,即目前为止已经有很多证据充分的重大互联网隐私侵权事件。其中所涉及的公司包括但不限于 AOL、Apple、DoubleClick、Facebook、General Motors、Google、Intel、Microsoft、MySpace、Real Networks、Sony 和 Twitter,它们都在隐私保护问题上犯下了错误。本文重点关注的一系列隐私侵权事件,其中五件有关 Google,另外五件则有关 Facebook,原因有三。首先,Google 和 Facebook 这两家公司都经历了严重的隐私侵权事件,并遭受了媒体负面报道、用户抗议、政府审查、监管措施和法律诉讼等一系列重大挫折。其次,它们的艰难处境已经被调查记者、隐私倡导者和各种监管机构详细记录在册。最后,两家公司都拥有包括工程人才、资金和商业动机在内的所

---

① See The Role of Privacy by Design in Protecting Consumer Privacy, *CTR. FOR DEMOCRACY & TECH.*(28,2010),https:// www.cdt.org/policy/role-privacy-design-protectingconsumer-privacy.

有必要资源，因此能够通过实施先进的设计隐私权计划防止未来隐私侵权事件的发生。另外，学者们对这两家公司发生的一系列隐私侵权事件，包括 Google 的谷歌邮箱、谷歌搜索、谷歌街景、Buzz 和 Google + 以及 Google 隐私政策调整；Facebook 的好友动态、Beacon、Facebook 应用程序以及 Facebook 隐私政策和隐私设置调整所进行的各种各样的研究。通过这些我们才能够观察它们的隐私保护模式，比较它们对隐私的看法，尤其是诸如社交网络的服务方面。

第二项任务，即确立用于反事实分析的设计隐私权原则则要困难得多。如果要理解在设计产品和服务时将隐私保护铭记于心的真正含义，一个明显的出发点就是国际所公认的一套关于个人信息的价值观和标准，即所谓的公平信息实践（fair information practices）。公平信息实践规定了数据主体的权力和数据控制的义务，世界上大多数国家的隐私权法也都是以公平信息实践为基础的。[①] 本文认为，尽管公平信息实践根据适当的法律标准进行了权利和义务的分配，但目前仍然缺乏设计隐私权原则和相关实践。

另一个可能有益的指导来源于加拿大安大略省信息和隐私专员（Information and Privacy Commissioner） Ann Cavoukian 的贡献。Cavoukian 一直以来都孜孜不倦地拥护着"设计隐私权"（她喜欢缩写为"PbD"），她已经撰写或与他人合作撰写了数十篇文章，对隐私的起源及其与商业和技术有关的方面做出了说明。2009 年，Cavoukian 提出了一个新观点，认为企业可以通过实施以下七项基本原则来实现隐私保护：其一，主动而非被动，预防而非补救；其二，把隐私作为默认设置；其三，把隐私嵌入设计当中；其四，功能完整——正和而非零和；其五，端对端的安全性——全生命周期的保护；其六，可见性和透明度——保持公开；其七，尊重用户——以用户为中心。[②] 在如何将"设计隐私权的方法"应用于新的信息系统和技术方面，虽然 Cavoukian 的著作为公共和私人部门提供了宝贵的经验，但

[①] See, e. g., Marc Rotenberg, Fair Information Practices and the Architecture of Privacy (What Lary Doesn't Get), 2001 STAN. TECH. L. REV. 1, 44 (2001).

[②] Ann Cavoukian, Privacy by Design, The 7 Foundational Principles (2011), www.privacybydesign. ca/content/uploads/2009/08/7foundationalprinciples. pdf.

就目前的目的而言，她所提出的七项原则是否比公平信息实践更有效还有待商榷。

总的说来，Cavoukian 所提出的七项原则更多的是一种理想化的观点，而不具有实用性或可操作性。第一项原则、第二项原则和第三项原则尽管有某些重复之处，但它们都提供了有益指导，说明了在设计产品和服务的初期就考虑隐私问题并相应地设置默认值的重要性，不过它们并没有提供任何的设计指导。诚然，在所撰写的几篇与技术相关的论文中，Cavoukian 提供了更多实用的建议，但她很少对设计隐私权原则做出分类或者总结。在一些人将个人数据视为互联网的"新石油"并且隐私控制往往只会限制对这种宝贵商品的开发的时代，第四项原则似乎不太现实。① 第五项原则强调生命周期管理，它是隐私工程的一个关键组成部分。第六项原则类似于在各种各样版本的公平信息实践中为人所熟知的透明原则，而第七项原则则主要是对早期的一些原则的总结。除此之外，Cavoukian 还将设计隐私权与许多其他概念联系起来，包括问责制、风险管理、公平信息实践以及隐私影响评估。而这种做法会削弱而不是进一步说明 Cavoukian 对设计隐私权的定义。正如几位欧洲计算机科学家最近所指出的那样，这些原则并没有对"'设计隐私权'的实际含义，以及如何将其转化为工程实践做出说明"。②

当然，不同的学者针对设计隐私权提出了不同的方法。有些人认为，设计隐私权是隐私增强技术的一个衍生品③；有些人则提出了一种软件开发和（或）数据管理的生命周期方法（即将隐私保护理念融入产品设计和开发的各个阶段）；还有一些人建议实行"问责制"，比如隐私风险评估。一些监管机构将以隐私管理计划为依据的所有观点结合在了一起，包括政策、程序和系统架构，美国联邦贸易委员会

---

① See Meglena Kuneva, European Consumer Commissioner, Keynote Speech, Roundtable on Online Data Collection, Targeting and Profiling 2 (Mar. 31, 2009), http://europa.eu/rapid/press-releaseSPEECH-09-156_en.htm.

② Seda Guirses et al., Engineering Privagy Design, International Conference on Privacy and Data Protection ("CPDP") (2011), http://www.dagstuhli.de/mat/Files/11/11061/11061.

③ See Ira S. Rubinstein, Regulating Privacy by Design, 26 *BERKELEY TECH. L. J.* 1414 – 1426 (2012).

最近所达成的几项和解协议也要求 Google、Facebook、Twitter 和 MySpace 等公司采用相同的五步隐私管理计划，包括问责制、风险评估、设计流程、选择供应商时的尽职调查，以及正在进行的项目的调整。不过，美国联邦贸易委员会目前还没有就如何实施这些计划向企业提供任何的指导。

一些私人企业已经制定了更加详尽的隐私指南，解释了如何将隐私保护理念融入软件开发过程的一些阶段（需求、设计、实现、验证和发布）。例如，Microsoft 于 2006 年发布了一套全面的指南，探索了 9 种特定的开发场景，并确定了超过 120 种的用于"创造通知和同意体验，提供充分的数据安全，维护数据完整性，为用户提供访问其数据的途径，以及提供其他隐私控制"的必要、推荐做法。尽管该指南不乏合理的建议，无论是对老牌企业还是初创公司均有益处，但它们也存在一些缺点。首先，"设计隐私权"的有关工具和技术是还远远不够成熟，尤其是与那些与"安全设计"息息相关的工具和技术相比，当然这个问题不仅仅局限于 Microsoft。其次，该指南没有跟上客户端/服务器产品向社交媒体和 Web 2.0 服务转变的步伐，在很大程度上忽略了这一重要议题，这导致了它们严重落伍。最后，该指南允许 Microsoft 内部的业务单位在隐私需求和商业目的之间进行平衡，因而提供的指导较为有限。例如，处理实时位置数据、放弃某些通知要求、传输敏感的个人信息等"必要"行为需要"公司批准"，但批准或不批准的相关考量因素却很少被提及。同样地，该指南规定，如果对某个产品的运行来说，数据传输或更新是"必要的"（由 Microsoft 所界定），那么，这就证明需要采用一种较弱的"全有或全无"形式的用户控制。从更广泛的意义上来说，用户和政策制定者仍不清楚 Microsoft 依据该指南所进行的内部决策过程，因此有人指责 Microsoft 常常出于商业或竞争目的而忽视了隐私需求。[1]

所有这些各种各样的充实设计隐私权含义的尝试都是有价值的，我们无意于贬低它们。不过，本文采用了一种截然不同的方法。我们

---

[1] See Nick Wingfield, Microsoft Quashed Efforts to Boost On'ne Privafy, *WALL ST. J. ON-LINE*（Aug. 1, 2010）, http://online.wsj.com/article/SB10001424052748703467304575383530439838568.html.

认为，尽管公平信息实践是设计隐私权的基础，但它们并不能自我执行。恰恰相反，设计隐私权要求将公平信息实践转化为工程和设计原则与实践。下面举个例子来说明我们的观点。公平信息实践之一目的规范原则是限制企业存储用户个人数据的期限的基础。但企业承诺遵守数据存储时间的合理限制，与设计能够自动标记用户个人信息和（或）敏感信息、跟踪信息存储的时长，并超过一定期限时删除这些信息的数据库，这两者之间存在着千差万别。

我们认为，公平信息实践必须被转化为隐私工程和可用性的原则，而完成这一任务的最佳途径就是回顾相关的技术性文献，并从计算机科学家和可用性专家的研究当中汲取精华。这与大多数关于设计隐私权的讨论不同，后者倾向于忽视短小精悍的技术设计文献，而提倡关于政策原则和商业实践的广泛论述。我们试图弥补这一遗漏，并使设计回归于设计隐私权。

本文主要包括以下内容：

（1）我们将首先对与隐私相关的设计原则进行一个总体回顾。这就需要对作为设计隐私权原则来源之一的公平信息实践的优缺点做出简要分析。此处我们主要关注公平信息实践的通知—选择模式的不足，以及各种各样版本的公平信息实践由于在很大程度上依赖于作为控制的隐私概念的缺点。接下来，我们将仔细研究设计隐私权的含义，从两个较为宽泛且有时相互重叠的概念的角度对"设计"做出界定：一是网络的后端软件实现和相关系统基础设施，它们往往不易被用户所察觉，但驱动着一切系统的核心；二是前端用户界面，它在隐私设置中能够处理通知、同意、访问、偏好管理和其他用户体验等任务。不仅如此，我们也将从两个相辅相成的角度对设计隐私权进行分析：一个是隐私工程，即促进隐私保护的软件的设计和实现；另一个是可用的设计隐私权，即涉及人机交互的设计任务。前者侧重于通过构建软件来满足公平信息实践所表现出的抽象隐私需求（在某些情况下等同于安全工程），后者则侧重于保证用户理解并受益于精心设计的隐私控制。我们对隐私工程的讨论主要借鉴了技术设计文献当中的四篇关键性的论文及其引用文章。相比之下，我们对可用性设计隐私权的讨论则着眼于一个完全不同的方法，即从社会心理学家Irwin Altman 和技术哲学家 Helen Nissenbaum 从社交互动的角度分析隐私的著作中找到灵感。

（2）我们将对 10 件 Google 和 Facebook 的隐私侵权事件进行案例研究，并根据第二部分当中所确立的原则来找出问题所在，以及这两家公司在防止隐私侵权行为和消费者损害的发生方面可能采取的不同措施。

（3）我们将通过考虑监管机构可能从这种反事实分析中吸取哪些经验教训来做出总结。

二、设计原则

（一）作为设计原则基础的公平信息实践

公平信息实践规定了个人的权利以及与个人数据的传输和使用有关的机构的义务。它们有各种各样的表述方式，并且在某些重要方面各不相同。不过，所有的版本都紧紧围绕着以下九个原则：其一，数据控制者和处理者在个人资料的收集、处理和使用方面受到限制（通常称为数据最小化）；其二，保证数据质量（信息准确、完整、及时）；其三，数据存储受限；其四，对个人用户的通知；其五，用户对企业收集及使用个人数据的选择或同意；其六，企业对存储的用户数据采取合理的安全措施；其七，对用户产生影响的透明处理系统应当易于理解并发挥其效用；其八，用户对其个人数据的访问；其九，隐私权保护和标准的执行（包括行业自律、由个别企业实施的组织措施、法律监管或执行，以及民事诉讼）。①

公平信息实践有很多的优点。首先，公平信息实践是公认的国际隐私权法的基础。其次，这些原则是开放性的，因而数据控制者可以考虑所有的相关因素。例如，通知的范围和内容取决于企业具体的数据处理实践。同样地，数据安全措施必须与企业的规模和复杂程度、活动的性质和范围，以及其拥有的个人信息的敏感程度相适应。最后，公平信息实践不仅是灵活的，容许社会和技术变革，而且是技术中立的，支持各种各样的解决方案。尽管大西洋两岸的监管机构都在

---

① See Paul M. Schwartz & William M. Treanor, The New Privacy, 101 *MICH. L. REV.* 2163, 2181 (2003).

忙于重新解释公平信息实践，或者填补公平信息实践的漏洞，但没有任何人直接抛弃这些原则，或者严肃地建议取代它们。

公平信息实践也有两个重要的缺点。其一，有些版本的公平信息实践没有其他版本全面，这可能导致隐私工程的基础薄弱。其二，公平信息实践主要反映了作为控制的隐私概念，因此在如何解决与 Web 2.0 服务相关的隐私问题方面仅对企业提供了有限的指导，因为在 Web 2.0 服务中，用户生成内容并自愿分享自己及所在组织的个人数据。

1. 一般的公平信息实践还是精简的公平信息实践

大多数隐私学者的共识是，欧洲国家和其他国家将隐私权法直接建立在《经合组织隐私保护准则》（OECD Privacy Guidelines）或《欧盟数据保护指令》（E. U. Data Protection Directive）的基础上，它们采用了强大版的公平信息实践，相比之下，美国的隐私权法则更依赖于精简版的公平信息实践。在美国，监管机构和企业都倾向于认为公平信息实践主要在于隐私的通知－选择模式，它要求企业发布清晰的、准确的隐私政策，说明自己如何处理消费者的个人信息，从而使他们能够就"是否以及在多大程度上披露个人信息"做出知情决策。这种模式主要强调程序要求而不是实质义务，比如合理处理、数据最小化或数据质量。因此，隐私倡导者经常嘲笑美国的公平信息实践为"精简版的公平信息实践"。

显而易见的是，如果隐私工程以精简版的公平信息实践为前提，那么这将会严重限制其价值。在这种模式下，企业可以收集任何他们想要收集的数据，只要他们向消费者提供了通知并获得了选择退出的同意。在精简版的公平信息实践当中，企业并不承担建立最小化数据收集和使用、一旦达到既定目的就删除（或匿名化）个人数据、确保数据质量，以及向用户提供对其个人数据的访问的义务。[1]

然而，近来的发展态势表明，在过去的 10 年间，美国的隐私标准已经从精简版的公平信息实践有了飞跃式的发展。例如，在美国联邦贸易委员会最近的执法行动当中，基于"消费者期待"的这一广

---

[1] See Kenneth A. Bamberger & Deirdre K. Mulligan, Privacy on the Books and on the Ground, 63 STAN. L. REV. 273.

义隐私概念开始逐渐被接受。事实上,美国联邦贸易委员会工作人员的初步报告已经相当明确地对通知—选择模式提出了异议。同样地,在将设计隐私权作为三个关键建议之一时,美国联邦贸易委员会的最终报告指出,企业应当将"实质性的隐私保护"纳入其实践当中,比如"数据安全、合理的收集限制、健全的存储措施以及数据准确性"。最后,美国政府关于消费者数据隐私的框架完全抛弃了精简版的公平信息实践,取而代之的是一个由七个原则所组成的新公平信息实践,这些原则与《经合组织隐私保护准则》以及《欧盟数据保护指令》具有高度的相似性。

简而言之,美国版本和欧盟版本的公平信息实践之间的差距正在逐渐缩小,尽管在美国国会颁布新的隐私权立法之前,这种差距并不会完全消失。然而,除非它们完全相同,否则可适用版本的公平信息实践将大大改变公平信息实践构建到产品和服务中的含义。在本文当中,笔者将在强大版的公平信息实践而不是精简版的公平信息实践这一语境中讨论隐私工程和可用性原则。

2. 隐私控制

大多数隐私学者也同意公平信息实践的核心是将隐私视为对个人信息的控制。Alan Westin 对隐私所作出的权威界定表达了这样一种观点:"个人、团体或机构有权自行决定在何时、以何种方式以及在何种程度上将自己的信息传达给别人。"[1] 一般来说,个人控制巩固了公平信息实践所提供的隐私保护,这跨越了各国隐私权法之间所具有的差异。

这种控制模式有一个很大的缺点,即它似乎非常不适合处理与社交媒体和 Web 2.0 服务相关的新隐私风险。当个人使用 Facebook 或其他社交网络服务时,他们会主动向好友和熟人透露私人的、往往也非常敏感的信息。对于用户(尤其是年轻用户)之所以愿意分享个人信息是因为他们不关心隐私权的这一观点,有关社交网站的最新学术研究表示了反对,它们支持一种更加细致入微的解释,它是基于 James Grimmelmann 所提出的隐私的"社交动态"。Grimmelmann 表示,许多 Facebook 用户之所以将自己的个人信息交由 Facebook 管理,

---

[1] Alan F. Westin, Privacy And Freedom 7 (1967).

了产品的总体运作。这一阶段包括了确定成品的外观和感觉、功能需求、产品目标以及软件架构。在某些情况下,灵感阶段所耗费的时间比软件开发阶段所耗费的时间还要多。从设计隐私权的角度来看,影响概念化阶段对于确保隐私保护理念贯穿于整个产品开发周期而言至关重要。

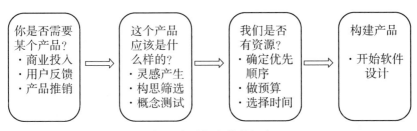

图1 产品概念化的概念

在完成概念化阶段并决定构建产品之后,下一个阶段就是"设计"。设计元素因项目和时间框架的不同而千差万别。通常影响设计的因素包括企业的成熟度、设计任务背后的动机(比如,构建新产品或更新现有产品)、预期受众、可用资源等。软件开发方法也随着产品的性质而有所不同,并且不断发展。例如,为某个企业构建软件可能有较长的开发周期,并且使用"瀑布"模式,遵循设计阶段的顺序(需求、设计、实现、测试、发布)。由初创公司或为快速成长的互联网市场所开发的软件更有可能依赖于"敏捷的"开发流程,因为它允许这些小型团队迅速做出调整,以天或小时而不是年或月为单位。值得注意的是,瀑布模式或类似自上向下的方法非常适合法规遵从(包括安全和隐私需求),而大多数敏捷的、无足轻重的开发方法往往更注重功能。因此,后者往往会在初期忽略安全和隐私需求,只在某些迭代过程中对其进行处理,而有时甚至会完全忽略它们。

无论上述哪种方法适合于某个既定项目,大多数程序员都离不开大量的软件工具包,并通过它们完成与编码和测试软件有关的复杂任务。随着软件变得越来越模块化,程序员也可以自由地从代码库中借用代码,这样一来,程序员用于构建产品或服务的代码大都来源于各种各样的第三方。除此之外,商业和市场经理、律师以及其他非工程师人士也越来越多地参与到软件的设计当中来。就目前而言，最为重要的就是，消费者日益增长的需求促使软件开发人员更加关注用户体验设计的应用艺术和学科，从而在美学、人体工程学和可用性方面对产品进行改良和完善。因此，Web 2.0 服务的软件开发团队现在一般都包括了工业设计师、图形设计师、视觉设计师和可用性专家。

（1）前端与后端设计。设计隐私权的新挑战。满足公平信息实践所规定的隐私要求的系统设计传统上依赖于后端实现和系统保护，这在很大程度上属于网络安全工程师和法律从业人员所擅长的领域。事实上，有些人认为，设计隐私权根本不是一门工程学科，而只是安全工程的一个附属品，主要"用于确保隐私权在法律政策和机构政策所规定的范围内得到保护"。但是，我们基于以下两点原因反驳这一观点。其一，隐私工程是一门新兴学科，有其自身的结构和主题，不能简单地看作安全工程。其二，并不是所有的隐私问题都可以通过参考公平信息实践或使用相关的安全控制来解决。Google 和 Facebook 所发生的一些隐私侵权事件说明了这一新兴趋势，它们并不是后端安全工程失败的结果，而是违背用户隐私观念及其对分享和发布个人信息语境选择的体现。

这些发展趋势反过来又提出了一个有趣但仍然悬而未决的问题：哪些团体成员应当对设计隐私权和解决这些基于语境的需求负责？更重要的是，为了实现工程目的，我们应该如何界定或衡量这些需求？在下文当中，我们将对这些问题给出一些初步的答案，但此处我们只是想强调用户体验设计师在隐私和产品设计当中的重要地位。我们认为，用户体验设计师应当在界定隐私需求方面扮演至关重要的角色。通过在开发和设计过程初期与法律和安全工程师密切合作，他们能够有助于确保终端用户所理解的隐私期待得到充分的考量。

（2）将设计纳入设计隐私权当中。如果要将设计隐私权纳入产品开发，最可靠的方法莫过于在界定软件"需求"或规范时把隐私作为一种因素加以考量。这一"产品路线图"或产品蓝图通常能够为软件产品的创建提供指导，将需要实现的内容作为产品迭代的一部分进行编码（无论包含多个阶段的开发周期的长短），如图 2 所示。如果通过公平信息实践解决隐私问题，那么，界定和实现软件需求就是一项刻不容缓的任务，甚至可能有益于工程度量。

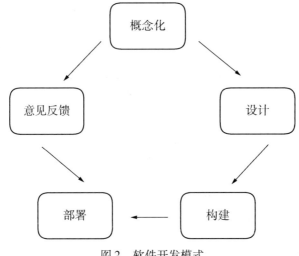

图 2　软件开发模式

然而，在下文所讨论的案例当中，隐私问题所涉及的更多是公平信息实践，而不是隐私的社交动态，这就导致界定软件需求变得更加模糊、更加困难。一方面，法律从业人员在建议开发团队如何实现公平信息实践方面发挥着重要作用；另一方面，用户体验设计师比律师更适合解释人机交互需求（并且他们为后端设计任务做出了重要贡献）。例如，初创公司可能希望实现请求在用户使用移动服务时访问其地址簿或联系人列表的功能；用户体验设计师可能会通过研究消费者对在移动应用程序中使用这些私人数据的期待来做出回应，并找出平衡包括透明度与高用户兴趣度和接受度等在内的相互冲突的目标的最佳途径。用户体验设计师与工程团队和业务经理一起执行这些任务，并在开发消费类软件中扮演着越来越重要的角色，这使得他们受到了顶尖公司的热烈追捧。

在下文当中，我们将分别讨论隐私工程和可用性设计隐私权，从而充实"设计隐私权"的含义。这主要是为了说明的方便，并不一定反映软件开发过程的性质或目标，它理想化地将工程和设计统一起来。将工程原理与设计原理分开讨论的另一个原因是它们的灵感来源不同，并在不同的研究中有所发展。

2．隐私工程

（1）背景。在上文当中，我们已经指出，设计隐私权需要将公平信息实践转化为工程原则。10 年前，Joan Feigenbaum 和她的同事们试图在数字版权管理系统中实现这一点。他们的文章认为，盲签名、零知识证明、选择性披露凭证，以及构成大多数隐私增强技术基础的其他复杂的加密协议都没有能够解决数字版权管理系统所引发的隐私问题。的确，加密隐私增强技术确实有不足之处，并且他们还提出这样一个论题，即如果数字版权管理系统被"恰当地设计、实现和使用"，那么，它或许可以提供"一定程度的用户隐私保护，同时以合理的成本为企业提供实现其基本功能所需的信息"。这也是我们所采用的方法。

在确立我们提出的隐私工程原则之前，我们需要说明以下两点：

第一，隐私研究人士绝不是基于加密协议而抛弃了隐私增强技术。的确，Seda Gurses 等人最近所发表的一篇重要论文强烈重申了加密方法。① 我们对这种分析和试图从中总结吸取教训并没有异议。但是，我们反对 Gurses 等人所提出的二分法（要么高度加密，要么毫无隐私），支持 Feigenbaum 等人所作出的更细致的分析，他们总结认为，尽管加密技术各式各样，真正被广泛运用的却是少数，并且就算是被广泛运用，它们也不一定能够克服阻碍其部署的技术和经济障碍。事实上，即使系统使用加密技术，敏感信息的披露仍然是一个问题。话虽如此，我们还同意 Feigenbaum 等人所提出的另一种观点，即使加密本身并不能解决企业收集、存储、共享数据并将其用于盈利所带来的隐私问题，"它仍然可以在各种各样的解决方法中发挥自己的重要作用"。

第二，"隐私工程"一词不仅涉及 Feigenbaum 等人所进行的研究，还涉及了许多其他方法。其中包括有 Gurses 等人的数据最小化分析、有关需求工程的研究、隐私政策语言和用户偏好工具、隐私访问控制、隐私权限管理、身份管理，以及隐私威胁建模。在下文当中，我们将完全不提及或仅仅是简单提及这些方法，并不是因为它们没有价值，而是因为 Feigenbaum 等人所提出的基于公平信息实践的

---

① See Seda Guirses et al., Engineering Privagy Design, International Conference on Privacy and Data Protection（"CPDP"）§ 2.2（2011），http：// www. dagstuhli. de/mat/Files/11/11061/11061. DiazClaudia. Paper. pdf.

方法，以及 Spiekermann 和 Cranor 所提出的"架构"方法，更适合本文的目的。

（2）基于公平信息实践的隐私工程。此处我们所做出的讨论将紧紧围绕着公平信息实践。并非公平信息实践当中的所有内容都与隐私工程相关，因此，我们主要关注的是数据避免与最小化、数据存储限制、透明度、用户选择和访问，以及问责制。我们首先需要指出的是，公平信息实践仅适用于个人身份信息。尽管个人身份信息并没有一个统一的定义，但隐私权法"同样都有一个基本假设，即如果没有个人身份信息，隐私损害也就不会存在"。由此可见，隐私工程的两个最基本原则是保护用户的个人身份信息免受未经授权的访问，以及限制数据与个人标识符的可连接性。这可能需要对传输和存储的个人身份信息进行加密，或者使用匿名服务，擦除用户的所有在线活动痕迹，或者使用能够启用匿名或假名凭证以用户为中心的身份管理系统。其他限制可连接性的技术可以称之为数据避免或最小化技术。它们包括不记录 IP 地址和（或）不启用用户 ID cookie，或者使用第三方代理服务器删除 IP 地址，以及各种各样的保护、屏蔽和最小化位置数据的技术，根据这些位置数据可以轻易推断出用户身份。

在实践当中，很少有企业构建实现这些技术的服务，除了那些默默无闻、兢兢业业的企业，大多数企业都将隐私（和安全一样）视为一项由律师而非公平信息实践产品开发人员处理的合规任务。因此，绝大多数互联网服务都会收集用户网络活动的有关信息，并将其与 IP 地址或其他标识符联系起来。① 当然，消费者权益倡导人士鼓励用户采取各种自救措施，从而防止企业将其浏览行为与标识符联系起来，或者将其浏览行为与不同的网站联系起来。② 但是，我们此处所关注的并不是用户可以针对隐私权侵权行为采取哪些措施，而是企业可以采取哪些措施来实施隐私工程原则，从而在他们自己的系统中建立隐私保护。由于本文并不旨在详细说明这些自救措施，因此，在讨

---

① See Sarah Spiekermann, The Challenges of Privacy b Design, 55 COMM. ACM 38 (2012).

② See, e. g., EPIC Online Guide to Practical Privacy Tools, ELEC. PRIVACY INFO. CTR. (EPIC), http://epic.org/privacy/tools.html (last visited Feb. 27, 2013) (describing various ways to enhance personal privacy online).

论匿名化技术时，笔者将放在数据避免与最小化这一更大的标题下进行。

（3）数据规避与最小化。数据规避与最小化不仅是公平信息实践、欧盟数据保护指令和某些美国隐私权法的核心原则，而且也在Feigenbaum等人所做的研究中发挥了关键作用。例如，Feigenbaum建议，数字版权管理系统使用户能够"轻而易举地配置系统以适应他们所偏好的信息收集和处理过程"，她将其称为"个性化隐私"①。然而，为了使可配置的系统支持数据最小化，它们必须被默认设置为避免或最小化个人身份信息的收集，这反过来又要求工程师在设计项目的初期就分析信息需求和流动，并考虑将需要个人身份信息的功能（比如，在听音乐或看电影时使用信用卡支付）与激活、推荐服务以及其他功能相分离的技术，而使用笔名就足以实现这一目的了。正如Feigenbaum等人所指出的那样，这也要求企业在一开始就确定哪些信息对于不同的业务实践来说是必不可少的，并且在任何可能的情况下构建不需要收集个人身份信息就能实现业务目的的系统。它也离不开对数据库架构和管理的紧密关注。Feigenbaum等人建议"数据可以被分割"，"根据所关注群体的不同，我们可以采用数据库分离和职责分离的原则"②。

Spiekermann和Cranor对隐私工程架构选择的重要性做出了迄今为止最为全面的说明。他们认为，"工程师通常可以从两个方面做出架构选择：网络中心性和数据的可识别性"。所谓网络中心性，是指用户系统对网络基础设施为其提供服务的依赖程度，以及网络运营商对用户操作的控制程度。隐私保护的程度取决于以网络为中心的系统和以客户为中心的系统之间的统一性。不足为奇的是，企业更喜欢以网络为中心的架构，因为他们能够更大程度地控制系统运的方式，如果他们能设计出比其他人更好的系统，那么，竞争优势也会更大。令

---

① Joan Feigenbaum et al., Privacy Engineering for Digital Rights Management Systems, in Revised Papers ACM Workshop on Security and Privacy in Digital Rights Management 91 (Tomas Sander ed., 2002), available at http://d.acm.org/citation.cfm?id=760739.

② Joan Feigenbaum et al., Privacy Engineering for Digital Rights Management Systems, in Revised Papers ACM Workshop on Security and Privacy in Digital Rights Management 92 (Tomas Sander ed., 2002), available at http://d.acm.org/citation.cfm?id=760739.

人遗憾的是,以网络为中心的系统所面临的隐私风险也更大(因为它在为用户提供服务时必须收集和存储个人数据)。恰恰相反,以客户为中心的系统所面临的隐私问题则大大减少,因为这些系统很少或不需要将个人数据传输到网络服务器,从而消除了数据存储问题和(或)不必要的二次使用。

所谓用户可识别性,是指"数据可直接归属于个人的程度"。Spiekermann 和 Cranor 指出,许多服务提供商已经熟悉了这种方法,它能够减少用户的隐私担忧,并向用户提供匿名访问服务。但仅仅使用匿名是不够的,因为服务提供商仍然能够重新识别用户。识别途径有两种:一是该服务将用户的匿名个人资料与存储在支付或运送数据库中的个人身份信息联系起来(它没有遵循 Feigenbaum 等人所提出的数据库分离和职责分离的原则),二是该服务将数据挖掘技术应用于匿名交易记录,或者通过模式匹配将用户数据与个人标识符联系起来。

Spiekermann 和 Cranor 认为"系统的隐私友好性与用户数据的可识别性成反比",并讨论了在既定系统中工程师可以采取哪些措施来降低用户可识别性。他们描述了四个隐私阶段及其相应的系统特征:

在 0 期阶段,隐私十分有限,可识别性较高,因为系统跨数据库使用唯一标识符,并存储联系人信息与个资料信息,从而将数据和个人标识符连接起来。

在 1 期阶段,通过消除数据库之间的唯一标识符和公共属性,同时将联系人信息与个人资料或交易信息(以匿名形式存储)分开存储,从而提供了最低程度的隐私保护。[①] 但是,通过一定的努力,重新识别用户仍然是可能的(如在 AOL 的例子当中),甚至可能是自动的,从而使其具有成本效益。

在 2 期阶段,系统"主要是为实现用户的不可识别性而设计的",从而实现了 Spiekermann 和 Cranor 所说的"架构隐私"。这些系统虽然与 1 期阶段的系统都具体相同的特点,但也采取措施随机生成标识符,从而防止将来的数据库重新引入通用标识符,并尽量以低粒

---

① Sarah Spiekermann & Lorrie Faith Cranor, Engineering Privacy, 35 IEEE Transactions on Software Engineering 76.

度收集长期的个人特征（如在某些情况下收集年份而不是日期）。①然而，即使采取了这些措施，数据挖掘技术仍然可能被用于重新识别用户匿名数据库和相似的、已识别的数据集，尽管这种做法需要付出比 1 期阶段更多的努力。

在 3 期阶段，隐私得到了充分的保护，用户保持匿名，或者是因为联系人信息和长期的个人特征没有被收集，或者是因为个人资料被删除并通过更复杂的技术被匿名化了。

（4）数据存储限制。如上所述，《欧盟数据保护指令》第 6（1）（e）条明确规定，数据控制者保留可识别数据"不得超过收集或处理数据所必要的时间"。因此，这意味着一旦数据完成其使命，它们就必须被删除或去识别化。在欧洲和美国，关于数据存储的适当期限以及匿名化或去识别化技术的问题主要出现在搜索引擎和定向广告当中，以及出现在无处不在的社交媒体当中。Feigenbaum 等人认为，数据删除实践应当置于数据库架构和管理的背景之下讨论，他们还建议，"在大量的使用记录被放进一个长期存在的数据库里之前"，个人身份信息可以而且应该从这些记录中被删除。② Spiekermann 和 Cranor 所提出的隐私框架将模式匹配技术的新近发展纳入了考量，但将争议的焦点从如何降低重新识别的风险转移到了如何设计系统，从而避免用户被立即识别出来上。至于数据存储限制，他们的建议是，数据控制者不仅要在个人身份信息完成其使命后予以删除，而且还要"清除未识别的数据，从而最小化模式匹配所带来的重新识别风险"。③

（5）通知、选择和访问。虽然我们已经预演了通知—选择模式所具有的局限性，但事实是，不论作为独立的隐私策略存在什么缺点，它和访问都不可或缺。尽管该模式带来了巨大的设计挑战，笔者

---

① See Sarah Spiekermann & Lorrie Faith Cranor, Engineering Privacy, 35 IEEE Transactions on Software Engineering 76.

② Joan Feigenbaum et al., Privacy Engineering for Digital Rights Management Systems, in Revised Papers ACM Workshop on Security and Privacy in Digital Rights Management 93 (Tomas Sander ed., 2002), available at http://d.acm.org/citation.cfm? id = 76073.

③ See Sarah Spiekermann & Lorrie Faith Cranor, Engineering Privacy, 35 IEEE Transactions on Software Engineering 76.

在下文当中还是简要地讨论了一些设计选项。

大多数学者认为，适当的通知必须是易于理解的、及时的、广泛公开的（不仅是对于消费者，对于尊重消费者做出隐私决策所依据的假设的其他系统来说也是如此）。Microsoft 隐私准则对不同类型的通知和不同的通知机制都做出了有益的讨论。该准则在今天仍然有着重要意义，尤其是对于最近有关 Google 将其多个独立的隐私政策合并为一个单一的、综合的隐私政策的争议来说。目前已经有大量的文献对如何完善隐私政策做出了讨论，并提供了各种各样的方法。

此处我们区分并简要讨论两种方法：第一种是工程方法，它采用隐私安全平台（platform for privacy preferences，P3P）标准，以自动化和集成的方式指定和处理隐私政策；第二种是可用性方法，它旨在利用知情同意模式重新设计浏览器中的 cookie 处理。P3P 是最传统、最广为人知的隐私政策规范。该 W3C 标准允许网站和服务将其隐私实践编码为机器可读的 XML 格式，并允许用户代理"根据用户已保存的隐私偏好自动做出隐私决策"。在实践当中，P3P 在技术、法律和政策方面都受到了严厉的批评，它还具有难以解决的用户界面问题。Microsoft 在 IE 浏览器（Internet Explorer）中采用了 P3P 框架，其影响范围非常广泛，但 P3P 的功能仅仅局限于显示网站是否满足了用户的 cookie 偏好，即便如此，也很少有用户会注意到 IE 状态栏上的"隐私报告"图标。相比之下，采用了更完善的 P3P 框架的应用程序，比如 Privacy Bird 则只拥有很少的用户。简而言之，对采用 P3P 标准的隐私工具的研究和实验仍在不断进行当中，P3P 目前还没有发挥出它应有的潜力。

2000 年，Batya Friedman 等人针对信息系统构建了一种知情同意模式，该模式主要基于以下六个要素：披露、理解、自愿、权限、同意和干扰最小化。① 在其发表的文章当中，他们探讨了 cookie 技术和 web 浏览器设计如何回应人们对知情同意的担忧，并发现了重大的设计问题，他们试图通过建立新的 cookie 管理技术机制，使用价值敏感

---

① See Batya Friedman and al., Informed consent online: A conceptual model and design principles 1-4 (2000), available at ftp://ftp.cs.washington.edu/tr/2000/12/UW-CSE-00-12-02.pdf.

的设计方法来解决这些问题。① 在之后发表的另一篇文章当中,他们研究了在 web 浏览器,以及其他广泛部署的技术,比如安全网络连接和网络电子邮件服务当中实现知情同意模式的设计可能性,并提出了10 项设计原则。② 有趣的是,这些原则在某种程度上与 Cavoukian 所强调的主动设计和默认设置有异曲同工之处,同时,它们也引发了典型的人机交互问题,例如,系统与直接和间接涉众之间的交互关系、支持信息流的精准心理模型的图标使用,以及大量能够验证和完善初步设计的实地测试。令人遗憾的是,在开发信息和计算机系统时,很少有企业采用这种方法。

现在电子商务和 Web 2.0 服务都经常为用户提供通过密码保护的账户直接在线访问其个人身份信息的服务。访问范围因服务而异,可能包括查看或编辑用户个人资料、账单和账户信息、隐私设置,以及数据共享和通信偏好。例如,Google 允许用户通过 Dashboard 查看与 Google 账户相关的数据,通过 Ads Preferences 删除或编辑与 cookie 相关的兴趣爱好和人口统计数据。除此之外,当 Facebook 在短短几周内收到超过 40000 欧洲用户所发送的访问请求时,它迅速拓展了新的技术手段,扩大了其通过用户的活动日志配置文件、用户可访问的数据库,以及新的下载工具所能够获取的用户数据的范围。

(6) 问责制。我们已经指出,许多监管者认为设计隐私权是实现问责制的一种方式,其定义是,组织为了证明公平信息实践的合规性而进行的数据治理。然而,我们发现企业也可能采取技术措施来审计和执行其数据隐私实践。Feigenbaum 等人以及 Spiekermann 和 Cranor 也表达了类似的观点,其中,Feigenbaum 等人支持将隐私声明和审计相结合,但强调有效的审计需要通过更强有力的工具来实现;而 Spiekermann 和 Cranor 则建议采用一些新的工具,从而根据一套隐私

---

① See Lynette I. Millett et al., Cookies and Web Browser Design: Toward Realizing Informed Consent Online 7-8 (2001), available at ftp://ftp.cs.washington.edu/tr/2000/12/UW-CSE-00-12-03.pdf.

② See Batya Friedman et al., Informed Consent by Design, in SECURITY AND USABILITY 495.

规则自动评估数据访问请求。① 不过，他们都认为，虽然这些问责措施决定了哪些人可以出于合法目的访问用户的个人身份信息，但它们无法决定这些数据在被访问后是否会被滥用。换言之，尽管审计并不能保证对隐私的加密，但它确实提供了为人所熟知的、具有成本效益的实用解决方案。不仅如此，审计还能够"有助于防止无意的隐私权侵权行为"，并有利于管理人员确定"谁应当对隐私侵权行为负责"。

3. 设计隐私权：一种用户体验方法

（1）背景。与将公平信息实践转化为工程原理和实践不同，一种补充性方法是将隐私纳入用户体验设计过程当中，它通常用于处理可用性、视觉和美学设计。当然，设计本身就是一门学科，它根植于创造性艺术之中，在当今的现代工程实践中发挥着重要的作用。人们一般认为，苹果在消费品设计方面表现卓越，其广受欢迎的设备和软件系统似乎证实了特别关注设计细节是一种智慧。另外，苹果的成功也体现了这样一种理念，即以设计为中心的方法有助于避免可用性问题，从而保护各种各样的优质产品，包括医疗软件和设备、企业软件、安全软件甚至是加密软件。

今时今日，软件设计仍具有优势。例如，WordPress 和 Drupal 等内容管理系统可以让网络新手轻松地通过点击鼠标来构建整个网站，并因此结合了适当的美学和设计原则。的确，有人会说，设计精良、易于使用的消费品激增，加上大多数产品类别中可供选择的产品随处可见，已经导致消费者把良好的设计视为理所当然。然而，由于这种设计热潮与软件美学和可用性有关，它已经创造了许多截然不同的、有时甚至是相互冲突的方法，将设计元素纳入软件开发过程当中。设计已经成为一个多学科的领域，包括视觉设计师、插图师、内容和复制设计师、用户界面和用户体验设计师，以及负责将这些不同元素组合在一起的创意总监和项目经理。虽然设计过程在不同的组织之间有很大的差异，但是一些被普遍接受的实践和过程逐渐开始出现。例如，以用户为中心的设计旨在开发围绕终端用户目标、需求、愿望和

---

① See Sarah Spiekermann & Lorrie Faith Cranor, Engineering Privacy, 35 IEEE Transactions on Software Engineering 79.

限制的软件和软件界面。这种方法依赖于尽可能多地了解终端用户，从而为特定的软件产品创造最佳的用户体验。首先，用户体验研究者通过采用人种学和实地研究、访谈、调查、启发式评估、用户测试和相关方法来生成关于用户需求、痛点和期待的数据。这些数据构成了叙述（也就是所谓的用例或使用场景）创造的基础，这些叙述有助于驱动软件工程需求，然后将其纳入总体开发计划当中。除了初始阶段之外，典型的软件开发过程是迭代的，在测试、设计调整和编码更改几个步骤之间交替进行，迭代程度取决于项目的复杂性。最简单的软件开发过程是，软件开发人员先从设计团队处接收需求，再构思架构和系统设计，最后，依靠该设计在短期内开发出软件。如果软件开发过程相对复杂，那么，就需要多个迭代、多个部门以及多个涉众共同参与，耗费数月甚至数年的时间才能完成。

用户体验设计作为一门设计学科的重要性日益增长，几乎每个大型的软件公司都会将其整合到自己的产品设计过程当中。在最新文献所引用的有关设计隐私权的例子中，至少有一部分是用户体验设计师在"现实世界"中考察社会化所得的成果，比如 Google+用户界面。的确，设计隐私权可以被理解为是现有用户体验设计的延伸，因为其目的在于预测和解决消费者在使用任何产品时可能遇到的潜在隐私问题。然而，如果想要使它成为现实，我们就需要调整现有的用户研究协议，包括对隐私与消费者期望关系进行探讨。这并不总是一项一步到位的任务。在许多情况下，隐私是一个潜在的问题，如果没有额外的培训或意识，人们可能很难辨别。然而，对于用户体验设计师来说，通过扩展现有概念来更好地理解隐私问题并不是一项不可逾越的任务。事实上，Lederer 等人和其他人机交互专家已经开始这样做了。

随着隐私期待和有关社会规范的制度知识的发展，用户体验从业者很可能会更好地对其进行识别并将它们纳入他们的用户研究协议当中。一开始，他们可能不得不依靠反复试错来确定对隐私价值做出什么样的解释才最适合用户体验隐私研究。用户体验设计建立在 Jakob Nielsen 等先驱者的研究基础上，并在学术界扎根至今。Nielsen 认为，可用性是决定所有用户界面是否易于使用的"质量属性"。隐私（和安全）领域的可用性有其独特之处。首先，用户认为，相对于完成一些主要任务（比如网络搜索），可用的隐私和安全控制是次要的，因此它们必须是可访问的，而不会形成阻碍；其次，它们必须适应各种各样的具有不同技能水平的用户，而是专为技术精英所设计；最后，如果精细的安全和隐私系统缺乏可用性，相比于其他不那么精细但更容易使用的系统，它们可能会给用户带来更高的风险。错误风险的增加更加促使用户体验从业者确保隐私和安全是可用的。

可用性的研究可能贯穿于整个软件开发周期当中的好几个阶段（需求、设计、发布），但它是一个很大的主题，已经远远超出了本文所讨论的范畴。此处我们只专注一小部分直接涉及社交网络界面设计对隐私的影响，以及 Google + 和 Facebook 隐私保护功能的可用性的相关文献。

在评估公平信息实践的优势和劣势之前，我们估算作为公平信息实践依据的控制范式与隐私社交动态之间的联系十分有限；在分析用户界面的隐私含义时，可用性专家并没有援引公平信息实践做出解释，这一点得到了事实证明。他们以 Irwin Altman 和 Helen Nissenbaum 的文章为理论支持，其中，Irwin Altman 是一名社会心理学家，他认为个人空间和领土权、概念化的隐私是在主体间性关系中划定个人界限的动态过程。Helen Nissenbaum 是一名技术哲学家，她根据不同社会语境当中的规范来解释隐私，即"语境完整性"框架。两人不仅都反对隐私仅仅与个人信息的控制有关的观点，而且也均反对"公共隐私"的概念在某种程度上是一种矛盾修饰法的观点。在下文当中，我们将简要描述 Altman 的观点以及他们两人对两篇重要文章的影响，这两篇文章讨论了将隐私理解为一个动态过程的设计含义。另外，我们还将介绍一些研究人员的成果，他们试图通过参考 Altman 所作的研究和 Nissenbaum 所提出的语境完整性框架来分析 Facebook 界面设计所存在的缺陷并提出补救措施。

（2）Altman。Altman 将隐私视为一种"人际边界"，通过各种行为机制，人们或多或少会变得可接近、对别人敞开胸怀。[1] 这些行为

---

[1] Irwin Altman, The environment and social behavior: privacy, personal space, territory, crowding (1975).

机制包括语言行为和副语言行为（我们所表达的内容和方式，即语调、强度、音高和音调变化）、私人空间（与别人之间的距离和角度），以及其他形式的非言语行为，诸如面部表情、肢体语言、领土行为（即使用、占有和享有某一地点或物品的所有权）等，以及规制与别人关系的文化规范。举例来说，如果我们是在公共场合进行亲密交谈，那么，我们就会依靠一些常见机制，比如轻声说话防止被别人听见、背对着人群站立，以及避免与可能靠近的别人进行眼神交流。在网络环境当中，这种机制普遍缺乏，就算是在社交网络当中也是如此，尽管它们都与社交互动有关。

Altman 反对将隐私视为一种只存在于"私人"空间的社交退缩形式的传统观点。恰恰相反，隐私是一个动态的（即它是由个人和集体的经验与期待所塑造的）、辩证的（即涵盖了一系列就公开还是隐藏不断进行平衡的行为）、优化的过程。另外，与其说隐私是个人对信息披露的单方面控制，不如说它是一个双向过程，同时包括了对别人输入（被人观察、靠近、接电话）和输出（观察、寻找好友、打电话）的控制。简而言之，隐私是一个调节人与人之间界限的过程，通过这个过程，人们可以或多或少地让自己对别人敞开心扉。

Altman 主要关注人们如何管理在物理空间中所发生的，并受我们生活环境所影响的面对面的互动。在 Altman 的研究基础上，Palen 和 Dourish 说明了，在以信息技术为媒介的网络世界中，隐私作为一种边界过程是如何发挥作用的，信息技术不仅使我们能够与许许多多相距甚远甚至完全陌生的受众进行社交互动，而且还消除了我们赖以管理人际关系的大部分熟悉的生理、心理和社会线索。[1] 不管我们知道与否，在每次"上网"时，我们都会暴露自己的信息。网络冲浪或搜索等常见活动会产生数据轨迹，这些数据轨迹会在我们不知情或不同意的情况下被收集、汇总和分析。社交媒体为社交互动和分享提供了新的机遇，但在传达行为举止和意图或建立自我表达环境方面提供的手段非常有限。

网络世界中的隐私管理涉及"社会和技术安排的结合，它们反

---

[1] Leysia Palen & Paul Dourish, Unpacking Privacy for a Networked World. Proceedings of the ACM Conference on Human Factors in Computing Systems CHI 2003.

映、复刻和产生社会期待,指导行为的可解释性,并随着技术和社会实践的革新而发展"。通过这些新的隐私机制,用户应当能够干预与别人有关的现有数据流动,并重新协商、披露身份和时间的边界。那么,在各种各样的网络环境当中,支持数据战略性隐藏和公开的工具是什么呢?Lederer等人建议通过做出解释和采取措施相结合的方式来改进技术系统中的隐私实践,并提出"五大误区",从而为设计者提供设计指导,防止他们深陷其中。① 这"五大误区"分别是:

第一,设计不应掩盖潜在的信息流(因为如果要在知情的情况下使用系统,用户必须了解系统对隐私的影响范围)。

第二,设计不应隐藏实际的信息流(因为用户需要了解自己的哪些信息被披露给哪些人了)。

第三,设计不应要求通过过多的配置来管理隐私,而应使用户能够在正常使用系统的情况下自然地保护隐私。

第四,设计不应放弃通过一个平淡无奇的、粗粒度的机制来停止和恢复信息公开。

第五,设计不应阻止用户将既定的社会实践转移到新兴技术上。根据Lederer等人的说法,结合了反馈(做出解释)和控制(采取措施)机制的工具"使得它们的后果众所周知,使用起来不会大费周章",从而产生了具有社交意义的隐私实践。

(3)Nissenbaum。Nissenbaum将隐私视为语境完整性,这一理论始于她的观察,她发现,在高度特定的社会语境当中,规范控制着信息的流动。常见的社会语境包括卫生保健、教育、就业、宗教、家庭和商业市场。根据人们在其中所扮演的角色(如医生、护士、病人)、所参与的活动和实践(例如询问症状、注射药品、描述疾病),通过定义既定语境当中的可接受行为和不可接受行为的规范(例如尊重病人隐私),以及在语境中定义活动的意义(例如为病人开药方或采取措施使病人受益,同时避免过度治疗),我们可以更全面地理

---

① See Scott Lederer et al., Personal Privacy Through Understanding and Action: Five Pitfalls for Designers, 8 PERS. & UBIQUITOUS COMPUTING 445-449.

解这些语境。① 人们整天从一个语境转到另一个语境，他们含蓄地理解可适用的规范并据此采取相应的措施。例如，我们希望为我们治疗肝炎的医生询问我们饮酒和吸毒的情况，但不希望与我们的雇主分享这些信息；我们会与配偶或伴侣分享快乐和焦虑，但不会与便利店的店员分享。所有的这些日常社会语境都有各种不同的管理信息流的规则。这些信息规范定义了语境完整性，如果人们遵守信息规范，那么，语境完整性就会被保留；如果人们违反信息规范，语境完整性就会被破坏。

Nissenbaum 提出了两种基本的信息规范，即恰当型和分布型。②前者规定在特定语境下哪些个人资料是被允许（或不允许）、被期待甚至被要求披露的。这些规范之间千差万别，可以是或多或少的限制的、明确的或完整的。但关键的一点在于，在我们的日常生活中，没有哪个领域不受信息规范的控制。后者规定在特定情况下如何以及与谁共享数据。分布型规范也是千变万化、相当复杂的。例如，好友之间的信息共享是双向的，但是他们希望彼此之间的信息是保密的，不会被随意地传播给其他第三人。与此相反，在医患关系中，信息的流动是单向的，医生希望（甚至可能要求）病人透露他们的身体和（或）精神状况，而病人则希望他们所说的话受到保密，只有当疾病对公共健康构成威胁时才会有例外。

Nissenbaum 建议将语境完整性作为隐私的"基准"，在任何特定情况下，隐私侵权行为都可以被理解为对信息规范的违反。因此，她的研究为近来产生的与新信息技术和系统相关的隐私争议提供了很多参考。简而言之，信息技术使我们感到担忧和产生警觉，在更极端的情况下，当它们"无视根深蒂固的信息规范，从而威胁语境完整性"时，隐私侵权事件就会因此发生。在其他文章当中，Nissenbaum 进一步指出，信息规范包含四个因素：语境、行为人、属性以及传输原则，它们也是判断新技术设备或系统部署所导致的新实践是否违反了语境完整性的关键因素，例如，社交网站上的照片标签。她认为可以

---

① Helen Nissenbaum, Privacy in Context: Technology, Policy, and the Integrity of Social Life 129 – 137.

② Helen Nissenbaum, Privacy as Contextual Integrity, 79 *WASH. L. REV*, pp. 137 – 143.

通过"启发式决策"来确定隐私侵权行为,具体分为五个步骤:其一,建立主流语境(例如,初中生将自己的照片上传到 Facebook 上);其二,确定主要行为人(如父母、未成年子女、好友、好友的好友、Facebook);其三,分析新技术(社交网络服务)是否影响所传输信息的类型(例如,除了视觉图像之外,还有状态更新链接、照片、标签等);其四,确定传输原则是否发生了变化(例如,学生们彼此之间小心翼翼地分享不雅照片,而其中一人将照片上传到社交网站上并标记他们的好友,因此,他的同学、老师、家长以及所有的社交网络成员都能看到这张照片);其五,违法行为。①

对 Nissenbaum 来说,语境完整性不仅是说明和预测人们如何应对隐私侵权行为的良好基准,而且是一种规范性指南。此处我们将不对 Nissenbaum 所提出理论中的道德元素做过多的探讨,而是关注语境完整性框架如何有助于企业设计防止隐私侵权事件发生的新系统。例如,Heather Richter Lipford 在 Nissenbaum 研究的基础上提出了两个具体的界面调整方法,即 Restrict Others 和 AudienceView,从而管理 Facebook 上出现的隐私问题。

在下文当中,笔者将更详尽地说明,在 Facebook 上分享照片减少了照片主体对自己形象及其传播的控制,导致如今各种各样令人尴尬的、使人蒙羞的、带有歧视性的甚至导致逮捕的事件司空见惯。Restrict Others 方法(限制其他人的方法)是以 Nissenbaum(和 Altman)所提出的分析框架为基础的,它能够开发一种新的工具,从而增强用户控制哪些人会看到由照片主体以外的用户上传和标记的照片的能力。简单来说,"它允许被贴标签的用户向照片的所有人(上传照片的人)发送请求,要求对照片某些人不可见"。② 2008 年,Lipford 等人首次提出了 AudienceView(观众视觉)方法,当时的 Facebook 界面针对用户受众,以及隐私设置更新如何影响与不同受众共

---

① Helen Nissenbaum, Privacy in Context: Technology, Policy, and the Integrity of Social Life 140 – 182.
② Andrew Besmer & Heather Richter Lipford, Moving Beyond Untagging: Photo Privacy in a Tagged World, Chi 2010: Privacy: Proc. Sigchi Conf. on Hum. Factors Computing Sys. 1567.

享个人资料数据的"糟糕心理模型"仅仅提供了有限的视觉反馈。①因此,许多用户在不知情的情况下透露的个人资料数据比他们所预期的要更多。当 Facebook 允许用户通过常见的"复选框界面"预先配置个人资料的隐私设置时,默认的隐私设置是允许的,用户很少做出更改。

AudienceView 提供了一个经过调整的界面:"用户会从各种受众的角度来查看自己的页面,比如不同的朋友群、网络群、公众群等。该界面提供了一个更直观和准确的心理模型,不同的人可以对他们持有看法,用户能够更明确和具体地考虑他们的信息的语境,并按照需要调整信息流。"为了在用户浏览好友的个人资料和发布信息时提醒他们信息的流动,Lipford 等人提出了:"通过用户主页上的消息框显示最近被他人获取的信息,或者提示某一时间段内的访问次数。"为了防止用户的社会语境"扁平化",并确保 Facebook 隐私设置更好地反映线下关系的更为微妙多变的社交环境,他们建议 Facebook 通过分析每一个用户的"社会网络图谱"自动确定用户的社交领域,并通过 AudienceView 界面向把用户提供这些信息。

Lipford 等人基于语境完整性框架提出了六项设计准则,使信息流在社交网络中更加可见。这些设计准则分别为:其一,提高信息流动的透明度,让用户知道他们在与哪些人分享哪些信息。其二,增强用户对信息流的了解,使他们能够就与其他用户和(或)第三方分享个人资料数据、照片等做出知情决策。其三,增强用户对有多少信息已存档并仍可供别人使用的了解。其四,通过提供具体的例子,说明哪些人将看到哪些信息,使信息和语境具体化。其五,对信息流提供更细粒度的控制。其六,不突然改变信息流。②

---

① See Heather Richter Lipford et al., Understanding Privacy Settings in Facebook with an Audience View, Upsec'08: Proc. First Conf. on Usability, Psychol., & Security, art. 2 (Elizabeth Churchill & Rachna Dhamija eds., 2008), available at http://static.usenix.org/event/upsec08/tech/fullpapers/lipford/lipford.pdf (describing the relationship between user privacy concerns and the shortcomings in Facebook's user interface).

② See Heather Richter Lipford et al., Visible Flows: Contextual Integrioy and the Design of Privacy Mechanisms on Social Network Sites, in Proc. 12th Ieee Int'l Conf. on Computational Sci. & Engineering 987.

上述就是我们对设计过程、影响设计的多种因素，以及企业为了将对公平信息实践的充分理解转化为设计良好、高度可用的设计隐私权必须遵循的工程和可用性原则所做出的简要说明。我们首先将后端实现和安全保护与以用户隐私期待为中心的前端设计问题区分开来，并因此将其与人机交互原则，包括用户界面和用户体验设计区分开来。紧接着，在 Feigenbaum 等人、Spiekermann 和 Cranor 的研究成果基础上，我们基本确定了基于公平信息实践的工程原理，包括数据避免和最小化、数据存储限制、通知、选择、访问和问责制。最后，根据 Grimmelmann 所提出的隐私"社交动态"的观点，我们通过说明 Lederer 等人所指出的设计师需要避免的"五大误区"，以及 Lipford 等人所提出的六项设计原则，并追溯了 Altman 和 Nissenbaum 所做出的开创性研究，从而充实了用户体验的设计隐私权方法。随着初步研究的完成，我们现在可以开始进行反事实分析，将这些隐私工程和设计原则应用到1个具体的案例研究当中。

三、案例研究和反事实分析

（一） Google

Google 掌握着最受欢迎的互联网搜索引擎，只要用户点击或查看与其搜索结果相关的广告时，它就会产生收入。2012 年，Google 的年收入约为 460 亿美元，其中广告收入约占 95%。该公司长期以来都有隐私问题，在下文当中，我们将主要讨论 Google 的谷歌邮箱、谷歌搜索、谷歌街景、Buzz 和 Google+，并讨论备受争议的新隐私政策。

1. 谷歌邮箱

谷歌邮箱是 Google 旗下免费的、基于网络的、依靠广告支持的电子邮件服务。在 2004 年初作为一个仅面向受邀者的测试版发布时，它就立即大获成功，以接收内容关联广告为条件向用户提供前所未有的存储容量。谷歌邮箱的广告引擎能够自动扫描标头信息，以及广告主预先提供关键词的收发信息的内容。尽管有这种对隐私敏感的设计，Google 通过推送内容关联广告向用户提供免费存储的做法还是引起了很大争议，即用户和消费者权益团体对非用户缺乏数据存储容量。另外，Google 将来修改其采取的做法，并对基于用户谷歌邮箱身份与其使用谷歌搜索行为的相关性创建非常详细的用户个人资料表示了担忧。尽管政府进行了各种各样的调查，但是没有采取任何严厉措施，并且没有迫使谷歌邮箱就广告推送做出任何重大改变就消除了争议。谷歌邮箱的成功使 Google 得以拓展新产品，与数亿用户建立更个性化的关系，管理他们的电子邮件账户和联系人列表，从而为其后来进军社交网络奠定了基础。

谷歌邮箱在设计上是一个成功的典范：它为用户提供了一个非常明确的价值定位，在推送广告的同时避免了对个人身份信息的分析和披露，并在保障知情同意方面做了相当彻底的工作。① 然而，许多人对谷歌邮箱报以焦虑和怀疑，尽管它具有设计优势。② 在谷歌邮箱出现之前，电子邮件被认为是发送者和接收者之间的一种私人的、不可侵犯的通信方式；通过将私人通信作为商业报价的基础，与内容相关广告打破了这些信息规范。

为了缓解用户对隐私的担忧，Google 是否采取了其他的设计措施？首先，对于谷歌邮箱是否推送与个人邮件内容相关的广告，Google 可能会更加透明，也可能会以其他方式跟踪用户，或为了广告或其他目的与其他服务共享信息；其次，Google 可以通过设计一个 web 邮件服务将用户的个人数据，或者其他消息内容与其他 Google 服务收集的数据区分开来，从而将这些保障转化为架构选择；最后，也是最为重要的，Google 可以考虑过同时推出依靠广告支持的免费 web 邮件服务和无广告付费版本。通过从一开始就为消费者提供一系列的选择，Google 本可以促进"隐私实践"的发展，并为将隐私理念融入未来服务的设计当中树立一个良好的榜样。

2. 谷歌搜索

与谷歌邮箱不同，谷歌搜索吸引了隐私官员更持久的关注。从 2006 年的最后几个月开始，欧洲和美国的监管机构就针对为搜索广

---

① See Batya Friedman et al., Informed Consent by Design, in SECURITY AND USABILITY 521 – 526.

② See Jane Perrone, Google Free Email Faces Legal Chalnge, THE GUARDIAN (Apr. 12, 2004), http://www.guardian.co.uk/technology/2004/apr/13/intemationalnews.onhnesupplement.

告和其他目的而收集的数据的数量、敏感程度和存储期限向 Google 及其搜索引擎竞争对手提出了挑战。消费者和监管部门的担忧在一定程度上都是源于两篇广为流传的新闻报道,它们提醒公众关注他们所喜爱的搜索引擎的数据处理实践。在接下来的几年里,监管机构和倡导者不断呼吁所有的搜索公司在数据实践方面提高透明度,缩短数据存储时长,并改进在存储期结束后的匿名化数据的方法。作为回应,Google、Yahoo! 和 Microsoft 都缩短了数据存储时长,试图改进匿名化技术,并开始建立新的合规机制。很快,所有的主流搜索引擎和浏览器都开始就隐私保护功能展开激烈的竞争。尽管如此,Google 仍然是在搜索引擎领域处于遥遥领先的地位,并且克服了外界以反垄断和隐私保护为由所提出的反对声音,最终以 31 亿美元的价格收购了 DoubleClick。[1]

在搜索方面,一旦了解到主流搜索引擎正在跟踪其搜索记录并收集和存储大量信息以供执法机构使用,以及供记者挖掘其"真实"身份,公众就会变得惶恐不安。我们现在面临着两个相互关联的设计问题:其一,用户的搜索数据在被删除之前应当存储多长时间;其二,如果所采取的手段是匿名化而不是删除,那么,最适当的方法是什么?

Google 试图通过存储搜索记录长达 18 个月,然后删除 IP 地址的最后八位字节来"匿名化"所有将搜索词链接到 IP 地址的数据,在"隐私和其他目标(如安全、防止欺诈和改进搜索)"之间达到它认为的"适当平衡"。当然,通过存储数据改善搜索结果和维护数据安全以及通过删除或匿名化搜索数据保护用户隐私,这二者之间存在某种权衡关系。话虽如此,Google 还会采取其他措施来解决隐私问题吗?首先,它可能会有助于用户通过使用代理服务器,或者通过将搜索与像 Tor 这样的洋葱路由器代理集成进行搜索或匿名浏览网页。其次,Google 可能通过管理用户 IP 地址的内部访问来追求数据最小化,用于搜索质量和反欺诈问题之外的用途。再次,Google 可能已经在搜索方面提高了透明度。虽然 Google 的披露达到或超过了行业标准,

---

[1] See Louise Story & Miguel Helft, Googk Buys an Online Ad Firm for MYM3.1 Billion, *N. Y. TIMES*, Apr. 14, 2007, at Cl.

但它既没有解释监控和跟踪搜索查询可能对用户隐私所造成的危害，也没有明确说明它是否将搜索查询数据与谷歌邮箱和其他需要注册账户的服务所收集的其他信息相结合。最后，Google 可能在早期为多个在线账户提供了便利，从而允许用户根据 Altman 和 Goffman 的社会洞察力细分自己的生活并调整自己的公共角色。

3. 谷歌街景

谷歌街景提供了一个比谷歌邮箱或谷歌搜索更复杂的隐私场景。谷歌街景最初于 2007 年 5 月在美国推出，它是 Google 地图的一个附属产品。它能够显示出许多城市的全景图像，这些图像是由装有特制数码相机和天线的汽车所拍摄的。在早期，隐私倡导者和监管机构均反对 Google 收集和显示可识别的面孔和车牌，以及可能会使人联想到令人尴尬或敏感的活动或地点（例如，裸体进行日光浴或从脱衣舞俱乐部离开）的建筑物或街景。① 起初，Google 为其在美国所做出的行为进行了辩护，称所有的照片都是在公共街道上拍摄的，因此公民的隐私期待非常低。随着时间的推移，Google 改进了删除令人反感图像的程序，并在世界范围内采用了数码"像素化"技术（即面部模糊）。然而，在许多国家和地区，谷歌街景仍然受到了严格的审查，在这些地方，隐私权法禁止未经他人明确同意就公布其照片，或者当地规范将住宅区街道视为公民私人空间的一部分。虽然一些国家的隐私专员对谷歌街景展开了调查，并命令 Google 在这些调查完成之前停止拍照，但 Google 似乎已经开始寻求解决这些问题的方法。接下来，在 2010 年 4 月底，Google 透露，它的谷歌街景车无意中收集了来自 Wi-Fi 网络的"有效载荷数据"（所谓"有效载荷数据"，是指通过未受保护的网络发送的信息，包括位置数据、密码、电子邮件地址和通信内容）。随后公众谴责、私人诉讼和新的政府调查接踵而至。Google 更加努力地解决这些新的（和旧的）问题，但其结果是好坏参半的。另外，美国联邦通信委员会（Federal Communications Commission）对 Google 公司进行了罚款，原因是，Google 阻碍了其对该公司收集 Wi-Fi 有效载荷数据的调查。根据在美国联邦通信委员会

---

① See Elinor Mills, Cameras Eveywhere, Even in Online Maps, CNET（May 30, 2007），http：//news. cnet. com/Cameras-everywhere,-even-in-online-maps/2100-1038 3-6187556. html.

的完整版报告公布之后出现的新细节,数据收集"并不是像人们对Google所固有的印象那样是一种错误行为,或者是流氓工程师的所作所为,而是监管者所熟悉的程序"。因此,一些监管机构正在考虑是否重新展开调查。与此同时,瑞士一家上诉法院做出了令人喜忧参半的判决,认为Google模糊技术99%的准确率是可以接受的,但仍需要遵守隐私专员所提出的几个条件。

尽管许多学者都理所当然地认为谷歌街景发布位于特定地理位置的人的照片是一种极具侵犯性的行为,但是规制公共照片的社会规范在不同文化当中存在着差异,并且在某种程度上仍然不稳定。① 在美国尤其如此,因为人们对谷歌街景已经习以为常。Google承认,当Google在海外发布带有附加隐私保护(对人脸和车牌进行模糊处理)的谷歌街景,并在日本和德国进行了因地制宜的调整时,这些文化差异就显现出来了。尽管如此,许多用户和外国政府仍然强烈反对Google在没有提供预先通知或获得明确同意的情况下就通过谷歌街景记录和公开个人图像。当然,Google提供了一种事后机制,用于从谷歌街景中删除令人反感的图像,但没有为城市街道的居民提供工具,使他们能够事先表明自己不希望Google拍摄他们或他们的住所。Google可能会反驳认为,事前机制对于大规模的谷歌街景来说是不切实际的,但这种观点显然回避了该服务是否违反了恰当型规范以及应该对此采取哪些行为的问题。除此之外,Google在最初于美国问世时可能包括了模糊技术。② Google认为,美国城市居民的态度完全反映了美国的法律原则,相比于对室内环境的保护,它对公共街道的保护要更弱。然而,当Google后来在谷歌街景中引入模糊技术时,其范围是全球性的,而它从一开始就能够这么做。总之,谷歌街景兼具设计上的成功,比如数字像素化和选择退出,以及设计上的失败,比如隐私保护功能的延迟引入、导致Wi-Fi有效负载数据丑闻的原因不明

---

① See generally Ryan Shaw, Recognition Markets and Visual Privacy (Nov. 2006) (unpublished paper), www. law. berkeley. edu/files/bclt-unblinking. . shaw. pdf.

② See Peter Fleischer, Street View and Privacy, GOOGLE MAPs BLOG (Sept. 24, 2007), http://google-latlong. blogspot. com/2007/09/street-view-and-privacy. html.

的隐私处理故障。①

2009年，也就是Buzz发布的前一年，Google发布了Latitude，它是一款位置跟踪服务，用户可以与其好友分享自己所在的地理位置，并且它包括了大量隐私保护功能。它还宣布了几个主要的隐私举措，比如Data Liberation Front，旨在确保来自Google的数据可以轻松地导出，用于其他应用程序和服务；再比如Data Dashboard，它为用户提供了一个单独的位置来控制和查看他们所订阅或使用的所有服务的设置；另外，就在推出Buzz的两周之前，Google制定了一套新的隐私原则。

4. Buzz和Google+

2010年2月9日，Google推出了Buzz，希望借此在社交网络服务领域与Facebook直接展开竞争。为了实现这一目标，Buzz新增了一个功能："在很多情况下，即使没有收到事先通知或明确表示同意，谷歌邮箱用户也会与某些'关注者'（关注用户的人）自动匹配上。"另外，加入Buzz后，谷歌邮箱用户会被自动设置为"关注"其他用户。而且，Google对所有浏览用户资料的人公开这些信息。然而，这一利用现有谷歌邮箱联系人名单启动Buzz社交网络的做法适得其反，把Buzz置于调查记者、人权活动人士、受害者或那些最频繁的联系人所关注的"危险地带"，并且需要保持机密性。Google立即建立了一个作战室，试图毫不拖延地解决问题，两天后，它调整了Buzz的用户界面，使其更容易选择不公开关注者名单和关注的人，尽管公开选项仍然是预先选定的。在一篇博客文章当中，Google宣布将做出进一步改变，试图证明其实施"自动关注"的行为是合理的，我们想竭尽所能让入门体验变得快速和简单。为了对用户的担忧做出回应，Google引入了一个新的"自动推荐"功能，用户能够根据他们最常联系的人来审查和同意关注者的推荐。

这些努力仍然无法满足美国电子隐私信息中心（Electronic Privacy Information Center）的要求，该中心很快向美国联邦贸易委员会提出了投诉。在一篇博客文章当中，电子前沿基金会（Electronic Frontier

---

① See Notice of Apparent Liability for Forfeiture, Google, Inc., 27 FCC Rcd. 4012 (Apr. 13, 2012).

Foundation)指责 Google 试图"通过对用户信息进行二次利用来克服其在与 Twitter 和 Facebook 竞争时的市场劣势"。第二天,民主与技术中心(Center for Democracy and Technology)的 Leslie Harris 发表了一篇评论文章,称 Buzz 在"违反设计隐私权原则方面是教科书式的范例"。不仅如此,Google 公司也遭到了集体诉讼,并最终以 850 万美元获得和解。

Buzz 引发了人们对隐私的多重担忧,这也导致了它过早地退出历史舞台。Buzz 违反了一些公平信息实践和相关的隐私工程要求,包括不充分的、具有误导性的通知和缺乏知情同意,这些缺陷最终迫使 Google 面临集体诉讼和美国联邦贸易委员会的投诉。Buzz 也忽略了一些设计准则,其中包括 Lederer 等人所提出的所有五大误区,以及 Lipford 等人所提出的许多设计准则。Google 原本可以对 Buzz 采取一些不同的措施。首先,Google 本可以提高披露的透明度,使用户知道自己经常使用的谷歌邮箱联系人将被默认公开。其次,在发布该服务时,Google 本可以不引入自动跟踪功能,而是引入迫于压力仓促开发的自动提示功能。最后,Google 本可以为用户提供更方便、更有效的退出这一新服务的选项。简而言之,它可以使 Buzz 从一开始就更具有可配置性。

对于 Google 这样一家成功的、智慧的公司来说,Buzz 无疑是一次巨大的失败,所以我们有必要思考:为什么 Google 导致 Buzz 如此失败?给出原因是,Google 将 Buzz 作为"在人们所认为极其私密的服务内部的一种面向公众的服务"而推出。[①] 但这种做法打破了社会期待,或者用 Nissenbaum 的话说,它破坏了语境完整性。Google 假设人们在不想继续使用的情况下会选择退出 Buzz。但是这个前提是有缺陷的,因为许多毫无戒心的用户在不了解 Buzz 的信息流的情况下就进入了 Buzz,因此而感到十分困惑,并且发现很难退出,这只会加剧他们的焦虑。

在 2010 年后期和 2011 年第一季度,Google 还发布了一些重要的政策声明,主要涉及其对终端用户隐私保护的承诺。8 个月后,

---

[①] danah boyd, Remarks at SXSW, Making Sense of Privacy and Publicity (Mar. 13, 2010), http://www.danah.org/papers/talks/2010/SXSW2010.html.

Google 任命 Alma Whitten 为隐私主管，负责确保 Google "在其产品和内部实践中建立有效的隐私控制"。与此同时，Google 致力于通过为工程师、产品经理和法律团队提供的强化课程对新员工进行隐私原则方面的培训，并宣布了新的合规流程，"每个工程项目的负责人都必须为自己所参与的项目保留一个设计隐私权文档。该文件将记录其处理用户数据的方式，并将由管理人员和一个独立的内部审计小组进行定期审查"。① 大约 5 个月后，Google 同意了一项有关 Buzz 的和解协议，该和解协议"防止了 Google 公司未来对隐私保护的误导，要求其实施一个全面的隐私保护计划，以及在未来 20 年内定期进行独立的隐私审计"。同一天，Whitten 在博客上回复，重申了 Google 就隐私保护所作出的承诺，并再次为 Buzz 所引发的隐私担忧表示歉意。2011 年 10 月 14 日，Google 正式宣布终止 Buzz，这一传奇就此结束。

　　2011 年夏天，Google 推出了 Google＋，试图一扫 Buzz 的失败而焕发出新的生机。② 基于隐私保护和用户控制的理念，Google＋是第一个明确地将用户划分为一个个"社交圈"（比如，家庭、朋友、同事）、使用户能够对发帖和个人资料信息享有控制权的社交网站。Google 所采用的这种新方法广受好评，甚至被认为是设计隐私权的典范。虽然 Google＋也遭到了一些反对的声音，但这些声音并没有损害 Google 刚刚恢复的声誉。事实上，Google 似乎已经从 Buzz 那里吸取了教训，现在正齐心协力，不仅要以一种尊重用户隐私的方式进入社交领域，而且要在提供创新的隐私保护工具方面超过竞争对手。但是，Google 所提供的新的、以隐私为中心的社交网络服务究竟是 Whitten 在 Google 的产品和内部实践中建立有效的隐私控制的新关注点的第一个成果？还是仅仅是 Google 将柠檬变成柠檬水的一个成功案例？

---

　　① Alan Eustace, Creating Stronger Privacy Controls Inside Google, GOOGLE OFFICIAL BLOG（Oct. 22, 2010）, http://googleblog.blogspot.com/2010/10/creating-stronger-privacycontrols.html.

　　② See Bradley Horowitz, BuZzller, GOOGLE＋（Oct. 14, 2011）, https://plus.google.com/＋BradleyHorowitz/posts/WjNHiWiZtYR（explaining that Google had learned from the Buzz's failures and would use the experience to improve）.

5. Google 的新隐私政策

2012年1月24日，Google宣布，他们很快就会把将近60种不同的隐私政策合并成一个涵盖几乎所有在线服务的综合隐私政策。[①] 为了确保在2012年3月1日正式实施之前，用户能够充分地了解这些调整，Google通过电子邮件向数亿用户发送了通知，并在主页上清晰地显示了通知。Google指出，新政策是为了回应监管机构对更简短的隐私条款的要求，并解释说主要的调整对象是注册用户，即拥有Google账户的消费者。

学者和政界人士均就这一调整做出了警告，主要是因为Google决定合并不同服务（其中一些服务之前是独立的）当中的用户信息。他们担心，该调整将创建一个单一的、大型的用户数据库，而普通用户不能快速便捷地选择退出。美国电子隐私信息中心认为，这一违反了Buzz所签订的和解协议，并且使得美国联邦贸易委员会无法对Google执行命令。随后，美国国会议员、州检察长以及欧盟隐私官员立即纷纷致函Google，表达了其担忧，并希望获得更多的信息，推迟这一调整。在对国会冗长的答复中，Google重申其意图是简化其隐私政策并完善用户服务，所有新合并的信息都不会被提供给第三方。尽管美国国家信息自由委员会初步评估的结果是，这一调整违反了欧洲隐私权法，但这些修改仍按计划于2012年3月1日生效。

Google对隐私政策的调整加强了现有的政策，将需要用户登录的服务（比如，谷歌邮箱，以及Web History、YouTube和Google+）所产生的数据与许多其他服务（包括谷歌搜索）所产生的数据结合起来。虽然Google在就调整隐私政策向用户提供通知方面做得很好，但批评者完全反对这一决定。更为糟糕的是，多家监管机构都指责Google在未经用户同意的情况下就调整现有的隐私政策，误导了消费者，既没有提供足够的选择退出机制，也没有充分披露"哪些服务所产生哪些数据以何种目的被结合在一起"。由于事实尚不清晰，因

[①] See Cecilia Kang, Google Announces Pnivacy Changes Across Products, ; Users Can't Opt Out, WASH POST (Ian. 24, 2012), http://articles.washingtonpost.com/2012-01-24/business/35440035_1-google-web-sites-privacy-policies; Alma Whitten, Google's New Privag Policy, GOOGLE OFFICIAL BLOG (Feb. 29, 2012), http://googleblog.blogspot.com/2012/02/googles-new-privacy-policy.html.

此现在就说 Google 本可以采取哪些不同的措施还为时过早,但对其
进行一些初步的观察是完全可以的。首先,Google 本可以通过层层通
知简化其隐私政策,因为监管机构已经认可了这一做法。其次,
Google 本可以支持用户选择退出数据共享,虽然这与它为所有用户提
供的"更简单、更直观的 Google 体验"的模式①,以及促使其选择综
合隐私政策的竞争因素不相一致。最后,在回应政府质询时,Google
本可以表现得更加"积极"一些。监管机构是否会对 Google 做出处
罚,或最终迫使它修改这些决定,这仍然有待观察。但是,我们可以
明确的一点是,Google 的决定既不是由上文当中所讨论的设计隐私权
原则驱动的,也不像 Whitten 之前所宣称的那样之所以承诺加强隐私
控制很大程度上是出于商业方面的考虑。

(二) Facebook

Facebook 是一个免费的、依靠广告支持的社交网站,它拥有 10
亿多活跃用户。2012 年 5 月 7 日,该公司完成了首次公开募股,根
据大约 40 亿美元的年收入估算,其市值接近 1000 亿美元,而这些收
入几乎全部来自其在线广告业务。② 在 8 年业务期间,Facebook 已经
多次引发了隐私争议,其中部分是源于该服务的运作方式:Facebook
创建在线的用户个人资料,其中包含了大量的私人敏感信息,包括他
们的名字、他们的兴趣爱好、他们的好友姓名、他们所上传的照片和
视频、他们通过发送评论和分享照片添加到好友个人资料当中的内
容。③ 用户还可以在未经好友同意的情况下给其图片加"标签"(即
通过姓名识别这些好友),以及安装由第三方所开发的游戏和其他应
用程序,这些第三方可以获取用户及其好友的个人资料。简而言之,

---

① Letter from Pablo Chavez, Dir. of Pub. Policy, Google Inc., to Members of Cong. Regarding Privacy Policy (Jan. 30, 2012) [hereinafter Chavez Letter], available at https://docs.google.com/file/d/BwxyRPFduTN2NTZhNDlkZDgtmM3MCOOYjcOLTg4YTMtYTM3NDkxZTE2OWRi/edit?hl=enUS.

② See Shayndi Raice, Anupreeta Das & John Letzing, Facebook Targets MYM96 Billion Value, WALL ST. J. ONLINE (May 3, 2012), http://online.wsj.com/article/SB10001424052702304746604577382210530114498.html.

③ See Samuel W. Lessin, Tell Your Stoy with Timeh'ne, THE FACEBOOK BLOG (Sept. 22, 2011), http://www.facebook.com/blog/blog.php?post=10150289612087131.

就其本质而言，Facebook 面临着基本的隐私挑战，因为它使用户能够披露前所未有的大量高度私密的信息，不仅是对好友和好友的好友，而且根据隐私设置，用户还可以向非常庞大且陌生的受众披露。在下文当中，我们主要回顾了 Facebook 的四大功能：好友动态、Beacon、Facebook 应用程序以及照片分享，并且说明了该公司对隐私政策和实践做出调整所引发的相关争议。

1. 好友动态

Facebook 第一次经历重大隐私事件是在 2006 年，当时正值好友动态问世。它是一项新功能，能够根据用户好友一整天的活动，包括新上传的照片、感情状况的变化等等，向所有用户发送一系列动态推送。好友动态自动登记了所有 Facebook 用户的退出，该功能无法控制分享哪些信息，或者与哪些朋友分享这些信息。用户对 Facebook 向其所有好友公开其活动所带来的意外后果感到震惊。几天后，Facebook 首席执行官 Mark Zuckerberg 发表了一封公开信，为未能从一开始就建立隐私控制而"把事情搞砸了"向用户道歉，不过，Facebook 通过引入新的控制措施迅速予以了纠正。有趣的是，当用户适应了从分享更新的"拉"模式到"推"模式的突然转变时，争议很快就消失了。如果有足够的时间，用户会逐渐欣赏甚至依赖这种模式。

好友动态的问题出在哪里是显而易见的。正如 Grimmelmann 所指出的那样，好友动态仿佛是"隐私急转直下"，也就是说，"一夜之间的改变立刻让之前几乎不为人知的东西变得引人注目"。[①] 同样地，boyd 在 Altman 研究的基础上将 Facebook 用户比作是参加聚会的人，在聚会上与朋友亲密交流时，他们感觉自己被嘈杂的音乐"保护着"，但当音乐突然停止时，他们却发现自己在说到一半的时候就暴露了。[②] 最后，Hull 等人认为 Facebook 推出好友动态的行为"违反了分布型的用户规范"。[③] Facebook 可以采取的措施至少应与上述设计

[①] See James Grimmelmann, SatingFacebook, 94 *IOWA L. REV.* 1201.

[②] danah boyd, Facebook's "Privagy Trainwreck"; Exposure, Invasion and Drama, APOPHENIA BLOG (Sept. 8, 2006), http://www.danah.org/papers/FacebookAndPrivacy.html.

[③] See Gordon Hull et al., Contextual Gaps: Privacy Issues on Facebook, 13 *ETHICS & INFO. TECH.* 289, 297 (2010).

准则相一致,它能够为在信息共享方面用户提供更细粒度的控制以及更多时间,从而适应这一新模式。

2. Beacon

一年之后的 2007 年,Facebook 推出了 Beacon,它是对其正在开发的广告平台的一个补充。① Beacon 根据用户在 44 个合作网站上购买或浏览的商品向其提供定向广告,并通过好友动态与用户的好友分享这些信息。尽管早期版本的 Beacon 明确包括全面退出功能,但 Facebook 在发布前删除了这一功能,从而支持更有限的隐私控制。另外,即使 Facebook 用户决定不与好友分享这些信息,Facebook 仍然会收到。尽管有学者很快就将 Beacon 称为"一场隐私灾难",但 Facebook 决定安然度过这场争议,希望消费者在进一步了解 Beacon 后仍能"爱上"它。与此相反,Facebook 用户对此表示反感,他们担心,如果自己在某个合作网站上的活动被分享给错误的好友,或者在错误的时间被分享,那么可能会引发尴尬或意外。随着争议的升温,Facebook 调整了 Beacon 的隐私通知,并最终将其改为可选择加入的模式,并在全世界范围内增加了可选择退出的功能,从而将其完全关闭。但损害已经造成:2009 年,Facebook 停止了 Beacon 的使用,但在此之前,它不得不解决一起价值 950 万美元的集体诉讼。②

所有早期关于好友动态的观察结果都适用于 Beacon。Grimmelmann 和 Nissenbaum 都发现,Facebook 试图通过让用户更容易选择退出来修复 Beacon,但这注定会失败,因为它从一开始就应该采用选择加入模式。当然,良好的设计实践可能会有所不同,但前提是 Facebook 在发布新功能之前就采取措施。在这种情况下,企业对创新的偏好超过了对隐私的偏好,结果不出所料地令人遗憾。企业已经没有多大的动力去投资设计隐私权,对任何企业的创新产品给予许可只会更多地考虑商业目标,而不是良好的隐私实践。

---

① Press Release, Facebook, Leading Websites Offer Facebook Beacon for Social Distribution (Nov. 6, 2007), http://newsroom.fb.com/News/234/Leading-Websites-OfferFacebook-Beacon-for-Social-Distribution.

② Jon Brodkin, Facebook Halts Beacon, Gives MYM9.5M to Settle Lawsuit, PCWORLD (Dec. 8, 2009), http://www.pcworld.com/artide/184029/facebook-halts-beacongives9_5million_tosettle_lawsuit.html.

3. Facebook 应用程序

2007年，Facebook 推出了 Facebook 平台，一套应用程序编程接口（application programming interfaces）和工具，使开发者能够为 Facebook 用户开发出成千上万的第三方应用程序。[①] 比较流行的应用程序包括游戏、即时通信和供社会活动家分享其观点的论坛。一旦得到 Facebook 的批准，应用程序可以检索或发布信息到会员资料，并请求用户及其好友的信息。在安装应用程序时，用户必须授予访问权限。然而，大多数应用程序获得的私人信息远远超过了其需要。另外，许多用户在安装应用程序时并不知道自己在分享什么数据，要么是因为他们匆匆完成安装过程，忽略了通知，要么是因为他们过于相信应用程序仅在在 Facebook 的范围内运行，错误地推断他们数据将被保留在 Facebook 网络内。这些问题导致加拿大隐私监管机构对此类投诉进行了调查。他们发现，Facebook 并没有采取足够的安全措施，有效地限制外部开发人员访问用户的个人资料信息，因此他们呼吁通过技术手段限制访问运行特定应用程序所实际需要的信息。

Facebook 对此做出回应，限制第三方应用程序只能访问公开的用户个人资料，除非用户另外表示允许。随后，Facebook 宣布了一种新的第三方应用程序许可模式，这最终令加拿大隐私监管机构感到满意。紧接着在2008年，为了解决第三方应用程序中的隐私保护问题，Facebook 还采取了其他措施，发布了一个新的控制面板，允许用户查看自己的数据是如何以及何时通过 Facebook 平台被访问的，并允许用户选择删除不需要的应用程序、游戏或网站，或者撤销持久的权限。

尽管在不断努力地解决这些长期存在的隐私问题，Facebook 还是在第三方应用程序上遇到了新问题。例如，《华尔街日报》的一项调查显示，许多 Facebook 应用程序不仅向广告商提供数据，还直接将这些数据与用户及其好友的姓名联系起来。随后，在2011年11月，根据包括关于 Facebook 应用程序的同意模式的指控在内的八项指控，

[①] See Jonathan Strickland, How Facebook Works, HOWSTUFFWORKS.COM, http://computer.howstuffworks.com/internet/social-networking/networks/facebook3.htm (last visited Mar. 25, 2013).

Facebook 与美国联邦贸易委员会达成了一项和解协议，它被要求不得歪曲"它使或已经使隐蔽信息可被第三方获取的程度"。2011 年 12 月，爱尔兰数据保护专员（Data Protection Commissioner of Ireland）完成了一项针对 Facebook 的全面审计，并要求该公司创建一个系统，允许用户控制他们的数据如何被与第三方应用程序共享。《华尔街日报》的最新调查发现，即使应用程序在访问用户的个人信息前必须获得允许，但"如果用户的应用程序使用了用户好友的信息，他们不会收到通知"。有关这些应用程序活动的调查还表明，Facebook 偶尔也并没有执行自己所指定的数据隐私保护规范。

  Facebook 应用程序比"好友动态"或"Beacon"要复杂得多，而且会引发多种问题。一方面，在推出其应用程序平台时，Facebook 默认对开发者公开，他们可以广泛访问用户的个人资料，而作为安装应用程序的交换条件，用户只能选择共享哪些信息，这是一个二选一的选择题，要么选择全部共享，要么选择完全不共享。另一方面，Facebook 应用程序违反了分布型规范，迫使用户以意想不到的方式将自己和好友的信息分享给陌生的第三方，这些第三方没有经过 Facebook 的审查，在很大程度上对普通用户是不可见的，因为普通用户无权进行自我评估。

  Facebook 本可以做出不同的选择，但仍然顺利地推出了一个大获成功的应用程序平台。首先，它本可以从一开始就限制应用程序可以访问哪些信息，从而实现数据最小化。其次，它本可以提供带有权限模型和控制面板的应用程序编程接口，而不是等上几年才来实现这些特性，而且是迫于监管压力下才予以实现。最后，它本可以设计出更好的用户界面，从而揭示和强调用户安装各种应用程序时发生的信息流。

4. 照片分享

  Facebook 允许用户以多种方式与朋友分享照片。用户既可以将照片上传到相册，也可以直接将照片上传到自己的个人资料中，或者还可以将照片直接上传到别人的个人资料中。一旦某张照片被发布出来，用户就可以给它贴上标签，这就在被贴上标签的照片和某个人、某个页面或某个地方之间建立了联系，从而显示出照片中之人的身份和所在的组织。用户可以给自己或其好友贴标签，他们将会收到相关通知。① 给人加标签的行为也会对浏览照片的潜在受众有所影响。② 用户可以删除照片上的标签,这样就消除了该照片与该用户之间的联系(通过删除对该用户个人资料的链接),但照片仍在 Facebook 上,其他人可以从交叉链接的好友的个人资料中访问这些照片。

随着 Facebook 标签越来越流行,用户越来越希望获得对不好看的照片的控制权。用户尤其担心被贴标签的照片会产生令人意想不到的结果,如果其家人、雇主、学校管理人员或执法人员看到这些照片,他们可能会感到尴尬或丢脸。贴标签这一过程通常涉及三个不同的主体,即摄影者、贴标签者和被贴标签者,他们可能对给某张照片贴标签是否合适持不同意见,这一事实加剧了由贴标签所引起的争议。鉴于 Facebook 创建了照片标签建议功能,通过使用面部识别技术来帮助用户标记更多的照片,因此这一问题可能会变得更加普遍。当然,用户可以选择不使用这个功能,并对好友发布或分享的一切内容提供直接反馈。

在推出照片标签建议功能之后,Facebook 于 2011 年 8 月宣布了一些调整,目的是加强用户对哪些人能看到照片、标签和其他内容的控制。③ 首先,Facebook 将隐私控制从设置页面移到了相关照片旁边的内联控件。经过调整,每张照片或相册都有一个下拉菜单,用户能够决定哪些人可以访问它。其次,Facebook 还新增了一项个人资料标签评论功能,支持用户同意或拒绝所有出现在他们的个人资料上之前就被贴过标签的照片。最后,Facebook 修改了向用户展示删除标签或内容的方式。④ 他们可以选择从个人资料中删除照片、删除标签本身,也可以向照片所有人或贴标签者发送消息,或者请求贴标签者删除内容。爱尔兰监管机构最初对照片标签提出了一些担忧,但总体上

---

① See How Tagging Works, FACEBOOK, https://www.facebook.com/about/tagging (last visited Feb. 27,2013).
② See How Tagging Works, FACEBOOK, https://www.facebook.com/about/tagging (last visited Feb. 27,2013).
③ See Chris Cox, Making It Easier to Share nith Who You Want, THE FACEBOOK BLOG (Aug. 23, 2011), https://blog.facebook.com/blog.php? post = 10150251867797131.
④ See Chris Cox, Making It Easier to Share nith Who You Want, THE FACEBOOK BLOG (Aug. 23, 2011), https://blog.facebook.com/blog.php? post = 10150251867797131.

对这些新的控制措施表示满意。

照片共享还引发了主要包括两种隐私权侵权行为的一些新问题。第一个问题是"感知受众减少"，即用户忽略了有多少人可以看到而不加区分地公开可能令人尴尬的照片，尽管他们只是想与其中某些受众分享这些照片。第二个问题涉及标签争议带来的社会后果，即在照片是否应该被去标签、被私密化处理甚至被删除的问题上，摄影师、贴标签者和被贴标签者之间存在分歧。正如 Grimmelmann 所指出的那样，Facebook 只是这些隐私权侵权行为的催化剂，而不是行为人。①

Facebook 是否已经采取措施来帮助用户避免或限制这些同侪所造成的隐私损害？答案是肯定的。一方面，它本可以做得更多，避免陷入 Lederer 等人所指出的"设计师所面临的五大误区"，例如，确保用户在发布照片时了解潜在及实际的信息流动，并让他们能够更便捷地配置相关的隐私设置，将其作为使用照片发布功能的一部分。另一方面，在发布照片标签等新功能时，它本可以开发了一些新的、类似于 Restrict Others 的隐私保护工具。诚然，在 2011 年 8 月推出照片标签建议功能时，Facebook 就采取了这种做法，但为时已晚，而且是迫于监管压力才作出的回应。

5. 隐私设置和隐私政策的调整

多年来，Facebook 屡次修改其隐私设置和隐私政策，此处我们主要关注 2009 年 6 月下旬到 2011 年 12 月这段时间的变化。2009 年 6 月 24 日，Facebook 发布了一个测试版的"发布者隐私控制"，允许用户通过一个标准的下拉菜单来决定哪些人可以看到他们发布的内容（状态更新、照片等）。一周后，Facebook 简化了隐私设置，将所有的隐私设置放在同一个页面上，并创建了一个转换工具。这些变化至少在一定程度上受到了加拿大对 Facebook 隐私实践和政策的广泛调查的影响。Facebook 所解决的问题之一涉及默认隐私设置。虽然加拿大隐私专员办公室特别关心照片共享的默认设置（具体来说，"每个人"，即所有互联网用户都可以访问照片）和公共搜索列表（预先检查使姓名、网络、缩略图，以及好友可用搜索引擎进行索引），并最终得出结论，认为 Facebook 计划引入隐私向导，并实现逐对象式的

---

① See James Grimmelmann, Sating Facebook, 94 IOWA L. REV. 1164.

隐私工具,这解决了它对隐私的担忧。

在加拿大隐私监管机构调查之后,Facebook 在 2009 年 8 月和 10 月下旬分别修改了它的隐私政策和隐私设置。隐私倡导者赞扬了 Facebook 简化隐私设置的做法,并表示喜欢其转换工具,至少在原则上是这样。与此同时,他们也对 Facebook 的一些调整提出了异议,尤其是 Facebook 将个人资料信息归类为公开信息,包括姓名和网络、个人资料图片、所在城市、好友名单、性别和粉丝页面。虽然 Facebook 很快就取消了公开好友列表的做法,美国电子隐私信息中心仍然向美国联邦贸易委员会投诉,敦促其对 Facebook 修改后的隐私设置展开调查,而加拿大隐私监管机构展开了一项新的调查,直到 2010 年 9 月才得到解决。

这个传奇的下一个重要篇章发生在 2010 年春天。2010 年 4 月,Facebook 对用户个人资料的分类和披露方式做出了重大调整,要求所有用户将个人信息指定为公开可用的"链接""页面"或"连接";如果他们拒绝,Facebook 将从他们的个人资料中删除这些之前受限的信息。同时,Facebook 推出了两项新功能:一是社交插件(在第三方网站上添加了"喜欢"和"推荐"按钮,但没有明确告知用户个人资料可能被分享给这些网站),二是"即时个性化"(允许一些选定的合作伙伴使用 Faccbook 在未经用户明确同意的情况下披露的个人信息来个性化他们的网页)。这些调整即刻受到了隐私倡导者、博主以及国会议员的广泛批评,并导致美国电子隐私信息中心再次向美国联邦贸易委员会提出了投诉。该负面新闻一直持续到 5 月,《纽约时报》(*New York Times*)以图文形式详细披露了 Facebook 隐私设置的复杂性,而《华尔街日报》(*Wall Street Journa*)也披露了 Facebook 所存在的一个重大隐私漏洞。

为了回应日益激烈的争议,Facebook 在 5 月底宣布对其隐私设置进行全面检查。这些新的控制措施是在与消费者和批评人士广泛磋商的基础上制定的,它们承诺让用户"控制如何分享自己的信息",并避免"违背用户意愿与其他人或服务者"分享个人信息。三个月后,Facebook 在隐私控制方面又做了一些改进,解决了之前美国联邦贸易委员会所收到的投诉中提及的许多问题。其中,主要的调整包括新的内联个人资料和发布控件、个人资料和内容标签评论,以及从 Facebook 删除标签或内容的功能。

在做出这些调整的同时，Facebook 在 2011 年后期仍然采取了一些打破隐私界限的措施。2011 年 9 月，Facebook 宣布了几个关键的设计变化，同时也为广告商提供了新的机会。第一个是名为"Timeline"的新用户界面，它将用户以前所有的帖子、应用程序和与 Facebook 相关的信息整理成了一个图形化的时间轴，记录用户的生活。第二个是"无障碍分享"，即用户通过好友动态自动与好友分享其与网站和广告商产品的互动。第三个是 Facebook 所谓的"开放图谱"，它是一个通过支持应用程序在用户的好友动态中引入交互，从而扩展了无障碍分享概念的平台。开放图谱还允许应用程序通过好友动态发布广告。仅在几天之后，隐私倡导者就要求美国联邦贸易委员会禁止其中的某些新功能。隐私倡导者对此表示十分担忧，因为一方面，如果用户选择启用"社交读物"功能，新闻文章和其他信息就会自动共享；另一方面，即使用户退出 Facebook，"喜欢"按钮仍会持续跟踪用户。①

在 2011 年 11 月底，Facebook 与美国联邦贸易委员会达成了一项和解。随后，Zuckerberg 公开承认，尽管 Facebook 在过去犯了错误，但它现在致力于在透明度和用户控制方面做到行业领先。根据他的博客文章，Facebook 将通过把隐私审查纳入公司的设计和开发过程来正式规范隐私审查。②

欧洲监管机构也对 Facebook 的隐私保护实践感到担忧。2011 年 12 月 12 日，爱尔兰数据保护专员发布了一份 150 页的审计报告，这是迄今为止政府对大型互联网公司进行的最全面的一次审计。③ 该报告对 Facebook 隐私政策和隐私保护实践方面的许多调整做出了说明，

---

① See Declan McCullagh, Groups Ask Feds to Ban Facebook's Frictionless Sharing, CNET (Sept. 29, 2011), http://news.cnet.com/8301-31921_3-20113457-281/groups-ask-feds-toban-facebooks-frictionless-sharing.

② See Mark Zuckerberg, Our Commitment to the Facebook Community, THE FACEBOOK BLOG (Nov. 29, 2011), http://blog.Facebook.com/blog.php? post = 1015037870 1937131.

③ See Agreement Containing Consent Order, Facebook, Inc., F.T.C. No. 092-3184, 5-6 (Nov. 29, 2011) [hereinafter Facebook Settlement], http:// www.ftc.gov/os/caselist/ 0923184/111129facebookagree.pdf.

包括一个支持用户在网站上和与第三方应用程序的关系中，对自己的信息如何被使用和共享进行知情选择，以及提高为广告目的使用个人数据的透明度和控制的新机制。然而，仅仅在几天之后，Facebook 就宣布将在未经用户同意的情况下发布在 Timeline 上已存档的用户信息。这项功能计划在 2011 年 12 月 22 日上线，用户只有一周的时间来清理他们在 Facebook 上的活动历史。考虑到 Facebook 后来宣布 Timeline 最终将成为所有 Facebook 用户需要遵守的强制性规定，这一点尤其令人不安。

2011 年年底，美国电子隐私信息中心向美国联邦贸易委员会提交了关于 11 月和解协议的意见，详细阐述了对 Timeline 的担忧，不仅给它贴上了隐私风险的标签，而且也指出安全专家认为它是一个易于给用户带来损害的个人信息"宝库"。① 用户还抱怨说，Timeline 透露了太多的信息，实际上是向他们添加为好友的所有人公开了自己的全部历史。② Facebook 以一篇博文作出了回应，说明了几个新的、加强隐私保护的措施，包括用户 Timeline 上线前 7 天的审查期、活动日志、更容易访问的"你认为"功能、易于控制哪些人可以查看帖子的功能（包括"只有我"功能），以及限制历史发帖受众的功能。③

尽管 Facebook 经历了多年的负面新闻、用户质疑、隐私倡导者的严格审查、国内外调查、审计、和解以及其他让步措施，Facebook 用户仍然按照计划开始使用起了 Timeline 模式。另外，为了上市，Facebook 公司继续试验各种各样的新方法来增加广告收入，不仅基于用户的个人资料和线上社交活动，还基于他们的采购计划，即所谓的"应用内"活动。简而言之，隐私侵权事件似乎并没有对 Facebook 公司日益加快的产品开发步伐产生什么不良影响。

---

① EPIC, Comments to the FTC at 27; Facebook, Inc., F.T.C. No. 092-3184 (Dec. 27, 2011), http://epic.org/privacy/facebook/Facebook-FTC-Settlement-Comments-FINAL.pdf.

② See Anthony Bond, Facebook's Controversial Timeline' Feature Is Supported by Just One in Ten Users, MAIL ONLINE (Jan. 30, 2012), http://www.dailymail.co.uk/sciencetech/article2093811/Facebooks-controversial-timeline-feature-supported-just-users.html.

③ See Controlling What You Share on Timeline, FACEBOOK PRIVACY (Dec. 20, 2011), https://www.facebook.com/notes/facebook-and-privacy/controling-what-you-shareon-timeline/271872722862617.

好友动态和 Beacon 是两个互不相关的事件，它们迅速爆发，立即引起公司的反应，然后逐渐消失或导致新功能的修改或消亡。与此相类似地，虽然 Facebook 应用程序和照片分享的存续时间更长，但它们最终也以设计修改和（或）新的隐私设置告终。然而，围绕 Facebook 频繁调整隐私政策隐私和设置的争议呈现出一种更为复杂的模式。随着时间的推移，各种各样的维权组织基于一系列的隐私问题向监管机构提出了投诉。数月之后，随着监管机构对调查结果的公布，Facebook 也实施或宣布了对相关实践的调整，但它同时也源源不断地开发新鲜或新设计的功能，这些功能通常支持（但有时会破坏）已达成一致意见的合规措施，并引发另一轮的投诉、监管要求和另一轮调整周期。有人可能会说，Facebook 应该放慢其过快的创新步伐，以及对隐私设置的不断修补。前者几乎不可能实现，但后者可能实现吗？首先，Facebook 本可以避免在监管机构的要求下对隐私设置进行调整的同时，突然改变其个人资料信息的保密方式（即对外公开）。其次，为了应对监管方面的担忧，Facebook 本可以确保它所提供的所有转换工具或隐私向导都是中立的，而不是自利的，并为用户提供全面的隐私保护选项。最后，Facebook 本可以延续在 2010 年 5 月所采取的做法，在彻底修改隐私设置之前，与消费者和隐私倡导者进行磋商。事实上，Facebook 已经采取了措施解决隐私问题，增加了具有人机交互背景的设计人员，以及具有深厚隐私专业知识的政策专家。

（三）小结

综上所述，上述反事实分析表明，通过应用本文当中所讨论的可用性原则和相关设计实践，这 10 件 Google 和 Facebook 的隐私侵权事件本可以避免。这一点至关重要，原因有二。其一，它有力地支持了这样一种主张，即设计隐私权（如果被理解）有效地保护了消费者的隐私。其二，它还表明，本文为隐私工程和设计实践提供了一个合理全面的解释，至少从这 10 件隐私侵权事件上来说是这样。尤其需要注意的是，通知和知情同意适用于除谷歌搜索之外的其他所有应用；谷歌邮箱、谷歌搜索、谷歌街景、Buzz、Facebook 应用程序均适用数据规避和最小化；数据存储限制适用于谷歌搜索。另外，避免设计误区，并遵循设计准则[1]有利于完善 Buzz、好友动态、Beacon、Facebook 应用程序和照片标签，可能避免所有涉及社交网络的隐私侵权事件。我们怀疑这些原则和上文有关部分所述的其他原则和实践与更多的隐私侵权事件均有联系。

10 件 Google 和 Facebook 的隐私侵权事件也揭示了其他有趣的规律。并非所有的事件都是完全失败的，谷歌邮箱和谷歌街景在设计方面兼具成功和失败。某些事件涉及规范违反（好友动态和 Beacon）或未决规范（谷歌邮箱和谷歌街景）。很多事件，包括谷歌街景、Buzz、好友动态、Beacon、Facebook 应用程序和照片标签都被公司推迟添加隐私保护功能，暴露出一种"即刻推出，隐私问题待之后再解决"的心态。当 Google 和 Facebook 允许业务需求凌驾于隐私保护之上，或者强迫用户只能做出全有或全无的选择时，它们都遇到了隐私问题，尤其是 Facebook 在 F8 开发者大会上推出谷歌邮箱、谷歌搜索、Buzz、Google 新隐私政策、Facebook 应用程序以及一些新功能时。在上述所有这些由商业驱动的案例当中，Google 和 Facebook 两家公司所陈述的理由要么缺乏透明性要么过于自私自利。[2] 几乎所有的 Google 和 Facebook 隐私侵权事件都是由多种原因或缺陷所造成的。有趣的是，其中只有谷歌街景 Wi-Fi 数据收集可以归因于内部审查过程中的明显故障。总之，这些模式似乎证实了，所有这些隐私侵权事件在很大程度上都是可以避免的。

四、经验教训

在分析了 Google 和 Facebook 在 10 起隐私侵权事件中可能会采取的不同做法后，我们获得了四个经验教训。

我们获得的第一个经验教训是：企业和监管机构应该充分利用上文所述的与隐私工程和可用性设计相关的大量研究。监管机构经常建议企业"加强"隐私保护或"设计和实施"合理的隐私控制，但并

---

[1] See Gordon Hull et al., Contextual Gaps: Privacy Issues on Facebook, 13 *ETHICS & INFO. TECH.* 289, 297 (2010).

[2] See Daniel Terdiman, What Facebook Announced at F8 Today, CNET (Sept. 22, 2011), http://news.cnet.com/8301-1023_3-20110181-93/what-facebook-announced-at-f8-today.

没有解释它们的含义。由于设计者往往通过原则和典型案例来激励自己的工作，监管者最好是提供一些更详细的原则和具体的案例。我们希望上文的有关部分能够对界定设计隐私权在工程和设计术语中的含义有所帮助。

我们获得的第二个经验教训是：可用性和工程原理和实践一样重要。正如我们所见，可用性和用户体验与隐私问题尤其相关，当人们自愿通过社交网络（如 Buzz、Google + 和 Facebook）分享个人信息时，隐私问题就会出现。我们认为，保护隐私社交动态的最佳方法是遵循上文所总结的设计准则。

我们获得的第三个经验教训是：我们还需要付出更多的努力来精炼和细化设计原则，无论是在隐私工程还是在可用性设计方面都是如此。这意味着，美国和欧洲的监管机构需要加强努力，通过与企业、学者、用户群体和设计专业人士召开工作会议、确定和制定最佳实践、资助更多的隐私工程和可用性研究，以及鼓励继续界定国际隐私标准来理解和发展这些原则。

我们获得的第四个经验教训是：监管机构的当务之急不仅仅是建议企业采用和实施设计隐私权。考虑到 Google 和 Facebook 已经承诺将隐私理念融入其开发过程中，从设计隐私权方面提出建议（甚至要求）似乎是远远不够的。然而，各种各样的隐私侵权事件仍在不断上演。如果这些企业现在自愿或迫于监管压力而重新承诺采用设计隐私权，那么，结果是否会有所不同，关于这一点我们还不十分清楚。我们需要作出进一步的研究。

回想一下谷歌邮箱、谷歌搜索和谷歌街景都是经过精心设计的服务，在它们发布之前，Google 就对它们的隐私问题进行了充分考虑。当然，Buzz 是与众不同的。是出于竞争的原因而在没有进行适当的内部隐私审查的情况下就匆忙进入市场的缘故吗？答案或许是肯定的。然而，像 Buzz 这样的主要产品似乎不太可能逃避 Google 隐私专家的内部审查，也不太可能没有人意识到自动注册功能所带来的隐私问题。似乎更可信的假设是，就像 Microsoft 就 IE8 的隐私保护功能会如何影响商业目标，比如为商业伙伴提供一个理想的广告平台所产生的内部争论一样，Google 就更有利于隐私保护的 Buzz 版本是否会阻碍业务发展，比如迅速赶上 Facebook 和 Twitter 存在内部分歧。至于

Google最近整合的隐私政策，有人认为Google在宣布（更不用说实施）这些重大政策调整之前没有进行内部隐私审查，这种观点是荒唐的。恰恰相反，上述分析表明，尽管监管机构和公众对这些调整产生了消极反应，但这些调整是经过精心计划和有序实施的。事实上，在法律层面上，Buzz和解协议要求Google实施一项全面的隐私保护计划，而且从表面上来看，它确实已经做到了。那么问题究竟出在哪里？我们相信Google（和它的许多同行一样）以一种灵活的方式理解隐私需求，很好地协调了它自己的商业利益。我们相信，我们在上文当中所研究的5件隐私侵权事件证明了，Google的企业政策允许它在隐私要求和增加广告收入等核心业务目标之间取得"平衡"。并且，其过程几乎完全不为外界所知。

与此类似，尽管Facebook有很多隐私问题，但它长期以来一直以向用户提供对信息共享方式和访问权限的广泛控制权而自豪。简而言之，这就是Facebook所谓的隐私，在Facebook有关隐私的公开声明中，这是一个反复出现的主题，它至少可以追溯到2005年9月，当时Facebook聘请了第一位首席隐私官。当然，Facebook在推出像好友动态和Beacon这样的早期功能时，提供了非常薄弱的隐私控制措施，但是在宣布为好友动态和后来的产品提供新的隐私设置时，Zuckerberg和公司的其他隐私官都说明他们在开发新的隐私控制方面所做出的努力。

即使在Facebook与美国联邦贸易委员会达成和解协议之后，在法律上它有义务实施一项全面的隐私保护计划，Zuckerberg仍然坚持用户"在任何时候都完全享有与哪些人共享信息的控制权"，这"从一开始就是Facebook的核心"。虽然Zuckerberg承认公司必须"完善和规范现有的隐私审查方式，将其作为正在进行的产品开发过程的一部分"，他再次强调："超过20款的新工具和资源都旨在让你更好地控制你的Facebook体验。"简而言之，Facebook和Google一样都有自己所偏爱的、独特的界定隐私的方式。对Facebook来说，隐私意味着在一个个功能的基础上，为用户提供个人资料和其他信息共享的多重控制和设置，当这些控制的数量和复杂性变得令人难以承受时，可能会不时地进行重新设计。然而，像Google一样，Facebook总是保留在隐私控制的需要与商业目标（如广告收入最大化）之间进行权衡的权利,而且它会悄无声息地做出这些决定。

鉴于 Google 和 Facebook 这些行为,以及我们获得的第四个经验教训,倘若监管机构想要对设计隐私权敞开怀抱就必须解决旨在从个人数据中获利的固有商业模式之间的矛盾和冲突,并且如果工程和可用性原则实施得当,它们就能够抑制这些数据的收集和使用,以及企业作为其内部业务流程的一部分进行的平衡。

由此可见,如果监管者希望设计隐私权成为改善消费者隐私的有效手段,他们必须至少采取以下两个措施:

第一,监管者必须确保,在设计隐私权要求和业务目标之间取得平衡时,企业必须坚持遵守本文所述的工程和可用性原则。由于商业目标和隐私要求常常发生冲突,企业将从监管的明确性中获益。如果没有能够明确说明实施设计隐私权的含义的指南,商业考量一般都会优先于隐私保护:内部隐私拥护者永远不会有足够的力量侥幸赢得胜利。① 相比之下,如果监管机构制定出一种合理的标准,将设计隐私权纳入产品和服务当中,那么,企业就会了解用户的隐私期待是什么,并且更认真地对待设计要求,从而达到适当的平衡。

第二,监管者应当考虑建立监督机制,评估那些声称实施了设计隐私权的企业是否遵守了本文所确定的可用性原则。例如,监管者可能要求企业保存设计隐私权文件,如果合适的话,在调查或诉讼中将其予以公开。当然,披露并不是灵丹妙药。要求事后披露对企业做出隐私决策的方式所产生的影响,可能还不如对企业讨论和记录这些决策的方式所产生的影响大。然而,值得注意的是,企业、美国监管机构和欧洲监管机构都已经开始尝试保存与隐私相关的文件,"设计文件"很可能会被纳入其范围。

五、结语

目前,美国隐私监管机构和欧洲隐私监管机构都对设计隐私权抱有极大的信心,它们正在着手改革现有的隐私制度,为消费者提供更完善的保护。

---

① See Kenneth A. Bamberger & Deirdre K. Mulligan, Privacy on the Books and on the Ground, 63 *STAN. L. REV.* 274, 277.

首先，本文的目的在于，通过对上述隐私侵权事件的反事实分析来说明设计隐私权的可能含义。这些事件包括 Google 的 5 件隐私侵权事件，即谷歌邮箱、谷歌搜索、谷歌街景、Buzz 以及它对隐私政策的最新调整，以及 Facebook 的 5 件隐私侵权事件，即好友动态、Beacon、Facebook 应用程序、照片共享以及它对隐私政策和隐私设置的最新调整。如前所述，我们认为，如果 Google 和 Facebook 遵循这些原则和实践，那么，这些事件都是可以避免的。不仅如此，我们还详细说明了这两家公司在这 10 个案例当中本可以采取的不同做法。

其次，本文探讨了作为隐私工程基础的公平信息实践的优缺点，并反复强调需要用工程学和可用性原则来补充基于公平信息实践的工程方法，并对这些原则进行扩展，从而解决隐私"社交动态"问题。一方面，我们探索了隐私保护和现有设计流程之间的联系，比如用户体验设计，它关注的是可用性。另一方面，受 Altman 和 Nissenbaum 所做研究的启发，我们详尽阐述了设计隐私权误区和设计准则。通过对上述隐私侵权事件进行案例研究和反事实分析，我们发现，隐私工程和可用的设计隐私权与评估可以克服一系列隐私问题，包括影响社交网络服务的新问题具有高度的相关性。

最后，本文给监管者一个忠告：如果设计隐私权旨在实现其促进消费者隐私保护的承诺，那么，监管者就应当对此予以足够的重视。